STUDIEN ZUR ENTSTEHUNGSGESCHICHTE UND
INTENTION DES KOLOSSERBRIEFS

SUPPLEMENTS TO
NOVUM TESTAMENTUM

VOLUME XCIV

STUDIEN ZUR ENTSTEHUNGSGESCHICHTE UND INTENTION DES KOLOSSERBRIEFS

VON

ANGELA STANDHARTINGER

BRILL
LEIDEN · BOSTON · KÖLN
1999

This book is printed on acid-free paper.

Die Deutsche Bibliothek - CIP-Einheitsaufnahme

Standhartinger, Angela:
Studien zur Entstehungsgeschichte und Intention des Kolosserbriefs /
by Angela Standhartinger. – Leiden ; Boston ; Köln : Brill, 1999
   (Supplements to Novum testamentum ; Vol. 94)
   ISBN 90-04-11286-3
[Novum Testamentum / Supplements]
Supplements to Novum testamentum – Leiden ; Boston ; Köln : Brill
   Früher Schriftenreihe
   Fortlaufende Beiheftreihe zu: Novum testamentum
   Vol. 94. Standhartinger, Angela: Studien zur Entstehungsgeschichte
   und Intention des Kolosserbriefs. – 1999

Library of Congress Cataloging-in-Publication Data

The Library of Congress Cataloging-in-Publication Data is also available.

ISSN   0167-9732
ISBN   90 04 11286 3

PRINTED IN THE NETHERLANDS

Prof. Dr. Dieter Georgi

INHALTSVERZEICHNIS

VORWORT

Die vorliegende Untersuchung wurde Ende des Wintersemesters 1997/1998 am Fachbereich Evangelische Theologie der Johann Wolfgang Goethe-Universität in Frankfurt als Habilitationsschrift angenommen. Ich danke Prof. Dr. Dieter Sänger und Prof. Dr. Gerd Jeremias für die Begutachtung. Mein besonderer Dank gilt meinem Lehrer und Freund Prof. Dr. Dieter Georgi. Seine stete Gesprächsbereitschaft und sein Zutrauen haben mich zu diesem Projekt ermutigt und es begleitet.

Den Martin-Buber-Stiftungsgastprofessoren und Stiftungsgastprofessorinnen Guy Stroumsa, Fritz Rotschild, Eric Meyers, Chana Safrai, Albert Friedländer, Rita Thalmann und Konrat Kwiet verdanke ich wertvolle Anregungen und Diskussionen.

Ich danke Prof. Dr. David P. Moessner, dem Herausgeberkreis der Supplements to Novum Testamentum und dem Koninklijke Brill Verlag für die Aufnahme dieser Arbeit in diese Reihe.

Bedanken möchte ich mich bei allen, die mich auf dem Weg der Habilitation begleitet haben, besonders bei Prof. Dr. Brigitte Kahl, Prof. Dr. Luise Schottroff sowie den Mitarbeiterinnen und Mitarbeitern des Fachbereichs Evangelische Theologie in Frankfurt, Gisela Stahl, Dagmar Kasperczyk, Hille Herber, Susanna Kexel und Gesine Kleinschmit. Stellvertretend für die Studierenden möchte ich Britta Konz, Markus Buss, Hermann Ihle, Christina Bütof und Angela Rascher nennen. Schließlich hätte diese Arbeit nicht geschrieben und fertiggestellt werden können ohne die Geduld und Hilfsbereitschaft vieler Freundinnen und Freunde, von denen ich besonders Elisabeth Wolf, Antje Schrupp und Dr. Ulrike Bail hervorheben möchte.

Frankfurt am Main, im September 1998   *Angela Standhartinger*

ABKÜRZUNGSVERZEICHNIS

Biblische und jüdische Schriften werden nach Siegfried Schwertner, *Theologische Realenzyklopädie*, Abkürzungsverzeichnis, Berlin, New York 1976, abgekürzt. Die jüdische Schrift Joseph und Aseneth wird wie folgt zitiert:

JosAs Kapitel,Vers(B)   steht für Verszählung der Textausgabe von Christoph Burchard (Langtext). Z. B.: 1,1(B).

JosAs Kapitel,Vers(Ph)   steht für die Verszählung der Textausgabe von Marc Philonenko (Kurztext). Z. B.: 1,1(Ph).

Die übrige antike Literatur wird nach C. Andresen, H. Erbse und O. Gigon (Hg.), *Lexikon der Alten Welt*, Zürich/Stuttgart 1965, 3439-64 abgekürzt. Darüber hinaus bezeichnet:

NHC	Nag Hammadi Codex
CH	Corpus Hermeticum
Philostrat. vita Ap.	Philostratus, Vita Apollonii.

Allgemeine Abkürzungen sowie Abkürzungen für Zeitschriften, Lexika und Reihen sind der *Theologischen Realenzyklopädie* entnommen. Auf Sekundärliteratur wird in der Untersuchung mit einem Kurztitel verwiesen, der jeweils den Beginn des Haupttitels aufnimmt. Die verschiedenen Kommentare zum Kolosserbrief werden jeweils mit der Abkürzung „*Kom.*" zitiert.

KAPITEL 1

EINLEITUNG

Es kann inzwischen als weitgehender Konsens der neutestamentlichen Forschung betrachtet werden, daß der Kolosserbrief, obgleich er Paulus als Absender nennt, nicht von Paulus verfaßt worden ist. Die These wurde 1838 von Ernst Theodor Meyerhoff durch eine Untersuchung des Verhältnisses vom Kol zu den übrigen Paulusbriefen zum erstenmal begründet und hat nach der vergleichenden Stiluntersuchung von Walter Bujard breite Zustimmung gefunden.[1] Die meisten Exegetinnen und Exegeten schließen sich nicht

---

[1] Ernst Theodor Meyerhoff, *Der Brief an die Colosser*. Meyerhoff begründete seine These anhand von drei ausgeführten Beobachtungen: 1. Die Verschiedenheit der Sprache, wo er neben der Aufzählung von *hapax legomena* auch auf stilistische Differenzen und das Fehlen paulinischer Gedanken bzw. Begriffe hinweist. 2. Die abschreibende Benutzung des Epheserbriefes (diese These wird inzwischen m. E. zu Recht vielfach bezweifelt. Jennifer B. Maclean, *Ephesians*, wies zuletzt das Gegenteil nach; s. u. Kap. 2.3, S. 53f). 3. Bekämpfung von „Irrlehrern", die es, nach Meyerhoff, erst in späterer Zeit gegeben habe. Die erste Beobachtung wurde von Walter Bujard, *Stilanalytische Untersuchungen*, aufgegriffen, der zu dem abschließenden Ergebnis kam, „daß die Differenz zwischen dem Stil des Kol und dem der Paulusbriefe nach Einheitlichkeit, Art und Größe so gravierend ist, daß eine Verfasserschaft des Paulus für den Kol schon allein von daher ausgeschlossen werden muß" (220). Einige Autorinnen und Autoren verteidigen nach wie vor die paulinische Verfasserschaft. Clinton E. Arnold, *Colossian Syncretism*, 6f, fordert, „that one not undervalue the role of the unique and threatening situation facing the Colossian church in catalyzing a fresh application and development of Pauline thought" (6), und meint die zahlreichen *hapax legomena* eben dieser spezifischen Situation zuschreiben zu können. Ralph P. Martin, *Kom.*, 98f, argumentiert mit der fehlenden Authentizitätsdiskussion unter den „orthodoxen" und „heterodoxen" Kirchenvätern (Marcion), und George Cannon, *Use*, sucht der Argumentation Bujards durch den Nachweis zu begegnen, daß der spezifische Stil des Kol gegenüber den sieben unumstrittenen Paulusbriefen (I Thess; Gal; I Kor; II Kor; Phlm; Phil; Röm) durch die Aufnahme zahlreichen traditionellen Materials bedingt sei. Werner Georg Kümmel, *Einleitung*, 294-306, verweist unter anderem noch auf „Stileigentümlichkeiten des Paulus" im Kol (siehe hierzu unten Kap. 4). Einige Autoren nehmen eine „nebenpaulinische" Abfassung des Kol durch einen Mitarbeiter, z. B. Timotheus oder Epaphras, während einer Gefangenschaft des Paulus an. Paulus sei wegen der Strenge der Haft nicht in der Lage gewesen, den Brief zu verfassen, habe ihn jedoch mit der eigenhändigen Unterschrift (vgl. Kol 4,18) beglaubigt (so z. B. Alfred Suhl, *Paulus und seine Briefe*, 168 Anm. 93; Eduard Schweizer, *Kom.*, 20-27 und *Kolosserbrief*; Wolf-Henning Ollrog, *Paulus und seine Mitarbeiter*, 241f; Arnold, ebd., 7; vorsichtig James D. G. Dunn, *Kom.*, 38; Ulrich Luz, *Kom.*, 189f). Diese Hypothese scheitert jedoch m. E.–neben der grundsätzlichen Frage, warum Paulus gegen seine in Röm 15,20 geäußerten Prinzipien an eine von ihm nicht gegründete Gemeinde einen Brief hätte abfassen oder abfassen lassen wollen–besonders an der Reflexion über das Leiden und die Gefangenschaft (ohne Freilassungshoffnung) des Paulus in Kol 1,24-2,5 und 4,3-18. Es genügt m. E. nicht, den Schwierigkeiten mit der Auslegung zu begegnen, der Apostel erleide sein Leiden zugunsten der Gemeinde, um „nicht nur in seinen Worten, sondern 'an seinem Fleisch', d. h. in seiner konkreten Leiblichkeit das, was noch fehlen könnte" zu erfüllen (Schweizer,

nur dem Urteil Bujards an, sondern halten den Kol auch wegen der von zahlreichen anderen Autorinnen und Autoren zusammengetragenen inhaltlichen
und theologischen Unterschiede zu den unumstrittenen Paulusbriefen für
pseudepigraph.[2]

Ein weiterer weitgehender Konsens in der Kolosserbrieforschung besteht
in der Annahme, daß Anlaß und Absicht des Schreibens in der Bekämpfung
einer die Gemeinde bedrohenden Irrlehre oder „Philosophie" bestehe. In der
folgenden Untersuchung werde ich diesen Konsens kritisch überprüfen.
Trotz dieser Einmütigkeit in der Analyse der Intention der Verfasserinnen
und/oder der Verfasser (im Folgenden: Verf.)[3] ist die Frage nach der Identität, den Charakteristiken und der Theologie der „kolossischen Philosophie"
unter den Exegetinnen und Exegeten bisher stark umstritten. Allein in den
neunziger Jahren sind vier Monographien zu den Gegnerinnen und Gegnern
im Kol erschienen, die jeweils grundverschiedene Rekonstruktionen der
„Philosophie" bieten.[4] Es ist daher m. E. an der Zeit, die Frage nach Absicht
und Zweck des Kol erneut zu stellen, ohne dabei die Annahme einer spezifischen und aktuellen Opposition in den Mittelpunkt zu stellen. Gefragt werden, soll hier also nicht, wer die Gegnerinnen und Gegner des Kol sind, sondern warum hier Warnungen ausgesprochen werden.

Die folgende Untersuchung geht von der Hypothese einer pseudepigraphen Verfasser- bzw. Verfasserinnenschaft des Kol aus. Die einzelnen Argumente für die nicht-paulinische Verfasserschaft sind oft ausgeführt worden
und müssen hier im einzelnen nicht wiederholt werden.[5] Hinweisen möchte
ich nur noch auf eine Vermutung, die ebenfalls schon öfter geäußert wurde:
Es weist vieles darauf hin, daß die Verf. des Kol bereits wissen, daß Paulus
nicht mehr lebt, und mit diesem Wissen auch bei den Adressatinnen und

---

Kom., 86 vgl. auch zu Ollrog unten Anm. 29).

    [2] Vgl. z. B. die neueren Einleitungen von Willi Marxsen, *Einleitung*, 177-186; Philipp
Vielhauer, *Geschichte*, 191-203; Hans-Martin Schenke und Karl Martin Fischer, *Einleitung* I,
158-173; Helmut Köster, *Einführung*, 701-704; Udo Schnelle, *Einleitung*, 328-348 und die
neueren deutschsprachigen Kommentare von Hans Conzelmann, Eduard Lohse, Andreas
Lindemann, Petr Pokorný und Michael Wolter.

    [3] Ob der Kol von einem Einzelnen oder einer Gruppe, einem Mann oder einer Frau im
Namen des Paulus und Timotheus verfaßt wurde, läßt sich kaum mit Sicherheit entscheiden.
Einige Ausleger und Auslegerinnen meinen, daß die Aufnahme der sogenannten „Haustafel" in
Kol 3,18-4,1 auf einen (oder mehrere) männlichen Verfasser hinweise. Jedoch stellt die
Nennung von Nympha als Gemeindeleiterin (Kol 4,15) einen Gegenbeleg dar. Das Geschlecht
der Autorin bzw. des Autors des Kol kann m. E. ebensowenig bestimmt werden, wie
ausgeschlossen werden kann, daß es sich um eine Gruppe handelt. Im Folgenden werde ich die
Geschlechterfrage offen lassen und von Verfasserinnen und Verfassern (aus Platzgründen
abgekürzt Verf.) sprechen.

    [4] Thomas J. Sappington, *Revelation* (1991); Richard E. DeMaris, *Colossian Controversy*
(1994); Arnold, *Colossian Syncretism*, (1995); Troy W. Martin, *By Philosophy* (1996).

    [5] Vgl. u. a. Günther Bornkamm, *Hoffnung*; Lohse, *Kom.*, 249-253; Helga Ludwig,
*Verfasser,*132-193; Mark Kiley, *Colossians as Pseudepigraphy*, 37-73.

Adressaten rechnen.[6] Diese Annahme erklärt nicht nur die Formulierung in Kol 1,24 „Erfüllung von Mangel an Bedrängnissen Christi", sondern auch, warum die Verf. nach Kol 4,3 zwar die Freilassung des Wortes, nicht aber des Paulus erhoffen, warum sie den Brief allen denen widmen, die Paulus nicht mehr von Angesicht im Fleisch gesehen haben (2,1), und warum sie bei fleischlicher Abwesenheit des Paulus dessen geistige Anwesenheit versichern (2,5).

Die Vermutung, daß sowohl die Verf. als auch die Adressatinnen und Adressaten des Kol vom Tod des Paulus wußten, wird unten im Kap. 5 näher begründet werden. Sie führt zugleich zu der These, die ich im Folgenden belegen will: Entstehungsgeschichte und Absicht des Schreibens erklären sich aus der Problematik, die durch den Tod des Paulus in den von ihm beeinflußten Gemeinden hervorgerufen wurde. Worin diese Problematik konkret besteht, soll die Untersuchung klären. Bevor ich mit der Untersuchung der Entstehungsgeschichte und der Intention des Kol beginne, ist es notwendig, einen Überblick über den Forschungsstand zur Frage der Absender bzw. Absenderinnen (1.), Adressaten und Adressatinnen (2.) sowie zur Gegnerinnen- bzw. Gegnerproblematik (3.) zu geben. Anschließend werde ich den Gang der Untersuchung präzisieren (4.).

1. DIE ABSENDERINNEN UND ABSENDER DES KOLOSSERBRIEFES

Zwei der drei Monographien, die sich zentral mit der Entstehungsgeschichte und der Intention des Kol beschäftigen, stellen das Thema 'Paulusschule' in den Mittelpunkt ihrer Untersuchung.[7] Die These, daß der Kol das Produkt

---

[6] So ausdrücklich z. B. Lohse, *Mitarbeiter*, 193; Helmut Merklein, *Paulinische Theologie*, 27 u. ö., Charles M. Nielsen, *Status of Paul*; Margaret Y. MacDonald, *Pauline Churches*, 127f u. ö.; Hans Dieter Betz, *Paul's „Second Presence"*, 513: Hans Hübner, *Kom.*, 10. Vorausgesetzt wird diese Annahme aber auch von vielen anderen Vertreterinnen und Vertretern der pseudepigraphen Verfasserschaft des Kol.

[7] Ludwig, *Verfasser*; Peter Müller, *Anfänge*. Die Monographie von Kiley, *Colossians as Pseudepigraphy* nimmt ihren Ausgangspunkt bei der Pseudepigraphie. Siehe hierzu unten Kap. 2. Nach Abschluß der Untersuchung erschien die Monographie von Walter T. Wilson, *The Hope of Glory. Education and Exhortation in the Epistle to the Colossians*. Wilson untersucht den Kol im Kontext hellenistischer Philosophenschulen und versteht ihn als Ermahnung an Neubekehrte. Die Verf. beabsichtigte, „to educate, encourage, and exhort the epistle's intended recipients so as to affect their religious beliefs and moral aspirations as a community of converts to Christianity, over against competing influences that might undermine their allegiance to the Pauline gospel and the growth they have experienced in the body of Christ" (255). Diese Idee und die Methodik gehörten zu den Konventionen, die in der zeitgenössischen populären Moralphilosophie entwickelt wurden. Wilson Ansatz und Beobachtungen sind sehr anregend. Grundlegend anders als Wilson verstehe ich jedoch das Verhältnis, daß im Kol zwischen Paulus und den Gemeinden beschrieben wird. Auch halte ich die intendierten Adressaten und Adressatinnen nicht maßgeblich für Neubekehrte. Wilson unterschätzt m. E. den Trostaspekt, der durchgehend in diesem pseudepigraphen Brief thematisiert wird, ebenso wie die notwendige Neuorientierung und Neuorganisation der paulinischen Gemeinden in

einer 'Paulusschule' sei, wurde zum erstenmal differenziert von Hans Conzelmann ausgearbeitet.[8] Ausgehend von traditionsgeschichtlichen Untersuchungen der Paulusbriefe stellt Conzelmann heraus: „Es gibt Passagen [in den Paulusbriefen], in denen spezifisch Christliches fehlt oder über einem vorchristlichen Substrat lagert."[9] Diese Passagen, z. B. I Kor 1,18ff; 2,6ff; 10,1ff; 11,2ff; 13; II Kor 3,7-18; Röm 1,18ff,[10] enthielten Traditionen der jüdisch-hellenistischen Weisheitstheologie. Der Umgang des Paulus mit diesen Traditionen zeigt nach Conzelmann „ausgesprochenen Schulcharakter" (233). Dieser Schulcharakter werde zum einen darin deutlich, daß die Traditionen nicht direkt auf überlieferte Weisheitsschriften zurückzuführen seien, sondern vielmehr die „Aufnahme und Diskussion in einer Schule" (ebd.) voraussetzten; zum anderen darin, daß Paulus die Stücke nur wenig bearbeite, sie sozusagen unkorrigiert in seine Briefe einfüge.[11] Dieser Befund sowie der Diatribenstil seiner Briefe und die durch das hellenistische Judentum vermittelten Spuren griechischer Popularphilosophie wiesen darauf hin, daß Paulus, „ein ausgebildeter jüdischer Theologe, Pharisäer von Pharisäern, [...] auch nach seiner Bekehrung betont Theologie treibt, einen Lehrbetrieb organisiert" (233). Die Existenz pseudepigrapher Paulusbriefe und die Aufnahme dieser Weisheitstraditionen durch die Verfasser des Kol, Eph, II Thess und der Pastoralbriefe bestätige die Vermutung, Paulus habe eine Weisheitsschule in Ephesus gegründet. Die deuteropaulinischen Briefe seien „Dokumente des Stils der Schule" (234). Für das Bestehen und Weiterwirken einer solchen Schule spreche die Verweildauer des Paulus in Ephesus.

Conzelmanns Ansatz wurde von verschiedenen Autoren und Autorinnen kritisiert. Zum einen wurde problematisiert, ob die von Conzelmann herausgearbeiteten weisheitlichen Traditionsstücke tatsächlich (nur) aus der Weisheitstradition und nicht vielmehr aus der Gemeindesituation zu erklären

---

nachpaulinischer Zeit.

[8] Hans Conzelmann, *Paulus und die Weisheit* sowie ders., *Die Schule des Paulus*. Das Stichwort ist allerdings auch vorher schon geläufig. Es wurde bereits 1880 von Heinrich Julius Holtzmann, *Pastoralbriefe*, 109-118, genannt.

[9] Conzelmann, *Die Schule des Paulus*, 86.

[10] Vgl. auch Röm 7,7ff; 10,1ff. Die aufgeführten Stellen werden in diesem Zusammenhang von Conzelmann in seinem ersten Aufsatz zu diesem Thema, *Paulus und die Weisheit*, 235-244 diskutiert.

[11] Z. B. reihe sich II Kor 3,7-18 mit der Reflexion über Buchstabe und Geist, seiner Abbild/Glanz (εἰκών/δόξα)-Anthropologie und mit der „singulären 'realisierten Eschatologie' (V. 18)" in die jüdische Weisheitstradition ein, wirkte aber im Kontext selbständig (*Paulus und die Weisheit*, 236). Auch der weisheitstheologische Abschnitt I Kor 2,6ff sei „inhaltlich und terminologisch [...] innerhalb der paulinischen Homologumena singulär" (ebd., 238) und könne „mit der Esoterik einer Schularbeit zusammenhängen" (ebd., 240). Ein Protokoll einer Schuldiskussion liege auch in I Kor 11,2ff vor, und I Kor 13 sei vermutlich ein bereits in der Weisheitstradition vorgeprägtes Traditionsstück.

seien.[12] Zum anderen wurde angefragt, was die Interpretation einer vorgegebenen Tradition als 'schulmäßig' qualifiziere,[13] und schließlich wurde die Gründung und Kontinuität eines (einzigen) Missionszentrums angesichts der von Paulus oft geäußerten Naherwartung in Frage gestellt.[14]

Die Kritikpunkte zeigen, daß vor allem der zweite Teil von Conzelmanns Thesen, nämlich das Weiterwirken der 'Paulusschule' nach dem Tod des Paulus, aufgenommen und rezipiert wurde.[15] So bleibt für Lohse fraglich, „ob man auch in den zweifellos authentischen Briefen bereits Spuren einer paulinischen Schule erkennen kann".[16] Er stellt dem Bild der 'Paulusschule' von Conzelmann ein anderes Bild der Entstehung des Kol entgegen. Ein paulinisch geschulter Theologe habe das Wort des Apostels in der speziellen Situation der Gemeinde zu Gehör bringen wollen.

> Wie Paulus durch Briefe Verbindungen mit den Gemeinden hielt, so war auch für seine Schüler der Brief die gegebene Form, um verbindliche Stellungnahmen und Äußerungen den Gemeinden zur Kenntnis zu bringen. In Briefen lag das Vermächtnis des Apostels vor, das im Kreis seiner Schüler bewahrt und sorgfältig studiert wurde. Wenn der Kolosserbrief mehrfach auf die rechte Lehre und Überlieferung hinweist [...] und an vielen Stellen überlieferte Wendungen und liturgische Formulierungen aufnimmt, so setzt er eine paulinische Schultradition voraus.[17]

Lohses Schülerin Helga Ludwig untersucht in ihrer Dissertation die Frage, ob der Kol als Brief eines Paulusschülers zu verstehen sei.[18] Ludwig geht davon aus, daß den Verf. des Kol alle heute bekannten Paulusbriefe

---

[12] So Ollrog, *Paulus und seine Mitarbeiter*, 115. Vgl. auch Müller, *Anfänge*, 270f, der den Diskussionscharakter von I Kor 2,6ff und 11,2ff und die Zentralität der Weisheitstradition in der paulinischen Theologie überhaupt zurückweist und behauptet, „bei einer schulmäßigen Verarbeitung" wäre ein Verweis auf die Traditionalität übernommener Stücke zu erwarten. Dagegen haben Georgi, *Gegner*, Wilckens, *Paulus*, und andere weisheitlichen Kontext auch für die Theologie der jeweiligen Gegner und Gegnerinnen nachgewiesen.

[13] Ollrog, *Paulus und seine Mitarbeiter*, 116.

[14] So Ollrog, *Paulus und seine Mitarbeiter*, 116-118. Vgl. auch Lindemann, *Paulus*, 37f; Müller, *Anfänge*, 271, der noch als weiteres Argument das Bewußtsein des Paulus, zu den Heiden gesandt zu sein, hinzufügt. Ludwig, *Verfasser*, 213-215, trägt dagegen eine Reihe von Indizien für einen langen Lehraufenthalt in Ephesus zusammen und führt u. a. das bereits von Conzelmann, *Paulus und die Weisheit*, 233, genannte Indiz für den Sitz der Schule in Ephesus, den dort nach Apg 19,8-40 gemieteten Hörsaal, aus.

[15] Daß dies nur ein Teil der Intention Conzelmanns ist, zeigt seine einleitende Bemerkung in *Die Schule des Paulus*: „Die Formulierung des Themas suggeriert zunächst: Paulus, der Lehrer und seine Schüler. Es kann aber auch die Schule meinen, die Paulus selbst durchlief, sogar zwei solche Schulen, eine jüdische und eine christliche" (85).

[16] Lohse, *Kom.*, 254, Anm. 3.

[17] Ebd., 254. Lohse versteht Kol 1,5-8.23.28; 2,6f; 3,16 als einen Bezug auf die „rechte Lehre und Überlieferung." Die Stellen verbinde die Stichwörter „lehren" und „lernen". Von „rechter" Lehre wird nichts gesagt. Das Stichwort παραλαμβάνειν (überliefern) kommt nur in Kol 2,6 vor. Ähnlich wie Lohse argumentiert auch Alexander Sand, *Überlieferung*, 20, mit zwei Modifikationen. Die Mitarbeiter des Paulus haben nach Sand auch das mündliche Wort bewahrt, und der Deuteropaulinismus verliere bald seine ursprüngliche Kraft.

[18] Ludwig, *Verfasser*, 9.

vertraut waren.[19] Anders als Lohse nimmt sie aber die Gründung der
'Paulusschule' zu Lebzeiten des Paulus an.[20] Ludwig unternimmt eine
sprachliche, stilistische und inhaltliche Analyse, die belegen soll, daß die
Differenzen zwischen Kol und den Paulusbriefen sich nur mit der Hypothese
der Abfassung durch einen Paulusschüler erklären ließen. Schülerarbeit wird
für sie sichtbar in der „Übernahme von Tradition und Verarbeitung durch
Aktualisierung und Neuformulierung von überkommenem Gedankengut"
(50) und der Beschränkung auf Rezeption, Kommentierung und
Interpretation dieses Materials in veränderter Situation.[21] Weil der Verfasser
des Kol über das ganze „Spektrum paulinischen Gestaltens und Denkens"
verfüge und ihm „auch viele Fakten aus der Umgebung des Paulus bekannt"
(199) seien, müsse von einem Schülerverhältnis gesprochen werden. Zur
Erhellung dieses Sachverhalts untersucht Ludwig antike Philosophenschulen
und jüdische Schulen auf ihre Organisation und Methode. Dem persönlichen
Verhältnis zwischen Lehrern und Schülern in antiken Philosophenschulen
entspreche die Nennung von Mitarbeitern in den Paulusbriefen, die zwar
keinesfalls Mitverfasser der Paulusbriefe seien, jedoch aus der Menge der
Christen herausragten, Paulus unterstützten und besondere Verantwortung
für die Gemeinde trügen. Diatribenstil und Diskussionseinschübe in den
paulinischen Briefen zeigten die typisch philosophische Unterrichtsmethode.
Lehrstoff der Schule bzw. Gegenstand seien jüdische Traditionen[22] sowie
nach Paulus' Tod der Römerbrief gewesen. Paulus habe in diesem Brief, der
„durch seinen lehrhaften Stil und durch die zusammenfassende Art der
Darstellung zentraler Themen sozusagen 'Lehrbuchcharakter'"[23] erhalte, wie
die hellenistischen Philosophen für ihre Schüler ein Lehrbuch in
Handbuchform verfaßt.

Ludwigs Untersuchung ist der erste breit angelegte Versuch, die Abfassung des Kol mit Hilfe der Hypothese 'Paulusschule' zu klären. Ihr

---

[19] Lohse, *Kom*, 256. Ludwig, *Verfasser*, bes. 52-132. Ludwig, ebd., 198-200 hält die
Annahme, der Verfasser habe aufgrund von Quellenstudium diese Briefe verfaßt, für nicht
ausreichend, um die Entstehung des Kol zu erklären. Der Autor müsse vielmehr ein Mitarbeiter
des Paulus gewesen sein.
[20] Ludwig, *Verfasser*, 193-223.
[21] Dabei stellt Ludwig heraus, daß die Verf. vor allem gemeinchristliches Traditionsgut
aufnehmen, dagegen z. B. die die erhaltenen Paulusbriefe prägende Rechtfertigungslehre
verschweigen.
[22] Wie Conzelmann sieht auch Ludwig jüdisches Traditionsmaterial in I Kor 1,18ff; 2,6ff;
10,1ff; 11,2ff; 13; II Kor 3,7-18 u. ö. bearbeitet. „Unterzieht man nun diese jüdische Tradition
verarbeitenden Abschnitte in den Homologumena einer genaueren Untersuchung in bezug auf
die Art und Weise der Bearbeitung, so weist diese 'Schulcharakter' auf." (Ludwig, *Verfasser*,
223f).
[23] Ludwig, *Verfasser*, 227. Allerdings sei der Röm nur im weiteren Sinne ein Lehrbuch,
weil er zentrale Themen wie Christologie und Eschatologie nicht eingehend genug und
Abendmahl und Gemeindeordnung überhaupt nicht behandle. Der Verfasser des Kol benutze
jedoch bevorzugt den Römerbrief.

Vergleich mit antiken philosophischen und jüdischen Schulen bringt Stärken und Schwächen dieser Vorgehensweise ans Licht. Sie macht zum einen deutlich, daß die Verfasser und Verfasserinnen und Adressaten und Adressatinnen der neutestamentlichen Briefliteratur sich nicht als Individuen, sondern als Mitglieder von Diskussionsgemeinschaften verstanden.[24] Ihre Untersuchung zeigt aber auch, daß der Begriff „Schule" leicht durch moderne (westliche) Vorstellungen von Schule beeinflußt wird. So geht Ludwig stillschweigend von der Benutzung aller heute bekannten paulinischen Briefe aus und setzt die Hochschätzung, unbegrenzte Verbreitung und Verfügbarkeit der schriftlichen Hinterlassenschaften der Paulusgruppe als gegeben voraus.[25] Die Situationsgebundenheit der paulinischen Briefe, etwa des Röm als Vorstellungsbrief, spielt sie auf der Suche nach einem „Lehrbuch" herunter, und ihr Bild vom Verhältnis zwischen Paulus und seinen Mitarbeiterinnen und Mitarbeitern wird grundsätzlich von einem hierarchischen Modell bestimmt.

Anders als Ludwig hat Hans-Martin Schenke gerade den Gelegenheitscharakter paulinischer Briefschriftstellerei herausgestellt. Er sieht einen Zusammenhang zwischen dem „Nachleben des Paulus in der deuteropaulinischen Schriftstellerei" und „dem Prozeß der Bewahrung, Sicherung und Propagierung der Paulusbriefe"[26] und der Existenz einer 'Paulusschule' nach dem Tod des Paulus. Zu Lebzeiten des Paulus und auch noch danach seien die Paulusbriefe nicht selbstverständlich bekannt gewesen, sondern in erster Linie wären die Erzählungen von Paulus und seine Verkündigung erzählt worden. Erst nach dem Tod des Paulus sei es überhaupt zu dem Prozeß des Sammelns und Redigierens gekommen. Die 'Paulusschule' habe nun diesen „Prozeß der Bewahrung und des Zur-Geltung-Bringens des Pauluserbes" (515) getragen. In ihr, das zeigten die deuteropaulinischen Briefe, gebe es allerdings große Unterschiede. Ein geistiges Profil lasse sich lediglich an zwei Kriterien ablesen, nämlich der Betonung der „Paulus-Brieflichkeit" und der „absoluten Autorität des Paulus" (516).

---

[24] Ludwig, *Verfasser*, 231 stellt zusammenfassend fest: „Wenn [...] auch eine Paulusschule angesichts des Fehlens von historischem Beweismaterial nicht nachzuweisen ist, so kann man doch sagen, daß die Annahme einer Paulusschule von heuristischem Wert ist, insofern sie das Bild des in Einsamkeit und Freiheit wirkenden nachapostolischen Verkündigers zerstört."

[25] M. E. bleibt z. B. fraglich, ob, abgesehen von der Diatribe, die jedoch für den öffentlichen Vortrag und nicht allein für den Lehrbetrieb gedacht war (so Thomas Schmeller, *Paulus und die Diatribe*, anders Stanley K. Stowers, *Diatribe*), die meisten der von Ludwig gesammelten Schulcharakteristiken nicht vielmehr dem modernen Bildungssystem und modernen Bildungsideen entstammen. Zur rabbinischen Schulmethode, über die wir wahrscheinlich am besten unterrichtet sind, gehören z. B. wesentlich das Auswendiglernen und die überraschende Einbringung des gelernten Textes. Siehe hierzu unten Kap. 2.1, S. 38-39 und Kap. 4.1, S. 96-98 .

[26] Schenke, *Weiterwirken*, 508f.

Wolf-Henning Ollrog hat dagegen besonders das Lehrer-Schüler-Bild an den bisherigen Entwürfen des Konzepts 'Paulusschule' kritisiert.[27] Ollrog, der den Verfasser des Kol im Mitarbeiterkreis zu Lebzeiten des Paulus sucht,[28] will anhand des Kol die Selbständigkeit des theologischen Denkens des paulinischen Kreises deutlich machen. Er stellt heraus, daß der Kol zwar vielfach Traditionen der hellenistischen Gemeinde aufnehme, diese aber gerade „nicht Schulbeispiele der paulinischen Theologie darstellen, die sich seine Schüler angeeignet hätten" (229). Paulinisches Denken selbst werde im Kol weder aufgenommen noch thematisiert. Der „Paulinismus [der Verf.] entstammt jedenfalls nicht dem häufigen und gründlichen Studium der paulinischen Briefschaften." (230) Anders als Paulus zeige sich der Verfasser des Kol gegenüber den vorgegebenen Gemeindetraditionen aufgeschlossener. „Will man überhaupt von einem 'Studium' der paulinischen 'Schultraditionen' reden, dann nur im Sinne der Weitergabe und Verarbeitung *mündlicher Überlieferung*."[29]

Andreas Lindeman hält es schließlich für „fraglich, ob hinter dem Entstehen von Kol [...] ein theologisches Prinzip steht, das zu der Annahme zwingt, es handle sich um 'Schul'-Produkte".[30] Zu Lebzeiten des Paulus sei die Gründung einer Schule nicht denkbar.[31] Auch lasse sich keine einheitliche Theologie in den deuteropaulinischen Briefen feststellen. Lindemann meint, die Deuteropaulinen seien vielmehr auf die Initiative einiger Mitarbeiter oder aber auf die besonderen Verhältnisse einiger Gemeinden zurückzuführen.

Auch Peter Müller steht der Hypothese eines bereits zu Lebzeiten des Paulus fest organisierten Schulbetriebes, der seiner Meinung nach hinter dem Begriff 'Paulusschule' steht, kritisch gegenüber.[32] In einer Untersuchung der

---

[27] Ollrog, *Paulus und seine Mitarbeiter*, bes. 227-231. Die Arbeit von Ludwig kennt Ollrog allerdings nicht.

[28] Ebd., bes. 236-242 sowie auch 219-231. Ollrog erwägt Timotheus als Verfasser. Problematisch für Ollrogs Auslegung ist allerdings der Abschnitt 1,23d-2,5. Nach Ollrog sei Ziel dieses Abschnitts, „die grundsätzliche Bezogenheit des Apostelamtes auf die Kirche [...] konkret in bezug auf die angeschriebene Gemeinde in Kolossä" (224) zu verdeutlichen. Diese These paßt jedoch kaum zu der von Ollrog (m. E. zu Recht) behaupteten theologischen Selbständigkeit der Mitarbeiter und Mitarbeiterinnen. Die drastische Ausdrucksweise von Kol 1,24-2,5 läßt sich m. E. zu Lebzeiten des Paulus nicht erklären. Siehe unten Kap. 5.

[29] Ollrog, *Paulus und seine Mitarbeiter*, 228. Kursiv im Zitat. Vgl. auch Kiley, *Colossians as Pseudepigraphy*, der ebenfalls meint, der Kol sei von einer Gruppe von Paulusanhängern verfaßt worden, die überhaupt erst zeigen wollten, „that Paul's teaching is not strictly limited to the exigencies of time and place" (107). Es sei gar nicht nachweisbar, daß die Verf. Mitarbeiter des Paulus seien, noch daß Paulus „Schüler" hatte oder eine Schule gründete. Zwar komme der Begriff συνεργός vor, aber eben nicht μαθητής. Vielmehr zeigten die Paulusbriefe, daß „Paul's teaching involves the whole community, not a small circle" (94).

[30] Lindemann, *Paulus*, 38.

[31] Siehe oben Anm. 14.

[32] Müller, *Anfänge*, 270-320. Der Titel des Buches beinhaltet die These. Die Anfänge einer 'Paulusschule' gibt es für Müller erst in „nachapostolischer Zeit".

unterschiedlichen theologischen Konzeptionen von Kol und II Thess im Vergleich mit den Paulusbriefen anhand der Themengebiete Eschatologie, Taufe und Kosmologie, Ethik, Apostel- und Traditionsverständnis stellt er die Variabilität des Phänomens 'Paulusschule' heraus. Die Gemeinsamkeit beider Briefe liege allein in der Überlieferung und Aktualisierung des Pauluserbes–gerade in seiner Brieflichkeit.[33] Zentral sei die „Bedeutung des Apostels als Ursprungsinstanz des Gaubens und des christlichen Lebens".[34] Das „apostolische Evangelium" werde sachlich als zur Offenbarung gehörig betrachtet und gewinne so „den Akzent der wahren Botschaft und Lehre und damit die Bedeutung des Ausgangspunktes für die Tradition" (269). Die Wurzeln der 'Paulusschule' lägen in der „Größe des Apostels selbst" (323). Ihr Einheitspunkt sei bei aller Verschiedenheit die „Bewahrung apostolischer Tradition" (ebd.). Die Schule sei „kein organisierter, lokalisierbarer Schulbetrieb, sondern ein Überlieferungs- und Aktualisierungsphänomen in der Nachfolge des Paulus" (325).

Müllers Konzeption der 'Paulusschule' stellt die Individualität der Verf. der Deuteropaulinen und die Situationen, in denen diese Texte verfaßt wurden, in den Vordergrund. Dennoch führt seine Beobachtungsweise m. E. zu einer Vereinheitlichung des Phänomens. Die in den Texten selbst geäußerte Kritik an der Paulustradition oder ihrer Auslegung (II Thess 2,1.15; II Petr 3,15f) wird ebensowenig in die Überlegungen einbezogen wie eine eigenständige theologische Arbeit der „Schüler", die allein als situative Applikation verstanden wird. Paulus wird in diesem Ansatz rückwirkend glorifiziert als der eine „überragende Theologe seiner Zeit", der als einziger „eine neue und wirkungsmächtige Theologie entwickelte".[35] Er wird zu einer einzigartigen Autoritätsperson, deren Epigonen lediglich damit beschäftigt sind, die Offenbarungsstatus beanspruchende Theologie des Apostels gegenüber heilsverleugnenden Häretikern zu verteidigen.

---

[33] Müller, *Anfänge,* 284-289, meint, die Paulusbriefe paßten nicht in die gängigen Briefgattungen. Sie seien trotz ihrer Aktualität und Konkretheit keine Privatbriefe, sondern Paulus' Vollmacht als Apostel und Gemeindeleiter komme in seinen Briefen zum Ausdruck. Sie hätten daher offiziellen Charakter. Sowohl der Kol als auch der II Thess wären mit allen Briefen vertraut, wobei der II Thess nur den I Thess literarisch verwende. Die Deuteropaulinen übernähmen die Form des Briefes, um das Weiterwirken des apostolischen Briefes und damit die weitergehende apostolische Verkündigung zu gewährleisten. Die Vertrautheit mit der „Brieflichkeit" des Paulus sei für die Paulusschule charakteristisch, bzw. die Beziehung zur Brieflichkeit markiere die Grenzen der Paulusschule.

[34] Müller, *Anfänge,* 321. Vgl. auch 193-237.

[35] Zitat von Schnelle, *Einleitung,* 46, der sich wie auch Georg Strecker, *Literaturgeschichte,* 111-114, der These von einer 'Paulusschule' anschließt. In Verbindung der bisher aufgeführten Überlegungen betonen sie die Ausbildung des Paulus in einer pharisäischen Schule, die Gründung von Missionszentren durch die Paulusschule, deren Existenz sich durch die in den Briefen genannten Mitarbeiter und die Deuteropaulinen nahe lege.

Der Überblick zeigt, daß, obgleich heute vielfach von 'Paulusschule' gesprochen wird, ganz verschiedene Phänomene in den Blick genommen und verschiedene Rekonstruktionen des paulinischen Kreises diskutiert werden. Während die einen die Rede von der 'Paulusschule' für die nachpaulinische Zeit reservieren und damit entweder die Geradlinigkeit der Entwicklungsgeschichte von der paulinischen in die nachpaulinische Zeit und/oder die spätere Wirkmächtigkeit und den Einfluß der paulinischen Briefsammlungen in der frühen Christentumsgeschichte erklären wollen, verstehen andere den Begriff „Schule" als Ausdruck des exegetischen und theologischen Arbeitens und Diskutierens in den paulinischen Gemeinden und unter den Mitarbeitern und Mitarbeiterinnen des Paulus. Für eine Entscheidung zwischen diesen Alternativen hängt viel davon ab, ob man die paulinische Mission als Prozeß gemeinsamen Überlegens und Diskutierens jüdischer Tradition und Überlieferung auffaßt oder als Verkündigung der Offenbarung an zu Bekehrende und Bekehrte; ob man die Mitarbeiter und Mitarbeiterinnen als Gemeindegesandte im Zeichen einer Kollegialmission versteht oder aber als Stellvertreter Pauli, die sich in seiner Abwesenheit um die Sicherung und Bewahrung „apostolischer" Verkündigung in den Gemeinden kümmern; ob man die paulinischen Briefe als Gelegenheits-schreiben und Reaktionen auf aktuelle Anfragen und Probleme ansieht, oder aber als Lehrschreiben mit Schulbuchcharakter, deren Sammlung, Bewahrung, Austausch und liturgischer Gebrauch von Anfang an selbstverständlich war.

Diese Fragen müssen m. E. im Kontext paulinischer und nachpaulinischer Briefe selbst geklärt werden. Die folgende Untersuchung zum Kol möchte ein Beitrag zu dieser Klärung sein. Sie wird sich daher schwerpunktmäßig mit der Frage des Verhältnisses des Kol zur paulinischen Tradition beschäf-tigen (Kap. 3 und 4). Den Begriff „paulinische Schule" werde ich jedoch zunächst vermeiden, da er durch unterschiedliche Konnotationen, die diesem Begriff beigelegt werden, die Diskussion um das Phänomen Paulusgruppe in der zweiten Generation m. E. mehr verdunkelt als erhellt. Festzuhalten ist jedoch, daß die Existenz pseudepigrapher Paulusbriefe ein Interesse an der Theologie und Person des Paulus in nachpaulinischer Zeit belegen.

2. DIE ADRESSATINNEN UND ADRESSATEN DES KOLOSSERBRIEFES

Der Kol nennt als Adresse „die Heiligen in Kolossä und treuen Geschwister in Christus."[36] Die Stadt Kolossä liegt in Phrygien an der Grenze zu Karien

---

[36] Ich habe hier ἀδελφοί mit Geschwister wiedergegeben. Ich halte diese Übersetzung für gerechtfertigt, da der Kol Frauen in 3,18 anredet und nach 4,15 Frauen als Repräsentantinnen von Gemeinden kennt. πιστός wird in der exegetischen Wissenschaft oft mit „gläubig" übersetzt. Da man m. E. in der zweiten Hälfte des 1. Jh. noch nicht von einer christlichen

in der römischen Provinz Asia, ca. 170 km Luftlinie von Ephesus im Landesinneren am Lykos, einem Nebenfluß des Mäanders. Im 5. Jh. vor Chr. von Herodot noch eine „große Stadt der Phrygier" genannt,[37] ging die Bedeutung dieser Stadt in den folgenden Jahrhunderten durch veränderte Straßenführung und der damit verbundenen Blüte der nur ca. 15 km entfernten Metropole Laodizea und der ebenfalls bedeutenden, ca. 20 km entfernten Nachbarstadt Hierapolis zurück. Ihre wirtschaftliche Macht verdankte die Gegend um Laodizea vor allem der Schafzucht und dem Woll- bzw. Stoffhandel. Eine bestimmte Wollfarbe wurde nach Kolossä „kolossenisch" genannt.[38] Der wirtschaftlichen Prosperität verdankt zumindest Laodizea, daß es trotz bezeugter fünf Erdbeben in zweihundert Jahren[39] kaum an Einfluß verlor.[40] Eine Reihe von Indizien zeugen von einem großen Anteil jüdischer Bevölkerung in der Gegend.[41]

Fachsprache ausgehen kann, habe ich πίστις κτλ. im Folgenden in der klassischen Bedeutung „Vertrauen" etc. wiedergegeben.

[37] Hdt. II 30,1. Herodot erzählt, daß Xerxes dort 480 v. Chr. auf seinem Marsch nach Kleinasien Station machte. Xenophon nennt die Stadt 80 Jahre später sogar „(stark) bewohnte, große und reiche Stadt" (πόλις οἰκουμένη, μεγάλη καὶ εὐδαίμων; Xen. an. I 2,6). Er berichtet, daß Kyros der Jüngere auf seiner Expedition gegen den persischen Großkönig Artaxerxes 401 v. Chr. dort Station machte. Diodorus Siculus schilderte, wie der Satrap des Artaxerxes, Tissaphernes, 395 v. Chr. in Kolossä ermordet wurde (Diod. XIV 80,8).

[38] Strab. XII 8,16 (578): „Die Gegend um Laodizea produziert Schafe, die ausgezeichnet sind nicht nur wegen der Weichheit der Wolle, die sogar über die der Melesier hinausgeht, sondern auch wegen der raben(schwarzen) Farbe, so daß sie leuchtenden Reichtum von ihr erhalten, wie auch die Kolossäner, von der gleichnamigen Farbe, die in der Nachbarschaft wohnen." (vgl. auch Plin. nat. VIII 190). Plinius berichtet von bestimmten Kränzen aus Kolossä (nat. XXI 51) und von einem Fluß in Kolossä, in den man Ziegel, die man hineinwirft, als Steine wieder herauszieht (nat. XXXI 29). Auch Hierapolis' Wirtschaft scheint maßgeblich auf Woll- und Stoffverarbeitung und -handel basiert zu haben. Auf Inschriften der Stadt finden sich eine Reihe von Berufsgenossenschaften wie die der Viehzüchter, der Wollwäscher, der Purpurfärber (wobei hier nach einem Bericht des Strab. XIII 4,14 (629f) die Purpurfarbe auf pflanzlicher Basis erzeugt wurde) und der Weber. Schließlich ist auch Handel sehr gut bezeugt. Vgl. Conrad Cichorius, *Geschichte*, 49-55. Zur Wollwirtschaft vgl. auch David Magie, *Roman Rule* I, 47f.

[39] T. R. S. Broughton, *Roman Asia Minor*, 601 nennt ein Erdbeben im Jahre 20 v. Chr. (Laodizea, Thyatira, Chios); eines im Jahre 53 unter Claudius (Laodizea, Hierapolis, Antiocheia/Mäander); eines 61/62 unter Nero (Laodizea, Hierapolis, Kolossä); eines 144 n. Chr. (Laodizea, Hierapolis) und eines unter Alexander Severus (193-211 Hierapolis). Strabon meint: „So ziemlich die ganze Gegend um den Mäander ist erdbebengefährdet und unterhöhlt mit Feuer und Wasser bis ins Innere." (Strab. XII 8,17 (578)).

[40] Tacitus *historiae* IV 55 berichtet, Laodizea habe sich bereits unter Tiberius (14-37) neben zehn anderen kleinasiatischen Städten als Sitz eines Kaisertempels beworben, sei jedoch (neben Tralles und Magnesia am Mäander u. a.) „als zu unbedeutend" (*ut parum validi*) nicht berücksichtigt worden. Unter Caracalla (198-217) gelang es der Stadt, den Titel νεωκόρος (Tempelwächterin eines Kaisertempels) zu erhalten. Vgl. Broughton, *Roman Asia Minor*, 742.

[41] Josephus fügt seinen Antiquitates einen vermutlich erfundenen Brief des Antiochos III (223-187) bei, der von der Ansiedlung von 2000 jüdischen Familien aus Mesopotamien und Babylonien in Lydien und Phrygien berichtet (Ant XII 147-153). Später erwähnt Josephus ein Bittschreiben des Magistrats von Laodizea an den Konsul Gajus Rabilius, in dem um die Festschreibung des Privilegs, Sabbate nach den väterlichen Gesetzen zu feiern, sowie um Rechtsschutz gebeten wird, was dieser den Juden auch einräumt. (Ant XIV 241-246). Aus Cic.

Bo Reike vermutet, Kolossä sei bei dem Erdbeben im Jahr 61/62 n. Chr.
so stark zerstört worden, daß es verlassen und erst viel später wieder
besiedelt worden sei.[42] Während Reike dies als ein Argument für die
paulinische Verfasserschaft des Kol anführt, haben andere dahinter eine
geschickte Strategie zur Verbergung der pseudepigraphen Verfasserschaft
vermutet. Da Kolossä zur Zeit der Abfassung des Briefes nicht mehr
bewohnt worden sei, hätte auch niemand die „Fälschung" entlarven
können.[43] Leider fließen die Informationen über Kolossä spärlich, da bisher
dort keine Ausgrabungen unternommen wurden.[44] Neben dem Geographen
Strabon, der es zu den weniger wichtigen, wenn auch erwähnenswerten
Städten zählt,[45] und Plinius dem Älteren, der Kolossä möglicherweise in
Verwendung einer älteren Liste als „sehr berühmte Stadt" bezeichnet,[46] ist
man auf zufällige Münzfunde und Inschriftenfunde weniger Reisender des
18. und 19. Jh. angewiesen. M. E. muß aber fraglich bleiben, ob Kolossä
tatsächlich nach dem Erdbeben im Jahre 61/62 verlassen worden ist.[47] Zwar

---

Pro Flaccus XVIII 68f läßt sich die jüdische Bevölkerung in der Gegend im 1. Jh. v. Chr. auf
9000 (anders Lightfoot, *Kom.*, 20f: 11000 und Arnold, *Art. Colossae*, ABD I (1992), 1089f:
7500) erwachsene freie Männer schätzen. Inschriftlich ist eine jüdische Gemeinde (κατοικία)
in Hierapolis belegt (CIJ II 775). Vgl. zum Ganzen auch F. F. Bruce, *Jews and Christians in
the Lycus Valley*, 4-8.
[42] Bo Reike, *Historical Setting*. Er schließt daraus: „This in turn implies that the Epistel to
the Colossians must have been written before A.D. 61 or 62. If it had been written later by a
disciple or a forger in the name of Paul [...] the author would not have been so thoughtless as to
address himself to a city and a church which hardly existed or had at least conveyed their
importance to Laodizea some twenty or forty years earlier." (432)
[43] Lindemann, *Gemeinde*, 127-129; Wolfgang Schenk, *Kolosserbrief*, 3334f; Pokorný,
Kom., 17 u. ö.
[44] W. Harold Mare, *Archaeological Prospects at Colossae*, unternahm in den 70er Jahren
Vorbereitungen zu einer solchen Ausgrabung, die jedoch noch nicht erfolgte. Arnold,
Colossian Syncretism, 108, Anm. 16 berichtet, daß zur Zeit keine Ausgrabung geplant sei.
[45] Strab. XII 8,13 (576) meint, Apameia, genannt Kibotos, und Laodizea seien die größten
Städte Phrygiens. Er fährt fort mit der Aufzählung weiterer Städte, u. a. auch Kolossä. In der
jetzigen Aufzählung werden diese „Städtchen" (πολίσματα) genannt. Allerdings ist in der
Textüberlieferung eine Lücke von 15 Buchstaben vor der Aufzählung entstanden, so daß
letztlich keine Sicherheit darüber erlangt werden kann, ob er Kolossä tatsächlich für
unbedeutend hielt. Strabon hatte möglicherweise im Gegensatz zu Plinius dem Älteren
Ortskenntnisse. Jedenfalls bereiste er in seinem Leben Hierapolis (Strab. XIII 4,14 (629f)). Vgl.
auch Wolfgang Aly, *Art. Strabon* [3], PRE IVA/1 (1931), 81.
[46] Plin. nat. V 145. Die Bemerkung steht in einem gewissen Widerspruch zu nat. V 105, wo
Plinius aus dem Gerichtsbezirk (Diozöse) Kibyra Laodizea als die berühmteste Stadt nennt und
sodann noch Hydrela, Themisionion und Hierapolis als erwähnenswert aufzählt. Allerdings
verweist Plinius V 145 ausdrücklich auf die erste Liste. In der zweiten Liste findet sich
jedoch der ältere Name für Apameia, Celaenae (vgl. Magie, *Roman Rule* II, 985f).
[47] Tacitus, ann. XIV 27,1 berichtet: „In demselben Jahre wurde eine bedeutende Stadt
Kleinasiens, Laodizea, durch ein Erdbeben zerstört. Doch half sie sich ohne irgendwelche
Beihilfe unsererseits nur durch eigene Kraft wieder auf." (Vgl. auch Sib IV 106f). Allerdings
vermutet Michael Dräger, *Städte der Provinz Asia*, 76, es hätte zwar keine römische
Unterstützung gegeben, jedoch möglicherweise Hilfsmaßnahmen vom phrygischen Koinon,
das auf Antrag der Apamener einberufen wurde. Daß auch Kolossä und Hierapolis von diesem
Erdbeben betroffen wurden, berichten Euseb (*Chronik* II S. 154 [Schöne] = Hieronymus,

ist die Münzprägung in Kolossä erst wieder in der Zeit Hadrians (117-138) bezeugt,[48] jedoch besagt dies zunächst nur, daß die Stadt in dieser Zeit relativ hohes Ansehen genossen haben muß.[49] Bezeugt sind eine Reihe von Stadtämtern.[50] Das Theater der Stadt war jedoch relativ klein, so daß man von einer Kleinstadt ausgehen sollte.[51]

Dennoch ist m. E. die Frage berechtigt, ob die Verf. des Kol tatsächlich das antike Kolossä als Adresse ihres Briefes im Blick hatten. Denn es ist fraglich, was sie über das hinaus, was überall in der römisch-hellenstischen Welt bekannt war, von Kolossä wußten. Den Verf. ist bekannt, daß es in der Nachbarschaft von Laodizea und Hierapolis liegt (2,1; 4,13.15f). Sie zeigen aber keine Kenntnis von Zwistigkeiten in Laodizea und Hierapolis in den

---

Chronik S. 183 [Helm]) und im 5. Jh. Orosius, *Adversus paganos* VII 7,12. Die Stärke des Erdbebens ist nicht belegt. Das Argument von Cichorius, *Geschichte*, 24, der wegen fehlender Münzen aus Hierapolis in der Flavierzeit auf besondere Schwere dieses Erdbebens schließt, ist nach dem jüngsten Fund von drei Münzen aus der Flavierzeit für Hierapolis hinfällig geworden (vgl. Dräger, *Städte der Provinz Asia*, 305). Vgl. auch David Magie, *Roman Rule* II, 985f und Arnold, *Art. Colossae*, ABD I (1992), 1089f; Luz, *Kom.*, 184.

[48] Eine Aufstellung findet sich bei Hans von Aulock, *Münzen und Städte Phrygiens* II, 83-94. Aulock nennt vier Münzen aus dem 2. und 1. Jh. v. Chr. und eine aus der Zeit Caligulas (37-41), sodann 15 aus der Zeit Hadrians. Weitere Münzprägungen sind ohne Unterbrechung bis zur zweiten Hälfte des 3. Jh. belegt. Aus dieser Zeit sind auch zwei Ehreninschriften für Hadrian, eine von einer Priesterin des Zeus Kolossenos, belegt (IGRom IV 868f; vgl. auch Wolter, *Kom.*, 35).

[49] Aulock, *Münzen und Städte Phrygiens* II, 24-27; 83-94, meint: „Ich selbst möchte aufgrund der doch recht bedeutenden Münzprägung des zweiten nachchristlichen Jahrhunderts nicht an eine so schnellen Rückgang glauben, wie mitunter angenommen wird." (26) Die von Dräger, *Städte der Provinz Asia*, 263-352, vorgenommene Aufstellung der Münzprägungen kleinasiatischer Diozösen zeigt, daß auch in anderen Städten über viele Jahrzehnte im 1. und 2. Jh. n. Chr. bisher keine Münzprägung nachweisbar ist. Die Münzprägung war ein Privileg, das man zugeteilt bekam. Fehlende Münzprägung spricht daher nicht unbedingt für die Nichtexistenz einer Stadt.

[50] Auf Münzen finden sich als Magistratsämter Archon und Grammateus. Auf einer Inschrift, die in der Nähe der Kirche in Honaz gefunden wurde (LeBas-Waddington, inscr. II 1693b = IGRom IV 870; vgl. auch Louis Robert, *Inscriptions*, 277f) findet sich außerdem eine Liste, in der z. B. das Amt des Strategen, des Marktaufsehers, des Vorsitzenden des Stadtrates, des Vorsitzenden der Epheben, des Gesetzes- und des Ordnungshüters genannt werden (vgl. auch W. M. Ramsay, *Cities and Bishoprics* I, 212 und Walter Ruge, *Art. Kolossai*, PRE 11/1 (1921) 1119f). Außerdem wird hier die Durchführung des Kaiseropfers bezeugt. Ob und wie diese Ämter ausgeführt wurden, kann zur Zeit nicht bestimmt werden. Die Münzen und Inschriften belegen jedoch die politische Verfaßtheit der Stadt mit einem βουλή (Stadtrat) und dem δῆμος (Bürgerschaft). Eine andere Inschrift aus Kolossä nennt einen zweifachen Olympiasieger (MAMA VI 40). Eine Münze aus dem Jahr 180 n. Chr. feiert die Wiederherstellung der Homonoia zwischen Kolossä und Aphrodisias (vgl. David Macdonals, *Homonoia*, 26-28). Magie, *Roman Rule* I, 127f (II 985f) schließt aufgrund der auf Münzen und Inschriften bezeugten Stadtämter, daß die „foundation of Laodiceia and the commercial prominence which it attained may have had an unfavourable effect on Colossae's prosperity but nevertheless it continued under the romans to enjoy the rights of a city" (127).

[51] Geoge E. Bean, *Kleinasien* III, 270 meint: „Die ganze Anlage [...] bot nur Platz für zwölf oder fünfzehn Sitzreihen." Mare, *Archaeological Prospects*, 49 maß den noch sichtbaren Zuschauerraum (cavea) mit „60 pacers across north-south at the widest point".

sechziger Jahren, die sich durch Münzfunde belegen lassen.[52] Auch sonst
findet Lokalkolorit wie z. B. Schafzucht, Wollhandel, Färberei, Kranzhandel
oder der Hinweis auf hohes Alter der Stadt bzw. ihre große Tradition im Kol
keine Beachtung. Die Verf. nennen eine Reihe von Namen, von denen sie
explizit Onesimos, Epaphras und Archippos in Kolossä ansiedeln
(4,9.12.17). Allerdings werden diese drei, wie auch die meisten der übrigen
im Kol namentlich Genannten, auch im Phlm erwähnt. Es muß daher hier
zunächst offenbleiben, ob die Verf. diese Namen aus Lokalkenntnis
beziehen, ob sie etwas über die ursprüngliche Adresse des Phlm wissen oder
ob sie lediglich den Phlm kennen, die Adresse Kolossä jedoch aus anderen
Gründen wählen.

Die Verf. behaupten, daß die Gemeinde nicht von Paulus, sondern von
Epaphras gegründet worden sei (1,7f) und daß Paulus selbst der Gemeinde
nicht von Angesicht bekannt sei (2,1). Dies steht im Widerspruch zum Phlm,
in dem keineswegs der Eindruck entsteht, Paulus sei den Adressatinnen und
Adressaten unbekannt. Es muß auch offen bleiben, ob Paulus tatsächlich
niemals in Kolossä war. Die Nachrichten der Act bleiben an diesem Punkt
dunkel. In Act 18,23 wird berichtet, daß Paulus auf der dritten Missionsreise
im Anschluß an seinen Besuch in Antiochia „nacheinander die ländlichen
Gegenden Galatiens und Phrygien durchwanderte und alle Jünger (dort)
stärkte".[53] Nach der eingeschobenen Erzählung über Apollos fährt Lukas mit
dem paulinischen Reisebericht fort: „Als Apollos in Korinth war,
durchwanderte Paulus die landeinwärts gelegenen Landesteile (τὰ
ἀνωτερικὰ μέρη) und kam nach Ephesus." (19,1). Die gewöhnliche und
vergleichsweise bequemste Route für eine solche Wanderung wäre die von
Antiochia nach Apamea, Kolossä, Laodizea und dann dem Mäander folgend
nach Ephesus gewesen.[54]

Die Bewertung „persönlicher" Nachrichten fällt unter den Auslegern und
Auslegerinnen sehr unterschiedlich aus. Während z. B. Eduard Lohse meint,

---

[52] Dräger, *Städte der Provinz Asia*, 47f, schließt aus zwei Münzen aus der Regierungszeit
des Prokonsuls T. Clodius Eprius Marcellus (70-73) auf innere Auseinandersetzungen in diesen
beiden Städten.

[53] Die Durchwanderung Phrygiens und der ländlichen Gebiete und Galatiens (ἡ Φρυγία
καὶ Γαλατικὴ χώρα) wird auch schon Apg 16,6 erwähnt, hier mit dem Zusatz: „weil sie vom
heiligen Geist gehindert wurden, das Wort in Asien zu verkündigen". Es bleibt hier fraglich, ob
Phrygien und Galatien nach der Meinung des Lukas einen Gegensatz zur Provinz Asia bilden,
oder ob er sie zur Provinz Asia rechnet (was für Phrygien, aber nicht für Galatien stimmen
würde).

[54] Vgl. Sherman E. Johnson, *Laodizea and its Neighbors*, 4f. Auch Reike, *Historical
Setting*, meint, „it must be assumed that Paul visited these cities (Kolossä etc.) on his third
journey" (433). Er vermutet, einige Leute aus Kolossä seien auf der ersten Missionsreise des
Paulus in Antiochia (Pisidien) bekehrt worden (Apg 13,14). Ein Hinweis darauf sei der Erfolg,
den Paulus in Antiochia gehabt habe, sowie die Notiz aus 13,49, „das Wort verbreitete sich in
der ganzen Gegend (χώρα)." Ich halte es allerdings für unwahrscheinlich, daß mit χώρα
(ländliche Gegend) das 200 km entfernte Kolossä mitgemeint ist.

der „Beschreibung fehlen freilich anschauliche Züge, wie sie aus eigenem Erleben und persönlicher Bekanntschaft herrühren könnten",[55] schätzt Michael Wolter die Situation gegenteilig ein: „Daß Paulus der Gemeinde persönlich unbekannt war [...] und sie von einem seiner Mitarbeiter gegründet wurde, sind als historisch zuverlässige Reflexe einer individuellen Gemeindetradition anzusehen, die von dem faktischen Adressaten als Bestandteile ihrer eigenen Gemeindegeschichte identifizierbar waren." [56] Während die erste Position die Adressierung an Kolossä zu erklären hat, muß die zweite Position die deutlichen Universalisierungstendenzen nicht nur in der Nennung und Mitadressierung an die Gemeinde in Laodizea (und Hierapolis vgl. 2,1; 4,13.15f), sondern auch andernorts im Brief erklären. Der Adressierung an die Gemeinde in Kolossä steht die betonte Universalisierung der Botschaft gegenüber. Bereits Wolfgang Schenk hat darauf hingewiesen, daß „die Parenthese 1,6 (wie in der gesamten Menschheit ... wie auch bei euch) die Adressierung 'an die in Kolossä' überbietet."[57] Der Kol betont die weltweite Verkündigung des Evangeliums (1,23). Paulus und eine (nicht näher bestimmte) Gruppe verkündigen, ermahnen und lehren alle Menschen (1,28), um alle Menschen vollkommen zu Christus zu stellen (1,28). Die Nachricht von Paulus' Kampf ist nicht nur für die Gemeinden von Kolossä und Laodizea bestimmt, sondern auch für „die vielen, die mein Angesicht im Fleisch nicht gesehen haben" (2,1). Schließlich deuten die Verf. in 4,16 eine universelle Relevanz des Briefes an, wenn sie explizit zum Austausch von Briefen auffordern.[58]

Wenn der Brief katholischen Charakter zeigt, warum ist dann die konkrete Adresse Kolossä gewählt? M. E. spielen die „persönlichen" Nachrichten hier eine große Rolle. Die Verf. gehen anscheinend davon aus, daß die Kleinstadt Kolossä nicht von Paulus besucht worden ist. Ob sie über Epaphras konkrete Nachrichten besitzen, muß offen bleiben. Das im Kol Berichtete könnte ebenso aus der Notiz Phlm 23: „Es grüßt Dich Epaphras, mein Mitgefangener in Christus" entwickelt worden sein. Die Verf. des Kol könnten die Legende entwickelt haben, die sich wiedertreffenden Zellengenossen hätten sich über ihre Missionsarbeit ausgetauscht, und

---

[55] Lohse, *Kom.*, 28.225; Philipp Vielhauer, *Geschichte*, 200; Schenk, *Kolosserbrief*, 3334.

[56] Wolter, *Kom.*, 36. Vgl. auch Joachim Gnilka, *Kom.*, 20; Luz, *Kom.*, 211 u. ö. und Lindemann, *Gemeinde*, der wie Reike annimmt, Kolossä sei Anfang der 60er Jahre zerstört worden und in den Mittelpunkt das auch von Vielhauer, *Geschichte*, 200, überlegte Problem stellt, wie sich eine in der Adresse nicht genannte Gemeinde angesprochen fühlen konnte. Er vermutet, die eigentliche Adresse sei das in Kol 2,1 und 4,13.15f erwähnte Laodizea. Ein unbekannter Autor habe versucht, „im Kampf gegen 'Häretiker' in der von Paulus bzw. der Paulustradition kaum oder gar nicht bestimmten Gemeinde die Autorität des Apostels aufzurichten" (133). Dafür spreche auch der Vergleich Apk 3,14 und Kol 1,15 sowie Apk 3,17 und Kol 2,18, die ähnliche Abgrenzungstendenzen vermuten ließen.

[57] Schenk, *Kolosserbrief*, 3334.

[58] Vgl. auch Nielsen, *Status of Paul*, 104f, sowie Schenk, *Kolosserbrief*, 3334f.

Paulus habe daher an die von Epaphras gegründete(n) Gemeinde(n) einen Brief geschrieben.[59] Der Brief zeigt wenig spezifisches Lokalkolorit von Kolossä.[60] Dies liegt m. E. aber durchaus in der Absicht der Verf., die nicht nur einen Brief an Kolossä bzw. drei Gemeinden im Lykostal, sondern an alle an Paulusbriefen Interessierten schreiben (vgl. bes. 1,28; 2,1).[61] Warum die Verf. ausgerechnet Kolossä als Adresse wählten, läßt sich nicht mit Sicherheit rekonstruieren.[62] Aber vermutlich war es für die Auswahl nicht unwichtig, daß die Stadt nicht besonders bedeutend war. Durch die Adressierung an die Kleinstadt Kolossä in der Nachbarschaft der Metropole Laodizea und der wichtigen Stadt Hierapolis könnten sie die „weltweite" und auch die Winkel des römischen Reiches erfassende Ausbreitung des Evangeliums demonstrieren.

Die Adressierung an „die Heiligen in Kolossä" ist m. E. ebenso wie die Verfasserangabe eine Fiktion. Der Brief richtet sich vielmehr an alle, die an Briefen von Paulus und Timotheus interessiert sind: Nach dem möglicherweise vorausgesetzten Tod des Paulus vermutlich keine kleine Adressatinnen- und Adressatengruppe, was die Verf. selbst zum Ausdruck bringen (2,1).

3. ANLASS UND INTENTION DES BRIEFES IN DER KOLOSSERFORSCHUNG

Die überwiegende Mehrheit der Exegetinnen und Exegeten, auch die meisten derjenigen, die an Kolossä als Lokalisation der Adressatinnen und Adressaten zweifeln, sehen den Zweck des Schreibens bzw. die Absicht der Verf. in der Bekämpfung der die Gemeinde(n) bedrängenden Gegnerinnen und Gegner.[63] Allerdings ist die religionsgeschichtliche Identifikation der

---

[59] Damit weichen die Verf. des Kol von einem paulinischen Prinzip ab, nicht dort das Evangelium zu verkünden, wo Christus bereits angerufen wird (vgl. Röm15,20-22).

[60] Zur Frage der Nachrichten über die Gegnerinnen und Gegner s. u. Kap. 1.3.

[61] Eine eigentliche konkrete Adressierung an die Gemeinde in Laodizea, die Lindemann, *Gemeinde*, zu belegen sucht, halte ich für unwahrscheinlich. Denn 15 km sind auch in der Antike keine unüberbrückbare Distanz, aufgrund derer man annehmen könnte, es wären keine konkreten Nachrichten aus Kolossä in Laodizea verfügbar gewesen, selbst wenn die Stadt am Anfang der sechziger Jahre zerstört worden wäre. Es ist gemäß der Nachrichten der Paulusbriefe zudem unwahrscheinlich, daß eine paulinische Gemeinde in Kolossä gegründet wurde und nicht in der unmittelbar benachbarten Metropole Laodizea. Denn Paulus und seine Mitarbeiterinnen und Mitarbeiter missionierten jeweils in den urbanen Zentren, den Großstädten und Metropolen. Lediglich der Brief an die Gemeinden in Galatien ist nicht an eine lokale Metropole gerichtet, aber eben auch nicht an eine bestimmte Kleinstadt, sondern ist ein Rundbrief, dessen genaue Adressierung nur schwer rekonstruierbar bleibt.

[62] Schenk, *Kolosserbrief*, 3334, vermutet, daß die Verf. durch die Bezeichnung der Schafwollfarbe auf diesen Namen stießen.

[63] Fast alle Autorinnen und Autoren gehen davon aus, daß es sich um eine Gruppe handelt. Die Benennung wird allerdings unterschiedlich vorgenommen. Sprach man in den letzten Jahrzehnten zumeist von „Häresie" (vgl. Bornkamm, *Häresie*, vgl. auch noch Wayne House, *Heresies*, u. a.) oder von „Irrlehre" (vgl. W. Foerster, *Irrlehrer*) bzw. „errorists" (Fred O.

Gegnerinnen und Gegner des Kol sehr stark umstritten. In der Geschichte der Erforschung des Kol sind zahlreiche Identifikationsversuche unternommen worden.[64] Die einzelnen Sätze und Begriffe der Polemik in Kol 2 (2,4.8.16-23) sind immer wieder neu interpretiert und in einen religionsgeschichtlichen Gesamtzusammenhang eingebracht worden. Während einige die Gegnerinnen und Gegner als Gnostikerinnen und Gnostiker mit einer Affinität zum Judentum identifizieren,[65] haben andere die Gnosisthese zumeist wegen Bedenken gegen eine Datierung von Gnosis oder Gnostizismus im 1. Jh.[66] zurückgewiesen und die Opposition in verschiedenen Formen des antiken Judentums (Qumrantheologie,

---

Francis, *Humility*; Andrew J. Bandstra, *Did the Colossian Errorists*) oder „false teaching" (Christopher Rowland, *Apokalyptic Visions*), hat sich in den vier neuesten Monographien die Benennung „Philosophie" (mit und ohne Anführungszeichen) durchgesetzt, die von vielen als Selbstbezeichnung angesehen wird (vgl. Kol 2,8). Einige wie z. B. Jerry Sumney, *Those Who „Pass Judgment"* sprechen von „Opponents" also Gegnerinnen und Gegnern (vgl. auch Luz, *Kom.*, 215-225). M. E. ist die Benennung als „Häresie" bzw. „Irrlehre" jedoch zu vermeiden, da man im 1. Jh. n. Chr. kaum eine Trennungslinie zwischen Orthodoxie und Heterodoxie ziehen kann (vgl. Walter Bauer, *Rechtgläubigkeit*). Die Benennung als „Philosophie" impliziert bereits eine Entscheidung zugunsten der Aufnahme eines Schlagwortes in 2,8. Daher werde ich im Folgenden von „Gegnerinnen und Gegnern" bzw. „Opposition" sprechen. Ob überhaupt *eine Gruppe* im Blick ist, bleibt fraglich. Einige Ausleger haben gegenüber dieser Voraussetzung nicht unberechtigte Zweifel geäußert (vgl. Fenton Morley, zitiert bei C. F. D. Moule, *Kom.*, 34, Anm. 1; Kiley, *Colossians as Pseudepigraphy*, 105 und vorsichtig Martin, *By Philosophy*).

[64] Oftmals wird auf die Liste von John J. Gunther, *St. Paul's Opponents*, 3f, verwiesen, der bereits 1973 44 verschiedene Identifikationen zählte. Allerdings meinen unterschiedliche Bezeichnungen in dieser Aufzählung nicht unbedingt unterschiedliche Phänomene, und manche Ausleger wechseln die Bezeichnung auch mehrfach in einem Text. Bornkamm, *Häresie*, nennt sie z. B. 147: „Abart jüdischer Gnosis"; 149 „Abart des synkretistischen Judentums"; 150: „judenchristliche Gnosis" und fügt noch weitere Bezeichnungen hinzu. Inzwischen sind noch weitere Identifikationen hinzugekommen, z. B. „jewish Apocalypticism" (Sappington, *Revelation*, 1991), „Middle-Platonists [...] affiliated at some level with the Colossian Jewish community" (DeMaris, *Colossian Controversy*, 1994), „combination of Phrygian folk belief, local folk Judaism, and Christianity" (Arnold, *Colossian Syncretism*, 1995) oder „cynic philosphers" (Martin, *By Philosophy*, 1996). Insgesamt kann man die Identifikationen aber in die oben aufgeführten vier Hauptgruppen aufteilen.

[65] Ernst Lohmeyer, *Kom.*; Bornkamm, *Häresie*; Schenke, *Widerstreit*; Hans-Friedrich Weiß, *Gnostische Motive*; Schenke/Fischer, *Einleitung I*; Ambrose M. Moyo, *Colossian Heresy*; Pokorný, *Kom.*; Harold W. Attridge, *On Becoming an Angel*: „proto-Gnostic". Vorform 'eigentlicher' Gnosis: Roy Yates, *Colossians and Gnosis*; Michael Goulder, *Colossians and Barbelo*.

[66] Dieses Argument entstammt einer Auffassung von der Entstehung der Gnosis, nach der diese Bewegung eine erst sekundär mit dem Christentum bzw. Judentum verbundene pagan-philosophische Bewegung sei. Eine andere Auffassung von der Gnosis, die die Beobachtung der ausgiebigen und differenzierten Aufnahme exegetischer Traditionen in vielen der Nag Hammadi Texte, insbesondere von Auslegungstraditionen des Ersten Testaments, ihrer traditionsgeschichtlichen Einordnung der Gnosis zugrunde legt, sieht die Wurzeln der Gnosis dagegen in weisheitlich dualistischen Kreisen des Judentums. Diese Gruppe von Forscherinnen und Forschern datiert die Entstehung der Gnosis, sowie eine Reihe von Nag Hammadi Schriften sehr viel früher. Die Spätdatierung der Nag Hammadi Texte bzw. der Entstehung der Gnosis ist somit als Argument gegen die gnostische Beeinflussung neutestamentlicher Texte allein nicht stichhaltig. Vgl. auch Moyo, *Colossian Heresy*, 31f.

Apokalyptik, mystisches Judentum, lokale Ausprägungen) gesucht.[67] Eine
dritte Gruppe sieht hellenistisch-römischen Synkretismus als Hintergrund der
kolossischen Irrlehre und verweist auf Mysteriendenken, phrygische
Lokalkulte und magische Praktiken.[68] Schließlich sind auch verschiedentlich
Versuche unternommen worden, das Stichwort „Philosophie" in Kol 2,8 als
maßgebliche Selbstbezeichnung zu verstehen und die Opposition im Kol
verschiedenen Philosophenschulen des 1. Jh. (Neupythagorismus, Mittelplatonismus, Kynismus) zuzuordnen.[69] Umstritten ist schließlich in jeder
dieser Zuordnungen die Frage, inwieweit die Gegner und Gegnerinnen zum
Adressatinnen- und Adressatenkreis gehören, in die Gemeinde eingedrungen
sind oder von außen eine besondere Attraktivität auf die Adressatinnen und
Adressaten ausüben.[70]

Das Problem der Identifizierung liegt vor allem darin, daß die Verf. nicht
wie Paulus mit den Gegnerinnen und Gegnern argumentieren, sondern
Warnungen vor unbestimmten Personen (τὶς; μηδείς)[71] paränetisch zusammenstellen: „Dies sage ich, damit niemand euch täuscht" (2,4); „Seht, daß
niemand euch rauben wird" (2,8); „Niemand nun soll euch richten" (2,16);
„Niemand soll euch verurteilen" (2,18). Diesen ·Warnungen sind präpositionale Näherbestimmungen beigegeben. In ihnen vermuten die meisten

---

[67] So bereits J. B. Lightfoot, *Kom.*, 73-113 (Essener); Stanislas Lyonnet, *Paul's
Adversaries*; Foerster, *Irrlehrer*; Francis, *Humility*; *Background*; Bandstra, *Did the Colossian
Errorists*; N. Kehl, *Erniedrigung*; Craig A. Evans, *Colossian Mystics*; Christopher Rowland,
Apocalyptic Visions; Sappington, *Revelation*; Jerry Sumney, *Those who 'pass judgment'*;
lokales Judentum: Kraabel, *Judaism*, 139-149; Daniel J. Harrington, *Christians and Jews in
Colossians*; Dunn, *Colossian Philosophy*; *Kom.*, 219: „asketische
Judenchristen"; Wilson, *Hope*, 28-40: „*proto-Elchasaitism.*" Einige Forscher vermuten die
Gegnerinnen und Gegner des Kol als Autoren bzw. Autorinnen des Judasbriefes. Vgl. z. B.
Gerhard Sellin, *Häretiker*, 221f und Roman Heiligenthal, *Zwischen Henoch und Paulus*, 103-
124.

[68] Harald Hegermann, *Vorstellung*, 161-169; Lähnemann, *Kolosserbrief*, 63-154; Gnilka,
Kom, bes. 163-170: „naturhaft-mythische Religion"; Randal Argall, *Source*; Arnold, *Colossian
Syncretism*.

[69] Neupytagorismus: Schweizer, *Versöhnung*; *'Elemente der Welt'*; *Kom.*, 100-104; *Slaves*
u. ö. Mittelplatonismus: DeMaris, *Colossian Controversy*. DeMaris ordnet die auch von
Schweizer herangezogenen *Hypomnemata* des Alexander Polyhistors (Diog. Laert. VIII 25-33)
philosophiegeschichtlich anders zu. Kynikerinnen und Kyniker: Martin, *By Philosophy*.

[70] Neuerdings hat Harold Van Broekhoven, *Social Profiles*, einen weitgehend
soziologischen Zugang zur Gegner- und Gegnerinnenfrage gewählt. „The differences between
the parties represented in the letter should be seen [...] as primarily and initially rooted in their
respective social worlds" (76). Er sieht die Hauptdifferenz zwischen dem „high-grid, high-
group"-Gemeindekonzept der Verf. und der Oppositionsgruppe als „high-grid but low-group
individual(s)" (84). Siehe hierzu unten Kap. 5.2.2.

[71] Einige Ausleger und Auslegerinnen verweisen mit Blass/Debrunner, *Grammatik*, § 301[3]
auf die Bedeutung von τὶς *quidam* (ein gewisser) sowie auf Beispiele, in denen die Nennung
der konkreten Gegnerinnen und Gegner vermieden wird, z. B. II Kor 3,1; IgnEph 7,1; 9,1.
Jeweils wird aber eine Gruppe τινές genannt. Lediglich in IgnEph 9,1 ist deutlich, daß dem
Verfasser trotz des Singulars τὶς eine bestimmte Gruppe vor Augen steht (anders IgnTrall 6,1-
8,1).

Auslegerinnen und Ausleger die Aufnahme von Schlagwörtern aus der Lehre der Opposition. Umstritten ist aber jeweils die Frage, was Stichwort aus der Lehre der Gegnerinnen und Gegner, was (verfälschende) Polemik und was als Position der Verf. zu betrachten ist.[72]

Beispielhaft möchte ich einige Auslegungen umstrittener Verse gegenüberstellen.[73] Kol 2,4 wird von den meisten Auslegern und Auslegerinnen als rein polemisch und daher wenig aussagekräftig angesehen. Anders dagegen betont Troy W. Martin den didaktischen Kontext dieser Aussage und sieht in der „überzeugenden Rede" ein wesentliches Charakteristikum der „Philosophie".[74]

Auch Kol 2,8 ist in seiner Zugehörigkeit zur Beschreibung der Gegnerinnen und Gegner umstritten.[75] Martin meint, in der Formulierung „durch Philosophie und leeren Betrug" sei die Methodik der Opposition angesprochen,[76] wogegen andere das Stichwort „Philosophie" als Selbstbezeichnung der Gruppe verstehen. Dabei müssen, wie z. B. Moyo, Schenk, Harrington, Dunn u.a betonen, nicht antike Philosophenschulen angesprochen sein, denn der Begriff „Philosophie" ist auch als Selbstbezeichnung des Judentums belegt.[77] Was mit „Stoicheia des Kosmos" gemeint ist, gehört zu den umstrittensten Fragen der Kolosserforschung. Einige verstehen

---

[72] Eine Reihe von Auslegern versucht eine methodische Klärung der Gegner- und Gegnerinnenidentifikation, allerdings mit wenig übereinstimmenden Ergebnissen. Kehl, *Erniedrigung*, 366, sieht z. B. nur die Verse 2,16-18a.21 als direkte Beschreibungen der gegnerischen Position an und betrachtet die Verse 2,4f.8.22f als polemisch gefärbte Charakterisierungen. Als direkte Stellungnahmen der Verf. zur gegnerischen Position versteht er einen Einschub in den Hymnus (1,16b). Dagegen will Luz, *Kom.*, 216, nur von den direkt polemischen Aussagen ausgehen, nämlich 2,18a.b.21.23a.b und eventuell 2,8. Sappington, *Revelation*, 140-149 trennt zwischen „direct description" und „indirect reference" und zählt zu letzterem die Verse 2,8 und 2,22. Jerry Sumney, *Those Who 'Pass Judgment'*, und Martin, *By Philosphy*, 20-57, trennen zwischen „explicit statements" „allusions" und „affirmation" und erachten den Kontext der jeweiligen Charakterisierungen als maßgeblich für die Zuverlässigkeit der Informationen. Nur die „explicit statements" seien zur Rekonstruktion der Gegnerinnen und Gegner heranzuziehen. Während nun Sumney die Gegnerinnen und Gegner als „ascetic visionaries" beschreibt und eine Zuordnung zu einer religionsgeschichtlich relevanten Bewegung aufgrund der wenigen zuverlässigen Informationen für unangemessen hält, sieht Martin gerade in 2,8 und 2,22 wesentliche Hinweise auf die Charakterisierung der Oppositionsgruppe als kynische Philosophen.

[73] Das Folgende ist eine keinesfalls umfassende Darstellung der in der bisherigen Auslegungs- bzw. Rekonstruktionsgeschichte auftretenden Hauptprobleme der Auslegung von Kol 2,4-23. Für einen detaillierten und umfassenden Forschungsbericht vgl. DeMaris, *Colossian Controversy*, 18-40.

[74] Martin, *By Philosophy*, 25-27.

[75] Wolter, *Kom.*, 155-163 will z. B. wegen seiner Betrachtung von Kol 2,9-23 als *argumentatio* einer antiken Gerichtsrede entsprechend der Musterkategorien antiker Rhetorik „aus methodischen Gründen [...] zunächst ausschließlich die Aussagen der *refutatio* (der negativen Beweisführung) zur Grundlage" der Rekonstruktion machen (156). 2,9-15 betrachtet Wolter dagegen als *probatio* (positive Beweisführung).

[76] Martin, *By Philosophy*, 27-30.

[77] Moyo, *Colossian Heresy*, 36; Schenk, *Kolosserbrief*, 3353; Harrington, *Colossians*, 157; Dunn, *Colossian Philosophy*, 157, u. a. Vgl. Arist 256; IV Makk 5,11.22-24; 7,9.21; Philo, Mut 223; VitMos II 216; VitCont 26; LegGai 156; Josephus, Ant XVIII 11.26; Bell II 119. DeMaris, *Colossian Controversy*, 47-49, schreibt diese Selbstbezeichnung den apologetischen Tendenzen dieser Autoren zu. „At the very least, then, the designation φιλοσοφία indicates some correspondence between the Colossian philosophy and Greek philosophy, and it may mean that the Colossian philosophy was a type of Hellenistic philosophy." (49).

στοιχεῖα unter Verweis auf Hebr 5,12 als „Elementarlehren".[78] Andere haben mit ausgiebigen Begriffsuntersuchungen herausgearbeitet, daß fast alle der zeitgenössischen Parallelen unter στοιχεῖα τοῦ κόσμου die vier Grundelemente bzw. Bestandteile der Welt: Erde, Wasser, Luft und Feuer verstehen.[79] Umstritten ist jedoch unter diesen Forscherinnen und Forschern die Deutung dieser Ergebnisse. Während einige darauf verweisen, daß die „Elemente" auch als Geister verstanden bzw. mit Götternamen belegt wurden,[80] sehen andere die „Weltelemente" als Garanten der Harmonie des Kosmos. Mit der Polemik gegen die στοιχεῖα sei die Angst der Gegner und Gegnerinnen angesprochen, nach dem Tode keinen Weg durch die Elemente in den Himmel zu finden.[81] Eine Verbindung der beiden Deutungen unternimmt DeMaris, der mit στοιχεῖα τοῦ κόσμου die epistemologischen Prinzipien der „Philosophie" angesprochen sieht, die mit der Erforschung der Stoicheia „enjoys revelatory insight".[82]

Die Vertreterinnen und Vertreter der Gnosisthese haben dagegen die Gegenüberstellung der Stoicheia zu Christus betont (2,8) und sie mit den in 2,18 genannten „Engeln" sowie den „Mächten und Gewalten" (ἀρχαὶ καὶ ἐξουσίαι; 1,16; 2,15; vgl. auch 2,10) identifiziert. Gegen die kritischen Einwände gegen diese Übersetzung von „Stoicheia des Kosmos" betont Schenke die Parallelität der Formulierung zu Gal 4,3.9, die vermuten lasse, der Begriff stamme von den Verf. des Kol und nicht aus dem Sprachgebrauch der Gegnerinnen und Gegner.[83] Die στοιχεῖα (Elemente) werden daher unter den Vertreterinnen und Vertretern der Gnostikerthese als „personenhafte, engelische Mächte" verstanden.[84] Umstritten ist allerdings die Frage, ob es sich bei den von den Gegnern verehrten „Elementen" um den Gnostikern freundlich oder feindlich gesinnte Mächte handelt. Bornkamm und Moyo meinen unter Verweis auf Kol 2,9ff, es gehe um die „Wiedergeburt aus den Elementen der oberen Welt"[85] bzw. „that the divine fullness was fount in the 'elemental spirits of the universe'".[86] Dagegen verweist Schenke auf eine „allgemeine Weltanschauung der Gnosis", nach der die Gnostiker in der Welt noch der Herrschaft der Archonten unterworfen seien, die es beim Aufstieg der Seele in ihre himmlische Lichtheimat zu überlisten gelte.[87]

---

[78] Carr, *Engels and Principalities*, 72-76; Sappington, *Revelation*, 164-170.

[79] Vgl. J. Blinzler, *Lexikalisches*; Schweizer, *Die Elemente der Welt*; *Slaves of the Elements, Altes und Neues*; DeMaris, Art. *Element, Elemental Spirit*, ABD II (1992), 444f; Dietrich Rusam, *Neue Belege*.

[80] Z. B. Weish 13,2; Philo, Decal 53; VitCont 3; Mund 107-108. Zumeist im polemischen Kontext gegen andere Götter oder Götzen.

[81] So Schweizer, *Slaves of the Elements* u. ö.

[82] DeMaris, *Colossian Controversy*, 73, vgl. auch 52-55 und 95f. Martin, *By Philosophy*, 31-33, betont die Wiederholung der Präposition κατά in Kol 2,8 und begründet mit der Parallelität zwischen „menschlicher Überlieferung" und *Stoicheia* die These, mit den „Elementen" sei der Gegenstand der philosophischen Methodik der Opposition angezeigt, nämlich die Physik.

[83] Schenke, *Widerstreit*, 394^, vgl. Schenke/Fischer, *Einleitung* I, 160. Das Argument vertreten auch Hegermann, *Vorstellung*, 161; Lyonnet, *Paul's Adversaries*, 148, u. a.

[84] Bornkamm, *Häresie*, 140. Vgl. auch Pokorný, *Kom.*, 95.

[85] Bornkamm, *Häresie*, 143.

[86] Moyo, *Colossian Heresy*, 35.

[87] Schenke, *Widerstreit*, 394-399 (396); Schenke/Fischer, *Einleitung* I, 158-165. Vgl. auch schon Dibelius, *Isisweihe*, 63-65 sowie Weiß, *Gnostische Motive*; Pokorný, *Kom.*, 95-101. Keine Entscheidung in dieser Frage wollen Ernst Käsemann, Art. *Kolosserbrief*, RGG 3 (1953), 1728, und Lohse, *Kom.*, 187, treffen. Moyo, *Colossian Heresy*, hat gegenüber der von Schenke behaupteten „allgemeinen Weltanschauung der Gnosis" gezeigt, daß im

Die Vertreterinnen und Vertreter der Gnosisthese rekonstruieren das Bild der Opposition auch mit Hilfe des übrigen Kolosserbriefes, besonders aber mit Kol 2,9-15 und 1,15-20.[88] Vor allem die Begriffe „Fülle" (πλήρωμα 2,9f; vgl. 1,19) sowie „Weisheit" (1,9.28; 2,3.23; 3,16), „Erkenntnis" (1,6.9f; 2,2f; 3,10) und „Vollkommenheit" (1,28; 3,14; 4,12) werden als Stichworte der „Gnostiker" identifiziert. Die in 2,14f beschriebene Entkleidung der „Mächte und Gewalten" sowie die Außerkraftsetzung der δόγματα (Verordnungen) werden als Negationen der Position der Gnostikerinnen und Gnostiker durch die Verf. des Kol verstanden. Harold Attridge sieht hinter dem Bezug auf die Taufe in Kol 2,11-13 den Hinweis auf eine Tauftheologie der Gegnerinnen und Gegner, in deren Zentrum die Verwandlung der Gläubigen in ein engelsgleiches Wesen stehe.[89] Einige Vertreter der These „mystisches Judentum" ziehen Kol 2,2f für die Rekonstruktion heran und sehen in der Behauptung „in ihm (Christus) sind alle Schätze der Weisheit und der Erkenntnis (γνῶσις) verborgen" (2,3) in Verbindung mit 2,23 die Widerlegung der Behauptung eines unvermittelten Zugangs zur Weisheit Gottes durch den Aufstieg in die himmlische Welt.[90]

Über Kol 2,16 herrscht in der bisherigen Forschung die größte Einmütigkeit. Die meisten Forscherinnen und Forscher nehmen an, daß Gegnerinnen und Gegner Bestimmungen in bezug auf Speise und Trank kannten und Sabbat, Neumonde und andere Festzeiten beachteten. Das Stichwort „Sabbat" verweise auf das Judentum, wozu auch „Neumondfeiern" und Kaschrutbestimmungen passen würden.[91] Daher vermuten die meisten Auslegerinnen und Ausleger eine Beziehung der „Philosophie" zum Judentum.[92] Neumondfeiern und Speiseordnungen sind jedoch keine jüdischen Spezifika und könnten daher über diesen Kontext hinausweisen.[93] Martin hat jedoch

---

Eugnostosbrief (NHC III,370,1-78,23 u. ö.), der Sophia Jesu Christi (NHC III,4 90,14-108,25 u. ö.) und den Stehlen des Seth (NHC VII,5 121,19-124,16, bes. der zweiten) die die Welt regierenden Mächte nicht feindlich gesinnt sind.

[88] Dies wird von vielen anderen Autoren und Autorinnen als methodisch unstatthaft angesehen. Neben den oben (vgl. Anm. 72) genannten auch z. B. Schweizer, *Kom.*, 100f; DeMaris, *Colossian Controversy*, 41-45, u. a.

[89] Attridge, *On Becoming an Angel.*

[90] So Bandstra, *Did the Colossian Errorists*, 339-343, sowie auch (gegen die von ihm geäußerten methodischen Bedenken) Sappington, *Revelation*, 178f. Dunn, *Colossian Philosphy*, bezieht in seiner Rekonstruktion außerdem noch das Stichwort „Erbteil" (1,12), bzw. „Erwählte Gottes" (3,12) sowie die Thematisierung der Beschneidung in 2,11.13; 3,11 ein.

[91] Martin, *Pagan and Judeo-Christian Time-Keeping* sucht nachzuweisen, daß die Liste der Festzeiten in Kol 2,16 explizit jüdisch ist.

[92] Dieser Vers ist das Hauptargument für alle Vertreter der Identifikation der Gegnerinnen und Gegner als Jüdinnen und Juden. Vgl. z. B. neuerdings Wolfgang Schenk, *Kolosserbrief,* 3351-3354; Sappington, *Revelation,* und Dunn, *Colossian Philosophy.* Anders dagegen ist Martin Dibelius, *Isisweihe,* 63, Anm. 80, der Ansicht: „Überhaupt zwingt uns keine Äußerung im Brief [...] auf jüdische Einflüsse in Kolossä zu schließen." Schweizer, *Kom.,*101, spricht vom Eindringen „jüdisch verbrämte(r) Weltanschauung.", Gnilka, *Kom.,*168, sieht hier „ein jüdisches Gehäuse [...] mit fremdem Geist erfüllt" (168), und DeMaris, *Colossian Controversy,* räumt zwar ein, daß „the Colossian philosophers [were] affiliated at some level with the Colossian Jewish community, a common phenomenon in the NT period" (132), meint aber, die „Philosophen" seien besonders von der hellenistisch-jüdischen Interpretation des Judentums angezogen worden, die „presented Jewish practices as a vehicle for philosophical goals" (ebd.).

[93] Zu nicht-jüdischer Beachtung von Speisegeboten vgl. den Überblick bei Wolter, *Kom.,* 141f, und Arnold, *Colossian Syncretism,* 210-214. Die Neumondfeiern will Lähnemann, *Kolosserbrief,* 86f, auf den lokalen Menkult zurückführen. Arnold, ebd., 214-216, weist auch noch auf die Verehrung von Selene sowie auf die Bedeutung des Neumonds im Isismysterium

vorgeschlagen, „im Essen (ἐν βρώσει) etc." nicht als Charakteristiken der Gegnerinnen und Gegner aufzufassen, sondern als Charakteristikum der Gemeinde selbst.[94] Diese werde von der Opposition wegen ihrer Speisegebote und Festzeiten kritisiert.

Der am meisten diskutierte Vers in der die Rekonstruktion der 'kolossischen Häresie' ist der Vers 2,18. Hier ist fast jedes Wort und seine Beziehung im Kontext unterschiedlich gedeutet worden, insbesondere das oder die Beziehungswort(e) des Relativpronomens ἅ sowie die genaue Bedeutung von ταπεινοφροσύνη (Selbstbescheidung, Demut), θρησκεία τῶν ἀγγέλων (Verehrung der Engel) und ἐμβατεύειν (hineingehen, herangehen). Dibelius sieht in ἐμβατεύειν ein Stichwort eines fremden, in die Gemeinde eingedrungenen Mysterienkultes. Wie in einigen Inschriften des Orakelheiligtums des Apollon von Klaros beschreibe das „Eintreten" die letzte Stufe der Mysterieninitiation. Der Relativsatz ἅ ἑόρακεν (was er gesehen hat) sei als Objekt zu „eintreten" zu verstehen und deute auf die wegen der Geheimhaltung der Mysterien unbekannte Erfahrung der Irrlehrer.[95] Auch Schenke/Fischer verstehen den Satz „was er gesehen hat, eintretend" als Stichwort der Gegner, meinen aber wegen des Fortgangs des Satzes mit der Polemik „grundlos aufgeblasen vom Verstand seines Fleisches", daß hier auf den Aufstieg des Verstandes der Gnostiker in seine himmlische Heimat angespielt sei.[96] Francis, Rowland, Sappington, Dunn u. a. vermuten hinter 2,18 ebenfalls visionäre Erfahrungen, allerdings seien die Visionserfahrungen direkt in den im Relativsatz vorangehenden Begriffen „Demut und Verehrung der Engel" angesprochen.[97] Sie deuten θρεσκεία τῶν ἀγγέλων als Genitivus Subjektivus und somit die Engel als Subjekte des himmlischen Gottesdienstes, die der Seher beim Eintritt in die himmlische Welt beobachtet. Zeugnisse der Teilnahme von Sehern an himmlischen Gottesdiensten, in denen die Anbetung Gottes durch die Engel eine große Rolle spiele, seien vor allem jüdisch-apokalyptische Schriften, Qumranschriften sowie die

---

hin.

[94] Nach Martin, *By Philosophy*, 116, Anm. 1, bezeichnet der präpositionale Ausdruck ἐν βρώσει ... „the activity by which the direkt object is condemned. Someone is attempting to condemn the Colossians for their practice of eating and drinking." Ein weiterer Hinweis, daß hier das Verhalten der Gemeinde und nicht das der Gegnerinnen und Gegner angesprochen sei, sind für Martin die substantivierten Tätigkeitsbeschreibungen βρῶσις statt βρῶμα und πόσις statt πόμα.

[95] Dibelius, *Die Isisweihe*. Das Argument findet sich auch bei den anderen Vertretern und Vertreterinnen der Synkretismusthese, z. B. Lähnemann, *Kolosserbrief*, 86, Gnilka, *Kom.*, 168f, und Arnold, *Colossian Syncretism*, 109-157, abgeschwächt auch bei Kraabel, *Judaism*,147, „to approach an oracle". Gegen die Deutung von ἐμβατεύειν als *terminus technicus* der Mysteriensprache ist aber m. E. zu Recht eingewandt worden, daß die inzwischen von Arnold, ebd., 100-113, vervollständigten Belege jeweils im Kontext μυεῖσθαι nennen. Im Kol findet sich aber kein weiterer Hinweis auf Mysteriensprache im Kontext der Gegnerinnen- und Gegnerpolemik, lediglich der Begriff τέλειος als Ziel der gläubigen Existenz (1,28; 4,12).

[96] Schenke/Fischer, *Einleitung* I, 159. Ähnlich auch Bornkamm, *Häresie*, 143f.

[97] Gegen den Einwand, daß das Relativpronomen ἅ (neutrum plural) sich nicht auf ein feminines Bezugswort beziehen könne, hat Rowland, *Apokalyptic Visions*, darauf hingewiesen, daß der Genitiv τῶν ἀγγέλων auch als Näherbestimmung von ταπεινοφροσύνη verstanden werden und sich somit das neutrale Relativpronomen „to the totality of actions performed by the angels, which the visionary saw during his ascent to heaven" beziehen könnte (76). (Eine Parallele für diesen Sachverhalt bietet Kol 3,5f allerdings nicht. Hier ist neben den Femina ein Neutrum aufgezählt.) Sappington, *Revelation*, 156-158, verweist auf die Parallelität der Satzstruktur von 2,16f mit 2,18.

Texte der Merkavahmystik. Das Wort ταπεινοφροσύνη (Demut, Selbstbescheidung), das die meisten Autoren und Autorinnen für ein Schlagwort der Gegnerinnen oder Gegner halten, weil es von den Verf. des Kol in 3,12 in einem Tugendkatalog aufgeführt ist, könnte entweder die asketischen Praktiken bezeichnen, mit denen sich Visionäre auf die Teilnahme bzw. Beobachtung am himmlischen Gottesdienst vorbereiten,[98] oder sich auf die Haltung der Engel im himmlischen Gottesdienst beziehen.[99] Gegen diese Auslegung von Kol 2,18 hat DeMaris eingewandt, daß im Kol anders als in der Apokalyptik und Merkavahmystik keine Himmelsreise und kein Aufstieg in die himmlische Welt beschrieben sei und sich auch kein (weiterer) Hinweis auf Mysterientheologie finde. Er versteht ἃ ἑόρακεν ἐμβατεύων (was er sieht, wenn er eindringt) figurativ im Sinne von sorgfältigem Erforschen durch die Philosophen (vgl. II Makk 2,30).[100] Gegen die Deutung von „Verehrung der Engel" als Genitivus Subjektivus hat er mit Arnold eingewendet, daß zwar θρησκεία mit Genitivus Subjektivus nachzuweisen ist,[101] die Deutung als Genetivus Objektivus aber die häufigere und in Verbindung mit „der Engel," also himmlischer Wesen, auch die einzig wahrscheinliche sei.[102] Arnold versteht die Engel vor allem als Mittlergestalten und Dämonen, die angerufen werden, um vor Bösem und Unglück zu beschützen und um zwischen Mensch und Gott zu vermitteln. Diese in magischen Texten belegte Praxis sei auch im Judentum nachweisbar.[103] Martin ist auch an dieser Stelle der Meinung, der Autor beschreibe mit „in Demut und Verehrung der Engel" eine „certain Colossian worship practice that the opponent is criticising".[104] Den Relativsatz ἃ ἑόρακεν ἐμβατεύων deutet er also als Aktivität der Gegnerinnen und Gegner, die in den Gottesdienst der Gemeinde hineinkommen und die Gemeinde überheblich kritisieren und mutwillig verurteilen.[105]

---

[98] So Francis, *Humility*, 167-171; Bandstra, *Did the Colossian Errorists*, 332-339; Sappington, *Revelation*, 151-153; Dunn, *Colossian Philosphy*, 171f u. ö. mit Bezug besonders auf Herm vis 3,6,10 und sim 5,3,7. Kehl, *Erniedrigung*, wies auf die Verbindung von Niedrigkeitsbewußtsein und Armenfrömmigkeit in Verbindung mit Erhöhungsbewußtsein durch die Anschauung von der Aufnahme in die Gemeinschaft der Engel hin.

[99] So Rowland, *Apocalyptic Visions*,74f, mit dem Argument, daß der Genitiv τῶν ἀγγέλων sich auch auf ταπεινοφροσύνη beziehen könne, da auch die einleitende Präposition ἐν nicht vor θρησκεία wiederholt werde. Die apokalyptische Literatur sei sehr interessiert an der himmlischen Liturgie und dem Verhalten der Engel beim Gottesdienst im himmlischen Hofstaat.

[100] DeMaris, *Colossian Controversy*, 63-67, vgl. auch schon Lyonnet, *Paul's Adversaries*, 150, und neuerdings Luz, *Kom.*, 217.

[101] Zu ἡ Ἰουδαίων θρησκεία vgl. Josephus, Ant XII 253; vgl. auch Ant XVI 115.

[102] Arnold, *Colossian Synkretism*, 91 meint nach einer Untersuchung aller θρησκεία Belege im Thesaurus Linguae Graecae: „A survey of the usage of θρησκεία fails to turn up one example of a divine being, or a typical object of worship (e.g. an 'idol'), related to θρησκεία in the genetive case that should be taken as a subjective genetive." Vgl. auch DeMaris, *Colossian Controversy*, 59-63.

[103] Arnold, ebd., 8-102. Hinzuweisen ist schließlich noch auf Martin, *By Philosophy*, 149-167, der beide oben aufgeführten Deutungen des Genitivs „der Engel" ablehnt. Er interpretiert „in Demut und Verehrung der Engel ..." parallel zu seiner Auslegung von 2,16 als kritische Beschreibung der Adressatinnen und Adressaten durch die Opposition und versteht „der Engel" als Genitiv des Ursprungs. Der kolossische Gottesdienst (θρησκεία) habe seinen Ursprung in den Boten Gottes, Paulus und seinen Mitarbeitern.

[104] Martin, *By Philosophy*, 34.

[105] Sappington, *Revelation*, sieht in den Stichworten κρινέτω und καταβραβευέτω die Hauptbelege seiner These, nach der hier jüdische Apokalyptiker die Gemeinde mit dem in

Kol 2,20 übersetzen die meisten Ausleger und Auslegerinnen folgendermaßen: „Wenn ihr mit Christus den *Stoicheia* des Kosmos gestorben seid, was laßt ihr euch Satzungen auflegen, als lebtet ihr noch im Kosmos/in der Welt?" Hier scheint also erneut die Tätigkeit der „Philosophie" in den Blick genommen zu sein, obgleich in 2,20-23 der in 2,4.8.16.18 angesprochene „irgendwer" (τὶς; μηδείς) nicht genannt ist. Die Formulierung ἀπὸ τῶν στοιχείων ist für DeMaris ein Beleg, daß es sich bei den Elementen um eine räumliche Kategorie und nicht um personifizierte Wesen handeln muß.[106] Allerdings hat Martin nach einer gründlichen Untersuchung aller verfügbaren Belegstellen gezeigt, daß die Bedeutung „sterben von" für ἀποθνήσκειν ἀπό sonst nicht belegt werden kann.[107] Er hat daher eine andere Übersetzung des Satzes vorgeschlagen: „Wenn ihr mit Christus gestorben seid, laßt ihr euch etwa von den *Stoicheia* des Kosmos etwas für euch selbst anordnen, als ob ihr in der Welt lebt?"[108]

In den Versen 21-23 vermuten die Exegetinnen und Exegeten Zitate der Gegnerinnen und Gegner bzw. Anspielungen auf deren Praxis. Allerdings ist aufgrund der undurchsichtigen grammatikalischen Struktur der Verse unklar, was Zitat der Opposition und was Entgegnung der Verf. des Kol ist. Die drei verneinten Imperative aus V. 21 „faß nicht an; koste nicht, berühre nicht" werden im allgemeinen als Zitat der Opposition aufgefaßt. Fraglich ist jedoch, ob der in V. 22a folgende Relativsatz „was alles zum Verderben im Verbrauch bestimmt ist" das Objekt zu den Imperativen aus V. 21 darstellt[109] oder aber die Begründung der Hinfälligkeit jener Aufforderungen durch die Verf. ist.[110] In der Fortführung von V. 22b „gemäß der Gebote und Lehren der Menschen" sehen besonders diejenigen, die die Gegnerinnen und Gegner des Kol als Philosophen identifizieren, einen Beleg für ihre These, indem sie dies als einen Rückverweis auf 2,8 „gemäß der Überlieferung von Menschen" interpretieren.[111] Die Konstruktion von V. 23 läßt sich nicht eindeutig klären.[112] Die Formulierung ἐν ἐθελοθρησκίᾳ καὶ ταπεινοφροσύνῃ scheint

---

ihren Visionen gewonnenen Offenbarungswissen kritisieren.

[106] DeMaris, *Art. Element, Elemental Spirit*, ABD II (1992), 445.

[107] Vgl. Martin, *By Philosophy*, 38, Anm. 1. Die Untersuchung aller Belegstellen des Thesaurus Linguae Graecae „did not produce one example of the verb ἀποθνήσκειν with ἀπό to express separation". Statt dessen ließen sich eine Reihe von Beispielen aufweisen, in denen „the preposition links with another word in the sentence instead of the verb 'to die' unless the preposition states the cause, time, or geographical extent of death. Since this preposition in Col 2.20 does not express any of these meanings, it connects with the verb δογματίζεσθε rather than the verb ἀπεθάνετε."

[108] Martin, *By Philosophy*, 42: „If you died with Christ, are you decreeing anything for yourselves from the elements of the cosmos as if you were living in the cosmos?" Zur Begründung im Einzelnen ebd., 35-42. Die folgenden Verse faßt Martin als Ausführungen weiterer jeweils von τί δογματίζεσθε (laßt ihr etwa etwas für euch selbst anordnen) abhängiger rhetorischer Fragen auf. Der Inhalt der rhetorischen Fragen weist nach Martin auf die Identifikation der Kritiker als kynische Wanderphilosophen hin. Eine mediale Übersetzung für δογματίζεσθε in 2,20 hat auch Morna Hooker, *Were there False Teachers in Colossae?*, 317 vorgeschlagen: „Why subject yourselves?"

[109] So z. B. Lohmeyer, *Kom.*, 128; Martin, *By Philosophy*, 42-45.

[110] So z. B. Lohse, *Kom.*, 182; Pokorný, *Kom.*, 128f; Wolter, *Kom.*, 152f; DeMaris, *Colossian Controversy*, 46 u. ö.

[111] Vgl. DeMaris, *Colossian Controversy*, 49-51; Martin, *By Philosophy*, 46f.

[112] Zunächst ist unklar, ob das Relativpronomen ἅτινα sich auf „Gebote und Lehren" aus V. 22b (so z. B. Reike, *Zum sprachlichen Verständnis*) bezieht oder auf ein gedachtes Objekt δόγματα (Lohse, *Kom.*, 182) bzw. eine Wiederaufnahme von ἅ ἐστιν aus V. 22a (Dibelius, *Kom.*, 38) darstellt. Unklar ist vor allem der Verlauf des Hauptsatzes in V. 23. Reike, *Zum*

ein Rückverweis auf 2,18 zu sein. Allerdings ist unklar, ob die Wortbildung ἐθελοθρησκία „freiwillige(r) Verehrung/Gottesdienst" ein Schlagwort der Gegnerinnen und Gegner ist, die diesen Gottesdienst mit Demutsübungen gegenüber den feindlichen Archonten verrichten und somit ἐθελοθρησκία eine „um bestimmter Zwecke willen bewußt übernommene, aber angesichts der Qualität der Objekte nicht notwendige religiöse Praxis"[113] meint, oder aber ob der Begriff ἐθελοθρησκία eine Polemik der Verf. enthält und im Sinne von „Schein- bzw. Quasiverehrung/-gottesdienst" zu verstehen ist, der die asketische Praxis der Gegner abqualifiziert.[114] Eine Klarheit über die kritisierte Praxis oder Lehre läßt sich m. E. aus 2,20-23 nicht gewinnen.

Einige Auslegerinnen und Ausleger haben sich im exegetischen Dilemma der Rekonstruktion der „Philosophie" mit der Hypothese zu helfen versucht, die Adressaten und Adressatinnen könnten anders als wir die Schlagworte als Anspielungen verstehen, da ihnen die „Philosophie" bekannt sei. Diese Hypothese bleibt aber wegen der oben aufgezeigten deutlichen Universalisierungstendenzen im Kol problematisch. Es verwundert daher nicht, daß es in der Kolosserforschung auch einige grundsätzliche Kritiker und Kritikerinnen der „Irrlehrerhypothese" gibt. Klaus Thraede meint, er könne nichts Greifbares finden, das auf eine 'Häresie' hinweise.[115] Morna D. Hooker bestreitet die Existenz von aktuellen Gegnerinnen und Gegnern in Kolossä und legt Kol 2,4-23 als Sammlung von Warnungen vor einer möglichen Gefährdung des Glaubens der Neubekehrten durch die Konfrontation mit ihren heidnischen und jüdischen Nachbarn aus. Die Warnungen seien generell, und „there is no hint that Paul supposes that his readers have already succumbed to the possible danger, which is contrasted to what they have received through Christ".[116] Hooker nimmt damit die mangelnde Konkretion der Warnungen ernst. Ihre Lösung bleibt allerdings gleichfalls allgemein und verläßt kaum die vorher eingeschlagenen Bahnen.

---

sprachlichen Verständnis, und Hollenbach, *Col. II. 23*, rekonstruieren ihn als ἅτινά ἐστιν πρὸς πλησμονὴν τῆς σαρκός (diese führen zur Anfüllung des Fleisches), womit sie zwar die Präposition πρός verstehen können, jedoch Probleme mit dem voranstehenden οὐκ ἐν τιμῇ τινι (nicht in irgendeiner Ehre) bekommen. Reike übersetzt hier aufgrund von Überlegungen zum paulinischen Gebrauch von τιμή mit „nicht aber in irgendwelcher (christlichen) Rücksichtnahme" (52). Den Rest des Satzes versteht er als lange Parenthese. Einen anderen Versuch unternimmt Bernhard Hanssler, *Zur Satzkonstruktion*, der den Hauptsatz als ἅτινά ἐστιν οὐκ ἐν τιμῇ τινι bestimmt. Für diese Lösung muß er aber die Präposition πρός etwas ungewöhnlich im Sinne von „im Vergleich zu" auffassen. Eine dritte Möglichkeit ist, den Hauptsatz als ἅτινα ἐστιν λόγον μὲν ἔχοντα σοφίας ἐν [...] οὐκ {δὲ} τιμῇ τινι.(Dies gilt zwar als ein Wort, das Weisheit besitzt in [...] ist aber ohne jede(n) Ehre/Wert). Vgl. z. B. Wolter, *Kom.*, 139.153-155). Problematisch ist hieran nicht nur, daß man sich das Partikel δέ gegen die Textzeugen hinzudenken muß, sondern auch, daß für das Ende des Verses nur noch eine asyndetische Beiordnung übrigbleibt.

[113] Schenke/Fischer, *Einleitung* I, 162, vgl. auch Pokorný, *Kom.*, 131.

[114] So z. B. Reike, *Zum sprachlichen Verständnis*, 45.

[115] Klaus Thraede, *Grundzüge*, 102-106.

[116] Morna D. Hooker, *Were there False Teachers in Colossae?*, Zitat 317. Auch Schenk, *Kolosserbrief*, meint, „daß es nicht um eine Bekämpfung einer „Häresie" als solcher geht, sondern nur um die Immunisierung der christlichen Leser vor ihr" (3350).

Auch Charles M. Nielsen verweist darauf, daß der Kol „is not helpful to those exegetes who propose that he is adressing a single error. The language is vague and broad".[117] Für keine der Charakteristiken lasse sich ein spezifischer Hintergrund feststellen. Daher sei die „easiest and most obvious explanation for the lack of specificity [...] that the author did not have a particular heresy in view" (106). Kol 2,8-23 sei so unspezifisch, daß „there seems to be something in it for almost everybody" (ebd.). Er meint, die Absicht des Kol sei es, dem Machtvakuum, das der Tod des Paulus auslöste, zu begegnen, indem der pseudepigraphe Brief Bild und Person des Paulus erhöhe. Im Folgenden wird zu untersuchen sein, welches Bild die Verf. von Paulus und seinem Verhältnis zur Gemeinde und den Mitarbeitern entwerfen. Bevor man von einem Machtvakuum spricht, sollte zuerst geklärt werden, ob es in Gemeinden nach dem Modell von I Kor 12f zu einem solchen kommen konnte.

Kiley meint, die portraitierte „Häresie" zeige Züge vielerlei bekannter Gruppen, aber die Beschreibung decke sich mit keiner eindeutig. Kol 2,6-23 „consists in advice concerning activities which may present themselves to the community, but it is not stated that such a threat is actually occurring".[118] Dies werde dadurch unterstrichen, daß der Verfasser keine Gruppe benennt, sondern unter Absehung aller sozialen Aspekte von einem unbestimmten „irgendjemand" (τὶς) spreche. Der Autor wolle vor „possible future developments" (105) warnen.

> (The) social aspect of the envisioned deviation is absent and instead the author portrays individuals 'taking their stand', making preferential claims (over against others) and the basis of privileged spiritual experience. In contrast, the author of Col portrays the life of the church [...] as characterized by a striving for decent human relations. (ebd.).

Die Absicht des Kol könne daher als „'Paul's message for today' intended to 'portray the universal and timeless aspect of Paul's teaching'" (106) beschrieben werden. Kileys Beobachtung des Gegenübers von einzelnen (τὶς) und der Gemeinde sowie der Hinweis, daß nicht die Gegenwärtigkeit der „gegnerischen Kritik", sondern eine Möglichkeit konstatiert wird, ist m. E. richtungweisend. Allerdings läßt die Formulierung „Paul's message for today" offen, auf welche aktuellen Fragen der Brief tatsächlich antwortet und warum er die Warnungen in 2,6-23 enthält.

Schließlich ist neuerdings auch Wayne A. Meeks angesichts der vielfältigen Vorschläge der Gegnerinnen- und Gegnerrekonstruktionen der Ansicht, daß, „while we wait for a more convincing answer [...] this is surely an opportune time to ask whether the writer of the letter was as preoccupied

---

[117] Nielsen, *Status of Paul*, 105.
[118] Kiley, *Colossians as Pseudepigraphy*, 63.

with this 'heresy' as we have been".[119] Er meint, die Intention des Kol sei es vor allem, den Adressaten und Adressatinnen ein moralisches Verhalten entsprechend dem empfangenen Glauben nahezulegen. Meeks betont zu Recht die starke Gewichtung der paränetischen Passagen im Brief. M. E. übersieht er jedoch die unterschiedlichen Ansätze der verschiedenen paränetischen Abschnitte 2,6-23; 3,1-17 und 3,18-4,1. Während z. B. 3,1-17 mit dem Zentralgedanken 'des Ausziehens des alten Menschen und des Anziehens des neuen, erneuerten Menschen' (3,9f) die mystischen Verwandlungsvorstellungen in den Mittelpunkt rückt, enthält 3,18-4,1 einen Verhaltenskodex für unterschiedlich bestimmte soziale Gruppen. Das Verhältnis dieser unterschiedlichen paränetischen Partien zueinander ist m. E. einer der entscheidenden Anhaltspunkte für die Interpretation des Kol.

4. KONKRETION DER FRAGESTELLUNG

Der Überblick zeigte auf, daß eine Reihe von Fragen in der Kolosserforschung bisher ungeklärt geblieben sind. Die meisten der wenigen Untersuchungen, die sich speziell mit der Entstehung und Intention des Kol beschäftigen, stellen diesen Brief als Produkt einer 'Paulusschule' heraus. Allerdings erwies sich der Begriff 'Paulusschule' durch sekundäre Konnotationen vorbelastet und daher für die Klärung der Frage nach der Entstehungsgeschichte und Intention des Kol nicht ausreichend. Dennoch ist festzuhalten, daß sich der Brief selbst in die Tradition des Paulus und seiner Mitarbeiter- und Mitarbeiterinnengruppe stellt. Eine detaillierte Lokalkenntnis einer bestimmten Gemeinde in Kolossä ist bei den Verf. nicht vorauszusetzen. Der Brief zeigt vielmehr deutlich Universalisierungstendenzen. Die Annahme, Anlaß und Intention des Kol lägen in einer die Gemeinde bedrängenden Opposition, „Philosophie" oder „Häresie", erwies sich als problematisch. Im fraglichen Abschnitt 2,4-23 ist der Text des Briefes vielfach ausdeutbar und daher offen für gänzlich verschiedene religionsgeschichtliche Einordnungen. Die monokausale Erklärung der Entstehung und Intention des Kol durch eine die Gemeinde(n) bedrängende Opposition, wie sie in der Kolosserforschung vorherrscht, gerät daher leicht tautologisch.

Im Folgenden werde ich die Entstehungsgeschichte und Intention des Kol noch einmal untersuchen, ohne die Annahme einer spezifischen die Gemeinde(n) bedrängende Opposition vorauszusetzen. Angesichts der zahlreichen Arbeiten zur Gegner- und Gegnerinnenproblematik im Kol überrascht es, daß detaillierte Untersuchungen zur Entstehungsgeschichte des Briefes bisher vergleichsweise selten unternommen wurden. Dies soll hier nachgeholt werden. Untersucht werden soll die Frage, aufgrund welcher

---

[119] Wayne A. Meeks, *Moral Formation*, 38.

Quellen es den Verf. gelingen konnte, einen Brief im Namen des Paulus abzufassen.

Im Anschluß an Kiley[120] werde ich zunächst mit einer literaturgeschicht-lichen Einordnung des Kol als pseudepigraphem Brief beginnen und einen Überblick über Voraussetzungen und Motive antiker Pseudepigraphie geben sowie einen Überblick über die unterschiedlichen Arbeitsweisen und Intentionen, die zur Entstehung der übrigen pseudepigraphen Briefe des Neuen Testaments geführt haben (Kap. 2).

Danach soll das Verhältnis zwischen Kol und paulinischer Tradition–schriftlicher und mündlicher Art–näher analysiert werden (Kap. 3-4). Im 5. Kapitel werde ich die These zu belegen suchen, daß der Kol trotz des durch die pseudepigraphe Abfassung bedingten fiktiven Charakters einige Nach-richten über die Situation und Problemlagen der Gemeinde(n) enthält, für die er verfaßt wurde. Im 6. Kapitel werde ich einige der theologischen und ethischen Antworten der Verf. auf die in den Adressatinnen- und Adres-satengemeinden vermuteten Probleme zusammenstellen, um schließlich im 7. Kapitel gesondert Kol 3,18-4,1, die sogenannte 'Haustafel', zu unter-suchen und ihr Verhältnis zur Intention des Briefes zu diskutieren.

---

[120] Kiley, *Colossians as Pseudepigraphy.*

KAPITEL 2

DER KOLOSSERBRIEF IM RAHMEN DER PSEUDEPIGRAPHEN BRIEFLITERATUR

Wenn davon auszugehen ist, daß der Kol nicht von Paulus geschrieben wurde, obgleich er vorgeblich von Paulus abgefaßt ist, so ist dieser Brief ein Pseudepigraphon. Im Falle des Kol bedeutet dies die „zweckvolle, einer ganzen Schrift ein- oder aufgeprägte Zurückführung derselben auf einen anderen als den wirklichen Verfasser".[1] Hans-Martin Schenke und Karl Martin Fischer und andere verwenden hier den Begriff Pseudonymität.[2] Da jedoch die moderne Verwendung von Pseudonymen zumeist die Verhüllung der wahren Identität des Autors durch erfundene und teilweise sprechende Namen bezeichnet, wogegen in der Antike Schriften nur selten unter erfundenen Namen erscheinen, dagegen häufig den Namen eines bereits namhaften Autors bzw. einer namhaften Autorin tragen, halte ich diesen Begriff hier für irreführend.[3]

Das Phänomen wurde vielfach auch als Fälschung bezeichnet. Zwar ist es richtig, daß die Verf. des Kol ihren Brief als Brief des Paulus erscheinen lassen und daß sie möglicherweise sogar die Unterschrift des Paulus nachahmen (4,18), aber der Begriff Fälschung enhält die von vornherein abwertenden Konnotationen Lüge und Betrug.[4] So verwundert es nicht, daß die Forscher, die diesen Begriff wählen, in der Existenz christlicher und

---

[1] So die Definition von Schenke/Fischer, *Einleitung* I, 29, allerdings für den Begriff Pseudonymität.

[2] Vgl. auch Frederik Torm, *Psychologie*; Kurt Aland, *Problem, Noch einmal*; Karl Martin Fischer, *Anmerkungen* und David Meade, *Pseudonymity*. Müller, *Anfänge*, 305 Anm. 173 wendet gegen den Begriff Pseudepigraphie ein, daß er die Schrift als „Pseudos" bezeichne und damit stärker werte als der Begriff Pseudonymität. Diese Einschätzung kann ich allerdings nicht teilen. Vielmehr übersetzen Liddell/Scott, *Greek English Lexikon*, Art. ψευδεπίγραφος, mit: „with false superscription or title, not genuine" (vgl. auch in bezug auf Schriften Dion. Hal. Dem. 57; Eus. hist. eccl. VI 12,6), wogegen sie ψευδώνυμος mit „under a false name, falsly called" wiedergeben, ohne einen Beleg für so bezeichnete Schriften anzuführen. Vgl. auch Hans Bietenhard, *Art. ψευδώνυμος*, ThWNT V (1954), 282f, und Kiley, *Colossians as Pseudepigraphy*, 15-17.

[3] Vgl. auch Speyer, *Fälschung*, 333. Zu den wenigen Beispielen für den Gebrauch von Pseudonymen in der Antike vgl. Speyer, *Literarische Fälschung*, 30f. Meade, *Pseudonymity*, 1f, teilt zwar die Ansicht, daß der Begriff Pseudonymität für die Antike eigentlich irreführend ist, hält aber den Begriff „Pseudepigraphie" für ebenso problematisch, da hiermit ein Literaturkorpus benannt worden sei.

[4] Vgl. auch Ronald Syme, *Fälschung*, 305f. Syme schlägt stattdessen den Begriff „imposture" vor. Metzger, *Literary Forgeries*, spricht die kanonischen Schriften von einem „fraudulent intent" frei (19-22).

kanonischer „Fälschungen" ein theologisches und ethisches Problem
ansehen. Wolfgang Speyer betont, daß zum „Begriff der Fälschung [...] die
Täuschungsabsicht, der *dolus malus* gehört".[5] Er unterscheidet Fälschungen
von Pseudepigraphie unter künstlerischen Gesichtspunkten[6] sowie von
„echter religiöser Pseudepigraphie".[7] Unter letzterer versteht er
„Schriftstellerei, bei der ein Gott als Urheber des schriftlichen Denkmals
angesehen wird"[8], bzw. Texte, die „Merkmale pneumatischer Wirkung
aufweisen".[9]

> Je deutlicher festzustellen ist, daß ein religiöses Pseudepigraphon nur Wün-
> sche eines einzelnen oder einer Gruppe zu befriedigen sucht, daß heißt z. B.
> merkantile, rechtliche, politische, kultische, apologetische, verherrlichende,
> verleumderische, kirchenpolitische, disziplinäre Absichten durchzusetzen
> sucht, um so eher wird von Fälschung zu sprechen sein. [...] So werden wir
> schließlich dazu neigen, all jene pseudepigraphen religiösen Schriften als
> subjektiv echt erlebt zu bezeichnen, aus denen reine religiöse Verkündigung
> spricht.[10]

Daß die Unterscheidung zwischen „echter religiöser Pseudepigraphie",
Pseudepigraphie als künstlerisches Mittel und Fälschungen im Einzelfall
schwierig und problematisch ist, betont Speyer oftmals und zu Recht.[11] Seine
Gliederung des materialreichen Werkes *Die literarische Fälschung im
heidnischen und christlichen Altertum* leidet darunter, daß sich das
vielfältige Material nur schwer in „Pseudepigraphie außerhalb der

---

[5] Speyer, *Fälschung*, 335; *Literarische Fälschung*, 13.

[6] Speyer, *Literarische Fälschung*, 14: „Zum Begriff der Fälschung gehört also wesentlich,
daß die Pseudepigraphie bewußt und absichtlich mit außerliterarischer Zielsetzung angewendet
worden ist." (Vgl. auch ebd., 24.) Solche Pseudepigraphie außerhalb der Fälschung liegt z. B.
nach Speyer in den Schulübungen der Rhetoren oder in den fiktiven Reden und Schriftstücken
historischer Persönlichkeiten antiker Geschichtswerke vor. Vgl. Speyer, *Literarische
Fälschung*, 32-35; 37-44. Sie kommen auch als „fiktive religiöse Pseudepigrpahie" vor
(*Religiöse Pseudepigraphie*, 262).

[7] Zwischen pseudonymen Schriften aus mythischen und religiösen Triebkräften und aus
literarischen Gestaltungskräften trennt auch Sint, *Pseudonymität*. Die Einordnung und
Bewertung der kanonischen Pseudepigraphen läßt er offen (ebd., 11).

[8] Speyer, *Literarische Fälschung*, 36.

[9] Speyer, *Fälschung*, 360.

[10] Speyer, *Fälschung*, 361-363. Bei der Beurteilung der Pastoralbriefe und des II Petr
kommt Speyer, *Literarische Fälschung*, 286, vgl. auch *Religiöse Pseudepigraphie*, 247-63, zu
dem Schluß, daß von einer „charismatisch-pneumatisch gewirkten Verfasserschaft nicht
gesprochen werden kann" und die Briefe daher nicht als „mythisches" oder „echtes religiöses
Pseudepigraphon" beurteilt werden könnten. „Das Motiv, das sie zu der Maske führte, war
gewiß moralisch höherstehend, als das jener Fälscher, die aus der Sucht nach Gewinn, Macht
oder Ehre ihr Handwerk betrieben." Denn, wie Speyer, *Religiöse Pseudepigraphie*, aus der
seiner Meinung nach paulinischen Stelle II Thess 2,2 schließt: „Allem Anschein nach haben die
Irrlehrer mit Fälschungen begonnen." (*Religiöse Pseudepigraphie*, 253; vgl. auch *Fälschung*,
365.) Auch in I Tim 3,16 und II Petr 1,21 werde die „göttliche Inspiration" betont (Speyer,
Fälschung, 349).

[11] Vgl. z. B. *Religiöse Pseudepigraphie*, 239.263; *Fälschung*, 366; *Literarische Fälschung*,
23.104 u. ö.

Fälschung" und „Fälschungen" unterteilen läßt. So werden manche Belege mehrfach genannt.[12] Z. B. kann ein Brief, obgleich er eigentlich ein Pseud-epigraphon darstellt, aus historischem Interesse in ein Geschichtswerk einge-fügt werden. Oder aber es kann ein Brief, der von einem Historiker unter literarischen Gesichtspunkten verfaßt wurde, später gesondert aus biogra-phischem oder historiographischem Interesse rezipiert und überliefert werden, ohne daß jeweils die Motive, die zur Abfassung und Rezeption desselben führten, grundsätzlich unterschiedlich zu bestimmen sind. Es muß vielmehr vom Einzelfall ausgegangen werden.

Speyer begründet die Anwendung des Begriffs „Fälschung" auf die christliche und nicht-christliche Literatur in der Antike mit der Beobachtung, daß es im Altertum bereits eine entwickelte Echtheitskritik gab.[13] Aber diese Kritik war nicht immer und allein in wissenschaftlichem Erkenntnisstreben begründet. Vielmehr hing die Bezweiflung der Verfasserschaft des angegebenen Autors vom Standpunkt des Kritikers ab. Nur so ist es zu erklären, warum Schriften, die von einigen als „unecht" erkannt werden, von anderen selbstverständlich zitiert werden.[14] Das römische Recht schützte jedenfalls „das Buch nur als Vermögensobjekt und bot keine Handhabe, entstandenen immateriellen Schaden einzuklagen".[15] Daher ist es m. E. nicht sinnvoll, zwischen religiöser und nichtreligiöser Pseudepigraphie zu trennen und antike pseudepigraphe Schriften als „Fälschungen" zu bezeichnen.

1. Die Voraussetzungen antiker Pseudepigraphie

Zu den Voraussetzungen antiker Pseudepigraphie gehört zunächst und vor allem das antike Bildungssystem. Zwar ist der Bildungsgrad der Verf. des Kol nicht mit Sicherheit auszumachen, aber es ist doch deutlich, daß sie schreiben und lesen konnten. Daher erscheint es mir hilfreich, zunächst einen Blick auf das antike Schulsystem zu werfen.

---

[12] Der „unechte" Brief kommt z. B. im Kapitel II „Das Verhältnis der literarischen Fälschung zu verwandten literarischen Erscheinungen", unter „1. Literarische Fälschung und literarische Erfindung im Gewand eines Pseudepigraphons" (22), im Kapitel III „Pseudepigraphie außerhalb der Fälschung", unter „1. Erfindung der Rhetoren" (32f) und „2. Überlieferung der Philosophen- und Ärzteschulen" (33-35) sowie im Kapitel IV „Die Mittel der Echtheitsbeglaubigung," unter „2. Selbstaussagen" und „3. Hinweise auf Quellen" (57-64; 79-82) u. ö. vor. Vgl. auch die Kritik von H. Hunger und Werner Georg Kümmel in ihren Rezensionen.

[13] Speyer, Literarische Fälschung, 6.

[14] Siehe unten Anm. 79. Nobert Brox, Zum Problemstand, 316, bemerkt: „Die nachweislich vorhandene und nicht nur sporadische antike Echtheitskritik und die häufige moralische Empörung über angetroffene Fälschung ist offenbar nämlich noch kein Grund, die Pseudepigraphie im antiken Empfinden als in sich und in jedem Fall gravierendes Vergehen, als Ungeheuerlichkeit zu bewerten." Allerdings sind die Motive für die Akzeptanz von Pseudepigraphen m. E. kaum in „Leichtgläubigkeit (und) Kritiklosigkeit" (ebd.) zu suchen.

[15] Rudolf Fehrle, Bibliothekswesen, 30.

Das griechisch-römische Schulsystem war in drei Stufen eingeteilt:[16] der Elementarunterricht, bei dem die Schüler und Schülerinnen neben Musik und Sport Lesen, Auswendiglernen und Schreiben sowie die Grundbegriffe des Rechnens lernten; die Mittelstufe, in der vertieft in die klassische Literatur sowie in die Grammatik und elementar in die Rhetorik eingeführt wurde; und der höhere Unterricht, in dem eine philosophische, rhetorische oder medizinische Ausbildung erworben werden konnte. Diese höhere Bildung erreichten nur wenige, aber Grundkenntnisse im Lesen und weniger ausgeprägt auch im Schreiben waren vermutlich keine Seltenheit.[17]

Der Elementarunterricht wurde oft in privaten Schulen erteilt. Es gab allerdings auch einige griechische Städte, die eine Elementarschule einrichteten bzw. stiften ließen.[18] Der Elementarlehrer hieß γραμματιστής, γραμματοδιδάσκαλος oder einfach nur διδάσκαλος[19] und hatte nicht zuletzt wegen seiner geringen Bezahlung ein niedriges Ansehen.[20] Bestimmte einheitliche Bildungsvoraussetzungen für diesen Beruf scheint es nicht gegeben zu haben.[21]

[16] Zur Vergleichbarkeit und Einheitlichkeit des griechischen und römischen Schulsystems vgl. John T. Townsend, *Art. Education (Greco-Roman)*, ABD II (1992), 312: „In the world of NT, educational theory and practice were essentially Hellenistic [...] Evidence for the essential unity of Greco-Roman education is impressive and extends beyond a general similarity in curriculum. Methods that Quintilian advocated in 1st-century Rome are reflected in the school papyri from Hellenistic and imperial Roman Egypt." Das römische Schulsystem unterscheidet sich in der neutestamentlichen Zeit vom griechischen lediglich dadurch, daß es nach Möglichkeit zweisprachig durchgeführt wurde.

[17] Vgl. Marrou, *Geschichte*, 212. Der Grad von Literalität in der Antike bzw. in den einzelnen Regionen und Kulturen ist in den letzten Jahren stark diskutiert worden. Siehe unten Kap. 4.1, bes. Anm. 2. Zum Folgenden vgl. Marrou, *Geschichte*, 221-257; Nilsson, *Hellenistische Schule*, 11-16; Standley Bonner, *Education*, 165-276; Townsend, *Ancient Education*; Herwig Maehler, *Die griechische Schule*, 191-203.

[18] Erich Ziehbart, *Aus dem griechischen Schulwesen*, 39, meint: „Als Kennzeichen dafür, daß ein Staat in seiner Verfassung die Erziehung der ἐλεύθεροι παῖδες (und oft [wenn nicht in dem παῖδες begrifflich inbegriffen] auch der παρθένοι) in staatlichen Schulen vorgesehen hat, kann geradezu das Vorhandensein des Amtes des παιδονόμος betrachtet werden." Dieses Amt weist Ziehbart in zahlreichen kleinasiatischen Städten nach. Auch viele Sklaven scheinen über nicht unerhebliche Bildung verfügt zu haben. Sklavenbildung war nicht zuletzt Wertsteigerung.

[19] Der παιδαγωγός ist zunächst nur der Diener, der beauftragt ist, das freigeborene Kind zum Unterricht zu begleiten und die Aufsicht über das Kind zu führen. In hellenistischer Zeit verliert das Wort jedoch seinen eigentlichen etymologischen Sinn „begleitender Sklave" und wird zum „Erzieher" des Charakters, allerdings im Unterschied zum Lehrer bestimmter Fähigkeiten. Vgl. Marrou, *Geschichte*, 211f.

[20] Vgl. Marrou, *Geschichte*, 213-215; Nilsson, *Hellenistische Schule*, 50-53.

[21] Eine im Heiligtum des Apollon Delphinios von Milet erhaltene Stiftungsurkunde vom Anfang des 2. Jh. v. Chr. beschreibt die Schulstifung der Stadt durch einen privaten Wohltäter. Die Kandidaten für das Lehramt haben sich an bestimmten Tagen des Jahres zu melden und werden von der Volksversammlung gewählt. Der Text nennt als einzige Bedingung die Unabhängigkeit der Wahl: „Wer zu Turnlehrern und Elementarlehrern (τὰ γράμματα διδάξων) diejenigen wählt, welche, wie er glaubt, die Kinder am besten leiten werden, den möge alles Gute treffen, im anderen Falle aber das Gegenteil." Ebenso müssen auch die gewählten Lehrerinnen und Lehrer schwören: „Ich schwöre beim Hermes, daß ich keinen

Gelernt wird mit einer für unser Verständnis merkwürdig anmutenden Methodik.[22] Zunächst werden die Namen der Buchstaben in alphabetischer Reihenfolge auswendig gelernt, dann alle möglichen Silbenzusammensetzungen und schließlich die Wörter, zunächst die einsilbigen, dann die mehrsilbigen. Auf Ostraka und Papyri erhaltenen Schulhandbüchern sind lange Wortreihen erhalten, die gewöhnliche und sehr seltene Wörter auflisten.[23] Damit sollte auch die Aussprache und Artikulation geübt werden.[24] Schließlich wurden Texte gelesen. Das Lesen von Texten war, bedingt durch die *scriptua continua,* schwierig. Dennoch begann man, so lassen die antiken Schul- bzw. Lehrerhandbücher vermuten, bald nach der Wortlehre mit Textausschnitten aus Homer, Euripides, Menander, Demosthenes oder mit Fabeln des Äsop.[25]

Mit der gleichen Methodik wie das Lesen wurde auch das Schreiben gelehrt. Den Schülerinnen und Schülern wurden die Buchstaben auf den Wachstafeln zunächst leicht vorgemalt, die sie dann nachzuzeichnen hatten. Quintilian schlägt als didaktische Neuerung vor:

> Wenn aber das Kind schon so weit ist, den Schriftzügen zu folgen, wird es nicht unnütz sein, dies so gut wie möglich auf einem Täfelchen eingraben (*insculpo*) zu lassen, damit der Griffel durch sie wie durch Furchen gezogen werden kann. Denn dann kann er nicht abrutschen wie bei den Wachstafeln [...] Es ist durchaus nicht abwegig, mag es auch in der Regel von Leuten bessern Standes gern vernachlässigt werden, sich um eine saubere schnelle Handschrift zu bemühen, denn während bei der Arbeit eigenhändig zu schreiben so wichtig und der einzige Weg ist, wirkliche Fortschritte von Grund auf zu erzielen, hemmt ein allzu träger Griffel das Denken, ein ungewandter, wirrer Griffel läßt es an der Verständlichkeit fehlen.[26]

Nach der Silbenlehre mußte das Kind kurze Sätze nachschreiben, die der Lehrer vorgeschrieben hatte. Besonders beliebt waren moralische Lehr-

---

Milesier aufgefordert habe, mich zu wählen." (Vgl. Erich Ziebart, *Aus dem Griechischen Schulwesen,* 2-9 (Inschrift von Milet § 3).) Die Bezahlung beträgt für den Turnlehrer 30 Drachmen, für den Elementarlehrer 40 Drachmen im Monat. Auch Mädchen wurden vielerorts entweder getrennt von den Jungen oder auch mit ihnen gemeinsam unterrichtet (vgl. Ziebart, ebd., 39f; 57f (Schulstiftung von Teos); 141 (Gymnasius von Pergamon)). Zu Lehrerinnen vgl. CIL VI 6331; 9758. Vgl. auch Mary R. Lefkowitz und Maureen B. Fant, *Women's Life,* 169, sowie Marrou, *Geschichte,* 212.

[22] Vgl. auch Dion. Hal. Dem. 52.

[23] Vgl. Ziebart, *Aus der antiken Schule;* Hermann Harrauer und Pieter J. Sijpesteijn, *Neue Texte.*

[24] Quint. inst. I 1,37.

[25] Vgl. Bonner, *Education,* 178. Marrou, *Geschichte,* 225f und andere wundern sich über die scheinbar unsensible Pädagogik, die nach der Wortlehre sofort mit den Klassikern, Homer oder mit Dramatikern und Dichtern beginnt. Eine Erklärung für diese Phänomene könnte jedoch der orale Charakter dieser Werke sein, auf den Ong, *Oralität,* 23-36, und andere hingewiesen haben. Die homerischen Epen lassen sich, möglicherweise ursprünglich der mündlichen Überlieferung entstammend, leicht auswendig lernen.

[26] Quint. inst. I 1,27f. Übers. Helmut Rahn. Die ungeübte Handschrift auch von Gebildeten erklärt vielleicht die Bemerkung des Paulus in Gal 6,11.

sprüche, Chrien, die man z. B. Diogenes von Sinope zuschrieb, oder Lebensregeln.[27] Schließlich wurden Textpartien geschrieben und immer auch auswendig gelernt.[28] In einer Welt, in der Kopien von Texten nur durch Abschrift angefertigt werden konnten, ist es leicht vorstellbar, daß auch Schul-
kinder bald den zu bearbeitenden Lehrstoff abschreiben mußten.[29] Es gibt
aber auch Zeugnisse von Eltern, die für ihre Kinder Lehrbücher besorgten.[30]
Dieser Unterricht im Lesen und Schreiben dauerte mehrere Jahre.

Wenn die Schüler und Schülerinnen Lesen und Schreiben gelernt hatten,
konnten sie ihren Unterricht bei einem „Grammatiklehrer" (γραμματικός)
fortsetzen. Gegenstand war nun das vertiefte Studium der klassischen
Schriftsteller, an erster Stelle Homer, besonders die Ilias, daneben auch
andere epische und lyrische Dichter sowie auch Dramatiker (Euripides und
Menander) und später auch Historiker (Herodot, Xenophon) und Redner
(Demosthenes und Isokrates).[31] Allerdings darf man sich das antike
Bildungssystem nicht so vorstellen, daß die Schüler und Schülerinnen beim
Erreichen eines bestimmten Alters oder Bildungsgrades die „Grundschule"
zu verlassen und in die „Mittelschule" zu wechseln hatten.

---

[27] Zu diesen Abschreibesätzen vgl. Bonner, *Education,* 174. Sie erfüllten gleichzeitig
pädagogische Zwecke, z. B.: „Es ist nötig, die Buchstaben zu lernen und die gelernten zu
behalten" (Papyrus 4. Jh. n. Chr. [Jaeckel XIV,21 (S. 19)]; „Sage was ehrbar ist, wenn nicht
aber schweige" (Ostrakon, 2. Jh. n. Chr.; [Jaeckel VIII,11 (S. 13)]; „Erlogenes bleibt nicht
lange verborgen" (Gnomai des Menanders 841 [Jaeckel (S. 81)]. Morallehren werden gern als
Abschreibetexte gegeben: „Ehre die Eltern und nütze den Freunden" (Gnomai des Menanders
162 [Jaeckel (S. 42)]; „Es ziemt sich, die Eltern zu lieben wie die Götter" (Ostrakon, 2. Jh.;
Jaeckel VIII,5 (S. 13)); „Wie schön ist es für einen Sklaven, freundliche Herren zu haben und
für die Herren, einen wohlgesonnenen Sklaven" (Papyrus, 2. Jh. n. Chr. [Jaeckel XIX,10f (S.
24)]; „Allen Frauen bringt das Schweigen Schmuck" (Papyrus, 4. Jh. n. Chr.; [Jaeckel XIV,22
(S. 19)]. Auch Sexismus und Rassismus sind in Schulbüchern anzutreffen. P. Bouriant I (zitiert
bei Ziebart, *Aus der antiken Schule,* 22f) führt folgende Sätze auf: „Als jemand eine Frau die
Buchstaben lernen sah, sagte er: 'Welches Schwert wird nicht geschliffen.'" „Als jemand eine
Frau sah, die einer anderen Frau einen Rat erteilte, sagte er: 'Die Natter kauft bei der Viper
Gift.'" „Als jemand einen Äthiopier weißes Brot essen sah, sagte er: 'Die Nacht erstickt den
Tag'".
[28] Zum Auswendiglernen vgl. Bonner, *Education,* 177f.
[29] Vgl. Bonner, *Education,* 176f; Townsend, *Art. Education (Greco-Roman),* ABD II
(1992), 313f. Geschrieben wurde auch nach Diktat: „Dictation was especially associated with
primary schools (though also used at higher levels)." Bonner, ebd., 177.
[30] Vgl. z. B. den Brief der Aline aus Hermopolis über Bücher für ihre Tochter (P.Giss. 85
vgl. auch P.Giss. 80 und Sarah Pomeroy, *Women in Roman Egypt,* 314). Bonner, *Education,*
172, verweist auf Darstellungen, auf denen Schüler und Schülerinnen aus der Kopie des
Lehrers lesen, während der Lehrer hinter ihnen über die Schulter des Kindes mitliest. Nilsson,
Hellenistische Schule, 51f, verweist auf die in römisch-hellenistischen Gymnasien häufig
vorhandenen Bibliotheken.
[31] Marrou, *Geschichte,* 237, weist auf die Listen antiker Dichter, Dramatiker, Redner etc.
hin. Auch die erhaltenen Papyri zeigen die Prominenz einiger weniger Schriftsteller in der
Schule. Gebraucht wurden oftmals aber auch Florilegien, die Zitate um bestimmte
Themenkreise gruppierten. Hier wurden auch Aussprüche des Sokrates oder Diogenes
gesammelt. Vgl. Henry Chadwick, *Art. Florilegium,* RAC VII (1969), 1131-1160.

Die theoretische Unterscheidung verwischt sich bisweilen in der Praxis. Ganz zu schweigen von den Kolonialländern, wo der Unterricht vielleicht nicht voll eingerichtet war, konnte es auch sonst vorkommen, daß ein und derselbe Lehrer daran interessiert war, zwei Stufen nebeneinander zu betreuen.[32]

Zunächst lernten die Schüler und Schülerinnen den Inhalt der klassischen Texte als Zusammenfassung kennen. Dann begann das eigentliche Textstudium mit der Textkritik (διόρθωσις) bzw. Textverbesserung. „In der Antike brachte es die unsichere und im Fluß befindliche handschriftliche Verbreitung mit sich, daß es geradezu keine zwei identischen Texte gab, woraus die Notwendigkeit folgte, zu Anfang die Texte, die Lehrer und Schüler in Händen hatten, zu konfrontieren und aneinander zu korrigieren."[33] Danach folgte das eigentliche Lesen (ἀνάγνωσις), das in der Antike in der Regel lautes Lesen bedeutete.[34] Das Fehlen von Worttrennungen und Satzzeichen machte das Lesen zu einer schwierigen Aufgabe.[35] Ziel war „eine ausdrucksvolle Deklamation, die dem Sinn des Textes, dem Versmaß und dem allgemeinen Ton des Werkes [...] Rechnung trug".[36] Dem Lesen folgte das Auswendiglernen. Die Schulen veranstalteten Wettbewerbe in der Deklamation von Homer oder der Rezitation tragischer, komischer oder lyrischer Dichter.[37] Dem Lesen und Auswendiglernen schloß sich die Erklärung (ἐξήγησις) an, zum einen die wörtliche und grammatische Erklärung und zum anderen die literarische bzw. historische Erklärung. Die Schülerinnen und Schüler mußten die ungebräuchlichen Worte der homerischen Epen zunächst übersetzen, eventuell etymologisch deuten, den

---

[32] Marrou, *Geschichte*, 235. Neuerdings hat Alan Booth, *The Schooling*, 11-19, die These vertreten, daß die Elementarschule nur von Sklaven und nichtvermögenden Bevölkerungsschichten besucht wurde, wogegen die Oberschicht Lesen und Schreiben bei einem Privatlehrer lernte und erst unter dem γραμματικός in die Schule ging. Jedoch hat Robert A. Kaster, *Notes*, 323-346, darauf aufmerksam gemacht, daß man sich das Schulsystem nicht als einen der Moderne vergleichbaren, klar strukturierten und gestaffelten Bildungsgang vorstellen kann, sondern daß „diversity is the most 'typical' feature of ancient education, often overlooked amid the modern concern with pattern and regularity, and perhaps for the reason the most rewarding area for further investigation [...] [T]here were throughout the Empire schools of all shapes and kinds, depending on local needs, expectations, and resources" (Kaster, ebd., 346). Vgl. auch Konrad Vössing, *Untersuchungen*, besonders 405-448.
[33] Marrou, *Geschichte*, 243.
[34] Vgl. Josef Balogh, *Voces paginarum*; Paul J. Achtemeier, *Omne Verbum Sonat*. Die von Bernard M. W. Knox, *Silent Reading in Antiquity*; Michael Slusser, *Reading Silently in Antiquity* und Frank D. Gilliard, *More Silent Reading in Antiquity* aufgezeigten Belege für stilles Lesen widersprechen nicht dieser im allgemeinen vorauszusetzenden Praxis.
[35] Vgl. z. B. Dion Chr. 18,6: „Was nun den Dichter betrifft, möchte ich dir bei den Komödienschreibern zu einem gründlichen Studium des Meander, bei den Tragikern zu dem des Euripides raten, und zwar würde ich sie nicht selbst lesen, sondern mir vorlesen lassen von Leuten, die gut und angenehm, zumindest aber ohne die Ohren zu beleidigen, deklamieren können; man vermag nämlich besser aufzupassen, wenn man selbst der Mühe des Lesens enthoben ist" (Übers. Winfried Elliger).
[36] Marrou, *Geschichte*, 243f.
[37] Marrou, *Geschichte*, 244.

Satzbau und das Metrum erschließen, sodann die Geschichten auf Personen, Götter, Orte, und Zeiten untersuchen.[38] Die Krone des Literaturstudiums war schließlich die Kritik (κρίσις), nämlich die Zusammenstellung der moralischen Lehren, die aus einem bestimmten Text gezogen werden konnten.[39]

Neben dem Studium der Literatur wurde auch die theoretische Grammatik gelehrt sowie in die Rhetorik eingeführt.[40] Schon das Studium der Dichter, Dramatiker und anderer diente dazu, sich in den Kanon der klassischen Literatur einzuüben. Die Literatur war dabei kein Selbstzweck. Literaturkenntnis war notwendig, um sich als gebildeter Mensch auszuweisen. Nicht Originalität, sondern vor allem Nachahmung (μίμησις) war gefragt.[41] So rät Dion Chrysostomos einem Vornehmen, der sich im öffentlichen Reden üben will:

> Freilich ist es besser, wenn es deinem Gedächtnis nicht zu große Schwierigkeiten macht, den Wortlaut des Originals [gemeint sind die Reden in Xenophons Geschichtswerken] zu rekapitulieren, denn auf diese Weise macht man sich mit der Eigentümlichkeit des Ausdrucks und der Genauigkeit der Gedanken am besten vertraut. Ich meine damit nicht, daß du wie ein Schuljunge ein ganzes Werk Zeile für Zeile aneinanderreihen sollst, sondern daß du

---

[38] Es gab z. B. homerische Katechismen, die in Frage- und Antwortstil die Personen und Götter in den homerischen Epen abfragten (vgl. Marrou, *Geschichte*, 246f).

[39] (Pseudo-)Plutarch, Über die Kindererziehung (mor. 19A-E) z. B. behauptet, daß ein sorgfältiges Studium die Kritik des Poeten an den moralisch verwerflichen Handlungen, die er beschreibt, aufdeckt.

[40] Zwar waren Rhetoriklehrer wie Quintilian (inst. II 1,1-3) bestrebt, zwischen eigentlichem Rhetorikstudium und Grammatikunterricht zu unterscheiden und nur letzterem die Übung der Fabel, Erzählung und der Chrie zu überlassen, aber dies war vermutlich keine überall gültige Praxis (vgl. z. B. Quint. inst. I 9,6; II 1,6). Sueton nennt z. B. als Übungen, die bereits der Grammatiklehrer anleitet, die *problemata, paraphrasis, allocutiones* (= ἠθοποιία), *ethologias, atque alia hoc genus* (gramm. 4; vgl. auch 17). Auch Augustin hat bereits die ἠθοποιία in der Grammatikschule gelernt (vgl. Confessiones I 17,27). Zur Frage des Beginns der rethorischen Übungen vgl. Hildebrecht Hommel/Konrat Ziegler, *Art. Rhetorik*, Der Kleine Pauly IV (1972), 1396-1414, besonders 1408 sowie Nilssons Kritik an Marrou (vgl. *Die hellenistische Schule,* V-VII; 11-16) und Malherbe, *Soziale Ebene*, 218.

[41] Vgl. Wilhelm Kroll, *Art. Rhetorik,* PRE.S 7 (1940), 1113-1117; Quint. inst. X 2,1-3; Lukian rät ironisch in seiner Rednerschule (*Rhetorum praeceptor*): „Sodann mußt du fünfzehn oder höchstens zwanzig attische Wörter jeder Gattung auswendig lernen und die so geläufig machen, daß sie dir immer, wie von selbst, auf die Zunge kommen (16). [...] Kommt der Fall, daß du über eine gegebene Materie aus dem Stegreif sprechen sollst, [...] sprich du nur immer drauf los, daß ein Wort das andere schlägt, und bleibe nur nicht stecken, so geht alles gut. Gesetzt, du hättest zu Athen von irgendeinem Räuber oder Ehebrecher zu sprechen, so sprich du von dem, was in Indien und zu Elbatana geschieht: vor allem anderen aber, vergiß mir das Treffen bei Marathon und den Kynaigeiros nicht, ohne welche gar nichts zu machen ist; auch muß immer um den Athos herumgeschifft und zu Fuß über den Hellespont gegangen werden, die Sonne muß von den Pfeilen der Perser verfinstert werden, Xerxes fliehen, Leonidas der Held des Tages sein, der Brief, den Othraydes mit seinem Blute schrieb, vorgelesen und Salamis, Artemiston und Plataiai tapfer herausgestrichen werden! Je dichter das alles aufeinander gedrängt wird, desto besser!" (18) (Übers. E. M. Wieland).

festhältst, was dir besonders gut gefallen hat. [...] Gibst du auch nur das kleinste Stück im Wortlaut wieder, wirst du großen Nutzen davon haben.[42]

Die ersten „Aufsatzübungen" der Schülerinnen und Schüler bestanden auch in der möglichst getreuen Wiedergabe des Gehörten (bzw. Vorgelesenen). Dann folgte die Umsetzung von Dichtung in Prosa und die freie Paraphrase, die geschichtliche Erzählung und die Chrie.[43] Hierher gehört auch das Gestalten und Erfinden von Charakteren und deren Reden, die ἠθοπιία bzw. die προσωποποιία (Darstellung eines Charakters).[44] Ob man bei der Wiedergabe von äsopischen Fabeln Wolf und Lamm sprechen läßt oder ob man die Rede Andromaches an Hektor entwirft, immer kommt es darauf an, den entsprechenden Charakteren die passende Sprache und Ausdrucksweise in den Mund zu legen. Theon (vermutlich 1. Jh. n. Chr.)[45] schreibt hierzu in seinen Progymnasmata:

Prosopoiia ist die Einführung eines Charakters (πρόσωπον), indem man unzweifelhaft zum ihm und den zugrunde liegenden Taten passenden Worten gestaltet. Zum Beispiel: Welche Worte könnte ein Mann zu einer Frau sagen, wenn er in die Fremde geht, oder ein Feldherr zu den Soldaten in Gefahren? [...] Unter diese Art der Übung fällt sowohl die Gestalt der Festrede als auch die der Mahnrede als auch die des Briefeschreibens. Zuerst also, vor allen Dingen, muß man erwägen, wie der Charakter des Redenden beschaffen ist und an wen das Wort gerichtet ist, das gegenwärtiges Lebensalter (des Charakters), die Zeitumstände, den Ort, das Schicksal in dem zu Grunde liegenden Stoff, indem die zu vermutenden Worte gesprochen werden. Danach muß man versuchen passende Worte zu sagen. Es passen nämlich wegen des Alters andere zu anderen; zu einem Alten nicht dieselben, sondern das Wort des Jungen ist mit Einfachheit und Mäßigung durchmischt, das aber des Älteren mit Einsicht und Erfahrung. Und wegen der Natur passen andere Worte zu einer Frau als zu einem Mann und wegen des Schicksals andere zu einem Sklaven als einem Freien und wegen des Gewerbes andere zu einem Soldaten als zu einem Bauer. Und wegen des Gemütszustands andere zu einem in Liebe Entbrannten als zu einem Selbstbeherrschten. Und wegen der Abstammung spricht der Spartaner wenig und klar, der athenischen Mann dagegen redselig. Auch sagen wir dem Herodot oftmals nach, barbarisch zu reden, aber griechisch zu schreiben, denn die Worte jener ahmt er nach.[46]

---

[42] Dion Chr. 18,19. Übers. Elliger.

[43] Quint. inst. I 9,1-6. Vgl. auch Marrou, *Geschichte*, 252-257.

[44] Anders als Theon trennt Hermogenes (2./3. Jh. u. Z.) zwischen der ἠθοποιία und προσωποποιία. προσωποποιία ist bei ihm die Personifikation von Dingen, während ἠθοποιία die Nachahmung von Reden einer Person ist (Hermogenes, *progymnasmata* 9).

[45] Vgl. Konrat Ziegler, *Art. Aelius Theon (5) aus Alexandrien*, PRE V A/2 (1934), 2037-2054; James R. Butts, *Progymnasmata of Theon*, 2-6.

[46] Theon, *progymnasmata* 8 (115,11-116,9 Spengel). Vgl. auch Demetr. eloc. 265f; Quint. inst. III 8,49-52; VIII 2,29-37; Lukian. hist. consecr. 58. Vgl. auch den Übungsbrief von Alexander an die Kathager (J. Garfton Milne, *Relics*, 130 [Nr. XVI]). Zur Nachahmung des Stils als Voraussetzung von Pseudepigraphie vgl. auch Alfred Gudemann, *Literarische Fälschung*, 64-67.

Schließlich konnten die Kinder, besonders die Jungen der vermögenderen Gesellschaftsschichten, ihre Bildung in den höheren Schulen vervollkommnen. In den Ephebeninstituten (im Gymnasium)[47] wurde vor allem eine sportliche bzw. militärische Ausbildung erlangt, aber es gab auch philosophische und rhetorische Vorlesungen. Die jungen Menschen konnten sich aber auch einem Rhetor oder Philosophen anschließen, eine Philosophenschule in Athen oder Alexandrien besuchen oder, wenn man nicht über genügend Geld und Zeit verfügte,[48] einem Wanderredner oder Wanderphilosophen im städtischen Theater begegnen.[49]

Einige Juden und Jüdinnen, besonders in der Diaspora, nahmen am griechischen Bildungssystem teil (vgl. aber auch I Makk 1,14; II Makk 4,9-12). Es sind z. B. jüdische Namen auf Ephebenlisten in kleinasiatischen Städten nachweisbar.[50] Über jüdische Schulen in griechischer Sprache sind wir wenig unterrichtet.[51] Da besonders in der jüdischen Diaspora viele Jüdinnen und Juden die Bibel griechisch lasen und ihre theologischen Schriften auf griechisch verfaßten, ist zu vermuten, daß es solche Schulen gegeben hat.[52] Besonders die Weisheitsbewegung betont den Bildungsgedanken und entwickelt Schulkonzepte (vgl. z. B. Sir 51,23; Koh 12,9-12; TestLev 13,2). In der rabbinischen Welt ist ein dichtes Netz von Elementarschulen bezeugt (בית ספר), in denen die Kinder,[53] beginnend im Alter von 5-7 Jahren, das Lesen der Thora lernten.[54] Das Lesen von unpunktierten Texten ohne

---

[47] Das γυμνάσιον bezeichnet zunächst den Ort der Schule, eine Sportanlage mit danebenliegendem Hörsaal. Vgl. Nilsson, *Hellenistische Schule*, 30-33. Die genaue Beschaffenheit der Ephebie in der römisch-hellenistischen Zeit ist immer noch nicht in aller Klarheit erforscht.

[48] Gelegentlich werden auch Studierende erwähnt, die nicht wissen, was sie am nächsten Tage essen sollen. Vgl. Arr. Epict. I 9,19, sowie Edwin Hatsch, *Griechentum*, 26.

[49] Ein solches „öffentliches Schulereignis" bei den Istmischen Spielen karikiert Dion Chrysostomos folgendermaßen: „Zu jener Zeit war es auch, daß man rings um den Poseidontempel beobachten konnte, wie viele erbärmliche Sophisten schrien und sich gegenseitig beschimpften, ihre sogenannten Schüler miteinander stritten, viele Prosaisten ihre stumpfsinnigen Schrebereien vorlasen, viele Dichter ihre Werke rezitierten und beim Publikum Beifall ernteten" (Dion Chr. 8,9; Übers. Elliger). Vgl. auch Hatsch, *Griechentum*, 65-73 sowie Georgi, *Gegner*, 187-205.

[50] Vgl. S. Appelbaum, *The Legal Status*, 446-448.

[51] Vgl. aber Josephus, Vita 7-9.

[52] Die „gefälschten Verse" auf den Namen antiker Dichter und Dramatiker weisen m. E. in einen solchen Kontext. Zumindest sind besonders die paulinischen Briefe nicht nur mit der Sprache der LXX (vgl. Malherbe, *Soziale Ebene*, 201-203), sondern auch mit jüdischem Bildungsgut, Bibel, haggadischer Tradition vertrauter als mit nichtjüdischem Bildungsgut. Anders aber scheint die Lage bei den Pastoralbriefen oder im II Petr zu sein.

[53] Mädchenbildung war in der tannaitischen Zeit umstritten (mSot III,4), was bedeutet, daß es sie gegeben hat.

[54] bSan 17b verbietet einem Gelehrten, an einem Ort zu wohnen, in dem es keinen Kinderlehrer gibt. Nach pKet VIII,11 wird die Einführung von Elementarschulen auf Simeon ben Shetah (1. Jh. v. Chr.), in bBB 21a auf Josua ben Gamala (1. Jh. n. Chr.) zurückgeführt. Zu den Altersangaben für den Beginn des Lesenlernens vgl. mAv V,21 und bBB 21a. Auch Philo berichtet stolz von der guten Ausbildung jüdischer Kinder (LegGai 115; 210), vgl. auch

Worttrennung erforderte viel Training und ein gutes Gedächtnis. Nach dem Lesenlernen konnten die Jugendlichen zum Lernen der mündlichen Thora ins בית מדרש wechseln. Einige schlossen sich schließlich als Schüler einem der Rabbiner an.

Die Synagoge war auch im Diasporajudentum ein Bildungszentrum, in dem Jüdinnen und Juden, aber auch die, die (noch) nicht zum Judentum gehörten, zu Schriftlesung, Auslegung und zu theologischen Vorträgen geladen waren. Philo beschreibt den Synagogengottesdienst VitMos II 215f folgendermaßen:

> Es war Sitte, an jedem Tag, wenn Möglichkeit bestand, vor allem aber am siebten Tag [...] zu philosophieren, wobei der Leiter Anleitung gab und lehrte (διδάσκειν), was zu tun und zu sagen nötig war, um zur wahren Lebensart zu wachsen und Sitte und Lebensweise zu bessern. Von daher stammt es, daß auch heute die Juden am siebten Tag die väterliche Philosophie treiben und diese Zeit dem Wissen und der Schau der Dinge, die sich auf die Natur beziehen, widmen. Denn was sind (unsere) Gebetsstätten in den Städten anderes als Schulen (διδασκαλεῖα) der Gerechtigkeit, der Frömmigkeit sowohl als auch der Heiligkeit und überhaupt aller Tugend, mit der das Menschliche und das Göttliche erkannt und glücklich vollbracht werden?[55]

Philo ist bestrebt, Mose als wahren Philosophen darzustellen. Die Darstellung ist daher sicher von philosophischen Idealen beeinflußt. Aber daß der Synagogengottesdienst öffentlich war und zahlreiche Heidinnen und Heiden anzog, ist auch aus anderen Quellen belegt.[56] Auch gab es Wanderlehrer, die von Synagoge zu Synagoge reisten.[57] Im Judentum war Bildung anscheinend kein Privileg vermögender Gesellschaftsschichten.

Wieweit die Verf. des Kol am antiken oder jüdischen Bildungsgang teilgenommen haben, muß im einzelnen offenbleiben.[58] Aber es läßt sich ver-

---

Josephus, Vita 7-9. Vgl. zum ganzen Birger Gerhardsson, *Memory and Manuskript*, 55-66; Shmuel Safrai, *Education*, 945-970; Martin Hengel, *Judentum und Hellenismus*, 143-152 sowie Townsend, *Ancient Education*, 154-157; *Education (Greco-Roman)*, ABD II (1992), 315-317; Stemberger, *Einleitung*, 18-24.

[55] Übers. Georgi, *Gegner*, 87f. Vgl. auch SpecLeg II 62f. Zum Ganzen Georgi, ebd., 83-137.

[56] Vgl. Josephus, Bell VII 45; Philo, VitMos II 20f. Rabbinische Belege bei Safrai, *Education*.

[57] Vgl. Georgi, ebd., 110-114, vgl. auch Safrai, *Education*, 965f, und ders., *Synagogue*. Georgi vermutet: „Die Popularphilosophen dürften überhaupt weitgehend als Vorbild für die Predigt- und Missionstätigkeit in der Spätantike angesehen werden. Viele Erscheinungen des [...] Judentums lassen ebenfalls die Einwirkung der kynisch-stoischen Bettelphilosophen und ihrer Lebensanschauungen erkennen" (110f).

[58] Malherbe, *Soziale Ebenen*, meint unter Verweis auf gelegentlich im Neuen Testament aufgenommene Zitate aus dem gemeinantiken Bildungsschatz (vgl. z. B. I Kor 15,33; Tit 1,12 u. ö.): „Was die Bildungsebene der neutestamentlichen Autoren angeht, so müssen sie auf nichts Höheres deuten als auf die oberen Stufen der höheren Schulbildung" (208). M. E. ist dieses Urteil jedoch ein zu generelles. Es muß bezweifelt werden, daß die klare Abgrenzung einzelner Schulübungen und ihre Verteilung auf verschiedene Schulstufen, wie sie Bildungstheoretiker wie z. B. Quintilian vorschlagen, sich mit der römisch-hellenistischen

muten, daß sie von den dahinterstehenden Ideen ebenso geprägt waren wie die hellenistisch-römische Gesellschaft überhaupt. Gedächtnistraining sowie genaue Analyse und Nachahmung herausragender Schriftsteller waren die wichtigsten Lehrziele aller Bildungseinrichtungen. Antike Schülerinnen und Schüler übten, berühmte Schriftsteller und Redner zu imitieren und mit Hilfe der Vorstellungskraft Briefe und Reden mythologischer und historischer Persönlichkeiten möglichst charaktertreu und historisch nachzuahmen. Damit sind wichtige Voraussetzungen für die Entstehung pseudepigrapher Werke genannt.

2. MOTIVE DER PSEUDEPIGRAPHEN SCHRIFTSTELLEREI[59]

Die kritische Einstellung der antiken Menschen gegenüber den Kopien von Literaturwerken begann, wie oben dargestellt, bereits in der Schule. Der textkritische Vergleich verschiedener Kopien eines Textes gehörte bereits zu den Aufgaben der Schülerinnen und Schüler. Echtheitskritik wurde in der Antike vielfach geübt. Einen Einblick in die Verfahren antiker Echtheitskritik gibt Galen in seinen Kommentaren zu hippokratischen Schriften.[60] Galens Kriterien sind neben der Sprache und Ausdrucksweise vor allem die Frage nach der Übereinstimmung der Gedanken und Vorstellungswelt mit den von ihm für echt gehaltenen Schriften des Hippokrates. Auch die Überlieferung seiner eigenen Schriften wollte Galen überwachen.[61] Er schrieb daher zwei Schriften: *Von der Ordnung meiner Bücher* und *Von meinen Büchern*, in denen er Rechenschaft über sein literarisches Werk ablegt und die von ihm veröffentlichten Schriften aufzählt. Dabei erzählt er eine Begebenheit in Rom, in der ein Philologe ein Buch mit dem Titel: „Galen der Arzt" kauft, aber bereits nach den ersten Sätzen feststellen muß: „Dies ist nicht die eigene Sprache des Galen und dieses Büchlein wurde falsch zugeschrieben (ψευδῶς ἐπιγέγραπται)."[62] Galen muß also feststellen, daß seine Bücher von einigen wie ihr Eigentum behandelt und verstümmelt, mit Zusätzen versehen oder verändert weitergegeben bzw. verkauft werden. Zur Entstehung dieser Pseudepigra-

---

Praxis decken (vgl. Robert A. Kaster, *Notes*, 323-346). Die Paulusbriefe nehmen einiges von der Begrifflichkeit antiker Bildung auf: vgl. z. B. I Kor 4,14-17; 9,26f; Gal 3,24 (vgl. auch Eph 4,21; Kol 1,28; 2,6f; Apg 15,35; 20,20; 21,21 u. ö.).

[59] Zu den Motiven antiker Pseudepigraphie vgl. auch Gudemann, *Literarische Fälschung*, 43-73; Syme, *Fälschung*; Metzger, *Literary Forgeries*, 5-12; Brox, *Falsche Verfasserangaben*, 51-57; Speyer, *Literarische Fälschung*, 131-149, der jedoch nicht zwischen antiken Äußerungen und modernen Beurteilungen trennt; Kiley, *Colossians as Pseudepigraphy*, 15-34.

[60] Vgl. L. O. Bröcker, *Die Methode Galens*, 415-438. Zur antiken Literarkritik vgl. auch Speyer, *Literarische Fälschung*, 112-128; Kiley, *Colossians as Pseudepigraphy*, 17-19.

[61] Vgl. zum Folgenden Carl Friedrich Georg Heinrici, *Zur Charakteristik*, 74-81.

[62] Gal. *De ordine librorum suorum* II (Müller II 91,21).

phen gibt Galen an, daß er einige Gedenkbücher (ὑπομνήματα) seiner Vorlesungen ohne Titel an seine Schüler und Freunde für deren privaten Gebrauch übergeben habe. Durch verschiedene Umstände seien sie dann aber in
andere Hände gelangt und entfremdet worden. Auch seine Diener verwer-
teten seine eigenen Aufzeichnungen. Die Entstehung der galenischen Pseudepigraphen geschieht also nicht eigentlich durch „Fälschung", sondern durch
„Verfälschung" galenischer Gedanken oder lediglich durch Vorabveröffent-
lichung bzw. Weitergabe von Schriften, die Galen, jedenfalls so, nicht veröffentlichen wollte.

Die Veröffentlichung von ὑπομνήματα, Vorlesungsmanuskripten, Mitschriften oder Erinnerungen ist in der Antike keine seltene Praxis.[63] Ein
berühmtes Beispiel sind die Mitschriften des Arrian, der Gespräche des
Epiktet veröffentlichte.[64] In einem mitüberlieferten Brief an Lucius Gellius
schreibt er: „Was ich Epiktet aber habe sagen hören, das habe ich, so weit es
möglich war, Wort für Wort mitzuschreiben und mir für später zur Erinnerung (ὑπομνήματα) an sein Denken und freimütiges Reden zu bewahren
versucht."[65] Viel diskutiert wurde in der Antike auch die Frage, ob
Pythagoras selbst Schriften verfaßt hat[66] und wie es zu der Fülle von
Pythagorasschriften kommen konnte, die wahrscheinlich nicht von ihm verfaßt worden sind. Iamblichus (4. Jh. n. Chr.) meint z.B:

> Wenn nun zugegebenermaßen die gegenwärtig umlaufenden Schriften zum
> Teil von Pythagoras stammen, zum anderen Teil auf Grund seines mündlichen
> Vortrags (ἀπὸ τῆς ἀκροάσεως) aufgezeichnet sind (darum haben die
> Pythagoräer diese Schriften auch nicht für ihr Eigentum ausgegeben, sondern

---

[63] Vgl. Suet. gramm. 7; Quint. inst. III 6,59; Diog. Laert. IV 65; V 73 (als
Testamentsverfügung); Philo, Plant 173. ὑπομνήματα als Mitschriften von Schülern auch
Plat. Theait. 143a; Diog. Laert. VI 5; Lukian. Herm. 2; Quint. inst. II 11,7. Zum Folgenden vgl.
besonders Werner Jäger, *Studien*, 135ff, der auf eine durch Simplicius vermittelte Notiz des
Alexander Aphrodisias hinweist, nach der man im Altertum zwischen γράμματα
ὑπομνηματικά und γράμματα συνταγματικά unterschied und die erhaltenen aristotelischen
Schriften eigentlich solche unveröffentlichten Vorlesungen seien. Vgl. auch Georgi,
Aristoteles- und Theophrastausgabe, 59f; Wilhelm Bousset, *Jüdisch-Christlicher
Schulbetrieb*, 1-7; Anton von Premerstein, *Art. Commentarii*, PRE 4,1 (1900), 727 und
Manfred Fuhrmann, *Art. Hypomnema*, Der Kleine Pauly II (1967), 1282f.

[64] Arrians Werk ist für Aulus Gellius die einzige Quelle für Epiktet (vgl. Gell. I 2,6f).

[65] Arr. Epict. I 1,2. Arrian behauptet, seine ὑπομνήματα seien dann ohne sein Wissen zu
anderen Menschen gekommen (I 1,4). Ob Arrians Darstellung in diesem Brief zutrifft und ob
sie tatsächlich eine wörtliche Wiedergabe des Gehörten darstellen, darf allerdings bezweifelt
werden. Vgl. Theo Wirth, *Arrians Erinnerungen*, 148-189.197-216. Wirth stellt heraus, daß
Arrians *Unterredungen mit Epictet* geprägt sind von der von Xenophon ausgebildeten
Tradition der ἀπομνημονεύματα (Memorabilia vgl. Diog. Laert. VII 36.163; vgl. aber auch
V 48). Ähnlich wie Arrian behauptet auch Quintilian, Teile seines Werkes seien ohne sein
Wissen von seinen Sklaven bzw. Schülern nach Mitschriften herausgegeben worden (Quint.
inst. prooem. 7; vgl. auch Ov. trist. III 7,15ff). Es handelt sich vermutlich um einen
literarischen Topos (Wirth, ebd.).

[66] Vgl. z. B. Diog. Laert. VIII 6f.

sie dem Pythagoras als sein Werk zugeschrieben), so ist aus alledem klar, daß Pythagoras zur Genüge in aller Weisheit erfahren war.[67]

Eine weitere Theorie entnimmt Iamblich dem Nikomachos von Gerasa (1. Jh. n. Chr.). Die nach den Wirren in Kroton zerstreuten Pythagoräer gaben acht, daß ihre Philosophie nicht völlig verlorengehe.[68]

So verfaßten sie Schriften, welche die Hauptlehren und die Symbola enthielten, sammelten die Niederschriften der Älteren und alles, woran sie sich selbst erinnerten (διαμνημονεύειν), hinterließen dies jeweils am Orte ihres Todes und schärften ihren Söhnen, Töchtern oder Frauen ein, die Schriften keinem Menschen außerhalb der Familie zu geben. Diese hielten dies lange Zeit ein, indem sie jeweils den Nachkommen denselben Auftrag weitergaben.[69]

Es war also in der Antike bekannt, daß vieles von dem, was man unter dem Namen berühmter Männer lesen konnte, eigentlich von ihren Schülern und Schülerinnen aufgeschrieben worden war, sei es als Mitschrift, sei es als nachträgliche Erinnerung. In der pythagoräischen Schule und mehr noch in der epikureischen galt alles, was von den Schülerinnen und Schülern gesagt und aufgeschrieben wurde, als geistiges Eigentum des Lehrers und wurde unter dessen Namen an die Öffentlichkeit gebracht.

Bei denen [den Epikuräern] wird, was immer Hermarchos gesagt hat, was immer Metodorios, auf den einen [nämlich Epikur] zurückgeführt: alles, was einer in der Gemeinschaft gesagt hat, ist unter des einen Anleitung und mit seiner Weihe gesagt.[70]

Ein häufig genanntes Motiv für pseudepigraphe Schriftstellerei in der Antike ist also die (nicht nur unautorisierte) Herausgabe von zum privaten Gebrauch übergebenen Manuskripten und die Veröffentlichung von Mitschriften oder der Erinnerung an Gehörtes durch Schüler und Freunde.[71] Dabei gehört Pseudepigraphie in manchen Philosophenschulen zum schulinternen Ethos.

Daneben kannte die Antike auch die pseudepigraphe Schriftstellerei als Mittel in der politischen, philosophischen und theologischen Auseinandersetzung. Philostrat erzählt in seiner *Vita Apollonii*, daß einige einen Brief

---

[67] Iambl. vita Pyth. 158. Übers. Michael von Albrecht.
    [68] Iambl. vita Pyth. 158; 198. Vgl. auch Diog. Laert. VIII 85: Porphyrios rechnet damit, daß von den 280 Pythagorasschriften nur 80 von ihm selbst verfaßt worden sind, der Rest aber von Schülern in seinem Namen (vgl. Bartel Lendert van der Waeren, *Art. Pythagoras*, PRE.S X (1965), 862f).
    [69] Iambl. vita Pyth. 253. Übers. von Albrecht.
    [70] Sen. epist. 33,4. Übers. Manfred Rosenbach.
    [71] Die bei Diog. Laert. III 41-43; V 11-16; 51-57; 61-64; 69-74; X 16-22 überlieferten Philosophentestamente bestimmen jeweils, wer die Bibliothek erben soll. Die posthume Veröffentlichung ist hier also bereits im Blick. Daß später auftauchende ὑπομνήματα auch als „nicht echt" oder verfälscht verdächtigt werden konnten, hat Georgi anhand der im 1. Jh. v. Chr. erst bekannt gewordenen esoterischen Aristoteleswerke gezeigt (*Aristoteles- und Theophrastausgabe*, 51-63).

vorbringen, in dem Apollonios Vespasian um Vergebung und Freilassung bittet. Philostrat weist diesen Brief mit den literarkritischen Argumenten zurück, Apollonios habe keine Briefe im ionischen Dialekt verfaßt, und außerdem sei der Brief zu lang.[72] In der Darstellung des Philostrat überzeugt Apollonios den Kaiser von seiner Philosophie und entschwindet aus dem Gefängnis.[73] Auch in tagespolitischen Auseinandersetzungen wurden pseud-epigraphe Schriften verwandt.[74] Nicht selten war auch die Interpolation bzw. Manipulation von Orakeln und Weissagungen.[75] Auch ironische Pseudepi-graphen kommen vor.[76] Es war bekannt, wie man eine Handschriften künst-lich alt aussehen lassen kann[77] und wie man ein scheinbar altes Schriftstück durch Erzählungen von (angeblichen) Bücherfunden beglaubigt.[78] Häufiger als mit bösartigem Betrug rechneten die antiken Menschen jedoch mit anderen Motiven. Vor allem aber war „Echtheit" keine absolute Kategorie, sondern hing vom philosophischen, politischen oder religiösen Standpunkt des Kritikers ab.[79]

Die neuplatonischen Kommentatoren der aristotelischen Werke in der Spätantike sind die ersten, die die Motive der Pseudepigraphie zu

---

[72] Philostrat. vita Ap. VII 35.

[73] Zu pseudepigraphen Schriften als Mittel in der philosophischen Auseinandersetzung vgl. auch Iambl. vita Pyth. 258-260 oder Diog. Laert. X 3: Der mit Epikur verfeindete Stoiker Diotimos, so berichtet Diogenes, habe Epikur bitter verleumdet, indem er anstößige Briefe in dessen Namen veröffentlichte. Weitere Beispiele bei Speyer, *Literarische Fälschung*, 139-142. Andere scheinen aber auch die „schlechten Passagen" (τὰ κακῶς λεγόμενα) in Werken ihrer Lehrer gestrichen und so die Werke „verbessert" zu haben, z. B. der Stoiker Athenodorus, ein Beauftragter der Bibliothek in Pergamon (vgl. Diog. Laert. VII 34).

[74] Vgl. Paus. VI 18,5; Suet. Aug. 51,1; 55 u. ö. Vgl. auch Speyer, *Literarische Fälschung*, 142-146.

[75] Vgl. Hdt. VII 6,3f; Sib III 419-432; Suet. Aug. 31,1; Lukian. Alex. 10f. Vgl. auch Speyer, *Literarische Fälschung*, 146-149.

[76] Z. B. in einer Geschichte, die Diogenes Laertius (V 92f) überliefert. Der Aristoteliker Herakleides, dem manche die Verfassung von Tragödien im Namen des Thepsis nachgesagten, wurde von einem gewissen Dionysos hinters Licht geführt, indem jener ein Parthenopaeus im Namen des Sophokles schrieb. Als Herakleides dieses (Pseudo-)Sophokles-Stück zitierte, deckte Dionysos den wahren Verfasser auf, was Herakleides aber nicht glauben wollte. Dionysos erwiderte daraufhin, daß er in den παραστιχίδες (Akrosticha) die Verse finden werde: „Ein alter Affe fängt sich in der Schlinge nicht. Gefangen wird er wohl, doch erst nach langer Zeit [... und] Herakleides versteht die Buchstaben nicht und schämt sich nicht."

[77] Als Buchhändlertrick z. B. Dion Chr. 21,12.

[78] Vgl. z. B. Plin. nat. XII 84-88. Philostrat. vita Ap. VIII 19f (hier aber zur Beglaubigung des gefundenen Buches erzählt). Vgl. auch Speyer, *Bücherfunde;* ders., *Literarische Fälschung*, 44-79; Georgi, *Gegner*, 203-205; *Aristoteles- und Theophrastausgabe*, 57.

[79] Vgl. auch Georgi, *Aristoteles- und Theophrastausgabe*. Echtheit kann sogar zum Vorwurf werden. Aeschines, ein Anhänger des Sokrates, wurde vom Sokratiker Menedemos verleumdet (διαβάλλεσθαι), seine sokratischen Dialoge seien eigentlich die Werke Sokrates', die er von Xanthippe erhalten habe (Diog. Laert. II 60). Hieronymus, *commentarium in epistolam ad Philemonem*, prol. 743f (PL 26,601) zitiert eine Quelle, die die paulinische Verfasserschaft für den Phlm bestreitet. Vgl. auch Nils A. Dahl, *Particularity*, 265. Zu den Kategorisierungen Echtheit und Fälschung vgl. auch Umberto Eco, *Die Grenzen der Interpretation*, 217-255.

systematisieren beginnen.[80] Olympidor (6. Jh. n. Chr.) listet z. B. folgende Motive auf:

> Entweder durch Ehrliebe (φιλοτιμία) der Könige oder durch Zuneigung (εὔνοια) der Schüler oder durch Namensgleichheit (ὁμωνυμία). Und die Namensgleichheit zerfällt in drei Teile: entweder der Schriftsteller oder der Schriften oder der Erinnerungen.[81]

Die Ehrliebe der Könige nennt auch Galen in seinem Kommentar zu Hippokrates' *De natura hominis*:

> Bevor nämlich die Könige in Alexandrien und Pergamon Ehrgeiz zum Erwerb alter Bücher (παλαιὰ βιβλία) entwickelten, wurden noch keine Schriften falsch (zu)geschrieben (bzw. untergeschoben: ψευδῶς ἐπεγέγραπτο). Als sie aber begonnen hatten, Lohn zu geben denen, die ihnen alte Schriften irgendwelcher Männer brachten, da brachten sie eben viele falsch (zu)geschriebene.[82]

Allerdings dient Galen dieser Hinweis zur Beglaubigung der Echtheit dieser hippokratischen Schrift, nicht etwa zum Erweis einer „Fälschung".[83] Die Nachfrage nach (alten) Büchern ist in hellenistischer Zeit sicherlich gestiegen.[84] Daß die Einrichtung von Bibliotheken, die wie im Falle Alexandrias auch Zentren antiker Buchwissenschaft und Echtheitskritik waren, zur Steigerung der Produktion von Pseudepigrapha geführt hat, muß allerdings bezweifelt werden. „[D]ie Fälschung von literarischen Kunstwerken (war) eine viel zu unökonomische Angelegenheit, als daß sich daraus jemals ein Geschäft, geschweige denn gar ein 'neuer Industriezweig' hätte entwickeln können."[85] Das zweite Motiv, das Olympidor nennt, wurde oben bereits behandelt. Schüler geben oftmals Schriften unter dem Namen ihrer Lehrer heraus, um deren Erbe zu überliefern.[86] Daß dabei nicht immer nur

---

[80] Vgl. zum Folgenden: Carl Werner Müller, *Die neuplatonischen Aristoteleskommentatoren*, 265-271.

[81] Olympidor, Scholien zu den *Prolegomena* der Logik des Aristoteles (CAG XII 13,7-10 (Adolf Busse))

[82] Gal., *In Hippocratis 'De natura hominis' comm.* (XV 105 [Kühn]).

[83] Der Gedanke ist, daß, da bereits Plato die Gedanken des Hippokrates bekannt seien, dieses Werk also nicht gefälscht sein könne. Fälschungen seien grundsätzlich jünger.

[84] Vgl. z. B. Lukian. ind. 4.

[85] Vgl. Carl Werner Müller, *Kurzdialoge*, 15. Die seltenen Nachrichten von hohen Preisen für Pseudepigrapha sollen vermutlich mehr die Schriften bzw. deren Verfasser (Pythagoras) ehren, als daß sie reale Nachrichten über Buchpreise beinhalten (vgl. Diog. Laert. III 9; VIII 85 sowie Müller, ebd.16 Anm. 1). Erst der spätere christliche Neuplatoniker David (6. Jh. n. Chr.) ersetzt den Topos φιλοτιμία τῶν βασιλέων durch „schnöde Gewinnsucht" (αἰσχροκέρδεια) der Fälscher und erklärt φιλοτιμία als eitle Ruhmsucht, „ [...] daß, wenn irgendeiner unangesehen und gering war, aber doch wollte, daß seine Schrift gelesen werde, schrieb er den Namen eines anderen alten und angesehen Mannes darauf, damit durch dessen Ansehen sein Werk gut aufgenommen werde" (CAG 81,31-82,4; vgl. auch Carl Werner Müller, *Die neuplatonischen Aristoteleskommentatoren*, 269-271).

[86] Beispiele sind auch hier die Pythagoräer und seit Elias auch die Sokratiker. Zu Schülerschriften des Plato vgl. Albin Lesky, *Geschichte*, 585f. Carl Werner Müller, *Die*

Worte (etwa durch Weitergabe schriftlicher Aufzeichnungen) der (angeblichen) Verfasser, sondern nicht selten die Diktion und auch die Gedanken der Schülerinnen und Schüler mit einfließen, ist auch den antiken Menschen bekannt. Das dritte, wiederum dreigeteilte Motiv, das Olympidor nennt, führte im antiken Bibliothekswesen zu einer eigenen Wissenschaft. Durch die einfache Namensgebung und ohne ein System einer allgemeinen Datierung konnte der Fall eintreten, daß mehrere Menschen den gleichen Namen trugen und daß daher Schriften des einen einem (gleichnamigen) anderen zugeordnet wurden. Zudem waren die Namen häufig außen auf den Buchrollen angebracht, so daß sie leicht zerstörbar waren und das Werk anonym wurde.[87] Die antiken Bibliothekare versuchten dann, die Bücher durch Stil- und Inhaltsvergleich dem Verfasser wieder zuzuordnen. Sie erstellten auch Listen von gleichnamigen Personen und Listen von gleichnamigen Werken, um Verwechslungen entgegenzuwirken. Viele dieser Listen hat Diogenes Laertius in seinen Werk *Leben und Meinungen berühmter Philosophen* aufbewahrt.[88]

Durch die ausschließlich handschriftliche Überlieferung standen die antiken Menschen allen Büchern kritischer gegenüber als die modernen. Fehler und Irrtümer waren alltäglicher, „Echtheit" vielfach umstritten.[89] Die Gründe der Pseudepigraphie lagen vor allem in der irrtümlichen Zuschreibung von anonymen Schriften zu bestimmten Autoren, dem Veröffentlichen von Gedanken, Mitschriften und Vortragsmanuskripten unter dem Namen des Schulgründers, in einigen Schulen bedingt durch ein spezifisches Verhältnis zum „Copyright" sowie aufgrund philosophischer, politischer und religiöser Auseinandersetzungen.

3. PSEUDEPIGRAPHE BRIEFE IM NEUEN TESTAMENT

Die Beobachtung, daß es im Neuen Testament Briefe gibt, die nicht von dem angegebenen Verfasser geschrieben wurden, hat vielfach zu theologischem Nachdenken geführt. Konnte Frederik Torm noch die Existenz von

---

neuplatonischen Aristoteleskommentatoren, 269 Anm. 12. Auch Tertullian gebraucht dieses Argument von der Schülernachschrift, um die Autorität der vier (jetzt kanonischen) Evangelien zu verteidigen (adv. Marc. IV 5,4), läßt es aber gegenüber den Theklaakten nicht gelten (bapt. XVII). Die Beurteilung der Pseudepigraphen hängt von der Beurteilung des Inhalts ab.

[87] Über Anonymität als Quelle pseudepigrapher Zuschreibung vgl. Gudemann, *Literarische Fälschung*, 67-69. Zur Beschriftung von Buchrollen vgl. Harry Gamble, *Books and Readers*, 48.

[88] Diogenes greift dabei auf Werke älterer Bibliothekswissenschaftler zurück, z. B. auf das des Demetrios von Magnesia (1. Jh. n. Chr.), der ein Verzeichnis gleichnamiger Autoren und ihrer Werke schrieb oder auf das des Antisthenes von Rhodos, der im 1./2. Jh. n. Chr. ein Buch über Philosophenschulen (φιλοσόφων διαδοχαί) vorlegte.

[89] Vgl. Diog. Laert. II 42.60.84; V 60.92f; VI 80; VIII 6.89; IX 49 u. ö. Vgl. auch VIII 85 oder die Kritik des Aulus Gellius an Plinius dem Älteren (Gell. X 12,1-8; vgl. auch III 3).

pseudonymen bzw. pseudepigraphen Schriften im Neuen Testament ignorieren,[90] so ist dies Speyer, Kurt Aland, Horst Balz, Lewis Donelson und David Meade und anderen nicht mehr möglich. Zwei Erklärungsmodelle bilden sich heraus:

Aland[91] meint, die Phänomene Anonymität und Pseudonymität dürften nicht voneinander isoliert werden, sondern müßten ausschließlich im Rahmen der frühchristlichen Literatur der ersten zwei Jahrhunderte betrachtet werden. In dieser Zeit seien die Gemeinden von mündlicher Tradition und prophetischem Bewußtsein geprägt. Selbst Justin zitiere ἀπομνημονεύματα τῶν ἀποστόλων, die nicht unbedingt als Evangelienzitate identifizierbar seien.[92] Durch die bis zum Ende des 2. Jh. lebendige Naherwartung habe sich der Prozeß von der mündlichen Überlieferung zur schriftlichen nur langsam vollzogen.

> Was sich im pseudonymen Schrifttum der Frühzeit vollzieht, ist nichts anderes als eine Verlagerung der Botschaft vom Mündlichen ins Schriftliche. Und dabei ist das Werkzeug, durch welches das geschieht, nicht nur ganz nebensächlich, sondern es würde im Bewußtsein jener Zeit sogar eine Verfälschung gewesen sein, dieses Werkzeug überhaupt zu nennen.[93]

In einem weiteren Beitrag zum Thema[94] führt Aland seine differenzierte Betrachtung der Literatur der Jesusbewegung der ersten zwei Jahrhunderte genauer aus. Er nennt vier Gruppen: 1. anonyme Schriften, 2. Schriften unter dem Namen ihrer wirklichen Verfasser, 3. Schriften unter dem Namen eines angeblichen Verfassers (Pseudepigraphen) und 4. Schriften unter der Angabe von mehreren Verfassern. Die Entstehung der Gruppe 1 und 4 führt Aland auf die Umsetzung der Geistrede aus dem Mündlichen ins Schriftliche zurück. Problematisch aber bleiben auch für Aland die Schriften der Gruppe 3, zu der er aus dem Kanon die Petrusbriefe, die Pastoralbriefe, Jak und Jud zählt. Allerdings sei die Pseudonymisierung bei Jak, Jud und I Petr sowie Jak nur gering entwickelt und oberflächlich durchgeführt. Beim II Petr und den Pastoralbriefen liegt aber auch für Aland „wirkliche, dem Befund außerhalb des Christentums vergleichbare Pseudonymität" vor.[95]

Der Ansatz von Aland ist vielfach kritisiert worden. Balz bemerkt polemisch: „Wäre diese These [...] uneingeschränkt anzuerkennen, dann ergäbe sich die fatale Konsequenz, daß die Schreiber der zweiten, dritten

---

[90] Vgl. Torm, *Psychologie,* 111-148.

[91] Aland, *Problem,* sowie *Falsche Verfasserangaben?*

[92] Iust. apol. I 67. Vgl. Aland, *Noch einmal,* 160.

[93] Aland, *Problem,* 29f. Zur Hochschätzung des Geistes im 1. Jh. vgl. auch Köster, *Writings,* 353-355.

[94] Aland, *Noch einmal.*

[95] Aland, *Noch einmal,* 170. Vgl. auch ders, *Problem,* 31. Kol und II Thess schließt Aland aus, da er den II Thess für „echt" hält und beim Kol die Entscheidung nicht treffen will (*Noch einmal,* 169; vgl. auch *Problem,* 29).

und vierten Generation mit ihren pseudepigraphen Schriften mehr vom Geist getrieben seien als ein Paulus."[96] Gegen Aland betont Balz „den Geist der Tradition und der apostolischen Norm" (ebd.). „Die entscheidende Voraussetzung für die neutestamentliche Pseudepigraphie ist die Setzung des Apostolischen als Norm"(420). Balz beurteilt Kol und Eph als „Schultradition", wogegen er die übrigen pseudepigraphen Briefe des Neuen Testaments als „Tendenzfälschungen" bewertet, da für die Autoren „die fingierten apostolischen Autoritäten mit ihrer eigenen Theologie [...] bereits überholt waren" (431).

> Die zweite Generation wußte sich von der Zeit der ersten Osterzeugen immer weiter getrennt [...] Sie entwickelten theologische Konzepte für diese neue Situation, aber es fehlte ihnen die Autorität zur Verantwortung ihrer neuen Theologie gegenüber den apostolischen Anfängen, und so ordneten sie durch literarische Fiktionen oder anonyme Schriften ihre neue Theologie der alten Tradition ein (436).

Gegen dieses Argument von Balz hat Aland zu Recht den Gegensatz von apostolischer Norm und pneumatisch-geistbegabtem Zeitalter herausgestellt.[97] Es fragt sich tatsächlich, wie sich innerhalb von 10 bis 90 Jahren ein normativer Anspruch weniger bestimmter historischer Einzelpersönlichkeiten gebildet haben sollte. Dennoch sind der Argumentation, wenn auch nicht der Bewertung von Balz viele gefolgt.[98] Brox z. B. beruft sich ebenfalls auf ein Konzept der „überlegenen Vergangenheit".[99]

> Für das Verständnis der Entstehung und Tendenz der altkirchlichen Pseudepigraphie ist eines [...] bezeichnend und ein gutes Stück weit erklärend: Das ist die Bindung an Traditionen und der entscheidende Wille zur rückwärts orientierten Kontinuität.[100]

---

[96] Balz, *Anonymität*, 419.

[97] Aland, *Noch einmal*, 171-175.

[98] Karl Martin Fischer, *Anmerkungen*, will z. B. die Entstehung der pseudepigraphen Literatur auf das Fehlen einer Institution, die in der frühen Phase Autorität besessen hätte, zurückführen. „Wer ökumenisch denken wollte, konnte das nicht in eigener Person, sondern nur unter dem Namen derer, die aus der Vergangenheit Autorität besaßen. Nur als Paulus oder Petrus konnte man hoffen, Gehör zu finden" (79). Vgl. auch Franz Laub, *Falsche Verfasserangaben*, Pokorný, *Das theologische Problem*, und Donelson, *Pseudepigraphy*, 19-22. Nach Wolter, *Die anonymen Schriften*, 2, haftet dem fiktiven Verfassernamen „der Verbindlichkeitsanspruch der jeweiligen Schrift" an. Dagegen sei den „anonymen Schriften (gemeinsam) [...] , daß sie Jesus Christus als diejenige personale Autorität aufbieten, die ihren jeweiligen Verbindlichkeitsanspruch unüberbietbar garantiert" (15). Müller, *Anfänge*, 305-320, führt mit Joachim Gnilka, *Kom.*, 19-26, den Begriff „Deuteronymität" ein, weil Kol und II Thess den „eigene(n) literarischen Standort [...] in enger Überlieferungskontinuität zur Ursprungsgröße" definierten (318).

[99] Brox, *Falsche Verfasserangaben*, 105.

[100] Brox, *Zum Problemstand*, 328. Vgl. auch *Falsche Verfasserangaben*, 110-119.

Unter Berufung auf Martin Hengel sieht Brox hier einen Zusammenhang zur jüdisch-hellenistischen Praxis, wie sie z. B. in der apokalyptischen Literatur und Testamentsliteratur greifbar wird. „Entscheidend war [...] das Bestreben, die autoritative Norm der Vergangenheit für die Gegenwart wirksam zur Sprache zu bringen."[101] Jedoch bleibt es m. E. fraglich, ob das Verfassen von Testamenten, Apokalypsen und Weisheitsschriften im Namen von legendären und literarischen Größen wie Adam, Seth, Henoch, den Erzvätern und Erzmüttern oder auch Orpheus zeigt, daß „im jüdisch-hellenistischen Bereich [...] das Bewußtsein des geistigen Eigentums und der schriftstellerischen Individualität gegenüber der griechisch-römischen Welt unterentwickelt"[102] war oder gar das „Bewußtsein für historische Wahrheit und Wirklichkeit".[103] Vielmehr läßt sich zeigen, daß die Testamente und mindestens teilweise auch die Apokalypsen in einem weit verzweigten Traditionsprozeß von exegetischen Beobachtungen und theologischen Überlegungen entstanden sind.[104] Die Verf. konnten zu Recht behaupten, nichts anderes als Schriftauslegung im Namen biblischer Vorväter und Vormütter zu betreiben. Ein Unterschied zwischen nicht-jüdischer Offenbarungsliteratur, wie z. B. den orphischen Schriften und den sibillinischen Orakeln, und den jüdischen Offenbarungsschriften ist nicht erwiesen. Vor allem aber übersieht Brox mit der Berufung auf die jüdische Apokalyptik und Testamentsliteratur, daß es einen entscheidenden Unterschied macht, ob man legendarische und literarische Größen der Vorzeit wie Henoch, Seth, die Erzväter und Erzmütter oder Esra als Pseudonym wählt, oder ob man im Namen einer Persönlichkeit aus der letzten Generation schreibt.[105] Es ist daher m. E. mindestens zu untersuchen, ob sich die einzelnen pseud-epigraphen Briefschriftsteller bzw. -schriftstellerinnen wirklich (nur) „transsubjektiv"[106] auf die Autorität, den Geist und die Weisheit bestimmter Personen in der Tradition der eigenen Gruppe berufen oder ob sie nicht vielmehr die Überlieferung dieser speziellen Person ergänzen, erläutern oder korrigieren wollen.

---

[101] Martin Hengel, *Anonymität*, 285 = Brox, *Zum Problemstand*, 331.
[102] Hengel, ebd., 283, vgl. auch Brox, *Zum Problemstand*, 321: „eigentümlicher und sehr anders bedingter geistiger Eigentumsbegriff".
[103] Hengel, ebd., 305.
[104] Vgl. z. B. James Kugel, *In Potiphar's House*. Vgl. auch Georgi, *Records of Jesus*, 543: „Often pseudonymity at least seems to be an expression of the claim of the author to rewrite scriptures."
[105] Es fällt zumindest auf, daß die Jesusbewegung im 1. Jh. Apokalypsen nicht im Namen legendärer Figuren, sondern unter dem Namen der wirklichen Verfasser schreibt (vgl. Apk 1,1.9, Herm vis 1,1-4, die vom Geist ergriffen ihre Schrift verfassen (vgl. Apk 1,10; 2,11.17; 3,6.13.22; Herm vis I 1,3). Eine wirkliche Parallele zu dieser Form jüdischer Pseudepigraphie ist dagegen z. B. die christliche Überarbeitung bzw. Fassung der Test XII.
[106] Vgl. Brox, *Zum Problemstand*, 331f.

Einen neuen Versuch, die kanonischen pseudepigraphen Briefe im Rahmen der jüdischen (pseudepigraphen) Literatur zu verstehen, unternimmt Meade. Die prophetische, weisheitliche und apokalyptische Tradition zeige, so Meade, ein kohärentes Muster der dialektischen Beziehung zwischen Offenbarung und Tradition, in der es zur Vergegenwärtigung der Offenbarung in neuen Situationen komme. Die Zuschreibung von Literatur zu Figuren, die bereits Teil eines autoritativen Kanons waren, sei somit „primarily an assertion of authoritative tradition".[107] Ebenso zeigten auch die anonymen und pseudonymen (pseudepigraphen) neutestamentlichen Schriften ein Kanonsbewußtsein bezüglich der Jesus-, Paulus- und Petrustradition.[108]

> The pseudonymous epistles [...] are simply different members of the same family that we found in the „anonymous" gosples and various literary genres of the prophetic, wisdom, and apocalyptic traditions. In other words [...] attribution in the pseudonymous Pauline and Petrine epistles must be regarded primarily as an assertion of authoritative tradition not of literary origins.[109]

Daß Pseudepigraphie in ihren meisten Formen immer auch ein Sich-in-Beziehung-Setzen zu der durch den Autorennamen gekennzeichneten Tradition ist, ist sicher eine richtige Beobachtung. Briefe dienen dazu, die Anwesenheit des Briefschreibers bzw. der Briefschreiberin zu ersetzen (vgl. z. B. II Kor 10,10f).[110] Daher sind pseudepigraphe Briefe im Namen des Paulus auch als Vergegenwärtigung des Paulus in seiner Abwesenheit oder nach seinem Tod zu verstehen.[111] Die Problematik des Ansatzes von Meade zeigt sich aber nicht zuletzt in seinen Versuchen, eine *autoritative* paulinische und petrinische Tradition zu Lebzeiten des Petrus und Paulus zu behaupten. Die Behauptung einer solchen autoritativen Tradition kann weder die Auseinandersetzungen und Kontroversen z. B. innerhalb der paulinischen Gemeinden erklären noch die Kontroversen der zweiten und dritten Generation.[112] Natürlich wollen die pseudepigraphen Briefe im

---

[107] Meade, *Pseudonymität*, 105.

[108] Meade untersucht für die Paulustradition die Pastoralbriefe und den Eph (die Verfasserschaft von Kol und II Thess läßt er offen (118)), für die petrinische Tradition den I und II Petr, obgleich er die Problematiken des I Petr erwägt.

[109] Ebd., 193. Die Nähe zu Alands frühen Thesen ist deutlich. Meade kritisiert an Aland ein „undifferentiated sense of inspiration" (13), aber Aland ist sich m. E. seiner Sache sicherer als Meade. Daher sieht Aland Unterschiede zwischen anonymen, polynymen und pseudepigraphen Schriften und muß keine Kanonizität und autoritative Tradition behaupten.

[110] Vgl. auch I Kor 5,3; Kol 2,5. Siehe auch unten S. 120-121 und 173-174.

[111] Vgl. auch Josef Zmijewski, *Paradosis*; Raymond Collins, *Letters*, 57-87; Hans Dieter Betz, *Paul's „Second Presence"*; Hans-Josef Klauck, *Briefliteratur*, 304.

[112] M. E. liegt dieser Einschätzung auch ein Mißverständnis jüdischen Traditionsdenkens zugrunde. Auslegungen biblischer Texte und Neuerzählungen einzelner Passagen sind immer auch von kritischen Auseinandersetzungen geprägt, von der Notwendigkeit, Widersprüche aufzudecken und zu deuten, ungeklärte Fragen zu beantworten und Probleme, die auch durch neue theologische Einsichten entstanden, zu lösen. Vgl. z. B. die Diskussion um Gen 34 in der

Namen des Paulus seine Theologie „vergegenwärtigen" und interpretieren. Aber daß ihnen dabei eine Auslegung im Sinne des Paulus gelingt und vor allem, ob sie die einzigen sind, die sich mit ihren theologischen Positionen auf Paulus berufen, kann nicht behauptet werden. Meade geht m. E. hinter die bisherigen Ansätze zurück, die bereits beobachtet haben, wie gerade in dogmatischen Auseinandersetzungen und Krisensituationen auf allen Seiten Pseudepigraphen entstehen.

Rist und Donelson verweisen bereits auf die Entstehung von Pseudepigraphen innerhalb der dogmatischen Streitigkeiten der ersten Jahrhunderte zwischen Orthodoxie und Heterodoxie.[113] Alle Seiten benutzten dieses Mittel.[114] Theologische Auseinandersetzungen sind sicher nicht selten ein Anlaß für die Abfassung von pseudepigraphen Briefen.

Die pseudepigraphen Briefe im Neuen Testament, das wurde bereits von Aland und Brox herausgearbeitet,[115] haben einen je spezifischen Charakter, und es ist daher kaum zu vermuten, daß sie alle aus den gleichen Motiven und mit ähnlichen Intentionen verfaßt worden sind. Jud und Jak tragen lediglich im Präskript den pseudepigraphen Verfassernamen.[116] Jak gibt zwar einige Andeutungen, die auf eine Entstehung in Jerusalem weisen können,[117] aber weitere Hinweise auf den „Herrenbruder" fehlen ebenso wie ein Briefschluß. Der Verfasser tritt mit seinem Lehrschreiben ein gegen eine sich möglicherweise auf Paulus berufende Tradition eines Glaubens ohne Werke (vgl. Jak 2,14-16.20-26).[118] Der Hebr hat kein Präskript und nennt auch keinen Verfasser.[119] Es handelt sich vermutlich überhaupt nicht um einen Brief, sondern um eine Homilie, die mit Hilfe allegorischer Exegese des

---

jüdisch-hellenistischen Literatur, Standhartinger, „*Um zu sehen die Töchter des Landes*" sowie Kugel, *In Potiphar's House.*

[113] Daß diese Terminologie für die Jesusbewegung der ersten Jahrhunderte angemessen sei, sollte allerdings nach Walter Bauer, *Rechtgläubigkeit,* nicht mehr behauptet werden.

[114] Rist, *Pseudepigraphy,* und Donelson, *Pseudepigraphy,* 17-19.22, stellen auch heraus, daß die Diskussion um die Pseudepigraphie in der Antike inhaltlich geführt wird und nicht um die Frage ihrer Verfasserschaft. Vgl. z. B. die Argumentation Tertullians (bapt. XVII) gegen die Paulusakten oder die um das Petrusevangelium (Eus. hist. eccl. VI 12,3-6). Anders erklärt dagegen Speyer die „orthodoxen Fälschungen" als Gegenwehr gegen die Fälschungen der Häresie.

[115] Vgl. Aland, *Noch einmal,* 164-171; Brox, *Falsche Verfasserangaben,* 16-26.

[116] Sofern Jakobus, Knecht Gottes, mit Hegesipp (bei Eus. hist. eccl. II 23,4) mit Jakobus, dem Herrenbruder zu identifizieren ist. Zu Judas, ein Knecht Gottes, Bruder aber des Jakobus (Jud 1) vgl. Mk 6,3; Mt 13,55.

[117] Z. B. die Adresse: „an die zwölf Stämme in der Diaspora" (Jak 1,1) oder die Betonung des Ideals der Armut (Jak 2,1-7, vgl. Gal 2,10; Röm 15,26 u. ö.). Vgl. auch Köster, *Einführung,* 591-93.

[118] Vgl. auch Lindemann, *Paulus,* 240-252; Sophie Laws, *Art. James,* ABD III (1992), 621-627.

[119] Allerdings werden in antiken Briefsammlungen oft Präskript und Postscript nicht überliefert. Im Codex Ephraemi Syri rescriptus (C) fehlen ebenfals die Präskripte der paulinischen Briefe (vgl. Constantin Tischendorf, *Codex Ephraemi Syri Rescriptus*). Enthalten ist die *salutatio* im Röm, I und II Kor und Kol.

Ersten Testaments zu tieferer Einsicht in den Glauben führen will (Hebr 5,11ff). Die paulinische Verfasserschaft wurde in der Kirche bereits früh behauptet, allerdings auch bald bestritten.[120] Ob der Brief zur paulinischen Tradition gehört, ist unter den modernen Exegeten umstritten.[121] Es fällt jedoch auf, daß der Hebr auf gemeinsame Auslegungstraditionen mit den Paulusbriefen zurückgreift, wie z. B. Hebr 10,38 (= Hab 2,4 (LXX) vgl. Röm 1,17; Gal 3,11), Hebr 6,13-20 und 11,8-19 (= Gen 12-22; vgl. Röm 4; Gal 4,21-31) oder Hebr 1,3 (110,1(LXX) = I Kor 15,25). Der dem Hebr angehängte Briefschluß könnte auf den Aufenthalt des Paulus in Rom anspielen und soll möglicherweise die paulinische Verfasserschaft belegen.[122]

Darüber, daß der I Petr nicht von dem gleichnamigen Jünger Jesu verfaßt wurde, besteht in der Forschung Einmütigkeit. Unklar ist aber, welche Gruppe bzw. Tradition hinter den Verf. steht. Die Zuweisung zu einem petrinischen Traditionskreis bleibt problematisch, da eine petrinische Theologie im Neuen Testament kaum greifbar wird.[123] Der Briefschluß (I Petr 5,13f) ist paulinischen Briefen verwandt.[124] Die Ähnlichkeiten des Briefeingangs dieses Rundschreibens an kleinasiatische Diasporagemeinden mit den Paulusbriefen sollte dagegen nicht überschätzt werden.[125] Das reichlich verwendete liturgische Material nimmt Gedanken des Kol, Eph und Hebr auf, ohne allerdings direkten Einfluß zu verraten.[126] Auch die

---

[120] Vgl. Eus. hist. eccl. VI 14,1-4 (Clemens von Alexandrien); VI 25,11-14 (Origenes). Da sich die Verf. selbst zur zweiten Generation zählen und der Brief vermutlich vom I Clem 36,2-5 zitiert wird, läßt sich die Entstehung dieser Schrift auf die zweite Hälfte des 1. Jh. n. Chr. eingrenzen. Der Brief ist in den Chester Beatty Papyri belegt.

[121] Vgl. Lindemann, *Paulus*, 233-240; Köster, *Einführung,* 710-713; Harold Attridge, *Art. Hebrews*, ABD III (1992), 96-105; Schnelle, *Einleitung*, 419-437.

[122] Hebr 13,23f: „Wißt, daß unser Bruder Timotheus freigelassen wurde; mit ihm, sobald er bald kommt, werde ich euch sehen (besuchen) [...] Es grüßen euch die aus Italien." Vgl. Köster, *Einführung,* 710.

[123] Petrus gehörte zu den Jüngern Jesu und den Auferstehungszeugen (Mt 28,16-20 [Galiläa]; Lk 24,34), hält nach Apg 2,14-41 die Pfingstpredigt in Jerusalem und widmet sich der Mission unter den Juden (vgl. Gal 2,7f [anders Apg 15,7]); wie Paulus als Reisemissionar (I Kor 9,5). Er vertritt eine in den Augen des Paulus ambivalente Haltung gegenüber Kaschrutregeln (vgl. Gal 2,11f). Trotz des Mangels an Informationen über die petrinische Theologie versuchen neuerdings Elliot und andere, den I Petr in eine petrinische Tradition einzuordnen.

[124] Vgl. z. B. die Nennung des Silvanus (I Petr 5,12) als Sekretär (vgl. I Thess 1,1; II Kor 1,19; Röm 16,22) und Markos (Phlm 24).

[125] Mit den paulinischen Präskripten stimmen die Formulierungen: ἀπόστολος Ἰησοῦ Χριστοῦ ... χάρις ὑμῖν καὶ εἰρήνη überein. Mit dem I Clem aber z. B. auch χάρις ὑμῖν καὶ εἰρήνη ... πληθυνθείη (praesc.). Die Adressaten des I Clem sind die παροικοῦσῃ Κόρινθον, die des I Petr die παρεπιδήμοις διασπορᾶς Πόντου κτλ. Pontos, Kapadozien sind nicht als paulinisches Missionsgebiet und Bithynien nur aus Apg 16,7 bekannt. Das Proömium des II Kor beginnt in seiner jetzigen Form zwar wie I Petr 1,3 εὐλογητὸς ὁ θεὸς καὶ πατὴρ τοῦ κυρίου ἡμῶν Ἰησοῦ Χριστοῦ (II Kor 1,3 vgl. auch Eph 1,3), aber alle anderen Paulusbriefe beginnen ihr Proömium mit εὐχαριστῶ/οὖμεν τῷ θεῷ μου πάντοτε περὶ ὑμῶν.

[126] Vgl. z. B. I Petr 1,19 mit Hebr 9,12-14; I Petr 1,20 mit Kol 1,15-20; 1,26; Eph 1,4; 3,5.9; Röm 16,25f; I Petr 2,24 mit Kol 2,14; I Petr 3,18; Hebr 9,26. Zur Verwandtschaft

literarische Benutzung von Paulusbriefen ist nicht nachzuweisen.[127] Die Aufnahme von Gedanken aus paulinischer und nachpaulinischer Tradition läßt den Brief aber in ein weiteres paulinisches Umfeld einordnen.[128] Die Nennung des Petrus (I Petr 1,1) und der Verweis auf sein Martyrium (I Petr 5,1)[129] sowie die Absenderangabe „aus Babylon" (I Petr 5,13), was nach Apk (14,8 u. ö.) ein Deckname für Rom sein könnte, erzeugen die literarische Fiktion, daß ein Märtyrer vor seinem Tod an die bedrängten Gemeinden (vgl. I Petr 4,12-19, vgl. auch 3,19) schreibt.[130] Eine Abfassung des I Petr in Rom würde auch die zahlreichen Gemeinsamkeiten zwischen I Petr und I Clem erklären.[131]

Der II Thess hängt vermutlich literarisch vom I Thess ab.[132] Diese Hypothese erklärt die Übereinstimmung von Präskript, Aufbau[133] und die zahlreichen wörtlichen Übereinstimmungen.[134] Eine literarische Abhängigkeit von anderen (bekannten) Paulusbriefen läßt sich nicht nachweisen.[135] Die Verf. verweisen mehrmals auf Paulus (z. B. 2,5; 3,7-9) und schließen den Brief mit der Beglaubigung: „Der Gruß ist von meiner, des Paulus' Hand; das ist ein Zeichen in allen Briefen. So schreibe ich" (II Thess 3,17).[136] Ein wichtiger Anlaß für die Abfassung des II Thess sind die

---

zwischen I Petr und Hebr siehe auch Attridge, *Art. Hebrews,* ABD III (1992), 104.

[127] Vgl. Lindemann, *Paulus,* 252-261.

[128] Vgl. z. B. Röm 9,25-32 mit I Petr 2,4-10; Röm 8,17 mit I Petr 4,13; Röm 6,11; 8,11; II Kor 5,21 mit II Petr 2,24.

[129] Die Martyriumstraditionen des Petrus und des Paulus beginnen sich bereits in I Clem 5,4-7 und IgnRöm 4,3 zu vermischen.

[130] Einen Abschreibeirrtum, der aus dem Namen Π[ΑΥΛ]ΟΣ Π[ΕΤΡ]ΟΣ gemacht hat, wie Schenke/Fischer, *Einleitung* I, 213, vermuten, halte ich nicht für wahrscheinlich.

[131] Vgl. I Petr 2,21-25 mit I Clem 6,3-14; I Petr 3,10-12 mit I Clem 22; I Petr 3,20 mit I Clem 7,4; 9,1; I Petr 2,13-17 mit I Clem 61f; I Petr 4,8 mit I Clem 49,5; sowie I Petr 3,1-6 mit I Clem 1,3; 21,6f; I Petr 5,1-5 mit I Clem 1,3; 21,6-9 sowie die Auslegung von Gen 18 in I Petr 3,6 mit den Auslegungen von Jdt und Est in I Clem 55,3-5. Vgl. auch die von Friedrich Schröger, *Gemeinde im 1. Petrusbrief,* 219-222, genannten Beispiele.

[132] Den Nachweis führte zuerst ausführlich W. Wrede, *Echtheit,* 3-36. Vgl. auch Schenke/Fischer, *Einleitung* I, 191-198; Köster, *Einführung,* 679-682; Müller, *Anfänge,* 5-7; Schnelle, *Einleitung,* 365-377 und viele andere.

[133] Vgl. die Auflistung bei Schnelle, *Einleitung,* 371f.

[134] Vgl. Köster, *Einführung,* 679: „Ein Drittel des 2. Thess besteht aus Sätzen und Wendungen, die dem 1. Thess. entnommen sind." Neben zahlreichen Übereinstimmungen einzelner Formulierungen vgl. z. B. besonders II Thess 3,8 ἐν κόπῳ καὶ μόχθῳ νυκτὸς καὶ ἡμέρας ἐργαζόμενοι πρὸς τὸ μὴ ἐπιβαρῆσαί τινα ὑμῶν mit I Thess 2,9 μνημονεύετε γάρ, ἀδελφοί, τὸν κόπον ἡμῶν καὶ τὸν μόχθον· νυκτὸς καὶ ἡμέρας ἐργαζόμενοι πρὸς τὸ μὴ ἐπιβαρῆσαί τινα ἡμῶν.

[135] Anders Schenke/Fischer, *Einleitung* I, 192. Aber die Formulierungen des II Thess, die ihre Parallelen in anderen Paulusbriefen finden, weisen nicht auf bestimmte literarische Bekanntschaften hin, sondern vielmehr auf mündliche Paulusüberlieferung (s. unten Kap. 4). πιστὸς δέ ἐστιν ὁ κύριος (II Thess 3,3) kommt als πιστὸς ὁ θεός in I Kor 1,9; 10,13; II Kor 1,18 vor. Ebenso findet die Formulierung II Thess 3,4 πεποίθαμεν δὲ ἐν κυρίῳ ihre Parallele in Röm 14,14; Phil 2,24 (Gal 5,10; Phil 1,14). Die Nachahmung des Paulus wird in I Thess 1,6f; I Kor 11,1 sowie Phil 3,17 thematisiert. Vgl. auch Lindemann, *Paulus,* 132.

[136] Vgl. I Kor 16,21; Gal 6,11; Phlm 19; Kol 4,18. Die Deutung allerdings nur im II Thess

Auseinandersetzungen um die Interpretation paulinischer Überlieferung (παράδοσις, II Thess 2,5; 3,6). Unter der Berufung auf Wort (λόγος) und Brief des Paulus meinen einige, die letzten Tage seien angebrochen (2,2-15). Wenn die Verf. des II Thess vor einem 'angeblichen' Brief des Paulus warnen (II Thess 2,2), so ist nicht auszuschließen, daß sie damit den I Thess meinen.[137] Es fällt auf, daß der II Thess grundsätzlich nur von einem Brief im Singular spricht (δι᾽ ἐπιστολῆς ὡς δι᾽ ἡμῶν 2,2, vgl. auch 2,15; 3,14). Daß die Verf. des II Thess mehrere Paulusbriefe oder eine Sammlung von solchen kannten, kann nicht unbedingt vorausgesetzt werden.

Die ursprüngliche Adresse des Eph ist nicht sicher belegt.[138] Das Schreiben hat überhaupt nur einen oberflächlichen Briefcharakter. Präskript (Eph 1,1f) und persönliche Mitteilungen (6,21) sind aus dem Kol übernommen (vgl. Kol 1,1f; 4,7f). Der Eph verarbeitet den Kol auch im Briefkorpus bzw. kommentiert ihn.[139] Er kennt, wie Jennifer Maclean gezeigt hat, auch zumindest den I Kor und Röm.[140] Der Brief argumentiert wie der II

3,17. Sie verweist den I Thess in der heutigen Form der Überlieferung in den Bereich der Pseudepigraphie. Derartige Echtheitsbeglaubigungen finden sich häufig in pseudepigraphen Briefen. Vgl. z. B. 13. Platonbrief: „Der Anfang des Briefes sei dir zugleich ein Zeichen, daß er von mir ist" (Plat. epist. 360a; vgl. auch 363b).

[137] Der II Thess ist bemüht, die vom I Thess vertretenen apokalyptischen Vorstellungen und die Naherwartung (vgl. z. B. I Thess 4,15; 5,1f) zu dementieren (vgl. II Thess 2,6-12). Dafür, daß II Thess 2,2ff den I Thess meint, spricht, daß in dem bekämpften (Pseudo- ?) Paulusbrief vom ἡμέρα τοῦ κυρίου geschrieben sein soll (vgl. I Thess 5,2) und daß mit der Formulierung μνημονεύετε ὅτι ἔτι ὢν πρὸς ὑμᾶς ταῦτα ἔλεγον ὑμῖν (II Thess 2,5) auf I Thess 3,4 (καὶ γὰρ ὅτε πρὸς ὑμᾶς ἦμεν προελέγομεν ὑμῖν ὅτι μέλλομεν θλίβεσθαι) angespielt sein könnte. Mit ihrem Brief wollen die Verf. des II Thess den ersten vermutlich ersetzen (vgl. II Thess 2,15). Vgl. auch Lindemann, *Zum Abfassungszweck*, 35-47.

[138] P46, Codex Sinaiticus (ℵ) und Codex Vaticanus (B) lesen ἐν Ἐφέσῳ ursprünglich nicht mit. Marcion (nach Tert. adv. Marc. V 17) kennt den Eph vermutlich als Laodizeabrief. Wenn Ignatius den Eph kennen sollte, was die Anspielungen m. E. aber nicht eindeutig beweisen, wäre die Schrift vor 110 geschrieben worden.

[139] Ein Viertel des Eph ist aus Formulierungen des Kol gebildet, der zu ca. einem Drittel im Eph aufgeht (vgl. Victor Paul Furnish, *Art. Ephesians*, ABD II (1992), 535-542). Vgl. z. B. besonders Eph 1,4 mit Kol 1,22f; Eph 1,7 mit Kol 1,14; Eph 1,10 mit Kol 1,16; Eph 1,15f mit Kol 1,9 *und* 1,4(!); Eph 2,1-5b mit Kol 1,13; 3,6f; Eph 4,16 mit Kol 2,19; Eph 5,19 mit Kol 3,16; Eph 5,22-6,9 mit Kol 3,18-4,1; Eph 6,19f mit Kol 4,3f. Der Eph übernimmt aber zumeist nicht einfach die Sätze aus dem Kol, sondern er formuliert unter Aufnahme von Formulierungen aus dem Kol neu. Eine Reihe von Passagen aus dem Kol werden mehrfach zitiert. Vgl. z. B. Eph 1,7-14 mit 1,5.9.12-14.16.27f; 2,2, wobei Kol 1,14 in Eph 1,14 und 1,14 aufgenommen wird. Maclean, *Ephesians,* meint, „the author of Ephesians may have intended his text to be read as the hermeneutical key to Colossians" (220). Anders neuerdings, Ernest Best, *Who used whom?*, der der Ansicht ist, die Verf. von Kol und Eph „were members of the same Pauline school and had discussed together the Pauline theology they had inherited". Gegen die Annahme von Best spricht aber m. E., daß Gefangenschaft und Leiden im Eph die theologischen Aussagen des (Pseudo-)Paulus begründen und bestätigen sollen (vgl. Eph 3,1-4; 4,1), das Leiden und die Gefangenschaft aber nicht erklärt und gedeutet werden (anders aber Kol 1,24-2,5; 4,2f) und daß der Eph eine viel genauere Kenntnis von einzelnen Passagen der bis heute überlieferten Paulusbriefe zeigt. Vgl. neben den unten genannten Belegen z. B. auch Eph 3,8; 4,4-7; Eph 5,5; 6;11-17.

[140] Maclean, *Ephesians,* 106-205. Maclean sieht in Eph 1,3-14 Röm 8,15-34, in Eph 1,20-

Thess und der Kol mit der Person des fiktiven Verfassers (3,1-9.14; 4,1.7 u. ö.). Anders als der Kol (vgl. 1,12-2,5; 4,3-18) stehen hier nicht Leiden und Gefangenschaft des Paulus im Vordergrund, sondern die Offenbarung, die ihm als einem der Apostel und Propheten zuteil geworden ist (3,3-5),[141] nämlich daß die Völker (ἔθνη) Miterben an der Verheißung sind (3,6.8). Der Paulus des Eph schließt sich selbst in das Heilsgeschehen mit ein.[142] Die Selbstreflexion des fiktiven Autors zeigt sich gelegentlich mit Informationen über den Kol hinaus vertraut (vgl. 3,8). Sie dient nicht allein zur Beglaubigung des Schreibens, sondern gehört integral zur theologischen Argumentation (vgl. 3,1; 4,1).

Von allen pseudepigraphen Briefen des Neuen Testaments sind die Pastoralbriefe (I Tim; II Tim; Tit)[143] diejenigen, die die Imagination des fiktiven Absenders am kunstvollsten durchführen. Die Verf. der Pastoralbriefe spielen auf die Paulusbriefe an, die ihnen mindestens teilweise bekannt zu sein scheinen.[144] Sie verzichten allerdings auf längere Zitate. Statt dessen gestalten die Verf. die Briefe in gutem Griechisch mit zahlreichen Anspielungen auf den griechischen Bildungsschatz.[145] Römisch-hellenistische Tugendideale[146] und Anpassung an „gesellschaftliches Leben" stehen im Vordergrund ihrer Bemühungen.[147] Mit zahlreichen Verweisen auf

---

23 I Kor 15,20-28 und in Eph 2,5c-10 Röm 3,21-31 aufgenommen. Allerdings hat Maclean gezeigt, daß der Umgang des Eph mit I Kor und Röm ein anderer ist als mit dem Kol. Anstatt einzelne Satzpartien aufzunehmen und durch gezielte Veränderungen oder Umstellungen in ihrer Aussage zu modifizieren, spielt der Eph auf die größeren Zusammenhänge in den Paulusbriefen durch charakteristische Stichworte und die Aufnahme spezifischer Konstruktionen an. Dies zeigt, daß der Eph „wished to adopt from Paul a general theological framework that could easily be recognizable as Pauline" (207). Der Eph versucht also, den „paulinischen" Kol mit Hilfe des Paulus zu korrigieren. Bereits Lindemann, *Paulus*, 122-130, stellte die Kenntnis des I Kor heraus. Vgl. Eph 5,23 (I Kor 11,3); Eph 3,8 (I Kor 15,9); Eph 4,14 (I Kor 3,1); Eph 4,7-15 (I Kor 12,4ff); Eph 5,1 (I Kor 11,1; 4,16, vgl. aber auch I Thess 1,6).

[141] Vgl. auch Eph 2,10 und 4,11. ἀπόστολοι steht im Eph außer 1,1 immer neben προφῆται und immer im Plural.

[142] Interessant ist hier z. B. die Aufnahme von Kol 2,13: καὶ ὑμᾶς νεκροὺς ὄντας [ἐν] τοῖς παραπτώμασιν ... συνεζωοποίησεν ὑμᾶς (oder mit P⁴⁶ ἡμᾶς) σὺν αὐτῷ in Eph 2,5: καὶ ὄντας ἡμᾶς νεκροὺς τοῖς παραπτώμασιν συνεζωοποίησεν τῷ Χριστῷ.

[143] Zur Zusammengehörigkeit dieser drei Briefe vgl. Köster, *Einführung*, 735-744; Schnelle, *Einleitung*, 378-401; u. a.

[144] Vgl. Lindemann, *Paulus*, 134-149, und Schnelle, *Einleitung*, 391f. Eine Anspielung auf den Römerbrief könnte möglicherweise in II Tim 2,8 μνημόνευε Ἰησοῦν Χριστὸν ἐγηγερμένον ἐκ νεκρῶν ἐκ σπέρματος Δαυίδ, κατὰ τὸ εὐαγγέλιόν μου (vgl. Röm 1,3 aber auch III Kor [ActPaul VIII 3.5]) vorliegen. Unten werden noch einige Hinweise auf die Bekanntschaft des Kol diskutiert werden (vgl. Kap. 5.1.1, Anm. 40).

[145] Vgl. Tit 1,12; I Tim 5,18; II Tim 2,4-6.

[146] Besonders ausgeprägt sind diese Tugendideale in den Anweisungen für das Verhalten von Frauen. Vgl. I Tim 2,9-15; 3,11; 5,3-16; Tit 2,3-5 u. ö. Vgl. auch Ulrike Wagener, *Ordnung*.

[147] Vgl. die Betonung der εὐσέβεια (I Tim 2,2; 4,7 u. ö.) der σεμνότης (I Tim 2,2; Tit 2,7 u. ö.) und des Gebetes für die Könige (I Tim 2,2-4). Vgl. auch Köster, *Einführung*, 736f.

Traditionen aus dem Leben des Paulus (z. B. I Tim 1,12-16; II Tim 1,3.8.12; 3,11) und erfundenen Informationen (II Tim 1,15-18; II Tim 4,9-18 [bes. 4,13]; Tit 3,12) zeichnen die Verf. ein möglichst konkretes Bild des Apostels, der in seiner Abwesenheit bzw. vor seinem Tod die Gemeinden ordnet und vor der Gefahr durch Gegner und Gegnerinnen warnt.[148] Dabei ist auch die schriftliche Hinterlassenschaft des Paulus im Blick, der eine besondere Autorität zugemessen wird.[149] Die Darstellung des Paulus als Vorbild christlichen Glaubens bzw. Lebens und die vielen scheinbar konkreten Nachrichten gehören, wie Donelson gezeigt hat, zur Technik pseudepigrapher Briefschriftstellerei im Namen von Gründern philosophischer Schulen, u. a. des Plato, des Sokrates oder der Kyniker.[150] Dabei dienen die persönlichen Nachrichten nicht nur zur Beglaubigung der pseudepigraphen Briefe, sondern zur exemplarischen Demonstration der philosophischen bzw. theologischen Lehre (vgl. I Tim 1,16; II Tim 1,13, vgl. auch I Tim 4,12; Tit 2,7).

Die Verf. der Pastoralbriefe verfolgen jedoch noch ein weiteres Ziel, nämlich die Entwicklung einer paulinischen Sukzessionslinie. Die Gegnerinnen und Gegner, Jüdinnen und Juden (Tit 1,10, vgl. I Tim 1,7; 4,3), die sich selbst möglicherweise als Gnostiker und Gnostikerinnen bezeichnen (I Tim 6,20), führen nämlich Genealogien (γενεαλογίαι) als Beleg für die Wahrheit bzw. Ursprünglichkeit ihrer Theologie auf (vgl. I Tim 1,4; Tit 3,9).[151] Diesem nur schwer zu widerlegenden Argument versuchen die Verf.

---

[148] I Tim 3,15; II Tim 4,6-8. Besonders der II Tim ist als Testament gestaltet. Vgl. Köster, *Einführung*, 738.

[149] Während in II Tim 3,15 mit den ἱερὰ γράμματα vermutlich die Bibel (AT) gemeint ist, sind die mit πᾶσα γραφὴ θεόπνευστος in 3,16 angesprochenen Schriften bereits nicht mehr auf das Erste Testament beschränkt. In Verbindung mit der Aufforderung zum Mitbringen, d. h. auch Bewahren der Bücher (βιβλία) und Notizbücher (μεμβράναι, vgl. hierzu Leo Koep, *Art. Buch* I, RAC II (1954), 677f; Walter Hatto Groß, *Art. Membrana*, Der Kleine Pauly III (1969), 1185f) in 4,13 sind hier möglicherweise bereits Paulusbriefe gemeint. In I Tim 4,13 fordert Paulus Timotheus auf: „Bis ich komme, achte auf das Vorlesen, die Ermahnung, die Lehre." Was hier vorgelesen werden soll, wird nicht genannt, aber es ist nicht auszuschließen, daß Paulusbriefe im Blick sind.

[150] Donelson, *Pseudepigraphy*, besonders 23-66.

[151] Der Gedanke der Weitergabe der Überlieferung (παράδοσις) durch eine betonte Folge bzw. Nachfolge (διαδοχή) von einzelnen Schulhäuptern, die zueinander in einem Lehrer- und Schülerverhältnis stehen, entstammt, wie Hans von Campenhausen gezeigt hat, den hellenistischen Philosophenschulen (*Kirchliches Amt*, 162-194; vgl. auch Klaus Wegenast, *Verständnis*, 123-126). Die Schulhäupter verstanden sich als Garanten der rechtmäßigen Überlieferung und Auslegung der philosophischen Gedanken ihres Schulgründers. Sie erhielten und verwalteten oftmals auch die schriftliche Hinterlassenschaft, wie zumindest die Philosophentestamente (Diog. Laert. III 41-43; V 11-16; 51-57; 61-64; 69-74; X 16-22) zum Ausdruck bringen wollen. Auch in den Mysterienkulten gab es eine Überlieferungssukzession des geheimen Wissens (ἱερὸς λόγος) durch die Priester. Zumindest verlangte Ptolemaios Philopator von allen, die Dionysosweihen vollzogen, sich registrieren zu lassen und ihre Lehre und Riten durch Angabe ihrer Lehrer der letzten Reihen zu legitimieren. Sie mußten auch den ἱερὸς λόγος schriftlich hinterlegen, wenn auch versiegelt (vgl. Otto Kern, *Art. Mysterien*, PRE 16/2 (1935), 1302f). Auch das rabbinische Judentum betont die Sukzessionslinie in der

mit ihren Briefen zu begegnen, indem sie die ununterbrochene Weitergabe der παραθήκη (dem anvertrauten Gut bzw. ὑγιαίνουσα διδασκαλία, der gesunden Lehre) von Paulus auf Timotheus (vgl. II Tim 1,12-14; I Tim 6,20) und von diesem wiederum auf die Ältesten (vgl. I Tim 4,14; 5,22; Tit 1,5 vgl. II Tim 1,6) behaupten.[152] Paulus selbst ist das Evangelium von Gott bzw. Christus anvertraut worden (ἐπιστεύθην I Tim 1,11f; II Tim 1,11), bzw. er wurde von Gott als Apostel eingesetzt (I Tim 2,7; Tit 1,3).[153] Daß die Verf. an der Durchsetzungsfähigkeit ihrer Sukzessionslinie zweifeln, wird daran deutlich, daß sie gleichzeitig mit prophetischer Legitimation (I Tim 1,18; 4,14) argumentieren.

Der II Petr ist als Brief des Petrus konzipiert. Der Absender nennt sich Simon Petrus, Knecht und Apostel Jesu Christi (II Petr 1,1), spielt mit einer Reihe von traditionellen Informationen auf den fiktiven Verfasser an[154] und erwähnt den I Petr (II Petr 3,1). Auch diesem Verfasser sind Briefe des Paulus bekannt, er scheint sogar von einer abgeschlossenen Sammlung auszugehen (II Petr 3,15f). Das Schreiben gibt sich als Testament des Petrus, das er kurz vor seinem Tod (vgl. II Petr 1,13f) verfaßt haben soll.[155] Der Apostel gibt letzte Anweisungen und warnt vor den Gegnern und Gegnerinnen der letzten Tage (II Petr 3,3). Eines der Motive hinter der Abfassung des II Petr ist sicher auch die Klarstellung einiger Briefe des Paulus, „in denen manches Schwerverständliche ist, was die Unwissenden und Ungefestigten verdrehen" (II Petr 3,16).

Weitergabe der mündlichen Tora (vgl. mAv I). Da sie in den Augen der Rabbiner ausschließlich mündlich weiterzugeben war, betonten sie nicht nur die Tradenten, sondern auch die Bewahrung des Gelernten und die wörtliche Übereinstimmung mit den Worten des Lehrers. Vgl. z. B. mAv III,9: „Rabbi Dostai, Sohn des Jannai im Namen des Rabbi Meir spicht: „Jeder, der ein Wort von seiner Mischna vergißt, dem rechnet es die Bibel so an, als ob er sein Leben verwirkt hätte". Campenhausen, ebd.172-176, zeigt, daß die Gnostiker vermutlich die ersten Christen waren, die sich für ihre Lehre auf den Sukzessionsgedanken beriefen. Ptolemäus sagt in seinem Brief an Flora: „Du wirst, wenn Gott es gibt, lernen [...] gewürdigt der apostolischen Überlieferung (ἀποστολικὴ παράδοσις), die auch wir aus der Sukzessionslinie (διαδοχή) übernommen haben, mit der wir alle Worte an der Lehre unseres Heilands messen." (Epiphan. panar. 33.7,9). Die Kirchenväter zeigen, daß viele Gnostiker sich auf Sukzessionslinien bis in die erste Generation der Jünger oder bis auf Paulus beriefen (siehe unten Kap. 3.1, Anm. 56). Vgl. auch Georgi, *The Records of Jesus.*

[152] Vgl. auch Campenhausen, *Kirchliches Amt,* 176, und Wegenast, *Verständnis,* 132-163. Allein durch Handauflegung werden die Charismata übermittelt (I Tim 4,14; II Tim 1,6).

[153] Neben der Beauftragung durch Gott nennt II Tim 1,3 als weiteres Argument, Paulus diene Gott von seinen Vorfahren her. Auch Timotheus hat den (richtigen) Glauben bereits von seiner Großmutter Loïs und seiner Mutter Eunike erhalten (vgl. II Tim 1,5).

[154] II Petr 1,12-15 spielt auf den Tod des fiktiven Autors an und sucht die Erinnerung zu bewahren (vgl. auch Kol 1,24-2,5); II Petr 1,16-18 auf die Verklärungsgeschichte (Mt 17,1-9 parr). In II Petr 3,15 nennt er Paulus „seinen lieben Bruder". II Petr 3 verarbeitet Jud. Vgl. auch Köster, *Einführung,* 733-735.

[155] Vgl. Schnelle, *Einleitung,* 484-494.

4. IMPLIKATIONEN DER PSEUDEPIGRAPHEN ABFASSUNG FÜR DIE AUSLEGUNG DES KOLOSSERBRIEFES

Auch im Kol spielt der angebliche Verfasser–Paulus–eine wesentliche Rolle (vgl. 1,23-2,5; 4,3f.7-18). Präskript, Proömium und Briefschluß zeigen eine Reihe von Übereinstimmungen mit den erhaltenen Paulusbriefen. Die Frage, ob und welche Paulusbriefe die Verf. des Kol kennen, wurde bisher allerdings nur selten untersucht und ist m. E. nicht abschließend geklärt worden (s. u. Kap. 3 und 4). Weil die „Echtheitsfrage" für den Kol lange zur Debatte stand, wird dieser Brief in den oben genannten Untersuchen nur selten thematisiert. Als vermutlich ältester (überlieferter) Pseudo-Paulusbrief ist der Kol aber m. E. ein besonders interessanter Gegenstand für die Untersuchung von Motiven und Intentionen, die die an Paulus interessierten Gruppen zur Abfassung von Pseudepigraphen geführt haben.[156]

Die Entstehung pseudepigrapher Paulusbriefe kann, das zeigte die Untersuchung der Voraussetzungen und Motiven antiker Pseudepigraphie, weder allein auf die überlegene Vergangenheit oder Autorität des Apostels gegenüber den nachfolgenden Generationen zurückgeführt noch als Produkt des heiligen Geistes erklärt werden. Die neutestamentlichen Pseudepigraphen unterscheiden sich ebenso vielfältig in ihrem Bezug auf ihren fiktiven Verfasser, wie sie in je spezifischer Weise unterschiedliche Quellen verarbeiten. Es ist daher zu vermuten, daß sie in Anlaß und Absicht differieren. Die Motive antiker Pseudepigraphie, die postume Veröffentlichung von Gedanken, Worten oder ὑπομνήματα unter dem Namen des „geistigen Urhebers", die Ausgestaltung der Erinnerungen an und Erzählungen von Paulus durch rekonstruierte bzw. erfundene Briefe (und Reden) wie die politische und theologische Auseinandersetzung könnten zur Entstehung des Kol ebenso wie zur Entstehung der übrigen neutestamentlichen pseudepigraphen Briefe beigetragen haben.

Nicht zuletzt die Act zeigt, daß noch am Ende des 1. Jh. Erzählungen und Darstellungen der Paulusvita ohne die Erwähnung seiner Briefe möglich war. Nicht alle, die an paulinischer Theologie interessiert waren, müssen auch seine Briefe gekannt haben oder überhaupt von ihrer Existenz gewußt haben.[157] Die Vervollständigungen vorhandener Briefsammlungen durch Briefe aus Situationen, die in den echten Stücken nicht berücksichtigt waren, und die Ersetzung einmal vorhandener Briefe, die entweder nicht publiziert oder später abhanden gekommen waren, gehört, wie Ioannes Sykutris gezeigt

---

[156] Einzeluntersuchungen von Pseudepigraphen fordern auch Hengel, *Anonymität*, 233f; Metzger, *Literary Forgeries*, 19.21; Brox, *Zum Problemstand*, 314f, u. a.

[157] Vgl. Martinus C. de Boer, *Which Paul?*; Dennis R. MacDonald, *Apocryphal and Canonical Narratives about Paul*; Stowers, *What Does Unpauline Mean?*

hat, ebenso zu den häufig auftretenden Motiven antiker pseudepigrapher Briefschriftstellerei.[158]

Die erhaltenen pseudepigraphen Briefe sind nach Richard Bauckham und Richard I. Pervo „historical in setting", d. h., nicht nur die vermeintlichen Autoren bzw. Autorinnen, sondern auch die Adressaten und Adressatinnen sind entweder „noteworthy figures of the past" oder aber fiktiv bzw. erfunden.[159] Richard Bauckham sieht lediglich drei Möglichkeiten, den Graben zwischen den vom tatsächlichen Autor intendierten (zeitgenössischen) Adressatinnen und Adressaten und den fiktiven Adressaten des pseudepigraphen Briefes zu überspringen: Entweder „by placing the supposed addressees in a historical situation in the past that was similar to the situation of the intended real readers in the present" oder „to depict the historical situation of the supposed readers, so that what is said to the supposed adressees applies typologically to the real readers".[160] Eine dritte Möglichkeit biete das Testament oder die Abschiedsrede in Form eines Briefes. Diese dritte Form ermögliche eine direkte Anrede der eigentlichen Adressatinnen und Adressaten.

Für die Adresse „an die Heiligen in Kolossä" sind m. E. alle drei Möglichkeiten in Betracht zu ziehen.[161] Eine unbedeutende kleinasiatische Kleinstadt, die Paulus nicht persönlich besuchen konnte, ist nach dem Tod des Paulus keine untyptische Situation. Gleichzeitig spricht der Brief über die Gemeinde von Kolossä und ihre direkten Nachbarn hinaus auch alle potentiellen Hörer und Leserinnen direkt an. Ein Brief, der vom Gefangenen Paulus ohne Aussicht auf Freilassung verfaßt wurde, ist schließlich auch eine Art Abschiedsrede.

Eine notwendige Voraussetzung für das Abfassen pseudepigrapher Briefe ist nach Pervo auch das Vermögen, den Stil und die Charakteristika von historischen Persönlichkeiten bzw. von Autorinnen und Autoren zu erkennen und zu imitieren, Charaktere zu erfinden und zu gestalten ($\eta\theta\sigma\pi\sigma\iota\iota\alpha$/ $\pi\rho\sigma\sigma\omega\pi\sigma\iota\iota\alpha$). Pervo stellt die grundsätzliche Orientierung an den (fiktiven) Charakteren vieler Pseudepigraphen heraus:

> The putative writers reveal their own characters and frequently comment upon the characters of others. [...] One advantage of the epistolary format is the

---

[158] Ioannes Sykutris, *Art. Epistolographie*, PRE.S 5 (1931), 212.

[159] Richard Buckham, *Pseudo-Apostolic Letters*, 475, und Pervo, *Romancing an oft-neglected Stone*, 29.

[160] Buckham, *Pseudo-Apostolic Letters*, 477.

[161] Anders Buckham, *Pseudo-Apostolic Letters*, der im Kol, I Petr und Jud „specific situations" angesprochen sieht, „to which they are adressed" (490). Dies ist jedoch nur dann der Fall, wenn man die Offenheit z. B. von 2,6-23 auf Wissen in der Adressatengruppe zurückführt. Die geschilderte Situation des vermeintlichen Absenders, dessen Befreiung mehr erwartet und dessen Besuch auch nicht mehr in Aussicht gestellt wird, ist aber wie in Jer 29 und III Kor eine „unchanged" und zu einem gewissen Grad auch „typological situation" wie in der nachfolgenden Generation.

avenue it provides for supplying unobtrusive judgements and reflection about the actions and characters of various persons.[162]

Ob und wieweit die im Kol aufgeführten Personen typische und/oder fiktive Charaktere darstellen, wird im Folgenden Gegenstand der Untersuchung sein. Wichtig ist jedoch die Feststellung, daß die Abfassung eines pseudepigraphen Schreibens für eine konkret existierende Gemeinde im Rahmen antiker Pseudepigraphie sehr ungewöhnlich wäre. Vielmehr ermöglicht diese Form, einen Einblick in den Charakter der fiktivem Absender und der fiktiven Adressatinnen und Adressaten und ihren Beziehungen zu geben. Das Interesse an der Abfassung pseudepigrapher Briefe liegt nicht zuletzt in der Möglichkeit modellhafter Gestaltung dieser Beziehungen. Das Interesse an der Rezeption besteht in der Möglichkeit, diese Einblicke in die Person des fiktiven Verfassers, seine Weltauffassung bzw. seine Urteile in bestimmten Situationen zu erhalten.

---

[162] Richard I. Pervo, *Romancing an oft-neglected Stone*, 29f. Pervo untersucht speziell antike Briefromane (Chion- und Sokratikerbriefe). Die Chionbriefe stammen nach Ingmar Düring, *Chion of Heraclea*, 21-23 aus der ersten Hälfte des 2. Jh. Die Datierung der Sokratikerbriefe wird zwischen dem 1. Jh. v. und dem 2. Jh. n. Chr. angesetzt (vgl. Malherbe, *Cynic Epistles*, 27; 30 Anm. 11). Hier werde eine generelle Kenntnis der Lebensgeschichte des fiktiven Autors bei den Leserinnen und Lesern vorausgesetzt. Das Leben des fiktiven Autors werde nicht mehr erzählt, sondern momenthafte Einblicke an Wendepunkten des Lebens gewährt. Dies trifft auch auf den Kol zu. Der Eindruck von Authentizität und Intimität in antiker pseudepigrapher Briefschriftstellerei werde nicht zuletzt auch dadurch erzeugt, daß einige Figuren detailliert eingeführt und moralisch bewertet würden, wogegen andere lediglich unvermittelt genannt seien. Es fällt auf, daß sowohl der Briefroman des Sokrates als auch der des Chion den Tod des Helden zum Thema machen, ein Thema, das alle pseudepigraphen Briefe im NT–zumindest explizit–vermeiden (vgl. ebd., 33f).

KAPITEL 3

DIE LITERARISCHE ABHÄNGIGKEIT DES KOLOSSERBRIEFES VON DEN PAULUSBRIEFEN

Daß es Beziehungen zwischen dem Kolosserbrief und den sogenannten Homologumena des Paulus gibt, ist schon oft aufgefallen und war stets ein gutes Argument für alle Vertreter der Echtheitsthese.[1] Umstritten ist jedoch, ob die Verf. des Kol paulinische Briefe kannten–und wenn ja, welche–, oder ob sie ihre Kenntnis der paulinischen Theologie aus der mündlichen Überlieferung bezogen. Im Folgenden werde ich zunächst einen Überblick über die Lösungsmodelle dieses Problems in der Forschung geben, um dann noch einmal die Beziehungen zwischen dem Text des Kol und den paulinischen Briefen zu untersuchen. Ziel ist nicht nur die Klärung des Verhältnisses zwischen dem Kol und den Paulusbriefen, sondern es soll auch ein Beitrag zur Entstehungsgeschichte des Briefes geleistet werden.

Ed Parish Sanders war der erste, der ausführlich literarische Beziehungen zwischen dem Kol und den paulinischen Briefen untersuchte. Sanders will zeigen daß „extent and nature of the parallels are such, as to be explained only if a later writer–not Paul–composed the sections of Colossians in question".[2] Um diese These zu untermauern, vergleicht er nicht nur den Anteil der Aufnahmen gleicher Formulierungen innerhalb der Paulusbriefe und der Aufnahmen von paulinischen Formulierungen im Kol, mit dem Ergebnis, daß der Kol quantitativ zu einem höheren Prozentsatz anderswo bei Paulus gebrauchte Formulierungen aufnimmt als die echten Paulusbriefe. Er entwickelt auch eine Methodik, die zeigen soll, daß „the nature of the verbatim agreement [...] is different in kind". Dies sei der Fall, 1. wenn sich Zitatverschmelzungen (conflations) nachweisen ließen. „Conflation may be defined as combining two or more passages which are already to some extent parallel into one, by employing what is common to the passages being used as well as elements peculiar to each passage",[3] 2. wenn nicht-paulinische Charakteristiken vermischt würden mit wörtlichen Übereinstimmungen, 3.

---

[1] Vgl. z. B. Kümmel, *Einleitung,* 300. Die Parallelen zwischen dem Kol und den Paulusbriefen führten z. B. Heinrich Julius Holtzmann, *Kritik des Epheser- und Kolosserbriefes,* zu der These, der Kol sei eine sehr weitgehende Bearbeitung eines „echten" Paulusbriefes. Vgl. auch Schmithals, *Corpus Paulinum and the Gnosis,* 119-121

[2] Sanders, *Literary Dependence,* 29.

[3] Sanders, ebd., 32. Beispiele solcher Zitatverschmelzungen fänden sich vielfach in der Mss.-Überlieferung sowie bei den Kirchenvätern. Parallele Evangelientexte würden vermischt und die Charakteristiken mehrerer Paralleltexte addiert.

wenn die Übereinstimmungen nicht auf festgefügte Formulierungen (stock phrase), sondern mehr auf literarische Abhängigkeit wiesen, 4. wenn die gleichen Worte für unterschiedliche Argumentationen verwendet würden.

Sanders möchte den Nachweis der literarischen Abhängigkeit des Kol von den paulinischen Homologumena erbringen, obgleich er einschränkend hinzufügt: „The term 'literary dependence' in this paper is understood to include quotation from memory, and should not necessarily call to mind the picture of a writer unrolling a scroll to a certain point and copying it".[4] Über Formen mündlicher Überlieferung macht er jedoch keine weiteren Ausführungen. Sanders stellt Zitatverschmelzungen, die seiner Meinung nach jeweils die Charakteristiken 2-4 in unterschiedlicher Intensität aufweisen, in Kol 1,15f; Kol 1,20-22a; Kol 1,26f; Kol 2,12f und Kol 3,5-11 fest. Dabei will er den Einfluß von „phrases common in the contemporary religious speech" in Kol 1,15-20 (Hymnus) und Kol 3,5-11 nicht ausschließen. In Kol 1,26f sieht er jedoch eine Zitatverschmelzung von I Kor 2,7, Röm 16,25f und Röm 9,23f, und in Kol 2,12f sieht er Röm 6,4; 4,24; Gal 1,1; Röm 6,11und Röm 8,32 aufgenommen. Da eine derartige Zitatverschmelzung für Paulus nicht charakteristisch sei, könne der Autor des Kol nicht Paulus selbst sein.

Ist Sanders hierin sicherlich zuzustimmen, so bleiben die Implikationen seiner Untersuchungen, nämlich die literarische Abhängigkeit, aus historischen und methodischen Gründen m. E. fragwürdig.[5] Methodisch muß zunächst einmal geklärt werden, mit welchen Kriterien literarische Abhängigkeit nachgewiesen werden kann. Andreas Lindemann hat in seiner breit angelegten Studie zur Paulustradition der frühchristlichen Literatur bis Marcion folgende, die ältere Forschung zusammenfassenden, Kriterien entwickelt:

> – Ein *Zitat* liegt nur dort *mit Sicherheit* vor, wo der Autor den Zitatcharakter etwa durch eine Einleitungsformel ausdrücklich kenntlich gemacht hat.
> – Ein *Zitat* liegt *wahrscheinlich* vor, wenn der Autor in einer Schrift in seinem Text eine Formulierung verwendet, die nach grammatischer Struktur, nach dem Wortlaut und nach der inhaltlichen Tendenz deutlich an eine paulinische Aussage erinnert, ohne auf eine gemeinsame Tradition zurückgeführt werden zu können.
> – Als *Anspielung* gelten solche Texte, wo bestimmte charakteristische paulinische Topoi oder Termini verwendet werden, die sich nicht aus außerpaulinischer Tradition ableiten lassen und die im Kontext so weit als

---

[4] Sanders, ebd., 30 Anm. 9.
[5] Neuerdings ist Sanders von Schenk, *Kolosserbrief*, 3340f, noch einmal wegen der „Einführung präziser methodischer Kriterien" gegenüber der in „der herrschenden Formgeschichte ('Mündlichkeit' einer 'Paulusschule') getroffenen pauschalen Abweisung" (ebd., Anm. 45) verteidigt worden. Allerdings läßt auch Schenk die Frage offen, wie er sich die Entstehung des Kol unter literarischer Kenntnis aller sieben Paulusbriefe und unter Ausschluß mündlicher Überlieferung vorstellt.

'Fremdkörper' wirken, daß sie wahrscheinlich nicht auf bloßen Zufall zurück-gehen.[6]

Nun sind direkte Quellenangaben nur selten in der nachpaulinischen Litera-tur zu finden.[7] Die Aufdeckung wahrscheinlicher Zitate und Anspielungen bleibt mit diesen Kriterien wegen der notwendigen Subjektivität des jeweili-gen Urteils problematisch, was Lindemann betont. Er räumt ein, daß nicht „ausgeschlossen werden (kann), daß der zitierende Autor gar nicht einen Paulusbrief vor sich hatte, sondern [...] lediglich nach dem Hörensagen zitiert".[8] Die Unterscheidung zwischen mündlicher und schriftlicher Abhängigkeit steht bei Lindemann nicht im Vordergrund des Interesses.[9] Ihm geht es vielmehr allgemein um die Aufnahme paulinischer Gedanken im nachpaulinischen Schrifttum.[10]

Kriterien zur Aufdeckung literarischer Abhängigkeiten im Eph hat neu-erdings Maclean entwickelt. Sie unterscheidet zunächst zwischen indirekter und direkter literarischer Abhängigkeit:

'Indirect literary dependence' resulted from the public reading of Paul's letters and participation in a community whose liturgical terminology had been deeply influenced by Paul in his writing. It is evidenced by a general familiarity with Paul's terminology, but not with specific pericopes from his letters. [...] 'Direct literary dependence' resulted from contact with Paul's letters, whether read in public or in private. [...] Such parallels must be of sufficient length and detail to allow the investigator to identify the particular pericopes utilized and to determine the author's interpretation of them.[11]

Literarische Abhängigkeit kann nach Maclean behauptet werden, wenn eine Konstellation[12] von Wörtern lediglich in *einer* Perikope des Eph und nur in *einer* Perikope eines Paulusbriefs zu finden ist und weder einem dem Eph

---

[6] Lindemann, *Paulus*, 17f.
[7] Oft zitiertes Beispiel ist hier I Clem 47,1.
[8] Lindemann, *Paulus*, 18.
[9] Lindemann, *Paulus*, 30-35, hält die Vorgeschichte der paulinischen Briefsammlung im 1. Jh. für schwerlich rekonstruierbar.
[10] Lindemann bleibt relativ vage in seinen Formulierungen. Nach der kritischen Überprüfung verschiedener angeblicher Zitate aus den Paulusbriefen im Kol mit negativem Ergebnis (vgl. *Paulus*, 114-122), formuliert er dennoch als Fazit: „Einerseits ist deutlich, daß der Vf des Kol sehr bewußt an das paulinische Erbe anknüpft. Er hat paulinische Briefe gekannt, auch wenn die Analyse ergab, daß die Vermutung eines unmittelbaren literarischen Zusammenhangs nur im Fall des Phlm unabweisbar ist." (120) In der Auswertung seiner Untersuchung spricht Lindemann von „Anspielungen auf und zitatähnliche Übernahmen von paulinischen Aussagen" in den frühchristlichen Schriften, „insbesondere aus dem offenbar sehr intensiv gelesenen I Kor" (400).
[11] Maclean, *Ephesians*, 15f.
[12] Zu Konstellation vgl. Maclean, ebd., 16, Anm. 63: „A 'constellation' refers to a group of words that appear in a discrete literary or syntactical unit and that display a specific, conceptual interrelationship."

vorliegenden Text (also dem Kol) noch der vorpaulinischen mündlichen Tradition entstammt.[13]

Diese Kriterien sind m. E. hilfreich, denn sie trennen zwischen der mündlich tradierten Predigt der Paulusgruppe und der Überlieferung der Briefe. Neben der ausdrücklichen Bezugnahme auf einen Brief ist ein weiteres Kriterium literarischer Abhängigkeit die Aufnahme einer bestimmten Stelle, die nur einmal und in charakteristischer Weise von den Parallelstellen unterschieden in den bis heute überlieferten Paulusbriefen vorkommt.[14] Bei der Aufnahme von mehrfach in den Paulusbriefen aufgenommenen Formulierungen und Passagen kann nicht ausgeschlossen werden, daß der Traditionsprozeß mündlich und ohne die Rezeption der Briefe verlaufen ist.

Maclean nimmt auch indirekte literarische Abhängigkeit vermittels öffentlicher bzw. liturgischer Verlesung der Paulusbriefe an. Hier ist historisch zu fragen, ab welchem Zeitpunkt der liturgische Gebrauch der Paulusbriefe vorausgesetzt werden kann. Die paulinischen Briefe geben Hinweise auf ihre öffentliche Verlesung: I Thess 5,27: „Ich beschwöre euch[15] bei dem Herrn, daß ihr den Brief allen Geschwistern vorlest." Paulus und Sostenes rechnen damit, daß den Pneumatikern und Pneumatikerinnen der I Kor vorgelesen wird (I Kor 14,37-40), und den Gegnerinnen und Gegnern des II Kor sind Briefe (Plural) des Paulus bekannt.[16] Aber aus diesen Hinweisen kann nicht geschlossen werden, daß die einzelnen paulinischen Briefe mehr als einmal vorgelesen wurden und ob sie den konkreten Gemeindekontext, für den sie bestimmt waren, überschritten haben.[17] Paulus rechnet jedenfalls bei dem Rundbrief an die Gemeinden in

---

[13] Vgl. ebd., 16. Ein Hinweis auf literarische Abhängigkeit ist auch die Übernahme redaktioneller Überarbeitungen mündlicher Überlieferungsstücke.

[14] Ob er oder sie sie deshalb nur einmal zitieren muß, bleibt mir allerdings fraglich.

[15] Die drastische Wortwahl ἐνορκίζειν (beschwören) ist auffällig. Von einer Spaltung, die eine exklusive Benutzung des Briefs durch einige gegenüber anderen Geschwistern bedingen könnte, weiß der I Thess nichts. Johannes Schneider, *Art. ὅρκος κτλ.*, ThWNT V (1954), 465, Anm. 3, vermutet daher, daß die Praxis des Vorlesens bei diesem ersten (bekannten) Gemeindebrief des Paulusgruppe noch nicht geübt sei.

[16] Vgl. II Kor 10,10f: „Denn die Briefe (ἐπιστολαί), sagen sie, wiegen schwer und sind stark, die leibliche Erscheinung aber schwach und die Rede verachtenswert. Wer so (urteilt), der soll dieses bedenken: Wie wir sind im Wort durch die Briefe, wenn wir abwesend sind, so sind wir auch, wenn wir anwesend sind im Werk." Welche Briefe die Gegnerinnen und Gegner im Blick haben, bleibt offen.

[17] Vgl. auch Dahl, *Particularity*, und Köster, *Writings and the Spirit*, besonders 356-364. Dahl verweist neben einer bei Hieronymus, *commentarium in Epistolam ad Philemonem*, prol. 741-44 (PL 26 599-602; vgl. auch Theodor Zahn, *Geschichte* I, 267-270 und II, 997-1006) zitierten Quelle, die die Bestreitung der Kanonizität des Phlm wegen zu ausgeprägter Partikularität bekämpft, auf die im Codex Boernerianus (G) und anderen Textzeugen zu beobachtende Elimierung der Ortsangabe ἐν Ῥώμῃ (Röm 1,7.15) sowie auf die vermutlich ursprünglich fehlende Ortsangabe ἐν Ἐφέσῳ (Eph 1,1). Anders Lars Hartman, *On Reading*, der jedoch unkritisch von Sanders Ergebnissen in bezug auf die literarische Abhängigkeit des Kol von allen heute erhaltenen Paulusbriefen ausgeht.

Galatien nicht damit, daß sein Brief vervielfältigt wird.[18] Ob er weitere Rundbriefe verfaßt hat, bleibt fraglich.[19] Die Anfragen und Probleme, auf die Paulus und seine Mitarbeiter in den Briefen reagieren, sind durchweg konkret und situationsspezifisch. Lediglich mit dem Röm, mit dem er sich dieser ihm unbekannten Gemeinde vorstellen will, gibt er einen Überblick über das Ganze seiner Theologie.

Historisch bleibt also die Frage, seit wann die Verf. der pseudepigraphen Paulusbriefe über alle sieben Paulusbriefe in ihrer Jetztgestalt verfügten.[20] Es

---

[18] Die Bemerkung Gal 6,11: „Seht mit welchen großen Buchstaben ich euch schreibe mit meiner Hand" macht jedenfalls nur Sinn, wenn man das Original vor Augen hat. Vgl. auch Lindemann, *Paulus.* 29: „Da gerade der Gal an mehrere Gemeinden gerichtet ist (1,2), scheint der Schluß erlaubt, daß Paulus annahm, dasselbe Briefexemplar werde weitergegeben."

[19] Neben Gal 1,2 ist II Kor 1,1 nicht nur an eine „Versammlung" (ἐκκλησία) in einer Stadt, sondern (auch) an eine Region bzw. Provinz (Achaia) gerichtet. Unter der Annahme, daß der II Kor aus fünf Brieffragmenten zusammengesetzt ist (siehe unten Anm. 20), kann jedoch nicht mit Sicherheit behauptet werden, daß diese Adresse „an die Gemeinde in Korinth mit allen Heiligen in ganz Achaia" ursprünglich auch zu einem der Brieffragmente gehörte. Vgl. auch Walter Schmithals, *Briefe des Paulus,* 79f. Eine Reihe von Auslegerinnen und Auslegern sieht auch in I Kor 1,2 eine Adressierung an alle paulinischen Gemeinden (vgl. z. B. François Vouga, *Brief.* 34.57). Allerdings bereitet der Satz Schwierigkeiten. Der Text von I Kor 1,2f lautet in der von Nestle[27] abgedruckten Form: „an die Gemeinde Gottes, die in Korinth ist, Geheiligte in Christus Jesus, berufene Heilige mit allen, die an jedem Ort den Namen unseres Herrn Jesus Christus anrufen, ihres und unseres; Gnade sei mit euch." Problematisch ist die Doppelung ἡγιασμένοις ἐν Χριστῷ Ἰησοῦ, die Frage des Bezugs des mit σύν eingeleiteten Satzteils und schließlich die nachgestellten Pronomina αὐτῶν καὶ ἡμῶν. Dahl, *Particularity,* 270f, stellte die Parallelität des ἡγιασμένοις mit der Lesevariante des Codex Boernerianus (G) in Röm 1,7.15 heraus und vermutete hier die Überreste einer Bearbeitung des I Kor als Brief an die gesamte Christenheit in späterer Zeit. Unterstützt wird diese Argumentation durch die gut bezeugte Umstellung des Eingangs von I Kor 1,2: „an die Gemeinde Gottes, die geheiligt ist in Christus Jesus, die in Korinth ist, berufene Heilige" (P,[46] Codex Vaticanus (B), Augiensis (F), Boernerianus (G) u. ö.). Diese Variante ist noch schwieriger als die jetzt aufgenommene Fassung, aber sie läßt m. E. mit Dahl vermuten, daß „an die in Christus Jesus Geheiligten" eine Randglosse sein könnte, die zunächst eine Alternativadresse war, inzwischen in den jetzigen Text aufgenommen ist. Unklar ist jedenfalls, ob die Deutung des σύν πᾶσιν τοῖς ἐπικαλουμένοις als Erweiterung der Adresse zu verstehen ist. Es könnte sich ebenfalls auf ἡγιασμένοις oder auf κλητοῖς ἀγίοις beziehen und somit die Korintherinnen und Korinther an die weltweite Gemeinschaft der Geheiligten und/oder Berufenen erinnern. Darauf weist m. E. das allerdings von Vouga verschwiegene „an jedem Ort, dem ihrigen und dem unseren". Diese distanzierte Redeweise widerspricht der These von der Nennung weiterer Adressaten. Wenn mit Hans Lietzmann, *Kom.,* ad loc. und Conzelmann, *Kom.,* 37, Anm. 40 der Ausdruck ἐν παντὶ τόπῳ αὐτῶν καὶ ἡμῶν aus „jüdisch liturgischem Stil" entstammt, worauf zwei Synagogeninschriften hinweisen יהי שלים על המקום הזה ועל כל מקומות עמו ישראל (CIJ II 973, vgl. 974), wären schließlich noch zwei weitere Interpretationsmöglichkeiten gegeben. Mit Lietzmann könnte man „Herr" ergänzen und übersetzen: „mit allen, die den Herrn anrufen an jedem Ort, ihren und unseren (Herrn)", und man könnte schließlich den mit σύν beginnenden Teil als Überleitung zur *salutatio* verstehen: „Mit allen, die den Namen ... anrufen an jedem Ort, dem ihrigen und dem unseren, sei *euch* Gnade und Friede."

[20] Und zwar nur über diese sieben bzw. vierzehn, wenn man die Fragmente im Röm, II Kor und Phil einzeln zusammenzählt. Nicht etwa den ‚O.' Kor (I Kor 5,9) oder andere nicht mehr existierende Paulusbriefe bzw. Briefteile. Mit Bornkamm, *Vorgeschichte,* und Georgi, *Gegner,* 16-24, gehe ich weiterhin von einer im jetzigen II Korintherbrief enthaltenen Fragmentensammlung aus fünf Paulusbrieffragmenten aus. Die Argumente für die Einheitlich-

spricht m. E. einiges dagegen, anzunehmen, Paulus habe seine Briefe selbst zusammengestellt und als Sammlung ediert.[21] Vielmehr scheint es ein längerer Prozeß gewesen zu sein, der zur heutigen Sammlung der Paulusbriefe geführt hat und in dessen Verlauf auch manches verlorenging.[22] Die Aufforderung zum Austausch von Briefen des (bzw. im Namen des) Paulus findet sich zum ersten Mal in Kol 4,16.[23] Ob der Kol paulinische Briefe kennt, und wenn ja, welche, wird im Folgenden zu klären sein. Dabei ist in Rechnung zu stellen, daß in den Gemeinden, in denen sich Paulus Monate und Jahre aufgehalten hat, lebendige Traditionen der Worte des Paulus und der gemeinsamen Diskussionen über die Schrift sicher umfangreicher und vielfältiger sind als das, was Paulus, Timotheus, Sostenes u. a. in

---

keit des II Kor, wie sie z. B. von Schnelle, *Einleitung*, 101-110, vorgetragen werden, überzeugen mich nicht. Denn daß der Versöhnungsbrief, der auf die Auseinandersetzung mit der Gemeinde rückblickt, mancherlei Themen wieder aufnimmt, verwundert weniger als der deutliche Wechsel im Tonfall und die unvermittelte Polemik in 2,14-6,13 und 7,2-4. Vor allem aber paßt II Kor 7,15 viel besser zu 2,13 als zu 7,2-4. Zu den Fragmenten im Phil vgl. Lukas Bormann. *Philippi*, 108-118. Zu Röm 16 siehe unten Anm. 110.

[21] Neuerdings ist von David Trobisch, *Entstehung der Paulusbriefsammlung*, die These vertreten worden, Paulus hätte seine Briefe wie z. B. Plinius d. J. selbst als Briefsammlung veröffentlicht. Trobisch sucht aus der Mss.-Überlieferung eine Ursammlung und eine, allerdings davon abweichende, Autorenrezension zu erschließen. Anders dagegen meint Aland: „Das einheitliche 'Ur-Corpus' des 1. Jahrhunderts, von dem alles Weitere abhängt, ist eine Phantasie- bzw. eine Wunschvorstellung, die Entstehungsgeschichte des *corpus Paulinum* ist offensichtlich sehr viel komplizierter" (Aland, *Entstehung*, 334). M. E. bleibt überhaupt fraglich, ob die Mss.-Überlieferung, die frühestens am Ende des 2. Jh. einsetzt, Auskunft geben kann über den Sammlungs- und Redaktionsprozeß der paulinischen Briefsammlung (vgl. auch Lindemann, *Paulus*, 29-34). Neben Analogien aus den Kreisen der vermögenden und philosophisch ambitionierten römischen Oberschicht ist das Hauptargument von Trobisch schließlich seine Auffassung paulinischer Theologie: Es „setzt sich bei Paulus der Wunsch fest, seine Lehre der Nachwelt zu hinterlassen. Die erwartete Wiederkunft des Herrn und das Ende der Welt ist ausgeblieben." (129) Dies trifft jedoch, soweit wir die Entwicklung paulinischer Theologie in seinen Briefen verfolgen können, nicht zu. Paulus geht auch im Römerbrief noch vom baldigen Weltende aus (Röm 13,11f). Er plant am Ende seines Lebens die Mission Spaniens (Röm 15,22-24), nicht etwa die Herausgabe seiner Werke, und er will auch keineswegs die Römer belehren: „Aber ich bin überzeugt, meine Geschwister, und (zwar) wegen euch, daß ihr auch selbst voll seid der Güte, erfüllt mit aller Erkenntnis und euch einander ermahnen könnt. Ziemlich dreist aber habe ich euch geschrieben, zum Teil wie um euch Erinnernder wegen der Gnade, die mir gegeben ist von Gott..." (Röm15,14f; vgl. auch 15,18). Er verwehrt sich grundsätzlich davor, auf „fremden Grund zu bauen", d. h. dort zu verkünden, wo der Christus schon genannt (worden) ist (Röm 15,20 vgl. auch II Kor 10,15f). Daher ist es m. E. kaum vorstellbar, daß Paulus seine Briefe selbst ediert bzw. gesammelt herausgegeben hat. Denn Paulus hat sich auch im Angesicht des Todes gerade nicht um sein Nachleben oder eine Nachfolgeregelung gekümmert. Statt dessen schreibt er in seinem Testament (Phil 3,2-21): „Werdet meine (Mit)Nachahmer, Geschwister, und achtet auf die, die so wandeln, wie ihr in uns [sic!] ein Vorbild (τύπος) habt" (Phil 3,17). Zur gattungsgeschichtlichen Einordnung von Phil 3,2-4,3.8f; vgl. Georgi, *Der Armen zu gedenken*, 50, Anm.189. Zur Kritik an Trobisch vgl. auch Strecker, *Literaturgeschichte*, 116; Bormann, *Philippi*, 89f und Arthur G. Patzia, *Making*, 83.

[22] Vgl. z. B. den in I Kor 5,9 zitierten Brief mit dem Zitat „vermischt euch nicht mit den Unzüchtigen."

[23] Siehe hierzu unten Kap. 8, S. 287-287.

spezifischen Situationen und Problemlagen bzw. auf Anfragen schriftlich mitgeteilt haben. Mit dieser mündlichen Paulustradition ist in den ersten Jahrzehnten nach dem Tod des Paulus ebenso zu rechnen wie mit der Bekanntheit seiner Briefe.

Aus den hier entwickelten Kriterien sind nun auch methodische Anfragen an Sanders These von den dem Kol zugrunde liegenden Zitatverschmelzungen aus dem Wortbestand der paulinischen Briefe zu richten. Die Kol 1,26f parallele Formulierung λαλοῦμεν θεοῦ σοφίαν ἐν μυστηρίῳ τὴν ἀποκεκρυμμένην ἣν προώρισεν ὁ θεὸς πρὸ τῶν αἰώνων εἰς δόξαν ἡμῶν (I Kor 2,7) könnte bereits von Paulus aus der jüdischen Tradition übernommen sein,[24] und die Formulierung aus Röm 9,23 τὸν πλοῦτον τῆς δόξης αὐτοῦ findet ihre innerpaulinische Parallele z. B. in Phil 4,19 τὸ πλοῦτος αὐτοῦ ἐν δόξῃ ἐν Χριστῷ Ἰησοῦ.[25] Auch in bezug auf Kol 2,12f stellt sich die Frage, ob Paulus in Röm 6,4 nicht eine Tradition aus der Jesusbewegung zitiert, wenn er die ihm unbekannten Römer anspricht: „*Oder wißt ihr nicht*, daß die in Christus Jesus Getauften in seinen Tod getauft sind" (Röm 6,3).[26] Die Formulierung ἐγέρθη Χριστός (bzw. κύριος oder Ἰησοῦς) ἐκ νεκρῶν kommt jedenfalls mehr als zehnmal in den erhaltenen paulinischen Briefen vor.[27] Daß die auf Christus Vertrauenden mit auferweckt (II Kor 4,14, vgl. auch 1,9; I Kor 6,14) bzw. mit lebendig gemacht (Röm 4,17; 6,11; 8,11; I Kor 15,22 u. ö.) werden, ist ebenfalls eine mehrfach von Paulus gebrauchte Formulierung. Die von Sanders postulierten Zitate weisen daher m. E. nicht eindeutig auf bestimmte Briefe, sondern sind paulinische Redewendungen und Ausdrucksweisen, die er, da sie mehrfach in seine Briefe eingegangen sind, vermutlich auch in seiner Predigt bzw. in den Diskussionen mit den Gemeinden verwendet hat. Diese Formulierungen können daher ebenso mündlich überliefert worden sein. Es ist unten in Kap. 4 weiter zu klären, ob der Kol von solcher mündlicher Überlieferung der paulinischen Diktion abhängig ist.

Sanders beantwortet nicht die Frage, warum die Verf. des Kol Zitatstücke aus verschiedenen Briefen des Paulus herausgerissen haben und zu neuen Zusammenhängen zusammengesetzt haben sollen, ohne auf den Inhalt und Sinn der Ursprungsorte zu achten.[28] Nicht zuletzt deshalb kann er m. E. eine literarische Abhängigkeit des Kol von allen sieben erhaltenen Paulusbriefen

---

[24] Siehe hierzu unten Kap. 4.3.3, S. 148-152.

[25] Die Formulierung ist von einigen Kommentatoren als hymnisch bezeichnet worden. Siehe hierzu unten Kap. 4.3.3, Anm. 256. Zu Röm 9,24 vgl. I Kor 1,9; 7,17-19; Gal 5,8; Röm 16,25f; letztere Stelle ist sicherlich eine nachpaulinische Glosse (vgl. auch Sanders, *Literary Dependence*, 40).

[26] Siehe hierzu unten Kap. 4.3.3, 135-145.

[27] Röm 4,24f; 6,4.9; 7,4; 8,11; 10,9; I Kor 6,14; 15,12.20; II Kor 4,14; 5,15; Gal 1,1; I Thess 1,10.

[28] Eine ähnliche Kritik äußert auch schon Lindemann, *Paulus*, 116 Anm. 13.

nicht zeigen. Es bleibt unerklärlich, warum die Verf. des Kol, statt eigene
Worte zu benutzen, die Sätze der heute erhaltenen Paulusbriefe auseinan-
dergerissen und wie ein Puzzle zusammengesetzt haben sollten, ohne auf den
Kontext der zitierten Stellen zu achten oder zu verweisen. Die antike
Schulbildung und das ästhetische Empfinden antiker Menschen verlangt
Nachahmung des Stils großer bzw. anerkannter Schriftsteller und Philosophen. Aber es ist dabei nicht unwichtig, daß die Zitate erkannt werden. Vor
allem zitieren nicht nur Schriftstellerinnen und Schriftsteller und Rednerin-
nen und Redner, die eine große Bibliothek zur Verfügung haben, sondern
zitiert wurde zumeist aus dem Gedächtnis. Hinweise auf literarische Abhängigkeiten sind daher m. E. dann zu erkennen, wenn eine Autorin oder ein
Autor charakteristische Züge einer bestimmten Schrift gehäuft in ihren bzw.
seinen Text einfließen läßt. Dabei ist immer die kritische Rückfrage zu stellen, ob die Autorin bzw. der Autor seine Kenntnisse nicht aus der mündlichen Überlieferung erhalten haben könnte. Nicht jede Anspielung auf die
Sokratestradition verweist auf die Kenntnis von Platon oder Xenophon.
Denn Sokratische Dialoge haben auch Aischines, Antisthenes, Phaidon,
Euklades u. a. verfaßt,[29] und daneben gab es immer eine mündliche Sokrates-
überlieferung. Für das literarische Verhältnis zwischen Kol und den Paulusbriefen heißt dies, daß der Aufweis von Zitaten aus erhaltenen Briefen immer dann problematisch ist, wenn Paulus selbst auf eine ihm und seinen Gemeinden überlieferte Tradition zurückgreift oder wenn eine Formulierung
aufgenommen ist, die mehrfach in den Paulusbriefen zu finden ist. Von
mehrfach aufgenommenen Formulierungen kann m. E. angenommen werden,
daß Paulus oder die paulinischen Gemeinden sie in ihrer Predigt und ihren
Diskussionen geprägt und aufgenommen haben. Verf., die paulinischen Re-
destil nachahmen bzw. Paulus selbst sprechen lassen wollen, könnten solche
Formulierungen auch aus der mündlichen Überlieferung paulinischer Reden
und Diskussionen beziehen. Literarische Zitate aus erhaltenen Paulusbriefen
können m. E. nur dann nachgewiesen werden, wenn eine Häufung wörtlicher
Übereinstimmung mit spezifischen und charakteristischen Passagen aus bestimmten Paulusbriefen aufgezeigt und somit der Verweischarakter deutlich
gemacht werden kann.

1. DER BRIEFRAHMEN DES KOLOSSERBRIEFES UND DAS PAULINISCHE BRIEFFORMULAR

Ein Hinweis darauf, daß den Verf. des Kol paulinische Briefe bekannt waren, könnten die formalen Übereinstimmungen des Briefrahmens des Kol
(Präskript, Proömium und Briefschluß) mit dem 'paulinischen Brieffor-

---

[29] Diog. Laert. II 64, vgl. auch II 60 u. ö.

mular' sein. Im Gegensatz zu den meisten hellenistischen Papyrusbriefen, deren Präskripte vorwiegend der Form 'Absender (*superscriptio*) dem Empfänger (*adscriptio*) χαίρειν (*salutatio*)' folgen, gebraucht Paulus eine sogenannte 'orientalische' Form des Briefpräskripts, die aus zwei Sätzen besteht.[30] Die *salutatio* ist als eigener Satz gestaltet, deren längste Form bei Paulus χάρις ὑμῖν καὶ εἰρήνη ἀπὸ θεοῦ πατρὸς ἡμῶν καὶ κυρίου Ἰησοῦ Χριστοῦ lautet. Ein Friedenswunsch findet sich auch in einigen der wenigen erhaltenen Briefen des hellenistischen Judentums.[31] Die Formulierung χάρις τῷ θεῷ kommt auch in griechischen Papyrusbriefen vor.[32] Ob die Zusammenstellung χάρις ὑμῖν καὶ εἰρήνη (I Thess 1,1) von Paulus geprägt wurde oder ob er sie aus Briefpräskripten jüdisch-hellenistischer Briefe übernommen hat, ist umstritten. Während zahlreiche Forscher und Forscherinnen die Formulierung für eine paulinische Umprägung des griechischen Grußes halten,[33] verweisen andere vor allem unter Hinweis auf syrBar 78,2 auf den Gruß in einigen der wenigen erhaltenen jüdisch-hellenistischen Briefe.[34] Da auch Apk 1,4 genau diesem Schema des Präskripts folgt und eine Bekanntschaft dieser Schrift mit den Paulusbriefen nur schwer nachzuweisen ist, sollte man m. E. die Formulierung χάρις ὑμῖν καὶ εἰρήνη ἀπὸ θεοῦ nicht für eine paulinische Erfindung halten.[35] Gegen eine genuin paulinische Prägung des Präskripts seiner Briefe spricht auch,

---

[30] Zuerst Ernst Lohmeyer, *Probleme paulinischer Theologie*, 159-164. Vgl. zum Folgenden auch William G. Doty, *Letters in Primitive Christianity;* John L. White, *New Testament Epistolary Literature;* David E. Aune, *The New Testament*, 158-225; Klauck, *Briefliteratur.*

[31] Vgl. David E. Aune, *The New Testament*, 184: „Paul's use of 'peace' probably reflects the Hebrew and Aramaic salutation *šlm.*" Vgl. auch ebd., 174-182 und Irene Taatz, *Frühjüdische Briefe.*

[32] Peter Arzt, „*Ich danke meinem Gott allezeit...*", 429 sowie *Epistolary Introductory Thanksgiving*, 31.44f, meint, die Formulierung χάρις τῷ θεῷ sei nur bis zum 3. Jh. v. Chr. im Briefeingang nachweisbar. Dagegen hat jedoch Jeffrey T. Reed, *Are Paul's Thanksgivings 'Epistolary'?*, auch Belege aus dem 2. Jh. n. Chr. genannt, so daß „ it must at least be admitted that post-third century BCE examples of χάρις thanksgivings exist." (91).

[33] Vgl. David Aune, *The New Testament*, 184: „Paul may have used the term 'grace' (χάρις) as a word play on the usual epistolary 'greetings' (χαίρειν)". Vgl. auch Doty, *Letters in Primitive Christianity*, 22.29. Zuerst Johannes Weiß, *Der erste Korintherbrief* (1910), 4f.

[34] So bereits Ernst Lohmeyer, *Probleme paulinischer Theologie* (1927), 161-164, der die von ihm als liturgisch behauptete Formulierung χάρις ὑμῖν καὶ εἰρήνη als eine von Paulus bereits aus der jüdischen und urchristlichen Tradition übernommene Übersetzung des hebräischen שלום versteht. Vgl. auch Philipp Vielhauer, *Geschichte*, 65. Zahlreiche Forscher und Forscherinnen verweisen auf syrBar 78,2: „So spricht Baruch, der Sohn des Neris, zu den Brüdern, die gefangen weggeführt worden sind: Gnade und Friede sei mit euch!" (Übers. A. F. J. Klijn) Das syrische Wort *rahmê* kann sowohl mit Gnade χάρις als auch mit Erbarmen ἔλεος übersetzt werden, vgl. Taatz, *Frühjüdische Briefe*, 67. Siehe auch Dan 3,98(Th): εἰρήνη ὑμῖν πληθυνθείη (Friede wachse euch); II Makk 1,1: „die jüdischen Geschwister in Ägypten grüßen (χαίρειν) die jüdischen Geschwister in Jerusalem [...] (und wünschen) guten Frieden (εἰρήνην ἀγαθήν)" oder *Paralipomena Jeremiae* 6,17: χαῖρε καὶ ἀγαλλιῶ, ὅτι ... „Freue dich und jauchze, denn..." χαῖρε ist auch in griechischen Papyrusbriefen belegt, vgl. Heikki Koskenniemi, *Studien*, 164f.

[35] Vgl. auch Berger, *Apostelbrief*, 191, Anm. 6.

daß alle Bestandteile des Präskripts von Paulus gelegentlich erweitert werden. Zählt er I Thess 1,1 lediglich die Absender auf, so führt er im Röm 1,1-5 „berufen als Apostel, ausgewählt zum Evangelium Gottes" mit einem vermutlich aus der Tradition übernommenen Christushymnus aus. Werden in II Kor 1,1 die Adressaten lediglich aufgezählt, charakterisiert Paulus sie I Kor 1,2 als „Geheiligte in Christus, berufene Heilige". Auch die salutatio wird in Gal 1,4f mit einem Christusbekenntnis erweitert.

Die Frage nach den Besonderheiten des paulinischen Präskripts impliziert zugleich die Frage nach den Vergleichsgattungen zu den paulinischen Briefen innerhalb der antiken Briefliteratur. Adolf Deißmann ordnet die paulinischen Briefe den 'echten' Briefen, wie sie zufällig auf Papyri erhalten geblieben sind, zu. Charakteristikum dieser 'echten' Briefe sei das Fehlen jeglicher literarischer Ambitionen, also die rein private, nichtöffentliche Nutzung. Deißmann unterscheidet die 'echten' Briefe von den 'Episteln' als einer Kunstform, die besonders in römischer Zeit als Medium philosophischer Darstellung verwendet wurde und die zur Veröffentlichung be-stimmt war.[36] Jedoch ist diese Differenzierung zu eindimensional. Denn die Reskripte der Kaiser sind z. B. sicher keine literarische Kunstform, aber in-tendieren dennoch die Veröffentlichung.[37]

Die scheinbaren Differenzen zwischen dem paulinischen Briefpräskript und den Präskripten der erhaltenen Papyrusbriefe haben einige Exegetinnen und Exegeten veranlaßt, für die paulinischen Briefe eine eigene Gattung „Apostelbrief" „als schriftlich fixierte, adressierte, apostolische Rede" zu postulieren.[38] Aber diese Differenzen bestehen nur, wenn man allein die

---

[36] Deißmann, *Licht vom Osten*, 193-205.

[37] Zur Veröffentlichung von kaiserlichen Reskripten vgl. Stephan Brassloff, *Art. Epistula*, PRE 6/1 (1907), 204-210. Zur Kritik an Deißmann vgl. auch Stowers, *Letter Writing*, 18-20. Stowers versucht, statt der von Deißmann vorgeschlagenen Kategorisierung eine Brieftypologie anhand funktionaler Bestimmungen antiker Brieftheoretiker zu erstellen. Aber auch in Stowers Brieftypologie kommen offizielle Briefe nicht vor (zur Kritik vgl. auch Aune, *New Testament*, 162). Dagegen identifiziert Hans Dieter Betz, *2. Korinther*, 231-249, unter vergleichender Heranziehung der Königs- und Kaiserkorrespondenz II Kor 8 in bezug auf Brieftyp und Funktion als Teil der weitgehend verloren gegangenen Verwaltungskorrespondenz.

[38] Vgl. z. B. Berger, *Apostelbrief*, Zitat 231. Maßgeblich ist für ihn die Deutung der *salutatio* als Einleitung der „verbindlich, auf Gott zurückgeführten schriftlichen Apostelrede" (201). Die Gattung „Apostelbrief" entstehe aus „literarisch fixierter Rede theologisch verbindlicher Autoritätsfiguren im Judentum" (231), wie sie auch im Prophetenbrief, im Testament und den Apokalypsen dokumentiert sei. François Vouga, *Brief*, definiert die Gattung 'Apostelbrief' anhand des Kommunikationszusammenhanges, den sie voraussetzen und verstärken. Der Absender werde durch die Behauptung seines apostolischen Auftrags legitimiert. Die Adressaten könnten in seiner Vermittlung die Verkündigung des Evangeliums anerkennen. Dieser Deutung liegt m. E. eine Überbewertung des paulinischen Apostolats zugrunde. Es ist z. B. problematisch, zu behaupten, daß Paulus „der einzige Apostel für mehrere Gemeinden" (Berger, *Hellenistische Gattungen*, 1335) sei (vgl. z. B. I Kor 9,1-6; II Kor 8,23; I Thess 2,7 u. ö.). Diese Deutung der paulinischen Briefe übersieht völlig, daß das Evangelium nach Paulus nicht von dem oder den Aposteln, sondern von den Gemeinden ausgeht (vgl. I Thess 1,8; Röm 1,8).

privaten Papyrusbriefe zum Vergleich heranzieht und die erhaltenen jüdischen Briefe ausblendet.[39] Die Annahme einer Gattung „Apostelbrief" kann auch nicht erklären, warum Paulus mit Ausnahme des Röm in keinem anderen Brief allein als Absender erscheint[40] und warum er den „Titel" Apostel im Phil und Phlm überhaupt nicht nennt. Zudem hat Helmut Köster herausgestellt:

> Paul was not in a position that would have given him the means to enforce commands. [...] [T]he idea that the apostle could rule as an authoritarian leader would have been contrary to Paul's understanding of the apostle's role and his concept of the church, which excluded a hierarchical structure. The building of the community remained the responsibility of the community itself. The apostle could influence this process only through argument and persuasion.[41]

Die Briefe seien vielmehr „political instruments designed to organize and maintain the social fabric and financial affairs" zwischen der Absendergruppe und den Gemeinden und gehörten daher zur Gattung „administrative and official letter" (357). Das Vorbild für das paulinische Briefformular ist m. E. die (leider kaum erhaltene) Korrespondenz zwischen jüdischen Gemeinden, von der die Gattung „Empfehlungsbrief" innerhalb der paulinischen Briefe mehrfach angesprochen wird (z. B. II Kor 3,1-3; 8; Röm 16,1-3). Inwieweit die paulinischen Briefe auch die Korrespondenz zwischen einzelnen Städten der römisch-hellenistischen Welt widerspiegeln, muß beim gegenwärtigen Stand der Forschung offenbleiben.[42]

---

[39] Bergers Argument „Syr Bar 78,2 ist als Basis zu schmal, Parallelen in Elephantine-Texten sind zeitlich zu weit entfernt" (*Apostelbrief*, 91) überzeugt m. E. nicht. Die wenigen–oft innerhalb literarischer Werke enthaltenen–Belege jüdisch-hellenistischer Briefe bezeugen zumindest einen regen Austausch von Briefen zwischen den Diasporagemeinden und Jerusalem und vermutlich auch unter den Diasporagemeinden (vgl. II Makk 1,1-10; 1,11-2,1; Est 9,20-32; tSan II,6; bSan 11b; Apg 9,1; 28,21). Daß die meisten dieser Briefe nicht überliefert wurden, sagt nichts über ihr Formular aus. Vgl. auch Doty, *Letters*, 23. Taatz, *Frühjüdische Briefe*, unternimmt den Versuch, die Paulusbriefe aus jüdischen Gemeindebriefen zu erklären. Die Funktion der paulinischen Briefe bestimmt sie als Gemeindeleitung während der Abwesenheit des Paulus. Indem „Paulus kraft seines Auftrags diese Gemeinden durch seine Briefe auch in Zeiten der Abwesenheit an sich als oberste Leitungsinstanz verwies, gab er die Gewähr für die Einheit innerhalb der jungen, lokal und national aufgespaltenen Kirche." (8). Mit dieser Deutung überschätzt Taatz aber m. E. die jüdische Zentralinstitution am Jerusalemer Tempel, deren Bestehen vom 5. Jh. bis ins 2. Jh. sie ohne Angabe von Quellen behauptet, und fällt damit zurück in das Deutungsmuster „Apostelbrief". Schade ist auch, daß sie wertvolle Einzelbeobachtungen nicht auswertet (vgl. z. B. S. 67 mit 112).
[40] Vgl. I Thess 1,1: Silvanus und Timotheus; Gal 1,2: alle Geschwister, die bei ihm sind; I Kor 1,1: Sosthenes; II Kor 1,1 und Phil 1,1: Timotheus.
[41] *Writings and the Spirit*, 358.
[42] Wie die diplomatische Korrespondenz zwischen Staaten und Königshäusern bzw. zwischen Kaisern, Provinzen und Städten die Korrespondenz zwischen den jüdischen Gemeinden beeinflußten bzw. verbildeten, ist leider noch nicht ausreichend untersucht. Vgl. die Rezension von White zu Taatz. Köster, *Writings and the Spirit*, 356, weist darauf hin, daß die paulinischen Briefe wesentlich an ein politisches Gremium, die ἐκκλησία, die Volksversammlung(en) der freien Städte, adressiert sind. Siehe hierzu unten Kap. 6.1.2. Vgl. auch neuerdings Klauck, *Briefliteratur*, 80.

Das Präskript des Kol nimmt die in den paulinischen Briefen festgestellten Charakteristiken auf. Zum Vergleich stelle ich einige Paralleltexte zusammen:

superscriptio

Kol 1,1 Παῦλος ἀπόστολος Χριστοῦ Ἰησοῦ διὰ θελήματος θεοῦ
Phlm 1 Παῦλος δέσμιος Χριστοῦ Ἰησοῦ
I Thess 1,1 Παῦλος
Gal 1,1 Παῦλος ἀπόστολος οὐκ ἀπ᾽ ἀνθρώπων οὐδὲ δι᾽ ἀνθρώπου ἀλλὰ διὰ Ἰησοῦ Χριστοῦ
I Kor 1,1 Παῦλος κλητὸς ἀπόστολος Χριστοῦ Ἰησοῦ διὰ θελήματος θεοῦ
II Kor 1,1 Παῦλος ἀπόστολος Χριστοῦ Ἰησοῦ διὰ θελήματος θεοῦ
Phil 1,1 Παῦλος
Röm 1,1 Παῦλος δοῦλος Χριστοῦ Ἰησοῦ κλητὸς ἀπόστολος

Kol 1,1 καὶ Τιμόθεος ὁ ἀδελφός
Phlm 1 καὶ Τιμόθεος ὁ ἀδελφός
I Thess 1,1 καὶ Σιλουανὸς καὶ Τιμόθεος
Gal 1,2 και οἱ σὺν ἐμοὶ πάντες ἀδελφοί
I Kor 1,1 καὶ Σωσθένης ὁ ἀδελφός
II Kor 1,1 καὶ Τιμόθεος ὁ ἀδελφός
Phil 1,1 καὶ Τιμόθεος δοῦλοι Χριστοῦ Ἰησοῦ

adscriptio

Kol 1,2 τοῖς ἐν Κολοσσαῖς ἁγίοις καὶ πιστοῖς ἀδελφοῖς ἐν Χριστῷ
Phlm 1 Φιλήμονι τῷ ἀγαπητῷ καὶ συνεργῷ ἡμῶν καὶ Ἀπφίᾳ τῇ ἀδελφῇ καὶ Ἀρχίππῳ τῷ συστρατιώτῃ
I Thess 1,1 τῇ ἐκκλησίᾳ Θεσσαλονικέων ἐν θεῷ πατρὶ ἡμῶν καὶ κυρίῳ Ἰησοῦ Χριστῷ
Gal 1,2 ταῖς ἐκκλησίαις τῆς Γαλατίας
I Kor 1,2 τῇ ἐκκλησίᾳ τοῦ θεοῦ τῇ οὔσῃ ἐν Κορίνθῳ ἡγιασμένοις ἐν Χριστῷ Ἰησοῦ κλητοῖς ἁγίοις
II Kor 1,1 τῇ ἐκκλησίᾳ τοῦ θεοῦ τῇ οὔσῃ ἐν Κορίνθῳ σὺν τοῖς ἁγίοις πᾶσιν τοῖς οὖσιν ἐν ὅλῃ τῇ Ἀχαΐᾳ
Phil 1,1 πᾶσιν τοῖς ἁγίοις ἐν Χριστῷ Ἰησοῦ τοῖς οὖσιν ἐν Φιλίποις σὺν ἐπισκόποις καὶ διακόνοις
Röm 1,7 πᾶσιν τοῖς οὖσιν ἐν Ῥώμῃ ἀγαπητοῖς θεοῦ κλητοῖς ἁγίοις

salutatio

Kol 1,2 χάρις ὑμῖν καὶ εἰρήνη ἀπὸ θεοῦ πατρὸς ἡμῶν.
Phlm 3 u. ö. χάρις ὑμῖν καὶ εἰρήνη ἀπὸ θεοῦ πατρὸς ἡμῶν καὶ κυρίου Ἰησοῦ Χριστοῦ.
I Thess 1,1 χάρις ὑμῖν καὶ εἰρήνη

Die größte Übereinstimmung mit der *superscriptio* zeigt der II Kor. Ludwig will dies aus der Übernahme der Absenderangabe aus II Kor 1,1 erklären.

Der „amtliche Titel ἀπόστολος" werde eingeführt, „um der Gemeinde deutlich zu machen, daß er [Paulus] kraft seines Amtes befugt ist, gültige Lehrentscheidungen zu treffen".[43] Ein weiteres Motiv erhellt nach Ludwig der Römerbrief, in dem Paulus den Begriff „Apostel" benutze, um sich einer unbekannten Gemeinde vorzustellen. M. E. übernimmt der Kol jedoch nicht die ihm vorliegende *paulinische* superscriptio aus II Kor 1,1. Denn die *superscriptio* aus II Kor 1,1 weicht charakteristisch von den paulinischen Absenderangaben in I Kor, Gal und Röm ab. Obgleich sich Paulus jeweils als Apostel bezeichnet, fügt er in I Kor 1,1 und Röm 1,1 κλητὸς ἀπόστολος (berufen als Apostel) ein und stellt dies der Bezeichnung der Gemeinde κλητοὶ ἅγιοι (berufen als Heilige, I Kor 1,2; Röm 1,7) gegenüber. In beiden Briefen ist sowohl das Apostelamt als auch die Berufung weiter Thema.[44] Auch im Gal bleibt „Paulus, Apostel" nicht absolut stehen, sondern wird durch die längere Ausführung „nicht von Menschen und nicht durch einen Menschen, sondern durch Jesus Christus und Gott den Vater," erklärt, die dann in Gal 1,16ff aufgenommen wird. Dagegen kommt im II Kor das Thema „Apostel" im Fragment des Versöhnungsbriefs (II Kor 1,1-2,13; 7,5-15) nicht vor. Thematisiert wird es erst in II Kor 10-13.[45] Es ist daher nicht auszuschließen, daß „the epistolary prescript and postscript have provided the redactional framework for the entire composite letter"[46] und daß die *superscriptio* vom Kompilator des II Kor (aus welcher Quelle auch immer) über sein Endprodukt gesetzt wurde.[47] Eine besondere sprachliche Nähe zum Kol zeigt der II Kor jedenfalls nicht.[48]

In der *adscriptio* zeigen sich wenige Parallelen zwischen dem Kol und den paulinischen Präskripten. „Treue Geschwister in Christus" werden die Angeredeten in keinem erhaltenen paulinischen Präskript benannt. Das Stichwort „ekklesia" fehlt auch im Röm und Phil, und als „Heilige" (II Kor

---

[43] Ludwig, *Verfasser*, 60-65. Zitat 61.
[44] Vgl. zu κλητός Röm 8,28; I Kor 1,24 und zu ἀπόστολος Röm 11,13; I Kor 4,9; 9,1-5; 15,9.
[45] Schmithals, *Gnosis*, 91, Anm. 1, meint, die Absenderangabe σὺν τοῖς ἁγίοις πᾶσιν τοῖς οὖσιν ἐν ὅλῃ τῇ Ἀχαΐᾳ sei dem Rahmen des Kollektenbriefes II Kor 9 in die Adressenangabe II Kor 1,1 vom Redaktor eingetragen. Vgl. auch Betz, *2. Korinther*, 170, Anm. 24.
[46] Aune, *The New Testament*, 208.
[47] Vgl. auch Lindemann, *Paulus*, 115: „Möglich ist aber auch, daß sich hier schon die abgeschliffene und verkürzte Form eines deuteropaulinischen Briefpräskripts herausbildet, wie sie sich etwa auch in Eph 1,1f; II Tim 1,1f zeigt."
[48] Siehe auch unten Kap. 4.3. Verfehlt ist es m. E., die Selbstbeschreibung des Paulus als berufener Apostel (I Kor 1,1; Röm 1,1 neben δοῦλος [sic!] vgl. auch Gal 1,1) als apostolische Legitimation zu stilisieren (vgl. Franz Schnider/Werner Stenger, *Studien*, 4-15). Man muß dann nicht nur den Plural δοῦλοι (sic!) aus Phil 1,1 und das δέσμιος aus Phlm 1 wegdiskutieren, sondern vor allem von einem noch gar nicht allgemein durchgesetzten Bedeutungsgehalt des Wortes ἀπόστολος ausgehen (vgl. Apg; II Kor 10-13 u. ö.). Vgl. auch Best, *Paul's Apostolic Authority*.

1,1) bzw. „berufene Heilige in Christus" (I Kor 1,2; Phil 1,1) werden die Adressatinnen und Adressaten gelegentlich bezeichnet.

Die *salutatio* des Kol nimmt eine Mittelposition zwischen der des I Thess und den übrigen Paulusbriefen ein.[49] Wenn, wie viele Forscherinnen und Forscher meinen, die Formulierung der *salutatio* χάρις ὑμῖν καὶ εἰρήνη ἀπὸ θεοῦ πατρὸς ἡμῶν eine von Paulus geprägte Formulierung ist, dann ist zu vermuten, daß die Verf. des Kol mindestens einen Paulusbrief kennen. Wenn jedoch das paulinische Briefformular jüdische Vorbilder aufnimmt (was nicht zuletzt syrBar 78,2 vermuten läßt), dann ist auch diese Annahme nicht zwingend.

Dem Präskript folgt in den meisten paulinischen Briefen[50] die Danksagung (*proömium*). Die Einleitung ins Proömium im Kol folgt zunächst paulinischen Gepflogenheiten:

Kol 1,3 εὐχαριστοῦμεν τῷ θεῷ πατρὶ τοῦ κυρίου ἡμῶν Ἰησοῦ Χριστοῦ
Phlm 4 εὐχαριστῶ τῷ θεῷ μου
I Thess 1,2 εὐχαριστοῦμεν τῷ θεῷ
I Kor 1,4 εὐχαριστῶ τῷ θεῷ μου
Phil 1,3 εὐχαριστῶ τῷ θεῷ μου
Röm 1,8 πρῶτον μὲν εὐχαριστῶ τῷ θεῷ μου διὰ Ἰησοῦ Χριστοῦ

Kol 1,3 πάντοτε περὶ ὑμῶν προσευχόμενοι
Phlm 4 πάντοτε μνείαν σου ποιούμενος ἐπὶ τῶν προσευχῶν μου
I Thess 1,2 πάντοτε περὶ πάντων ὑμῶν μνείαν ποιούμενοι ἐπὶ τῶν προσευχῶν ἡμῶν
I Kor 1,4 πάντοτε περὶ ὑμῶν
Phil 1,3f ἐπὶ πάσῃ τῇ μνείᾳ ὑμῶν πάντοτε ἐν πάσῃ δεήσει μου ὑπὲρ πάντων ὑμῶν μετὰ χαρᾶς τὴν δέησιν ποιούμενος
Röm 1,8 περὶ πάντων ὑμῶν

---

[49] Bei genauerer Überprüfung der Handschriftenüberlieferung läßt sich allerdings feststellen, daß bestimmte Handschriften (nämlich z. B. Codex Sinaiticus (א) und Codex Alexandrinus (A)) grundsätzlich den ausführlichen Gnadenwunsch im Briefeingang zitieren, also χάρις ὑμῖν καὶ εἰρήνη ἀπὸ θεοῦ πατρὸς ἡμῶν καὶ κυρίου Ἰησοῦ Χριστοῦ, wogegen andere Handschriften (und zwar oftmals die gleichen, wie z. B. Codex Vaticanus (B), oder die Minuskeln 1739, 1881 u. a.) andere Varianten haben. So lesen die Codices Sinaiticus (א) und Alexandrinus (A) in II Thess 1,1; Kol 1,2 und Gal 1,3 den (vollen) Text, wogegen Codex Vaticanus (B) und die Minuskeln 1739 und 1881 jeweils andere Varianten haben und Codex Claromontanus (D), Augiensis (F), Boernerianus (G), Athous Laurensis (Ψ) und 0278 u. a. in mehreren Fällen. Überhaupt ist der Vergleich von I Thess 1,1 und II Thess 1,1 interessant, da der II Thess neben dem I Thess keine Hinweise auf die Bekanntschaft mit weiteren (bis heute bekannten) Paulusbriefe gibt, aber eine andere *salutatio* als der I Thess im heutigen Nestletext hat. Es ist also nicht auszuschließen, daß Teile unserer handschriftlichen Überlieferung bereits einer vereinheitlichenden Redaktion entstammen, die ein paulinisches „Normalpräskript" durchgesetzt hat.

[50] Nicht im II Kor und im Gal. Das Fehlen im II Kor erklärt sich möglicherweise aus der fragmentarischen Überlieferung der einzelnen Briefteile. Den Galatern hat Paulus keinen Dank zu sagen. Der Brief beginnt charakteristisch θαυμάζω ὅτι. Zu vergleichbaren Briefeingängen in der hellenistischen Briefliteratur vgl. John White, *Introductory Formulae*, 94f.

Aber die Übereinstimmung beschränkt sich auf εὐχαριστοῦμεν τῷ θεῷ [...] πάντοτε περὶ ὑμῶν und das Stichwort προσεύχεσθαι bzw. προσευχή. „Mit einer Danksagung an die Götter bzw. die Gottheit werden vielfach Briefe aus hellenistischer Zeit eingeleitet."[51] Ebenfalls nicht ungewöhnlich im hellenistischen Brief ist ein Gebetsbericht.[52] Daß im Kol die Erwähnung der μνεία κτλ. fehlt, verwundert nicht, denn der (fiktive) Absender kennt die Gemeinde nicht (vgl. auch Röm 1,8).[53] Abgesehen von dem Einschub πατρὶ τοῦ κυρίου ἡμῶν Ἰησοῦ Χριστοῦ stimmt Kol 1,3a mit I Thess 1,2 (Auslassung von πάντων) und I Kor 1,4; Röm 1,8 (Singular) überein. Aber auch Phlm 4 liest (bis) πάντοτε parallel. Das Gebet wird auch in I Thess 1,2 und Phlm 4 genannt. Auffällig ist allerdings die gleichlautende Fortführung des Satzes in Phlm 5 (vgl. Kol 1,4).[54] Wiederum läßt sich aber kein bestimmter Brief als Vorlage ausmachen. Auch hier müssen wir mit einer erheblichen Lückenhaftigkeit der Überlieferung hellenistischer und jüdisch-hellenistischer Briefe rechnen, so daß m. E. nicht zu eindeutig auf eine paulinische Prägung dieses Formulars geschlossen werden kann.

Die Abgrenzung des Proömiums gegenüber dem Hauptteil bereitet auch in den paulinischen Briefen Schwierigkeiten. Paul Schubert stellt einen escha-tologischen Höhepunkt als Abschluß der paulinischen Proömien fest.[55] Je-doch ist ein solcher nur in I Kor 1,8; Phil 1,10f und I Thess 1,10 deutlich auszumachen. Jack T. Sanders vermutet im Anschluß an James Robinson[56] in

---

[51] Lohse, *Kom.*, 40, vgl. auch Paul Schubert, *Pauline Thanksgivings*. Anders Peter Arzt, *„Ich danke meinem Gott allezeit"*, 421.427-433 sowie ders. *Epistolary Introductory Thangsgiving*. Er trennt zwischen dem Vorkommen von εὐχαριστεῖν im Zusammenhang mit der eigentlichen *formula valetudinis*, die innerhalb der Papyrusbriefe nicht vor dem 2. Jh. n. Chr. aufträten, und dem Gebrauch von εὐχαριστεῖν „in Verbindung mit Nachrichten über das Wohlbefinden der AdressatInnen" (*„Ich danke meinem Gott allezeit"*, 427). II Makk 1,11 diskutiert Arzt nicht. Allerdings stellt Reed, *Are Paul's Thanksgivings 'Epistolary'?*, 92-94, heraus, daß auch in den paulinischen Briefen εὐχαριστεῖν nicht in Verbindung mit einem Gesundheitswunsch gebraucht ist. Er zeigt vielmehr auf, daß „thanksgivings using a form of εὐχαριστεῖν are found before, during and after the time of Paul" (94).
[52] Vgl. Arzt, *„Ich danke meinem Gott allezeit"*, 422-424 sowie ders., *Epistolary Introductory Thangsgiving*, 38-41.
[53] Zum μνεία-Motiv vgl. Arzt, *„Ich danke meinem Gott allezeit,"* 425-427. Es fehlt auch I Kor 1,4-9. Bei seiner Untersuchung von Papyrusbriefen von gleichen Schreiberinnen und Schreibern bzw. gleichen Adressatinnen und Adressaten stellt Arzt fest: „Wenn [...] Paulus nicht in allen seinen Briefen bestimmten Gepflogenheiten folgt, so entspricht das durchaus dem außerhalb des Neuen Testaments festzustellenden Befund. Formeln und Phrasen bilden für BriefschreiberInnen ein Angebot, auf das sie bei Bedarf zurückgreifen können, um damit auch eine bestimmte sprachliche Intention zu verbinden; die Verwendung solcher Phrasen und Formeln war aber nie so zwingend, daß ihr Nicht-Vorhandensein als Ausnahme gewertet werden könnte." (434). Vgl. auch *Epistolary Introductory Thanksgiving*, 42-44.
[54] Siehe unten Kap. 3.2, S. 82-83.
[55] Vgl. Paul Schubert, *Form and Function*, 4-6 u. ö.
[56] James M Robinson, *Die Hodajot-Formel*, beobachtete, daß jüdische Gebete mit einer Segensformel (ברוך/εὐλογία) beginnen und enden und daß diese in späteren jüdischen Texten sowie in den Texten der frühen Jesusbewegung durch eine Danksagung (הודאה/ἐξομολόγησις/εὐχαριστία) ersetzt wird.

Phil 1,11 einen doxologischen Schluß (εἰς δόξαν καὶ ἔπαινον θεοῦ, vgl. auch I Tim 1,17) und versteht πιστὸς ὁ θεός aus I Kor 1,9 als Ersetzung des „conventional εὐλογητὸς ὁ θεός of the Jewish *beracha*".[57] Das Ende des Proömiums kann, so Sanders, zudem dadurch bestimmt werden, „that a formula of injunction regulary follows the opening epistolary thanksgiving (*eucharistô* period) and introduces the body of the letter".[58] Im Anschuß an Sanders stellte John L. White durch vergleichende Untersuchungen antiker Papyrusbriefe fest, daß die Einleitung in den Hauptteil vieler Briefe durch Einleitungsformeln angezeigt wird. Der Beginn des Hauptteils werde durch die „disclosure formula": οὐ θέλω δὲ ὑμᾶς ἀγνοεῖν (vgl. Röm 1,13; I Thess 2,1; Phil 1,12) bzw. durch die „request formula" παρακαλῶ δὲ ὑμᾶς (vgl. I Kor 1,10) angezeigt. Im Phlm beginnt nach White der Hauptteil bereits in Phlm 7 mit der Formulierung χαρὰν γὰρ πολλὴν ἔσχον, da die „joy expression in Philemon 7 [...] functions as the background to the request" (vgl. Phlm 8).[59] Allerdings läßt diese formale Lösung offen, warum Phlm 8 erneut in den Hauptteil einsetzt.

Wie weit das Proömium im Kol reicht, ist umstritten. Während einige das Proömium in 1,8 enden lassen,[60] schlagen andere die Abgrenzung in 1,11aβ[61]; 1,14[62] oder 1,23[63] vor.[64] Das Hauptproblem ist, daß keines der oben genannten Kriterien eindeutig zu greifen scheint.[65] Kol 1,9ff nimmt Kol

---

[57] Jack T. Sanders, *Transition*, 358.

[58] Sanders, ebd., 361.

[59] White, *Introductory Formulae*, 95.

[60] Die meisten Kommentatoren und Kommentatorinnen grenzen die eigentliche Danksagung Kol 1,8 von der Fürbitte Kol 1,9 ab. Während Schweizer, *Kom.*, 34, meint: „Die Danksagung ist also deutlich von der Fürbitte abgehoben", betonen andere mit Lohse, *Kom.*, 55: „Die Fürbitte ist mit der vorangehenden Danksagung auf das engste verbunden." Vgl. auch Gnilka, *Kom.*, 30.

[61] So Lohse, *Kom.*, 40-65; Kol 1,12ff ist für ihn nur lose angeschlossen. Lohmeyer, *Die Briefe*, 30, grenzt die das Proömium abschließende Fürbitte bis Kol 1,12 ab, weil er εὐχαριστοῦντες (1,12) auf V. 9 bezieht.

[62] So Peter O'Brien, *Introductory Thanksgivings*, 62-104, weil s. E. εὐχαριστοῦντες (Kol 1,12) auf περιπατῆσαι (1,10) zu beziehen sei. O'Brien räumt allerdings ein: „The tanksgiving period [...] does not have a well-rounded and clear-cut climax, but passes almost imperceptivly from the form of prayer to that of a creed or hymn." (75) Vgl. auch Hans Conzelmann, *Kom.*, 132-135.

[63] So Wolter, *Kom.*, 49, weil „zentrale Inhalte der Danksagung erstmals und verdichtet in V. 23 aufgenommen werden". S. u. Anm. 69. Vgl. auch Paul Schubert, *Form and Function*, 6, (der allerdings auch 1,20 erwägt); Pokorný, *Kom.*, 37f; Cannon, *Use*, 143-149; Dunn, *Kom.*, 53, und Luz, *Kom.*, 183.

[64] Auch Abgrenzungen in 1,29; 2,2 und 2,7 sind vorgeschlagen worden.

[65] Anders Cannon, *Use*, 141-152, der im Anschluß an Sanders, *Transition*, und Robinson, *Die Hodajot-Formel*, 1,12-23 als „liturgically related to the closing *beracha* of the public Jewish prayers" versteht. In νῦν χαίρω ... (1,24) sieht er die von White, *Introductory Formulae*, genannte „joy expression" und somit den Einsatz in den Hauptteil des Briefes. Allerdings gehen weder Robinson noch Sanders von solch ausgeführten Gebeten aus, zumal dieser „liturgische" Abschnitt deutlich in 1,21-23 durch die Ansprache an die Adressaten und die Auslegung des Hymnus unterbrochen wird.

1,3 wieder auf, und die Verse 1,12ff sind von Partzipialstil geprägt. Bereits Schubert bemerkte:

> the seeming disgression in the second part of the first half of the Colossian thanksgiving (vv 5-8) necessitated the introduction of a new period [...]; that is to say, the first principal clause of the thanksgiving (v 3) had to be supplemented with a final clause. This was simply and effectively accomplished by introducing a repetive variant to the first principal clause (v 9).[66]

Dies wird von der Beobachtung unterstützt, daß einige Begriffe und Formulierungen aus 1,3-8 in 1,9-11 wieder aufgenommen werden.[67] Es läßt sich kein eindeutiger doxologischer Schluß, eine Segensformel oder ein eschatologischer Höhepunkt ausmachen, im Gegenteil, um es mit den Worten von Paul Schubert zu sagen, „there is no lack of climaxes here".[68] Ein formelhafter Einsatz des Hauptteils ist ebenfalls nicht deutlich zu bestimmen. Am deutlichsten sticht das Stichwort μετὰ χαρᾶς in 1,11bβ hervor, das als kurze Überleitung in den Hauptteil vor dem folgenden, dann imperativisch zu verstehenden Partizip εὐχαριστοῦντες aufgefaßt werden könnte.

Daß die Verf. des Kol das Proömium nicht deutlich abgrenzen, ist aber sicherlich auch durch die gegenüber den paulinischen Briefen veränderte Briefsituation bedingt. Es gibt keine Anfragen und keinen Anlaß, Diskussionen wieder aufzunehmen. In beiden Teilen des Proömiums in 1,3-8 und 1,9-11bα zeigen sich die Verf. des Kol vertraut mit der Praxis, im Proömium die Themen des Briefes bereits anzuschneiden. Allerdings gehen sie weniger systematisch vor, als es in den paulinischen Briefen zu beobachten ist. Das Stichwort πίστις (Vertrauen/Glaube) wird z. B. in 1,23; 2,5.7.12 aufgenommen, das Stichwort ἀγάπη (Liebe) in 2,2 und 3,14, der Gedanke von der bereits im Himmel bereitliegenden Hoffnung in 1,12f und 3,1-4. Die Fortführung „von der ihr vorher im Wort der Wahrheit des Evangeliums gehört habt, das zu euch, wie in die ganze Welt, gekommen ist" (1,5f) wird in 1,23 wiederholt.[69] Ebenso ist auch die Passage „damit ihr erfüllt werdet von der Erkenntnis seines Willens in aller Weisheit und

---

[66] Schubert, ebd., 16.

[67] προσεύχεσθαι 1,3.9; ἀφ᾽ ἧς ἡμέρας ἠκούσατε/ἠκούσαμεν 1,6.9; καπρποφορούμενον καὶ αὐξανόμενον ... ἐπέγνωτε ... τοῦ θεοῦ/ καρπποφοροῦντες καὶ αὐξανόμενοι τῇ ἐπιγνώσει τοῦ θεοῦ 1,6.10; ἐν πνεύματι/πνευματικῇ 1,8.9.

[68] Schubert, *Form and Function*, 6.

[69] Vgl. 1,5f ἐλπίδα ... ἣν προηκούσατε ἐν τῷ λόγῳ τῆς ἀληθείας τοῦ εὐαγγελίου ... τοῦ παρόντος εἰς ὑμᾶς καθὼς καὶ ἐν παντὶ τῷ κόσμῳ mit 1,23 μὴ μετακινούμενοι ἀπὸ τῆς ἐλπίδος τοῦ εὐαγγελίου οὗ ἠκούσατε, τοῦ κηρυχθέντος ἐν πάσῃ κτίσει τῇ ὑπὸ τὸν οὐρανόν. Wegen dieser „Inklusion" grenzt Wolter, *Kom.*, 49.95-97, das Proömium erst mit 1,23 ab. Die Einbeziehung der theologischen Hauptstücke 1,12-23 in das Proömium kann er jedoch m. E. nicht erklären.

geistigen Einsicht" (1,9) in 2,2f und 3,10.16 aufgenommen, während in 1,10a die Verse 2,5f und 4,5 anklingen.[70] Der inhaltliche Unterschied zwischen dem als Gebetsbericht formulierten Dank für das Erreichte in der Gemeinde (1,3-8) und dem Bericht über die Gebete für die Gemeinde (1,9-11) besteht lediglich in einem nicht näher spezifizierten „noch mehr". Daher kann man von einem doppelten Proömium sprechen.[71] Neben dem Aufweis der Verbindung zwischen fiktiven Absendern und (fiktiven) Adressaten geht der Brief bereits im Proömium auf die theologische Grundlegung ein, um in 1,24ff und 4,2ff wieder das Verhältnis zwischen Absendern und Adressaten und Adressatinnen in den Blick zu nehmen. Konflikte innerhalb der Gemeinde oder die Warnung vor einer Oppositionsgruppe (2,4-23) sind im Proömium des Kol nicht vorgezeichnet. Es scheint jedoch ein Charakteristikum des Kol zu sein, auf klare Abgrenzungen einzelner Briefteile zu verzichten (vgl. auch Phlm 7f).

Die Gliederungsvorschläge für den Kol sind fast so zahlreich wie die Auslegerinnen und Ausleger. Während eine Reihe von Auslegern einen indikativischen, lehrhaften Teil von einem imperativischen, ermahnenden abgrenzen,[72] haben andere dieses starre Schema abgelehnt und eine Gliederung in einen, drei oder vier Hauptteile vorgeschlagen[73] oder aber nach anderen Kriterien für eine Struktur gefragt.[74] Tatsächlich belegen schon die Gliederungsvorschläge, daß sich einzelne Briefteile nicht eindeutig voneinander abgrenzen lassen.[75] Richtungsweisend scheint mir die Untersuchung

---

[70] Vgl. auch Cannon, *Use*, 144-146.

[71] Vgl. auch Francis, *Form and Function*, 116: „a pair of thanksgivings".

[72] So z. B. Conzelmann, *Kom.*; Lohse, *Kom.*; Schweizer, *Kom.*; Lindemann, *Kom.* Die Abgrenzungen der einzelnen Teile variieren jedoch stark. Während Conzelmann als lehrhaften Hauptteil die Verse 1,3-2,23 abgrenzt, sieht Lohse den Einsatz in 1,12 und Schweizer und Lindemann in 1,9.

[73] Lohmeyer, *Kom.*, findet nur einen Hauptteil (2,1-4,6) „Gemeindefragen"; Gnilka, *Kom.*, unterteilt in drei Hauptteile (1,9-29; 2,1-19; 2,20-4,6), wie vor ihm Lähnemann, *Kolosserbrief,* 59-62 (1,3-25 Brieferöffnung; 2,6-23 Briefmitte; 3,1-4,6 Paränese) und neuerdings Furnish, Art. *Colossians,* ABD I (1992), 1090-96 (Letterbody: A 1,9-2,7; B 2,8-23; C 3,1-4,6); vgl. auch Wilson, *Hope*, 229-252; Pokorný, *Kom.*, in vier Teile (1,3-23; 1,24-2,5; 2,6-23; 3,1-4,6).

[74] Vgl. z. B. Lähnemann, *Kolosserbrief,* der bereits beobachtet, daß zum „Konzept des Verfassers [...] im sprachlichen Bereich die terminologische und logische Verknüpfung [gehört] sowie die Anwendung von Parallelismen, die aber z. T. bewußt durchbrochen werden" (58f). Es entstünden so mehrfach Aussagekreise mit mehrmaliger Anordnung von Zielangabe, Belehrung und Folgerung. In 2,6 und 3,1f formulieren die Verf. je einen Skopus, Schlüsselverse, in denen die Fäden zusammenliefen. Von diesen Versen umrahmt liege ein innerer Kreis, die Briefmitte, die konzentrisch von einem äußeren Kreis aus Brieferöffnung (1,1-2,5) und Paränese (3,1-4,6) umschlossen werde. Bujard, *Stilanalytische Untersuchungen*, konstatiert eine „scheinbar lockere Reihung von Gliederungspunkten, deren logische Abfolge nicht zum Ausdruck gebracht [...] und innerhalb derer sehr stark der Realisierung von Assoziationen Raum gegeben wird" (121). Zu neueren Versuchen, die Gliederung aus der antiken Rhetorik zu erklären, siehe oben Kap. 1.3, Anm. 75 sowie unten Anm. 75.

[75] Fast alle Auslegerinnen und Ausleger lassen z. B. den paränetischen Teil in 3,1 beginnen. Jedoch ist Gnilka, *Kom.*, 9f, zuzustimmen, daß in 2,20 „ein klares, vom Text gebotenes Einteilungsprinzip" gegeben ist, denn der Vers 2,20 ist parallel zu 3,1 gestaltet (vgl. auch

von Motivwiederholungen zu sein, wie sie Hoppe begonnen hat. „Strukturbildend für die übergreifenden Zusammenhänge im Kol ist das semantische Feld des 'Dankes'."[76] Das εὐχαριστεῖν/ία-Motiv diene dazu, die Gemeinde auf ihr gottgegebenes Sein zu verweisen. Tatsächlich fällt die Häufung der Derivate von χάρις, neben εὐχαριστία κτλ. auch χαρίζειν κτλ., in 1,1-12; 3,12-17 sowie 4,2-6 auf.[77]

Der Schluß der paulinischen Briefe folgt keinem so festgelegten Schema wie das Präskript.[78] ἡ χαρίς μεθ᾽ ὑμῶν (4,18) findet ihre Parallele in den jeweils leicht unterschiedlichen Formulierungen I Thess 5,28; Phil 4,23; Gal 6,18; I Kor 16,23; II Kor 16,13; Röm 16,20.[79] Schlußgrüße fehlen im Gal. Grüße von Einzelnen werden in I Kor 16,19; Röm 16,21-23 und Phlm 23f übermittelt. Die Gemeinde wird in Röm 16,1-16 aufgefordert, einzelne Dritte zu grüßen, in I Thess 5,26 und Phil 4,19 alle Geschwister bzw. alle Heiligen in Christus. Dies ist, wie Mullins im Vergleich mit Papyrusbriefen gezeigt hat, keineswegs unpersönlich gemeint. Die imperativische Aufforderung zum Grüßen macht die Adressaten zu „agent(s) in establishing

---

Bujard, *Stilanalytische Untersuchungen*, 117-121). Wolter, *Kom.*, 164f, und Luz, *Kom.*, 183.213, halten dagegen 3,1-4 für den konsequenten und notwendigen Abschluß von 2,16-23. Formal ist ein Einschnitt bei 3,1 oder 3,5 nicht zu rechtfertigen, da die Imperative ab 2,8 strukurprägend sind. Daher grenzt Jean Noël Alleti, *Kom.*, 1,24-4,1 insgesamt als probatio ab. Auch der Einschnitt bei 1,24 ist nicht unproblematisch, da 1,25a in 1,23d wörtlich wiederholt (vgl. auch Hübner, *Kom.*, 67). Der Brief vermeidet klar strukturierte Gliederungen.

[76] Rudolf Hoppe, *Triumph*, 105. Vgl. auch Hübner, *Kom.*, 44.

[77] Siehe hierzu unten Kap. 6.2.2, S. 241-245.

[78] Am Schluß hellenistischer Papyrusbriefe finden sich oft ein Wunsch für die Gesundheit des Adressaten bzw. der Adressatin und ein abschließendes ἔρρωσο. Fred O. Francis, *Form and Function*, 125, weist allerdings darauf hin, daß „many Hellenistic letters of all types have no closing formulars whatsoever; they just stop". Vgl. auch Doty, *Letters*, 40, Anm. 48: „it might be noted, however, that closings of Hellenistic letters are not as stereotyped as other elements." Jeffrey A. D. Weimar, *Neglected Endings*, führt eine Reihe von „epistolary conventions" auf, die am Ende antiker Briefe zu beobachten seien: „a farewell wish, health wish, secondary greetings, an autograph, an illiterary formular, the date, a postscript." Allerdings fänden sich kaum Belege für die gleichzeitige Verwendung aller dieser „conventions". Er schließt daraus, daß „non of these epistolary conventions was considered essential to the closings of ancient letters. Rather a letter writer had a number of closing conventions that could be employed depending of his or her personal style or the requirements of specific epistolary situations." (55). In Briefsammlungen und bei in literarische Werke eingefügten Briefen fehlt der Briefschluß in der Regel. So ist innerhalb der Sammlung der Briefe des Apollonius von Tyana nur zweimal ein abschließendes ἔρρωσο enthalten (42b; 77f) sowie einmal ὑγιαίνειν σε εὔχομαι (48); vgl. Robert J. Penella, *Letters of Apollonius of Tyana*.

[79] Vgl. aber auch Apk 22,21(!); I Thess 5,28; Phil 4,23; Gal 6,18; Phlm 25 und Röm 16,20 lesen: ἡ χάρις τοῦ κυρίου (ἡμῶν) Ἰησοῦ (Χριστοῦ) μετὰ (τοῦ πνεύματος) ὑμῶν, (ἀδελφοί, ἀμήν). Die beiden Korintherbriefe erweitern diese Formulierung: I Kor 16,23f: ἡ χάρις τοῦ κυρίου Ἰησοῦ μεθ᾽ ὑμῶν. ἡ ἀγάπη μου μετὰ πάντων ὑμῶν ἐν Χριστῷ Ἰησοῦ; II Kor 16,13: ἡ χάρις τοῦ κυρίου Ἰησοῦ Χριστοῦ καὶ ἡ ἀγάπη τοῦ θεοῦ καὶ ἡ κοινωνία τοῦ ἁγίου πνεύματος μετὰ πάντων ὑμῶν. Kiley, *Colossians as Pseudepigraphy*, 68f, hält die Formulierung mit MacRae für einen weiteren Unterschied zwischen den echten Paulusbriefen und den pseudepigraphen: „The apostle himself ties χάρις to the person of Jesus. The later pseudepigraphers are content to repeat (only) the stark 'grace'" (69).

a communication with a third party".[80] Auch die Grüße von Dritten an die Gemeinden sind zumeist nicht Grüße von einzelnen, sondern von Gruppen (vgl. Phil 4,21f; I Kor 16,19; II Kor 16,12; Röm 16,16). Es grüßen (ἀσπάζονται) „alle Heiligen" (Phil 4,22; II Kor 16,12); „alle Geschwister, die bei mir sind" (Phil 4,21); „alle Gemeinden Christi" (Röm 16,16); die Gemeinden in Asien (I Kor 16,19). In II Kor 13,12 heißt es ganz kurz: „Grüßt einander mit einem heiligen Kuß. Es grüßen euch alle Heiligen." (Vgl. auch I Kor 16,19f; I Thess 5,26.) Über die in den Papyrusbriefen bezeugten Grüße von Dritten an die Empfänger oder die Aufforderung zum Grüßen von weiteren Personen hinaus werden in den paulinischen Briefen alle Adressatinnen und Adressaten aufgefordert, einander (ἀλλήλους) zu grüßen (vgl. I Kor 16,20; II Kor 16,12; Röm 16,16).[81] In den Paulusbriefen grüßt die Gesamtheit der Heiligen, die Versammlung der Heiligen, die wiederum zugleich aufgefordert ist, sowohl Grüße zu übermitteln als auch zu empfangen. Ein eigenhändiger Gruß des Paulus folgt in I Kor 16,21.[82]

Im Kol fehlt dagegen die Aufforderung, einander zu grüßen, ebenso wie der Gruß von allen Heiligen, Geschwistern oder Gemeinden. Stattdessen enthält der Kol eine lange Liste von Grüßen einzelner und die Aufforderung zum Gruß der Gemeinde in der Nachbarstadt.

Zusammenfassend läßt sich sagen: Die Beantwortung der Frage einer literarischen Abhängigkeit des Kolosserbriefes vom 'paulinischen Briefformular' hängt davon ab, ob man für die paulinischen Briefe eine speziell von Paulus geprägte Gattung „Apostelbrief" annimmt, oder ob man das Formular

---

[80] Terence Y. Mullins, *Greeting*, 420.

[81] Die Formulierung ἀσπάσασθε ἀλλήλους ἐν φιλήματι ἁγίῳ (grüßt einander mit einem heiligen Kuß I Kor 16,20; II Kor 13,20; Röm 16,16) bzw. τοὺς ἀδελφοὺς πάντας (alle Geschwister I Thess 5,26) ist nach Mullins, *Greeting*, 426, „a greeting form of the writer to the third parties, with the readers of the letters as agents". Über eine liturgische Praxis des „heiligen Kusses" oder des „Vorlesens der Briefe" in den paulinischen Gemeinden verrät die Bemerkung nichts. Vgl. Klaus Thraede, *Ursprünge und Formen*, 124-126.

[82] Dies ist keine ungewöhnliche Praxis; vgl. Aune, *The New Testament*, 187: „In many papyrus letters the final greeting is written in handwriting different form that of the rest of the letter, suggesting that it was added by the author (as distinguished from the scribe). Even literary letters reflect this practice (Cicero, To Atticus 12,32; 13,28; 14,21)." In Gal 6,11-18 ist eine ganze Nachschrift erhalten, in Phlm 19 die Unterschrift zu einer Geldbürgschaft. Die von Schnider/Stenger, *Studien*, 135-167, u. a. aus Phlm 19 und jüdischen brieflichen Verträgen und Militärurkunden geschlossene These, daß der „Eigenhändigkeitsvermerk mit Unterschrift und summarischem Verweis auf den vorangehenden Text als aus dem Gebiet des Rechts stammende sprachliche Form die Funktion hat, am Ende eines Schriftstücks dieses in Geltung zu setzten" (166), trifft m. E. weder den Sinn von Phlm 19 noch von I Kor 16,21-24 (von Schnider/Stenger allerdings als sekundäre unpaulinische Glosse ausgeschieden) oder Gal 6,11-18. Sie ist, so hat bereits Schenk in seiner Rezension deutlich gemacht, vor allem aus einem unpaulinischen Verständnis der paulinischen Benutzung des Begriffs „Apostel" gewonnen und nicht aus den Briefen selbst. Denn daß „Paulus im Eschatokoll von I Kor 16,21-24 seinen Namen erwähnt, ist für die antike Epistolographie" (135) nur dann ungewöhnlich, wenn man die Absender I Kor 1,1; Gal 1,2 nicht ernst nimmt. Die Briefe sind nicht Paulus' apostolische Verkündigung, sondern ein Gemeinschaftswerk aller Absender.

der Paulusbriefe auf die jüdischen Gemeindebriefe zurückführt. Die privaten Papyrusbriefe sind als Vergleichsmaterial jedenfalls nur bedingt aussagefähig. Die Paulusbriefe wollen keine Privatbriefe sein, sondern sind explizit an *ekklesiai,* Volksversammlungen, gerichtet. Übereinstimmungen des Kol mit dem paulinischen Briefpräskript sind vor allem in der *superscriptio* und der *salutatio* zu beobachten. Die *superscriptio* des Kol stimmt jedoch lediglich mit der überlieferungsgeschichtlich fragwürdigen *superscriptio* des II Kor völlig überein. Es fällt auf, daß sich der fiktive Paulus im Kol nicht wie in I Kor 1,1 und Röm 1,1 „berufener Apostel" (vgl. auch Gal 1,1) nennt. Die Textgeschichte der *salutatio* in den Paulusbriefen schließt eine nachträgliche Vereinheitlichung nicht aus.[83] Aus dem Vergleich der Präskripte ließ sich zunächst kein bestimmter Paulusbrief als Vorlage des Kol ausmachen.

2. DAS LITERARISCHE VERHÄLTNIS ZWISCHEN KOLOSSERBRIEF UND PHILEMONBRIEF

Eduard Lohse vertrat zuerst die These, daß der Kol „den Philemonbrief gekannt und benutzt" habe.[84] Er stellte fest, daß „[n]ahezu alle Namen, die im letzten Abschnitt des Kolosserbriefes erscheinen, [...] auch im Philemonbrief erwähnt" (246) sind. Tatsächlich fehlen im Kol von den zehn im Phlm genannten Personen lediglich zwei, Philemon und Aphia, und umgekehrt fehlen von den elf im Kol genannten Namen im Phlm lediglich drei, nämlich Jesus mit dem Beinamen Justos,[85] Tychikos und Nympha. Die Namen, die sich in der Liste der Grüßenden im Phlm finden, kehren ohne Ausnahme im Kol wieder. Anders als die schlichte Aufzählung im Phlm fügt der Kol bei allen Personen außer Demas eine Bemerkung hinzu.[86] Die „knappe Grußliste [des Phlm] hat im Kolosserbrief eine erhebliche Ausweitung erfahren, indem sie um Nachrichten und Daten aus dem Kreis der Mitarbeiter des Apostels

---

[83] Siehe oben Kap. 2.3, Anm. 119.

[84] Lohse, *Kom.,* 247, vgl. auch *Die Mitarbeiter.*

[85] An dieser Stelle könnte der Kol aber auch, als ältester Textzeuge des Phlm, eine ältere Lesart bewahrt haben. Ernst Amling, *Eine Konjektur,* 261f, und Theodor Zahn, *Einleitung* I, 321, haben vorgeschlagen in Phlm 23f ἐν Χριστῷ. Ἰησοῦ[ς], Μᾶρκος κτλ. zu lesen. Die Liste der Grüßenden hieße dann: „Es grüßen Dich Epaphras, mein Mitgefangener in Christus, Jesus, Markos, Aristarchos, Demas (und) Lukas, meine Mitarbeiter." Werner Förster, *Art.* Ἰησοῦς, ThWNT III (1938), 286, verweist in diesem Zusammenhang auch auf Mk 15,7, in Verbindung mit der in einigen Mss. bezeugten Lesart Ἰησοῦν Βαραββᾶν (Mt 27,16) und auf die zahlreichen Hinweise auf Überarbeitungen in der handschriftlichen Überlieferung, die den Namen Jesus (Josua) für Jesus Christus zu reservieren versuchen. Auf Grund dieser unbestreitbaren theologischen Tendenz halte ich diese Konjektur für plausibel. Vgl. auch Lohse, *Kom.,* 242; Pokorný, *Kom.,* 162f.

[86] Statt Epaphras ist im Kol Aristarchos der Mitgefangene des Paulus. Ersteres hätte nach Kol 1,7f auch keinen Sinn ergeben. Während im Phlm alle Grüßenden als συνεργοί (Mitarbeiter) bezeichnet werden, benennt der Kol Markos und Jesus Justos als die einzigen συνεργοί am Reich Gottes aus der Beschneidung.

bereichert wurde."[87] Neben dieser signifikanten Übereinstimmung der
Namenslisten spricht noch ein indirektes Argument für die literarische
Abhängigkeit des Kol vom Phlm, nämlich das Fehlen des gemeinsamen
Grußes von allen Geschwistern[88] und der Aufforderung, alle bzw. einander
zu grüßen.[89] Die einzige so wenig komplexe Grußliste findet sich unter den
Paulusbriefen unzweifelhaft allein im Phlm.[90]

Die Namensliste ist jedoch nicht einfach kopiert. Der Kol stellt die
Reihenfolge durchgängig um. Zunächst fällt auf, daß Archippos, der in der
adscriptio des Phlm (2) genannt ist, am Schluß des Kol erwähnt wird.
Sodann wird die Vertauschung in der Auflistung der Grüßenden vollends
deutlich:

Phlm:	Kol:
a) Archippos (2)	
b) Epaphras (23)	e) Aristarchos (4,10)
c) [Jesus] (23)[91]	d) Markos (4,10)
d) Markos (24)	c) Jesus Justos (4,11)
e) Aristarchos (24)	b) Epaphras (4,12f)
f) Demas (24)	g) Lukas (4,14)
g) Lukas (24)	f) Demas (4,14)
	a) Archippos (4,17)

Aus der Liste a-g des Phlm wird im Kol die Reihenfolge e-d-c-b und die
Umstellung g-f. Die Position a des Phlm wird zum Schluß der Liste im Kol
genannt. Dabei wird die Näherbestimmung ὁ συναιχμάλωτός μου (mein
Mitgefangener) an der ursprünglichen Stelle belassen und somit auf
Aristarchos übertragen, obgleich auch Epaphras als Begleiter des Paulus im
Gefängnis vorgestellt wird (vgl. 1,7f; 4,12f).

Die Evidenz literarischer Abhängigkeit des Kol vom Phlm, die die im
großen Maße konvergierende Namenslisten nahelegt, wird bestätigt durch
die Übereinstimmung im Proömium.

Phlm 5 ἀκούων	Kol 1,4 ἀκούσαντες
a) σου τὴν ἀγάπην	b) τὴν πίστιν ὑμῶν
b) καὶ τὴν πίστιν	d) ἐν Χριστῷ Ἰησοῦ
c) ἥν ἔχεις	a) καὶ τὴν ἀγάπην
d) πρὸς τὸν κύριον Ἰησοῦν	c) ἥν ἔχετε
e) καὶ εἰς πάντας τοὺς ἁγίους	e) εἰς πάντας τοὺς ἁγίους

---

[87] Lohse, *Kom.*, 247.
[88] I Kor 16,19f; II Kor 16,12; Phil 4,21f; Röm 16,16. Der Gruß von allen Heiligen,
Geschwistern oder Gemeinden fehlt auch im I Thess.
[89] I Thess 5,26; Phil 4,21; I Kor 16,20; II Kor 16,12; Röm 16,16.
[90] Röm 16,21-23 folgt einem in den ältesten Zeugen belegten Briefschluß in Röm 16,20.
Ob diese Grußliste aus Röm 16,21-23 dem ursprünglichen Röm entstammt oder einem anderen
Fragment, läßt sich nicht mit Sicherheit klären.
[91] Siehe oben Anm. 85.

Phlm 5 wird wiederum in Kol 1,4 aufgenommen und in der Reihenfolge verkehrt. Die Satzstruktur ist beibehalten, aber die Reihenfolge der Objekte und Bezüge vertauscht. Statt 'Liebe und Vertrauen' heißt es im Kol „Vertrauen ... und Liebe". Aus der Reihenfolge der Objekte a-d des Phlm wird b-d-a-c-e. Die Aufnahme von τὴν ἀγάπην ἣν ἔχετε ... εἰς πάντας τοὺς ἁγίους aus Phlm 5 erstaunt, denn die ἅγιοι sind im Kol entweder die Kolosser selbst (Kol 1,2; 3,12) oder aber Engelwesen (ἅγιοι ἐν τῷ φωτί) (Kol 1,12). Die Liebe *zu* den Heiligen spricht aber für ein paulinisches Verständnis der ἅγιοι als die Jerusalemer Gemeinde (vgl. Röm 15,25-31; II Kor 8,4; 9,1.12) oder als die auf Jesus vertrauenden Gemeinden (vgl. Röm 1,7; I Kor 1,2; Phil 4,21f u. ö.). Die Jerusalemer Jesusgemeinde spielt im Kol sonst keine Rolle.

Es ist auf dieser Grundlage durchaus möglich, daß der Kol das Briefformular des Phlm übernommen hat.[92] Zumindest fielen antiken Menschen die persönlichen Gepflogenheiten einzelner Briefschriftsteller auf, und sie werteten sie als Echtheitsbelege bzw. als Hinweise auf Pseudepigraphie. So heißt es im 13 Platonbrief: „Plato wünscht dem Dionysios lebe wohl (εὖ πράττειν)! Der Anfang des Briefes sei Dir zugleich ein Zeichen, daß er von mir ist."[93] Wenn der Kol die *salutatio* des Phlm übernommen haben sollte, so könnte die Auslassung von καὶ κυρίου Ἰησοῦ Χριστοῦ entweder daran liegen, daß die von ihm gelesene Abschrift des Phlm diese Worte ausließ, oder daran, daß die Verf. diese Passage in das Proömium versetzten (vgl. Kol 1,3).

Vom übrigen Philemonbrief wird nur wenig direkt übernommen. Die Formulierung aus Phlm 6 ἐν ἐπιγνώσει παντὸς ἀγαθοῦ kommt auch in Kol 1,9f vor.[94] Sowohl Onesimos als auch Tychikos werden in Kol 4,7.9 als

---

[92] Anders Mullins, *Thanksgivings,* der im Kol-Proömium ein typisches paulinisches Proömium sieht, das die Themen des Briefes anschneidet. Eine literarische Abhängigkeit vom Phlm könne nicht gezeigt werden, da dies eine stärkere Übernahme des Philemonproömiums (4-7) im Kol und eine schematische Verarbeitung verlange. M. E. überzeugen diese Argumente aber nicht, denn literarische Abhängigkeit erfordert ein vollständiges Kopieren einer Vorlage, und die Themen des Kol werden zwar im Proömium angeschnitten, aber später mehr wiederholt als entwickelt.

[93] Plat. epist. (13) 360a. Vgl. auch Diog. Laert. III 61: Diogenes zitiert den Echtheitskritiker der Platonischen Schriften Thrasyllos, der behauptet, Plato überschreibe alle seine Briefen εὖ πράττειν (lebe wohl), wogegen Epikur sie mit εὖ διάγειν (Wohlleben wünsch ich) und Kleon mit χαίρειν (freue dich) überschreibe. Anders aber behauptet Diogenes selbst über Epikur (vgl. Diog. Laert. X 14), er überschreibe seine Briefe mit εὖ πράττειν (lebe wohl) und σπουδαίως ζῆν (lebe tüchtig). Vgl. auch Lukian. laps. 4f. Gleichzeitig ist die Beobachtung Vielhauers, *Geschichte,* ebenso richtig, daß in Briefsammlungen „die Präskripte und Schlußgrüße ganz unterschiedlich behandelt werden" (154) und oftmals weggeschnitten sind. Beispiele solcher Behandlung von Paulusbriefen sind die Briefkompilationen II Kor und Phil. Allerdings sind im Phil einige Anzeichen auf Briefschlüsse erhalten (vgl. Phil 4,20 Doxologie; Phil 4,7; 4,9 Schlußsegen) und in Phil 4,10 möglicherweise mit ἐχάρην δέ der Beginn des Briefcorpus des Kollektenbriefes. Vgl. auch White, *Introductionary Formulae,* 94f.

[94] Kol 1,9f: „damit ihr erfüllt werdet mit der Erkenntnis (ἐπίγνωσις) seines Willens ...

ἀγαπητὸς ἀδελφός (Phlm 16 [Onesimos]) bezeichnet. Der Schlußgruß Kol 4,18: ὁ ἀσπασμὸς τῇ ἐμῇ χειρὶ, Παύλου (Der Gruß ist von meiner, des Paulus, Hand) findet seine Parallele in Phlm 19 ἐγὼ Παῦλος ἔγραψα τῇ ἐμῇ χειρί ἐγὼ ἀποτίσω (Ich, Paulus, habe mit meiner eigenen Hand geschrieben, ich werde es erstatten).[95]

Aufgrund der Übereinstimmung der Namensliste und der Übernahme von Phlm 5 in Kol 1,4 läßt sich die literarische Abhängigkeit des Kol vom Phlm nachweisen. Dies hat weitreichende Konsequenzen für die Entstehungsgeschichte des Kol. Wenn von den elf im Kol genannten Namen acht bzw. neun mit den im Phlm erwähnten übereinstimmen, so muß gefragt werden, ob die Verf. die Gemeinde des Phlm als Adressatinnen- und Adressatenkreis im Blick haben und daher über ähnliche historische Informationen verfügen. Dies halte ich jedoch für wenig wahrscheinlich. Denn die Beziehung des Paulus zur Gemeinde wird in den beiden Briefen unterschiedlich beschrieben. Im Phlm weist nichts darauf hin, daß Paulus der Versammlung im Haus von Philemon und Aphia unbekannt sein könnte. Ganz im Gegenteil wird davon gesprochen, daß Philemon dem Paulus dienen könnte (13), ihn aufnehmen (17), daß die Gemeinde für die Freilassung des Paulus betet, und es wird ein Besuch angekündigt (22). Anders dagegen behauptet der Kol, Paulus sei der Gemeinde unbekannt (2,1, vgl. auch 1,7f). Es ist daher unwahrscheinlich, daß die Gemeinde des Philemon und der Aphia die Adressatin oder auch implizite Adressatin des Kol darstellt. Für einen pseudepigraphen Brief wäre die Nennung der tatsächlichen historischen Adressatinnen und Adressaten auch sehr ungewöhnlich. Bereits oben (Kap. 2.4) wurde darauf hingewiesen, daß auch die Adressierung in pseudepigraphen Briefen im allgemeinen fiktiv ist. Der fiktiven Adresse entsprechen m. E. auch fiktive Nachrichten über die aus dem Phlm übernommenen Personen, die den Informationen aus dem Phlm zum Teil widersprechen. Onesimos und Epaphras werden im Kol als Gemeindeglieder der Gemeinde in Kolossä bezeichnet (4,9.12). Aber im Phlm gehört nur Onesimos zum Haus des Philemon. Epaphras gehört dagegen zu den

---

würdig des Herrn zu wandeln zu allem Wohlgefallen, damit ihr Frucht tragt in jedem guten Werk (ἐν παντὶ ἔργῳ ἀγαθῷ) und wachst in der Erkenntnis Gottes (τῇ ἐπιγνώσει)." Auch hier fällt auf, daß die ἐπίγνωσις sich auf die guten Werke bezieht, die sonst nicht mehr genannt werden (vgl. aber die Opposition ἔργοι πονηροί in Kol 1,21).

[95] Man könnte noch eine Aufnahme von Phlm 22 „Zugleich (ἅμα) aber bereitet mir eine Herberge; ich hoffe nämlich, daß ich euch durch eure Gebete (προσευχαί) geschenkt werde" in Kol 4,3f: „Betet zugleich (προσευχόμενοι ἅμα) auch für uns, damit Gott uns eine Tür des Wortes öffnet" vermuten. Auch auf Phlm 7 „ich hatte nämlich viel Freude und Trost (παράκλησις) wegen deiner Liebe, denn die Herzen (σπλάγχνα) der Heiligen sind durch dich erquickt worden (ἀναπέπαυσθαι), Bruder" und Phlm 20 „Erquicke ἀνάπαυσόν mein Herz (σπλάγχνα) in Christus" könnte Kol 2,2 „damit ihre Herzen (αἱ καρδίαι) getröstet (παρακληθῆναι) werden" und Kol 4,8 „den ich zu euch schicke ... damit ... er eure Herzen (αἱ καρδίαι) tröstet (παρακαλεῖν)" anspielen.

Grüßenden, und er ist der einzige, über den neben dem Namen weitere Informationen gegeben werden: „mein Mitgefangener in Christus" (23). Dies läßt vermuten, daß er der Unbekannteste unter den Grüßenden ist. Zudem sind die Nachrichten über die Grüßenden im Kol typisiert.[96]

Wenn der Kol die Namensliste aus dem Phlm übernommen hat, dann stellt sich die Frage, woher die zwei im Phlm nicht genannten Namen–Tychikos und Nympha–stammen. Tychikos wird gesandt (Kol 4,7), um die Gemeinde vom Schicksal des Paulus und seiner Begleiterinnen und Begleiter zu unterrichten.[97] Der Name Tychikos ist als Eigenname belegt. Ein Tychikos gehört zur Liste der Kollektendelegation in Act 20,4 als Gesandter der Gemeinden in Asien.[98] Der Name bedeutet jedoch „der vom Schicksal herrührende". Ein besserer Einfall für die Benennung des Botschafters, der die Gemeinde vom Schicksal der Paulusgruppe unterrichten soll, ist kaum vorstellbar. Von hier aus fragt sich auch, woher die Verf. den Namen Nympha bezogen haben. Der Name Nymphe ist ebenfalls als Eigenname bezeugt,[99] bezeichnet jedoch zugleich auch eine Wassergöttin, die Nymphe genannt wird.[100] Hierapolis war im Altertum für seine Quellen bekannt (Strabon XIII 4,14 (629f)). Ein Nympheum ist für die Stadt belegt.[101] Im Theater von Hierapolis stand eine Inschrift, die die Stadt als „Herrin der Nymphen, ausgeschmückt mit Quellen und Schönheit" preist.[102] Ob auch Laodizea in neutestamentlicher Zeit als Stadt der Nymphen bekannt war, muß offenbleiben.[103] Wasser spielt jedoch in dem für die Woll- und Stoffindustrie berühmten Laodizea eine große Rolle.[104] Es kann nicht abschließend geklärt werden, ob sich die Verf. des Kol von diesen Überlegungen bei der Wahl des Namens leiten ließen oder ob sie eine historische Persönlichkeit mit Namen Nympha kannten.

---

[96] Vgl. z. B. die Nachrichten über Epaphras in 4,12f mit denen über Paulus 1,29-2,1. Siehe hierzu unten 6.2.1, S. 236-237.

[97] So jedenfalls der jetzt im Nestle verzeichnete Text. Zu den Varianten siehe unten Kap. 4.3.2 Anm. 178.

[98] Zu der Delegation vgl. Georgi, *Der Armen zu gedenken*, 87f. Die übrigen Belege des Namens (Eph 6,21; II Tim 4,12; Tit 3,12) sind m. E. von Kol 4,7f abhängig.

[99] Die Namensform Nympha ist allerdings auffällig. Auf griechischen Papyri ist nur die attische Form des Namens Νύμφη belegt. (Preisigke, *Namenbuch*, 237.) *Nympha* ist die lateinische Bezeichnung der Göttin Νύμφη. Statt auf Νύμφα auf Νυμφᾶς zu schließen, verbietet die besser bezeugte *lecto difficilior* αὐτῆς.

[100] O. Höfer, *Art. Nymphen*, ALGM III/1 (1897-1902), 500-567.

[101] Vgl. Bean, *Kleinasien* III, 242-257; Edwin M. Yamauchi, *Archaeology*, 145-154.

[102] IG 3909 (vgl. Georg Kraibel, *Epigrammata Graeca*, Nr. 1074).

[103] Vgl. Apk 3,15f. Das unter der Leitung von Jean des Gagniers ausgegrabene Nympheum der Stadt stammt aus dem 3. Jh. n. Chr (vgl. Jean des Gagniers u. a. (Hg.), *Laodicée du Lycos*).

[104] Siehe auch oben Kap. 1.2.

3. LITERARISCHE ABHÄNGIGKEIT DES KOLOSSERBRIEFES VOM RÖMER- ODER PHILIPPERBRIEF?

Neben der literarischen Abhängigkeit des Kol vom Phlm vermutet Lohse, daß die Verf. des Kol auch den Römerbrief kannten. „In den paulinischen Gemeinden und im Kreise der Schüler des Apostels sind seine Briefe immer wieder gelesen und studiert worden, vor allen anderen der Römerbrief."[105] Letzterer präge, so Lohse, den Aufbau des Kol, „in dem auf den lehrhaften der ermahnende Teil folgt" (ebd.). Noch weiter geht Ludwig, wenn sie behauptet, der „Kolosserbrief weist die zum paulinischen Brieformular gehörenden literarischen Einheiten in einer Vollständigkeit wie kein authentisch-paulinischer Brief auf".[106] Dieser Einschätzung liegt die Ansicht zugrunde, der paulinische Normalbrief sei durch eine klare Zweiteilung in einen lehrhaften und einen ethischen Teils strukturiert. Problematisch an dieser Behauptung struktureller Parallelität zwischen Kol und dem paulinischen Normalbrief ist jedoch zum einen, daß lediglich Gal und Röm diese Struktur aufweisen, und zwar in je unterschiedlichem Umfang, zum anderen, daß der Kol, wie bereits Lohmeyer und Bujard festgestellt haben, hauptsächlich paränetischen Charakter zeigt.[107] Das von Lohse und Ludwig zum lehrhaften Teil gerechnete Kapitel 2 ist ab 2,6 von Imperativen bestimmt und zeigt von daher mindestens auch paränetischen Charakter.[108]

Als weitere Parallelen zwischen Röm und Kol führt Lohse die Anrede als Heilige (Röm 1,7; Kol 1,2), das Fehlen des Stichwortes *ekklesia* in der Anrede und das hymnische Bekenntnis im Eingang der Briefe (Röm 1,3f; Kol 1,15-20) auf. In beiden Briefen werde zu Beginn „nachdrücklich auf den apostolischen Auftrag, das Evangelium unter den Völkern zu verkündigen, verwiesen und dadurch zugleich erklärt, daß der Apostel auch für die Gemeinde, die er nicht persönlich kennt, die zuständige Autorität ist".[109] Schließlich verweist Lohse auf die Parallelität von Röm 6,1-11 und Kol 2,1-13, die jeweiligen Rückgriffe auf überliefertes Gut innerhalb der Paränesen (Röm 12f; Kol 3,1-4,6) und die Funktion der Grußlisten (Röm 16; Kol 4,10-14) zur Festigung der Gemeinden.

Die Grußliste aus Röm 16 gehört aber vermutlich nicht ursprünglich zum Brief,[110] und der Rückgriff auf traditionelles Gut ist nicht ungewöhnlich für

---

[105] Lohse, *Kom.*, 255.
[106] Ludwig, *Verfasser*, 133.
[107] Vgl. Lohmeyer, *Kom.*, 9f, sowie Bujard, *Stilanalytische Untersuchungen*, 117-121. Siehe auch oben S. 78.
[108] Zum paränetischen Charakter des gesamten Kol vgl. Wilson, *Hope*.
[109] Lohse, *Kom.*, 255.
[110] Dies ist m. E. immer noch die plausibelste Erklärung für die in der Mss.-Tradition wandernde nichtpaulinische Schlußdoxologie (vgl. auch Wilhelm Michaelis, *Einleitung*, 160-166; Schenke/Fischer, *Einleitung* I, 146f). Die einfachste Erklärung ist, daß der Röm bald (vor Marcion) in zwei Fassungen überliefert wurde, von denen eine bereits mit 14,23 endete. Nicht

paulinische Briefe. Die These, daß Paulus im Römerbrief seine Autorität für nicht von ihm gegründete Gemeinden behauptet, übersieht die paulinischen Aussagen in Röm 15,20-24. Daß Paulus die Adressatinnen und Adressaten des Röm nicht als *ekklesia* bezeichnet, zeigt nur, daß er die Struktur dieser Gemeinde, im Gegensatz zu den von ihm gegründeten, nicht als die einer Volksversammlung einer freien Stadt beschreibt, möglicherweise weil er sich über das Selbstverständnis der römischen Gemeinde nicht genügend im klaren ist. Im Kol dagegen ist der Begriff *ekklesia* für die eine Versammlung der Heiligen, die der Leib Christi ist, reserviert und kann deshalb nicht für eine Lokalversammlung verwendet werden.[111] Ich halte daher die These, daß der Kol den Römerbrief kenne und benutze, für nicht überzeugend. Ob Röm 6,3f.8 die literarische Vorlage von Kol 2,12.20 ist, wird unten im Kap. 4.3.3 untersucht.[112]

Mark Kiley sucht die These zu begründen, daß der Kol von den zwei genuinen Gefangenschaftsbriefen, also neben dem Phlm auch vom Phil, abhängig sei. Sechs parallele Passagen im Phil und Kol zeigen für ihn diese literarische Abhängigkeit des letzteren Briefes auf. Beide Briefe enthielten 1. ein Gebet um wachsende Erkenntnis (Phil 1,9; Kol 1,9), 2. einen ungefähr gleich langen und von Parallelismen geprägten doxologischen Hymnus, der den kosmischen Sieg Christi feiere (Phil 2,6-11; Kol 1,15-20). Beide

---

unwahrscheinlich ist die Annahme, daß wegen des Fehlens eines Briefschlusses die Schlußdoxologie (jetzt 16,25-27) angefügt wurde. Von einer solchen nachpaulinischen Bearbeitung des Röm zeugen eine Reihe von Mss., z. B. P[46], die Codices Alexandrinus (A), Portirianus (P), Athous Laurensis (Ψ), 0209, die Minuskeln 33; 104; 1881 und andere. Eine markionitische Bearbeitung muß man, anders als Aland, *Schluß*, 294, nicht annehmen, denn Röm 15 als jüdische Interpolation auszuscheiden, aber Röm 9-11 zu behalten, ist dem wissenschaftlichen Textkritiker Marcion nicht zuzutrauen. Eine andere Fassung endete dagegen vermutlich zunächst in 15,33. Davon zeugt zum einen das unter den Textzeugen umstrittene „Amen" in Röm 15,33, dessen paulinischer Ursprung fraglich bleiben muß. Zwar ist ein Briefschluß mit „Amen" in Gal 6,18 und Phil 4,20 bezeugt, aber außer Gal 6,18 verwendet Paulus „Amen" wie die jüdische Tradition bei der Nennung und zum Lobpreis des Gottesnamens (Röm 1,25; 9,5) und seiner in Ewigkeit bestehenden Herrlichkeit (δόξα Röm 11,25; II Kor 1,20; Gal 1,5). Zum anderen zeugt von einem solchen Ende der mit Abstand älteste Textzeuge der Paulusbriefe überhaupt, P[46], der hier ein zweites Mal eine Schlußdoxologie anführt, sowie die Minuskel 1506, die Röm 16 überhaupt ausläßt. Textkritisch lassen sich also sehr wohl Bearbeitungsstufen erkennen, nämlich eine nachpaulinische Bearbeitung eines kurzen Röm (bis 14,23) und eines längeren (bis 15,33). Die Behauptung, „15,33 setzt einen nachfolgenden Text voraus" (Lampe, *Die stadtrömischen Christen*, 126), ist m. E. unbegründet. Phil 4,9 ist vermutlich ein gleichlautendes Briefende, und im Gal fehlen ebenfalls Grüße. Ob das Brieffragment Röm 16,1ff vollständig erhalten ist, ist nicht mehr sicher festzustellen. M. E. ist Röm 16,1ff ein Fragment eines Kollektenschreibens (vgl. Phil 4,10-20), das an eine Gemeinde im Osten, wahrscheinlich Ephesus, gerichtet war. Die Annahme, Paulus grüße in einer ihm unbekannten Gemeinde 28 nähere und weitere Bekannte, läßt sich nur schwer mit der sonst aus dem Brief zu erhebenden Abfassungsintention harmonisieren.

[111] Siehe unten Kap. 6.1.2, S. 219-228.

[112] Zur Kritik an Lohse vgl. auch Kiley, *Colossians as Pseudepigraphy*, 97-102. Zu Röm 6 siehe unten Kap. 4.3.3, S. 135-145.

Hymnen fungierten im Kontext als Modell für das von den Adressaten geforderte Verhalten. In beiden Briefen werde 3. den Gemeinden zugesagt, als tadellos (ἄμωμος) befunden zu werden (Phil 2,15; Kol 1,22), 4. jeweils von einer metaphorischen Beschneidung in Christus gesprochen, die dem Fleisch gegenüberstehe (Phil 3,3; Kol 2,11), 5. werde der himmlische Status der Gemeinde betont (Phil 3,19f; Kol 3,1f.5) und 6. Epaphraditos/Ephaphras als Verbindungsglied zwischen Paulus und der Gemeinde eingeführt (Phil 4,18; Kol 4,12).

> The six points enjoy the same order and distribution in both letters, so that, should they be found to be used in much the same way, we must deal with the serious possibility that they represent the literary dependence of Col and Phil. It is unlikely that oral tradition could as adequately explain such correspondence in language, meaning, order and distribution.[113]

M. E. sind die von Kiley aufgeführten Argumente aber nicht überzeugend. Zum einen begründet Kiley nicht, warum literarische Abhängigkeit nur dann nachzuweisen sei, wenn die zitierten Stücke in der gleichen Ordnung wie in der Quelle angeführt werden. Zum anderen überzeugen auch seine Einzelbelege nicht. Denn in Phil 1,9 betet Paulus nicht um Fülle von Erkenntnis (ἐπίγνωσις Kol 1,9), sondern um das Wachstum der Liebe in Erkenntnis (ἐπίγνωσις) zur Auswahl des Wesentlichen. Von der (bereits gegebenen) Fülle der Erkenntnis spricht Paulus dagegen in Röm 15,14 (vgl. auch I Kor 1,5).[114] ἄμωμος (tadellos) kommt zwar innerhalb des *corpus Paulinum* nur Phil 2,15, das synonyme ἄμεμπτος (untadelig) aber auch Phil 3,6 und I Thess 3,13 und ἀνέγκλητος (unbescholten) in I Kor 1,8 vor.[115] M. E. läßt keine dieser aufgeführten Stichwortparallelen auf die literarische Benutzung des Phil durch den Kol schließen. Die wörtliche Übereinstimmung bezieht sich lediglich auf ein oder zwei Stichworte. Alle übrigen Belege für ebenso viele Stichworte läßt Kiley weitgehend außer acht. Auch wenn es sich bei dem Namen Epaphras um die Kurzform von Epaphroditos (Phil 2,25-30; 4,18) handeln könnte, ist die Kurzform des Namens im Phlm belegt, aus dem der Kol vermutlich seine Informationen bezogen hat. Auch in den Nachrichten über Epaphroditos stimmt keine Formulierung des Phil mit dem Kol überein.

Daß kaum inhaltliche Parallelen zwischen den Hymnen Phil 2,6-11 und Kol 1,15-20 bestehen, sieht Kiley selbst. Aber auch die Einbindung in den Kontext ist unterschiedlich. Denn die Selbstentäußerung des Göttlichen ist im Phil Vorbild für das Leben in der Gemeinde (vgl. 2,3.5.12), wogegen der Kol gerade die kosmologischen Aussagen des Hymnus wieder aufnimmt (1,21f; 2,9f). Die inhaltlichen Parallelen von Phil 3,3f und Kol 2,11.13 sind

---

[113] Kiley, *Colossians as Pseudepigraphy*, 76.
[114] Siehe unten S. 122f.
[115] Siehe hierzu im einzelnen unten S. 129-130.

m. E. ebenfalls nicht so ausgeprägt, wie Kiley behauptet. Richtig ist, daß sowohl Phil als auch Kol die fleischliche Beschneidung mit den jüdischen Gedanken der geistigen Beschneidung überbieten (vgl. Dtn 30,6; Jer 4,4; 9,25; Jub 1,23 u. ö.). Aber auch Paulus äußert diesen Gedanken mehrfach mit einer vermutlich vorpaulinisch geprägten Formulierung (vgl. Gal 5,6; 6,15; I Kor 7,19; Röm 2,28f).[116] Von einem himmlischen Ort der Gläubigen spricht schließlich nicht nur Phil 3,20, sondern auch II Kor 5,1f. Die literarische Abhängigkeit oder Benutzung des Phil kann Kiley also nicht zeigen. Dagegen ist ihm zuzustimmen, „that is not to deny that there are some affinities between [...] Col verses and verses in Paul's letters [...] These affinities show that Col knows Pauline language beyond what was available in its exemplars".[117]

Die vielfach geäußerte Einschätzung des Verhältnisses zwischen dem Kol und den paulinischen Briefen, nach der die Verf. des Kol die paulinischen Briefe gekannt haben, aber „die Vermutung eines unmittelbaren literarischen Zusammenhangs nur im Fall des Phlm unabweisbar ist",[118] rechnet mit der Überlieferung der paulinischen Theologie allein oder zumindest vor allem durch seine Briefe.[119] Gleichzeitig wird aber die mündliche Überlieferung (implizit bei Lohse, Ludwig u. a.) durch die Behauptung einer 'Paulusschule' vorausgesetzt. Es ist daher m. E. zu prüfen, ob der Kol nicht von dieser mündlichen Überlieferung geprägt ist. Dazu werde ich im Folgenden zunächst Ansätze zur Untersuchung mündlicher Überlieferung vorstellen und anschließend Hinweise auf die Benutzung derselben im Kol sammeln.

---

[116] Siehe unten S. 114-115.

[117] Kiley, *Colossians as Pseudepigraphy*, 75.

[118] Zitat Lindemann, *Paulus*, 120. Vgl. auch Wolter, *Kom.*, 33: „Daß der Verf. des Kol authentische Paulusbriefe gekannt hat, steht außer Frage [...] In bezug auf die [...] terminologischen u. a. Berührungspunkte zwischen dem Kol und den authentischen Paulusbriefen zeigt freilich die Einzelinterpretation, daß sie sich [...] fast alle plausibler als subliterarisch vermittelte Sprachtraditionen erklären lassen."

[119] Vgl. Lohse, *Kom.*, 256: „Der Verfasser (ist) mit den Grundthemen der paulinischen Theologie wohl vertraut [...] Diese Vertrautheit hat er durch das gründliche Studium der paulinischen Schultradition erworben." Vgl. auch Ludwig, *Verfasser*, 198ff, die jedoch die „Möglichkeit, daß jemand nur aufgrund mündlich tradierten paulinischen Gedankengutes den Kolosserbrief geschrieben haben könnte", ausdrücklich ablehnt, weil der/die Verf. des Kol „nicht nur über eine zu genaue Kenntnis des ganzen Spektrums paulinischen Gestaltens und Denkens verfügt, sondern ihm auch viele Fakten aus der Umgebung des Paulus bekannt sind" (198f).

KAPITEL 4

DER KOLOSSERBRIEF UND DIE MÜNDLICHE PAULUSTRADITION

Im vorangehenden Kapitel wurde gezeigt, daß der Kol mit großer Wahrscheinlichkeit den Phlm gekannt hat, daß jedoch eine literarische Abhängigkeit von einem bestimmten anderen erhaltenen Paulusbrief m. E. bisher nicht nachgewiesen werden konnte. Auch die Aufnahme des sogenannten paulinischen Brieformulars ist kein Indiz, denn erstens bleibt angesichts der Quellenlage zum jüdischen Gemeindebrief die Besonderheit des paulinischen Präskripts ein unbewiesenes Postulat, zweitens unterscheidet sich das Postskript im Kol von allen Paulusbriefen mit Ausnahme vom Phlm, und drittens gibt die Mss.-Überlieferung der Paulusbriefe einige Hinweise darauf, daß die in den heutigen Textausgaben vorgestellte Einheitlichkeit des paulinischen Präskripts ein Produkt späterer vereinheitlichender Redaktion sein könnte. Schließlich würde die Nachahmung des Briefrahmens des Phlm innerhalb der hellenistischen Pseudepigraphie wenig verwundern.

Nun ist aber seit Beginn der Kolosserbriefforschung deutlich, daß die Verf. des Kol eine Reihe von Formulierungen aufnehmen, die auch in den Paulusbriefen zu belegen sind. Wenn die Verf. ihre Kenntnis von paulinischem Sprachstil und theologischen Traditionen nicht durch die Kenntnis seiner Briefe erlangt haben, bleibt die Frage, wie es ihnen möglich war, den paulinischen bis zu einem gewissen Grad nachzuahmen. Im Folgenden werde ich als neues Modell die Hypothese einer Aufnahme mündlicher Überlieferung der paulinischen Tradition im Kol untersuchen.[1] Unter Paulustradition soll hier die Überlieferung von Predigten und Diskussionen des Paulus und seiner Gemeinden verstanden werden. In die Paulustradition selbst sind natürlich vielfältige jüdische Traditionen und Traditionen der Jesusbewegung aufgenommen worden. Zunächst werde ich einen Überblick über den Stellenwert mündlicher Überlieferung in der Umwelt der Paulusgruppe geben. Anschließend werde ich die Paulusbriefe als einzige heute zugängliche Quelle paulinischer Sprache und Redeweise daraufhin untersuchen, ob Hinweise darin aufgenommener Predigten und Diskussionen zu finden sind. Im dritten Teil werde ich schließlich mögliche Aufnahmen der Paulustradition im Kol untersuchen.

---

[1] Gelegentlich ist eine mündliche Abhängigkeit des Kol von der paulinischen Tradition vermutet worden; vgl. z. B. Ollrog, *Paulus und seine Mitarbeiter*, 228; Kiley, *Colossians as Pseudepigraphy*, 69-72.92f; Josef Ernst, *Art. Kolosserbrief*, TRE 19 (1990), 372.

1. MÜNDLICHE ÜBERLIEFERUNG IN HELLENISTISCH-RÖMISCHER ZEIT

Das Verhältnis zwischen mündlicher und schriftlicher Überlieferung war in der Antike grundsätzlich komplexer als in der modernen Schriftkultur. Dafür gibt es viele Gründe. Die Literalität war nicht so weit verbreitet wie im modernen Europa.[2] Unterschiedliche Grade von Lesefähigkeit–vom Wiedererkennen bekannter kurzer Texte bis zur Fähigkeit, unbekannte Schriftrollen bzw. Bücher zu lesen–und damit nicht unmittelbar verbundene unterschiedliche Schreibfähigkeiten–vom βραδύς γράφων (langsamen Schreiber)[3] bis zu Schnellschreibern und Schönschreiberinnen[4]–sind in Rechnung zu stellen. Die Literalität war nicht direkt an die soziale Stellung und die ökonomischen Möglichkeiten gekoppelt. Reiche, aber wenig literalisierte Menschen lassen sich ebenso nachweisen wie schreibende Sklavinnen.[5] Gelesen wurde überwiegend laut, so daß auch weniger oder nicht literalisierte Personen an der Schriftkultur teilhatten.

Die Möglichkeiten, Texte schriftlich zu überliefern, waren beschränkt. Auf Ostraka (Tonscherben) und Wachstafeln ließen sich nur kürzere Briefe oder Notizen unterbringen. Papyrus mußte aus Ägypten importiert werden. Nur die beste Qualität überdauerte 200 und mehr Jahre.[6] Pergamentrollen bzw. -kodizes waren teuer.[7] Pergament wurde zunächst nur für private Aufzeichnungen und Notizen genutzt.[8] Die Länge der Texte, die in ein Buch bzw. auf eine Rolle paßten, blieb beschränkt.[9] Im Griechischen wurde die

---

[2] Vgl. William V. Harris, *Ancient Literacy,* der allerdings den Grad der Verbreitung der Lese- und Schreibfähigkeit in der römischen Kaiserzeit wahrscheinlich zu gering ansetzt, weil er die jüdischen Bildungseinrichtungen, insbesondere die Synagogen, nicht in seine Überlegungen einbezogen hat. Zur Kritik vgl. auch Harry Gamble, *Books and Readers,* 4f. Vgl. auch Tony M. Lentz, *Orality and Literacy in Hellenic Greece* und Rosalind Thomas, *Literacy and Orality.*

[3] In den Papyri häufig die Bezeichung für Menschen, die sich eines Schreibers oder einer Schreiberin bedienen und selbst nur die Unterschrift unter das Schriftstück setzen. Vgl. Herbert C. Youtie, Βραδώς γράφων.

[4] Origenes standen Schönschreiberinnen zur Verfügung. Vgl. Eus. hist. eccl. VI 23,1f. Stenographin vgl. CIL VI 33892 (Dessau 7760); Sekretärin CIL VI 9523 (Dessau 7397) u. ö. Vgl. auch Lefkowitz und *Women's Life,* 169.

[5] Vgl. Botha, *Greco-Roman Literacy.*

[6] Plin. nat. XIII 68-83.

[7] Vgl. Kurt und Barbara Aland, *Text des Neuen Testaments,* 86-88. Auch das Abschreiben kostete vergleichsweise viel Geld. Nach P Mich 855, einem Brief von Herakleides an Nemesion, kostete das Abschreiben eines Papyrusbriefes zwei Drachmen in der Regierungszeit des Claudius (vgl. Youtie, *P. Mich. Inv. 855: Letter form Herakleides to Nemesion,* 147-150). Für das gleiche Geld konnte man auch einen Handwerker einen Tag lang beschäftigen (vgl. Botha, *Greco-Roman Literacy,* 196). Zu den Preisen am Beginn des 4. Jh. vgl. Gamble, *Books and Readers,* 275, Anm. 110.

[8] Siehe oben Kap. 2.3, Anm. 149. Vgl. auch Quint. inst. X 3,31f.

[9] Eine der längsten erhaltenen Papyrusrollen, P. Oxy 843, die Platons Symposium enthält, mißt 6,70 m. Vgl. auch zum Folgenden: L. D. Reynolds und N. G. Wilson, *Scribes and Scholars,* 1-5, bes. 3.

scriptura continua verwandt. Ohne Rücksicht auf Worttrennung und Textgattungen wie Poesie, Drama oder Prosa wurden gleich viele Buchstaben pro Zeile–ohne Wort- oder Sinntrennungen und fast ohne Akzente–hintereinandergeschrieben. Es wundert daher nicht, daß „the text as arranged on the papyrus was much harder for the reader to interpret than in any modern book".[10]

Lese- und Abschreibfehler waren daher keine Seltenheit. „The risk of misinterpretation and consequent corruption of the text in this period is not to be underestimated."[11] Die Texte wurden von Rolle zu Rolle von Hand kopiert.[12] Besonders populäre Texte wurden immer auch durch die gleichzeitige mündliche Überlieferung beeinflußt. Auch wenn es Anzeichen für den Vertrieb von Büchern bzw. Rollen durch Buchhändler in römischer Zeit gibt, entstanden die meisten Kopien von Texten nach wie vor durch Weitergabe der Manuskripte unter Freunden und Freundinnen, in Philosophengruppen, Vereinen und religiösen Gemeinschaften.[13] Unautorisierte Abschriften, Weitergaben von Vorlesungsmitschriften und spätere Autorenkorrekturen[14] verwirrten zusätzlich das Bild. Ein schriftlicher Text ist in der Antike daher niemals im heutigen Sinne ein Werk, das von der Autorin oder dem Autor einem Verlag zu identischer Vervielfachung überlassen wurde und dessen Änderungen etwa durch Auflagenkennzeichnung angezeigt werden konnten.[15]

Die in der hellenistischen Periode wachsenden Zahl von Bibliotheken,[16] besonders das Musaion in Alexandria und die Bibliothek in Pergamon, beschäftigten Wissenschaftler, die sich textkritisch mit der Überlieferung ihres Bibliotheksbestandes befaßten.[17] Sie versuchten, Masterkopien zu erstellen und die Textüberlieferung zu kanalisieren.[18] Die uneinheitliche

---

[10] Ebd., 4.

[11] Ebd., 5.

[12] Vgl. ebd., 7: „Texts copied by hand are quickly liable to corruption; to make an accurate copy of even a short text is a harder task than is generally realized by those who have not had to do it."

[13] Ob es einen florierenden Buchhandel in der Antike gab, bleibt umstritten. Während Doris Fouquet-Plümacher, *Art. Buch/Buchwesen 3*, TRE 7 (1981), 276, den Buchhandel für außerordentlich leistungsfähig hält, bestreiten Easterling, *Books and Readers in the Greek World II* und Starr, *Circulation*; *Used-Book Trade* diese Einschätzung. Vgl. auch Gamble, *Books and Readers*, 83-93.

[14] Cicero bittet z. B. Atticus, in seiner Abschrift von Ciceros *Orator* und in den von ihm besorgten Abschriften den Namen Aristophanes für Eupolis einzusetzen (Att. XII 7,1). Vgl. auch Att. VI 2,3 sowie Starr, *Circulation*.

[15] Vgl. auch Gamble, *Books and Readers*, 30; 82-89.

[16] Das Musaion war allerdings vermutlich keine öffentliche Bibliothek. Die erste öffentliche Bibliothek in Rom wurde 38 n. Chr. eröffnet.

[17] Vgl. Reynolds und N. G. Wilson, *Scribes and Scholars*, 5-15.

[18] Der Brief der Jerusalemer und Judäer an Aristobul, den Lehrer des Bücherliebhabers Ptolemaios von Ägypten, der in II Makk 1,10-2,18 eingefügt ist, berichtet von der Wiederherstellung der Jerusalemer Bibliothek nach den Makkabäerkriegen, die u. a. die

Überlieferung antiker Texte zeigt jedoch, daß sich die Alexandriner nicht grundsätzlich durchsetzen konnten.

Es ist daher nicht verwunderlich, daß in der Antike die schriftliche Überlieferung nicht grundsätzlich und unwidersprochen als glaubwürdiger oder authentischer angesehen wurde als die mündliche. Die antike Kultur blieb auch nach der Durchsetzung der Schriftlichkeit im Athen des 5. Jh. immer eine mündlich-schriftliche Mischkultur. Ein nicht geringer Prozentsatz von Menschen hatte nur mittels anderer Anteil an der Schriftkultur.[19] Auch in den gesellschaftlichen Kreisen, die des Lesens mächtig waren, blieb der Nutzen schriftlicher Überlieferung umstritten. Mündliche Überlieferung behauptete ihren Platz neben der schriftlichen und blieb in weiten Teilen der Gesellschaft vorherrschend, besonders aber im Bereich der Religion.[20]

Platon führt im Dialog *Phaidros* vier Einwände gegen die schriftliche Vermittlung philosophischer Erkenntnisse auf:

> (1.) Diese (die Schrift) wird in die Seelen der Lernenden Vergessenheit einflößen, durch Vernachlässigung der Erinnerung, da sie ja wegen des Vertrauens auf die Schrift äußerlich unter einem anderen Bild, nicht (aber) innerlich für sich selbst unmittelbar erinnert werden. Gewiß nicht für die Erinnerung, sondern für die Aufzeichnung (ὑπόμνησις) hast du ein Heilmittel gefunden (275a). (2.) [Die Schrift] stellt ihre Produkte als lebendig (ζῶν) hin. Wenn man sie aber etwas fragt, schweigt sie allerdings würdevoll (275d). (3.) Wenn aber einmal (etwas) geschrieben ist, treibt sich jedes Wort überall herum, gleichermaßen bei den Verstehenden wie auch bei denen, für die es sich nicht gehört und weiß nicht, zu wem es reden soll und zu wem nicht (275e). (4.) Wird sie aber beleidigt und ungerecht geschmäht, braucht sie immer des Vaters Hilfe. Selbst nämlich kann sie sich nicht schützen noch helfen (ebd.).

„Bücher der Könige und Propheten und die des David und die Briefe der Könige über die Anathemata" (2,13) beinhaltete. Judas, so der Brief, sei es gelungen, den Bestand der Bibliothek wiederzubeschaffen. Den Angeschriebenen wird angeboten: „Wenn euch von diesen (einige) fehlen, schicken wir die zurückgebrachten (Bücher) zu euch." (2,15). Ob man aus diesem Brief, echt oder fiktiv, die Hinterlegung einer „Masterkopie" der Thora in Jerusalem im 2. Jh. v. Chr. schließen kann, bleibt mir allerdings fraglich. Es handelt sich hier eindeutig um eine vorkanonische Sammlung.

[19] Vgl. auch Gamble, *Books and Readers*, 8: „In Greco-Roman society the illiterate had access to literacy in a variety of public settings. Recitations of poetry and prose works, dramatic performances in the theaters and at festivals, declamations in high rhetorical style, streetcorner philosophical diatribes, commemorative inscriptions, the posting and reading of official decrees, the routine traffic of legal and commercial documents all brought the fruits of literacy before the general population, educating the public in its uses and popularizing its conventions." Vgl. auch Harris, *Ancient Literacy*, 34-36.

[20] Vgl. auch Aune, *Prolegomena*, 97: „Oral tradition was regarded by some as a way of ensuring that esoteric traditions remained unknown outside the immediate social circle within which they were transmitted [...] in some circles oral texts were considered more valuable than written texts [...] in other circles written texts were considered more valuable than oral tradition."

Die vier Kritikpunkte an schriftlichen Texten und Büchern–(1.) sie förderten das Vergessen, (2.) sie ließen sich nicht (wie ein Lehrer) befragen, seien daher tot und nicht lebendig, (3.) sie führten zu unkontrollierter Ausbreitung der Gedanken und (4.) zu Mißinterpretationen–werden in den folgenden acht Jahrhunderten wiederholt diskutiert.[21] Die Pythagoräer werden in der römischen Zeit häufig als eine philosophische Gruppe vorgestellt, die gänzlich auf den Gebrauch der Schrift für die Überlieferung ihrer Philosophie verzichtete.[22] In seiner Darstellung des Numa vergleicht Plutarch diesen mit den Pythagoräern:

> Während seines Lebens hatte er die Priester in allem, was darin [in den heili-
> gen Büchern] geschrieben stand, sorgfältig unterrichtet, ihnen deren richtigen
> und wahren Sinn erklärt und dann verordnet, daß diese heiligen Bücher mit
> seinem Leichnam begraben werden sollten, weil er es für nicht gut hielt, in
> unbeseelten Buchstaben (ἐν ἀψύχοις γράμμασι) das Unaussprechliche
> (ἀπόρρητος) aufzubewahren. Aus eben diesem Grunde, sagen sie, sollen auch
> die Pythagoräer die Anordnungen nicht schriftlich aufbewahrt haben, sondern
> sie erziehen das Gedächtnis (μνήμη δὲ καὶ παίδευσις) derer, die würdig
> sind, das Ungeschriebene zu tragen.[23]

Plutarch betont in der Beschreibung des Numa dessen Einschränkung des Wissens auf einen Kreis von Verständigen, die die Lehren bzw. Gesetze richtig zu interpretieren wissen. Daher vergleicht er die Gesetze mit Mysterienwissen (ἀπόρρητος), dessen Überlieferung an Uneingeweihte verboten war. Das Beispiel der Pythagoräer zeigt die bewußte Einschränkung der Überlieferung auf die mündliche Weitergabe, um die Trennung von Wissen und Verstehen zu verhindern. Der Gedanke, daß nur das in das Gedächtnis Aufgenommene wirklich verstanden werden kann, spielt in der Pythagorasüberlieferung eine Rolle.

> Sie glaubten, man müsse alles, was man lerne und was einem erklärt werde, im
> Gedächtnis festhalten und bewahren und sich im Lernen und Hören danach
> richten, wieviel die lernende und sich erinnernde Instanz aufnehmen kann,
> denn sie ist es, mit der man erkennen und in der man das Erkannte bewahren
> muß. Sie schätzten somit das Gedächtnis sehr und übten es mit aller Sorgfalt;
> beim Lernen ließen sie nicht eher ab vom Gegenstand, als bis sie die ersten
> Grundlagen der Lehre sicher begriffen hatten, und wiederholten täglich, was

---

[21] Der Einwand, Plato habe ja seine Philosophie schriftlich überliefert und könne daher kein Kritiker schriftlicher Überlieferung sein, trifft m. E. nicht. Es muß nämlich gefragt werden, ob und wie Platos geschriebene Dialoge Erkenntnis vermitteln wollen. Für Plato gibt es keine Erkenntnis ohne Beteiligung des erkennenden Subjektes. Seine Schriftkritik steht in unmittelbarem Zusammenhang zu seiner Erkenntnislehre. Vermittlung von Wissen via Schrift läßt das Subjekt in einer rezipierenden Passivität. Ein Teil der neueren Platonforschung nimmt an, daß Platons Schriftkritik auf eine Unterscheidung zwischen öffentlichem (exoterischem) Wissen und auf den direkten Schüler- und Schülerinnenkreis beschränktem (esoterischem) Wissen hinweist. Vgl. Thomas Szlezák, *Platon*, sowie Wolfgang Kullmann, *Hintergründe*.
[22] Siehe oben Kap. 2.2, S. 41-42.
[23] Numa 22,3. Übers. Konrad Ziegler.

ihnen gesagt wurde [...] Auch noch weiter suchten sie das Gedächtnis zu üben, denn nichts trägt mehr zum Wissen bei, zur Erfahrung und zum vernünftigen Denken, als die Fähigkeit des Erinnerns.[24]

Auch außerhalb der Pythagorastradition ist es eine selbstverständliche Annahme, daß Schüler und Schülerinnen das Gelernte im Gedächtnis aufbewahren. εὐμάθεια (Gelehrigkeit) und μνήμη (Gedächtnis) gehören zusammen.[25] Der Aristeasbrief formuliert diesen Gedanken innerhalb der jüdischen Tradition:

> Denn gut zu leben, ist das Gesetz im Gedächtnis zu behalten. Dies aber wird weit mehr durch das Hören als durch das Lesen verwirklicht (Arist 127).

Unter den Rabbinen spielte mündliche Überlieferung eine wichtige Rolle. Die Lehre von den zwei Torot[26] wurde verstärkt in amoräischer Zeit (3. Jh.) aufgenommen und zur Ablehnung jeglicher Niederschrift der mündlichen Tora entwickelt.[27] Ob die rabbinischen Schriften ausschließlich auf mündlicher Tradition beruhen, ist umstritten und läßt sich im einzelnen nur schwer rekonstruieren.[28] Die amoräische Tradition behauptet: „Ein Mensch ist verpflichtet, mit der Stimme des Rabbis zu sprechen",[29] also zur wortgetreuen mündlichen Weitergabe der Halachah vom Lehrer zu den Schülern.

---

[24] Iambl. vita Pyth. 164-166. Übers. von Albrecht. Daß die Pythagoräer und Pythagoräerinnen keine Schriften verfaßten, sondern „durch das Gedächtnis (διὰ μνήμης) ihre Botschaft bewahrten", weiß auch Diod. X 8,3. Vgl. auch X 5,1 sowie Diog. Laert. VIII 23 zu den Gedächtnisübungen der Pythagoräer.

[25] Vgl. Herwig Blum, *Die antike Mnemotechnik*, 157f: „Wenn Mediziner, Sophisten, Philosophen oder andere die natürlichen Voraussetzungen nennen, die ein Schüler mitbringen muß, um es in ihrem Fach zu guten Leistungen zu bringen, so unterteilen sie gewöhnlich in εὐφυία und φιλοπονία, in Begabung und natürlichen Arbeitswillen. Zur εὐφυία gehören εὐμάθεια (Gelehrigkeit) und μνήμη (Gedächtnis), manchmal tritt auch μεγαλοπρέπεια (hoher Sinn) hinzu. Da außerdem in den philosophischen Erkenntnistheorien die Verarbeitung einer Vorstellung durch den Verstand und ihre Aufnahme ins Gedächtnis meist eng verbunden sind, wurde die Annahme einer engen Verbindung von Intelligenz und gutem Gedächtnis Allgemeingut. So bekamen εὐμάθεια und μνήμη auch in den philosophischen Güterlehren als Güter der Seele ihren festen Platz." Die antiken Mnemotechniken waren aber nicht zuletzt wegen der komplizierten Anwendung umstritten. Vgl. auch Harris, *Ancient Literacy*, 30-33.

[26] Das Alter dieser Lehre ist umstritten. Peter Schäfer, *Das 'Dogma' von der mündlichen Tora*, 163, meint, daß die Lehre von der zweifachen Offenbarung der schriftlichen und mündlichen Tora auf dem Sinai „in seinen Wurzeln sehr wahrscheinlich in die tannaitische Zeit zurückreicht, aber erst in früher amoräischer Zeit [...] seine definitive und verbindliche Ausgestaltung erfuhr". Für die traditionelle Sicht und eine Zusammenstellung rabbinischer Theorie und Technik, allerdings ohne historisch-kritische Perspektive, vgl. Gerhardsson, *Memory and Manuskript*, 19-185. Zur Kritik an Gerhardsson Morton Smith, *A Comparison*, sowie Jacob Neusner, *Rabbinic Traditions*, der die Theorie von der mündlichen Überlieferung unter den Rabbinen für ein Konstrukt der Javnegeneration hält, obgleich auch er einräumt, daß es auch vorrabbinische mündliche Traditionen im Judentum gab (vgl. Josephus, Ant XIII 297). Zur Kritik an Neusner vgl. Schäfer, ebd., 193-196.

[27] Vgl. hierzu Schäfer, *Das 'Dogma' von der mündlichen Tora*.

[28] Vgl. Stemberger, *Einleitung*, 48f, sowie Philip Alexander, *Orality*, 170-182.

[29] bBekh 5a; bBer 47a; mEd I,3. Nach Stemberger, *Einleitung*, 49, ist die Mischnastelle eine jüngere „erklärende Glosse".

Sie behauptet auch ein erstaunliches Ausmaß des memorierten Stoffes,[30] und die Rabbinen haben vermutlich Mnemotechniken gekannt:

> Einst bemerkte Brurja einen Schüler, wie er leise studierte; da versetzte sie ihm einen Fußtritt und sprach zu ihm: Es heißt ja: „Sie ist in allen Stücken festgestellt und gesichert." Wenn [die Lehre] in deinen zweihundertachtundvierzig Gliedern festgestellt ist, so ist sie dir gesichert, wenn aber nicht, so ist sie dir nicht gesichert.[31]

Daß die Beschränkung der mündlichen Tora auf die mündliche Überlieferung nie ganz mit der Praxis übereinstimmende Theorie war, zeigt die gelegentliche Erwähnung von schriftlichen Quellen.[32] Die Betonung der mündlichen Tradition ist zumindest auch–wie Philip Alexander gezeigt hat[33]–auf den Einfluß und parallele Entwicklungen zwischen römisch-hellenistischen und rabbinischen Schulen zurückzuführen:

> The schools often represented themselves as passing on a body of doctrine which was traced back, sometimes through an explicit chain of tradents, to a remote and authoritative founder of the school. There was as strong emphasis on orality, and memorization played a significant role in learning. This stress on orality was not inevitable, since the communities in which it occurred were (like rabbinic society) highly literate and possessed books: it represented a definite ideological stance. That stance was dictated in part by certain views of education in which great store was laid by memory and by personal contact with the living teacher (cf. classically Plato's Phaedrus and the 7th Platonic Epistle).[34]

---

[30] Nach bMeg 18b konnte Rabbi Chanael die ganze Tora aus dem Gedächtnis aufschreiben. Der Tanna, Lehrer bzw. Rezitator mündlicher Lehre, soll nach bQid 49ab „Halacha, Sifra, Sifre, Tosephta" auswendig beherrschen. Von Brurja behauptet Rabbi Jochanan nach bPes 62b, sie habe 300 Traditionen von 300 Meistern an einem Tag lernen können.

[31] bEr 53b-54a. Übers. Lazarus Goldschmidt. Nach David Goldblatt, *Beruriah Tradition*, ist diese Brurja-Tradition erst in amoräischer Tradition in Babylonien entstanden. Doch auch vorher gibt es bereits Berichte über immense Mengen memorierten Stoffes. Vgl. auch Gerhardsson, *Memory and Manuskript*, 163-168.

[32] Z. B. wird in mTaan II,8 eine *Megillat Taanit* (Fastenrolle) erwähnt, ein Verzeichnis von Tagen, an denen wegen der freudigen Ereignisse nicht gefastet werden darf, oder es wird in tShab XIII,2 von einer Buchrolle mit einem Targum zu Hiob, die zu Rabban Gamaliel gebracht wird, berichtet. Zu weiteren Hinweisen auf schriftliche Aufzeichnungen in tanaitischer Literatur vgl. Stemberger, *Einleitung*, 44-47.

[33] Anders Baumgarten, *The Unwritten Law*, 29, der die Betonung der mündlichen Weitergabe für „a natural consequence of the canonization of the Torah" hält, und Neusner, *Rabbinic Traditions*, der meint, daß die Rabbinen dies unternahmen, „to act out the part of the Torah-myth most pertinent to their needs" (17), nämlich selbst als ausschließliche Tradenten der Mosetora zu erscheinen.

[34] P. Alexander, *Orality*, 167. Vgl. ders., *Quid Atheni et Hierosolymis?*, 120: „The schools saw themselves as passing on a tradition, often from a 'founder', and they preserved lists of tradents through whom the doctrine was passed down. Within the schools, in teaching and transmission, there was a strong emphasis on orality, and a distrust of the written word, outside the corpus of the great classics recognized as canonic by the schools [...] These two factors–the centrality of canonic texts and the role of the schools–largely defined the framework of hermeneutics both in Rabbinic and in Greco-Roman culture."

Die Zentralität der mündlichen Überlieferung in der rabbinischen Bewegung
ist vermutlich zunächst Ausdruck dieser Schultradition. Daß sie besonders
im 3. u. 4. Jh. betont und als Schutz der Tora vor den Heiden verstanden
wird[35]–in einer Zeit, in der die Kirchenväter mündliche Überlieferung unter
„Häretikerinnen und Häretikern" bekämpfen und die Buchproduktion in den
paganen Schulen wächst–ist wahrscheinlich kein Zufall, sondern das
Ergebnis eines Prozesses, an dessen Ende eine Gesellschaft steht, in der die
Christen und Christinnen Jüdinnen und Juden mit staatlicher Hilfe
verdrängen und verfolgen.

Auch der zweite Kritikpunkt des Plato, daß sich schriftliche Texte nicht
befragen lassen und daher tot und nicht lebendig seien, wird in den folgenden Jahrhunderten wiederholt. Die Rede von der *lebendigen Stimme* (ζῶσα
φωνή/*viva vox*) scheint sprichwörtlichen Charakter gehabt zu haben.[36]
Seneca schreibt an Lucilius:

> Mehr dennoch wird dir die *lebendige Stimme* und unser Zusammensein nützen
> als meine Ausführungen, an Ort und Stelle mußt du kommen, erstens weil die
> Menschen mehr den Augen als den Ohren trauen, zweitens, weil lang der Weg
> ist über Belehrung, kurz und wirksam über Beispiele.[37]

Quintilian rät dem Lehrer, möglichst viel Eigenes vorzutragen:

> Denn mag er [der Lehrer] auch genügend nachahmenswerte Stellen aus der
> Lektüre bringen, so hat doch die *lebendige Stimme*, wie man es nennt, reichere
> Nährkraft für den Geist.[38]

Und Galen, der sich besonders um seine schriftliche Hinterlassenschaft und
deren Interpretation bemüht, ordnet in bezug auf von Schülern verfaßte
Mitschriften (ὑπομνήματα) an: „Diese Mitschriften sollen nur gemeinsam
mit einem Lehrer gelesen werden."[39] Auch viele Historiker bleiben gegenüber dem allein schriftlich vermittelten Wissen skeptisch.[40]

---

[35] Vgl. Tan ‏וירא‎ (Gen 18,1-22,24) u. ö. vgl. Schäfer, *Das 'Dogma' von der mündlichen
Tora*, 176-178.

[36] Zum Folgenden vgl. Thomas, *Literacy and Orality*, 158-170 und besonders Loveday
Alexander, *Living Voice*, die zeigt, daß die Hochschätzung der mündlichen Lehre besonders
unter den Rhetoren, bei Medizinern und Handwerkern bzw. in technischen Handbüchern
verbreitet ist. Vgl. auch Heinrich Karpp, *viva vox*.

[37] Sen. epist. 6,5. Übers. Rosenbach.

[38] Quint. inst. II 2,8. Übers. Rahn. Ähnlich empfiehlt auch Plinius der Jüngere einem
Freund: „Du wirst sagen: 'Ich habe hier genügend Autoren, die ich lesen kann, nicht weniger
bered!' Schön und gut! Aber zum Lesen hast du stets Gelegenheit, zum Hören nicht immer,
überdies packt, wie man gemeinhin sagt, die *lebendige Stimme* viel mehr. Denn mag treffender
sein, was man liest, tiefer in der Seele haftet doch, was Vortrag, Mienenspiel, Haltung und
Gebärde, das Reden in sie senkt." (epist. II 3,9; Übers. Helmut Kasten).

[39] Scripta Minora Bd. 2 (Über die eigenen Bücher I), 118,22-24 (Iwan Müller).

[40] Vgl. Polyb. XII 27,4-7: „Wer aus Büchern schöpft, braucht keine Strapazen auf sich zu
nehmen, setzt sich keiner Gefahr aus. Es ist nur nötig, sich eine Stadt auszusuchen, in der es
viele Bücher gibt oder die eine Bibliothek in der Nähe hat. Dann kann man ruhig dasitzen, die
Bücher nach dem, was man wissen will, befragen und die Irrtümer der Vorgänger in aller Ruhe

Schließlich wird auf die platonische Warnung vor unkontrollierter Ausbreitung der Schriften und Mißinterpretationen in den folgenden Jahrhunderten Bezug genommen. Der Autor oder die Autorin der platonischen Briefe meint, die letzten Geheimnisse der Philosophie dürften nicht schriftlich niedergelegt werden, zum einen, weil sie ihrer Natur nach nur im wirklichen Dialog entstehen könnten, zum anderen, weil die nicht platonisch vorgebildete Masse ihrer habhaft werden und sie profanisieren oder mißverstehen könne.[41] Der Verfasser oder die Verfasserin das zweiten Platonbriefs formuliert:

> Habe du indessen acht, daß diese Gedanken nicht unter die rohe Menge geraten; denn nach meiner Ansicht kommen solche Gedanken den Ohren des gemeinen Volkes höchst lächerlich vor, während sie andererseits bei den von dem Schöpfer bevorzugten und auserwählten Köpfen die große Ehrfurcht und beglückendste Begeisterung erregen. Wenn jene Gedanken aber nur mündlich mitgeteilt und vernommen werden, so werden sie in einer Reihe von Jahren wie Gold geläutert, wenn es dabei am nötigen Eifer und Fleiße nicht fehlt. [...] In bezug auf jene Gedanken habe ich Schüler mit guter Auffassungsgabe (δυνατοὶ μὲν μαθεῖν), mit gutem Gedächtnis (δυνατοὶ δὲ μνημονεῦσαι), mit allseitig und gründlich prüfendem Verstande, schon Männer im Greisenalter, Hörer wenigstens seit dreißig Jahren, welche gestehen, die anfangs ihnen ganz unglaublich scheinenden Dinge erschienen ihnen nun ganz glaubwürdig und real. [...] Die größte Vorsicht besteht darin, daß man bei dem Studium der tieferen Geheimnisse der Philosophie nicht schreibt, sondern nur ordentlich studiert; denn es ist nicht möglich, zu verhüten daß das Geschriebene nicht unter die Leute komme (314a-c).[42]

Auch nach mehr als 500 Jahren Schriftkultur blieb die schriftliche Form der Überlieferung also durchaus umstritten. Vielmehr war auch dort, wo die Fähigkeit des Lesens und des Schreibens vorhanden war, die Notwendigkeit

---

durch Konfrontieren feststellen. Persönliche Erkundung dagegen ist mit großen Mühen und Kosten verbunden, aber sie bringt reichen Ertrag, ja sie ist das wichtigste Stück geschichtlicher Forschung" (Übers. Hans Drexler). Epiktet äußert mehrfach Kritik an einer Philosophie, die eigentlich nur noch Philologie ist. Vgl. Epikt. ench. 49. Vgl. auch Arr. Epict. II 21,10f; III.21,7f und Sen. epist. 39,7 sowie Aune, *Oral Tradition*, 77-83.

[41] Platon, 7. Brief: „Über alle Schriftsteller [...] sowohl über die jetzigen wie über die künftigen, welche versichern, über die Hauptmaterien meines Studiums etwas zu wissen, sei es aus meinem eigenen Munde oder aus der anderer oder durch eigene Auffindung, habe ich hier den Satz auszusprechen: jene Schreiber verstehen nach meinem philosophischen Glaubensbekenntnisse wenigstens über die Philosophie, gar nichts. Es gibt ja von mir einmal über jene Materien keine Schrift und es wird auch keine geben. Denn in bestimmten sprachlichen Schulausdrücken darf man sich darüber, wie über andere Lerngegenstände, gar nicht aussprechen, sondern aus häufiger familiärer Unterredung gerade über diesen Gegenstand, sowie aus innigem Zusammenleben entspringt plötzlich jene Idee aus der Seele, wie aus einem Feuerfunken das angezündete Licht, und bricht sich selbst weiter seine Bahn (341c-d) [...]Darum nun ist jeder ernste Mann, der kein Mietling der Wissenschaft ist, weit entfernt über ernste, hochheilige Gegenstände seine Gedanken durch die Schrift unter der Menschheit zu veröffentlichen und dadurch sie der Schwatzsucht und Herabwürdigung des Pöbels preis zu geben (344c)" (Übers. W. Wiegand).

[42] Übers. Wiegand. Vgl. auch 8. Heraklitbrief 4 (208, 13-16 [Malherbe]).

gegeben, zwischen mündlicher und schriftlicher Überlieferung zu vermitteln, zu gewichten und jeder Form einen Platz zuzuweisen. Mündliche Überlieferung wurde in den rabbinischen und philosophischen Schulen gepflegt und war zur Vermittlung von technischem Können unabdingbar.[43]

Auch in der Jesusbewegung wurde in den ersten Jahrhunderten kontrovers diskutiert, ob die schriftliche Überlieferung zuverlässig, glaubwürdig und wirkungsvoll sein könne. Der II und III Joh wollen ihre eigentliche Botschaft lieber mündlich vortragen.[44] Der II Thess rechnet trotz des von ihm bekämpften Paulus- oder Pseudopaulusbriefes mit der gleichzeitigen Überlieferungen von Worten des Paulus (2,2.15).[45]

Ebenso gehen auch Polykarp und Tertullian von der mündlichen Predigt des Paulus aus und ordnen diese seinen Briefen vor.[46] Tertullian betont die Überlieferung der *lebendigen Stimme*, die von Christus offenbart wurde, allein durch die Predigt der Apostel in den Gemeinden gegenüber anderen Teilen der Jesusbewegung–von ihm Häretiker genannt–die sich auf weitere mündliche Traditionen berufen.[47] Sein Zeitgenosse Irenäus zitiert als Meinung der Valentianer:

> [Sie wenden gegen die Schriften ein], sie seien nicht richtig, auch nicht zuverlässig, und vielfältig auszulegen und daß niemand aus ihnen die Wahrheit finden könnte, der nicht die Überlieferung (παράδοσις) kenne. Denn nicht durch Schriften (γράμματα) werde sie überliefert (παραδιδόναι), sondern durch die *lebendige Stimme* (διὰ ζώσης φωνῆς).[48]

---

[43] Vgl. Alexander, *Living voice.*

[44] II Joh 12 (III Joh 14): „ [...] viel wollte ich euch nicht schreiben durch Papyrusblatt und Tinte, sondern ich hoffe zu euch zu kommen und von Mund zu Mund zu reden, damit unsere Freude vollkommen wird." Ähnlich auch Pseudo-Sokratesbrief 6,12 u. ö. Es ist sicher kein Zufall, wenn dagegen II Tim 4,13 zum Mitbringen der Bücher und Notizbücher aus Pergament auffordert. Der II Tim zeigt sich an der Verbreitung des „schriftlichen Paulus" interessiert (vgl. auch II Tim 3,16).

[45] Siehe hierzu unten Kap. 4.3.3, S. 135-145.

[46] Polyk 3,2: „Denn weder ich noch ein anderer meinesgleichen vermag der Weisheit des seligen und berühmten Paulus nachzufolgen, der bei euch von Angesicht (κατὰ πρόσωπον) unter den damaligen Menschen genau und zuverlässig das Wort über die Wahrheit lehrte, der euch auch abwesend (ἀπών) Briefe schrieb, durch die ihr, wenn ihr hineinsehet, auferbaut werden könnt zu dem euch gegebenen Glauben." Vgl. auch Tert. praescr. XXII,3.

[47] Um die umfassende Kenntnis der mündlichen Jesustradition durch die Apostel zu beweisen, stellt Tertullian ihre Gemeinschaft mit Jesus als Schule dar: *individuos habens in comitatu, in discipulatu, in convietu* (die er unzertrennlich in (seiner) Begleitung hatte, im Unterricht, im Zusammenleben; Tert. praescr. XXII,3).

[48] Iren. adv. her. III 2,1. Auch Irenäus beruft sich als Gegenargument auf die durch die Apostel allein seinen Kirchen vermittelte Tradition (παράδοσις). Er benennt eine direkte Traditionslinie (διαδοχή) bis in seine Tage. Bis in die dritte Generation der Apostelnachfolger seien noch Ohrenzeugen der Apostel vorhanden gewesen (vgl. III 3,1-3). Hans von Campenhausen, *Kirchliches Amt*, 172-75, führt den Ursprung des Gedankens der Diadoche auf die Gnosis zurück (vgl. Brief des Ptolemäus an Flora, Epiphan. panar. 33.7.9; siehe oben Kap. 2.3, Anm. 151 und unten Anm. 56), verweist aber auf deren Vorbilder im Judentum und den hellenistischen Philosophenschulen. Vgl. auch Wegenast, *Verständnis*, 123-126. Der Gedanke der mündlichen Traditionsübermittlung von Generation zu Generation ist jedenfalls weit

Aber nicht nur die Valentianer betonen die mündliche Überlieferung. Papias von Hierapolis sucht für sein fünf Bücher umfassendes Werk „Erklärung der Herrenworte" die Augen- und Ohrenzeugen Jesu bzw. deren Schüler auf, die er in seiner Generation finden kann:

> Denn nicht hatte ich, wie die meisten, Freude an denen, die vieles reden, son-dern an denen, welche das lehren, was wahr ist; auch nicht an denen, die die fremdartigen Gebote im Gedächtnis haben (μνημονεύουσιν), sondern an denen, die die vom Herrn dem Glauben gegebenen und von der Wahrheit selbst kommenden Gebote im Gedächtnis haben. Wenn aber irgendwo jemand, der den Ältesten (πρεσβύτεροι) nachgefolgt war, kam, erkundigte ich mich nach den Berichten der Ältesten: Was hat Andreas oder was hat Petrus gesagt, oder was Philippus oder was Thomas oder was Jakobus oder was Johannes oder was Matthäus oder irgend ein anderer der Jünger des Herrn, was ja auch Aristion und der Presbyter Johannes, des Herrn Jünger, sagen. Denn ich war der Ansicht, daß die aus Büchern (stammenden Berichte) mir nicht so viel nüt-zen würden wie die (Berichte) von der *lebendigen* und bleibenden *Stimme* (ζῶσα φωνή).[49]

Skepsis gegenüber der schriftlichen Überlieferung formuliert auch Clemens von Alexandria am Ende des 2. Jh. In der Vorrede zu seinen „Teppichen" setzt er sich mit der in platonischer Tradition formulierten Schriftkritik auseinander:

> 1[I]ch mache (nur) Aufzeichnungen (ὑπομνήματα) für das Alter, ein Heilmittel gegen Vergessen,[50] ein Abbild und Schattenbild der leibhaftigen und lebensvollen Worte jener seligen und bedeutenden Männer.[51] 2. Sogleich enthüllte er (Jesus) nicht den vielen, was nicht den vielen zukommt. Wenigen aber, von denen er wußte, daß es sich für sie zieme, die dazu in der Lage waren, es zu ergreifen und sich danach formen zu lassen. Das Unausspiech-liche (ἀπόρρητα), ganz so wie Gott, vertraute er dem Wort (λόγος), nicht der Schrift (γράμματα) an.[52] 3. Es gibt nichts Geschriebenes, was nicht ver-breitet.[53] 4. Wie man es auch dreht, immer gebraucht sie [die Schrift] allein die eine Stimme gegenüber dem sie Befragenden; nichts außer das Geschriebene antwortet sie.[54]

---

verbreitet, vgl. mAv I; Antisthenes aus Rhodos, Sotion von Alexandrien (Diog. Laert. I 1(proömium); II 39.98; u. ö.; vgl. auch oben Kap. 2.3, Anm. 151).

[49] Eus. hist. eccl. III 39,3f. Übers. Lindemann. Aune, *Oral Tradition*, 81, meint, Papias „thought of himself as a historian". Es fällt auf, daß Papias die Zeugen nicht Apostel, sondern Älteste (πρεσβύτεροι) nennt und eine sieben plus zwei Liste vorführt. Die Berufung auf eine Tradition der Ältesten gehört auch für Philo zu einem guten Historiker (vgl. VitMos I 4).

[50] Dies ist eine Umdrehung der platonischen These. Plato meint Phaidr. 275a τοῦτο γὰρ τῶν μαθόντων λήθην μὲν ἐν ψυχαῖς παρέξει, wogegen Clemens seine Aufzeichnungen ein λήθης φάρμακον nennt (strom. 11,1).

[51] Clem. Alex. strom. I 11,1; vgl. auch I 14,1.

[52] Clem. Alex. strom. I 13,2.

[53] Clem. Alex. strom. I 14,4. Vgl. auch den 2. Platonbrief 314c.

[54] Clem. Alex. strom. I 14,4.

Die eigene schriftstellerische Tätigkeit verteidigt Clemens vor allem damit,
daß bereits vieles vergessen sei, weil es nicht aufgeschrieben wurde (14,2).
Er formuliere mit seinen Büchern vor allem eine Gedächtnisstütze.

Daß Clemens wie auch die anderen aufgeführten Gewährsleute der Hochschätzung mündlicher Tradition selbst geschrieben haben, kann nicht als
grundsätzlicher Einwand geltend gemacht werden.[55] Ohne ihre Schriften
wüßten wir nichts von dieser Hochachtung der mündlichen Tradition, und es
läßt sich vermuten–schon weil die meisten der von Papias und vielen
Gnostikern genannten Zeugen vermutlich nichts Schriftliches hinterlassen
haben–daß viele bei den Grundsätzen mündlicher Überlieferung geblieben
sind. Alle hier aufgeführten Tradenten nennen als Grund ihres Schreibens
den Verlust der Zeugen, die Schwäche des Erinnerns und die Sicherung der
Tradition und nehmen daher mangelnde Lebendigkeit und Überzeugungs-
kraft, Mißinterpretation und unkontrollierte Ausbreitung des Geschriebenen
in kauf. Und sie entdecken die Kontrolle schriftlicher Überlieferung als
Mittel im Kampf mit konkurrierenden Gruppen.

Schriftliche und mündliche Überlieferung war in der neutestamentlichen
Zeit ein plurales und vielfältig verquicktes Phänomen, dessen Gewichtung
nicht vom Standpunkt der Moderne vorweggenommen werden kann. Bis
zum Ende des 2. Jh. n. Chr. blieb die mündliche Überlieferung der
lebendigen Stimme nicht nur von Jesus selbst, sondern auch von Paulus,
Petrus, Maria, Salome, Martha, Jakobus, Johannes, Timotheus, Cloe, Junia,
Sostenes und vielen anderen Schülerinnen und Schülern[56] eine wesentliche
Quelle der theologischen Diskussionen und wurde von vielen
Gemeinschaften der Jesusbewegung, wie auch von ihren jüdischen und
heidnischen Zeitgenossen, als nicht weniger zuverlässig erachtet als die
(vermutlich wenigen) schriftlichen Zeugnisse, die einzelnen Gemeinden
zugänglich waren.

2. DIE MÜNDLICHE PAULUSTRADITION UND DIE PAULINISCHEN BRIEFE

Im Rahmen der traditionsgeschichtlichen Betrachtung der Paulusbriefe vermuteten bereits Rudolf Bultmann und Nils A. Dahl, daß in die neutestamentliche Briefliteratur auch die Gemeindepredigten eingegangen seien.[57] Dahl

---

[55] Papias erzählt z. B. eine auf die Töchter des Philippus (vgl. Apg 21,9) zurückgehende
Überlieferung von der Auferstehung eines Toten (Eus. hist. eccl. III 39,9).

[56] Basilides beruft sich auf Glaukias, den Dolmetscher des Petrus (Clem. Alex. strom. VII
106,4), oder auf Matthias, den Jünger Jesu (Hippol. haer. VII 20,1). Valentian auf Theudas,
einen Schüler des Paulus (Clem. Alex. strom. VII 106,4). Die Karpokratianer auf Salome,
andere auf Maria von Magdala oder Marta (Orig. c. Cels. V 62); die Naassener auf Maria, der
der Herrenbruder Jakobus die Lehre übergeben habe (παραδεδωκέναι Hippol. haer. V 7,1).

[57] Rudolf Bultmann, *Theologie*, 104; Dahl, *Formgeschichtliche Beobachtungen*. Bultmann
arbeitet den mündlichen Charakter der paulinischen Briefe auch in seiner Untersuchung über

stellte fest, daß bestimmte Aussageschemata nicht nur in den Paulusbriefen, sondern auch in den nachpaulinischen Briefen mit gleichem oder ähnlichem Formulierungsschatz wiederholt werden.[58]

Im Rahmen der Diskussion um Oralität und Literalität in der Antike war Werner Kelber einer der ersten, der die mündlichen Dimensionen in den paulinischen Briefen aufdeckte. Die Beobachtung, daß der Begriff „Evangelium" (εὐαγγέλιον) „is not subject of formal definition"[59] in den Paulusbriefen, sondern in seinen effektiven, bei den Hörerinnen und Hörern wirksamen Dimensionen beschrieben wird,[60] führt Kelber zu der These, daß es eine „close affinity of Paul's understanding of the gospel with oral hermeneutics" (141) gibt.

> Although Paul does, of course, commit the gospel or reflections upon it, to letters, his written exposition leaves no doubt that the gospel, when it came alive, was spoken aloud and, if it is to bring life again must be sounded afresh [...] The gospel when voiced and sounded forth, operates productively, taking effect in the believer. (144)

Sprecher bzw. Sprecherin, Botschaft und Hörer bzw. Hörerinnen bildeten für Paulus eine Gemeinschaft, eine „oral synthesis" (147). Von hier aus sei auch die Polemik des Paulus gegen das Gesetz zu verstehen. Paulus rede hier als „oral traditionalist who objects to the Law not on legal, but ultimately on linguistic grounds" (168). Paulus sehe einen Konflikt zwischen dem Geschriebenen (Gesetz) als „visible, mediated, externalized, and objectified Word of God versus the invisible, unmediated, internalized and nonobjectified Word of God" (ebd.) der mündlichen Rede. Obgleich „[h]is letters may in fact accommodate the requirements of oral spreech more successfully than is commonly acknowledged" (169), bediene sich Paulus aber dennoch in seinen Briefen des schriftlichen Mediums. Dies sei bedingt durch die Weisheitsprediger in Korinth (vgl. I Kor 1,18-3,6), gegenüber deren das Kreuz negierenden Weisheitsbotschaft Paulus betont auf die Schrift verweise und so „the powers of the written medium for the purpose of rupturing the oral synthesis" (177) aktiviere.

Kelbers Beobachtungen sind wesentlich beeinflußt von seinem Lehrer Walter Ong und dessen Behauptung einer grundsätzlichen Dichotomie zwischen Mündlichkeit und Schriftlichkeit.[61] Mit Eric Havelock u. a. geht Ong von der Abhängigkeit des Denkens vom ihm zugrundeliegenden

---

die Diatribe (vgl. bes. *Stil*, 64-109) heraus.

[58] Und zwar das „Revelationsschema" (von Ewigkeit an vorhanden–jetzt geoffenbart); das soterilogische Kontrast-Schema (einst–jetzt); das Konformitäts-Schema (so wie auch Christus) und das teleologische Schema (Christus für uns, ... damit).

[59] Werner Kelber, *The Oral and the Written Gospel*, 148.

[60] Vgl. ebd., 144: Das Evangelium wird „operationally defined in oral terms, not by association with writing and reading".

[61] Walter Ong, *Oralität*. Vgl. auch Eric Havelock, *Schriftlichkeit*.

Medium aus und sucht daher die Strukturen des oralen und chirographischen (schriftlichen) Denkens zu unterscheiden. Daß um die Zeitenwende zwei grundsätzlich voneinander geschiedene Wert- und Denksysteme vorauszusetzen seien, muß allerdings bezweifelt werden, wie Kelber neuerdings selbst betont.[62] Dennoch bleibt es Kelbers Verdienst, auf die mündliche Dimension der paulinischen Theologie hingewiesen zu haben.

In der Kontroverse um die Mündlichkeit und Schriftlichkeit der paulinischen Briefe zeichnen sich in der heutigen Diskussion zwei gegensätzliche Positionen ab. Die einen betonen mit Kelber den oralen Charakter der paulinischen Briefe. „The written text in the ancient world was not silent; rather it was read aloud, indeed performed, and in so doing actually increased the potential of conveying a tradition through the audience participation."[63] Andere dagegen behaupten, der Brief sei vor allem ein schriftliches Medium. „Paulus", so lautet hier die These, ist sich, „bei aller Wertschätzung des gesprochenen Wortes der Schriftlichkeit als Mittel der Kommunikation sehr wohl bewußt".[64] Es wird daher notwendig sein, noch einmal den Blick auf das Verhältnis von Schriftlichkeit und Mündlichkeit in Briefen und schließlich speziell in den Paulusbriefen zu richten.

Der Brief, zunächst ein Gebrauchsgegenstand zur Übermittlung von Nachrichten an Abwesende, erfährt um die Zeitenwende und in den ersten Jahrhunderten eine Blüte in der lateinischen und griechischen Philosophie.[65] Die Gattung wird geschätzt, weil sie, obgleich sie zum Teil zur Veröffentlichung bestimmte Kunst und Literatur darstellt, dem philosophischen Gespräch unter Freunden am nächsten kommt.[66] Die philosophischen Kunstbriefe suchen die Fiktion einer einfachen Unterhaltung aufrechtzuerhalten. Brieftheoretiker reflektieren in diesem Sinne über den angemessenen Stil von Briefen.[67] (Pseudo)Demetrios[68] zitiert Artemon, den Herausgeber der

---

[62] Kelber, *Modalities*.

[63] Arthur Dewey, *A Re-Hearing*, 112. Vgl. auch Joanna Dewey, *Textuality*.

[64] Peter Müller, *Glaube*, 422. Vgl. auch Vouga, *Brief*, 57: „[...] die paulinische Brieftheologie (darf) weder als die Verschriftlichung einer mündlichen Verkündigung noch als ihr Ersatz betrachtet werden."

[65] Vgl. Martin L. Stirewalt, *Studies*, 1-26; Helga Cancik, *Untersuchungen zu Senecas Epistulae morales*, 46-88.

[66] Vgl. Cic. Att. IX 11,1: „So mache ich mich denn daran, dir zu schreiben, ohne recht zu wissen, was; dann habe ich das Gefühl, mit Dir zu plaudern (*tecum ut quasi loquerer*), das einzige, was mich ein wenig beruhigt." Vgl. auch VIII 14,1 *quasi tecum loquor*; 12,58 *scribo tamen, quia tecum loqui videor*. Ad. fam. XII 30,1; Sen. epist. 75,1: „Ich will, daß meine Briefe sind, wie auch meine Unterredung wäre, wenn wir säßen oder umhergingen, nicht ausgearbeitet und einfach" (*Qualis sermo meus esset,..., tales esse epistulas meas volo*). Auch Quint. inst. IX 4,19 stellt *sermo* (Unterredung) und Brief zusammen und meint, ihr eigentlicher Gegenstand sei keineswegs die Philosophie.

[67] Allerdings sind theoretische Bemerkungen über das Verfassen von Briefen vor dem 3 Jh. n. Chr. kaum erhalten geblieben. Im Folgenden sind alle mir bekannten Erwähnungen vor dem 3. Jh. aufgeführt. Zu Theon s. o. Kap. 2.1, S. 37. Vgl. auch Malherbe, *Ancient Epistolary Theorists*. Die Frage, inwieweit antike Briefe als Rede zu verstehen sind, und damit, ob sie

Briefe des Aristoteles: „Man muß Brief und Dialog auf die gleiche Weise schreiben. Denn der Brief sei gleichsam die eine Hälfte des Dialogs." (223) Aber Demetrios kritisiert Artemon:

> Was er sagt, ist angemessen, aber nicht ganz. Man muß nämlich den Brief etwas mehr durchgestalten als den Dialog. Denn der Dialog ahmt das aus dem Stehgreif Reden nach, der Brief ist dagegen geschrieben und gewissermaßen als ein Geschenk gesandt. (224)

Demetrios versteht die Bemerkung des Artemon als Vergleich zwischen einem schriftlichen, zur Veröffentlichung verfaßten Dialog und der Brief-schriftstellerei.[69] Seine Bemerkungen zum Briefstil nehmen die Briefe des Aristoteles zum Maßstab. Demetrios heißt alle stilistischen und rhetorischen Elemente, die er in ihnen findet, gut und lehnt davon Abweichendes ab.[70] Besondere Kritik äußert er an den Briefen des Plato und des Thukydides (228). Der Brief soll den Charakter des Autors offenbaren und ein kurzer Ausdruck von freundschaftlichen Gefühlen sein (227; 231). Ein simpler Gegenstand soll in einfacher Sprache ausgeführt werden (228; 232). Daher lehnt Demetrios dunklen Dialogstil ebenso ab wie kunstvoll stilisierte Reden oder philosophische Abhandlungen (224f; 228f; 234).[71] Es gibt aber auch

---

rhetorische Gepflogenheiten spiegeln, kann m. E. aufgrund dieses Mangels an Quellen nicht abschließend geklärt werden. Zur Kontroverse vgl. Botha, *The Verbal Art*; Malherbe, *'Seneca' on Paul as Letter Writer*; Stanley Porter, *Theoretical Justification*, bes. 110-117; Jeffey T. Reed, *Using Ancient Rhetorical Categories*, bes. 293-314. Wichtig ist, daß die antiken Theoretiker, die Bemerkungen über Briefe machen, weitgehend fiktive Briefe berühmter Persönlichkeiten im Blick haben. Die Briefe begegnen ihnen also bereits als literarische Produkte. Die lateinischen Briefschriftsteller dagegen sehen den Brief, zumindest fiktiv, als Ersatz für mündliche Unterredung. Cancik, *Untersuchungen*, hat gezeigt, daß die Briefform für Senecas Begriff von Philosophie, nämlich die immer neu zu verwirklichende Anwendung einer Überzeugung auf das eigene Leben, verbunden mit dem Willen zu deren Vermittlung, ein ideales Mittel ist. Denn der Brief „ist zugleich Intimraum für die Selbstdarstellung des Schreibers und für die Einbeziehung der Situation des Adressaten" (60). Im Brief tritt die vermittelte Lehre hinter der Darstellung des Lebens und der Beziehung zwischen Lehrer und Schülerin und Schüler zurück.

[68] Unter dem Namen des Demetrios von Phaleron ist ein Handbuch der Rhetorik περὶ ἑρμηνείας (*De elocutione*, Über die Beredsamkeit) erhalten geblieben, indem auch ein Abschnitt von der Briefschriftstellerei handelt. Über die Datierung der Schrift besteht bisher keine Einigkeit. Malherbe, *Ancient Epistolary Theorists*, 2.17, hält 1. Jh. v. Chr. bis 1. Jh. n. Chr. für möglich. Thraede, *Grundzüge*, 19f, nimmt das 1. Jh. n. Chr. als Entstehungszeit an. Vgl. auch Klauck, *Briefliteratur*, 149-152.

[69] Vgl. auch Thraede, *Grundzüge*, 22f.

[70] 225; 230; 232f; vgl. aber auch 234. Rhetorische Stilmittel, die Demetrios in den Aristotelesbriefen findet, begrüßt er im allgemeinen. Er lehnt z. B. das Plaudern (λαλεῖν) nach dem Vorbild des Aristoteles ab und empfiehlt das ἐπιδεικνύειν (zeigen), er hält Sprichwörter (παροιμίαι 232) und Beweise (ἀπόδειξες 233) für angemessen, wogegen er Sentenzensammlungen (γνωμολογίαι) und Ermahnungen (προτρεπόμενοι) ablehnt (232). Daß Demetrios mit seinen Überlegungen zum Stil des Briefes anhand des ihm vorliegenden Materials allgemein geltende Bewertungen ausgesprochen hätte, kann jedenfalls nicht behauptet werden. Vielmehr zeigt z. B. die epikureische Tradition ein ganz anderes Bild.

[71] Im 19. Apolloniusbrief (Penella) zählt Apolonius von Tyana fünf Redestile auf: den philosophischen, den historischen, den der Gerichtsrede, den des Briefes (ἐπιστολολικός) und

Stimmen in den Philosophen- und Philosophinnenbriefen, die den Brief als schlichten Ersatz für die Konversation mit Anwesenden ansehen. Der 3. Diogenesbrief an Hypparchia vertritt die Meinung: „Briefe vermögen nämlich vieles und sind nicht unterlegen der Konversation (διάλεξις) mit Menschen, die tatsächlich anwesend (παρών) sind."[72]

Die Wahl der Briefform durch Paulus gibt dem darin zur Sprache Gebrachten m. E. keinen grundsätzlich anderen Charakter als seinen mündlichen Ausführungen.[73] Paulus und seine Mitarbeiter und Mitarbeiterinnen verweisen nicht selten auf die den Briefadressatinnen und Briefadressaten ergangene mündliche Predigt (I Thess 2,13) oder wünschen sich, bei der Gemeinde zu sein und die eigene Stimme gebrauchen zu können (Gal 4,20). Mehrfach beziehen sich die Briefe auf das, was vorher mündlich besprochen wurde.[74] In Röm 10 stellt Paulus die These auf[75]: „Das Vertrauen kommt aus dem Hören, das Hören aber durch das Wort Christi" (10,17).[76] In diesem Kapitel, das, wie Arthur Dewey herausgearbeitet hat, „needs to be performed orally to be truly understood"[77], führt Paulus eine gelehrte Diskussion zwischen Bibel und Gemeinde vor. Dabei darf nicht übersehen werden, daß die Schrift bzw. ihre Propheten hier reden und daß im Zentrum der Überlegung Dtn 30,12-14 steht.

---

den der Aufzeichnungen (ὑπομνηματικός). „Aber in der Reihenfolge der Stilgattungen ist es wiederum der erste, der dem Vermögen und der Natur eines jeden entspricht, und erst der zweite ist der Stil, der durch Nachahmung des Besten entsteht, wenn jemandem das Vermögen fehlt. Der Beste ist schwer zu finden und schwer zu unterscheiden, so daß am angemessensten für jeden der eigene Stil ist, weil er ja auch der sicherste ist. "

[72] Malherbe, *Cynic Epistles*, 94,8f. Anders dagegen in der gleichen Sammlung Brief 17: „[Briefe] können die Erinnerung bewahren von denen, die nicht mehr leben, aber sie werden nicht die Tugend von denen, die leben, aber nicht anwesend sind, offenbaren. Ich habe dir dies geschrieben, damit du uns nicht durch Unbelebtes (διὰ τῶν ἀψύχων) ansprichst, sondern selbst anwesend bist (παρὼν αὐτός)." (110,8-11 [Malherbe]). Über die unterschiedliche Öffentlichkeit von Briefen und persönlichen Unterredungen reflektieren der 2. Platonbrief (314a-c) und der 8. Heraklitbrief: „Ich hätte es geschrieben, wenn mir nicht alles daran läge, daß es geheim bleibe. Das beste Mittel aber, etwas verschwiegen zu halten, ist, wenn Einer zu Einem und zumal wenn Herakleitos Hermodoros spricht" (208,13-16 [Malherbe]).

[73] Vgl. auch oben Kap. 3.1, Anm. 46. Anders Vouga, *Brief* und Müller, *Glaube*.

[74] I Thess 3,4: „Denn auch als wir noch bei euch waren, sagten wir euch voraus, daß wir in Zukunft bedrängt werden, wie es auch geschehen ist und ihr wißt." I Thess 4,6: „Der Herr ist ein Rächer über dies alles, wie wir euch vorher gesagt und bezeugt haben." Gal 1,9: „Wie wir euch vorher gesagt haben, sage ich auch jetzt wieder: Wenn jemand euch das Evangelium verkündigt, das gegen das steht, das ihr empfangen habt, sei er verflucht!" Gal 5,21: „Davon (Neid, Mißgunst etc.) sage ich euch voraus, wie ich euch vorher gesagt habe, die solches tun, werden das Reich Gottes nicht erben." II Kor 13,2: „Ich habe vorhergesagt und sage auch jetzt vorher–wie bei meinem zweiten Besuch, so auch jetzt abwesend–[...] wenn ich wiederkomme, werde ich nicht schonen."

[75] Der Abschnitt ist von Kelber, *The Oral and the Written Gospel*, 149, als „*locus classicus* of the oral hermeneutics of sound*" bezeichnet worden.

[76] Vgl. auch Gal 3,2.5.

[77] A. Dewey, *A Re-Hearing*, 120.

Paul's public oath and prayer (10,1), his personification of Dikaiosune (10,6), his application of Deut 30,12-14 (which highlights oral experience) (10,6-8),[78] his enfolding of written Scripture within the oral field of argument, his anticipation of the oral experience of his audience (including the notion of appeal to a superior), and his appreciation of the oral lines of communication of the Jesus mission, all of these suggest a decidedly oral bias.[79]

Nicht die Ausbreitung der Predigt der Paulusgruppe steht im Vordergrund ihrer Aufmerksamkeit, sondern die mündliche Botschaft der Gemeinden:

> I Thess 1,8 Denn von euch aus ist das Wort des Herrn nicht allein in Makedonien und Asien erklungen, sondern an jedem Ort ist euer Glaube an Gott hervorgetreten, so daß wir darüber nichts sagen müssen.
> Röm 1,8 Zuerst danke ich meinem Gott ... für euch alle, denn euer Glaube in der ganzen Welt wird verkündigt.[80]

Die Ausbreitung der Botschaft geschieht nicht durch die Briefe des Paulus. Vielmehr sind es die Gemeinden, die das Wort des Herrn und das Vertauen auf Gott in die Welt tragen.

In seiner polemischen Auseinandersetzung mit den Gegnerinnen und Gegnern in Korinth formuliert Paulus den schriftkritischen Satz (II Kor 3,6): „Der Buchstabe tötet, der Geist aber macht lebendig."[81] Hier ist vermutlich nicht die Schriftlichkeit im allgemeinen gemeint, sondern die Kritik richtet sich gegen eine jüdische Missionstheologie, die nicht nur auf den Besitz uralter Schriften stolz ist, sondern auch meint, über besondere Fähigkeiten zu deren Auslegung zu verfügen.[82] Dennoch kann die grundsätzliche Kritik am schriftlichen Medium nicht übersehen werden.

Die Briefe des Paulus nehmen affirmativ Bezug auf die mündliche Verkündigung. Dies gilt auch dann, wenn Paulus seine Gegnerinnen und Gegner in Korinth mit der Bemerkung zitiert (II Kor 10,10): „Die Briefe, sagen sie, wiegen schwer und sind stark, die leibliche Anwesenheit aber schwach und

---

[78] Dtn 30,12-14 wird nicht nur als Rede der Dikaiosyne in Röm 10,6-9 zitiert, es wird auch gleich in der Missionssprache der Jesusbewegung ausgelegt.

[79] A. Dewey, *A Re-Hearing*, 120. Anders Müller, *Glaube,* 423-425, der meint, die Argumentationslinie verlaufe trotz Röm 10,5 nicht zwischen gesprochenem und geschriebenem Wort, da die Schrift sowie die Propheten in diesem Abschnitt sowohl sprechen als auch schreiben. „Die Lebendigkeit des Wortes ist [...] nicht notwendig an den Modus der Mündlichkeit gebunden; und umgekehrt führt nicht jedes verkündete und gehörte Wort zum Glauben. Hören und Gehorchen sind vielmehr als Akt der Verlebendigung verstanden und können sich sowohl auf Geschriebenes als auch auf Gesprochenes beziehen" (425). Müller übersieht m. E., daß die Schrift bzw. deren Propheten ab 10,5 jeweils sprechen und somit verschiedene Auslegungen zur Diskussion beitragen. Lediglich in 10,15 schreibt die Schrift, allerdings nur um zu sagen, daß verkündigt wurde. Der Gehorsam wird eingeführt im Wortspiel, um mit Jesaja zu begründen, warum nicht alle Jüdinnen und Juden dem vertrauen, was sie gehört haben. Aus diesem Jesajazitat wird auch der Satz vom Glauben aus dem Hören (Röm 10,17) abgeleitet.

[80] Anders aber Kol 1,5f. Statt προλέγειν hier, vermutlich nicht rein zufällig, προακούειν.

[81] Vgl. auch Röm 2,29; 7,6.

[82] Vgl. Georgi, *Gegner,* 246-251.

das Wort verachtenswert." Denn die Schwachheit des Auftretens (vgl. Gal 4,13f; I Kor 2,13), möglicherweise auch Ungeschicklichkeit im Reden (vgl. I Kor 1,17ff; II Kor 2,12) gehören zum Programm der paulinischen Mission.[83] Paulus tritt gegen diese Beurteilung der Briefe seiner Missionsgruppe ein, indem er sich gegen eine unterschiedliche Beurteilung der Briefe und des persönlichen Auftretens der Missionsgruppe grundsätzlich verwehrt (II Kor 10,11). Andernorts unterstreicht die Paulusgruppe, daß es nicht allein auf das Lesen der Briefe, sondern auf das Verstehen ankommt (vgl. II Kor 1,13).[84]

Diese Aussagen in den Paulusbriefen lassen vermuten, daß Paulus und seine Mitarbeiter und Mitarbeiterinnen ihre Briefe nicht als ein von der mündlichen Verkündigung und den Diskussionen in den Gemeinden zu unterscheidendes Medium betrachteten. Vielmehr beziehen sie sich vielfach auf vorher Gesagtes und gemeinsam Verkündigtes.[85] Nun sind nur einige der Briefe der Paulusgruppe erhalten geblieben. Läßt sich aus diesen die mündliche Predigt des Paulus und seiner Mitarbeiterinnen und Mitarbeitern erschließen?

Die Oralitätsforschung hat sich seit Jahrzehnten mit dem Problem der Aufdeckung mündlicher Traditionen in schriftlichen Texten beschäftigt.[86]

---

[83] Ähnliches behauptet auch Dion von Prusa, wegen seiner Redebegabung auch Chrysostomos (Goldmund) genannt (z. B. Dion Chr. 7,1; 12,16).

[84] II Kor 1,13: „Denn nichts anderes schreiben wir euch, als was ihr lest, als was ihr auch versteht."

[85] Vgl. auch I Thess 2,9; I Kor 1,23; I Kor 15,11f; II Kor 4,5; 11,4; 1,19 u. ö.

[86] Milman Parry, der Begründer der modernen Oralitätsforschung, deckte als Indiz mündlicher Entstehung der Homerischen Epen sogenannte „Formeln", nämlich „carefully structured verbal expressions" auf, die mehrfach in Illias und Odyssee wiederholt werden. Diese Formeln, so meint Parry, sind konstitutiv für die mündliche Überlieferung der Homerischen Epen. Der Dichter oder die Dichterin, die ein ihm oder ihr aus der Tradition mündlich überliefertes Epos vorträgt (performes), stellt es aus eben diesen Formeln zusammen. In den folgenden Jahrzehnten wurde viel über die Frage nachgedacht, was die Charakteristiken solcher „oral traditional Formula" sein könnten und wie durch sie auf eine vorausgehende mündliche Überlieferung, in nun schriftlich vorliegenden Texten, insbesondere in Epen, geschlossen werden kann. Einen Ansatz formuliert Albert B. Lord. Unter Rekurs auf Parrys Formulierung „the formula helps the poet in his verse making" unterscheidet er zwischen Formeln aus mündlicher Tradition und Wiederholungen, wie sie auch in schriftlich formulierten poetischen Texten vorkommen können. „The 'repetition' [...] is a phrase repeated to call attention to a previous occurrence, of an aestetic or other purpose. Formulas do not point to other uses of themselves; they do not recall other occurrence. It might by said that they embody all previous occurrences, and, therfore not any one other single occurrence" (Lord, *Perspectives*, 492). Entscheidend für die Aufdeckung von mündlichen Traditionen in schriftlich überlieferter Texten ist also nicht nur die Dichte und Häufigkeit von sorgfältig strukturierten Ausdrücken und Phrasen, sondern vor allem die Funktion, nämlich daß sie der oder dem Vortragenden/performer helfen, den epischen Vers zu erstellen. Es wird sich im Folgenden zeigen, ob diese Überlegung für die Aufdeckung mündlicher Traditionen im Kolosserbrief etwas austragen kann. Das hier untersuchte Material ist kein epischer Text, sondern ein Brief. Der für die Epen konstitutive Formzwang zur metrischen Versdichtung besteht hier nicht. Aber die Beobachtung, daß Formulierungen nicht als Verweis wiederholt werden, sondern um den Charakter des intendierten Werkes zu treffen, ist m. E. eine wichtige Feststellung.

Inzwischen ist klar, daß keine abstrakten Kennzeichen für die Form oder den Inhalt, die Quantität oder Qualität von mündlicher Tradition gefunden werden können.[87] Durch zahlreiche anthropologische Feldforschungen konnte gezeigt werden, daß die „Gesetze mündlicher Komposition [...] nicht universal, sondern verschieden, je nach soziologischem Kontext" sind.[88] In der antiken Kultur mit einer „high residual orality" und einer nicht hochentwickelten Technik schriftlicher Fixierung und Überlieferung muß mit beiden Überlieferungstechniken gerechnet werden. Schriftlichkeit und Mündlichkeit standen nebeneinander und beeinflußten sich gegenseitig. „Even when tradition has been written down and exists in written form, it does not stay clear of orality or change its nature completely."[89] Denn erstens wurden die schriftlichen Texte laut vorgelesen: „Texts were written down not to be read, except by the very few, but to be heard. [...] Texts thus were a vehicle for performance and oral delivery."[90] Schriften und sogar die Fähigkeit zu schreiben werden auch als Basis genutzt, um Texte auswendig zu lernen.[91] Zweitens wurde durch die Nutzung der Schriftlichkeit die mündliche Überlieferung nicht ausgelöscht. Auch einmal schriftlich fixierte mündliche Texte leben nicht selten innerhalb mündlicher Tradierung weiter, ebenso wie auch schriftliche Texte, unabhängig vom schriftlichen Medium oder auf Grund des Verlusts der schriftlichen Qellen, in einigen Fällen aus-

---

[87] Die Anfänge der modernen Oralitätsforschung haben diese differenzierten Unterscheidungen vernachlässigt und statt dessen die Unterschiede zwischen oralen und literalisierten Gesellschaften dichotomisch aufgefaßt. Auch wenn Forscher wie Havelock, Ong und Kelber nicht völlig übersehen, daß sich die Schriftkultur erst nach der Erfindung des Buchdrucks umfassend durchsetzt und Ong die hellenistisch-römische Kultur als „a manuscript culture with high residual orality" (Ong, *Orality*, 158) bezeichnet, nehmen sie die Differenzierungen des antiken Verhältnisses zwischen Schriftkultur und mündlicher Kultur wenig in den Blick. Das Interesse dieser Forscher liegt vielmehr an der Aufdeckung einer grundsätzlich unterschiedlichen Strukturierung des Denkens einer oralen und einer schriftgeprägten Kultur. Dies liegt u. a. auch daran, daß im Blickpunkt des Interesses der althistorischen Oralitätsforschung zunächst vor allem der Beginn der Schriftkultur von Homer bis zur klassischen Phase der athenischen Philosophie stand. Die hellenistisch-römische Zeit wurde dabei aus verschiedenen Gründen vernachlässigt (vgl. David Aune, *Prolegomena*, 59-63). Inzwischen hat sich aber die Erkenntnis weitgehend durchgesetzt, daß auch nach dem Beginn der Schriftkultur im klassischen Athen des 5. Jh. v. Chr. die antiken Gesellschaften nicht als grundsätzlich von dieser geprägt zu betrachten sind. Verschiedene Forscherinnen und Forscher haben ein differenzierteres Klassifizierungssystem vorgeschlagen und benennen das hellenistisch-römische Zeitalter als „rhetorical culture" (Vernon Robbins, *Oral, Rhetorical, and Literary Cultures*, 80f) oder „scribal culture" (Pieter Botha, *Letter Writing*, 21). Für die römische Kaiserzeit sind vielfache Wechselwirkungen zwischen mündlichen und schriftlichen Einflußmöglichkeiten und Überlieferungsprozessen zu veranschlagen.

[88] Stemberger, *Einleitung*, 48. Vgl. auch Øivind Anderson, *Oral Tradition*.

[89] Anderson, *Oral Tradition*, 50.

[90] Anderson, *Oral Tradition*, 51.

[91] Philo empfiehlt dem zukünftigen König, das Deuteronomium eigenhändig abzuschreiben (αὐτοχειρίᾳ γράφειν) „damit die Anordnungen sich in die Seele fest einprägen (ἔγκοιλα γίνεσθαι)" (SpecLeg IV 160).

schließlich mündlich weitertradiert werden können.[92] Mündliche Überlieferung beeinflußte die schriftliche, was sich an der Texttradition antiker
Dramen zeigen läßt.[93] Umgekehrt verlangte die Fähigkeit zu schreiben von
der mündlichen Tradition vermutlich verstärkt wörtliche Übereinstimmung.
Drittens spricht die schriftliche Tradition niemals für sich selbst. Neben ihr
existierte bis in die Spätantike eine vorwiegend mündliche Auslegungstradi-
tion. Und viertens

> written tradition does not imply uniformity. [...] One might even say that while
> oral tradition implies a measure of competent control because messages never
> are left to themselves but always live by transmission in face-to-face situation,
> a written text gets out of control proportionately with the spread of the
> message.[94]

Zwei in gewissem Sinne gegensätzliche Beobachtungen an den Paulus-
briefen lassen auf die Aufnahme von Formulierungen und Ausdrucksweisen
mündlicher Diskussions- und Verkündigungspraxis in den Briefen der
Paulusgruppe schließen. Die erste Beobachtung ist, daß Paulus in seinen
Briefen eine Reihe von Themen und Motiven mehrmals behandelt. Aber die
Themen werden nicht identisch zur Sprache gebracht. Je nach Situation und
Fragestellung ändern sich nicht nur Ausrichtungen, sondern auch die Formu-
lierungen.

Am nächsten kommen sich die Abschnitte über den Leib Christi und die
Charismen in Röm 12,3-8 und I Kor 12,12-31. Aber die wörtliche
Übereinstimmung bleibt gering:

I Kor 12,12 <u>καθάπερ γὰρ</u> τὸ <u>σῶμα</u>	Röm 12,4 <u>καθάπερ γὰρ</u> ἐν
<u>ἕν</u> ἐστιν καὶ <u>μέλη πολλὰ ἔχει</u>,	<u>ἑνὶ</u> σώματι <u>πολλὰ μέλη ἔχομεν</u>
<u>πάντα δὲ τὰ μέλη</u> τοῦ <u>σώματος</u>	<u>τὰ δὲ μέλη πάντα</u> οὐ τὴν
<u>πολλὰ</u> ὄντα <u>ἕν</u> ἐστιν <u>σῶμα</u>	αὐτὴν ἔχει πρᾶξιν,
<u>οὕτως</u> καὶ ὁ <u>Χριστός</u> ...	12,5 <u>οὕτως</u> οἱ <u>πολλοὶ ἕν σῶμά</u>
12,20 νῦν δὲ πολλὰ μὲν μέλη ...	ἐσμεν ἐν Χριστῷ
ἓν δὲ σῶμα	τὸ δὲ καθ᾽ εἷς
12,27 ὑμεῖς δέ ἐστε σῶμα	
Χριστοῦ καὶ μέλη ἐκ μέρους ...	ἀλλήλων μέλη.

An Gemeinsamkeiten sind noch die Betonung der Unterschiedlichkeit von
Charismata (vgl. I Kor 12,4/Röm 12,6) und die Aufzählung der Liebe am
Schluß der Liste (I Kor 13/Röm 12,9) zu nennen, wobei nach I Kor die
Liebe das größte Charisma ist (vgl. I Kor 12,31-13,13). Aber die
Aufzählungen der verschiedenen Charismata und Aufgaben in der Gemeinde

---

[92] Dion Chrysostomos berichtet von den Borystheniten, die, „obwohl sie mitten unter den
Barbaren wohnen und kein reines Griechisch mehr sprechen, alle die Ilias auswendig können"
(36,9).
[93] Vgl. Reynolds und Wilson, *Scribes and Scholars*, 14f.
[94] Anderson, *Oral Tradition*, 51f.

unterscheiden sich grundlegend. Lediglich Prophetie und Lehre werden in beiden Aufzählungen genannt (I Kor 12,10.28/ Röm 12,6f).

Noch größer ist die Unterschiedlichkeit in der Behandlung der Abrahams- und Saraerzählung in Gal 3,6-29; 4,21-31 und Röm 4,1-25; 9,6-9. Obgleich beide Auslegungen den Satz aus Gen 15,6 „Und Abra(ha)m vertraute Gott, und das wurde ihm zur Gerechtigkeit angerechnet" (Gal 3,6; Röm 4,3) zum Ausgangspunkt der Argumentation nehmen, gehen sie völlig getrennte Wege, sowohl in ihrem Schriftgebrauch als auch in ihrer theologischen Argumentation. Während Gal 3,6-29 Gen 15,6 lediglich eingangs aufgreift und der Text des Gal im Folgenden vor allem Gen 12,3 und 12,7 auslegt,[95] diskutiert Röm 4 Gen 15,6 ausführlich und nimmt den Vers mehrfach wieder auf (4,9.22f). Im Röm wird die gesamte Abrahams- und Saraerzählung breit aufgenommen und diskutiert. Zitiert werden auch Gen 15,5 (Röm 4,18) und Gen 17,5 (Röm 4,17). Außerdem wird auch die Erzählung Gen 17,17-21 bzw. 18,10-14 in Röm 4,19f ausgelegt. Die wörtlichen Übereinstimmungen zwischen Gal 3,6-29; 4,21-31 und Röm 4,1-25; 9,6-9 sind dementsprechend gering:

Gal 3,7 γινώσκετε ἄρα ὅτι οἱ ἐκ πίστεως οὗτοι υἱοί εἰσιν Ἀβραάμ.	Röm 4,10f πῶς οὖν ἐλογίσθη; ... εἰς τὸ εἶναι αὐτὸν πατέρα πάντων τῶν πιστευόντων ...
3,16 τῷ δὲ Ἀβραὰμ ἐρρέθησαν αἱ ἐπαγγελίαι καὶ τῷ σπέρματι αὐτοῦ ...	4,13 οὐ γὰρ διὰ νόμου ἡ ἐπαγγελία τῷ Ἀβραὰμ ἢ τῷ σπέρματι αὐτοῦ τὸ κληρο- νόμον αὐτὸν εἶναι κόσμου ...
3,17f τὸ καταργῆσαι τὴν ἐπαγγελίαν εἰ γὰρ ἐκ νόμου ἡ κληρονομία ... 3,29 ... τοῦ Ἀβραὰμ σπέρμα ἐστέ κατ' ἐπαγγελίαν κληρονόμοι ...	4,14 ... εἰ γὰρ οἱ ἐκ νόμου κληρονόμοι ... κατήργηται ἡ ἐπαγγελία
Gal 4,28 ὑμεῖς δέ, ἀδελφοί, κατὰ Ἰσαὰκ ἐπαγγελίας τέκνα ἐστέ	Röm 9,7 οὐδ' ὅτι εἰσὶν σπέρμα Ἀβραὰμ πάντες τέκνα, ἀλλ' ἐν Ἰσαὰκ κληθήσεταί σοι σπέρμα

Paulus wiederholt im Röm die an Gen 15,4f und/oder 22,17 angelehnte Formulierung „dem Abraham wurde gesagt (gegeben) die Verheißung/en

---

[95] Das Zitat ἐνευλογηθήσονται ἐν σοὶ πάντα τὰ ἔθνη (Gal 3,8) ist so nicht in der Abrahamserzählung überliefert. Am nächsten kommen Gen 12,3: ἐνευλογηθήσονται ἐν σοὶ πᾶσαι αἱ φυλαὶ τῆς γῆς und Gen 18,18 ἐνευλογηθήσονται ἐν αὐτῷ πάντα τὰ ἔθνη τῆς γῆς. Die Formulierung τῷ σπέρματί σου findet sich zum erstenmal in der Rede Gottes in der Offenbarung Gen 12,7, die dann in 13,15; 15,18; 17,8 wiederholt wird (in 13,15 und 17,18 mit καί eingeleitet). Möglicherweise denkt Paulus auch an Gen 22,18: ἐνευλογηθήσονται ἐν τῷ σπέρματί σου πάντα τὰ ἔθνη τῆς γῆς. Der Text, der möglicherweise auch von der heutigen Überlieferung abweicht, wird vermutlich aus dem Gedächtnis zitiert, so daß leicht ein Mischtext entstehen konnte. Das Argument τὸ σπέρμα im Singular stimmt jedenfalls nicht in Gen 15,5.13.

und/oder seinem Samen, daß er Erbe sei" (Gal 3,16.29; Röm 4,13) und den an Gen 21,10 erinnernden Gedanken, daß die Verheißung nur Isaak und seinen Nachkommen, nicht aber auch Ismael gilt, sowie die Formulierung „die Verheißung (wäre) außer Kraft gesetzt, wenn nämlich das Erbe aus dem Gesetz (käme)" (Gal 3,17f) bzw. „wenn nämlich die aus dem Gesetz Erben sind [...] ist die Verheißung außer kraft gesetzt" (Röm 4,14). Die Argumentationslinien in Gal 3 und Röm 4 sind jedoch unterschiedlich. Während der Gal betont, daß die Verheißung Abrahams den Völkern (Heiden) gilt, argumentieren Röm 4 und Röm 9 für die Inklusivität der Verheißung für Beschneidung und Unbeschnittenheit (vgl. Röm 4,11f). Was in einer bestimmten Situation formuliert wurde, hat also für die Paulusgruppe keinen Ewigkeitswert, sondern ist grundsätzlich offen für weitere Überlegungen, Modifizierungen, Verbesserungen, neue exegetische und theologische Einsichten.

Dies zeigt sich auch in Röm 5,12-21 und I Kor 15,21. Obgleich beide Stellen Adam und Christus typologisch gegenüberstellen,[96] wird in Röm 5 die Argumentation I Kor 15 nicht etwa aufgenommen und weiter ausgeführt, sondern völlig neu theologisch durchgeführt und formuliert.

I Kor 15,21 ἐπειδὴ γὰρ δι᾽ ἀνθρώπου	Röm 5,12 διὰ τοῦτο ὥσπερ δι᾽ ἑνὸς ἀνθρώπου ἡ ἁμαρτία εἰς τὸν κόσμον εἰσῆλθεν καὶ διὰ
θάνατος ...	τῆς ἁμαρτίας ὁ θάνατος ...
15,22 ὥσπερ γὰρ ἐν τῷ Ἀδὰμ πάντες ἀποθνήσκουσιν	5,19 ὥσπερ γὰρ διὰ τῆς παρακοῆς τοῦ ἑνὸς ἀνθρώπου ἁμαρτωλοὶ κατεστάθησαν οἱ
οὕτως καὶ ἐν τῷ Χριστῷ	πολλοὶ οὕτως καὶ διὰ τῆς ὑπακοῆς τοῦ ἑνὸς δίκαιοι κατασταθήσονται οἱ πολλοί. 5,20 νόμος δὲ παρεισῆλθεν, ... 5,21 ἵνα ὥσπερ ἐβασίλευσεν ἡ ἁμαρτία ἐν τῷ θανάτῳ οὕτως καὶ ἡ χάρις βασιλεύσῃ διὰ δικαιο-
πάντες ζῳοποιηθήσονται	σύνης εἰς ζωὴν ...

Die Struktur des „wie nämlich ... so auch" aus I Kor 15,22 läßt sich in Röm 5 beobachten, aber statt um Auferstehung geht es in Röm 5 um die δικαιοσύνη als Gegenmachtbereich der Sünde. Ein ähnlicher theologischer Grundgedanke wird also nicht nur in unterschiedlichen Formulierungen, sondern auch mit je spezifischen Aussageabsichten aufgenommen. Dies zeigt, daß die paulinischen Briefe keine Lehrschriften eines autokratischen Gemeindeleiters sind, sondern daß sie Diskussionsprozesse und deren Entwicklung spiegeln.

---

[96] Vgl. hierzu Georgi, *Gott auf den Kopf stellen*, 202f.

Die zweite, scheinbar gegensätzliche Beobachtung ist, daß die Paulusgruppe eine Reihe von Formulierungen oder kleinere Wortpassagen an zwei oder mehr Stellen innerhalb der erhaltenen Briefe wiederholt. Beispiele konnten oben in Gal 3,17f und Röm 4,14 sowie in I Kor 12,12 und Röm 12,4f bereits beobachtet werden. Vor allem betrifft dies viele kürzere, zum großen Teil aus vorpaulinischer Tradition übernommene Formulierungen, z. B. „Gott ist mein Zeuge"; „Gott ist treu"[97] „(die solches tun) werden das Reich Gottes nicht erben"[98] „Christus anziehen"[99]; „der Geist Gottes wohnt in euch";[100] „das gleiche denkt";[101] oder „überströmend zu Gottes Glanz";[102] „Reichtum in schlichter Güte"[103] u. a. Aber auch längere Passagen wie z. B.:

> Gal 1,11 γνωρίζω γὰρ ὑμῖν, ἀδελφοί τὸ εὐαγγέλιον τὸ εὐαγγελισθὲν ὑπ᾽ ἐμοῦ
> I Kor 15,1 γνωρίζω δὲ ὑμῖν, ἀδελφοί τὸ εὐαγγέλιον ὃ εὐηγγελισάμην ὑμῖν.
> II Kor 8,1 γνωρίζομεν δὲ ὑμῖν, ἀδελφοί, τὴν χάριν τοῦ θεοῦ ...

oder

> I Thess 3,2 καὶ ἐπέμψαμεν Τιμόθεον... εἰς τὸ στηρίξαι ὑμᾶς καὶ παρακαλέσαι ὑπὲρ τῆς πίστεως ὑμῶν
> Röm 1,11f ἐπιποθῶ γὰρ ἰδεῖν ὑμᾶς ... εἰς τὸ στηριχθῆναι ὑμᾶς τοῦτο δέ ἐστιν συμπαρακληθῆναι ἐν ὑμῖν διὰ τῆς ἐν ἀλλήλοις πίστεως ὑμῶν τε καὶ ἐμοῦ

zeigen, daß die Paulusgruppe nicht nur ihre Gedanken, sondern auch die dafür gefundenen Formulierungen wieder aufnehmen kann. Die „Selbstzitierung", dies zeigt der Vergleich von I Thess 3,2 und Röm 1,11, folgt aber keinem starren Muster. Sie ist ebenso wie die Auslegung biblischer Erzählungen oder theologischer Gedanken grundsätzlich offen für vertiefende Einsichten. Wird die „Stärkung" und „Tröstung/Ermahnung" im I Thess 3,2 nur in einer Richtung, nämlich von Paulus, Silvanus und Timotheus zur Gemeinde hin ausgedrückt, so betont der Röm die Gegenseitigkeit und das Miteinander des „Mittröstens/zusammen

---

[97] πιστὸς δὲ ὁ Θεός I Kor 10,13/II Kor 1,18; vgl. Dtn 7,9; 32,4; Ps 144,13(LXX); PsSal 17,10; OdSal 2,4.

[98] Gal 5,21 οἱ τὰ τοιαῦτα πράσσοντες βασιλείαν θεοῦ οὐ κληρονομήσουσιν. βασιλείαν θεοῦ κληρονομήσουσιν auch I Kor 6,9f; 15,50. βασιλεία κυρίου auch I Chr 28,5; II Chr 13,8.

[99] Gal 3,27/Röm 6,14: Χριστὸν ἐνδύσασθε. Die Formulierung gehört vermutlich zum Taufbekenntnis, das Paulus in Gal 3,27f zitiert.

[100] I Kor 3,16/ Röm 8,9.11 πνεῦμα θεοῦ οἰκεῖ ἐν ὑμῖν.

[101] II Kor 13,11/ Phil 2,2; 4,2 τὸ αὐτὸ φρονεῖτε; Röm 12,16/15,5 τὸ αὐτὸ εἰς ἀλλήλους φρονοῦντες. Vgl. auch I Kor 14,20 ταῖς δὲ φρεσὶν τέλειοι γίνεσθε mit Phil 3,15: ὅσοι οὖν τέλειοι, τοῦτο φρονῶμεν.

[102] II Kor 4,15/Röm 3,7 περισσεύειν εἰς τὴν δόξαν τοῦ θεοῦ; vgl. auch I Kor 15,58/II Kor 9,8 περισσεύειν ἐν τῷ ἔργῳ τοῦ κυρίου/εἰς πᾶν ἔργον ἀγαθόν.

[103] II Kor 8,2 τὸ πλοῦτος τῆς ἁπλότητος; II Kor 9,11 ἐν παντὶ πλουτιζόμενοι εἰς πᾶσαν ἁπλότητα.

Ermahnens" durch das gegenseitige Vertrauen. Nicht selten lassen sich bei wiederholt aufgenommenen Formulierungen Abwandlungen beobachten:

> Gal 2,16 εἰδότες ὅτι <u>οὐ δικαιοῦται ἄνθρωπος ἐξ ἔργων νόμου</u> ἐὰν μὴ διὰ πίστεως Ἰησοῦ Χριστοῦ
> Phil 3,9 <u>μὴ ἔχων ἐμὴν δικαιοσύνην τὴν ἐκ νόμου</u> ἀλλὰ τὴν διὰ πίστεως Χριστοῦ
> Röm 3,20 διότι <u>ἐξ ἔργων νόμου οὐ δικαιωθήσεται</u> πᾶσα σὰρξ ἐνώπιον αὐτοῦ

Dieser Kernsatz der Rechtfertigungslehre ist nicht stereotyp verwendet. Gleich bleibt die Formulierung οὐ δικαιοῦν κτλ. ἐκ (ἔργων) νόμου (nicht gerecht werden auf Grund von (Werken) des Gesetzes), sondern διὰ πίστεως Χριστοῦ (durch Vertrauen auf/des Christus). Die Adversation wird aber je unterschiedlich ausgedrückt, und auch die Bezugsgruppe wechselt, ebenso kann „Gerechtmachung" aktiv oder passiv ausgedrückt werden. Den gleichen Gedanken drücken mit ähnlichen Worten auch I Thess 5,8 und Röm 13,12[104] oder I Kor 1,5 und II Kor 8,7 aus.[105]

Längere „Selbstzitate" beruhen vielfach auf aus der jüdischen Tradition übernommenen Formulierungen. Die ethische Regel: „Niemand soll Schlechtes mit Schlechtem vergelten" (I Thess 5,15 und Röm 12,17) läßt sich vielfach in vor- bzw. nebenpaulinischen jüdischen Texten belegen.[106] Auch die Formulierung „in Christus ist weder die Beschneidung etwas noch die Unbeschnittenheit, sondern ..." könnte aus jüdischer Tradition stammen:

> Gal 5,6 ἐν γὰρ Χριστῷ Ἰησοῦ <u>οὔτε περιτομή</u> τι ἰσχύει <u>οὔτε ἀκροβυστία ἀλλά</u> πίστις δι᾽ ἀγάπης ἐνεργουμένη
> Gal 6,15 <u>οὔτε γὰρ περιτομή</u> τί <u>ἐστιν οὔτε ἀκροβυστία ἀλλὰ</u> καινὴ κτίσις
> I Kor 7,19 <u>ἡ περιτομὴ</u> οὐδέν <u>ἐστιν καὶ ἡ ἀκροβυστία</u> οὐδέν <u>ἐστιν ἀλλὰ</u> τήρησες ἐντολῶν θεοῦ
> Röm 2,28f <u>οὐ γὰρ</u> ὁ ἐν τῷ φανερῷ Ἰουδαῖός <u>ἐστιν</u> οὐδὲ ἡ ἐν τῷ φανερῷ ἐν σαρκὶ <u>παριτομή ἀλλ᾽</u> ὁ ἐν τῷ κρυπτῷ Ἰουδαῖος καὶ <u>περιτομὴ καρδίας</u> ἐν πνεύματι οὐ γράμματι ...

Euthalios,[107] ein Herausgeber des *corpus Paulinum* im 4. Jh., der neben der stichometrischen Bearbeitung des Textes auch die Zitate nachzuweisen sucht, nennt zu Gal 6,15 als Quelle ein „Apokryphon des Mose".[108] Die Quelle ist verlorengegan-

---

[104] I Thess 5,8: ἐνδυσάμενοι θώρακα πίστεως (zieht an die Rüstung des Vertrauens). Röm 13,12: ἐνδυσώμεθα τὰ ὅπλα τοῦ φωτός (zieht an die Waffen des Lichts).

[105] Siehe unten Kap. 4.3.2, S. 122-123.

[106] I Thess 5,15 μή τις κακὸν ἀντὶ κακοῦ τινι ἀποδῷ; Röm 12,17 μηδενὶ κακὸν ἀντὶ κακοῦ ἀποδιδόντες; JosAs 23,9(B)/9(Ph) u. ö. οὐ προσήκει ἀνδρὶ θεοσεβεῖ ἀποδοῦναι κακὸν ἀντὶ κακοῦ. Weitere jüdische Parallelen zu dieser ethischen Regel vgl. Standhartinger, *Frauenbild*, 171-180.

[107] Zu Euthalios vgl. Maria Grazia Bianco, *Art. Euthalios*, ⁴LThK III (1995), 1018f.

[108] PG 85, 721. Bereits C. F. Georg Heinrici, *Der erste Brief an die Korinther*, 230, wies auf Euthalios hin. „Die dreifache aber variierte Wiederholung dieses Satzes macht es wahrscheinlich, daß Paulus das Wort übernommen hat" (ebd.). Hans Lietzmann wies diese

gen, aber es ist wahrscheinlich, daß der in klassischer Rhetorik gebildete Euthalios eine solche Schrift kannte. Ob das Apokryphon des Mose, das Euthalios hier zitiert sah, eine jüdische oder eine jüdisch-christliche, nachpaulinische Schrift war, läßt sich nicht mehr mit Sicherheit bestimmen. Der Satz wäre jedenfalls falsch verstanden, wenn man ihn als Aufforderung zum Verzicht auf Beschneidung verstehen wollte. Es geht hier vielmehr um die Frage nach dem Vor- und dem Nachgeordneten.[109]

Philo, der für die Beschneidung eintritt, weil „das heilige Wort lehrt [...] nichts von dem in den Sitten Bewahrten zu lösen, das göttlich ist und größere Männer bestimmt haben" (Migr 90), betont den symbolischen Wert des Beschneidens, das „die Lust und alle Leidenschaften herausschneidet und den unfrommen Schein zerstört, gemäß dessen das Denken meint, würdig zu sein, sich selbst zu zeugen" (Migr 92).[110] Daß die Beschneidung allein nichts wert ist ohne Abtrennen der Begierden, ohne Neuwerden und ohne Bewahren der Gebote Gottes, ist keineswegs allein die Meinung des Pharisäers Paulus und seiner Mitarbeiterinnen und Mitarbeiter. Die mit Gal 6,15 parr. verwandte Formulierung aus Röm 2,28f nimmt die prophetische Forderung nach der Beschneidung des Herzens auf.[111] Daher ist es m. E. mindestens gleichermaßen wahrscheinlich, daß die Formulierung aus Gal 5,6; 6,15 und I Kor 7,19 (Röm 2,28f) aus der jüdischen Tradition übernommen ist oder daß sie erst von der Paulusgruppe gebildet wurde.

Die Formulierung „nicht mehr ich lebe, sondern Christus in mir", die Paulus nicht nur mit verschiedenen Personen durchkonjugiert, sondern auch in bezug auf die Benennung des neuen Lebens verschieden gewichtet, entstammt vermutlich vorpaulinischer jüdischer Tradition.

Gal 2,20 ζῶ δὲ <u>οὐκέτι ἐγώ</u> ζῇ δὲ ἐν ἐμοὶ Χριστός
II Kor 5,15 ἵνα οἱ ζῶντες μηκέτι ἑαυτοῖς ζῶσιν ἀλλὰ τῷ ὑπὲρ αὐτῶν <u>ἀποθανόντι καὶ ἐγερθέντι</u>
Röm 6,10 ὃ δὲ ζῇ, <u>ζῇ τῷ θεῷ</u>

Vermutung in seinem Galaterkommentar zurück, weil er die Schriften des Euthalios für ein Produkt des 7. Jh. hielt. Conzelmann schloß sich in seinem Korintherkommentar Lietzmann an. Seither ist diese Bemerkung m. W. aus den Kommentaren verschwunden, obgleich das Werk des Euthalios wieder viel früher datiert wird.

[109] Von Johanan Ben Sakkai wird z. B. der Spruch überliefert: „Nicht der Tod macht unrein und nicht das Wasser macht rein." (BemR 19,8) Innerhalb der Reinheitsdiskussion der tannaitischen Zeit ist dies eine gewagte These. Es geht hier ebenso wie in Gal 6,15 parr. um die Frage des Vor- und Nachgeordneten. Hinweis von Chana Safrai.

[110] Vgl. auch SpecLeg I 1-11, besonders 9f; Quaest in Gn III 46-52 und Quaest in Ex II 2 (zu Ex 22,20): „Er legt besonders deutlich dar, daß ein Proselyt nicht der ist, der seine Vorhaut beschneidet, sondern der, der die Lüste und die Begierden und die anderen Leidenschaften der Seele (beschneidet)." (ἐμφανέστατα παρίστησιν ὅτι προσήλυτός ἐστιν οὐχ ὁ περιτμηθεὶς τὴν ἀκροβυστίαν ἀλλὰ ὁ τὰς ἡδονὰς καὶ τὰς ἐπιθυμίας καὶ τὰ ἄλλα πάθη τῆς ψυχῆς; Text siehe Neil J. Mceleney, Conversion, 328, Anm. 7; vgl. auch John Nolland, Uncircumcised Proselytes?) Angesichts des diskursiven Charakters der Quaestiones von Philo ist es nicht ausgeschlossen, daß hier die Meinung der Allegoristen aufgenommen ist, gegen die Philo in Migr 89-94 argumentiert und die anscheinend allein dem symbolischen Wert der Beschneidung Bedeutung beimaßen. Migr 92 und Quaest in Ex sind deutlich parallel formuliert. Vgl. auch Gerhard Selin, Die religionsgeschichtlichen Hintergründe, 12.

[111] Vgl. Lev 26,41; Dtn 10,16; 30,6; Jer 4,4; 9,25; Ez 44,7.9; 1QS V,5. Vgl. auch John J. Collins, A Symbol, besonders 170-179. Vgl. auch EvThom 53.

Röm 6,11 οὕτως καὶ ὑμεῖς λογίζεσθε ἑαυτοὺς [εἶναι] νεκροὺς ... <u>ζῶντας</u>
<u>δὲ τῷ θεῷ</u> ἐν Χριστῷ Ἰησοῦ
Röm 14,8 ἐάν τε γὰρ <u>ζῶμεν τῷ κυρίῳ ζῶμεν</u>

Die in Röm 6,10 und Röm 14,8 aufgenommene Formulierung ζῶ τῷ
θεῷ/κυρίῳ (bei/für Gott leben) kennt auch das IV Makk sowie Philo.[112] Die
Formulierung aus I Kor 12,6 „einer ist Gott, der alles in allem bewirkt"
findet sich auch bei Arist 210.[113]

Biblische Traditionen und Zitate werden nicht selten mehrfach in den
Briefen der Paulusgruppe diskutiert:[114]

Jes 65,23 οἱ δὲ ἐκλεκτοί μου οὐ <u>κοπιάσουσιν εἰς κενόν</u>
I Thess 3,5 μή ... <u>εἰς κενὸν</u> γένηται ὁ <u>κόπος</u> ἡμῶν
Phil 2,16 οὐκ εἰς κενὸν ἔδραμον οὐδὲ <u>εἰς κενὸν ἐκοπίασα</u>
I Kor 15,58 εἰδότες ὅτι ὁ <u>κόπος</u> ὑμῶν οὐκ ἔστιν <u>κενὸς</u> ἐν κυρίῳ

Auch Jes 65,23 wird in den einzelnen Briefen mit je eigenem exegetisch-
theologischem Skopus verwendet. Z. B. wird die Deutung der „Erwählten"
unterschiedlich durchgeführt.

Daß Paulus schließlich auch Traditionen aus der Jesusbewegung und vom
auferstandenen Christus übernimmt, bezeugt er vielfach selbst (I Kor 11,23-
26; 15,3ff; Gal 1,12 u. ö.). Z. B. wurde der in II Kor 3,18; Phil 3,20f; Röm
8,29 (vgl. auch Gal 4,19)[115] ausgedrückte Gedanke der Verwandlung in das
Bild des Auferstandenen von einzelnen Auslegern als vorpaulinische
Tradition bestimmt.[116]

---

[112] Vgl. IV Makk 16,25 εἰδότες ὅτι οἱ διὰ τὸν θεὸν ἀποθνήσκοντες ζῶσιν τῷ θεῷ (sie
wußte, daß die, die wegen Gott gestorben sind, bei Gott leben). Vgl. auch IV Makk 7,19:
πιστεύοντες ὅτι θεῷ οὐκ ἀποθνήσκουσιν ... ἀλλὰ ζῶσιν τῷ θεῷ (darauf vertrauend, daß
sie bei Gott nicht sterben, ... sondern bei Gott leben werden). An beiden Stellen wird die These
mit einem Verweis auf die Patriarchen begründet. ζῆσαι θεῷ (bei Gott leben) als Ziel des
Aufstiegs der Seele zu Gott, nach der Flucht vor allem Menschlichen, kennt auch Philo, Mut
213; Her 111.
[113] I Kor 12,6 ὁ δὲ αὐτὸς θεός ὁ ἐνεργῶν τὰ πάντα ἐν πᾶσιν; vgl. Arist 210 πάντα διὰ
παντὸς ὁ θεὸς ἐνεργεῖ. Die Formulierung aus I Kor 12,6 wird wieder aufgenommen in Phil
2,13 θεὸς γάρ ἐστιν ὁ ἐνεργῶν ἐν ὑμῖν καὶ τὸ θέλειν καὶ τὸ ἐνεργεῖν und I Thess 2,13
λόγος θεοῦ ὃς καὶ ἐνεργεῖται ἐν ὑμῖν τοις πιστεύουσιν mit der Entsprechung in Negation
TestDan 5,5 ἐν πάσῃ πονηρίᾳ ἐνεργούντων ἐν ὑμῖν τῶν πνευμάτων τῆς πλάγης (in
aller Unzucht wirkt in euch der Geist des Irrtums). Zur ἐνεργεία (Wirksamkeit) Gottes vgl.
auch Jes 41,4; II Makk 3,29; Weish 7,26 und Arist 266.
[114] Vgl. auch Jer 9,22f mit I Kor 1,31/II Kor 10,17 (ὁ καυχώμενος ἐν κυρίῳ καυχάσθω);
Jes 45,23(LXX) mit Phil 2,9f/Röm 14,11; Lev 19,18 mit Gal 5,14/Röm 13,9. Vgl. auch oben
Gal 3,6 und Röm 4,3.
[115] II Kor 3,18: ἡμεῖς δὲ πάντες ἀνακεκαλυμμένῳ προσώπῳ τὴν δόξαν κυρίου
κατοπτριζόμενοι τὴν αὐτὴν <u>εἰκόνα</u> μεταμορφούμεθα ἀπὸ δόξης εἰς δόξαν καθάπερ
ἀπὸ κυρίου πνεύματος. Phil 3,21: ὃς μετασχηματίσει τὸ σῶμα τῆς ταπεινώσεως ἡμῶν
<u>σύμμορφον</u> τῷ σώματι τῆς <u>δόξης αὐτοῦ</u> κατὰ τὴν ἐνέργειαν τοῦ δυνασθαι αὐτὸν καὶ
ὑποτάξαι αὐτῷ τὰ πάντα. Röm 8,29: συμμόρφους τῆς <u>εἰκόνος</u> τοῦ υἱοῦ αὐτοῦ εἰς τὸ
εἶναι αὐτὸν πρωτότοκον ἐν πολλοῖς ἀδελφοῖς.
[116] Zu II Kor 3,18 vgl. Georgi, Gegner, 274-283; zu Phil 3,20f vgl. Jürgen Becker,
Erwägungen; zu Röm 8,29 vgl. Ulrich Luz, Geschichtsverständnis, 253.

Die Tatsache, daß Paulus und seine Mitarbeiter und Mitarbeiterinnen den verschiedenen Gemeinden nicht identische Lehrschreiben oder fest geformte Lehrstücke zu den einzelnen theologischen Themen mitteilen, sondern in den Briefen theologische Erkenntnis und biblische Tradition nicht nur mit neuen Formulierungen, sondern auch mit anderen Thesen vortragen, zeigt, daß die Briefe zumindest von den Absendern nicht als zeitlose Lehrschreiben oder Dogmatiken verstanden wurden. Wenn sie dennoch gelegentlich identische, ähnliche und teilweise bereits traditionell geprägte Formulierungen auf-nehmen, dann läßt sich m. E. vermuten, daß in die Briefe mündlicher Sprachgebrauch eingegangen ist und in den Diskussionen der Paulusgruppe gefundene Formulierungen aufgenommen wurden. Diskussion und Modifizierung theologischer Einsichten werden besonders in den Abwandlungen bereits traditionell geprägter Formulierungen und in den „Selbstzitaten" deutlich. Zu beobachten sind unterschiedliche Bezüge von Subjekt und Objekt sowie Erweiterungen und nicht selten neue Reflexionen bzw. Durchdringungen. Die paulinischen Predigten und die Diskussionen der Gemeinden, in denen er wirkte, sind uns verlorengegangen. Wenn sich jedoch auf die oben gezeigte Weise „Selbstzitate" plausibel machen lassen, so wäre damit eine Möglichkeit gewonnen, einen Teil der mündlichen Verkündigung der paulinischen Gruppe zu rekonstruieren. Im Folgenden soll aufgewiesen werden, daß der Kol gerade solche Formulierungen und Wortpassagen aufnimmt, die in den Paulusbriefen mehrfach verwendet werden. Damit soll gezeigt werden, daß eine literarische Abhängigkeit des Kol von einzelnen Paulusbriefen weniger wahrscheinlich ist als eine Beeinflussung von paulinischer Predigt und Rede, wie sie sich aufgrund der Paulusbriefe hypothetisch rekonstruieren läßt.

3. MÜNDLICHE TRADITIONEN IM KOLOSSERBRIEF

Bereits im Kap. 2 wurde deutlich, daß Autoren und Autorinnen von pseudepigraphen Texten versuchen, Sprachstil und Gedanken der von ihnen nachgeahmten Schriftsteller möglichst genau zu treffen–oder zumindest die Vorstellung vom Sprachstil und der Gedankenwelt des nachgeahmten Schriftstellers bei den intendierten Leserinnen und Lesern zu erwecken. Einige Verfasser der Pseudepigraphen befinden sich dabei in der glücklichen Lage, über Quellen wie „Mitschriften" (ὑπομνήματα) zu verfügen. Aber auch ohne schriftliche Quellen ist die Kenntnis des Stils paulinischer Rede und des Inhalts seiner Predigt in Syrien, Kleinasien und Griechenland (und vielleicht auch in Rom) bekannt gewesen und hat sich–wie von der moder-nen Oralitätsforschung herausgearbeitet wurde–auch in seiner Abwesenheit mündlich verbreitet. Für Paulus und Timotheus charakteristische Formu-

lierungen sind daher ein wesentliches Plausibilitätssignal für einen pseudepigraphen Brief in deren Namen.

   Angesichts der oben beschriebenen Problematik des Nachweises mündlicher Traditionen in antiken Kulturen und ihrer schriftlichen Hinterlassenschaften muß der Versuch der Rekonstruktion mündlicher Abhängigkeiten
immer hypothetisch bleiben. Die folgende Untersuchung eventueller mündlicher Paulustraditionen im Kol ist jedoch von der Beobachtung geleitet, daß
hier kurze, „paulinisch" klingende Formulierungen auftauchen, die nicht auf
bestimmte Stellen und Kontexte innerhalb der heute verfügbaren Briefe des
Paulus hinweisen. Eine Reihe von Formulierungen und Wortpassagen
werden, wie gezeigt, in den paulinischen Briefen mehrfach verwendet. Wenn
die Briefe des Paulus Redeweisen der mündlichen Verkündigung aufnehmen, ist zu vermuten, daß mehrfach wiederholte Formulierungen
sprachliche Bruchstücke der paulinischen Predigt sind. Dabei darf nicht
außer acht gelassen werden, daß Paulus in der Diskussion des gleichen
Themas in seinen Briefen sich gerade nicht wiederholt, sondern vollständig
neu formuliert. Es geht hier in erster Linie nicht um den theologisch-be-
wußten, sondern um den sprachlich-unbewußten Teil der paulinischen Rede.
Die Aufnahme solcher Bruchstücke paulinischer Rede im Kol läßt m. E.
vermuten, daß die Verf. mit paulinischer Predigt bzw. deren mündlicher
Überlieferung vertraut waren und sich zumindest in gewissem Maß bemühten, sie nachzuahmen.

   Im Folgenden werde ich zunächst einige Beispiele der möglichen Aufnahme von paulinischem Sprachgebrauch anführen (3.1 und 3.2). In einem
dritten Schritt (3.3) werde ich die im Kol aufgenommenen theologischen
Traditionsstücke untersuchen, die sich ebenfalls in den Paulusbriefen finden.
Es ist zu fragen, ob die Aufnahme von gleichen oder ähnlichen Traditions-
stücken im Kol und den Paulusbriefen durch literarische oder mündliche
Vermittlung geschieht. Prüfstein ist dabei neben dem Maß verbaler Übereinstimmungen vor allem die theologische Entwicklungsstufe, auf der ein Traditionsstück in den Kontext eingearbeitet wurde.

3.1 Einleitungsformeln

Zunächst möchte ich hier auf einige Formulierungen hinweisen, die ohne
besondere inhaltliche Relevanz an paulinischen Sprachstil erinnern. In *Kol
2,1* setzen die Verf. inmitten des Selbstberichts des fiktiven Autors (1,23-
2,5) neu ein mit der Formulierung: „Ich will nämlich, daß ihr wißt, welchen
schweren Kampf ich habe ...". Inhaltlich gehören die Verse 1,29 und 2,1
durch das Stichwort ἀγών/ἀγωνίζεσθαι ebenso zusammen, wie 2,1 durch
das ὑπὲρ ὑμῶν mit 1,24 verbunden ist. Der Neueinsatz ist also
überraschend. Er nimmt eine Formulierung auf, die bei Paulus häufig zu
finden ist:

Kol 2,1 <u>θέλω γὰρ ὑμᾶς εἰδέναι</u> ἡλίκον ἀγῶνα ἔχω.
I Kor 11,3 <u>θέλω</u> δὲ <u>ὑμᾶς εἰδέναι</u> ὅτι
I Kor 10,1 <u>οὐ γὰρ θέλω ὑμᾶς</u> ἀγνοεῖν, ἀδελφοί, ὅτι
Röm 11,25 <u>οὐ γὰρ θέλω ὑμᾶς</u> ἀγνοεῖν, ἀδελφοί, ὅτι
II Kor 1,8 <u>οὐ γὰρ θέλω ὑμᾶς</u> ἀγνοεῖν, ἀδελφοί, ὑπέρ
Röm 1,13 <u>οὐ θέλω</u> δὲ <u>ὑμᾶς</u> ἀγνοεῖν, ἀδελφοί, ὅτι
I Thess 4,13 <u>οὐ θέλομεν</u> δὲ <u>ὑμᾶς</u> ἀγνοεῖν, ἀδελφοί, πέρι
I Kor 12,1 περὶ δὲ τῶν πνευματικῶν, ἀδελφοί, οὐ <u>θέλω ὑμᾶς</u> ἀγνοεῖν

Die Formel ist von White als „disclosure phrase" bezeichnet und in zahlreichen Papyrusbriefen nachgewiesen worden.[117] Paulus verwendet in I Kor
11,3 eine mit Kol 2,1 fast identische Formulierung. Allerdings benutzt er
sonst häufig die verneinte Form: „Ich will aber nicht, daß ihr verkennt,
Geschwister, ..." (οὐ θέλω ὑμᾶς ἀγνοεῖν, ἀδελφοί, ...). Ob es sich hierbei
um eine paulusspezifische Abwandlung der in Briefen gebräuchlichen
Formulierungen handelt und ob Paulus diese Formulierung nur in Briefen
oder auch in seiner mündlichen Rede verwandte, kann nicht entschieden
werden.

Paulus gebraucht noch eine weitere „disclosure phrase" in drei Briefen:

Gal 1,11 γνωρίζω γὰρ ὑμῖν, ἀδελφοί, τὸ εὐαγγέλιον τὸ εὐαγγελισθὲν ὑπ᾽
ἐμοῦ
I Kor 15,1 γνωρίζω δὲ ὑμῖν, ἀδελφοί, τὸ εὐαγγέλιον ὃ εὐηγγελισάμην
ὑμῖν
II Kor 8,1 γνωρίζω δὲ ὑμῖν, ἀδελφοί, τὴν χάριν τοῦ θεοῦ[118]

Der Zusammenhang in I Kor 15,1-3 macht deutlich, daß hier nicht etwas
gänzlich Neues folgt. Vielmehr verweisen die Aoriste in 15,2f auf die bereits
verkündigte Botschaft bzw. weitergegebene Überlieferung. Mit diesem
Verweis wird ein neues Thema innerhalb des Briefes eingeleitet.
Berichtenden Charakter haben Gal 1,11ff und II Kor 8,1ff. Das „ich will
nämlich, daß ihr wißt" aus Kol 2,1 unterbricht dagegen den Kontext, ohne
daß ein neuer Gedanke einsetzt. Wenn die Formulierung aus Kol 2,1 auf
paulinischen Sprachstil zurückgehen sollte, ist sie m. E. als Versicherung des
paulinischen Charakters der Rede zu interpretieren.

Eine weitere in ähnlicher Weise auch in den Paulusbriefen zu beobachtende Formulierung ist Kol 2,4 τοῦτο λέγω ἵνα μηδείς ... (dieses sage ich,
damit niemand ...). τοῦτο δὲ λέγω/λέγομεν formulieren Paulus und seine
Mitarbeiterinnen und Mitarbeiter auch in I Thess 4,15; Gal 3,17; I Kor 1,12;
7,6.[119] Allerdings folgt an keiner dieser Stellen ein verneinter Finalsatz.

---

[117] White, Light, 207f. Vgl. auch dort Brief Nr. 71 (P.Oxy IV 743; 2 v. Chr.): ὥστ᾽ ἂν
τοῦτό σε θέλω γεινώσκειν ὅτι ...; Nr. 91 (P.Osl. Inv. 1475; Mitte 1. Jh. n. Chr.): θέλω σε
γε[ι]νώσκειν ὅτι; Nr. 101f; 104B (P.Mich. VIII 464 (99. n. Chr.); 491; 476; P.Oxy XII 1481
(jeweils 2. Jh. n. Chr)): γινώσκ(ε)ιν σε θέλω ὅτι (vgl. auch Nr. 114 (BGU III 846)).
[118] Vgl. auch Phil 1,12 γινώσκειν δὲ ὑμᾶς βούλομαι, ἀδελφοί, ὅτι ...
[119] I Thess 4,15 τοῦτο γὰρ ὑμῖν λέγομεν; Gal 3,17 τοῦτο δὲ λέγω; I Kor 1,12 λέγω δὲ
τοῦτο ὅτι; I Kor 7,6 τοῦτο δὲ λέγω κατά.

Einen (verneinten) Finalsatz schließt Paulus aber einer anderen Formulierung an, die von Koskenniemi bereits als antike Brieftopik erkannt und von White als „formula disclosing information" bezeichnet wurde:[120]

Kol 2,4 <u>τοῦτο</u> λέγω <u>ἵνα μηδείς</u>
II Kor 2,3 καὶ ἔγραψα <u>τοῦτο</u> αὐτό <u>ἵνα μή</u>
II Kor 13,10 διὰ <u>τοῦτο</u> ταῦτα ἀπὼν γράφω <u>ἵνα</u> παρὼν <u>μή</u>
II Kor 2,9 εἰς <u>τοῦτο</u> γὰρ καὶ ἔγραψα <u>ἵνα</u>
I Kor 9,15 οὐκ ἔγραψα δὲ ταῦτα <u>ἵνα</u>

Die Einleitung von Kol 2,4 wirkt wie eine Verbindung der Formulierungen τοῦτο δὲ λέγω/λέγομεν und ἔγραψα τοῦτο ἵνα μή, wobei der Verzicht auf das Verb γράφειν nicht unberücksichtigt bleiben soll. Im Kol verweist der fiktive Paulus nicht auf seine bereits geschriebenen, sondern auf seine mündlichen Worte. Eine literarische Abhängigkeit von Paulusbriefen kann zumindest an dieser Stelle nicht behauptet werden.

In *Kol 2,5* begegnet ein weiteres Element der antiken Briefphraseologie: „Denn wenn ich auch im Fleisch abwesend bin, bin ich doch im Geist bei euch ..." Die Traditionsgeschichte des in vielen antiken Briefen begegnenden Schemas ἀπών–παρών hat Thraede herausgearbeitet.[121] Auch Paulus verwendet dieses Schema mehrfach:

Kol 2,5 εἰ γὰρ καὶ τῇ σαρκὶ <u>ἄπειμι</u>, ἀλλὰ <u>τῷ πνεύματι</u> σὺν ὑμῖν εἰμι
I Kor 5,3 ἐγὼ μὲν γάρ <u>ἀπὼν</u> τῷ σώματι <u>παρὼν</u> δὲ <u>τῷ πνεύματι</u>
II Kor 10,11 οἷοί ἐσμεν τῷ λόγῳ δι' ἐπιστολῶν <u>ἀπόντες</u> τοιοῦτοι καὶ <u>παρόντες</u> τῷ ἔργῳ
II Kor 13,10 διὰ τοῦτο ταῦτα <u>ἀπὼν</u> γράφω ἵνα <u>παρὼν</u> μή
Phil 1,27 ἵνα εἴτε ἐλθὼν καὶ ἰδὼν ὑμᾶς εἴτε <u>ἀπὼν</u>
Phil 2,12 μὴ ὡς ἐν τῇ <u>παρουσίᾳ</u> μου μόνον ἀλλὰ νῦν πολλῷ μᾶλλον ἐν τῇ <u>ἀπουσίᾳ</u> μου[122]
Gal 4,18 καλὸν δὲ ζηλοῦσθαι ... μὴ μόνον ἐν τῷ <u>παρεῖναί</u> με πρὸς ὑμᾶς

Die Gegenüberstellung σῶμα/σάρξ–πνεῦμα ist ebenfalls innerhalb antiker Brieftopik nicht unbekannt.[123] Die Variante des Schemas im Kol τῇ σαρκὶ ἄπειμι–τῷ πνεύματι σὺν ὑμῖν muß also keineswegs literarisch von der paulinischen Variante ἀπὼν τῷ σώματι–παρὼν τῷ πνεύματι abhängig sein, sondern könnte auch schlicht allgemeiner Briefphraseologie entstammen. Thraede meint, der ganze Abschnitt Kol 2,1-5 sei eine „formgeschichtlich zu erklärende Ballung briefspezifischer Gemein-

---

[120] Vgl. Heikki Koskenniemi, *Studien*, 77-87; White, *Light*, 204f. Vgl. auch Brief Nr. 107 (Pamh II 133; frühes 2. Jh. n. Chr.): γράφω σοι ἵν' εἰδῇς ὅτι. White, *Light*, 207, stellt das verstärkte Auftauchen der γινώσκειν σε θέλω ὅτι-Formulierung in der römischen Zeit fest und vermutet, daß dies „seems to conincide with the disapperarance of the „motivation for writing" phrase which was used in the Ptolemaic period to conclude the body i.e. „I wrote to you in order that you know". Die paulinischen Briefe kennen beide Formulierungen.
[121] Vgl. Thraede, *Studien*, 17-91.
[122] Vgl. auch I Thess 2,17.
[123] Vgl. Thraede, *Studien*, 80. Vgl. auch 3. Diogenesbrief (94,8f [Malherbe]).

plätze".[124] Inwieweit das ἀπών–παρών Schema auch in der mündlichen Verkündigung eine Rolle spielte, muß offenbleiben. Es lassen sich noch weitere Aufnahmen von anderern Einleitungs- bzw. Überleitungsformulierungen der Paulusbriefe im Kolosserbrief nachweisen. Die Überleitung zum zweiten Teil des Proömiums in Kol 1,9 „Deshalb (haben) auch wir" (διὰ τοῦτο καὶ ἡμεῖς) findet sich auch I Thess 2,13.[125] Die Aufforderung Kol 2,8 „seht, daß nicht ...!" (βλέπετε μή) findet sich auch Gal 5,15; I Kor 8,9; 10,12;[126] die aus Kol 2,16 „niemand also" (μὴ οὖν τις) auch I Kor 16,11. Die Überleitung aus Kol 3,1 „wenn also" (εἰ οὖν) findet sich ebenso in Phil 2,1 und Phlm 17.[127]

Der Kol benutzt also einige Ein- bzw. Überleitungsformulierungen, die auch in den paulinischen Briefen überliefert werden. Inwieweit sie für den spezifisch paulinischen Sprachstil charakteristisch sind, muß offenbleiben. Abgesehen von dem ἀπών–παρών Schema, das der Kol allerdings in der Abwandlung ἀπών–σὺν ὑμῖν aufnimmt, ist keine der vom Kol verwendeten Formulierungen briefspezifisch. Statt „ich habe dies geschrieben (ἔγραψα), damit nicht ..." (II Kor 2,3 u. ö.) findet sich im Kol 2,4 die Formulierung „dieses sage ich (λέγω), damit niemand ...". Daß der Kol paulinischen Sprachstil nachahmen will, läßt der unvermittelte Neueinsatz in 2,1 vermuten. Die von Paulus verwendeten briefspezifischen Formulierungen werden allerdings kaum, und wenn, in charakteristischer Abwandlung verwendet.[128]

3.2 Aufnahmen paulinischen Sprachgebrauchs

Neben diesen „Einleitungsformeln" sind im Kol weitere Passagen enthalten, in denen paulinische Formulierungen anklingen. Im Folgenden werde ich beispielhaft die Wiederaufnahme des Proömiums in 1,9-11, die Übertragung des Hymnus auf die Leserinnen und Hörer sowie die Nachrichten über den fiktiven Absender in 1,24f und 4,2f in bezug auf mögliche Aufnahmen solcher Sprachtraditionen untersuchen. Die Auswahl der Stellen bestimmt sich durch das verstärkte Auftreten paulinischer Ausdrucksweisen in diesen Versen.[129] Gefragt werden soll, ob die vom Kol aufgenommenen Passagen einmalige charakteristische Formulierungen in den Paulusbriefen zitieren

---

[124] Thraede, *Grundzüge*, 105. Siehe aber unten Kap. 5.1.2, 173f.

[125] Auch in I Thess 2,13 wird das Proömium wieder aufgenommen.

[126] Im NT sonst noch Mk 13,5 parr.; Apg 13,40; Hebr 12,25.

[127] Vgl. auch I Kor 14,11.23; Röm 14,8 ἐάν οὖν. Die häufigsten οὖν-Verbindungen aus den paulinischen Homologumena τί οὖν (Gal 3,19; I Kor 3,15; 9,18; Röm 3,1.9 u. ö. [insgesamt 16mal aber allein in den Paulusbriefen] und ἄρα οὖν (I Thess 5,6; Gal 6,10; Röm 5,18; 7,3.25; 8,12; 9,16.18; 14,12.19) kommen im Kol nicht vor. ἄρα οὖν dagegen innerhalb des NT auch Eph 2,19; II Thess 2,15.

[128] Siehe hierzu unten Kap. 5.1.2, S. 173f.

[129] Die übrigen Parallelen zu Formulierungen paulinischer Briefe werden jeweils bei der Besprechung der entsprechenden Kolossertexte angemerkt.

oder ob die entsprechende Ausdrucksweise mehrfach in den Paulusbriefen vorkommt. Untersucht werden soll außerdem, ob die aufgenommenen Passagen im Kol auf einen bestimmten literarischen Kontext in den Paulusbriefen verweisen.

Die Wiederaufnahme des Proömiums in *Kol 1,9-11* beginnt, wie I Thess 2,13, mit der Einleitung διὰ τοῦτο καὶ ἡμεῖς. Es folgt die Versicherung des unaufhörlichen Gebetes. Diese Fortführung οὐ παυόμεθα ὑπὲρ ὑμῶν προσευχόμενοι καὶ αἰτούμενοι (1,9a) ist in den paulinischen Briefen nicht nachzuweisen. Hier findet sich stattdessen wiederholt die Formulierung:

I Thess 1,2 μνείαν ποιούμενοι ἐπὶ τῶν <u>προσευχῶν</u> ἡμῶν ἀδιαλείπτως μνημονεύοντες ὑμῶν τοῦ ἔργου τῆς πίστεως ...[130]
Röm 1,9f ἀδιαλείπτως μνείαν ὑμῶν ποιοῦμαι πάντοτε ἐπὶ τῶν <u>προσευχῶν</u> μου δεόμενος ...

Die Fortsetzung des Satzes in Kol 1,9b erinnert dagegen an mehrere paulinische Formulierungen:

Kol 1,9b ἵνα <u>πληρωθῆτε</u> τὴν <u>ἐπίγνωσιν</u> τοῦ θελήματος αὐτοῦ
Röm 15,14 <u>πεπληρωμένοι</u> πάσης [τῆς] <u>γνώσεως</u>
II Kor 8,7 ἐν παντὶ <u>περισσεύετε</u>, πίστει, καὶ <u>λόγῳ</u> καὶ <u>γνώσει</u> ... καὶ ... <u>ἀγάπη</u>
Phil 1,9 ἵνα ἡ <u>ἀγάπη</u> ὑμῶν ἔτι μᾶλλον ... <u>περισσεύῃ</u> ἐν <u>ἐπιγνώσει</u>
I Kor 1,5 ἐν παντὶ <u>ἐπλουτίσθητε</u>[131] ἐν αὐτῷ ἐν παντὶ <u>λόγῳ</u> καὶ πάσῃ <u>γνώσει</u>

Der Ausdruck aus Röm 15,14 kommt der Formulierung in Kol 1,9b am nächsten. Ein Bedeutungsunterschied zwischen ἐπίγνωσις und γνῶσις läßt sich nicht feststellen.[132] Jedoch ist Röm 15,15 in den bis heute erhaltenen Paulusbriefen nicht gänzlich ohne sprachliche Parallelen. Der Gedanke „Fülle bzw. Reichtum an und in Erkenntnis" wird mit unterschiedlichen Verben („erfüllt worden sein", „überreich sein/im Überfluß vorhanden sein" und „reich gemacht worden sein") viermal ausgedrückt. Keine der paulinischen Formulierungen ist identisch, und doch werden Teil-formulierungen wiederholt und neu variiert. II Kor 8,7 und Phil 1,9 nennen neben der Erkenntnis die Liebe, I Kor 1,5 und II Kor 8,7 das Wort. Die Fülle oder der Reichtum an Erkenntnis ist in allen paulinischen Gemeinden bereits gegenwärtige Realität. Das paulinische Lieblingswort περισσεύειν hat allerdings zugleich einen dynamischen Aspekt. Es steht parallel zu πλουτίζειν (bereichern II Kor 8,9) oder ἀναπληροῦν (erfüllen II Kor 9,2).[133] Anders als Röm 15,14, wo Paulus den abgeschlossenen Vorgang der Erfüllung mit Erkenntnis bei den Römern konstatiert, bitten die Verf. des

---

[130] Vgl. auch I Thess 2,13; 5,27.
[131] Vgl. II Kor 9,11.
[132] Vgl. Rudolf Bultmann, Art. γινώσκω, ThWNT I (1933), 698-719, besonders 707.
[133] Vgl. Norbert Baumert, *Täglich Sterben und Auferstehen*, 300-302.

Kol darum, daß die Gemeinde erfüllt werden möge mit Erkenntnis. Diesen Gedanken hätte Paulus vermutlich mit περισσεύειν ausgedrückt, nicht ohne die in den Gemeinden bereits einwohnende Fülle zu betonen.

Kol 1,10c nimmt den Gedanken wiederholt auf: „wachsend in der Erkenntnis Gottes" (αὐξανόμενοι τῇ ἐπιγνώσει τοῦ θεοῦ). Das Bild vom Wachstum verwendet Paulus zum einen in bezug auf die Gemeinde in Korinth (I Kor 3,6f) und ihr Vertrauen zur paulinischen Missionsgruppe (II Kor 10,15), zum andern in bezug auf das Wachstum der Früchte der Gerechtigkeit,[134] was im Kontext konkret die Sammlung der Kollekte meint (II Kor 9,10). Es läßt sich jedoch vermuten, daß die Verf. mit αὐξάνειν τῇ ἐπιγνώσει auf eine paulinische Formulierung ähnlich dem περισσεύειν ἐν (ἐπι)γνώσει (II Kor 8,7; Phil 1,9) anspielen wollten.

Die semantische Verbindung aus Kol 1,10b „in jedem guten Werk Frucht tragend" findet sich im *corpus Paulinum* ebenfalls mehrfach mit dem Verb περισσεύειν:

Kol 1,10b ἐν παντὶ ἔργῳ ἀγαθῷ καρποφοροῦντες καὶ αὐξανόμενοι
I Kor 15,58 περισσεύοντες ἐν τῷ ἔργῳ τοῦ κυρίου
II Kor 9,8 περισσεύητε εἰς πᾶν ἔργον ἀγαθόν[135]

Sowohl in I Kor 15,58 als auch in II Kor 9,8 ist der dynamische Aspekt von περισσεύειν betont. Dabei steht II Kor 9,8 im Kontext des ausgeführten Bildes von Säen und Ernten. Hinter dem ἐν παντὶ ἔργῳ ἀγαθῷ καρποφοροῦντες καὶ αὐξανόμενοι τῇ ἐπιγνώσει aus Kol 1,10 könnte eine aus den Paulusbriefen zu erschließende Formulierung περισσεύειν ἐν ἐπιγνώσει καὶ ἐν ἔργῳ ἀγαθῷ stehen. Die Frage, warum der Kol hier die Reihenfolge καρποφορεῖν καὶ αὐξάνειν (Frucht tragend und wachsend) wählt, wird unten in Kap. 5.2.1 geklärt werden.

Auch der Kol kennt das Verb περισσεύειν. Er verwendet es in Kol 2,7 in einer ebenfalls paulinischen Wendung:

Kol 2,6f ... so wandelt in ihm (Christus), verwurzelt ..., wie ihr gelehrt worden seid, überströmend in Dankbarkeit (περισσεύοντες ἐν εὐχαριστίᾳ).
II Kor 4,15 Dies alles geschieht wegen euch, damit die Gnade, durch die Menge vermehrt, den Dank überreich mache (τὴν εὐχαριστίαν περισσεύσῃ εἰς τὴν δόξαν τοῦ θεοῦ) zum Glanz Gottes.
II Kor 9,12 Denn der Dienst der Kollekte füllt nicht nur den Mangel der Heiligen auf, sondern bewirkt auch Überfluß durch die vielen Danksagungen bei Gott (περισσεύουσα διὰ πολλῶν εὐχαριστιῶν τῷ θεῷ).

Wieder fällt ein charakteristischer Unterschied auf. Im II Kor ist jeweils als Ziel der Danksagung Gott genannt. Es geht jeweils um eine Veränderung

---

[134] II Kor 9,10: αὐξήσει τὰ γενήματα τῆς δικαιοσύνης ὑμῶν. Vgl. auch Phil 1,11: πεπληρωμένοι καρπὸν δικαιοσύνης.
[135] Vgl. auch Röm 7,4 ἵνα καρποφορήσωμεν τῷ θεῷ.

göttlicher Wirklichkeit. Durch die Fülle der Danksagungen entsteht ein Reichtum und Glanz bei Gott. Im Kol ist dagegen Gott an dieser Stelle nicht ausdrücklich genannt.[136] Dies bedeutet nach antikem Verständnis nicht, daß die Danksagung im Kol nicht Gott gilt. In II Kor 4,14 und 9,12 wird jedoch zugleich die himmlische Wirklichkeit durch die Danksagungen beeinflußt. Die Danksagung steigern den Glanz Gottes. Dieser Gedanke wird im Kol nicht aufgenommen.[137]

In Kol 1,10a fordern Paulus und Timotheus die Angeredeten auf, „würdig des Herrn zu wandeln, um in allem zu gefallen". Auch in dieser Passage klingen paulinische Formulierungen an:

Kol 1,10 περιπατῆσαι ἀξίως τοῦ κυρίου εἰς πᾶσαν ἀρεσκείαν
I Thess 2,12 εἰς τὸ περιπατεῖν ὑμᾶς ἀξίως τοῦ θεοῦ
Phil 1,27 μόνον ἀξίως τοῦ εὐαγγελίου τοῦ Χριστοῦ πολιτεύεσθε.
I Thess 4,1 παρελάβετε παρ᾽ ἡμῶν τὸ πῶς δεῖ ὑμᾶς περιπατεῖν καὶ ἀρέσκειν θεῷ

Das Verb περιπατεῖν (seinen Lebenswandel gestalten)[138] wird mit verschiedenen Attributen versehen. Die Formulierung aus Phil 1,27 scheint mir dabei eine Abwandlung von I Thess 2,12 zu sein, denn πολιτεύεσθαι heißt eigentlich „als Bürger leben, sich als Bürger durch Teilnahme am politischen Leben betätigen".[139] Diese Bedeutung klingt auch dort mit, wo der politische Zusammenhang nicht ausdrücklich erwähnt wird.[140] Gott würdig bzw. angemessen zu wandeln oder zu leben, heißt aber für Paulus nicht unbedingt, der Welt zu gefallen. In einigen Briefen wiederholt er im Gegenteil die Formulierung der Antithese:

Kol 1,10 περιπατῆσαι ἀξίως τοῦ κυρίου εἰς πᾶσαν ἀρεσκείαν
I Thess 2,4 ... wir reden nicht wie die, die Menschen gefallen wollen, sondern Gott (ὡς ἀνθρώποις ἀρέσκοντες ἀλλὰ θεῷ).
Gal 1,10 Will ich also jetzt Menschen überzeugen oder Gott? Oder suche ich Menschen zu gefallen (ζητῶ ἀνθρώποις ἀρέσκειν)? Wenn ich noch Menschen gefallen wollte (ἀνθρώποις ἤρεσκον), wäre ich kein Sklave Christi.

---

[136] Dank an Gott auch Kol 1,3.12; 3,17.
[137] Siehe unten Kap. 6.2.2.
[138] Heinrich Seesemann, *Art. πατέω κτλ.*, ThWNT V (1954), 940-946.
[139] Vgl. Hermann Strathmann, *Art. πόλις κτλ.*, ThWNT VI (1959), 517.
[140] Anders Strathmann, ebd., der für jüdisch-hellenistische Literatur eine „abgeblaßte Bedeutung" ‚wandeln' annimmt, jedoch einräumt, daß „dieser vereinzelte Sprachgebrauch [im Phil] durchaus etwas Auffälliges" habe (518). Die von Strathmann, 526f, zitierten jüdisch-hellenistischen Beispiele stehen alle im Kontext von Gesetz (νόμος). Anders als Strahtmann kann man m. E. die Rede vom Gesetz in den Makkabäerbüchern, bei Josephus und im Aristeasbrief nicht als ausschließlich religiöse Terminologie erklären. Vielmehr hat die Darstellung des Judentums als eine vernünftige, dem νόμος gehorchende Religionspraxis immer auch apologetische Konnotationen. Siehe hierzu Georgi, *Gott auf den Kopf stellen*, passim.

Röm 8,8 Die im Fleisch sind, können Gott nicht gefallen (θεῷ ἀρέσει οὐ δύνανται).

I Thess 4,1 erinnert die Gemeinde daran, „wie es nötig ist, zu wandeln (περιπατεῖν) und Gott zu gefallen (ἀρέσκειν θεῷ)." Im Sinne von I Thess 2,4 und Gal 1,10 schließt dies das Streben nach Gefallen bei Menschen aus. Auffällig ist, daß die Formulierung „dem Herrn würdig zu wandeln zu jeglicher Art wohlgefälligem Verhalten" (Kol 1,10)[141] offenläßt, wem gegenüber man danach streben soll, zu gefallen, und was die Maßstäbe solchen Gefallens sind.[142] Kol 1,10 könnte entweder eine Andeutung der folgenden Haustafel sein[143] oder aber gerade gegenteilig zu einem Gott bzw. Christus würdigen Wandel, gegen das Streben nach Gefallen bei Menschen, auffordern. Dies wird weiter unten noch zu klären sein.

Das Stichwort περιπατεῖν nimmt der Kol erneut in 2,6; 3,7 und 4,5 auf. Die Formulierung Kol 2,6 entspricht ebenfalls einer Formulierung im I Thess.

Kol 2,6 ὡς οὖν παρελάβετε τὸν Χριστὸν Ἰησοῦν τὸν κύριον, ἐν αὐτῷ περιπατεῖτε
I Thess 4,1 ἵνα καθὼς παρελάβετε παρ᾽ ἡμῶν τὸ πῶς δεῖ ὑμᾶς περιπατεῖν καὶ ἀρέσκειν θεῷ καθὼς καὶ περιπατεῖτε
Phil 4,9 ἃ καὶ ἐμάθετε καὶ παρελάβετε καὶ ἠκούσατε καὶ εἴδετε ἐν ἐμοί ταῦτα πράσσετε

Die Parallele in Phil 4,9 zeigt, daß I Thess 4,1 nicht analogielos in den Paulusbriefen bleibt. Es darf auch nicht übersehen werden, daß I Thess 4,1 und Phil 4,9 zur Nachahmung des Vorbilds der Briefabsender auffordern. Im Kol wird dagegen zum Wandel in Christus Jesus aufgefordert. Der folgende Vers zeigt, daß die Betonung auf „in ihm" wandeln, verwurzelt und gefestigt sein liegt.

Wenig konkret bleibt die letzte Aufnahme von περιπατεῖν in Kol 4,5 „in Weisheit wandelt in Hinsicht auf die, die draußen sind". Paulus dagegen fordert zu anständigem Wandel auf:

Kol 4,5 ἐν σοφίᾳ περιπατεῖτε πρὸς τοὺς ἔξω
I Thess 4,12 ἵνα περιπατῆτε εὐσχημόνως πρὸς τοὺς ἔξω
Röm 13,13 ὡς ἐν ἡμέρᾳ εὐσχημόνως περιπατήσωμεν.

---

[141] Übersetzung nach Foerster, *Art. ἀρέσκω*, ThWNT I (1933), 456.
[142] Wolter, *Kom.*, 61 meint: „Um wessen Wohlgefallen es hier geht, wird durch das vorstehende Genitiv-Attribut festgelegt, das wahrscheinlich zur Vermeidung der Plerophorie des Ausdrucks nicht eigens wiederholt wird. [...] Allein der erhöhte Herr ist diejenige Instanz, die darüber befindet, ob die Lebenspraxis der Adressaten seiner würdig, d. h. der Gemeinschaft mit ihm gemäß ist; andere Heilorientierungen ihres Verhaltens dürfen keine Rolle spielen." Ähnlich auch Pokorný, *Kom.*, 40, u. a. Aber dies erklärt nicht, welche konkrete Ethik damit gemeint ist–eine Ethik nach himmlischen Maßstäben oder eine nach menschlichen, z. B. die Ethik der 'Haustafel' 3,18-4,1. Für Paulus kann dieses Verhältnis durchaus antithetisch sein.
[143] So etwa Meeks, *To Walk Worthily*.

εὐσχημόνως παριπατεῖν scheint eine geprägte paulinische Sprachtradition zu sein. εὐσχημόνος meint „anständig, ein gutes Aussehen haben, ehrbar sein". Der Ausdruck wird gern auf Inschriften als Ehrentitel verwendet.[144] Es geht in I Thess 4,12 um die Außenwirkung, um das Aufsehen, das die Gemeinde im Angesicht der nahen Wiederkunft Christi erregen könnte. Statt Schulden zu machen oder vom Betteln zu leben, werden die Thessalonicher und Thessalonicherinnen daran erinnert, sich auf das Eigentliche zu konzentrieren, nach dem Vorbild des Paulus (vgl. I Kor 9,15) mit ihren Händen zu arbeiten. Anders dagegen bleibt im Kol zunächst offen, was „in Weisheit wandeln" konkret bedeutet. Der nähere Kontext könnte auf eine Gerichtssituation verweisen.[145]

Die Aufnahme der περιπατεῖν-Formulierungen im Kol erinnert am meisten an die Formulierungen in I Thess 2,12; 4,1.12. Eine literarische Abhängigkeit des Kol vom I Thess halte ich allerdings dennoch für unwahrscheinlich, zum einen weil die Übereinstimmungen auf wenige Formulierungen beschränkt bleiben,[146] zum anderen, weil sie nicht analogielos bzw. ohne Parallelen in den erhaltenen Paulusbriefen bleiben. Die Annahme einer literarischen Abhängigkeit des Kol vom I Thess, ebenso wie von allen übrigen erhaltenen Paulusbriefen, müßte erklären, warum die Verf. nur so wenige Redewendungen eklektisch unter Absehung von Kontext und Inhalt übernommen haben sollten. Sie müßte zudem eine mündliche Überlieferung der paulinischen Predigt und der Diskussionen in den Gemeinden ausschließen.

In Kol 1,9-11 können die Passagen (1,9) Διὰ τοῦτο καὶ ἡμεῖς; πληρωθῆτε τὴν ἐπίγνωσιν; (1,10) περιπατῆσαι ἀξίως τοῦ κυρίου εἰς πᾶσαν ἀρεσκείαν; ἐν παντὶ ἔργῳ ἀγαθῷ καρποφοροῦντες καὶ αὐξανόμενοι τῇ ἐπιγνώσει τοῦ θεοῦ hypothetisch auf paulinischen Sprachgebrauch wie διὰ τοῦτο καὶ ἡμεῖς; πεπληρῶσθαι πάσης γνώσεως; περιπατεῖν ἀξίως τοῦ θεοῦ; οὐχ ὡς ἀνθρώποις ἀρέσκοντες ἀλλὰ θεῷ; περισσεύειν ἐν ἐπιγνώσει καὶ ἐν ἔργῳ ἀγαθῷ zurückgeführt werden. Dieser „paulinische" Sprachgebrauch des Kol ist allerdings in keinem erhaltenen paulinischen Brief wörtlich belegt, sondern läßt sich lediglich hypothetisch als Predigtstil der Paulusgruppe rekonstruieren. In Kol 1,11 findet sich keine Parallele zu Formulierungen in paulinischen Briefen. Überhaupt ist diese Aufnahme paulinischer Redewendungen im Kol nicht gleichmäßig verteilt–was zum einen an der eklektischen Überlieferung

---

[144] Vgl. Spicq, *Notes* I, 333-336. Zum Gegenteil vgl. I Kor 12,23f. Um die Außenwirkung der paulinischen Gemeinden geht es auch in I Kor 7,35 und 14,40. Das Wort kommt interessanterweise im Kol nicht vor.

[145] Siehe hierzu unten Kap. 5.1.1.

[146] Vgl. zu Kol 1,3: I Thess 1,2 (siehe oben S. 74); zu Kol 1,9: I Thess 2,13 διὰ τοῦτο καὶ ἡμεῖς εὐχαριστοῦμεν τῷ θεῷ ἀδιαλείπτως; zu Kol 2,1: I Thess 2,17/3,10 πρόσωπον ὑμῶν (der Gemeinde) ἰδεῖν; zu Kol 4,3: I Thess 5,25. Siehe unten Anm. 176.

des paulinischen Sprachstils in lediglich sieben bzw. vierzehn erhaltenen Paulusbriefen liegen mag, zum anderen aber auch eine bewußte Entscheidung der Verf. des Kol sein könnte. Jedoch ließ sich in Kol 1,10; 2,6 und 4,5 beobachten, daß die Verf. das Stichwort περιπατεῖν möglicherweise unter Aufnahme verschiedener paulinischer Formulierungen zu gebrauchen wissen. Inhaltlich wird auf keine konkrete Passage der Paulusbriefe verwiesen. Dies fällt besonders dort auf, wo mit dem Stichwort ἀρέσκεια (Gefallen) vermutlich ein Schlagwort paulinischer Missionspredigt aufgenommen ist.

Kol 1,21f stellt die theologische Auswertung und Übertragung des Hymnus (1,15-20) auf die Adressatinnen und Adressaten dar. Die Gegenüberstellung von „einstmals" und „jetzt" gehört nach Rudolf Bultmann und Nils Dahl zur urchristlichen Missionspredigt.[147] Peter Tachau untersucht das „Schema" form- und traditionsgeschichtlich und vermutet als Sitz im Leben die Predigt bei der Bekehrung und Taufe.[148] Es bleibt jedoch fraglich, ob Tachau dieser Nachweis einer „Formelhaftigkeit"[149] gelungen ist. M. E. handelt es sich vor allem um ein rhetorisches Stilmittel. Die Gegenüberstellung von „einst" und „jetzt" kann Tachau innerhalb der jüdischen Literatur lediglich in Jes 40-55 (Deuterojesaja) sowie in JosAs entdecken.[150] Doch zeigt er zahlreiche Belege in hellenistischer und römisch-hellenistischer philosophischer Literatur.[151] In den Paulusbriefen findet sich die Gegenüberstellung von einst und jetzt explizit viermal:[152]

> Gal 4,8 Aber damals (τότε), als ihr Gott nicht kanntet, dientet ihr als Sklaven den Kreaturen, die keine Götter sind (τοῖς φύσει μὴ οὖσιν θεοῖς), jetzt aber (νῦν δέ) kennt ihr Gott, vielmehr seid von Gott erkannt, wie ist es möglich, daß ihr euch wiederum bekehrt (ἐπιστρέφετε) zu den schwachen und armen Elementen (ἀσθενῆ καὶ πτωχὰ στοιχεῖα), denen ihr wiederum als Sklaven dienen wollt?
>
> Röm 6,20-22 Denn als (ὅτε) ihr Sklaven der Sünden ward, ward ihr frei gegenüber der Gerechtigkeit. (21) Welche Frucht nun hattet ihr damals (τότε)? (Solche) wegen der ihr euch schämt. Denn das Ende jener ist der Tod. (22) Jetzt aber (νυνὶ δέ) als von der Sünde Befreite, Gott aber Versklavte, habt ihr eure Furcht zur Heiligung, das Ende aber ist das ewige Leben.
>
> Röm 11,30 Denn gleichwie ihr einstmals (ποτε) Gott ungehorsam wart, jetzt aber (νῦν δέ) Erbarmen gefunden habt ...

---

[147] Bultmann, *Theologie*, 104; Dahl, *Formgeschichtliche Beobachtungen*, 5f.
[148] Peter Tachau, *'Einst' und 'Jetzt'*, 129-134.
[149] Vgl. Tachau, ebd., 91f.
[150] Tachau, ebd., 21-70.92-94.
[151] Tachau, ebd., 71-78.94.
[152] Neben den oben aufgeführten auch Gal 1,23 als Rückblick auf Paulus' Leben, „der uns einstmals (πότε) verfolgte, jetzt (νῦν) den Glauben verkündet".

Röm 6 und 11 unterstreichen, daß keine spezifische Thematik in diesem Schema formuliert ist, sondern daß Paulus die Gegenüberstellung von „einst" und „jetzt" mit seinen theologischen Gedanken füllt. Es fällt freilich auf, daß Paulus in Gal 4 von der Bekehrung (ἐπιστρέφειν) von Abbildern zu dem wahren und lebendigen Gott spricht. Dieses Motiv der Gegenüberstellung von den toten und stummen Abbildern und dem einen lebendigen Gott gehört zu jüdischer Bekehrungssprache.[153] Im Rückblick auf die Vergangenheit der Gemeinden nimmt die Paulusgruppe vielfach gerade diese jüdische Bekehrungsprache auf.

> I Thess 1,9 Sie aber berichten über euch, ... wie ihr euch zu Gott bekehrt habt von den Abbildern (ἀπὸ τῶν εἰδώλων), um dem lebendigen und wahren Gott zu dienen.
>
> I Kor 12,2 Ihr wißt, als ihr Heiden ward (ὅτε ἔθνη ἦτε), wurdet ihr zu den stummen Abbildern (πρὸς τὰ εἴδωλα τὰ ἄφωνα) gezogen und ließt euch hinreißen.

Zwar kann also nicht ausgeschlossen werden, daß die Verf. des Kol sich mit ihrer Gegenüberstellung von ποτε–νῦν δέ an die Bekehrungspredigt der Gruppe um Paulus anschließen. Ebenso wahrscheinlich ist es jedoch, daß sie dieses rhetorische Stilmittel eigenständig einsetzen oder aus anderen Quellen bezogen haben.[154] Der Ausdruck „als solche, die Feinde sind, sind wir versöhnt durch Jesu Tod" ist dagegen in den paulinischen Briefen belegt.

> Kol 1,21 Auch euch, die ihr einstmals (πότε) im Denken entfremdet ward und Feinde (ὄντας ... ἐχθρούς), ... (1,22) hat er jetzt aber (νυνὶ δέ) versöhnt (ἀποκατήλλαξεν)[155] in dem Leib seines Fleisches durch den Tod (διὰ τοῦ θανάτου) ...
>
> Röm 5,10 Denn wenn nämlich wir als Feinde mit Gott versöhnt worden sind (ἐχθροὶ ὄντες κατηλλάγημεν τῷ θεῷ) durch den Tod (διὰ τοῦ θανάτου) seines Sohnes, wieviel mehr werden wir als Versöhnte gerettet werden in seinem Leben.

Die Formulierung aus Röm 5,10 ist in den erhaltenen paulinischen Briefen kein zweites Mal belegt. Ihre Entstehung verdankt sich jedoch, wie II Kor 5,19 und Röm 11,15 zeigen, bereits einer vorpaulinischen traditionsgeschichtlichen Entwicklung.[156] Auffällig ist, daß der paulinische

---

[153] Zur Gegenüberstellung der schwachen, armen, stummen Abbilder, die keine Götter sind, und dem einen, wahren und lebendigen Gott vgl. III Makk 4,16; JosAs bes 8,5(B/Ph); 12,5(B)/12,6(Ph) u. ö.

[154] Der Ausdruck „fremd und feind sein" als Gegensatz zu daheim, zur Gemeinschaft oder zum Volk gehörig vgl. I Makk 2,7; TestLev 13,8; Philo, SpecLeg III 24 u. ö.

[155] Die aktive Lesart ist unsicher. P[46] bezeugt die Endung -ητε und der Codex Vaticanus (B) liest ἀποκατηλλάγητε, „Ihr wurdet versöhnt in seinem Fleischesleib ...". Dies läßt die Möglichkeit, Gott als Subjekt des Versöhnungsgeschehens zu verstehen. Allerdings bleibt die Auflösung des Personalpronomens in 22b schwierig. Die aktive Lesart „er versöhnte in dem Leib seines Fleisches" schließt Gott als Subjekt m. E. aus.

[156] Vgl. unten Kap. 6.1.1, S. 208-210 und Cilliers Breytenbach, *Versöhnung*, 159-169.

Gebrauch in Röm 5,10 von einer den Absender einschließenden Versöhnung spricht, wogegen der Kol lediglich die Adressatinnen und Adressaten als einstige Feinde und jetzt durch den Tod Versöhnte anspricht.

Für die Verf. des Kol bewirkt das Versöhnungsgeschehen, daß das Subjekt von „er versöhnte"[157] die Angeredeten „heilig (ἅγιος) und untadelig (ἄμωμος) und unbescholten/nicht angeklagt (ἀνέγκλητος) vor sich/ihm (κατενώπιον αὐτοῦ) bereitstellt (παραστῆσαι) (Kol 1,22)".[158] Unter den Auslegern ist dieser Vers umstritten. Das „im Angesicht vor sich/ihm" wird entweder auf Christus bezogen, wofür die erste Verwendung des Personalpronomens in V. 22a sprechen würde, oder aber auf Gott.[159] Unklar ist, ob hier eine für die Angeredeten gegenwärtige Wirklichkeit beschrieben wird, wofür das „jetzt" (νυνί) in V. 22a anzuführen wäre, oder ob der Infinitiv Aorist auf eine zukünftige Wirklichkeit verweist.[160] Schließlich ist auch die Konnotation der Attribute umstritten. Während Lohmeyer hier die „Sphäre des Kultus" angesprochen sieht,[161] verweist Lohse auf das hier nicht (her)passende ἀνέγκλητος das er als Gegenteil von ἔγκλημα (Anklage) versteht.[162] Tatsächlich verweisen auch die beiden anderen Attribute keineswegs ausschließlich auf den Kultus. Paulus verwendet sie in Verbindung mit dem Tag des Herrn:

> I Thess 3,13 ... damit ... ihr untadelig in Heiligkeit seid (ἀμέμπτους ἐν ἁγιωσύνῃ) vor Gott und unserem Vater bei der Wiederkunft unseres Herrn Jesus mit allen seinen Heiligen.
>
> I Kor 1,8 ... der euch auch bis zum Ende festigen wird, nicht angeklagt (ἀνεγκλήτους) am Tag unseres Herrn Jesus Christus.
>
> Phil 2,15 ... damit ihr untadelig (ἄμεμπτος) und unversehrt seid, untadelige (ἄμωμος) Kinder Gottes inmitten eines verkehrten und verbogenen Geschlechts, unter denen ihr scheint als Lichter in der Welt.

Der unklare Zeitaspekt des Infinitivs παραστῆσαι in Kol 1,22 spielt m.E zumindest auf das Endgericht und den „Tag des Herrn" an. παριστάναι kommt mehrfach in eschatologischen Kontexten in den Paulusbriefen vor. Das Wort, das auch gemeinantik in Gerichtskontexten vorkommt,[163]

---

[157] Siehe oben Anm. 155.

[158] Die Übersetzung von παριστάναι ist problematisch. Lohmeyer, *Kom.*, 68; Lohse, *Kom.*, 104; Pokorný, *Kom.*, 76, übersetzen: „darzustellen." Bauer, [6]*Wörterbuch*, 1268, schlägt „herstellen, machen" vor. Gnilka, *Kom.*, 88, übersetzt: „hinzustellen" und Wolter, *Kom.*, 91: „vor sich hintreten zu lassen". Wegen der Verbindung mit κατενώπιον (vor) bin ich bei Bauers erster transitiver Übersetzung geblieben.

[159] Auf Gott beziehen das Personalpronomen Conzelmann, *Kom.*, 140; Lohse, *Kom.*, 108; Pokorný, *Kom.*, 77f. Auf Christus beziehen es Gnilka, *Kom.*, 90f; Wolter, *Kom.*, 94.

[160] Die meisten Ausleger sind der Ansicht, hier sei „das Leben ... das sich gegenwärtig vor dem Angesicht Gottes [bzw. Christus] vollzieht" angesprochen (Zitat: Lohse, *Kom.*, 108).

[161] Lohmeyer, *Kom.*, 71. Auch Schweizer, *Kom.*, 76f; Pokorný, *Kom.*, 77f; Wolter, *Kom.*, 94 meinen, die Kategorien entstammten kultischem Sprachgebrauch.

[162] Lohse, *Kom.*, 107f; vgl. auch Gnilka, *Kom.*, 90f.

[163] Vgl. Georg Bertram, *Art. παρίστημι*, ThWNT V (1954), 835-840.

beschreibt in den Paulusbriefen das endzeitliche Stehen vor dem Gericht. Nach II Kor 11,2 eifert Paulus, um die Gemeinde „als reine Braut vor Christus zu stellen (παραστῆσαι τῷ Χριστῷ).“[164] Jeweils ist eine zukünftige Realität ausgedrückt. Dabei wird aber mit der Vorstellung von der Rednertribüne, dem Richtpult, gespielt. Während in Röm 14,10 Gott der Richter ist, ist es in II Kor 5,10 die Rednertribüne Christi, „vor der alle offenbar werden müssen".[165]

Auch die zweite Verwendung von παριστάναι in Kol 1,28 klärt den Zeitaspekt nicht. Paulus und seine Mitarbeiterinnen und Mitarbeiter lehren nach Kol 1,28 alle Menschen, „damit" sie „alle Menschen vollkommen in Christus bereitstellen" (ἵνα παραστήσωμεν πάντα ἄνθρωπον τέλειον[166] ἐν Χριστῷ).[167] Unklar bleibt die Vorstellung von παριστάναι ... ἐν.

Die Unklarheiten in Kol 1,22.28 sind m. E. nicht unbeabsichtigt. Die Formulierungen erinnern an den paulinischen Sprachgebrauch, sie bleiben aber einerseits vieldeutig und sind anderseits überladen (παριστάναι κατενώπιον/ἐν).[168] Den Verf. des Kol liegt wenig an eschatologischen Vorstellungen (vgl. 1,12f; 2,12; 3,1f). Sie nehmen aber dennoch Formulierungen der Paulusbriefe auf, die mit · der Vorstellung des Endgerichts operieren. Durch die lediglich final-konsekutive und nicht wirklich futurische Formulierung des παραστῆσαι/ἵνα παραστήσωμεν und das „im Angesicht von ihm" und „in Christus" gelingt es, die paulinischen Wendungen zu verwenden, ohne die damit angesprochenen Vorstellungen zu wiederholen.

Kol 1,21f zeigt, daß die Verf. schöpferisch mit dem Sprachschatz und den theologischen Traditionen der Paulusgruppe–soweit sie in den Briefen sichtbar werden–umgehen. In 1,21f wird Versöhnungstheologie mit dem „einst–jetzt-Schema" verbunden. Aber die von der Paulusgruppe rezipierte jüdische Bekehrungssprache wird nicht aufgenommen. 1,22 spielt auf Vorstellungen vom „Tag des Herrn" und vom letzten Gericht an, unterdrückt aber zugleich den eschatologischen Aspekt.

---

[164] Vgl. auch I Kor 8,8; II Kor 4,14.

[165] Röm 14,10 πάντες γὰρ παραστησόμεθα τῷ βήματι τοῦ θεοῦ; II Kor 5,10 τοὺς γὰρ πάντας ἡμᾶς φανερωθῆναι δεῖ ἔμπροσθεν τοῦ βήματος τοῦ Χριστοῦ.

[166] Die harte Verbindung παρίσταναι mit dem Kompositum mit κατενώπιον wird in Eph 1,4 nicht aufgenommen. Jud 24 formuliert στῆσαι κατενώπιον τῆς δόξης αὐτοῦ ἀμώμους. παραστῆναι ἐνώπιον θεοῦ im Himmlischen Gerichtshof Hi 1,6; PsSal 2,36; TestAbr A 7,11.

[167] Den Begriff τέλειος (Kol 1,28) verstehen viele Ausleger und Auslegerinnen als eine Anspielung auf die (gegnerische) Philosophie. Dies bleibt aber angesichts der Quellenlage über die kolossenischen Gegnerinnen und Gegner Spekulation. Es genügt, „vollkommen" als Zusammenfassung der in 1,22b genannten Attribute zu verstehen. Auch Paulus verwendet unpolemisch den in der Mysteriensprache verwurzelten Begriff τέλειος; vgl. I Kor 14,10; Phil 3,15; Röm 12,2.

[168] Dagegen ist der Ort des παρίσταναι bei Paulus jeweils allein mit dem Dativ angegeben.

Deutliche Anklänge an paulinische Sprachtradition lassen sich auch in *Kol 1,24f* beobachten, einem Abschnitt, der theologisch gleichzeitig in größter Entfernung von paulinischer Theologie steht. Die Formulierung ἀνταναπληροῦν (ergänzend/stellvertretend auffüllen)[169] τὰ ὑστερήματα findet ihre Parallele in [προς]ἀναπληροῦν τὰ ὑστερήματα (den Mangel ausfüllen):

> I Kor 16,17 ὅτι τὸ ὑμέτερον ὑστέρημα οὗτοι ἀνεπλήρωσαν
> Phil 2,30 ἵνα ἀναπληρώσῃ τὸ ὑμῶν ὑστέρημα τῆς πρὸς με λειτουργίας
> II Kor 11,9 τὸ γὰρ ὑστέρημά μου προσανεπλήρωσαν οἱ ἀδελφοὶ ἐλθόντες ἀπὸ Μακεδονίας
> II Kor 9,12 ὅτι ἡ διακονία ... ἐστὶν προσαναπληροῦσα τὰ ὑστερήματα τῶν ἁγίων

Die Formulierung ἀναπληροῦν τὸ ὑστέρημα ist selten belegt.[170] Diese seltenen und späten Belege stehen einem häufigen Gebrauch der Formulierung in den paulinischen Briefen gegenüber. Der Mangel, den Paulus gefüllt sieht bzw. von dem er hofft, daß er gefüllt wird, ist in I Kor 16,7 und Phil 2,30 der Mangel an Gemeinschaft mit der korinthischen bzw. philippischen Gemeinde. In II Kor 9,12 und 11,9 geht es dagegen mit der etwas variierten Formulierung προσαναπληροῦν um materiellen Mangel. Die Makedonierinnen und Makedonier haben mit ihrem Geld Paulus unterstützt, so daß er nicht den Korintherinnen und Korinthern zur Last fallen muß. In II Kor 9,12 wird die Gemeinde aufgefordert, die Heiligen in Jerusalem finanziell zu unterstützen.

Einen inhaltlichen Zusammenhang zwischen Kol 1,24 und dem paulinischen Gebrauch von προς/ἀναπληροῦν τὰ ὑστερήματα gibt es also nicht. Wenn jedoch, wie die antiken Zeugnisse nahelegen, hier eine Charakteristik des paulinischen Sprachgebrauchs zugrunde liegt, ist es zumindest möglich, daß die Verf. des Kol an dieser Stelle eine spezifisch paulinische Formulierung aufnehmen. Welche Konsequenzen sich aus einer solchen Überlegung für die Auslegung ziehen lassen, werde ich im Kap. 5.1.2 untersuchen.

Paulinisch klingt auch der relativische Anschluß an *ekklesia* in Kol 1,25 „deren Gesandter (διάκονος) ich geworden bin, gemäß dem Arrangement Gottes, das mir gegeben wurde".[171] Als διάκονος (Gesandter) bezeichnet

---

[169] So Gerhard Delling, *Art. πλήρης κτλ.*, ThWNT VI (1959), 305. Es bleibt m. E. jedoch fraglich, ob durch das Dikompositum die Bedeutung von ἀναπληροῦν verändert wird. Siehe unten Kap. 5.1.2, Anm. 73.

[170] Vgl. auch Wilckens, *Art. ὕστερος κτλ.*, ThWNT VIII (1969), 590-600. Die von Wilckens genannten weiteren Belege für diese Verbindung: CH XIII 1; TestBenj 11,5 (von Jürgen Becker, *Die Testamente*, 137f als sekundärer Nachtrag angesehen); I Clem 38,2. Häufiger ist die Verbindung ἀναπληροῦν τὸ λεῖπον vgl. Josephus, Ant V 214; Bell IV 198 u. ö.

[171] Zur Übersetzung von οἰκονομία als „Arrangement" siehe unten Kap. 5.1.2, S. 185-186.

sich Paulus in den von ihm (mit)verfaßten Briefen mehrfach. Auch schreibt er διάκονος γίνεσθαι, allerdings in bezug auf Christus (Röm 15,8). Die Formulierung κατὰ τὴν οἰκονομίαν τοῦ θεοῦ τὴν δοθεῖσάν μοι kommt so in den paulinischen Briefen nicht vor. Mehrfach wird aber eine ganz ähnliche Formulierung von Paulus gebraucht, an die Kol 1,25 erinnern könnte:

> I Kor 3,10 <u>κατὰ τὴν χάριν τοῦ θεοῦ τὴν δοθεῖσάν μοι</u> ὡς σοφὸς ἀρχιτέκτων θεμέλιον ἔθηκα ...
> Röm 12,6 ἔχοντες δὲ χαρίσματα <u>κατὰ τὴν χάριν τὴν δοθεῖσαν ὑμῖν</u> διάφορα ...
> Röm 15,15 τολμηρότερον δὲ ἔγραψα ὑμῖν ... ὡς ἐπαναμιμνήσκων ὑμᾶς <u>διὰ τὴν χάριν τὴν δοθεῖσάν μοι ὑπὸ τοῦ θεοῦ</u> εἰς τὸ εἶναί με λειτουργόν ...
> Röm 12,3 λέγω γὰρ <u>διὰ τῆς χάριτος τῆς δοθείσης μοι</u>
> Gal 2,9 καὶ γνόντες <u>τὴν χάριν τὴν δοθεῖσάν μοι</u>.

An den meisten der hier aufgeführten Stellen spricht Paulus von seiner eigenen Berufung zur Heidenmission (Gal 2,9), zur Gemeindegründung (I Kor 3,6) und zur Belehrung (Röm 12,3; 15,15). Überall schwingt aber auch die kritische Sicht auf menschliches Vermögen mit. Unterschiedliche Charismen sind in der Gemeinde Christi von Gott geschenkt (Röm 12,6). Besonders letztere Stelle sollte davor warnen, χάρις mit „Amt" zu übersetzen. Sie zeigt auch, daß Paulus nicht sein eigenes Charisma als besondere oder überlegene Auszeichnung vor Gott versteht. Die Formulierung wird auch andernorts in den paulinischen Briefen abgewandelt und theologisch weitergedacht.[172] Es ist wahrscheinlich, daß die Verf. des Kol die zum paulinischen Wortschatz gehörende Formulierung κατὰ/διὰ τὴν χάριν τοῦ θεοῦ τὴν δοθεῖσάν μοι im Ohr hatten.[173]

Kol 1,24f läßt also vermuten, daß die Verf. des Kol für Paulus charakteristische Formulierungen aufnehmen. Weitgehend unumstritten ist dies für Kol 1,25. Der Vers nimmt vermutlich die paulinische Redeweise κατὰ τὴν χάριν τοῦ θεοῦ τὴν δοθεῖσάν μοι auf.[174] Sie wird im Kol spezifisch modifiziert. Möglich ist auch ein Zusammenhang zwischen der Formulierung ἀνταναπληροῦν τὰ ὑστερήματα (Kol 1,24) und dem in I Kor 16,7; Phil 2,30; II Kor 9,12; 11,9 belegten paulinischen Sprachgebrauch.

---

[172] Vgl. z. B. II Kor 5,5.18; 13,10; Röm 5,5.
[173] Es ist sicher kein Zufall, daß Eph 3,2.7 wiederum χάρις einfügt. Der Brief ist, wie Bujard, *Stilanalytische Untersuchungen*, 76, und Merklein, *Paulinische Theologie*, 38, gezeigt haben, was den Stil und die Begriffswahl betrifft stärker als der Kol von der paulinischen Sprache beeinflußt und kennt mindestens den I Kor und Röm (vgl. Maclean, *Ephesians*). Eph 3,2ff nimmt u. a. Röm 15,15 auf.
[174] So auch schon Wolter, *Kom.*, 102f.

Abschließend möchte ich noch auf einige Formulierungsparallelen in Kol 4,2f eingehen. „Verharrt im Gebet", appellieren nicht nur die Verf. des Kol (4,2), sondern auch Paulus (Röm 12,12).[175] Die Aufforderung „betet auch für uns" (Kol 4,2) ergeht auch an die Thessalonicher (I Thess 5,25).[176] Paulus berichtet von seinem Erfolg der Evangeliumsverkündigung in Ephesus und Troas mit dem bildhaften Ausdruck „eine Tür hat sich geöffnet" bzw. „Türen wurden geöffnet":

Kol 4,3 ἵνα ὁ θεὸς ἀνοίξῃ ἡμῖν θύραν τοῦ λόγου
I Kor 16,9 θύρα γάρ μοι ἀνέῳγεν μεγάλη καὶ ἐνεργής
II Kor 2,12 θύρας μοι ἀνεῳγμένης ἐν κυρίῳ[177]

Dabei fällt auf, daß keine der beiden paulinischen Stellen eindeutig das Subjekt der Öffnung festlegt, wogegen in Kol Gott eine Tür öffnen soll. Paulus berichtet in den Korintherbriefen von sich als einzelner Person, wogegen in Kol 4,3 betont ein „uns" genannt wird: „damit Gott *uns* eine Tür des Wortes öffnet".[178]

Die abschließenden Ermahnungen, Mitteilungen und Grüße enthalten mehrere Subjektwechsel (vgl. 4,3f; 4,7f; 4,11). Besonders der Wechsel von der ersten Person Singular in 1,24-27 und 1,29-2,5 zur ersten Person Plural in 1,28 wirkt wie ein Bruch. Ein solcher Subjektwechsel zwischen der ersten

---

[175] Kol 4,2: τῇ προσευχῇ προσκαρτερεῖτε; Röm 12,12: τῇ προσευχῇ προσκαρτεροῦντες.

[176] Kol 4,3 προσευχόμενοι ἅμα καὶ περὶ ἡμῶν; I Thess 5,25: ἀδελφοί, προσεύχεσθε [καὶ] περὶ ἡμῶν.

[177] Vgl. auch Apg 14,27.

[178] In den persönlichen Mitteilungen klingen eine Reihe weiterer paulinischer Formulierungen an. Die Formulierung aus Kol 4,7 τὰ κατ᾽ ἐμὲ πάντα γνωρίσει ὑμῖν Τύχικος findet ihre Parallele in Phil 1,12 γινώσκειν δὲ ὑμᾶς βούλομαι, ἀδελφοί, ὅτι τὰ κατ᾽ ἐμέ sowie in der sogenannten „disclosure phrase" (Gal 1,11; I Kor 15,1; II Kor 8,1, siehe oben S. 129). Die Formulierung aus Kol 4,8 ὃν ἔπεμψα πρὸς ὑμας ist wenig charakteristisch für den Anlaß, aber auch in Phlm 12 (ὅν ἀνέπεμψά σοι) und Phil 2,25 (πέμψαι πρὸς ὑμᾶς) nachweisbar (vgl. auch I Kor 4,17; II Kor 9,3). Der Ausdruck εἰς αὐτὸ τοῦτο (4,8) ist im NT nur bei Paulus (Röm 9,17; 13,6; II Kor 5,5) unabhängig von Kol 4,8 belegt und auch sonst in der antiken Literatur nicht häufig (er ist nach dem TLG im 1. Jh. v. bis 2. Jh. n. Chr. nur einmal, besonders Philo, Fug 82; Josephus, Ant III 82; Dion. Hal. VIII 65,3 und Theophilus von Antiochien 45,17; Strab. XII 3,27; Dion Chr. 34,36, sowie je dreimal bei Galen und Aristeides belegbar). Das ἵνα γνῶτε τὰ περὶ ἡμῶν (4,8) ist textgeschichtlich umstritten. P[46], Codex Ephraemi Syri rescriptus (C), Arthous Laurensis (Ψ) sowie einige Korrekturen, Minuskeln und Versionen lesen ἵνα γνῷ τὰ περὶ ὑμῶν, womit sie paulinischem Sprachgebrauch aufnehmen, vgl. Phil 2,19 ἐλπίζω ... Τιμόθεον ταχέως πέμψαι ὑμῖν ἵνα κἀγὼ εὐψυχῶ γνοὺς τὰ περὶ ὑμῶν und I Thess 3,5 ἔπεμψα εἰς τὸ γνῶναι τὴν πίστιν ὑμῶν; vgl. auch Phil 1,27 τὰ περὶ ὑμῶν und II Kor 2,9 εἰς τοῦτο γὰρ καὶ ἔγραψα ἵνα γνῶ τὴν δοκιμὴν ὑμῶν. Eine weitere Variante enthält die ursprüngliche Lesart von Codex Sinaiticus (א*) sowie ein Supplement der Majuskel 1241 ἵνα γνῶτε τὰ περὶ ὑμῶν, was zwar nicht zum Auftrag des Briefboten Tychikos, wohl aber zur Absicht und Intention des Briefes paßt (siehe unten Kap. 5f). Wenn jedoch, wie der Nestle/Aland[27] nahelegt, Eph 6,22 den jetzigen Text aus Kol 4,8 ἵνα γνῶτε τὰ περὶ ἡμῶν liest, wäre dies der älteste und somit beste Zeuge für die ursprüngliche Lesart. Eine Parallele zu παρακαλέσῃ τὰς καρδίας ὑμῶν (Kol 4,8) bietet nur II Thess 2,17.

Person Singular und Plural läßt sich auch in den Paulusbriefen in unterschiedlichem Maße beobachten.[179] Es handelt sich hierbei aber nicht um lediglich stilistische Spielereien, auch nicht um briefspezifische Phänomene, sondern mit den Subjektwechseln ist jeweils eine inhaltliche Entscheidung getroffen.[180] Die Absender der Paulusbriefe achten genau darauf, was lediglich im Namen des Paulus allein und was im Namen aller gesagt werden soll. Der Subjektwechsel in Kol 4,3 kann nicht aus literarischen Vorlagen wie z. B. I Kor 16,9 oder II Kor 2,12 entnommen sein, ebensowenig wie die Pluralformulierungen im Proömium dem Phlm entstammen. Der Kol gebraucht vielmehr den Singular jeweils in Berichten über die gegenwärtige Situation des (fiktiven) Paulus, den Plural aber für die Verkündigung und das Verhältnis zur Gemeinde. Dies wird besonders in 1,28 und 4,3f deutlich. Der Subjektwechsel im Kol ist also ebenfalls kein Hinweis auf literarische Abhängigkeiten.

Die Beobachtungen lassen sich folgendermaßen zusammenfassen: Der Kol nimmt einige mehrfach in den Paulusbriefen gebrauchte Formulierungen und Wortpassagen auf. Er gebraucht außerdem Ausdrücke und Redewendungen, die zwar nur einmal in den erhaltenen Paulusbriefen vorkommen, zu denen sich jedoch analoge Formulierungen in den Paulusbriefen, aufzeigen lassen. Die Aufnahme paulinischen Sprachstils geschieht eigenständig und relativ unabhängig von den inhaltlichen Kontexten der jeweiligen Stellen innerhalb der erhaltenen Paulusbriefe. Eine spezifische Häufung von Belegen aus bestimmten Paulusbriefen läßt sich nicht ausmachen. Eine literarische Abhängigkeit zwischen Kol und erhaltenen Paulusbriefen ist daher mit den von Maclean aufgestellten Kriterien m. E. nicht nachzuweisen.[181]

Die Aufnahme paulinischer Ausdrucksweise im Kol könnte nun zum einen durch inzwischen verlorene Aufzeichnungen oder Mitschriften (ὑπομνήματα) vermittelt sein. Angesichts der im letzten Abschnitt aufgewiesenen Wahrscheinlichkeit, daß in die Briefe der Paulusgruppe mündliche Rede, Diskussionen und Predigten eingegangen sind, ist aber zum anderen die Annahme einer Beeinflussung des Kol durch die mündliche Überlieferung der Pauluspredigt bzw. die Diskussionen in den paulinischen Gemeinden eine weitere Hypothese, die möglichst viele Beobachtungen und Indizien zu einem Erklärungsmodell zusammenfaßt. Nämlich die Aufnahme von Formulierungen und kleineren Wortpassagen, fast gleichgewichtig aus allen erhaltenen Paulusbriefen, und die Eintragung von mehrfach in den Paulusbriefen formulierten Redewendungen und deren Kontext und Aussage

---

[179] Vgl. bes. I Thess. Lediglich zwei Verben stehen in der ersten Person Singular (3,5; 5,27). Vgl. auch I Thess 2,18. Vgl. auch II Kor 2,14-6,13; 7,2-4.
[180] Vgl. auch Jerome, Murphy-O'Connor, *Paul*, 16-34 und Samuel Byrskog, *Co Senders*.
[181] Zu den Kriterien literarischer Abhängigkeit siehe oben Kap. 3, S. 66-68.

unabhängige Verwendung. Dabei ist m. E. nicht zu bestimmen, ob es sich bei den Verf. des Kol um Mitarbeiter und Mitarbeiterinnen, Schülerinnen und Schüler des Paulus oder einfach um Mitglieder der paulinischen Gemeinden handelt.[182] Denn die Verf. beziehen sich nicht allein auf sprachliche Formulierungen, die vermutlich von paulinischer Missionspredigt beeinflußt sind, sie wollen m. E. auch, daß ihre Sprache als Sprache des Paulus und des Timotheus von den Hörern und Leserinnen erkannt wird. Die Verf. verwenden gerade nicht spezifisch paulinisch theologische Gedanken, sondern vor allem sprachliche Formulierungen aus der Paulustradition. Möglicherweise ist dies der Grund, warum ihrem Brief von Bujard eine „lockere Gedankenführung" bescheinigt wurde:[183]

> Der assoziativ lose anfügende Satzbau im Kol fügt stets wieder ein neues Satzglied an, ohne dieses neue Satzglied logisch in das Satzganze zu integrieren. So entsteht eine Folge von Satzgliedern, die–assoziativ aneinandergereiht–abgebrochen oder weitergeführt werden kann, ohne daß die früheren Glieder nach Funktion oder Sinn alteriert, ja überhaupt nur berührt werden. Der Improvisation ist so wenig eine Grenze gesetzt wie der Willkür unabsehbarer Reihungen.[184]

Dieser Stil spricht weder für das Unvermögen der Verf., ihre theologischen Gedanken zu strukturieren, noch für ihr stilistisches Ungeschick. Denn der Stil bewirkt, daß die Hörerinnen und Hörer „nicht einem logischen Gedankengang, sondern der Realisierung von Assoziationen" folgen.[185] Mit diesen Assoziationen wird ein Wiedererinnern an die Worte des Paulus und seiner Mitarbeiterinnen und Mitarbeiter bewirkt, angeregt durch vielfältige Anspielungen auf bekannte paulinische Redewendungen.

3.3 Die Aufnahme vorpaulinischer Traditionen

Unter den Kolosserforscherinnen und -forschern ist häufig die These vertreten worden, in Kol 2,12 werde die literarische Abhängigkeit des Kol vom Röm deutlich. Ebensooft ist jedoch auch die gegenteilige These geäußert worden, Kol 2,12 nehme eine auch Röm 6,3f zugrundeliegende, vorpaulinische Tradition in ihrer ursprünglichen Gestalt auf. Im Folgenden werde ich daher den Traditionsgebrauch in Kol 2,9-12 sowie den religionsgeschichtlichen Hintergrund dieser Stelle aufzuhellen versuchen.

> Kol 2,9 Denn in ihm wohnt die ganze Fülle der Gottheit leibhaftig (2,10) und ihr seid in ihm Erfüllte, der das Haupt jeder Herrschaft und Macht ist. (2,11) In ihm seid ihr auch beschnitten worden mit einer nicht von Händen

---

[182] Anders Ludwig, *Verfasser*.
[183] Bujard, *Stilanalytische Untersuchungen*, 121.
[184] Bujard, ebd., 234.
[185] Bujard, ebd., 80. Vgl. auch Luz, *Kom.*, 190f. Alfred Edwin Drak, *The Riddle of Colossians*, beschreibt die Struktur der Sprache des Kol als „covert irony", die die Leserinnen und Leser dazu auffordere, die Aussagen auf ihre Welt zu beziehen.

gemachten Beschneidung, durch Ablegen des Fleischesleibes, durch die Beschneidung Christi. (2,12) Als mit ihm in der Taufe Begrabene wurdeι ihr in ihm[186] auch (mit)auferweckt durch das Vertrauen auf die Wirkkraft Gottes, der ihn von den Toten auferweckt hat.

In Kol 2,9f zitieren die Verf. den in 1,15-20 mitgeteilten Hymnus. Das Phänomen, das bereits bei der Aufnahme des Phlm zu beobachten war, tritt auch hier zutage.[187] Die Passage wird in ihrer ursprünglichen Reihenfolge vertauscht zitiert.

a) 1,16 εἴτε ἀρχαὶ εἴτε ἐξουσίαι
b) 1,18 καὶ αὐτός ἐστιν ἡ κεφαλή
c)1,19 ὅτι ἐν αυτῷ
εὐδόκησεν
d) πᾶν τὸ πλήρωμα
e) κατοικῆσαι

c) 2,9 ὅτι ἐν αὐτῷ
e) κατοικεῖ
d) πᾶν τὸ πλήρωμα
τῆς θεότητος σωματικῶς
b) 2,10 ὅς ἐστιν ἡ κεφαλὴ
a) πάσης ἀρχῆς
καὶ ἐξουσίας[188]

Möglicherweise kann hier auf ein Prinzip des Umgangs mit literarischen Quellen im Kol geschlossen werden, nämlich die zitierten Satzglieder oder Aufzählungen in ihrer Reihenfolge zu vertauschen (vgl. Phlm 5 mit Kol 1,4; Phlm 23f mit Kol 4,10-14). Diese Beobachtung unterstreicht implizit die These, daß die im vorangehenden Unterkapitel aufgezeigten Übernahmen paulinischer Sprachtradition nicht literarisch vermittelt wurden. Wenn der Kol tatsächlich dem Vertauschungsprinzip bei der Übernahme literarischer Vorlagen folgt, hätte er auch die oben aufgezeigten Stellen sozusagen rückwärts zitieren müssen.

Kol 2,12 ist zumindest traditionsgeschichtlich mit Röm 6 verwandt. Röm 6,1-11 ist eine Diatribe zum Thema Sünde und Leben in Christus.[189] Nach einer rhetorischen Frage in 6,1 und deren Verneinung beginnt die Diskussion in Röm 6,2 mit einer weiteren Frage, die die eigentliche These der folgenden

---

[186] ἐν ᾧ könnte sich auch auf „Taufe" beziehen (vgl. Schweizer, *Kom.*, 113; Schnelle, *Gerechtigkeit und Christusgegenwart*, 210, Anm. 435). Der parallele Satzanfang in 2,11 und der durch das Partizip συνταφέντες angezeigte Nebensatz 2,12a lassen diese Möglichkeit m. E. als nicht intendiert erscheinen (vgl. auch Wolter, *Kom.*, 132, u. a.).

[187] Siehe oben Kap. 3.2, S. 88-89.

[188] Die Verf. verwandeln in 2,10 die Plurale aus 1,16 jeweils in den Singular. Siehe hierzu unten Kap. 6.1.1, S. 237.

[189] Zur Bezeichung des Abschnitts als Diatribe bzw. „Diatribenstil" vgl. Ludwig, *Verfasser*, 157; Käsemann, *An die Römer*, 153. Käsemann stellt ebd., 157 auch heraus, daß Röm 6,5-11 die Verse 2-4 nicht explizierend, sondern verdeutlichend wiederholt. Vgl. auch die von Aristoteles und dem Rhetoriker Menander gegebenen Definitionen der Diatribe als „die Ausmalung eines Gedankens durch Abwandlung der sprachlichen Formulierungen und der zum Hauptgedanken gehörenden Nebengedanken" (Thomas Schmeller, *Paulus und die Diatribe*, 8f). Schmeller stellt in seiner vergleichenden Untersuchung der als Diatriben bezeichneten Schriften als weitere Charakteristika einen dialogischen Charakter, der die Hörer und Hörerinnen einbezieht, von (fiktiven) Personen vorgetragene Einwände, Personifikationen, häufiger Sprichwort- und Zitatgebrauch sowie breite Darstellung und Wiederholungen heraus (ebd., 41; 210-216).

Diskussion nennt: „die wir gestorben sind der Sünde, wie sollen wir noch in ihr leben?" Es folgen drei Diskussionsgänge, die jeweils mit einer Feststellung des Paulus über die mit seinen vermuteten Leserinnen und Lesern gemeinsamen Überzeugungen beginnen: „oder wißt ihr nicht, daß ..." (6,3) und „(dieses) wissen wir, daß ..." (6,6.9). Besonders die in den Versen 6-11 genannten Thesen sind den Anhängern und Mitgliedern der Paulusgruppe vermutlich bekannt, denn eine Reihe von Gedanken und Formulierungen finden sich auch in anderen paulinischen Briefen.[190]

Bereits oben wurde auf das Selbstzitat des Paulus in Röm 6,10 (vgl. Gal 2,19f; II Kor 5,14f) und auf die dieser Formulierung zugrundeliegende jüdische Tradition ζῆν τῷ θεῷ, hingewiesen.[191] Das Ergebnis der Diskussion wird in V. 11 ebenfalls unter Einfluß dieser Formulierung festgehalten: „So betrachtet auch ihr euch (λογίζεσθε ἑαυτούς) als tot einerseits der Sünde, lebendig andererseits für Gott (ζῶντας δὲ τῷ θεῷ) in Christus Jesus."[192] Die „Selbstzitierung" des Paulus in Röm 6,6-11 ist aber viel umfangreicher. Das „mit Christus gekreuzigt sein" (συνσταυροῦσθαι) aus Gal 2,19 nimmt auch Röm 6,6 auf. Auch der Gedanke aus Röm 6,8 „Wenn wir aber mit Christus gestorben sind, vertrauen wir, daß wir auch mit ihm leben werden," wurde in anderen Briefen bereits ausgedrückt:

> Röm 6,8 Wenn wir mit Christus gestorben sind (ἀπεθάνομεν), glauben wir, daß wir mit ihm Leben werden (συζήσομεν).
> I Kor 15,22 Denn gleichwie in Adam alle sterben (ἀποθνήσκουσιν), so werden auch in Christus alle lebendig gemacht werden (ζῳοποιηθήσονται).
> II Kor 5,14f Einer ist für alle gestorben (ἀπέθανεν), folglich sind alle gestorben (ἀπέθανον). Und er ist für alle gestorben, damit sich die Lebenden nicht mehr selbst leben (ἵνα ... μηκέτι ... ζῶσιν), sondern dem, der für sie gestorben und auferstanden ist.[193]

In II Kor 5,14f wird wie in Röm 6,8 abschließend festgestellt, daß alle gestorben sind. In I Kor 15,22 ist die Aussage über das Sterben „in Adam" präsentisch formuliert, also ein immer noch andauernder Vorgang. Eine zeitliche Spannung läßt sich dennoch ablesen, denn das „lebendig gemacht werden" bleibt eine Verheißung in der Zukunft. Futurisch verheißen Röm 6,8 und II Kor 13,4 das Leben mit Christus (vgl. auch Röm 8,11), I Kor 6,14

---

[190] Ob dies auch für die römische Gemeinde gilt, muß offenbleiben. Aber es ist nicht auszuschließen, daß Paulus ein Vorwissen voraussetzt, denn das meiste des hier Aufgenommenen gehört zur jüdischen Tradition und zur Tradition der frühen Jesusbewegung.

[191] Kap 4.2, S. 125.

[192] In V. 11 wird, im Gegensatz zum „Wir-Stil" der Verse 3b-10, auf das „Ihr" der Anrede V. 3a zurückgelenkt. Der Vers zieht ein Fazit aus dem Vorhergehenden. Vgl. auch Schnelle, *Gerechtigkeit*, 85.

[193] Vgl. auch Phil 3,10 συμμορφιζόμενος τῷ θανάτῳ αὐτοῦ; Röm 8,17 συμπάσχομεν ἵνα καὶ συνδοξασθῶμεν sowie Gal 5,24 und Röm 7,6.

und II Kor 4,14 die Auferstehung und Röm 8,17 die Verherrlichung.[194] Viele der in der Diatribe Röm 6, besonders in V. 6-11 unter der Frage nach der Macht der Sünde im Leben der Getauften eingegangenen Gedanken und Formulierungen sind also von Paulus nicht *ad hoc* erfunden worden, sondern waren bereits in anderen Zusammenhängen entwickelt, formuliert und aufgenommen worden. Es ist daher zu vermuten, daß sie auch in die mündliche Predigt der Paulusgruppe Eingang gefunden haben.

Ein Hauptargument der Forscher und Forscherinnen, die eine literarische Abhängigkeit des Kol vom Römerbrief behauptet haben,[195] ist die enge sprachliche Beziehung zwischen Kol 2,12 und Röm 6,3f:

Kol 2,12 συνταφέντες αὐτῷ ἐν τῷ βαπτισμῷ, ἐν ᾧ καὶ συνηγέρθητε διὰ τῆς πίστεως τῆς ἐνεργείας τοῦ θεοῦ τοῦ ἐγείραντος αὐτὸν ἐκ νεκρῶν

Röm 6,3 ἢ ἀγνοεῖτε ὅτι, ὅσοι ἐβαπτίσθημεν εἰς Χριστὸν Ἰησοῦν, εἰς τὸν θάνατον αὐτοῦ ἐβαπτίσθημεν; (6,4) συνετάφημεν οὖν αὐτῷ διὰ τοῦ βαπτίσματος εἰς τὸν θάνατον, ἵνα ὥσπερ ἠγέρθη Χριστὸς ἐκ νεκρῶν διὰ τῆς δόξης τοῦ πατρός οὕτως καὶ ἡμεῖς ἐν καινότητι ζωῆς περιπατήσωμην

Die Idee, daß die Getauften mit Christus begraben sind, ist nur hier im *corpus Paulinum* belegt. Zugleich ist es die einzige Redewendung, die nur in Röm 6 und Kol 2 aufgenommen ist. Die übrigen Formulierungen in Röm 6,3f sind aus anderen Paulusbriefen bekannt: „Wie viele wir in Christus hinein getauft sind" hat eine wörtliche Parallele im Taufbekenntnis, das in Gal 3,27 zitiert wird.[196] Angemerkt wurde auch bereits, daß das Bekenntnis „Christus ist von den Toten erweckt worden" (ἠγέρθη Χριστὸς ἐκ νεκρῶν Röm 6,4.9) von Paulus aus der Tradition übernommen wurde und oftmals in den paulinischen Briefen aufgegriffen wird (vgl. I Kor 15,2-4 u. ö.).[197] Die Reihung Tod (θάνατος), mitbegraben sein (συνθάπτειν) und auferwecken (ἐγείρειν) ist in dem in I Kor 15,3f zitierten Bekenntnis der frühen Jesus-bewegung genannt.[198] Die Formulierung „durch den Glanz (δόξα) des

---

[194] II Kor 13,4 ζήσομεν σὺν αυτῷ; Röm 8,11 „Wenn der Geist, der Jesus von den Toten auferweckt hat, in euch wohnt, wird der, der Christus von den Toten erweckt hat, auch eure sterblichen Leiber lebendig machen (ζωοποιήσει), durch seinen Geist, der in euch wohnt"; I Kor 6,14: „Gott aber hat sowohl den Herrn auferweckt (ἤγειρεν) als er auch uns auferwecken wird (ἐξεγιρεῖ) durch seine Macht (δύναμις)"; II Kor 4,14: „Wir wissen, daß (εἰδότες ὅτι) der, der den Herrn Jesus auferweckt hat, auch uns mit Jesus erwecken wird (ἐγειρεῖ) und mit euch (vor ihm) hinstellen (παραστήσει σὺν ὑμῖν)ά; vgl. auch Röm 8,17: „... wir sind Erben Gottes und Miterben Christi, so gewiß wir mitleiden, um auch mit verherrlicht zu werden".

[195] Z. B. Sanders, *Literary Dependence.* Siehe oben S. 65f.; Lohse, *Kom.*, 156 Anm. 1 und 255 (aber anders, *Taufe und Rechtfertigung,* 314 Anm. 19); Ludwig, *Verfasser,* 155-178; A. J. M. Wedderburn, *Hellenistic Christian Traditions,* 339; Sellin, *Auferstehung,* bes. 230-231; Wolter, *Kom.,* 131-133, u. a.

[196] Gal 3,27 ὅσοι γὰρ εἰς Χριστὸν ἐβαπτίσθητε...

[197] Vgl. I Thess 1,10; Gal 1,1; I Kor 15,20; II Kor 4,14; Röm 6,4.9; 8,11.34; 10,9 u. ö. Siehe auch oben Kap 3, S. 71.

[198] Otto Michel, *Der Brief an die Römer,* 153; Wilckens, *Der Brief an die Römer* II, 12.

Vaters" (6,4b) klingt liturgisch und wird ähnlich in Phil 2,11 aufgenommen.[199]
Hinter Röm 6,4 könnte eine (vorpaulinische) Bekenntnisformel stehen. Gerade der Vers 6,3a greift in rhetorischer Frage explizit das Wissen der Angeredeten auf,[200] wogegen die Einbeziehung der Hörerinnen und Hörer in V. 6 und V. 9 mit den inklusiven unpersönlichen Partizipien γινώσκοντες/εἰδότες ὅτι geschieht. Paulus scheint also besonders davon überzeugt zu sein, daß den Angeredeten der Inhalt bzw. die Formulierung aus Röm 6,3f bekannt ist. Seit der Religionsgeschichtlichen Schule ist der traditionsgeschichtliche Hintergrund von Röm 6,3f in den hellenistischen Mysterienreligionen, besonders dem Isis-Osiris-Mysterium, aufgedeckt worden. Die wegen der strengen Arkandisziplin verstreuten Nachrichten über die Theologie und den Kultus der Mysterien zeigen, daß die Initiandinnen und Initianten in den Weihen das Schicksal der Gottheit(en) symbolisch durchlebten.[201] Es ist daher nicht unwahrscheinlich, daß Paulus in Röm 6,3f eine Tradition aufnimmt, die in den hellenistischen Gemeinden verbreitet war.

Paulus wandelt jedoch die ihm vorliegende Tradition in Röm 6,4 ab. Denn der mit συνετάφημεν bereits vorbereitete Gedanke der sachlichen wie zeitlichen Entsprechung zwischen Christus und den Seinen bei der Auferstehung wird hier durch ὥσπερ–οὕτως so stark betont, daß er bei einer

---

[199] Vgl. Michel, *Der Brief an die Römer*, 153; Käsemann, *An die Römer*, 156f.

[200] Der Einwand, ἢ ἀγνοεῖτε werde in Röm 7,1-6 verwendet, ohne daß darauf geschlossen werden könne, daß die Problematik in der vorgetragenen Weise bei den Angeredeten bekannt sei, trifft nicht, da Röm 7,2f mit allgemein bekanntem römisch-hellenistischen Eherecht argumentiert.

[201] Als Beleg für das Miterleben von Tod und Wiederbelebung/Auferstehung der Gottheit in den Mysterien werden zumeist Apul. Met. XI 23.8 und der Christ Firmicus Maternus genannt. Letzterer berichtet, daß den Teilnehmerinnen und Teilnehmern an den Mysterien, nachdem sie ein auf ein Bett gelegtes Bild beklagt hätten, von einem Licht hineintragenden Priester zugesprochen worden sei: „Seid getrost, Mysten, da der Gott gerettet ist, werden auch wir Rettung von den Leiden erlangen." (*de errore profanarum religionum* 22,1; vgl. auch Nilsson, *Geschichte der griechischen Religion* II, 612f. Vgl. auch Niklas Gäumann, *Taufe und Ethik*, 37-46; Käsemann, *An die Römer*, 151-153, u. a.). Dagegen haben vor allem Günther Wagner, *Das religionsgeschichtliche Problem*, und Sellin, *Auferstehung*, u. a. bestritten, daß die genannten Belege von einer Verleihung der Unsterblichkeit und der Auferstehung im Mysterium sprechen. Die Quellen seien sehr viel jünger als der Römerbrief und könnten somit keine Aussagen über die zeitgenössischen Mysterientheologien machen. Jedoch berichtet bereits Plutarch am Ende des 1. Jh. n. Chr. in *De Isisde et Oside* 27 (361 E), daß Isis „den heiligen Weihen Abbilder und Vorstellungen und Erinnerungen ihrer damaligen Leiden beimischte und eine Lehre und einen Trost heiligte, für Männer und Frauen, die unter Ähnlichem leiden." Es geht in den Mysterien um die Teilhabe am Schicksal der Mysteriengottheit. Die Mysterienfeiern des Osirismysteriums werden dabei auch „Wiederbelebungen und Wiedergeburten" (ἀναβιώσες καὶ παλιγγενεσίαι) genannt (ebd., 35 (364F)). M. E. ist daher Schnelle, *Gerechtigkeit*, 77f, zuzustimmen, der in der „Vorstellung einer Identifikation des Mysten mit dem Schicksal der Gottheit ... das geistige Umfeld angezeigt" sieht, „in dem die in Röm 6,3f enthaltenen Vorstellungen gedacht werden könnten" (78).

konsequenten Durchführung zu der Formulierung hätte führen müssen: ὥσπερ–οὕτως καὶ ἡμεῖς ἐκ νεκρῶν ἐγερθῶμεν (wie ... so sind auch wir von den Toten auferweckt worden).[202] Die Tradition der vollständigen Analogie, also der gleichzeitigen Auferstehung Christi und der Glaubenden, liegt allerdings in Kol 2,12/ Eph 2,5f sowie Kol 2,20; 3,1 vor.[203] Eine literarische Abhängigkeit von Kol 2,12f von Röm 6,4 halte ich deshalb für unwahrscheinlich. Ausschließlich auf den Römerbrief verweist lediglich die Formulierung συνταφέντες αυτῷ ἐν τῷ βαπτισμῷ/διὰ τοῦ βαπτίσμος (als mit ihm Begrabene in der bzw. durch die Taufe; Kol 2,12/Röm 6,4). Die Fortführung ἐν ᾧ καὶ συνηγέρθητε (in dem auch ihr auferweckt wurdet) findet eine nähere Parallele in I Kor 6,14/II Kor 4,14.[204] Gottes Auferweckung Christi von den Toten gehört zur Bekenntnissprache der Jesusbewegung. Auch der Gedanke aus Kol 2,13[205] findet sich an anderer Stelle in den Paulusbriefen (I Kor 15,22).[206] Schließlich spricht das Fehlen von οὕτως καὶ ἡμεῖς ἐν καινότητι ζωῆς περιπατήσωμεν (Röm 6,4c) in Kol 2,12 gegen eine literarische Abhängigkeit des Kol vom Römerbrief.[207] Der Kol zitiert vermutlich nicht den Römerbrief, sondern eine in den paulinischen und anderen Gemeinden der Jesusbewegung diskutierte Tradition in ihrer ursprünglicheren Form. Die Beobachtung in bezug auf Kol 2,12 gilt auch für Kol 2,20 εἰ [οὖν][208] ἀπεθάνετε σὺν Χριστῷ und 3,1 εἰ οὖν συνηγέρθητε τῷ Χριστῷ. Auch hier fällt die Gleichzeitigkeit gegenüber dem Zeitgefälle in I Kor 15,22; Röm 6,8 bzw. der finalen Folge in II Kor 15,15 auf.

Es läßt sich noch Genaueres über den traditionsgeschichtlichen Ort der vom Kol aufgenommenen Traditionen aussagen. Egon Brandenburger[209] hat darauf hingewiesen, daß das Theologumenon von der Auferstehung aller Glaubenden nicht von Anfang an im Zentrum der paulinischen Predigt stand. In I Thess 4,13-18 und I Kor 15,51f werde vielmehr deutlich, daß Paulus

---

[202] Schnelle, *Gerechtigkeit,* 79; Brandenburger, *Auferstehung,* 21.

[203] So auch Lohse, *Taufe und Rechtfertigung,* 314; Brandenburger, *Auferstehung,* 20-22; Käsemann, *An die Römer,* 157; Schnelle, *Gerechtigkeit,* 80f, u. a.

[204] Vgl. I Kor 6,14: καὶ ἡμᾶς ἐξεγερεῖ und II Kor 4,14: ἡμᾶς σὺν Ἰησοῦ ἐγερεῖ mit Kol 2,12; 3,1: συνηγέρθητε.

[205] Mit καὶ ὑμᾶς ... ὄντας beginnt sowohl 2,13 wie bereits vorher schon 1,21. Das Vorhergehende wird hier wie dort auf die Hörerinnen und Hörer übertragen. Siehe hierzu unten Kap. 6.1, S. 216f.

[206] Vgl. Kol 2,13 συνεζωοποίησεν ὑμᾶς σύν αυτῷ (er macht euch lebendig mit ihm) mit I Kor 15,22 ἐν τῷ Χριστῷ πάντες ζῳοποιηθήσονται (in Christus werden alle lebendig gemacht werden).

[207] Die Verf. schreiben jedoch περιπατεῖν ἀξίως τοῦ κυρίου (1,10); ἐν αὐτῷ περιπατεῖν (2,6); ἐν σοφίᾳ περιπατεῖν (4,5). Die Negation des Gedankens aus Röm 6,4c findet sich in Kol 3,7. Zur Argumentation vgl. auch Schnelle, *Gerechtigkeit,* 80.

[208] Ein hier gelesenes οὖν läßt jedenfalls die ursprüngliche Lesart des Codex Sinaiticus (א*) vermuten (vgl. die zweite Korrektur) sowie eine Korrektur der Majuskel 0278 und eine Reihe von Minuskeln und Übersetzungen. Der Text ist in P⁴⁶ leider nicht erhalten.

[209] Brandenburger, *Auferstehung,* 19f.

zunächst mit der Verwandlung der Lebenden bei der Wiederkunft Christi rechnete. Erst durch den Tod von Gemeindegliedern habe er–auch mit Hilfe der Offenbarung des Auferstandenen (vgl. I Thess 4,15)–die Lehre von der Auferstehung der Verstorbenen entwickelt. Die im Kol aufgenommene Tradition des Mitauferstanden (2,12; 3,1) und Mit-lebendig-gemacht-worden-Seins (2,13) der Glaubenden ist dagegen, wie Brandenburger zeigt, bereits im Judentum vorhanden.[210] Die Loblieder aus Qumran

> lassen [...] die Vorstellung von der Versetzung der Heilsgenossen aus dem Todesbereich in die ewige, schon in die irdische Heilsgemeinde hinein-reichende Lebenssphäre erkennen. [... Hier ist] Totenerweckung [...] zugleich als Erhöhungsgeschehen, als Versetzung in eine andere Sphäre verstanden (23).[211]

Besonders in 1QH XI,19-23 ist die Versetzung aus der Todessphäre in die Gemeinschaft der Himmlischen als gegenwärtig abgeschlossenes Geschehen gedacht:

> Denn Du hast meine Seele aus Verderben erlöst und aus Höllenabgrund mich erhoben zu ewiger Höhe, daß ich wandle auf ebenem Plan ohne Grenze [...] einen verkehrten Geist hast Du gereinigt von vielen Vergehen, um sie hinzu-stellen am Posten mit einem Heer von Heiligen und um in eine Einung zu treten mit einer Gemeinschaft von Himmelssöhnen. Du warfst dem Mann ein ewiges Los, mit Geistern der Erkenntnis Deinen Namen zu loben in gemein-schaftlichem Jubel und Deine Wunder zu erzählen vor all Deinen Werken.[212]

Die Vorstellung von einer bereits in der Gegenwart vollzogenen Versetzung in die himmlische Welt läßt sich auch in dem jüdisch-hellenisti-schen Roman *Joseph und Asenath* beobachten. Auf der Oberfläche einer Bekehrungsgeschichte erzählt diese Schrift die Verwandlung der Hauptfigur Asenath (vgl. Gen 41,45 (LXX)) in ein strahlendes, engelhaftes Wesen durch die Begegnung mit einem himmlischen Menschen (14-18).[213] Die Verwandlung, die vom Ablegen alter und dem Anziehen neuer Kleider

---

[210] Brandenburger, ebd., 23-27.

[211] Vgl. 1QH XIX,9-14 (früher XI,9-14): „Denn Du hast sie belehrt im Rat Deiner Wahrheit und in Deinen Wunder-Mysterien sie unterwiesen. Wegen Deiner Ehre hast Du (den) Menschen von Vergehen gereinigt, sich zu heiligen für Dich von allen Unreinheits-Greueln und Veruntreuungsschuld, um eine Einung zu bilden [mit] den Söhnen Deiner Wahrheit und in einem Los mit Deinen Heiligen zu erheben aus Staub ein Totengewürm zu [ewigem] Rat und aus verkehrter Gesinnung zu [Deiner] Einsicht, sich hinzustellen am Posten vor Dir, mit ewigem Heer und Geister[n des Wissens], sich zu erneuern mit allem Gewordenen und mit Kennern von Jubel in Einung." (Übers. Maier). Vgl. auch 1QH VII,17 (früher XV,17).

[212] Übers. Maier (früher III,19-23).

[213] Das Folgende richtet sich vor allem nach der kürzesten erhaltenen Textform dieser Schrift. Zum Problem der Textüberlieferung von JosAs siehe Standhartinger, *Frauenbild*, passim. Im Kurztext erhält Asenath bereits in der Begegnung mit dem Menschen ein strahlendes Wesen, das sie bis zum Ende der Erzählung nicht mehr verliert. Sie gleicht dem himmlischen Besucher selbst (vgl. 18,7(Ph) mit 14,1.9(Ph)). Im Langtext erfolgt die Verwandlung erst nach dem Weggang des himmlischen Menschen (vgl. Kap. 18(B)).

begleitet ist (14,12-16(Ph)/18,3-6(Ph)),[214] wird durch den himmlischen Menschen gedeutet mit der Ankündigung: „Siehe, von heute an bist du wiedererneuert (ἀναπλασθήσῃ) und wieder lebendig gemacht worden (ἀναζῳοποιηθήσῃ) ..."[215]. JosAs geht von zwei Bereichen aus: dem Bereich der toten und stummen Götter (8,5(B/Ph)), in dem sich Aseneth zu Beginn der Erzählung befindet, dargestellt als abgeschiedener Turm, und der Welt des lebendigen Gottes (8,6(B/Ph)). Auch das Bewußtsein des Todes wird durch Kleider symbolisiert (vgl. 10,9f(B)/10f(Ph)). Dem Lebendig-Machen korrespondieren die Verwandlung, der Einblick in die himmlische Welt (16,14(B)/16,7(Ph); 22,13(B)/22,9(Ph)) und der himmlische Aufenthaltsort (vgl. bes. 15,7f(B/Ph)) bei gleichzeitig neu gewonnener Handlungsfähigkeit in der Welt (22-28).

In JosAs wird der Sinneswandel (μετάνοια) als „Lebendig-Machen" verstanden. Wie in Qumran ist damit kein zukünftiges Ereignis gemeint, sondern eine gegenwärtige Eingliederung in den Bereich der Heiligen. Auf einen ähnlichen Vorstellungskreis deutet auch Kol 2,11f. Dem „in ihm wurdet ihr (mit)auferweckt" aus Kol 2,12 ist das „in ihm seid ihr beschnitten worden ... durch das Ablegen des Fleischesleibes" (2,11) vorgeordnet. Der Zusammenhang von „Ablegen des Fleischesleibes" (ἀπεκδύσει τοῦ

---

[214] Der Wechsel der Gestalt durch das Anlegen neuer Kleider ist auch in der apokalyptischen Literatur für die in den Himmel aufsteigenden Gerechten bezeugt. Vgl. slavHen 22,8-10: „Und der Herr redete zu Michael: 'Tritt heran und entkleide Henoch der irdischen Gewänder, und salbe ihn mit meinem guten Salböl, kleide ihn in die Gewänder meiner Herrlichkeit.' Und Michael tat so, wie der Herr zu ihm gesprochen hatte. Er salbte mich und kleidete mich, und das Aussehen jenes Öles war mehr als großes Licht, und sein Salböl war wie guter Tau, und sein Wohlgeruch wie Myrrhe, und es war wie die glänzenden Strahlen der Sonne. Und ich betrachtete mich selbst, und ich war wie einer von seinen Herrlichen, und es gab keinen wahrnehmbaren Unterschied" (Übers. Christfried Böttrich). Vgl. auch IV Esr 14,9-14. Attridge, *On Becoming an Angel*, zeigt die traditionsgeschichtliche Verbindung von der Verwandlung des in den Himmel aufgestiegenen Gerechten in eine engelsgleiche Gestalt in der Henochtradition mit tauftheologischen Vorstellungen in Texten aus Nag Hammadi auf. In den der sethianischen Gnosis nahestehenden Traktaten Zostrianos (NHC VIII,1); EvÄg (NHC III,2/IV,2) und der Dreigestalten Protenoia (NHC XIII,1) würden eine oder mehrere himmlische Taufen geschildert, die den sie empfangenden Aufsteigenden verwandeln und deren Effekt es sei „to transform the baptizand into a being like the angelic liturgists, a being of Light, perfect in intellect and therefore capable of receiving revelation" (489). Nach Attridge ist dies die Tauftheologie der kolossischen Gegnerinnen und Gegner, die sich daher der „Verehrung der Engel" (Kol 2,18) anschließen. Jedoch untersucht Attridge nicht, worin sich diese Tauftheologie von der der Verf. des Kol unterscheidet. Für die Verf. selbst geschieht in der Taufe eine Verwandlung durch das Ablegen des Fleischesleibes (2,11f). Zur Frage der Verehrung von Engeln in der sogenannten „kolossischen Philosophie" siehe unten Kap 5.2.2.

[215] JosAs 15,4(Ph). Dies entspricht der Bitte, die Joseph bereits in JosAs 8,10f(Ph) an Gott in bezug auf Aseneth richtet: „Herr Gott ... der lebendig machte das All und von Finsternis ins Licht rief und vom Tod zum Leben, Du selbst, Herr, mache lebendig (ζῳοποίησον) und segne diese Jungfrau und erneuere (ἀνακαίνισον) mit deinem Geist, und sie soll trinken den Kelch deines Segens, sie, die du erwähltest, bevor geschaffen wurde, und führe sie in deine Ruhe, die du bereitet hast deinen Erwählten." Zum Problem der Textüberlieferung an dieser Stelle siehe Standhartinger, *Frauenbild*, 44, Anm. 210.

σώματος τῆς σαρκός) mit der Beschneidung (περιτομή) und die Entgegensetzung von Unbeschnittenheit (ἀκροβυστία) und lebendig sein zeigt ebenfalls den jüdischen Hintergrund dieser Vorstellung an.[216] Diese Vorstellung des Gegensatzes von Fleisch und Leib entstammt, wie Brandenburger gezeigt hat, genauer aus der dualistischen Weisheit.[217] Als theologische Weiterentwicklung weisheitlicher Skepsis lasse sich in Weish und bei Philo von Alexandrien eine Dualisierung der Weisheit beobachten. Die Unfähigkeit menschlicher Erkenntnis macht die Einwohnung der Weisheit im Weisen notwendig (vgl. Weish 7-9). Diese Synousie mit der Weisheit gewährt Unsterblichkeit (8,13.17). Aber bereits in Weish wird verstärkt gefragt, ob Weisheit sich überhaupt mit dem sterblichen Leib verbinden kann:

> Weish 1,4 Denn in eine arglistige Seele wird Weisheit nicht einkehren, und sie wird nicht in einem Leib wohnen, der in Sünde verstrickt ist (σοφία οὐδὲ κατοικήσει ἐν σώματι κατάχρεῳ ἁμαρτίας).
> Weish 9,14f Denn die Überlegungen der Sterblichen (θνητῶν) sind armselig, und unzuverlässig sind unsere Gedanken. (15) Denn ein sterblicher Leib (φθαρτὸν σῶμα) beschwert die Seele, und das irdische Zelt (γεῶδες σκῆνος) drückt den Verstand nieder, der voll Sorge ist.[218]

Der sich hier andeutende Dualismus von irdischem Leib und Weisheit/Logos ist bei Philo weiterentwickelt:

> Die Einwohnung des göttlichen Pneuma hat nun den Auszug von Nous, Psyche oder Mensch zur unbedingten Voraussetzung. Sie müssen untergehen, sich selbst aufgeben, wenn das Heil wirkende und verbürgende göttliche Pneuma, wenn Sophia oder Logos einwohnen [sollen ...] Philo [...] setzt einen ganz realen Auszug und Wiederaufstieg aus der Sphäre des Fleisches und der Körperlichkeit zur jenseitigen Himmelswelt voraus. Das Ganze ist keine Leistung des rationalen Nous, sondern Widerfahrnis durch göttlich-gnädige Vermittlung.[219]

In der Auslegung von Gen 2,25 schildert Philo die Nacktheit der Seele (All II 53-64). „Die von Liebe zu Gott erfüllte Seele streift den Körper (ἐκδῦσα τὸ σῶμα) und seine Freuden ab und flieht weit hinaus von ihnen fort; sie findet Festigkeit, Sicherheit und dauernde Grundlage in den vollkommenen

---

[216] Vgl. auch Brandenburger, *Auferstehung*, 27. Die Deutung von Beschneidung als Metapher oder Metonym für Taufe übersieht diesen Zusammenhang. Vielmehr hat zuletzt Wolter, *Kom.*,129f, darauf hingewiesen, daß der Gedanke der „nicht von Händen–also durch Gott–gemachten Beschneidung" (περιτομὴ ἀχειροποίητος) innerhalb des Judentums bereits vorhanden ist. Siehe auch oben Kap. 4.2, S. 124-125. In OdSal 11,1-3 ist das Bild der Beschneidung des Herzens doppeldeutig angewandt. Beschneidung des Herzens führt hier zur Erlösung, insofern sie Frucht und Blüten bewirkt. Zum Zusammenhang von Kleiderwechsel und Taufe vgl. Jonathan Z. Smith, *Garments*.
[217] Brandenburger, *Fleisch und Geist*.
[218] Übers. Georgi. Das Motiv Weisheit als Kleid begegnet bereits Sir 6,29-31.
[219] Brandenburger, *Fleisch und Geist*, 138.163.

Lehren der Tugend."[220] Die philonische Rede vom Ablegen der Leidenschaften oder Sünden[221] und dem Anziehen der Tugend[222] ist nicht immer dualistisch durchgeführt. Jedoch liegt an einer Reihe von Stellen, in denen die Gewandmetapher verwendet wird, dualistisches Denken zugrunde, nämlich wenn mit dem Ablegen der Leidenschaften die Verneinung und Vernichtung der menschlichen Natur einhergeht und das Anlegen der göttlichen Natur die Vernichtung des irdisch Leiblichen voraussetzt.[223]

Die Nacktheit als Ablegen des Leibes bzw. der menschlich-irdischen Vorstellungen und Einbildungen der Seele, das Freiwerden von allem Weltlichen, ist für Philo Voraussetzung der Gotteserkenntnis bzw. des Wirkens Gottes in der Seele. Neben der Gewandmetapher verwendet er vor allem die Raummetapher für diesen Prozeß.[224] Philo bezeugt somit für die jüdisch-hellenistische Weisheitsbewegung den Gedanken, daß, so Brandenburger,

> das Heilsgeschehen sich bereits gegenwärtig im Auszug aus Fleisch und Körperlichkeit sowie aus der irdischen Sphäre überhaupt vollzieht. Dem Heraustreten aus dem Raum der fleischlichen Körperlichkeit entspricht positiv die Übersiedelung in den Heilsraum der Sophia. Wer dem in ihr herrschenden Nomos bzw. dem von ihr ausgehenden inspiratorischen und zeugerischen Einstrom der pneumatischen Weisheitsdynamis in entsprechendem Verhalten Raum gibt, verbleibt in ihrem sicher schützenden und bergenden Heilsbereich; er hat teil an der in den transzendent-himmlischen Raum, zur γνῶσις θεοῦ führenden Aufstiegsbewegung des Weisheitsgeschlechts.[225]

Die Paulusgruppe verwendet wie Philo sowohl Gewand- als auch Raummetaphern in Aufnahme von Gedanken aus der dualistischen Weisheit.[226] Dies wird besonders in II Kor 5,1-10 deutlich. Paulus kann sagen: „Wir ...

---

[220] All II 54f. Übers. Isaak Heinemann. Vgl. auch Ebr 6f.

[221] Vgl. SpecLeg IV 95 ἐκδύσασθαι τὸ πάθος; Mut 233 ἐκδυόμενος τὰ ἁμαρτήματα. Zum Nacktwerden als Bedingung für den Aufstieg zu Gott vgl. auch CH I 26.

[222] Vgl. Fug 110 ἐνδύεται ... ἡ δὲ τοῦ σοφοῦ διάνοια τὰς ἀρετάς (der Geist des Weisen zieht die Tugend an); Som I 225 ἀποδυσάμενοι δὴ τὸν ἀνθηρὸν τοῦτον χιτῶνα τὸν ἱερὸν ἐνδυώμεθα ἀρετῶν ποικίλμασιν ἐνυφασμένον (Legen wir dieses glänzende Obergewand ab und ziehen wir das heilige an, in das die Tugenden in Mannigfaltigkeit eingewebt sind).

[223] Brandenburger, *Fleisch und Geist*, 198-205.

[224] Vgl. z. B. All III 42 (Auslegung von Ex 33,7): „Es ist nicht möglich für den, der im Körper wohnt und im sterblichen Geschlecht, bei Gott zu sein, sondern (nur für den), den Gott aus dem Gefängnis rettet. [...] (46f) Siehst du nicht, daß wenn er das Zelt (σκηνή), dies ist die Weisheit, bei Gott erhält (Ex 33,7), in dem der Weise ein Lager aufschlägt und wohnt, er es herbeiführt und festigt und fest gründet, nicht im Leib, sondern außerhalb diesem (οὐκ ἐν τῷ σώματι, ἀλλ᾽ ἔξω τούτου). Mit dem Lager ist nämlich er (der Leib) abgebildet, ein Heerlager der Kriege und der schlechten Dinge, die einen Krieg herbeiführen, ein Ort, der keinen Anteil am Frieden hat. 'Und das Zelt wurde Zeugnis genannt' und 'alle die den Herrn suchten, gingen hinaus' (Ex 33,7) Sehr gut! Wenn du nämlich Gott suchst, o Denkkraft, gehe aus dir selbst heraus und suche."

[225] Brandenburger, *Fleisch und Geist*, 211.

[226] Vgl. bes. Röm 6,6 ἵνα καταργηθῇ τὸ σῶμα τῆς ἁμαρτίας; 7,24 τίς με ῥύσεται ἐκ τοῦ σώματος τοῦ θανάτου τούτου; Phil 3,21 τὸ σῶμα τῆς ταπεινώσεως ἡμῶν/σῶμα τῆς δόξης αὐτοῦ. Zum Ganzen Brandenburger, *Fleisch und Geist*.

halten es noch mehr für gut, fremd vom Leib und in der Heimat beim Herrn zu sein (ἐκδημῆσαι ἐκ τοῦ σώματος καὶ ἐνδημῆσαι πρὸς τὸν κύριον)" (5,8). Zugleich kritisiert Paulus hier aber auch die Forderung nach Befreiung der Seele von ihrem fleischlichen Körper, wenn er formuliert: „Denn hier seufzen wir, weil wir Sehnsucht danach haben, mit unserem himmlischen Wohnsitz überkleidet (ἐπενδύσασθαι) zu werden. Insofern wir ja überkleidet (ἐνδυσάμενοι) sind,[227] werden wir nicht als nackt befunden werden." (5,2f). Weg und Ziel des Wohnens bei Gott ist für ihn, anders als bei Philo, nicht das Nacktwerden der Seele (vgl. All III 42-48), das Ablegen der sterblichen, fleischlichen Hülle, sondern überkleidet zu werden, „damit verschlungen werde das Sterbliche vom Leben" (5,4).[228]

Die vereinzelt in den paulinischen Briefen gebrauchten Gewandmetaphern lassen sich als Reflexion des Denkens der dualistischen Weisheit verstehen.[229] Der Kol macht viel ausgiebiger Gebrauch von diesen Gewandmethaphern als die paulinischen Briefe. Er zieht eine scharfe Trennlinie zwischen dem σῶμα τῆς σαρκός (1,22; 2,11) und dem σῶμα Χριστοῦ (1,24; 2,19). Das Motiv des „Ablegens" und „Anziehens" (2,11; 3,8-10.12) wird parallelisiert zu „sterben" und „auferstehen" (2,12f.20; 3,1.5) und bestimmt den Mittelteil des Briefes. Der Gebrauch der Gewandmetapher im Kol geschieht also eigenständig und unabhängig von den Paulusbriefen, wobei nicht auszuschließen ist, daß der Kol die Diskussionen weisheitlich dualistischen Denkens in der Paulusgruppe aufnimmt. Von der Kritik des Paulus an diesem Denken, wie sie die Paulusbriefe belegen, ist jedoch im Kol nichts zu spüren. Vielmehr wird hier, wie bei Philo, das Ablegen des sterblichen Fleisches (vgl. ἀπέκδυσις τοῦ σώματος τῆς σαρκός 2,11 u. ö.) und der Leidenschaften (πάθος, ἐπιθυμία, ὀργή, θυμός etc. 3,5.8) als Weg der Seele zu Gott verstanden. Wobei, anders als bei Philo und Paulus, der Weg allein vom Ziel oder Ende her betrachtet ist (2,11-13).

Der Kol nimmt die Röm 6 zugrundeliegenden Bekenntnisformulierungen der Jesusbewegung in ihrer traditionsgeschichtlich ursprünglicheren Form

---

[227] Alle wichtigen und älteren Textzeugen lesen in 5,3 gegen den Nestletext ἐνδυσάμενοι statt ἐκδυσάμενοι (bezeugt nur von von der ursprünglichen Lesart des Claromontanus (D*), zwei altlateinischen Mss. sowie Marcion, Tertulian und Pseudo-Augustinus).

[228] Vgl. auch Dennis R. MacDonald, *There is no Male and Female*, 68-69; 127-129. MacDonald stellte heraus, daß bes. I Kor 15 „objected to the idea that the body must be put off; rather, believers must wait to put on the image of the heavenly Adam, Christ (I Kor 15,49ff)." Auch Gal 3,27 sei von Paulus aus einem vorliegenden „dominial saying" (vgl. EvThom 37 u. a.) entsprechend abgewandelt worden. Tatsächlich spricht Paulus in seinen Briefen nicht von (ἐκ)ἀποδύειν allerdings von ἀποτίθεναι (Röm 13,12). In der Gnosis wird das Bild des „Anziehens" bzw. „Überkleidet werdens" im Sinne von „überkleidet sein" mit Unvergänglichkeit, Erkenntnis, den vollkommenen Menschen und dem ursprünglichen himmlischen Lichtgewand (Evangelium der Wahrheit (NHC I,3 20,32); PhilEv 24 (NHC II,3 57,19-24); Mariaevangelium (BG 18, 15-17 vgl. PapRyl 22,9f); Perlenlied (ActThom 113-118) u. ö. gebraucht. Vgl. auch OdSal 7,4; 11; 25,8; 33,12; 39,8.

[229] Brandenburger, *Fleisch und Geist*. 197-216.

auf. Während kein Einfluß des paulinischen „schon jetzt und noch nicht" in der Aufnahme der Tauftradition in Kol 2,11f festzustellen ist, wird in diesem Brief das Denken der dualistischen Weisheit in einer ursprünglicheren Form rezipiert und selbständig weiterentwickelt.

Weisheitstheologie ist im Kol stets präsent, und zwar ohne daß eine Vermittlung durch paulinisches Denken zu beobachten ist.[230] Parallelen zwischen Christus- bzw. Weisheitshymnus (Kol 1,15-20) und den Paulus-briefen lassen sich kaum entdecken.[231]

Neben der auch von Paulus in II Kor 5,19 aufgenommenen Versöhnungstradition[232] erinnern lediglich einige wenige Formulierungen in Kol 1,15f an das in den paulinischen Briefen Gesagte.[233] Paulus nennt in II Kor 4,4 Christus das Abbild Gottes.[234] Andernorts betonen die paulinischen Briefe dagegen die Verwandlung der Gemeindeglieder in die Gestalt und das Abbild Christi.[235] Auch das Stichwort „erstgeboren" beschreibt bei Paulus

---

[230] Bereits ein Blick in die Konkordanz läßt die auffällige Häufung des Wortes σοφία (Weisheit) im Kol deutlich werden. σοφία wird sechsmal im Kol genannt, eine Dichte, die nur noch von I Kor 1,17-2,13(3,19) übertroffen wird. Hier taucht dieser Begriff 15mal auf, in den restlichen paulinischen Homologumena allerdings nur noch dreimal (I Kor 12,8; II Kor 1,12; Röm 11,33 = syrBar 14,8-10 (?)). σύνεσις (Einsicht) kommt sogar nur einmal innerhalb eines Zitates 1 Kor 1,19 = Jes 29,14 vor–zweimal dagegen im Kol (1,9; 2,2). In keiner neutestamentlichen Schrift wird der Begriff Sophia im Vergleich mit der Gesamtlänge so oft verwendet wie im Kol.

[231] Zum traditionsgeschichtlichen Hintergrund des Kolosserhymnus siehe unten Kap. 6,1.1.

[232] Kol 1,20. Siehe hierzu unten Kap. 6.1.1, S. 227-229.

[233] Die Erwähnung des Kreuzes in Kol 1,20 geschieht in charakteristisch anderer Weise als in den Paulusbriefen. Während es in Kol διὰ τοῦ αἵματος τοῦ σταυροῦ heißt, verbindet Paulus Kreuz und Blut nicht und spricht jeweils von ἐν τῇ αἵματι. Siehe hierzu unten Kap. 6.1.1, S. 229-237.

[234] II Kor 4,4: (Χριστὸς), ὅς ἐστιν εἰκὼν τοῦ θεοῦ. Vgl. Phil 2,6: ὃς ἐν μορφῇ θεοῦ ὑπάρχων.

[235] Vgl. Gal 4,19 μέχρις οὗ μορφωθῇ Χριστὸς ἐν ὑμῖν. II Kor 3,18 κατοπτριζόμενοι τὴν αὐτὴν εἰκόνα μεταμορφούμεθα ἀπὸ δόξης εἰς δόξαν καθάπερ ἀπὸ κυρίου πνεύματος; Phil 3,21 ὃς μετασχηματίσει τὸ σῶμα τῆς ταπεινώσεως ἡμῶν σύμμορφον τῷ σώματι τῆς δόξης αὐτοῦ κατὰ τὴν ἐνέργειαν τοῦ δύνασθαι αὐτὸν καὶ ὑποτάξαι αυτῷ τὰ πάντα; Röm 8,29 συμμόρφους τῆς εἰκόνος τοῦ υἱοῦ αὐτοῦ εἰς τὸ εἶναι αὐτὸν πρωτότοκον ἐν πολλοῖς ἀδελφοῖς; Röm 12,2 καὶ μὴ συσχηματίζεσθε τῷ αἰῶνι τούτῳ ἀλλὰ μεταμορφοῦσθε τῇ ἀνακαινώσει τοῦ νοός.

Die Verwandlung in das Bild bzw. die Gestalt Christi (Gal 4,19; Röm 8,29) darf allerdings, wie I Kor 15,49 zeigt, in paulinischer Theologie nicht unvermittelt gleichgesetzt werden mit der Verwandlung in seinen Glanz (Phil 3,21; II Kor 3,18). Lediglich II Kor 3,18 behauptet die Verwandlung in das Bild des Glanzes als gegenwärtiges Phänomen, wobei, wie Georgi, Gegner, 274-282, gezeigt hat, das Stichwort εἰκών von Paulus in eine bereits durch die Gegnerinnen und Gegner in Korinth verbreitete Auslegung von Ex 34 eingetragen wurde. Der Glanz der Weisheit ist auch nach Weish 9,11 Realität des Weisen. Phil 3,21 nimmt wie I Kor 15,27 das Zitat aus Ps 8,7(LXX) auf. Völlig unreflektiert und in gewissem Maße widersprüchlich wirkt dagegen I Kor 11,7 ἀνήρ ... εἰκὼν καὶ δόξα θεοῦ ὑπάρχων. Wenn nach Gal 4,19; II Kor 3,18 Phil 3,20f; Röm 8,29 und 12,2 alle verwandelt werden in das Bild/den Glanz des Sohnes, der Bild und Abglanz Gottes ist, warum soll dies dann allein für den Mann eine zeitlose Wahrheit sein?

Christi Verhältnis zu den Menschen, nicht aber zum Kosmos als Ganzem.[236] Eine Parallele zwischen dem Kolosserhymnus und den Paulusbriefen besteht in der Aufnahme einer in stoischer Philosophie verbreiteten Formulierung, die den Kosmos als göttlich durchwaltet vorstellt.[237]

Kol 1,16 ὅτι ἐν αὐτοῦ ἐκτίσθη τὰ πάντα ἐν τοῖς οὐρανοῖς καὶ ἐπὶ τῆς
γῆς τὰ ὁρατὰ καὶ τὰ ἀόρατα εἴτε θρόνοι εἴτε κυριότητες εἴτε ἀρχαὶ
εἴτε ἐξουσίαι τὰ πάντα δι᾽ αὐτοῦ καὶ εἰς αὐτὸν ἔκτισται
Kol 1,20c εἴτε τὰ ἐπὶ τῆς γῆς εἴτε τὰ ἐν τοῖς οὐρανοῖς
I Kor 8,5 καὶ γὰρ εἴπερ εἰσὶν λεγόμενοι θεοὶ εἴτε ἐν οὐρανῷ εἴτε ἐπὶ γῆς
ὥσπερ εἰσὶν θεοὶ πολλοὶ καὶ κύριοι πολλοί (8,6) ἀλλ᾽ ἡμῖν εἰς θεὸς
ὁ πατὴρ ἐξ οὗ τὰ πάντα καὶ ἡμεῖς εἰς αὐτὸν καὶ εἰς κύριος Ἰησοῦς
Χριστὸς δι᾽ οὗ τὰ πάντα καὶ ἡμεῖς δι᾽ αὐτοῦ
Röm 11,36 ὅτι ἐξ αὐτοῦ καὶ δι᾽ αὐτοῦ καὶ εἰς αὐτὸν τὰ πάντα

Die Formulierung ist bereits von Philo auf Gottes schöpfendes Handeln bezogen worden.[238] In Röm 11,33-36 nimmt Paulus vermutlich einen jüdisch-hellenistischen Hymnus über die verborgene Weisheit auf.[239] Ebenso ist in I Kor 8,6 eine Bekenntnisformel zitiert, die in jüdisch-hellenistischer Sophia- bzw. Logosspekulation vorgebildet ist.[240] Die doxologische

---

[236] Das Stichwort πρωτότοκος begegnet lediglich in Röm 8,29 „... erstgeboren unter vielen Geschwistern." In I Kor 15,20 nennt Paulus Christus „Erstling (ἀπαρχή) der Entschlafenen" (vgl. auch I Kor 15,23; I Thess 4,6f).

[237] Parallelen bei Norden, *Agnostos Theos*, 240-250; Rainer Kerst, *I Kor 8,6*, 131f; vgl. auch Wolter, *Kom.*, 79; Maclean, *Ephesians*, 47, u. a. Am deutlichsten ist Marc Aurel, αὐτοκράτορος τὰ εἰς ἑαυτόν, IV 23: ἐκ σοῦ πάντα, ἐν σοὶ πάντα, εἰς σὲ πάντα. Das ἐν αὐτοῦ aus Kol 1,16a ist, wenn es sich nicht allein auf die Vorliebe der Verf. für die Präposition ἐν zurückführen läßt, näher an der stoischen Gedankenwelt als das jüdisch-paulinische ἐκ αὐτοῦ (vgl. auch Lohse, *Kom.*, 88f, u. a.). Schweizer, *Kom.*, 60f und Wolter, *Kom.*,79, verweisen hier auf die philonische Vorstellung vom Logos als dem Ort, an dem die Schöpfung vorgebildet ist (vgl. Op 16-20; Som I 62-64; Schweizer, *Art.* σῶμα, ThWNT VII (1964), 1051f).

[238] Philo, Cher 125; Quaest in Gn I 58; Über den philonischen Gebrauch hinaus nimmt bereits Paulus das stoische εἰς αὐτόν auf (vgl. Marc Aurel, αὐτοκράτορος τὰ εἰς ἑαυτόν, IV 23).

[239] Vgl. Norden, *Agnostos Theos*, 240-250; Michel, *Der Brief an die Römer*, 285f; Bornkamm, *Lobpreis Gottes*; Käsemann, *An die Römer*, 305-308. Die deutlichste Parallele bietet syrBar 14,8-19.

[240] Vgl. Richard A. Horsley, *Background*, zeigt, daß der Logos bei Philo als Instrument (ὄργανον) aufgefaßt wird, durch den (δι᾽ οὗ) Gott die Welt schafft (Cher 127; vgl. auch Op 24; SpecLeg I 81; All III 96). Philo kann dieselbe Aussage auch in bezug auf die Weisheit machen (Det 54: σοφία, δι᾽ ἧς ἀπετελέσθη τὸ πᾶν). Christus als Instrument (δι᾽ οὗ) der Schöpfung in I Kor 8,6 ist also bereits in der philonischen Weisheits- und Logosspekulation vorgebildet. Die Bekenntnisformel aus I Kor 8,6 ist daher nicht unbedingt auf eine in der Jesusbewegung eigens geprägte Formulierung zurückzuführen, die eine an das Sch'ma Israel angelehnte erste Zeile mit dem Bekenntnis zu dem einen Gott mit einer Übertragung auf Christus in der Sprache stoischer Doxologie verbindet (so Conzelmann, *Kom.*, 170-172; Kerst, I Kor 8,6, 130-139), sondern kann ebenso als Aufnahme einer Formulierung aus der jüdisch-hellenistischen Weisheits- bzw. Logostradition verstanden werden. Bereits in der Tradition philonischer Weisheitsspekulation hat der Logos soteriologische Funktion. Siehe auch Anm. 241.

Tradition „aus ihm und durch ihn und zu ihm ist das All geschaffen worden" entstammt der Übertragung stoischer Gedanken und Formulierungen auf Gott in der jüdisch-hellenistischen Tradition, wobei auch, wie in I Kor 8,6 und Kol 1,16e, ein personifiziertes Schöpfungsinstrument gedacht werden kann.[241] Eine spezifische Aufnahme paulinischer Formulierungen oder Gedanken läßt sich für Kol 1,15-20 nicht zeigen. Auch gibt es keinen Hinweis in den paulinischen Briefen, daß Paulus diesen oder einen ähnlichen Hymnus kannte.[242]

Ein den Paulusbriefen und dem Kol gemeinsames Traditionsstück wird dagegen in Kol 1,26f aufgenommen.

> Kol 1,26f Das Geheimnis, das seit Ewigkeit und seit Generationen verborgen war (τὸ μυστήριον τὸ ἀποκεκρυμμένον ἀπὸ τῶν αἰώνων), nun (νῦν) aber ist es seinen Heiligen offenbart worden (ἐφανερώθη τοῖς ἁγίοις), denen Gott bekannt machen wollte, was der Reichtum des Glanzes (ἠθέλησεν ὁ θεὸς γνωρίσαι τί τὸ πλοῦτος τῆς δόξης) dieses Geheimnisses unter den Völkern/Heiden (ἔθνοι) ist, das ist Christus in euch, (ὅ ἐστιν Χριστὸς ἐν ὑμῖν)[243], die Hoffnung des Glanzes.
>
> I Kor 2,7f ... sondern wir reden Gottes verborgene (τὴν ἀποκεκρυμμένην) Weisheit im Geheimnis (ἐν μυστηρίῳ), die Gott vorherbestimmt hat vor der Ewigkeit zu unserer Herrlichkeit (ἣν προώρισεν ὁ θεὸς πρὸ τῶν αἰώνων εἰς δόξαν ἡμῶν), die keiner der Archonten dieses Äons erkannt hat (ἔγνωκεν) [...] (10) uns aber hat Gott es durch den Geist offenbart (ἀπεκάλυψεν).

I Kor 2,7-10 ist zusammen mit Kol 1,26 von Nils A. Dahl[244] im Anschluß an Rudolf Bultmann[245] als „Revelationsschema" bezeichnet worden. Leitworte seien „Von Ewigkeit an vorhanden–jetzt geoffenbart."[246] Sitz im Leben sei die Ansprache an die Glaubenden, denen die „eschatologische Neuheit und der überweltliche Reichtum der im Evangelium verkündigten Offenbarung ... klargemacht werden" (4f) soll.

---

[241] Der Kolosserhymnus geht allerdings noch einen Schritt über die in den Paulusbriefen aufgenommenen Traditionen hinaus, wenn er auch das „zu ihm hin (εἰς αὐτόν)" auf den Besungenen (Christus) bezieht. Jedoch kennt auch die philonische Logosspekulation bereits eine soteriologische Funktion des Logos wie Horsley, *Background,* 134, anhand von Philo, Sacr 8 gezeigt hat: „ 'durch ein Wort' (Dtn 34,5) ist die Ursache des Auswanderns, durch das (δι᾽ οὗ) auch der ganze Kosmos geschaffen ist, damit du lernst, daß Gott mit demselben Wort sowohl die Welt schafft, als auch den Vollkommenen vom irdischen hinaufführt zu sich selbst."

[242] Auffällig ist, daß I Kor 8,5 und Kol 1,20c jeweils εἴτε ἐν οὐρανῷ εἴτε ἐπὶ γῆς gegenüberstellen, während Paulus sonst ἐπίγειος und ἐπουράνιος gegenüberstellt (I Kor 15,40; Phil 2,10).

[243] Χριστὸς ἐν ὑμῖν formuliert auch Paulus in Gal 4,9; II Kor 13,5; Röm 8,10.

[244] Dahl, *Formgeschichtliche Beobachtungen.*

[245] Bultmann, *Theologie,* 104, ordnet Kol 1,26f mit I Kor 2,7ff, Eph 3,4f und 3,9f dem Typ christlicher Predigt zu, in der „die Neuheit des christlichen Seins im Gegensatz zur weltlichen Vergangenheit nach dem Schema einst–jetzt beschrieben wird".

[246] Dahl, *Formgeschichtliche Beobachtungen,* 4.

Im Anschluß an Dahl sind I Kor 2,7-10; Kol 1,26f; Eph 3,4f.9f sowie Röm 16,25f auch von Dieter Lührmann, Hans Conzelmann und anderen als „Revelationsschemata" bezeichnet und in ihrem Verhältnis zueinander untersucht worden. Lührmann[247] geht in seiner Untersuchung von der Beobachtung aus, daß I Kor 2,6ff sich inhaltlich und formal von der paulinischen Verkündigung unterscheidet. Er vermutet daher „eine liturgische Formel ..., mit der im urchristlichen Gottesdienst eine Ver-kündigung eingeleitet wurde, die den τέλειοι (den Eingeweihten) besondere pneumatische Einsicht vermitteln sollte" (133) und die Paulus von den korinthischen Gnostikern und Gnostikerinnen übernehme. Die ursprüngliche Form, die Paulus in charakteristischer Weise abwandle, lasse sich in der deuteropaulinischen Tradition nachweisen und entstamme der Weiterent-wicklung apokalyptischer Mysterientradition in der Gnosis. Anders als in der Gnosis sei jedoch im Kol nicht die Erkenntnis des Geheimnisses selbst erlösend, sondern der Inhalt des Geheimnisses sei, „daß Christus [...] unter den Heiden verkündigt wird".

Lührmann arbeitet zu Recht heraus, daß Kol 1,26f keine apokalyptischen Gedanken im strengen Sinn aufnimmt. Denn hier werden keinem Seher die Geheimnisse[248] der Weltzeiten offenbart, sondern „den Heiligen" ist der Reichtum des Glanzes dieses Geheimnisses unter den Heiden/Völkern offenbart worden. Die „Heiligen" sind dabei eine von der Gemeinde unterschiedene Gruppe.[249] Das Geheimnis ist Christus im Raume der Gemeinde, was zur Wirklichkeit des Glanzes führen wird (1,27; 3,4). Die von Lührmann herangezogenen gnostischen Belegstellen[250] charakterisieren m. E. weniger die Esoterik der Vermittlung an einzelne Vollkommene (τέλειοι), sondern das Gemeinsame ist die Vermittlung von Wissen durch einen mitgeteilten Mythos, der das Wesen der Welt und die Erlösung beschreibt. Der jeweilige Mythos kann dabei durchaus traditionell sein.[251]

Conzelmann lehnt die Herleitung des „Revelationsschemas" aus der Gnosis ab und sucht den traditionsgeschichtlichen Ursprung statt dessen in der hellenistischen σωτήρ-ἐπιφάνεια-Religiosität.[252] Das Schema, das in

---

[247] Dieter Lührmann, *Offenbarungsverständnis*, 113-140.

[248] Die Apokalyptik spricht zumeist von Geheimnissen im Plural. Vgl. Lührmann, *Offenbarungsverständnis*, 125.

[249] Die Kolosser werden zwar im Briefpräskript als Heilige bezeichnet (1,2) und in 3,12 aufgefordert, wie Gottes Heilige im Herz der Erbarmens etc. anzuziehen, aber in 1,4 und 1,12 werden die Angesprochenen eindeutig von den Heiligen unterschieden. Im Traditionsstück 1,12 ist mit den „Heiligen im Licht" sicherlich eine himmlische Gruppe gemeint. Vgl. auch Lohmeyer, *Kom.*, 39; Lohse, *Kom.* 70-72; Gnilka, *Kom.*, 47; P. Benoit, Ἅγιοι; Wolter, *Kom.*, 65; anders Schweizer, *Kom.*, 47; Hübner, *Kom.*,52; Luz, *Kom.*, 198.

[250] Z. B. CH I 16; PhilEv 82 (NHC II,3 (71,4-16)); IgnEph 19.

[251] Dies zeigt vor allem ein Vergleich mit IgnEph 19 und Apk 12. Der Mythos im PhilEv 81f (NHC II,3 (70,34-71,16)) betont die Analogie zu allgemeinmenschlichen Erfahrungen.

[252] Conzelmann, *Der erste Brief an die Korinther*, 75. Vgl. auch *Paulus und die Weisheit*, 184-186. Conzelmann verweist auf II Tim 1,10; Tit 1,20f und I Petr 1,20f. I Petr verwenden

I Kor 2,6ff „in status nascendi zu erkennen ist", (75) liege erst in den Deuteropaulinen vor, was darauf hinweise, daß es im „internen Schulbetrieb der Paulusschule entwickelt wurde" (ebd.). Das Schema entstamme der Weisheitsschule und bilde eine Modifikation des Themas der verborgenen Weisheit.[253] M. E. läßt sich jedoch nicht zeigen, daß der Gebrauch und die Entwicklung des „Revelationsschemas" auf die 'Paulusschule' beschränkt bleibt.[254] Vielmehr ist das Aussageschema 'etwas, das seit der Ewigkeit verborgen war, ist einer bestimmten Gruppe offenbart worden' auch in den missionstheologischen Schriften (*expositio legis*) Philos zu finden:

> Philo, Abr 77-79: Ein deutlicher Beweis aber, daß durch diese Auswanderung seine Seele sich von der Astronomie und der chaldäischen Anschauung freimachte, ist dieser: Es heißt nämlich sofort nach der Auswanderung des Weisen: „Gott erschien dem Abraham" (Gen 12,7). Hieraus geht hervor, daß er ihm vorher nicht sichtbar war, als er noch in chaldäischer Anschauung befangen auf die Bewegung der Gestirne achtete und außerhalb der Welt und der sinnlichen wahrnehmbaren Natur durchaus kein harmonisches und geistiges Wesen erkannte [... Es ...] hatten die sinnlich wahrnehmbaren Dinge eine dichte Finsternis über ihn ausgebreitet, und erst als er diese durch warme und flammende Lehren zerstreut hatte, vermochte er wie bei klarem Himmel eine Vorstellung von dem früher Verhüllten und Unsichtbaren zu gewinnen (τοῦ πάλαι κρυπτομένου καὶ ἀειδοῦς φαντασίαν λαβεῖν).

Abraham als Typus des Proselyten bleibt, so legt Philo hier Gen 12,7 aus, bei seiner Suche nach Weisheit die eigentliche Wahrheit verborgen. Erst durch die Offenbarung Gottes bekommt er eine Vorstellung (φαντασία) vom vorher Verhüllten. Das verborgene Wesen Gottes wird ihm erst durch „flammende Lehren" von Gott selbst offenbart.[255] Das „Revelationsschema"

---

allerdings eine abweichende Terminologie und betonen die urzeitliche Erwählung Christi.

[253] Vgl. ders., *Paulus und die Weisheit*, 185.

[254] Wolter, *Verborgene Weisheit*, hat dagegen dem traditionsgeschichtlichen Zusammenhang von I Kor 2,6-10 und Kol 1,26f, Eph 3,4f.9f. und Röm 16,25f widersprochen. Charakteristisch sei das Fehlen des νῦν in I Kor 2,6-10. Im I Kor würden nicht Zeiträume diachron, sondern Menschengruppen synchron gegenübergestellt. Dagegen liege in Röm 16,25f und Kol 1,26/Eph 3,4f.9f ein Schema vor, dessen Charakteristikum die Rede von den ἔθνη (Völker/Heiden) sei. Der traditionsgeschichtliche Hintergrund des „Revelationsschemas" sei die Weisheitstradition, und zwar speziell der Teil dieser Tradition, nach dem die Weisheit außerhalb Israels verborgen, aber Israel im Gesetz gegeben sei. Gegen diese exklusive Behauptung des Weisheitsbesitzes in Israel durch das Gesetz setze das in Kol/Eph und Röm 16,25f entwickelte Schema die Offenbarung an die Heiden. M. E. ist jedoch nicht richtig, daß in I Kor 2,7-10 kein zeitlicher Aspekt vorhanden sei. Zwar fehlt gegenüber den anderen vier genannten Belegen das betonte νῦν, der Zeitaspekt wird jedoch durch das Perfekt von ἀποκεκρυμμένην und ἔγνωκεν einerseits und die Betonung von προώρισεν ὁ θεὸς πρὸ τῶν αἰώνων (vorherbestimmt vor der Ewigkeit) im Gegensatz zu dem Aorist ἀπεκάλυψεν (er hat offenbart 2,10) ausgedrückt. Daß alle übrigen Stellen das νῦν betonen, verwundert nicht, wenn man mit Wolter annimmt, daß der Eph den Kol kennt und literarisch verarbeitet. Eine völlige Unabhängigkeit von Röm 16,25f gegenüber Kol/Eph muß trotz der von Wolter betonten sprachlichen Eigenständigkeit nicht unbedingt angenommen werden.

[255] Daß hier μυστήριον nicht ausdrücklich erwähnt wird, schmälert die Parallelität m. E. nicht, denn es gehört zum Wesen des Geheimnisses, daß es zunächst bestimmten

wird in allen Ausformungen der Weisheitsbewegung und darüber hinaus verwendet: in der Gnosis im Sinne von Vermittlung von Wissen über das Wesen der Welt, oftmals auf dem Wege eines Mythos, in der Apokalyptik im Sinne von Wissen über den endzeitlichen Geschichtsverlauf, in der weisheitlichen Missionstheologie im Sinne von Gotteserkenntnis durch Bekehrung und dem besonderen Zugang zu ihr innerhalb des Judentums. Das „Revelationsschema" ist sicherlich älter als die paulinische und die korinthische Missionspredigt.

Es läßt sich nicht mehr eindeutig bestimmen, woher die Verf. des Kol das „Revelationsschema" bezogen haben.[256] Ihr theologischer Akzent ist jedoch ein anderer als der des Paulus in I Kor 2,7-10. Dies wird deutlich, wenn man die semantische Verknüpfung zwischen Kol 1,26f und 3,3f beobachtet.[257] Im Kol geht es um die Offenbarung eines Geheimnisses an die Heiligen. Das Geheimnis ist der Reichtum des Glanzes, der durch die Wirklichkeit des Christus unter den Völkern und bei den Kolosserinnen und Kolossern bewirkt wurde. Die Offenbarung dieses Glanzes, die jetzt schon unter den Heiligen vollzogen ist (1,26f), steht in einem nicht näher bestimmten weiteren Rahmen noch aus für den Zeitpunkt des Offenbarwerdens Christi (3,4).

Zusammenfassend läßt sich Folgendes festhalten: Obgleich der Kol vom aus den Briefen zu erschließenden paulinischen Sprachstil beeinflußt ist, ist der theologische Einfluß der paulinischen Theologie an vielen Stellen auf den gemeinsamen Hintergrund jüdisch-hellenistischer Weisheitstheologie und Traditionen der Jesusbewegung beschränkt. Literarische Abhängigkeiten von einzelnen Paulusbriefen, außer dem Phlm, lassen sich nicht nachweisen. Vielmehr vertrete ich die Hypothese, daß die Verf. vor allem mit der mündlichen Rede und den Diskussionen der Paulusgruppe vertraut waren. Ein weiteres Indiz für die Richtigkeit dieser Hypothese ist die Beobachtung, daß der Kol Traditionen dualistischer Weisheit unabhängig von den Paulusbriefen rezipiert. Für die Entstehung des Kol lassen sich daher m. E. folgende Quellen wahrscheinlich machen: Den Verf. lag der Phlm vor. Sie wußten möglicherweise auch, daß die Paulusgruppe noch andere Briefe

---

Personengruppen verborgen bzw. unbekannt ist und nur durch Offenbarung oder Enthüllung bekannt werden kann.

[256] Interessant ist jedoch die Beobachtung, daß eine Formulierung aus Kol 1,27 eine Parallele in Röm 9,22f findet. „Da aber Gott den Zorn zeigen wollte (θέλων ὁ θεός) ... hat er Gefäße des Zorns getragen mit viel Langmut, die zur Vernichtung bestimmt waren, (23) und damit er den Reichtum seines Glanzes (ἵνα γνωρίσῃ τὸν πλοῦτον τῆς δόξης) an den Gefäßen des Erbarmens kundtue, die er vorher bereitete zum Glanz." Die Ausleger von Röm 9,23 vermuten in der Formulierung ὁ πλοῦτος τῆς δόξης unter Verweis auf Phil 4,19; Eph 1,18; 3,16 eine doxologisch-liturgische Formulierung (Michel, Der Brief an die Römer, 246; Käsemann, An die Römer, 259).

[257] Die beiden Passagen (1,26f und 3,3f) sind durch die Stichworte φανεροῦσθαι; (ἀπο)κρύπτειν und δόξα verbunden.

verfaßt hatte.[258] Sie hatten direkt oder indirekt Kenntnis von mündlicher Rede, sei es, daß sie der Paulusgruppe oder Gemeinden, in denen sie wirkte, angehörten, sei es, daß sie Mitglieder solcher Gemeinden kannten, sei es, daß sie über Notizen oder Mitschriften von mündlichen Predigten, Gesprächen und Diskussionen in den paulinischen Gemeinden verfügten. Sie waren daher in der Lage, den Stil paulinischer Rede in gewissem Maße nachzuahmen. Einige möglicherweise für Paulus und Timotheus charakteristische Formulierungen und Redeweisen nahmen sie in ihren Brief auf, und zwar besonders an den Stellen, an denen sie den bzw. die fiktiven Absender über sich selbst berichten lassen (1,9-11.24f; 4,2f.7-11). Als antike Menschen waren sie in der Fähigkeit der Nachahmung geübt. Mit Hilfe dieser Erinnerungen und in Auseinandersetzung mit dem theologischen Erbe des Paulus schrieben sie im Namen und anstelle des „fleischlich (zwar) abwesenden, aber im Geist mit ihnen seienden" (2,5) Paulus einen Brief. Was sie dazu veranlaßt haben könnte, werde ich im nächsten Kapitel zu klären suchen.

---

[258] Vgl. Kol 4,16. Siehe hierzu unten Kap. 8, S. 314-314.

KAPITEL 5

DER ANLASS DES KOLOSSERBRIEFES

Nachdem die Quellen, die dem Kol zugrunde liegen, aufgedeckt sind, sollen nun Überlegungen zur konkreten Entstehungsgeschichte dieses Briefes angestellt werden. Im zweiten Kapitel wurden als wichtige Motive der Entstehung antiker pseudepigrapher Briefe die zumeist posthume Sammlung und Veröffentlichung von Gedanken und Worten im Namen des „geistigen Urhebers", die Ausgestaltung der Erinnerungen an und Erzählungen von wichtigen Personen sowie politische, philosophische oder theologische Auseinandersetzungen herausgearbeitet.[1] Daß der Kol von der Diktion der Paulusgruppe beeinflußt ist, wurde in den vorangehenden Kapiteln gezeigt. Nun ist zu fragen, wie der Brief seinen fiktiven Autor[2] und dessen Beziehungen zur Gemeinde darstellt und welches Bild von den fiktiven Adressaten– der Gemeinde in Kolossä–und ihren Fragen und Problemen die Verf. entwerfen. Die Gattung pseudepigrapher Briefe ermöglicht es, einen Einblick in den Charakter einer historischen Persönlichkeit an Wendepunkten ihres Lebens zu geben und ihre Handlungen und Gedanken auszuführen bzw. einfühlend nachzuahmen. Sie schafft durch die Darstellung der (fiktiven) Adressatinnen und Adressaten des Briefes sowie durch Nachrichten und Mitteilungen über Dritte auch die Voraussetzung, Einblicke in die Beziehungen zwischen fiktivem Absender und fiktiven Adressatinnen und Adressaten an wichtigen Wendepunkten zu gewähren. Die Adressaten- und Adressatinnenfiktion eröffnet außerdem eine Identifikationsbasis, in der sich die Leserinnen und Leser wiederfinden und das Gesagte auf ihre je eigene Situation übertragen können.

Im Folgenden werde ich die spezifischen Motive untersuchen, die zur Entstehung des Kol geführt haben. Der fiktive Charakter pseudepigrapher Briefe verhindert eine direkte Übertragung der im Brief dargestellten Situation auf die historische Wirklichkeit. Dennoch gibt der Brief m. E. einige Hinweise auf die von den Verf. vermuteten Fragen und Probleme der von ihnen intendierten Leserinnen und Lesern.

---

[1] Vgl. Kap. 2. Hinzu tritt die zufällige Entstehung von Pseudepigraphen, etwa durch Beschädigung von Manuskripen etc.

[2] Timotheus, der als Mitverfasser in Kol 1,1 genannt wird, rückt im weiteren Brief aus dem Blickfeld.

1. DIE SITUATION DES PAULUS

Bereits eingangs wurde die Annahme formuliert, daß der Kol nach dem Tod
des Paulus verfaßt worden sei. Dies soll nun genauer begründet werden.
Obgleich mehr als die Hälfte aller neutestamentlichen Schriften sich mit dem
Leben und Werk des Paulus beschäftigen, wird sein Lebensende im Neuen
Testament nicht berichtet. Dieser merkwürdige Befund läßt sich nur auf zwei
Weisen erklären. Entweder ist den neutestamentlichen Verf. das Ende des
Paulus unbekannt, oder aber sie wollen es bewußt verschweigen. Die älteste
Nachricht vom Tod des Paulus enthält am Ende des 1. Jh. der I Clemens-
brief:

> Gerechtigkeit (δικαιοσύνη) hat er (Paulus) die ganzen Welt gelehrt, und er ist
> bis an die Grenzen des Westens gekommen und hat vor den Führenden Zeug-
> nis abgelegt (μαρτυρήσας ἐπὶ τῶν ἡγουμένων); so ist er aus der Welt ge-
> schieden und an dem heiligen Ort aufgenommen worden, ein großes Vorbild
> der Geduld.[3]

Die Darstellung gehört zu einer Liste, die Beispiele, zunächst aus der
biblischen Geschichte (I Clem 4) und sodann aus der jüngsten Vergangenheit
(I Clem 5f), für die Todesfolgen von Eifersucht (ζῆλος) anführt. Das
Beispiel des Paulus bildet den Abschluß der Beispielreihe „Säulen" bzw.
„Apostel" (5,2f), Petrus (5,4) und Paulus (5,5-7). Diese Liste wird dann in
Kap 6 mit der „großen Menge der Auserwählten, die viele Mißhandlungen
und Folterungen wegen der Eifersucht erlitten haben" (6,1), fortgesetzt.
Beide Kapitel sind von Begriffen aus der Welt des Kampfsportes geprägt.[4]
Dies zeigt, daß sich der Verfasser eines Sprachmodells aus der
Märtyrerliteratur bedient.[5] Von den „Säulen" wird gesagt, daß sie „verfolgt
wurden und bis zum Tod kämpften (ἤθλησαν)" (5,2).[6] Von Petrus wird
ähnlich wie von Paulus berichtet, daß er, „nachdem er Zeugnis abgelegt hatte
(μαρτυρήσας)", an den ihm gebührenden Ort gelangte (5,4).[7]
      Die Darstellung des Paulus enthält einige Andeutungen des aus dem
Neuen Testament Bekannten.[8] Die in V. 6 aufgezählten Leiden „siebenmal
Fesseln tragend, vertrieben, gesteinigt" erinnern–wenn auch nicht im Detail–
an den Peristasenkatalog II Kor 11,23-33 (vgl. auch II Kor 6,4f).[9] Mit

---

[3] I Clem 5,7.
[4] ἀθλεῖν κτλ. (5,1f); vgl. IV Makk 6,10; 17,13; MartPol 3,1; 18,3; 19,2 βραβεῖον (5,5);
MartPol 17,1; vgl. auch 19,2; κλέος (5,6) δρόμος (6,2); γέρας (6,2). Siehe auch Karlemann
Beyschlag, *Clemens Romanus*, 286f und unten Anm. 112.
[5] Vgl. Lindemann, *Clemensbriefe*, 40, sowie den detaillierten Nachweis bei Beyschlag,
Clemens Romanus, 207-328.
[6] Vgl. z. B. IV Makk 17,11-18 u. ö. Zu Märtyrern als Säulen vgl. IV Makk 17,3.
[7] Beyschlag, *Clemens Romanus*, 306-328, hat mit zahlreichen Parallelen aufgezeigt, daß die
Schlußformulierungen in I Clem 5,4 und 5,7 einen Märtyrertod ansprechen.
[8] So Lindemann, *Clemensbriefe*, 38-40. Anders Beyschlag, *Clemens Romanus*, 207-328.
[9] In II Kor 11,23.25 werden Steinigung und Gefangenschaft erwähnt. Vgl. aber auch die

δικαιοσύνη könnte auf die paulinische Rechtfertigungslehre, wie sie besonders im Röm begegnet, angespielt sein.[10] Umstritten ist die Frage, ob mit den Formulierungen „Herold im Osten und im Westen" (5,6) und „bis an die Grenzen des Westens" (5,7) auf eine Spanienreise des Paulus angespielt wird.[11] Abschließend wird Paulus ein „großes Vorbild der Geduld" genannt (5,7 vgl. auch 6,1).[12] Zeugnis vor den Führenden (ἡγούμενοι) hat Paulus nach Phil 1,13f; Act 23,11; 24,1-26,29 sowie II Tim 4,16f abgelegt. In der Forschung ist umstritten, ob mit μαρτυρεῖν bereits ein *terminus technicus* mit der Bedeutung „Martyrium erleiden" vorliegt.[13] Dagegen spricht, daß die Formulierung μαρτυρήσας ἐπὶ τῶν ἡγουμένων das letzte Glied einer Reihe gleichgeordneter partizipialer Nebensätze im Aorist ist, die von der weltweiten Verkündigung des Paulus berichten.[14] Die Formulierung erinnert auch an die synoptische Aussendungsrede (Mk 13,9 parr; Lk 21,12-14). Sie ist daher nach Beyschlag „nichts anderes als die Fortsetzung und Vollendung jedes Kerygmas, welches Paulus überhaupt 'die ganze Welt' gelehrt hat, nur jetzt vor dem Tribunal der Machthaber".[15] Die Formulierung nehme den Gedanken auf, der besonders in Philostrats *Vita Apollonii* im Mittelpunkt stehe, nämlich daß der wahre Philosoph und Märtyrer seine Überzeugung als förmliche Verteidigungsrede vor dem kaiserlichen Gericht vortrage.[16] Auch wenn in I Clem 5,5-7 nicht direkt gesagt wird, daß Paulus von römischen „Machthabern" hingerichtet wurde, ist der Abschnitt so stark von Martyriumssprache geprägt, daß kein Zweifel darüber bestehen kann, daß der Verfasser davon ausgeht.[17]

Die Act endet zwar mit dem Satz „er lehrte über den Herrn Jesus Christus mit aller Freiheit ungehindert" (Act 28,31), enthält aber dennoch einige Hinweise auf einen Prozeß in Rom und dessen tödlichen Ausgang (vgl. Act 20,22-25). Auch hier wird Paulus vom Herrn verheißen: „wie du nämlich in

---

Leiden des stoischen Märtyrers bei Arr. Epict. I 30,1; II 19,18; vgl. Beyschlag, *Clemens Romanus*, 219.

[10] So Andreas Lindemann, *Clemensbriefe*, 39; Georgi, *Gott auf den Kopf stellen*, 205. Anders Beyschlag, *Clemens Romanus*, 282f.

[11] So neuerdings wieder H. W. Tajra, *Martyrdom*, 102-117. Dagegen hat Beyschlag, *Clemens Romanus*, 298f, m. E. zu Recht darauf verwiesen, daß auch von Apollonius berichtet wird, er sei bis an die Grenzen Europas gelangt (vita Ap. IV 47ff). Die geographischen Angaben sollen vielmehr die Totalität der paulinischen Mission ausdrücken.

[12] Zu ὑπομονή (Geduld) als herausragende Märtyrertugend vgl. IV Makk 1,11; 7,9; 9,8.30; 15,30; 17,4.12.17.23; MartPol 2,2f; 19,2. Märtyrer als Beispiel und Vorbild vgl. II Makk 6,28.31; IV Makk 17,23.

[13] So z. B. Hans von Campenhausen, *Idee des Martyriums*, 54. Eine Aufstellung der verschiedenen Deutungsvorschläge bei Theofried Baumeister, *Anfänge*, 239-241. Vgl. auch Brox, *Zeuge*, 196-203.

[14] Beyschlag, *Clemens Romanus*, 314-319 hat den Nachweis geführt, daß das οὕτως aus 5,7b einen vorwärtsweisenden Sinn („sodann") hat.

[15] Beyschlag, *Clemens Romanus*, 272.

[16] Philostrat. vita Ap., VII-VIII 7. Vgl. auch Beyschlag, *Clemens Romanus*, 272.

[17] So auch Origines nach Eus. hist. eccl. III 1,3 und Martyrium des Paulus.

Jerusalem über mich bezeugt hast, so mußt du auch in Rom Zeugnis ablegen (μαρτυρῆσαι)" (23,11). Von einem Prozeß weiß auch der II Tim. Der II Tim erwähnt die römische Gefangenschaft des Paulus mehrfach (1,8.16f; 2,9f; 4,6-8.16-18) und erzählt, daß Paulus von allen verlassen worden sei mit Ausnahme des Onesiphoros, der ihn in Rom gesucht habe (1,15-17). Er vergleicht die Gefangenschaft des Paulus mit der eines Verbrechers (2,9) und berichtet von einer ersten Verteidigungsrede, in der durch Paulus „die Verkündigung vollbracht wurde und alle Völker sie hörten" (4,16f). Obgleich der II Tim erzählt, der Herr habe Paulus bei seiner ersten Verteidigungsrede beigestanden und Paulus sei aus dem Maul des Löwen gerettet worden (4,17), und auch andernorts eine mögliche Errettung des Paulus andeutet (vgl. II Tim 3,11), wird deutlich, daß die Verf. vom Tod des Paulus als Folge seiner Gefangenschaft ausgehen. In II Tim 4,6f heißt es: „denn ich werde schon geopfert, und die Zeit meines Aufbruchs steht bevor (ἐφέστηκεν). Ich habe einen guten Kampf gekämpft, den Lauf vollendet".[18] Hier ist erneut, wie in I Clem 5,7, Kampfsportmetaphorik prägend.[19] Die Verf. der Pastoralbriefe wissen ebenso wie der Autor der Act also vermutlich mehr, als sie schreiben, nämlich daß die Gefangenschaft und der Prozeß des Paulus mit seiner Hinrichtung endete.

Das Dunkel, in dem das Verschweigen des Todes des Paulus im Neuen Testament die Auslegerinnen und Ausleger beläßt, könnte etwas aufgehellt werden, wenn die Anklage gegen Paulus aufgedeckt werden könnte. In den Pastoralbriefen wird jedoch kein Grund für die Gefangenschaft des Paulus genannt. Die Act erzählt dagegen eine Reihe von Verhaftungs- und Anklagegründen.[20] Der zur Verhaftung führende Vorwurf der Entheiligung des Tempels hätte allerdings in Jerusalem oder Caesarea abgeurteilt werden können. Die Anklage des Abfalls von jüdischen Gesetzen und Sitten wäre wahrscheinlich nur dann nach Rom überstellt worden, wenn darin eine potentielle, für mehrere Provinzen oder das ganze römische Reich gefährliche *sedicio* erblickt worden wäre.[21] Nach der Darstellung der Act veranlaßt Paulus aber selbst durch *appelatio* bzw. *provocatio* die Überstellung zum

---

[18] Vgl. auch I Tim 3,15 ἐὰν δὲ βραδύνω ...

[19] Vgl. auch II Tim 4,8; 2,3-5.

[20] Die Verhaftung des Paulus geschieht aufgrund eines Aufruhrs, veranlaßt von der Beschuldigung, Paulus hätte einen Heiden mit in den Tempel geführt (21,28f; vgl. auch 24,6). Gleichzeitig wird Paulus beschuldigt, die Jüdinnen und Juden der Diaspora Abfall von Mose und Verzicht auf die Beschneidung zu lehren und sie aufzufordern, sich den Lebensweisen der Heiden anzupassen (21,21.28, vgl. auch 24,5). In Apg 23,3 beleidigt Paulus den Hohenpriester. Jedoch bleibt dies innerhalb der Erzählung folgenlos, weil der Erzähler in 23,6 neu mit einer Rede des Paulus zum Thema Auferstehung einsetzt. In Apg 25,7 wird summarisch ergänzt, daß die Jerusalemer Juden viele und schwere Beschuldigungen vorbrachten, die sie jedoch nicht beweisen konnten. Schließlich spricht Paulus in der Erzählung der Apg selbst von „sündigen gegen den Kaiser" (Apg 25,8).

[21] Zu *sedicio* vgl. Johann Baptist Keune, *Art. Seditio*, PRE IIA/2 (1923), 1024. *Seditio* (Aufstand, Aufruhr) wurde als Majestätsverbrechen geahndet.

Kaiser in Rom.[22] In diesem Zusammenhang verteidigt er sich mit den
Worten: „Weder habe ich mir etwas gegen das Gesetz der Juden noch gegen
den Tempel, noch gegen den Kaiser zuschulden kommen lassen." (25,8).
Eine Reihe moderner Ausleger und Auslegerinnen schließen aus diesen
Worten auf eine Anklage aufgrund des *crimen laesae maiestatis*
(Beleidigung der Majestät des Kaisers).[23] Unter Tiberius war der Straftatbe-
stand der Majestätsbeleidigung wesentlich erweitert worden. Mit der Todes-
strafe wurden nun die Unehrerbietigkeit gegen den Kaiser oder sein Bildnis
und die Anmaßung eines kaiserlichen Vorrechts bestraft.[24] Nicht nur Taten,
sondern auch Worte und Schriften wurden geahndet.[25] Einer Verurteilung
wegen *crimen laesae maiestatis* konnte neben der Konfiszierung des Ver-
mögens auch die *damnatio memoriae*, die Auslöschung der Erinnerung folgen.[26] Wenn, was allerdings letztlich Vermutung bleiben muß, Paulus tatsächlich wegen Majestätsbeleidigung hingerichtet worden ist, könnte dies
auch einer der Gründe für die Entstehung der pseudepigraphen Briefe in
seinem Namen sein.

Der Kol ist neben den Pastoralbriefen, besonders aber dem II Tim, ein
weiterer pseudepigrapher Paulusbrief, der die Gefängnissituation des Paulus
ausgiebig thematisiert (vgl. 4,3f.10f.18)[27] und außerdem Leiden und Kampf
des Paulus zu einem zentralen Thema der Paulusdarstellung macht (1,24-
2,5). Im Folgenden werde ich untersuchen, wie der Kol Gefängnis und
Leiden des Paulus schildert und deutet und welche Informationen über die
tatsächliche Situation des Paulus sich erheben lassen.

---

[22] Die genauen Rechtsverhältnisse, die zur Überstellung des Paulus nach Rom führten, sind
umstritten. Unklar ist auch, ob Paulus, wie Lukas behauptet, das römische Bürgerrecht hatte.
Zumindest fällt auf, daß Paulus es in der Apg im Zusammenhang der Appelation nicht
erwähnt. Vgl. Theodor Mommsen, *Die Rechtsverhältnisse des Apostels Paulus*; Henry J.
Cadbury, *Roman Law and the Trial of Paul*; A. N. Sherwin-White, *Roman Society and Roman
Law*, bes. 48-70 und 99-119; Ekkehard W. und Wolfgang Stegemann, *Urchristliche
Sozialgeschichte*, 256-260.
[23] So z. B. Robert Jewett, *Paulus-Chronologie*, 82-85; Georgi, *Gott auf den Kopf stellen*,
205; Tajra, *The Martyrdom of St. Paul*, 4-7, u. a.
[24] Vgl. Elmar Bund, Art. *Maiestas*, Der Kleine Pauly III (1969), 897-899; Paul Kübler,
Maiestas II Majestätsverbrechen, PRE 14 (1928), 555-559. Tac. ann. I 72; Suet. Tib. 58; Dio
Cass. 57.19. Nach Tac. ann. XIV 48 wird erst in der Regierungszeit des Nero, im Jahre 62, die
erste Anklage wegen *crimen laesae maiestatis* angenommen. Jewett, *Paulus-Chronologie*, 85,
möchte daher die Hinrichtung des Paulus auf dieses Jahr, spätestens jedoch auf das Jahr 64
datieren.
[25] Tac. ann. I 72. Dio Cass. 57.19.
[26] Paul Kübler, Art. *Maiestas*, PRE 14 *(1928)*, 55; Stephan Brassloff, *Art. Damnatio
memoriae*, PRE 4/2 (1901), 2059-2062. Vgl. auch Papinian (Dig. XXXI 76.9), Ulpian (Dig.
XXVIII 3.6.11), Inst. 3,1,5,4,18,3 u. ö.
[27] Anders bleiben die Andeutungen im Eph diesbezüglich schwach. In Eph 3,1 und 4,1
nennt sich Paulus ein „Gefangener" Christi. Der Hinweis dient hier der Beglaubigung der
vorangehenden bzw. folgenden Aussagen.

1.1 Die Gefangenschaft

Die im Brief dargestellte fiktive Situation des Absenders ist die der Gefan-
genschaft. Allerdings sagt der Brief „nicht mehr, als daß Paulus um des Ge-
heimnisses Christi willen gebunden sei (4,3f), daß sich Aristarch als sein
Mitgefangener bei ihm befinde (4,10) und daß die Gemeinde seiner
Gefangenschaft gedenken möge (4,18)".[28] Der Grund seiner Verhaftung wird
ebensowenig mitgeteilt, wie eine mögliche Freilassung thematisiert wird.[29]
Mit Paulus ist Aristarchos eingekerkert (συναιχμάλωτος).[30] Außerdem hat
Paulus noch Kontakt zu Markos, Jesus Justos, Epaphras, Lukas und Demas.
Ob diese ebenfalls Gefangene oder aber Besucher und Unterstützer des
Paulus sind, bleibt offen. Über Markos wird mitgeteilt, daß er beabsichtige,
nach Kolossä zu kommen. (4,10).[31] Die ausführliche Beschreibung des
Epaphras legt dagegen nahe, daß auch er zu den Gefangenen zählt.[32]

Von Aristarchos, dem Mitgefangenen, Markos,[33] dem Verwandten des
Barnabas, und Jesus, dem Justos Genannten,[34] wird gesagt, daß sie „aus der
Beschneidung sind" und „die einzigen Mitarbeiter am Reich Gottes", die
Paulus ein Trost geworden sind (Kol 4,11).[35] Eine Reihe von Formulierungen in diesem Satz sind ungewöhnlich für den Kol. Nach Kol 2,11 haben alle
Teil an der περιτομή (Beschneidung) Christi, die als „nicht von Händen
gemacht" charakterisiert wird. Im neuen, nach dem Bild des Schöpfers
geschaffenen Menschen gibt es nach Kol 3,11 weder Beschneidung
(περιτομή) noch Unbeschnittenheit. Die stehende Metapher „die aus der

---

[28] Lohse, *Kom.*, 234.

[29] Anders dagegen Phil 1,25f; Phlm 22.

[30] Vgl. auch Andronikos und Junia (Röm 16,7) sowie Epaphras (Phlm 23).

[31] Die Gemeinde soll ihn gastlich aufnehmen (δέχεσθαι). Bereits diese Formulierung
erinnert an Phil 2,19; I Kor 16,10f; Röm 16,2 und II Kor 7,15.
Kol 4,10: περὶ οὗ ἐλάβετε ἐντολάς, ἐὰν ἔλθῃ πρὸς ὑμᾶς, δέξασθε αὐτόν.
I Kor 16,10f: ἐὰν δὲ ἔλθῃ Τιμόθεος, ... προπέμψατε δὲ αὐτὸν ἐν εἰρήνῃ, ἵνα ἔλθῃ πρός
με· ἐκδέχομαι γὰρ αὐτὸν μετὰ τῶν ἀδελφῶν.
II Kor 7,15: ὡς μετὰ φόβου καὶ τρόμου ἐδέξασθε αὐτόν (Titus).
Phil 2,29: προσδέχεσθε οὖν αὐτὸν ἐν κυρίῳ (Epaphroditos).
Röm 16,2: ἵνα αὐτὴν (Phöbe) προσδέξησθε ἐν κυρίῳ.

[32] Siehe unten Kap. 6.2.1, S. 258-260.

[33] Ob Aristarchos zu denen „aus der Beschneidung" (4,11) zu zählen ist, ist umstritten.
Denn nach Apg 20,4 gehört er zu den Abgesandten der Kollekte aus Thessalonich, also einer
heidenchristlichen Gemeinde (vgl. Dibelius, *Kom.*, 51). Aber es bleibt ohnehin fraglich, ob die
Apostelgeschichte und die Verf. des Kol über die gleichen Nachrichten verfügen. Ein weiteres
Problem stellt sich nämlich in bezug auf Markos, der nach Apg 13,13; 15,37-40 zunächst sich
selbst von der Paulusgruppe getrennt hat und schließlich bei der Trennung zwischen Barnabas
und Paulus auf der Seite des Barnabas verblieb (vgl. auch Wolter, *Kom.*, 217f). Die
Harmonisierung der Nachrichten liegt m. E. erst in II Tim 4,11 vor.

[34] Der Name Ἰοῦστος ist als Eigenname belegt (vgl. Preisigke, *Namenbuch*, 151). Als
lateinisches Lehnwort bedeutet er aber zugleich „der Gerechte".

[35] Ob sich der mit οἱ ὄντες beginnende Nebensatz in 4,11 auf alle drei oder nur die beiden
zuletzt genannten bezieht, läßt sich nicht eindeutig klären.

Beschneidung" wird dagegen von Paulus verwendet.[36] Ebenso ist der Begriff „Reich Gottes" (βασιλεία τοῦ θεοῦ) in den paulinischen Briefen oft belegt, bricht aber den Sprachgebrauch des Kol.[37] Schließlich gebrauchen die paulinischen Briefe vielfach den Begriff „Mitarbeiter(in)" (συνεργός),[38] nicht aber der Kol, der die mit Paulus Arbeitenden „Mitknechte" (σύνδολοι) nennt (1,7; 4,7). Dieses gehäufte Auftreten paulinischer Ausdrucksweise läßt sich m. E. nur dadurch erklären, daß die Verf. hier verstärkt Paulusworte nachzuahmen suchen.

Trotz der immerhin sechs genannten treuen Begleiter[39] des Paulus entsteht in 4,10f der Eindruck der Verlassenheit.[40] Denn die Beschreibung der Mitarbeiter, Aristarchos, Markos und Jesus, sagt gleichzeitig etwas über die Situation des Paulus aus. Sie sind nämlich die „einzigen (μόνοι) [...] die ihm ein Trost (παρηγορία) geworden sind (ἐγενήθησαν)". Das Bild, das mit wenigen Strichen skizziert wird, ist Verlassenheit und Bedrängung. παρηγορία ist der Trost, die Hilfe, aber auch die Linderung.[41] Das Wort wird vielfach im Zusammenhang mit lebensbedrohlichen Notlagen wie Exil oder Krankheit gebraucht.[42] Zu einer solchen lebensbedrohlichen Not paßt auch die Charakterisierung des Lukas in 4,14 als „Arzt". Die Verlassenheit von Freunden und Mitarbeitern und Mitarbeiterinnen gehört zum Bild des Gefängnisses. Nicht nur in der Passion Jesu, sondern auch vor den Martyrien und Gefängnisaufenthalten antiker Philosophen verlassen wankelmütige Jünger und Jüngerinnen ihre Lehrer. Philostrat berichtet z. B. von den Jüngern des Apollonius, daß die meisten ihn kurz vor seinem ersten Eintreffen in Rom wegen der Gefahr neronischer Verfolgung verließen.[43]

Dieses Bild des gefangenen, verlassenen und möglicherweise auch gesundheitlich bedrohten Paulus wird in 4,3f mit einigen weiteren Andeutungen über die Gefangenschaft versehen. Hier heißt es:

---

[36] Vgl. Röm 4,12, Gal 2,12 sowie Apg 10,45; 11,1 (Tit 1,10).

[37] Vgl. für βασιλεία τοῦ θεοῦ Röm 14,17; I Kor 4,10.15,24; βασιλεία θεοῦ I Kor 6,10; 15,50; Gal 5,21 aber Kol 1,13: βασιλεία τοῦ υἱοῦ τῆς ἀγάπης αὐτοῦ.

[38] Vgl. I Thess 3,2; I Kor 3,9; II Kor 2,24; 8,23; Phil 2,25; 4,3; Phlm 24; Röm 16,3.6.21.

[39] Beziehungsweise acht, wenn man die Briefboten Tychikos und Onesimos mitzählt. Alle sechs in der Grußliste Genannten stammen aus dem Phlm (vgl. oben S. 88-92). Zur Bewertung dieses Sachverhalts siehe unten Kap. 6.2.1.

[40] Im II Tim ist dieses Motiv viel stärker ausgeführt (vgl. II Tim 1,15-18; 4,16). Es ist nicht auszuschließen, daß die Verf. der Pastoralbriefe den Kol kannte. Die Namensliste II Tim 4,10-12 enthält vier Namen, die auch in Kol 4,7-14 genannt sind. An den Kol erinnern auch die Formulierungen εἰς τοῦτο γὰρ κοπιῶμεν καὶ ἀγωνιζόμεθα (I Tim 4,10 vgl. Kol 1,29) und διακονίαν σου πληροφόρησον (II Tim 4,5 vgl. Kol 4,17).

[41] Vgl. Liddell/Scott, Greek English Lexikon, Art. παρηγορία: „console, comfort, assuage, soothe". Zu Inschriftenbelegen vgl. Lohse, Kom., 243, Anm. 2.

[42] Plut. mor. 599B; Philo, Imm 65; Som I 112; vgl. auch Josephus, Ant IV 195. Dion. Hal. I 77,1 (Vergewaltigung); Plut. Per. 34,2 (Krieg).

[43] Philostrat. vita Ap. IV 37; vgl. auch VII 15. Vgl. auch II Tim 1,15-18; 4,16-18.

Kol 4,3: Betet zugleich auch für uns, damit Gott uns eine Tür des Wortes öffnet, um das Geheimnis Christi zu sagen, wegen dem auch ich gebunden bin,
(4) damit ich es offenbar mache, wie ich es sagen muß.

Die meisten Ausleger und Auslegerinnen sehen hier die Verkündigung des
Evangeliums bzw. des Christusgeheimnisses vor der Welt angesprochen.[44]
Allerdings ist eine Verwunderung darüber, daß plötzlich diesem Thema ein
Abschnitt gewidmet wird, obgleich die pagane Umwelt der Gemeinde sonst
im Brief nicht ins Blickfeld rückt (vgl. 1,28), nicht unangebracht. Der
bildhafte Ausdruck „Tür öffnen" (θύραν ἀνοίγειν) bezeichnet in den
Paulusbriefen, aber auch bei den Kynikerinnen und Kynikern,
missionarische Tätigkeit bzw. Erfolg.[45] Gleichzeitig ist es auch ein Bild für
die Freiheit, überall hingehen zu können.[46] Daher meint Lohse: „Hier [...] ist
gemeint, daß es dem gefangenen Apostel überhaupt wieder ermöglicht
werden möchte, die Verkündung auszurichten."[47] Doch, wie Schweizer zu
Recht bemerkt, Paulus erbittet „die Türöffnung nicht für sich persönlich,
sondern für das von ihm vertretene Wort".[48] Das Subjekt zu Beginn von V. 3
ist ein Plural, vermutlich in Anlehnung an den Sprachgebrauch der
paulinischen Briefe.[49] Erst am Ende des Verse wird in einem Relativsatz die
erste Person Singular eingeführt: „wegen dem (δι ὅ) auch ich gebunden
bin". Das Beziehungswort des Relativpronomens ist das Geheimnis (τὸ
μυστήριον).[50]

Umstritten ist die Frage, auf was sich der in V. 4 folgende Finalsatz bezieht. Dibelius meint: „Da dieser zweite Finalsatz sich auf die Art der Verkündigung, nicht auf ihre Notwendigkeit bezieht, so kann er nicht gut von
δέδεμαι abhängen (φανερώσω dann 'den Richtern'), sondern bringt entweder eine Wiederaufnahme des ersten ἵνα oder ist dem ersten Finalsatz zu
subordinieren."[51] M. E. ist diese Begründung nicht stichhaltig. Denn sie
übersieht eine breite Diskussion insbesondere im 1. Jh. n. Chr. über die

---

[44] Lohse, *Kom.*, 232-239; Pokorný, *Kom.*, 156-159; Wolter, *Kom.*, 208-13, u. ö.

[45] Vgl. I Kor 16,9; II Kor 2,12 (siehe oben Kap. 4.3.2, S. 144) und Diog. Laert. VI 86:
„Man nannte ihn (Krates) aber auch Türöffner (θυρεπανοίκτης), weil er in jedes Haus
hineinging und ermahnte."

[46] Vgl. Arr. Epict. I 9,20; 25,18; II 1,19f; III 13,14 u. ö.

[47] Lohse, *Kom.*, 233.

[48] Schweizer, *Kom.*, 172.

[49] Siehe oben Kap. 4.3.2, S. 144.

[50] Auf eine interessante Alternative hat allerdings Markus Bockmuehl, *A Note*, im Gefolge
von J. J. Wettstein aufmerksam gemacht. Die ältesten neutestamentlichen Majuskeln und
Papyri können aufgrund der *scriptio continua* nicht zwischen δι' ὅ und διό unterscheiden.
Ebenso sind Satzzeichen unbekannt. Wettstein führte zudem einige Minuskeln auf, die διό an
dieser Stelle lesen. Mit διό könnte demnach ein neuer Satz beginnen: „Deshalb bin auch ich •
gebunden, damit ich es offenbar mache, wie es für mich nötig ist zu reden." Mit dieser Lesart
ließe sich ein Subjektswechsel innerhalb des Satzes vermeiden.

[51] Dibelius, *Kom.*, 50. Wolter, *Kom.*, 211, erwägt noch eine Beziehung auf die
Aufforderung zur Fürbitte.

Frage einer geeigneten Verteidigung vor kaiserlichen Gerichten.[52] Unter dem Kaiser Nero und den ihm nachfolgenden Flaviern sind zahlreiche Philosophen vor Gericht zitiert und anschließend verbannt oder getötet worden.[53] Es wundert daher nicht, daß die Philosophen über die rechte Strategie des Überlebens und somit der Möglichkeit und Unmöglichkeit einer Verteidigung nachdachten. Die Diskussion kreist nicht zuletzt um die Verteidigungsstrategie des Sokrates. Philostrat überliefert einen Briefwechsel zwischen den beiden Philosophen des 1. Jh., Apollonius von Tyana und Musonius Rufus. In diesem Briefwechsel antwortet Musonius auf das Angebot von Apollonius, aus dem Gefängnis befreit zu werden: „Ein Mann aber ist der, der sich der Verteidigungsrede unterzieht und sich selbst als einer erweist, der nichts Unrechtes unternimmt." (vita Ap. IV 46) Auf den Einwand von Apollonius, daß Sokrates, der es ablehnte, sich befreien zu lassen, zum Tode verurteilt wurde, erwidert Musonius: „Sokrates starb, weil er sich nicht zur Verteidigung vorbereitete, ich aber werde mich verteidigen" (ebd.).[54] Anders dagegen wertet Epiktet in der Wiedergabe des Arrian die Verteidigungsstrategie des Sokrates. In der Diatribe „Über Gemütsruhe" diskutiert Epiktet über angemessenes Verhalten vor Gericht. Wer die äußeren Dinge bewahren will, die Unversehrtheit des Körpers und des Besitzes, fange sofort an, seine Verteidigung gründlichst vorzubereiten, einschließlich Charakterstudien über Kläger und Richter (Arr. Epict. II 2,10). Wer aber die innere Freiheit bewahren will, der ist bereits vorbereitet.

> Deshalb sagte auch Sokrates zu dem, der ihn daran erinnerte, sich auf den Prozeß vorzubereiten: „Meinst du nicht, daß ich mich mit dem ganzen Leben auf diesen vorbereitet habe?" (Darauf erwiderte er) „Was für eine Vorbereitung?' 'Ich habe das Meine bewahrt." „Wie nun?" „Ich habe niemals etwas Ungerechtes weder bei mir noch in der Öffentlichkeit getan."[55]

Die wichtigste Vorbereitung ist für Epiktet die richtige Einstellung zum Verfahren. Es geht darum, authentisch die eigene Lehre vorzutragen. Der Erfolg bemißt sich nicht am eigenen Überleben, sondern an der Treue zu den

---

[52] Vgl. auch Wilson, *Hope*, 56-62: Der „ideal philosopher was not afraid to defend the truth or to address openly the ills of society, even if this meant discomfort for his associates, confrontations with skeptics, or personal hardship for the philosopher."

[53] Vgl. Barbara Maier, *Philosophie und römisches Kaisertum*.

[54] Die Ablehnung einer Verteidigungsrede durch Sokrates überliefern auch Diogenes Laertius (II 40) sowie Philostrat, der Apollonius behaupten läßt, Sokrates habe vor Gericht geschwiegen (vgl. vita Ap. VIII 2). Das 7. Buch der *vita Apollonii* ist der Frage gewidmet, welches Verhalten ungerecht angeklagten Philosophen geziemt. Dem Einwand des Kynikers Demetrios, es sei der Philosophie zwar angemessen, für die Befreiung einer Stadt zu sterben oder bei der Verteidigung seiner Eltern, Kinder oder Freunde, aber nicht für einen ungerechten Tyrannen (vgl. vita Ap. VIII 12), erwidert Philostrat: „Das Eigentümlichste für einen Weisen ist es, für das zu sterben, wessen er sich befleißigt" (vita Ap. VIII 14).

[55] Arr. Epict. II 2,8f. Ähnlich handelt nach Epiktet auch ein weiterer Zeitgenosse, Demetrios, der Nero entgegenhält: „Du drohst mir den Tod an, dir aber droht die Natur" (I 25,22).

Überzeugungen und der Lehre. Der Held des Philostrat, Apollonius von Tyana, braucht ebenfalls keine Vorbereitung für seine Verteidigungsrede, sondern es genügt ihm, sich im Traum an die Worte seiner Lehrer zu erinnern (vita Ap. VII 30). Er verteidigt sich erfolgreich und, so jedenfalls Philostrat, entschwindet aus dem Gerichtssaal. „Überall", stellt Demetrios nach der Wiederbegegnung mit Apollonius fest, „sorgt immer ein Gott für deine (Apollonius') Werke und Worte" (vita Ap. VIII 12).

Das ὡς δεῖ με λαλῆσαι (wie es nötig ist für mich, zu reden) aus Kol 4,4 in Verbindung mit dem Hinweis auf die Fesseln (4,3) ist daher m. E. eine Anspielung auf die Verteidigungsrede des Paulus, die mit Gottes Hilfe von Erfolg–im Sinne wirksamer Überzeugungsarbeit und nicht der Bewahrung des eigenen Lebens–gekrönt sein wird. Das „offenbar machen" bezieht sich dann, wie Dibelius gesehen hat, auf die Richter. Das Bild von der Öffnung der Tür ist vermutlich bewußt doppeldeutig eingesetzt, wobei aber mitgeteilt wird, daß nicht Paulus, sondern das Wort befreit werden soll. Die zu leistende Überzeugungsarbeit gilt dem Wort. Damit ist das Ziel der paulinischen Verkündigung wie in I Clem 5,5-7; II Tim 4,16-18 und Act 23,11 das Zeugnis vor den „Machthabern", die Verteidigungsrede (Apologie) vor dem kaiserlichen Gericht. Hier gilt es, noch einmal die Summe der eigenen Botschaft darzustellen (vgl. II Tim 4,17; Act 26; Arr. Epict. II 2,8f; Philostrat. vita Ap. VIII 3-7)–im Sprachgebrauch des Kol „das Geheimnis Christi" (vgl. 1,26f; 2,2).

Der Kol schildert eine ähnliche Situation wie der II Tim. Der von den meisten Freundinnen und Freunden verlassene Paulus bzw. Philosoph befindet sich in Gefangenschaft und steht kurz vor seiner Apologie, in der er seine Überzeugungen noch einmal zusammenfassend den „Machthabern" vortragen wird. Damit dies wirkmächtig gelingt, bedarf es der Treue zu den eigenen Überzeugungen und des Beistands Gottes (vgl. auch Philostrat. vita Ap. VII 14). Es fällt auf, daß der Kol anders als der II Tim (vgl. II Tim 4,6-8.16-18) Stärke und Macht des Paulus gerade nicht betont. Paulus befindet sich hier vielmehr in einer bedauernswerten Verfassung (4,11.14), und der Erfolg seiner Verkündigung ist nicht garantiert (anders I Tim 4,16-18).

Kol 4,3f.10f.18 nimmt Motive antiker Martyriumsdarstellungen auf. Damit ist zugleich deutlich, daß die Verf. vom Tod des Paulus wissen und daß sie dies den Adressatinnen gegenüber auch nicht verschweigen wollen. Im Folgenden werde ich die sogenannte „Selbstvorstellung des fiktiven Autors" (1,24-2,5) hinsichtlich weiterer Deutungen des Leidens und Todes des Paulus untersuchen.

1.2 Kampf und Leiden des Paulus

Ab 1,23d beginnt der Kol, Paulus in der ersten Person Singular vorzustellen. Diese späte Selbstvorstellung überrascht, da eine Bekanntschaft mit Person und Werk des Paulus und seiner Mitarbeiter Timotheus und Epaphras bereits in den ersten 22 Versen vorausgesetzt wird.[56] Die Funktion der Selbstvorstellung kann daher nicht damit bestimmt werden, „den von der Gemeinde entfernten Briefautor und seine Anliegen unter den Adressaten präsent werden zu lassen."[57] Eine Reihe von Auslegerinnen und Auslegern sind daher der Meinung, die Intention von 1,24ff bestehe darin, verdeckt auf den Tod des Paulus hinzuweisen.[58] Der schwer zu deutende Vers 1,24 lautet:

Kol 1,24: Nun freue ich mich in den Leiden für euch und fülle den Mangel an Bedrängnissen Christi (ergänzend) in meinem Fleisch für seinen Leib, das ist die *ekklesia* (Νῦν χαίρω ἐν τοῖς <u>παθήμασιν</u> ὑπὲρ ὑμῶν καὶ <u>ἀνταναπληρῶ τὰ ὑστερήματα</u> τῶν <u>θλίψεων τοῦ Χριστοῦ</u> ἐν τῇ <u>σαρκί μου</u> ὑπὲρ τοῦ σώματος αὐτοῦ ὅ ἐστιν ἡ ἐκκλησια).

Ich habe die Formulierungen unterstrichen, die mehrfach in den paulinischen Briefen vorkommen. Die Formulierung θλίψεις τοῦ Χριστοῦ (Bedrängnisse Christi) dagegen ist innerhalb des *corpus Paulinum* einmalig. Das hier gebrauchte πάθημα nennt Paulus jedoch mehrfach in Verbindung mit τοῦ Χριστοῦ.

Phil 3,10 γνῶναι ... καὶ κοινωνίαν <u>παθημάτων αὐτοῦ</u>[59]
II Kor 1,5 περισσεύει τὰ <u>παθήματα τοῦ Χριστοῦ</u> εἰς ἡμᾶς[60] ...

Paulus selbst und die Gemeinde haben Gemeinschaft mit den Leiden Christi. Es geht hier jeweils um konkretes, aktuelles Leiden. Als er den Phil, besonders das Fragment Phil 3,2-4,3.8f, verfaßt, rechnet Paulus mit seiner unmittelbar bevorstehenden Hinrichtung.[61] II Kor 1,5-7 ist ein Rückblick auf die Auseinandersetzungen mit den Korintherinnen und Korinthern. Die Gemeinschaft mit den Leiden Christi ist für Paulus jeweils verbunden mit der Hoffnung auf Trost durch Christus (II Kor 1,5) und die zukünftige Auferstehung (Phil 3,11).

---

[56] Außer im Präskript (1,1) wird Paulus in den ersten 22 Versen nicht vorgestellt, aber es wird ein Vorwissen und eine Vertrautheit mit der Gruppe der Absender, dem „wir" aus 1,3.7-9 (mit P[46]; Codex Sinaiticus (ℵ); Alexandrinus (A); Vaticanus (B); u. a.) vorausgesetzt. Wen dieses „wir" genauer umfaßt, bleibt offen. Sicher ist lediglich, daß es über Paulus und Epaphras hinausgehen muß, denn Epaphras ist nach 1,8 deutlich ein Gegenüber zur Gruppe des „wir". Timotheus allein ist hier m. E. nicht gemeint, denn er spielt abgesehen vom Präskript keine Rolle im Brief.

[57] So Wolter, *Kom.,* 98.

[58] Vgl. de Boer, *Images,* 368f; Nielsen, *Status of Paul,* 111-114; Betz, *Paul's „Second Presence",* 513. Vgl. auch Lohse, *Kom.,* 116.

[59] Die bestimmten Artikel vor κοινωνία und πάθημα lassen P[46], Codex Sinaiticus (ℵ), und Vaticanus (B) aus.

[60] Vgl. auch I Petr 4,13: κοινωνεῖτε τοῖς τοῦ Χριστοῦ παθήμασιν χαίρετε (freut euch, daß ihr beteiligt seid an den Leiden Christi), I Petr 5,1; sowie die inhaltlichen Parallelen II Kor 4,10 und Gal 6,17.

[61] In Phil 1,21-26 diskutiert Paulus die Möglichkeit eines Selbstmords. Vgl. Arthur J. Droge, *Mori Lucrum.*

Auch der Gedanke, die Narben bzw. den Tod Jesus am Leib zu tragen, kennt Paulus:

Gal 6,17 ἐγὼ γὰρ τὰ στίγματα τοῦ Ἰησοῦ ἐν τῷ σώματί μου βαστάζω
II Kor 4,10 πάντοτε τὴν νέκρωσιν τοῦ Ἰησοῦ ἐν τῷ σώματι περιφέροντες

Paulus interpretiert sein Leiden in Verfolgung und Krankheit als angemessen und untrennbar zusammengehörig mit der Botschaft von der Kreuzigung von Gottes Sohn. Die Schwäche und das Leiden des Apostels sind zugleich Form und Inhalt seiner Botschaft.[62] Dabei fällt auf, daß es in II Kor 4,10 nicht Paulus allein ist, der den Tod Jesu an seinem Leib trägt, sondern die ganze Gemeinde, ebenso wie auch das Leben Jesu am Leib der Gemeindeglieder offenbar wird. Bereits in der Abendmahlstradition ist der Gedanke vom stellvertretenden Tod Christi verwurzelt, und auch sonst spielt Paulus gelegentlich auf diesen Gedanken an.

I Kor 11,24 τοῦτό μού ἐστιν τὸ σῶμα τὸ ὑπὲρ ὑμῶν
I Kor 1,13 μὴ Παῦλος ἐσταυρώθη ὑπὲρ ὑμῶν

Die polemische Frage I Kor 1,13 „Ist etwa Paulus für euch gekreuzigt worden?" legt nahe, daß den Korintherinnen und Korinthern der Satz Χριστός ἐσταυρώθη ὑπὲρ ὑμῶν nicht unbekannt war.[63] Die Polemik deutet aber gleichfalls darauf hin, daß der Gedanke, Paulus sei „für euch" gestorben, für die Gemeinde in Korinth abwegig sein muß. Es ist Christus, der „für sie" gekreuzigt wurde, nicht Paulus. Der Gedanke eines stellvertretenden Leidens des Paulus für (ὑπέρ) eine Gemeinde im Kol ist eine Neuheit.

Was Kol 1,24 ausdrücken will, darüber besteht unter den Exegeten und Exegetinnen keine Einigkeit.[64] Denn τὰ ὑστερήματα τῶν θλίψεων τοῦ Χριστοῦ „die Mangel an Bedrängnissen Christi" bleibt schwer verständlich. Wollen die Verf. etwa behaupten, daß dem Leiden Jesu noch etwas fehlt? Oder steht hier Christus für das Heilswerk Christi, das mit Leiden verbunden ist und noch nicht vollendet ist?[65] Oder sind die θλίψεις τοῦ Χριστοῦ nicht als genitivus subjektivus, sondern als genitivus objektivus zu verstehen? Geht es also nicht um die Leiden Christi, sondern um ein bestimmtes Maß an Leiden (näher bestimmt als Christi Leiden), das in der Welt noch aussteht?[66]

---

[62] Vgl. z. B. Gal 3,1; 4,13-15; 6,12-17.

[63] Allerdings geschieht das Leiden und Sterben Christi außerhalb der Abendmahlslehre in den Paulusbriefen sonst nicht „für euch" sondern immer einschließend „für uns" (vgl. I Thess 5,10; I Kor 5,3; Röm 5,8; 8,32; konkretisierend nur Röm 14,15).

[64] Eine kurze Übersicht über die Lösungsversuche bieten Wolter, *Kom.*, 100-102; Pokorný, *Der Kom.*, 80-85. Vgl. besonders Jacob Kremer, *Was an den Leiden Christi noch mangelt*, 5-152.

[65] So Gnilka, *Kom.*, 98: „Die Gestalt des Paulus hat unbestrittenes Ansehen und nahezu heilsrelevante Bedeutung gewonnen [...] der Apostel (ergänzt) die Drangsale Christi im heilsrelevanten Sinn für den Christusleib, die universale Kirche."

[66] So Schweizer, *Kom.*, 85f; Dunn, *Kom.*, 113-117.

Oder ist hier eine bestimmte Leidensform (bestimmt durch die Formulierung Leiden Christi), gemeint, die jede Gemeinde zu erfüllen hat und die Paulus „in seinem missionarischen Einsatz für die universale Kirche" erfüllt?[67]

Wie man sich auch immer entscheidet, das größte Problem bleibt die Vorstellung eines Mangels an Leiden. Die Vorstellung von einer noch nicht erfüllten Zeit des Leidens kommt in der Apokalyptik vor.[68] Daher meint Lohse: „Durch sein Leiden [...] trägt der Apostel zur Verkürzung der endzeitlichen Trübsale bei, so daß die zukünftige Herrlichkeit um so eher angehen kann."[69] Aber dieser Interpretation stehen einige Schwierigkeiten entgegen. Zum einen wird in diesem Abschnitt ein Zeitaspekt nicht ausdrücklich erwähnt. Er ließe sich also nur in der Formulierung ἀνταναπληροῦν τὰ ὑστερήματα ausmachen. Eschatologische Gedanken sind im Kol lediglich in 2,17 und 3,3f.24f angedeutet.[70] Zum anderen spricht die Zeitstruktur des folgenden Abschnittes dagegen. Könnte man noch in 1,25 annehmen, daß die aoristischen Formulierungen sich auf die längst erfolgte Berufung des Paulus zum Gesandten (διάκονος) beziehen, wirkt doch das „die mich nicht gesehen haben (ἑόρακαν) im Fleisch" aus 2,1 endgültig und abgeschlossen.[71] Eine Veränderung der Situation ist hier nicht mehr im Blick.[72] Daher haben andere versucht, ἀνταναπληροῦν τὰ ὑστερήματα im Sinne von Ergänzung des Mangels an Bedrängnissen zu verstehen.[73] Die universale Versöhnungstat Christi (1,20) bedürfe der universalen Proklamation (1,23). Bereits in den paulinischen Briefen werde deutlich, daß

---

[67] So Wolter, *Kom.*, 101f.

[68] Vgl. Lohse, *Kom.*, 115: „Der Wortverbindung τὰ ὑστερήματα τῶν θλίψεων τοῦ Χριστοῦ liegt der Gedanke des endzeitlichen Maßes zugrunde. Wie Gott der Zeit ein festes Maß gegeben hat (vgl. IV Esr 4,36f; Gal 4,4) und die Fristen der letzten Not bestimmt hat (vgl. Mk 13,5-27 par.), so ist auch das Maß der Leiden, das die Gerechten und Märtyrer zu erdulden haben, in seinem Ratschluß festgelegt (äthHen 47,1-4; syrBar 30,2). Wenn es erfüllt ist, dann ist das Ende da; dann vergeht der alte Äon und bricht die wunderbare neue Welt an. Doch noch ist es nicht soweit, noch fehlt etwas an den θλίψεις τοῦ Χριστοῦ." Vgl. auch Furnish, *Paul*, 80 und Wilson, *Hope*, 74f.

[69] Lohse, ebd., 116.

[70] Dies übersieht Lohse keinesfalls. Die Passage über das Leiden solle im Kol daher vor allem die Würde des Amtes ausdrücken. Zu den angedeuteten Endgerichtsaussagen vgl. oben Kap. 4.3.2, S. 140-142. Zur Eschatologie unten Kap. 6, S. 213-222.

[71] Vgl. auch Betz, *Paul's „Second Presence"*, 513.

[72] Anders Pokorný, *Kom.*, 83: „Das, was noch „aussteht", ist die menschliche Aufnahme des schon vollendeten Heils." Aber im Kol wird an keiner Stelle gesagt, die Adressatinnen und Adressaten hätten etwas noch nicht vollständig verstanden oder angenommen.

[73] Kremer, *Was an den Leiden noch mangelt*, 156-163, meint im Anschluß an eine Untersuchung der Belegstellen für das Dikompostium, ἀνταναπληροῦν bezeichne jeweils die Ergänzung des Fehlenden durch etwas anderes. Vgl. auch Gnilka, *Kom.*, 97f; Wolter, *Kom.*, 84. Allerdings läßt m. E. der Befund an den von ihm herangezogenen Belegen: Demosth. XIV 17; Dio Cass. 44.48,2; Clem. Alex. strom. VII 12 und Diog. Laert. X 48 nicht so eindeutig darauf schließen, daß das Dikompositum eine neue bzw. veränderte Bedeutung des einfachen Kompositums ἀναπληροῦν hat. Denn bereits die Grundbedeutung „auffüllen" geschieht „irgendwie im Hinblick auf etwas anderes" (160).

dies notwendig mit Leiden verbunden sei. Diese Verkündigung des Evangeliums durch das Leiden ergänze Paulus in ihrem noch fehlenden Teil, sei es für die universale Kirche[74] oder für die konkrete Ortsgemeinde.[75] M. E. beachten aber diese Ausleger einerseits nicht genügend, daß in 1,23 die Weltverkündigung des Evangeliums nicht direkt von Paulus ausgesagt wird, sondern sich von selbst vollzieht und Paulus lediglich einer der Gesandten geworden ist, und andererseits unterschlagen sie den Unterschied zwischen dem in den Paulusbriefen genannten Leiden und dem im Kol. Das Leiden in den Paulusbriefen ist immer ein konkretes, eines, das Paulus und die Gemeinden durchleben oder durchlebt haben und das sie verbindet, eines, das gerade Paulus' Schwäche betont im Gegensatz zu den triumphalistischen Machttaten seiner Gegner und Gegnerinnen.[76] Die Vorstellung einer wie auch immer gearteten „heilsgeschichtlichen" Notwendigkeit von Leiden ist Paulus aber völlig fremd.

Warum wählen die Verf. die Formulierung „ich fülle den Mangel an Bedrängnissen Christi in meinem Fleisch für seinen Leib ..."? Mir scheint der Grund vor allem in der Vertrautheit mit dem Sprachgebrauch des Paulus zu liegen.[77] Die Formulierung (προς)ἀναπληροῦν τὰ ὑστερήματα benutzt Paulus viermal in den erhaltenen Briefen, und angesichts der seltenen Belege für diese Formulierung könnte hier ein Charakteristikum des paulinischen Wortschatzes liegen.[78] τῶν θλίψεων τοῦ Χριστοῦ fügen die Verf. des Kol möglicherweise ebenfalls in Anlehnung an die paulinische Formulierung παθήματα τοῦ Χριστοῦ hinzu. Paulus selbst spricht im Angesicht seiner Leiden und der Leiden der Gemeinden von der Gemeinschaft mit den Leiden Christi. In seinen Gemeinden ist der Gedanke des stellvertretenden Todes Christi bekannt.[79] Aber dies ist in der Umwelt paulinischer Gemeinden kein ausschließliches Charakteristikum Christi. Vielmehr haben Wengst und Williams gezeigt, daß der Gedanke des stellvertretenden Todes für andere bereits seit Plato und Euripides bekannt ist und auch im ersten Jh. vielfach aufgenommen wird.[80] So läßt Dio Cassius den Kaiser Ortho nach seiner Niederlage sagen:

---

[74] So Gnilka, ebd.; vgl. auch Schweizer, *Kom.*, 86; Lindemann, *Kom.*, 32.

[75] So Wolter, *Kom.*, 101: Die „Differenz zwischen der Ortsgemeinde und der universalen Kirche ... entspricht (dem), was als 'Mangel der Drangsale Christi' gekennzeichnet ist: Mit dem 'Leiden für euch' (die Ortsgemeinde) hat der Apostel die 'Drangsale Christi' noch nicht vollständig durchlitten, das verbleibende Defizit füllt er aber auf [...] in seinem missionarischen Einsatz für die universale Kirche."

[76] Vgl. auch Furnish, *Paul*, 73-79.

[77] Vgl. auch Gnilka, *Kom.*, 97.

[78] Siehe oben Kap. 4.3.2, S. 142-143.

[79] Vgl. I Kor 11,24; I Thess 5,10; Gal 3,13; I Kor 15,3; II Kor 5,14f; Röm 5,8; 8,32; 14,15.

[80] Klaus Wengst, *Christologische Formeln*, 67-70; Williams, *Jesus' Death*, bes. 137-202, und Georgi, *Gott auf den Kopf stellen*, 185f. Vgl. bes. Plato, symp. 179b; Thuk. II 43; Eur. Iph. Aul. 1368-1401; Philostrat. vita Ap. VII 12-14; Arr. Epict. II 7,3.

Es ist viel nützlicher und gerechter, wenn einer für alle, als wenn viele für einen zugrunde gehen (ἕνα ὑπὲρ πάντων ἢ πολλοὺς ὑπὲρ ἑνὸς ἀπολέσθαι) [...] Ihr habt einen solchen zum Alleinherrscher bestimmt, der nicht euch für sich selbst, sondern sich selbst für euch gegeben hat (ἑαυτὸν ὑπὲρ ὑμῶν δέδωκε).[81]

Dieser Gedanke des stellvertretenden Todes wird ebenfalls in der jüdischen Martyriumstheologie rezipiert. Eleazar bittet Gott vor seinem Tod:

Sei gnädig deinem Volk (ἔθνος). Laß unsere Strafe für sie genügen (ὑπὲρ αὐτῶν). Mache mein Blut zu einem Reinigungsmittel für ihres, und nimm meine Seele zum Ersatz für ihre.[82]

Und auch das stellvertretende Leiden ist im ersten Jahrhundert bekannt. Von Diogenes behauptet Epiktet, daß er

so milde und menschenfreundlich war, so daß er für die Gemeinschaft der Menschen (ὑπὲρ τοῦ κοινοῦ τῶν ἀνθρώπων) solche Leiden (πόνοι) und Plagen des Leibes gern auf sich nahm.[83]

Wenn die Verf. des Kol Paulus die Aussage in den Mund legen: „Nun freue ich mich[84] in meinem Leiden für euch (ὑπὲρ ὑμῶν) ... in meinem Fleisch für seinen Leib (ὑπὲρ τοῦ σώματος αὐτοῦ), das ist die *ekklesia*" so ist hier zunächst dieses stellvertretende Leiden und eventuelle Sterben des einen für das Wohlergehen und die Verbesserung der Situation der vielen im Blick.[85] Die Aussagen des stellvertretenden Sterbens bzw. des Selbstopfers für andere sind in der Antike so zahlreich, daß vermutet werden kann, die Anspielung auf den erfolgten Tod des Paulus sei von den Leserinnen und Lesern auch verstanden worden.

M. E. stellt der Abschnitt 1,24ff den Versuch dar, den Tod des Paulus theologisch zu deuten. Nach dem Tod des Paulus mußte erklärt werden, wie Leiden und Tod des Gesandten Gottes (1,23.25) zu verstehen seien. Konnte Paulus mit seinen theologischen Einsichten und Prophezeiungen über die göttliche Wirklichkeit auch angesichts seines Todes Recht behalten? Dieses Problem darf nicht zu gering geachtet werden. Denn Paulus ging die meiste Zeit seines Lebens davon aus, das Ende der Welt und die Wiederkunft Christi zu erleben.[86] Trotz nicht unrealistischer Vorahnungen (vgl. Röm

---

[81] Dio Cass. 63.13,2f (Epitome). Zu diesem Königsideal vgl. auch Lykurg, *Contra Leocratus*, 84-88.
[82] IV Makk 6,28f. Vgl. auch IV Makk 17,21f und Josephus, Ant XIII 5f.
[83] Arr. Epict. III 24,64.
[84] Auch Paulus spielt mit dem Gedanken der Freude im Leiden; vgl. Phil 1,18-21; 2,17f. Das νῦν χαίρω aus V. 24 findet sich auch in II Kor 7,9.
[85] Vgl. auch Furnish, *Paul*, 80; Wilson, *Hope*, 76f: „Paul, like the ideal moral philosopher, does not shy away from conflict, but toils mightily in the ἀγών of life on behalf of his followers, even for the benefit of followers who have never met him."
[86] Vgl. I Thess 4,15; I Kor 15,51; Röm 13,11f. Dies gilt auch, wenn Paulus sich mehrfach in seinem Leben akuter Todesgefahr ausgesetzt sah; vgl. II Kor 11,23-27; Phil 1,21-26; Phil 3,2-4,3.8f.

15,31) meint er noch im Römerbrief: „Jetzt ist uns die Rettung näher als damals, als wir gläubig geworden sind" (Röm 13,11). Mindestens diese Hoffnung des Paulus ist durch seinen Tod in Frage gestellt worden. Die Wahl der paulinisch klingenden Formulierung ἀνταναπληρῶ τὰ ὑστερήματα könnte zunächst der Versuch sein, den Tod des Paulus mit seinen eigenen Worten zu erklären. Dabei fällt auf, daß der Kol statt von den παθήματα τοῦ Χριστοῦ (vgl. II Kor 1,5; Phil 3,10) von den θλίψεις τοῦ Χριστοῦ und statt der θλίψεις des Paulus (vgl. II Kor 1,8; Phil 1,17 u. ö.)[87] von den παθήματα des Paulus spricht.[88] θλῖψις meint die (zumeist äußeren) Bedrängnisse, wogegen πάθημα das Leiden als Erfahrung betont.[89] Dabei wird am Ende von V. 24 das τοῦ Χριστοῦ durch die Aufnahme der aus dem Hymnus stammenden Gleichsetzung von Leib und *ekklesia* verobjektiviert. Die Auffüllung des Mangels geschieht für den Leib Christi, der im Kol als Raum der *ekklesia* vorgestellt ist. Daher sind m. E. die Bedrängnisse Christi als äußere Bedrängnisse der *ekklesia* zu verstehen. Paulus leidet für die Kolosserinnen und die *ekklesia,* um–jedoch wird dies nur angedeutet–durch sein Opfer für alle die Bedrängnisse zu erleichtern bzw. zu beenden.[90] Aber die offene Ausdrucksweise der Verf. läßt auch eine andere Deutung zu. Der Ausdruck „Bedrängnisse Christi" bestimmt zugleich die Art der Leiden. Tatsächlich fehlt, im nachhinein betrachtet, dem lebenden Paulus etwas, um dem Leiden Christi gleichgestaltet zu sein. Hinter dem Ausdruck ἀνταναπληρῶ τὰ ὑστερήματα τῶν θλίψεων τοῦ Χριστοῦ liegt daher auch eine Andeutung des Todes des Paulus. Erst durch seine Hinrichtung ist dieser „Mangel" beseitigt worden. Aber die Leiden und der Tod des Paulus waren nicht sinnlos, sondern geschahen für (ὑπέρ) seine hinterbliebenen Freundinnen und Freunde.

Die Fortführung des Satzes durch den relativischen Anschluß in V. 25 betont in diesem Sinne die Notwendigkeit des Geschehenen.

> Kol 1,25: (der *ekklesia*), deren Gesandter ich geworden bin gemäß dem Arrangement Gottes, das mir gegeben wurde für euch (κατὰ τὴν οἰκονομίαν τοῦ θεοῦ τὴν δοθεῖσάν μοι εἰς ὑμᾶς) zu erfüllen das Wort Gottes, (26) das Geheimnis, das verborgen war ...

---

[87] II Kor 1,8 sind aber die Bedrängnisse der ganzen Paulusgruppe angesprochen. Zu den Bedrängnissen der Gemeinde vgl. auch I Thess 1,6; 3,7.

[88] Vgl. auch schon Gnilka, *Kom.,* 94.

[89] Zwar umschließt die Bedeutung des Wortes θλῖψις sowohl die innere als auch die äußere Bedrängnis (vgl. Heinrich Schlier, *Art. θλίβω κτλ.,* ThWNT III (1938), 139-148), aber Paulus gebraucht das Wort zumeist im Zusammenhang äußerer konkreter Not: vgl. I Thess 1,6; 3,3.7; I Kor 7,28; II Kor 1,4.8; 2,4; 4,17; 6,3; 7,4; 8,2; 8,13; Phil 2,17; 4,14; Röm 8,35. Zu πάθημα vgl. Michaelis, *Art. πάθημα,* ThWNT V (1954), 929-34.

[90] Anders Michaelis, *Art. πάθημα,* ThWNT V (1954), 932f. Vgl. auch Lindemann, *Kom.,* 31f.

Auch dieser Satz birgt einige Auslegungsschwierigkeiten. Dabei ist vor allem die Bedeutung von οἰκονομία in diesem Satz umstritten. Das Wort οἰκονομία ist gekennzeichnet von einer Bedeutungsvielfalt.[91] Es bezeichnet zunächst die Haushaltsführung, das heißt die Ordnung, Verwaltung und Sorge um die häuslichen Angelegenheiten.[92] Die οἰκονομία in diesem Sinn wird zumeist von einem Sklaven[93] oder von Ehefrauen ausgeführt. Diese Bedeutung legen eine Reihe von Auslegern zugrunde und verstehen οἰκονομία in Kol 1,25 als Amt. Dibelius verweist vor allem auf das Partizip δοθεῖσαν.[94] Allerdings ist diese Formulierung, wie auch Lohmeyer, Schweizer und Wolter gesehen haben, auf die Aufnahme des paulinischen „gemäß der Gnade, die mir von Gott gegeben wurde" zurückzuführen.[95] Schweizer und Wolter verweisen daher auf die Wiederaufnahme von διάκονος in V. 25 aus V. 23. Aber auch dieser Hinweis läßt die Übersetzung von οἰκονομία mit „Amt" nicht einleuchten, denn es bleibt das störende κατά.[96] Angesichts der Bedeutungsvielfalt von οἰκονομία ist m. E. die Deutung von V. 25 mit „deren Gesandter ich geworden bin gemäß dem Amt, das mir gegeben wurde für euch ..." unwahrscheinlich. Denn οἰκονομία bezeichnet auch „die Ordnung" bzw. „das Arrangement",[97] z. B.

---

[91] Liddell/Scott, *Greek English Lexikon, Art. οἰκονομία* nennt: 1. management of a household or family; 2. generally, direction, regulation; 3. arrangement; 4. in Egypt: office; 5. stewardship; 6. plan, dispensation; 7. in bad sense scheming. Vgl. auch John Henry Paul Reumann, *Use of 'oikonomia'.*

[92] In diesem Sinne ist οἰκονομία auch die Bezeichung für philosophisch-politische Schriften περὶ οἰκονομίας, in denen die *patres familiae* den rechten Umgang mit Frauen, Söhnen, Sklavinnen und Sklaven sowie die Geldwirtschaft gelehrt. Vgl. z. B. Philo: „Das Haus ist ja ein Staat im Kleinen und die Hausverwaltung eine kleine Staatsverwaltung, wie umgekehrt der Staat ein großes Haus und die Staatsverwaltung die Hausverwaltung einer Gesamtheit" (Jos 38 Übers). Leopold Cohn; vgl. auch SpecLeg III 170f; Ebr 91f; *Quod omnis probus liber sit* 83; Josephus, Ant II 57.89; u. ö. siehe unten Kap. 7).

[93] Der Charakter einer Sklaventätigkeit schimmert an der einzigen Belegstelle für οἰκονομία in I Kor 9,16f durch: „Wenn ich nämlich das Evangelium verkündige, steht mir kein Ruhm zu. Denn ein Zwang liegt auf mir. Wehe mir, wenn ich es nicht verkündige. Denn wenn ich dies freiwillig tue, erhalte ich Lohn; wenn aber unfreiwillig, ist mir eine Verwaltungstätigkeit (οἰκονομία) anvertraut". Hier wird die Unfreiwilligkeit und damit auch der fehlende Anspruch auf Entlohnung betont. Vgl. auch I Kor 4,1: „So soll uns (jeder) Mensch bewerten, wie einen Diener (ὑπηρέτης) Christi, einen Verwalter (οἰκονόμος) der Geheimnisse Gottes." Die gewöhnliche Verbindung beider Begriffe ὑπηρέτης und οἰκονομία in der Oikonomialiteratur sollte davor schützen, in I Kor 4,1 vorschnell eine (ehrenhafte) Amtsbezeichnung zu sehen.

[94] Dibelius, *Kom.,* 23f; Gnilka, *Kom.,* 98f.

[95] Siehe oben Kap. 4.3.2, S. 143-144. Lohmeyer, *Kom.,* 79f; Wolter, *Kom.* 102f. Vgl. auch Lohse, *Kom.,* 117f, der hierin allerdings die Bedeutung „Amt" unterstrichen sieht.

[96] Vgl. auch Lohmeyer, *Kom.,* 79f.

[97] Reumann, *Use of 'oikonomia',* zeigt, daß bis zum 1. Jh. n. Chr. ein breiter Gebrauch von οἰκονομία zu beobachten ist. Zum einen werden die Wirkungsbereiche der οἰκονομία erweitert–z. B. auf die Armee, den Staat und besonders seine Finanzen oder religiöse Vereinigungen. Zum anderen wird οἰκονομία auch „applied by further extension, literally or metaphorically, to arrangement in general–management, ordering, direction, or regulation in various specific areas, including: legal arrangements [...] the arrangement of the body or of life

den Aufbau eines literarischen Werkes oder einer Rede,[98] aber auch allgemein den Plan.[99] Besonders die Verbindung κατ' οἰκονομίαν meint einen Gesamtplan oder den Ablauf der Dinge.[100] Daher ist m. E. οἰκονομία in Kol 1,25 zu übersetzen mit „Arrangement Gottes" oder „Plan Gottes", das/der Paulus hier gegeben bzw. anvertraut wurde.

Für diese Übersetzung spricht auch die Fortführung des Satzes. Die Wiederholung des τοῦ θεοῦ läßt sich m. E. nur dadurch erklären, daß mit λόγος τοῦ θεοῦ ein *terminus technicus* vorliegt. Der Begriff λόγος κυρίου wird in der prophetischen Literatur vielfach verwendet und bezeichnet die durch den Mund des Propheten verkündeten Prophezeiungen im Namen Gottes.[101] Die Verbindung mit πληροῦν ist ebenfalls traditionell. Sie findet sich bereits II Chr 36,21 und beschreibt die Erfüllung der durch den Propheten verkündeten Verheißung, des Wort Gottes.[102] Das Arrangement Gottes (οἰκονομία τοῦ θεοῦ), das Paulus (auf)gegeben wurde, und das Wort Gottes (λόγος τοῦ θεοῦ), das er erfüllt, entsprechen sich, wobei die Formulierung εἰς ὑμᾶς in der Mitte zwischen den beiden Satzhälften keiner eindeutig und somit beiden zuzuordnen ist.

Das „Wort Gottes" wird in V. 26f mit dem sogenannten „Revelationsschema" näher erläutert.[103] Die Verse 25-27 nehmen dabei in umgekehrter Reihenfolge die Handlungen aus Vers 23 wieder auf. Der Relativsatz εὐαγγελίου, ... οὗ ἐγενόμην ἐγὼ Παῦλος διάκονος (V. 23c) wird in V. 25 mit neuem Anschluß wiederholt: ἐκκλησία, ἧς ἐγενόμην ἐγὼ διάκονος.[104] Dem passivischen εὐαγγελίου ... τοῦ ... κηρυχθέντος

[...] arrangement of materials in the arts [...] especially in literature [...] and in retoric [...] and even the arrangement of one's conduct." (491f). Schließlich wird οἰκονομία auch „applied by ultimate extension to the management of the largest 'household' imaginable, the universe–[und meint] therefore the arrangement, ordering, regulation, direction, or management of the cosmos (the world and its parts and the people in it) by nature or by God, expecially with reference to providence" (493).

[98] Philo, Som I 205; Josephus Bell I 15.

[99] Vgl. z. B. Josephus, Ant VII 391, wo Josephus David abschließend als idealen König lobt, der „bedacht war auf und wußte um sowohl die kommenden als auch das der gegenwärtigen Arrangements (περὶ τῶν μελλόντων καὶ τῆς τῶν ἐνεστηκότων οἰκονομίας).

[100] Vgl. Polyb. VI 9,10: „Dies ist der Kreislauf der Staatsverfassungen, ein Arrangement der Naturen, gemäß dem (φύσεως οἰκονομία, καθ' ἥν) die Staatsverfassungen umgestürzt und aufgebaut und wiederum zum Ausgangspunkt gelangen." Vgl. auch Arr. Epict. III 14,7; IgnEph 18,2.

[101] Vgl. Jes 1,10; 38,4 u. ö.; Jer 1,4.11 u. ö.; Ez 1,3; 3,6 u. ö.; Hos 1,1 u. ö.; Joel 1,1 u. ö. etc. In Röm 9,6 ist mit λόγος τοῦ θεοῦ Gottes Verheißung gemeint. Diese Bedeutung ist auch für die zwei übrigen Belege für diese Wortverbindung, II Kor 2,17; 4,2 nicht auszuschließen.

[102] II Chr 36,21: πληρωθῆναι λόγον κυρίου διὰ στόματος Ιερεμιου; vgl. Mt 1,22; 2,15.17.23; 4,14; 5,17; 8,17; 12,17; 13,35; 21,11; 27,9; Joh 12,38; Lk 24,44; Apg 3,18 u. ö.

[103] Siehe oben Kap. 4.3.3, S. 162-166. Hier wird nun ausdrücklich ein Zeitrahmen angegeben, von Ewigkeiten bis jetzt, was noch einmal die Deutung von οἰκονομία als Plan unterstützt.

[104] Georgi, *Gegner*, 31-38, hat gezeigt, daß διάκονος zunächst ein besonderes

(das Evangelium, das verkündigt wurde) aus V. 23b entspricht in V. 26 das μυστήριον ... ἐφανερώθη (das Mysterium ist offenbart worden). Dabei darf nicht übersehen werden, daß die Verben „verkündigt werden" und „offenbart werden" im passiven Aorist stehen. Aktiv offenbart (γνωρίσαι) nach V. 27 allein Gott. Paulus selbst ist zunächst nicht direktes Subjekt der Verkündigungstätigkeit. Lediglich in 1,28 heißt es „den wir verkündigen ..." Jedoch ist hier eben nicht Paulus allein Subjekt der Verkündigungstätigkeit, sondern ein nicht näher erläutertes „wir".[105]

Als διάκονος (1,23.25) ist Paulus dagegen einbezogen in den kosmologischen Prozeß, der in 1,23 als Ausbreitung des Evangeliums in alle Welt und in 1,26f als Offenbarung des Glanzes vor den Heiligen beschrieben ist und der dem „Arrangement Gottes" und „Wort Gottes" (1,25) entspricht. Zu diesem Arrangement gehört das präsentisch und aktivisch formulierte Leiden des Paulus in 1,24 (ἀνταναπληρῶ). Die Leiden des διάκονος und sein vermutlich vorauszusetzender Tod werden so im Kol als von Gott im vorhinein gefaßter Plan gedeutet. Die Weisheit dieses göttlichen Arrangements vollzieht sich in dem in 1,26f beschriebenen kosmologischen Prozeß. Das Leiden des Paulus wird damit im nachhinein gedeutet. Sein Tod ist nicht die Destruktion seiner Theologie, sondern geschah gemäß dem Arrangement der göttlichen Verheißung für die Adressatinnen und Adressaten.

Die Verse 1,29-2,1 nehmen wiederum präsentisch den Gedanken des Leidens auf. Hier heißt es:

Vertrauensverhältnis beschreibt. Daher kann sowohl ein Aufwärter bei Tisch als auch die Ordonanz eines Feldherrn als auch ein Kultbeamter als διάκονος bezeichnet werden. Nach Epiktet widmet sich der wahre Kyniker der διακονία τοῦ θεοῦ (Arr. Epict. III 22,69) so sehr, daß er alle menschlichen Bindungen und Bedürfnisse geringachtet. Vgl. z. B. Arr. Epict. IV 7,20: „Denn ich erachte das, was Gott will, für besser als das, was ich will. Ich bin ihm zugetan als sein διάκονος und sein Gefolgsmann (ἀκόλουθος)." Gleichzeitig weist Georgi auf das weltumspannende Sendungsbewußtsein des διάκονος bei Epiktet hin und übersetzt διάκονος als „Gesandter ... im Sinne der verantwortlichen, schicksalshaften Repräsentation und Manifestation" (34). Daß mit διάκονος in Kol 1,23.25, wie Georgi, ebd., 36 meint, „auf die Verkündigungstätigkeit angespielt" wird oder daß hier ein Amtstitel gebraucht wird, wie die meisten anderen Auslegerinnen und Ausleger vermuten, kann m. E. wegen der passivischen Formulierung εὐαγγελίου [...] τοῦ κηρυχθέντος ἐν πάσῃ κτίσει τῇ ὑπὸ τὸν οὐρανόν (1,23b) nicht unbedingt geschlossen werden. Zumindest fällt auf, daß es nicht heißt: „das Evangelium, das ich Paulus als Diakonos verkünde". Der relativische Anschluß von 1,25a an den V. 24 legt zumindest auch die Verbindung von διάκονος und Leiden nahe, eine Verbindung, die auch Paulus nicht unbekannt ist (vgl. II Kor 6,4; 11,26).

[105] Es läßt sich darüber nachdenken, inwieweit in diesem „wir" die Angesprochenen eingeschlossen sind (vgl. 3,16). Zumindest fällt trotz der in der Darstellung des Paulus inhärenten Tendenz zur Heroisierung auf, daß die Verkündigung nicht von ihm allein ausgeht. Paulus wird erst durch die kirchliche Rezeption des Kol „selbst zum Inhalt der Verkündigung" (Merklein, *Paulinische Theologie*, 29). Die Betonung des „Leidens für" dient zunächst nicht zur Legitimation seines einzigartigen Amtes, sondern soll sein Leiden (das von Epaphras nachgeahmt wird) erklären (anders Nielsen, *Status of Paul*).

Kol 1,29: wofür auch ich mich mühe (κοπιῶ) und kämpfe (ἀγωνιζόμενος) gemäß seiner (Christi) Wirkkraft, die in mir wirksam ist, mit Kraft. (2,1) Ich will nämlich, daß ihr wißt, welchen schweren Kampf (ἀγών) ich habe für euch (ὑπὲρ ὑμῶν) und für die in Laodizea und für die vielen, die mein Angesicht im Fleisch nicht gesehen haben (ἑόρακαν) ...

Das Verb κοπιᾶν (sich abmühen) benennt in den Paulusbriefen die Missionsarbeit des Paulus und seiner Mitarbeiterinnen und Mitarbeiter.[106] Aber Paulus verwendet κόπος auch in Peristasenkatalogen (II Kor 6,4f; 11,23-28). In II Kor 11,23 stehen die κόποι neben den φυλακαί (Gefängnissen), den πληγαί (Schlägen) und den θάνατοι (Toden). In II Kor 6,5 lautet die Reihung: in Schlägen, in Gefängnissen, in Unruhen (ἐν ἀκαταστασίαις),[107] ἐν κόποις, in Wachen, in Hunger".[108] In 1,28-2,1 wird neben κοπιᾶν die Metapher des Kampfes eingebracht. Das Bild des Kampfes, sowohl des sportlichen Wettkampfes als auch der kriegerischen Auseinandersetzung, ist ein häufig gebrauchtes Bild in der Antike. Es kann ebenso den Rechtsstreit[109] wie auch den Lebenskampf beschreiben.[110] Nicht selten aber wird mit der Kampfmetapher das Leben des idealen Philosophen[111] und das Leiden von Märtyrern charakterisiert.[112] In 2,1 wird diese Deutung durch die Wiederaufnahme ὑπὲρ ὑμῶν καὶ τῶν ἐν Λαοδικείᾳ aus 1,24 nahegelegt. Das ἀγωνιζόμενος aus V. 29 wird von den meisten Auslegern auf die in V. 28 beschriebene Verkündigung der Paulusgruppe (ἡμεῖς) bezogen. Die Betonung des „Leidens für", die Wiederaufnahme des Gedankens durch den „schweren Kampf für" und die Zeitstruktur, die alle auf Paulus bezogenen Leidens- und Kampfaussagen im Präsens, die meisten Verkündigungsaussagen aber im passiven Aorist formuliert, sprechen m. E. dafür, daß auch hier mit der Kampfsportmetaphorik Martyriumssprache aufgenommen ist (vgl. II Tim 4,6-8; I Clem 5f u. ö.). Nicht zuletzt das abgeschlossene „die

---

[106] Die Arbeit der Mitarbeiterinnen und Mitarbeiter I Thess 5,12; I Kor 16,16; Röm 16,6.12 Paulus' eigene missionarische Arbeit I Kor 15,10; Gal 4,10; Phil 2,16. Arbeit zum Broterwerb I Kor 4,12.

[107] Im Zusammenhang sind hier m. E. die politischen Unruhen gemeint. Vgl. Bedeutung 'a' bei Albrecht Oepke, Art. ἀκαταστασία, ThWNT III (1938), 449.

[108] Vgl. auch II Kor 11,27. Hier folgt ἐν κόπῳ den Gefahren durch Räuber, Naturgewalten und (falschen) Geschwistern. κόπος ist auch ein Synonym zu πόνος, das neben Mühe vor allem auch Schmerz bedeutet und z. B. neben θάνατος (Tod) bei Arr. Epict. II 1,13 aufgezählt wird.

[109] So z. B. in den Sokratikerbriefen 14,4; 15,2 [Malherbe].

[110] Vgl. Victor Pfitzner, Paul and the Agon Motif, und Ethelbert Stauffer, Art. ἀγών, ThWNT I (1933), 134-40.

[111] Siehe Wilson, Hope, 56-62 und 73-75.

[112] Siehe oben I Clem 5f; MartPol 3,1; 17,1; 18,3; 19,2 sowie IV Makk 3,4f; 6,10; 9,8.23f; 11,20; 12,14; 13,13; 15,29; 16,14; 17,11-16; 18,23; Philo, Flac 48; Porphyr. vit. Pyth. VII 10.12f u. ö.; Ach. Tat. VI 21,2; u. ö. Diesem Aspekt wird von Pfitzner, Paul and the Agon Motif, zu wenig Aufmerksamkeit geschenkt. Agon wird, wie Malherbe in seiner Rezension herausgestellt hat, „also used of the Cynic's battle with tyrans" (222). Das Kampfmotiv spielt auch in den von Herbert A. Musurillo, herausgegebenen Acts of the Pagan Martyrs, eine Rolle, z. B.: IV A col I,7+10; XI B I,4 u. ö.

vielen, die mich nicht gesehen haben" (ὅσοι οὐχ ἑόρακαν) macht überdeutlich, daß die Verf. nicht damit rechnen, daß Leiden und Kampf des Paulus zu seiner Rettung und einem Besuch von Gemeinden führen, sondern zu seinem Tod.

In Kol 2,5 geht der fiktive Absender noch einmal direkt auf seine gegenwärtige Situation ein. Hier ist Briefphraseologie aufgenommen.[113] Aber, wie Helga Cancik in bezug auf Senecas Briefe gezeigt hat, haben „die Brieftopoi [...] meist eine größere Bedeutung [...] als der Terminus vermuten läßt [... Sie sind] nicht etwa belanglos oder beliebig, und sie sind keinesfalls mit einer äußerlichen Einkleidung zu verwechseln."[114] Was für den philosophischen (Kunst)Brief gilt, gilt sicher auch für den pseudepigraphen Brief, dessen Autoren- und Adressatenschilderung notwendigerweise fiktiv ist. Der Satz aus Kol 2,5 hat also inhaltliche Relevanz. Hans Dieter Betz hat einige terminologische Unterschiede zu den Paulusbriefen herausgearbeitet. Im Kol heißt es τῇ σαρκὶ ἄπειμι (ich bin im Fleisch abwesend) anstatt ἀπὼν τῷ σώματι (mit dem Körper abwesend I Kor 5,3). Dies fällt um o mehr auf, als der Kol den paulinischen Gedanken der Vernichtung des Fleisches durch den Tod aufnimmt.[115] „The reason is, that the σάρξ passes away at death, while the σῶμα is transformed [gl. I Kor 15,35-57]. Yet, despite his death, Paul is present with the Colossians 'in the spirit'."[116] Die Abwesenheit des Paulus ist in Kol 2,5 durch einen konditional, wenn nicht sogar kausal zu verstehenden Nebensatz vorgeordnet,[117] dem ein mit dem einschränkenden ἀλλά (so doch; wenigstens) eingeleiteter Hauptsatz folgt.[118] Die Betonung liegt auf dem „so bin ich doch (wenigstens) im Geist zusammen mit euch". Der Brief soll die geistige Anwesenheit des Paulus vermitteln bzw. die (fleischliche) Anwesenheit des Paulus ersetzen.[119]

Bereits Betz hat den Kol in dieser Hinsicht als „heavenly letter" bezeichnet.[120] Hier muß jedoch differenziert werden. In der Antike sind Briefe der

---

[113] Siehe oben S. 131.

[114] Hildegard Cancik, *Untersuchungen,* 72. Cancik zeigt auf, daß es in Senecas Idealform der Philosophie weniger auf die Lehre als auf die Aneignung und immer neu zu verwirklichende Anwendung einer Überzeugung und philosphischen Einsichten auf das eigene Leben ankomme. Wenn man diese Existenzform auf die Literatur übertragen wolle, sei der Brief das ideale Mittel. Durch Selbstzeugnisse und Schilderung des Adressaten entstehe eine Situation, in der sich die Philosophie bewähren müsse und im Lehrer-Schüler-Verhältniss–dessen Idealform das Zusammenleben wäre–vermittelt werden könne.

[115] Vgl. Kol 1,22, 2,12f mit I Kor 15,50. Die sarkische Welt als uneigentliche auch Kol 2,11.18.23; II Kor 10,2.

[116] Betz, *Paul's „Second Presence",* 513; Klauck, *Briefliteratur,* 304.

[117] Vgl. Blass/Debrunner § 371 εἰ mit Indikativ aller Tempora wird in der Koine „vorwiegend in der Beziehung auf eine vorliegende oder behauptete Wirklichkeit gebraucht" (301); es kann sogar ein kausales „da" streifen (ebd., § 372.1).

[118] Blass-Debrunner § 448.5. Anders dagegen sind die beiden Partizipialsätze in I Kor 5,3 durch μὲν γάρ ... δέ in eine den Gegensatz hervorhebende Korrelation gebracht.

[119] Vgl. auch Sen. epist. 38,1; 40,1; 55,9-11; 67,2.

[120] Betz, *Paul's „Second Presence",* 514, Anm. 27.

Götter bekannt,[121] die Geheimnisse, Lehren und wichtige Botschaften enthalten[122] oder die heilende Wirkung haben.[123] Daneben gibt es auch die Vorstellung von Briefen von Verstorbenen. Von kynischen Philosophen Peregrinus berichtet Lukian:

> Man sagt, er [Peregrinus] habe an beinah alle berühmten Städte so etwas wie Testamente und Ermahnungen und Gesetze als Briefe geschickt. Und er wählte dafür aus den Gefährten Boten aus, die er Totenboten (νεκράγγελοι) und Boten aus der Unterwelt (νερτεροδρόμοι) benannte.[124]

Die lukianische Darstellung des Peregrinus ist polemisch, so daß nicht eindeutig festgestellt werden kann, ob es sich um ein wirkliches Zitat und glaubhafte Nachrichten über Peregrinus handelt oder ob Lukian dies erfunden hat. Lukian verbindet hier jedoch begrifflich zwei Ideen. Zum einen die Idee, daß Philosophen und andere berühmte Menschen kurz vor ihrem Tod Briefe versenden, in denen sie noch einmal ihre Lehre zusammenfassen,[125] ihren eigenen Tod reflektieren[126] und ihr Begräbnis oder ihre Nachfolge regeln.[127] Durch die Benennung der Boten als „Totenboten" und „Boten aus der Unterwelt" spielt Lukian aber noch auf eine andere Vorstellung an, nämlich das Absenden von Briefen aus der Unterwelt. Auch die Vorstellung von brieflichen Nachrichten von Verstorbenen an ihre Hinterbliebenen ist in der hellenistisch-römischen Antike, wenn auch nicht häufig, belegt.[128]

---

[121] Vgl. Albrecht Dieterich, *Weitere Beobachtungen*, 243-257; Rudolf Stübe, *Der Himmelsbrief*; Sykutris, *Art. Epistolographie*, PRE.S 5 (1931), 206; Speyer, *Bücherfunde*, der jedoch den Himmelsbrief auf „eine schriftliche Botschaft, die von Gott verfaßt, plötzlich von einem Menschen [...] gefunden wird" (17) eingrenzt. Übergebene Briefe schließt Speyer aus. Vgl. aber z. B. Ez 2,8f. Das bekannteste Beispiel von Götterbriefen sind Lukians satirische *epistolae saturnales* und deren mögliche Vorläufer, die „scherzenden Briefe vom Angesicht der Götter" des Menippus von Gadara (Diog. Laert. VI 101). Siehe hierzu aber unten.

[122] Auch in der Gnosis wird dieses Motiv verwendet. Z. B. ActThom 110f; OdSal 23,5-22.

[123] Paus. X 38,13; Aristeid. or. 47,78 (Keil) Ἱερῶν λόγων πρῶτος u. ö. Heilende Wirkung durch Briefe auch Philostr. vita Ap. III 38.

[124] Lukian. peregr. 41.

[125] Chion von Heraclea, epist. 14-16; Brief des Mara Bar Serapion, in: Wiliam Cureton, *Spicilegium Syriacum*, 70-76. Den Kontakt zwischen einzelnen Philosophengemeinschaften derselben Schule scheinen insbesondere die Epikuräer durch Briefe gehalten zu haben. Vgl. die Inschriften des Diogenes von Oinoanda bes. an Antipater (Fragm. 62-67 (Smith)), an Dionysus und Carus (Fragm. 68-74 (Smith), an die Mutter (Fragm. 125 (Smith)), an Unbekannte (Fragm. 122 (Smith)) u. ö. In einem Papyrusbrief bittet eine Gruppe eine andere um einige Epikurschriften, vgl. James Keenan, *A Papyrus Letter about Epicurean Philosophy Books*. Diogenes selbst ahmt dabei die Briefschriftstellerei des Schulgründers Epikur nach (vgl. Diskin Clay, *Philosophical Inscription*).

[126] Vgl. z. B. Pherekydes: Diog. Laert. I 122; Epikur: Diog. Laert. X 22; Chion von Heraclea, epist. 17. In Chions Brief wird Martyriumssprache aufgenommen (vgl. epist. 17,2).

[127] Vgl. z. B. Arkesilaos: Diog. Laert. IV 43f oder Alexander nach Pseudo-Callisthenes, *Vita Alexandri Magni*, 33,1-4. Sokrates soll nach Epiktet im Gefängnis Gebete verfaßt haben (Arr. Epict. II 6,26).

[128] Vgl. Plin. nat. II 248. Die *canones* des Epikur gelten nach Plut. mor. 1118A und Cic. fin. I 19,63 und nat. deor. I 43 als διοπετής (eigentlich: von Zeus geschickt) κανόνες *(caeleste volumen)*. In diesem Zusammenhang fällt auch die Aufzählung der Schriften des

Der Kol selbst will ein Brief sein, den Paulus aus der Gefangenschaft kurz vor seinem Tod an die ihm unbekannten Gemeinden im östlichen Kleinasien gesandt hat (vgl. 4,18; 4,3f.7-14; 2,1). Es wird deutlich, daß mit einer Freilassung und dem Überleben des Gesandten Gottes nicht gerechnet wird. Sein gemessen am Maßstab des physischen Überlebens ergebnisloser Kampf wird theologisch gedeutet (vgl. 1,24ff) als „Leiden für" die *ekklesia*. In Kol 2,5 versichert der fiktive Paulus zudem seinen geistigen Beistand trotz Abwesenheit im Fleisch. Mit diesem Brief wird diese Anwesenheit zu einem gewissen Maße real. Unabhängig von der vermutlich nicht zu entscheidenden Frage, ob an dieser Stelle die Vorstellung eines postmortalen Redens mit den Gemeinden intendiert ist oder ob lediglich die über den bevorstehenden Tod hinausreichende Wirkung des Briefes reflektiert wird, ist die intendierte Wirkung des Kol die eines „Himmelsbriefes". Mit Hilfe der Sprache der Martyriumsliteratur, der Assoziation philosophischer Verteidigungsrede vor Gericht, der Gefangenschaft als Ort des Absenders, des angedeuteten Gedankens eines stellvertretenden Leidens und Todes des Paulus als Arrangement Gottes und der intendierten Wirkung des Briefes als „Himmelsbrief2 versuchen die Verf. des Kol, auf den Tod des Paulus einzugehen und ihn zu deuten. Dem verstorbenen Paulus gelingt es mit Hilfe des Briefes, den Gemeinden im Geiste nahe zu sein und sie zu bestärken.[129] Im Folgenden werde ich untersuchen, auf welche Probleme in den Gemeinden dieser „Himmelsbrief" reagiert.

2. DIE SITUATION DER GEMEINDE

Obgleich die Verf. des Kol vermutlich keine konkrete Ortsgemeinde in Kolossä als Adresse im Blick haben (vgl. Kap. 1.2), läßt ihre Darstellung der impliziten Adressatinnen und Adressaten[130] einige Probleme und Fragestellungen erkennen, die sie bei den paulinischen Gemeinden in nachpaulinischer Zeit erwarten. Der Tod des Paulus war nicht allein ein theologisches Problem, sondern hatte in den Augen der Verf. auch konkrete Auswirkungen. Im Folgenden werde ich die von den Verf. dargestellte Situation der

---

Menippus von Gadara bei Diogenes Latertius auf: Νέκυια, Διαθῆκαι, ἐπιστολαὶ κεκομψευμέναι ἀπὸ τοῦ τῶν θεῶν προσώπου (Diog. Laert. VI 101).

[129] Vgl. auch Betz, *Paul's „Second Presence".*

[130] Der Ausdruck „implizite Adressatinnen und Adressaten" ist hier in Anlehnung an die Unterscheidung der modernen Literaturwissenschaft gewählt, die streng zwischen den im Text eingeschriebenen Leserinnen und Lesern und den tatsächlichen historischen Leserinnen und Lesern unterscheidet. Hiermit soll zum Ausdruck gebracht werden, daß angesichts des pseudepigraphen Charakters des Briefes die Differenz zwischen den tatsächlichen historischen Leserinnen und Hörern des Briefes und den von den Verf. vorgestellten impliziten und in den Text eingeschriebenen Hörern und Leserinnen nicht übersehen werden kann (vgl. hierzu Standhartinger, *Frauenbild,* 52f).

fiktiven Gemeinden erschließen. In einem ersten Teil (2.1) werde ich zunächst versuchen, eine Momentaufnahme der Stimmung in der dargestellten Gemeinde zu rekonstruieren. Im zweiten Teil (2.2) werde ich anhand der Ermahnungen in 2,4-23 die akuten Gefährdungen untersuchen, denen die Verf. begegnen wollen.

2.1 Wachstum und Resignation

Bereits im Proömium des Kol fällt die Betonung des Wachstums auf. Der Dank von Paulus und Timotheus wird damit begründet, daß das Wort der Wahrheit des Evangeliums „... in der ganzen Welt aus sich heraus Frucht trägt und wächst, so auch bei euch (den Kolosserinnen und Kolossern) ...“ (1,6). Dieser übertragene Gebrauch der Wachstumsmetaphorik ist nicht ungewöhnlich.[131] Aber hier ist die botanische Reihenfolge durchbrochen. Nach dem Wachstum folgt in der Natur die Frucht.[132] Dem Kol scheint aber an der umgekehrten Reihenfolge zu liegen, denn er wiederholt sie in 1,10.[133] Es läßt sich, wie ich im Folgenden zu zeigen suche, die These vertreten, daß für die Verf. das „Frucht tragen“ im Wachstum besteht und daß sie im Fehlen dieses Wachstums bzw. in dessen Negation die Hauptprobleme ihrer impliziten Adressatinnen und Adressaten sehen.

Zunächst sticht der universale Aspekt des Evangeliums im Kol ins Auge. Bereits das syntaktisch schwierige[134] doppelte καθὼς καί (1,6) läßt offen, worauf sich das „gekommen sein“ (παρεῖναι) und das „Frucht tragen“ und „wachsen“ des Evangeliums (1,5) bezieht, auf die „ganze Welt“ (ἐν παντὶ τῷ κόσμῳ)[135] oder auf Kolossä. Es geht, wie Wolter herausgearbeitet hat,

---

[131] Vgl. Delling, Art. ὑπεραυξάνω κτλ., ThWNT VIII (1969), 519-521 und Friedrich Hauck, Art. καπροφορέω κτλ., ThWNT III (1938), 619.

[132] Vgl. z. B. Arr. Epict. IV 8,36: „So wird die Frucht (καρπός) gemacht. Man muß den Samen eine Zeitlang vergraben, verbergen, ein wenig wachsen lassen (αὐξάνειν), damit er zur Reife gebracht wird“ (vgl. auch Arr. Epict. IV 8,40; I Kor 3,6-8; Polyk 1,2). Entscheidend ist, daß „Frucht tragen“ und „wachsen“ durch das καί aufzählend nebeneinandergeordnet sind, was in Mk 4,8 (vgl. Gnilka, Kom., 35; Wolter, Kom.,54) durch die Zuordnung des Partizips αὐξανόμενα zu der finiten Verbalaussage (ἐδίδου καρπόν) nicht gegeben ist. Paralipomena Jeremiae, 9,14 ist m. W. der einzige Gegenbeleg, aber auch hier muß gefragt werden, ob die „verkehrte“ Reihenfolge durch die in den Blick genommene endzeitliche Paradiesvorstellung bewirkt ist und ob hier nicht an einen Parallelismus membrorum gedacht ist. Das zuerst genannte „Frucht bringen“ (ποιῆσει καρπόν) verstärkt jedenfalls den Gegensatz zu den unfruchtbaren Bäumen (τὰ δένδρα τὰ ἄκαρπα), auf die es sich bezieht. Zur Verbindung von Frucht tragen und Erkenntnis vgl. OdSal 11; 38,15-21.

[133] M. E. kann nicht von vornherein ausgeschlossen werden, daß der Wechsel vom Medium in 1,6 zum Aktiv in 1,10 bedeutungsvoll ist (anders z. B. Lohse, Kom., 50). Es ist zu überlegen, ob in 1,6 eine reflexive Bedeutung von καρποφοροῦσθαι betont werden soll, um die Selbstverantwortlichkeit der Angeredeten im „Frucht tragen“ zu unterstreichen.

[134] Vgl. z. B. die Diskussion bei Gnilka, Kom., 34f, besonders Anm 35.

[135] κόσμος kann auch Oekumene im Sinne der ganzen bewohnten Welt bedeuten, vgl. Hermann Sasse, Art. κοσμέω κτλ., ThWNT III (1938), 879. Alle von Liddell/Scott, Greek English Lexikon, Art. κόσμος unter der Bedeutung IV.3 „οἰκουμένη, the known or inhabited world“ (985) angegebenen Belegstellen, mit Ausnahme von Röm 1,8 und Mt 16,23, beziehen

um die Verbindung des „zu euch" (1,6a), „in der ganzen Welt" (1,6b) und „bei euch" (1,6c).[136] Auch die zweite Belegstelle für εὐαγγέλιον im Kol (1,23) betont die universale Wirksamkeit der „guten Botschaft". In 1,23 heißt es vom Evangelium, daß es „verkündigt wurde (κηρυχθέντος) jedem Geschöpf unter dem Himmel, dessen Gesandter[137] ich, Paulus, geworden bin." Der Anschluß läßt aus zwei Gründen aufmerken. Zum einen fällt die passive, unpersönliche Formulierung auf. Im Vergleich mit 1,28 ist die Frage durchaus angebracht, warum es nicht „das Evangelium, das wir (oder ich) jedem Geschöpf verkündigen ..." heißt. Zum anderen fragt sich, wie die Verf. hier wie in 1,5f kaum mehr als 30-40 Jahre nach dem Tod Jesu zu diesem generellen Eindruck kommen konnten. Die Formulierungen in Kol 1,5f und 1,23

Kol 1,5f τοῦ εὐαγγελίου (6) τοῦ παρόντος ... ἐν παντὶ τῷ κόσμῳ
Kol 1,23 τοῦ εὐαγγελίου ... τοῦ κηρυχθέντος ἐν πάσῃ κτίσει τῇ ὑπὸ τὸν οὐρανόν

sind trotz Bemerkungen wie Röm 15,19 und Act 1,8 in der Mitte der zweiten Hälfte des 1. Jh. eine überraschende, um nicht zu sagen übertriebene Behauptung.[138] Die Formulierungen in Kol 1,5f.23 erinnern jedoch an die für die Bedeutung des Evangeliumsbegriffes in der römisch-hellenistischen Kaiserverehrung häufig angeführten Inschrift von Priene. Hier heißt es in bezug auf die Geburt des Augustus: „Es war aber [der Geburtstag] des Gottes für die Welt der Anfang der Dinge, die um seinetwillen Freudenbotschaft[en] sind."[139] Die „gute Botschaft", die in der römischen Kaiserzeit von Stadt zu Stadt und in der ganzen Welt verkündet wurde, war die Geburt,

---

sich auf den Kaiser als Weltherrscher. Der Kaiser ist Herr der ganzen Welt (ὁ τοῦ παντὸς κόσμου κύριος (Nero) SIG 814,30f; vgl. auch Prieneinschrift 105,40 = OGIS II 458) oder Urheber alles Guten in der Welt (ἀγαθῶν αἴτιον γεγονότα τῶι κόσμωι IGRom IV 982).

[136] Wolter, Kom., 53f.

[137] Zur Bedeutung von διάκονος siehe oben Anm. 104.

[138] Zum Anspruch der universalen Verkündigung von hellenistischen Philosophen vgl. Wilson, Hope, 73f. Es könnte eingewandt werden, daß Paulus selbst davon überzeugt war, daß das Evangelium weltweit verkündigt worden sei, wenn er behauptet, „er habe von Jerusalem in weiten Kreise bis nach Illyrien (dem heutigen Bulgarien) das Evangelium erfüllt". (Röm 15,19 anders aber II Kor 10,13f). Aber gegen diese Deutung spricht sein Plan, den politischen Mittelpunkt der Welt, Rom, nur auf der Durchreise zu streifen, um an die „Grenzen der bewohnten Welt" (Röm 10,18 = Jes 52,15(LXX)) bis nach Spanien vorzudringen (15,24.28; vgl. auch A. Dewey, Εἰς τὴν Σπανίαν). Der einzige paulinische Beleg für ἐν ὅλῳ τῇ κόσμῳ ist Röm 1,8, wo Paulus die Römerinnen und Römer rühmt, daß ihre pistis verkündigt worden (καταγγέλλεσθαι) ist in der ganzen Welt (vgl. auch konkreter I Thess 1,8f). Diese Formulierung spielt vermutlich auf die Propaganda der römischen Kaiser an. In Mk 13,10 ist die Verkündigung des Evangeliums an alle Völker (ἔθνη) eine eschatologische Verheißung. Die programmatische Formulierung in Apg 1,8 ist vermutlich jünger als der Kol.

[139] ἦρξεν δὲ τῷ κόσμῳ τῶν δι᾽ αὐτὸν εὐαγγελί[ων ἡ γενέθλιος] τοῦ θεοῦ (Inschrift von Priene 105,40 = OGIS II 458,40). Übers. Deißmann, Licht vom Osten, 313. Zum pluralen Gebrauch von εὐαγγέλιον in Priene vgl. Georgi, Gott auf den Kopf stellen, 193 Anm. 184.

die Proklamation oder der Herrschaftsantritt eines neuen Kaisers.[140] Wolter stellt heraus, daß in Kol 1,5f „der universale Erfolg des Evangeliums [herausgestellt wird], an dem auch die Adressaten partizipieren; sie sollen sich damit gewissermaßen auf der Siegerseite stehend begreifen".[141] Der in Kol beschriebene „Siegeszug" des Evangeliums erinnert zumindest begrifflich an die Verbreitung der kaiserlichen Evangelien, von dem hellenistisch-römische Städte wie Priene profitieren wollten. Dieser Siegeszug konnte in der Kaiserzeit Plausibilität für sich beanspruchen. Die Anspielung auf die gute Botschaft der weltweiten Friedensherrschaft des römischen Kaisers wird noch verstärkt durch das nicht in paulinischer Tradition zu erklärende παρεῖναι in 1,6. Denn Paulus gebraucht παρεῖναι lediglich in bezug auf seine Anwesenheit.[142] Die Parusie des Kaisers ist dagegen ein Heilsereignis für die gesamte Welt.[143]

Diesem Bild des Wachstums und der triumphalen Ausbreitung des Evangeliums stehen ausgedehnte Mahnungen entgegen. Bereits in 1,23 wird die Heilszusage eingeschränkt:

> Kol 1,23: wenn[144] ihr bleibt (ἐπιμένετε) in dem Vertrauen (πίστις) gegründet (τεθεμελιωμένοι) und fest (ἑδραῖος) und unverrückt (μὴ μετακινούμενοι) von der Hoffnung des Evangeliums, das ihr gehört habt ...

Der Vers weist auf 1,4f zurück.[145] Die Synonymhäufung ist auffällig und selbst für den pleophoren Stil des Kol ungewöhnlich.[146] Eine inhaltlich verwandte Synonymhäufung findet sich aber auch in 2,6f:

> Kol 2,6: Wie ihr nun empfangen habt den Christus Jesus, den Herrn, so wandelt in ihm (περιπατεῖτε), (7) verwurzelt (ἐρριζωμένος) und aufgebaut (ἐποικοδομούμενος) in ihm und gefestigt (βεβαιούμενος) im Vertrauen

---

[140] Der Herrschaftsantritt oder die Mündigkeitserklärung eines neuen Kaisers sind „gute Botschaften", die zeitgenössisch verkündigt werden. Vgl. z. B. Philo, LegGai 231, den Brief zum Herrschaftsantritt Maximinus Thrax, Deißmann, ebd., 314 (= Preisigke, Sammelbuch I, 421) oder Inschrift von Sardes I 14 (AJA 18 (1914), 323). Zum Ganzen; vgl. Gerhard Friedrich, Art. εὐαγγελίζομαι κτλ., ThWNT II (1935), 718-734.

[141] Wolter, Kom., 54. Vgl. auch MacDonald, Pauline Churches, 97-102.

[142] Vgl. Gal 4,18.20; I Kor 5,3; II Kor 10,2.11; 11,9; 13,2.10.

[143] Vgl. Deißmann, Licht vom Osten, 314-320; Oepke, Art. παρουσία κτλ., ThWNT V (1954), 856-869. Auf die Verkündigung des Kaisers spielt Arr. Epict. III 13,12 an: „Wenn nun einer diesen (nämlich den der Philosophen) Frieden hat, nicht den vom Kaiser verkündigten (κεκηρυγμένην) [...] wird ihm dann nicht geholfen sein."

[144] Das konditionale εἰ wird durch das angehängte γέ nocht verstärkt. Konditionalsätze sind sonst selten im Kol, der überhaupt extrem wenige Konjunktionen verwendet. Vgl. noch Kol 2,20; 3,1.

[145] Wolter, Kom., 49.95.

[146] Sonst werden im Kol zumeist nur zwei Synonyma oder bedeutungsähnliche Begriffe zusammengestellt. Vgl. 1,6 (10) καρποφορούμενον καὶ αὐξανόμενον; 1,9 προσευχόμενοι καὶ αἰτούμενοι; 1,22 ἁγίους καὶ ἀμώμους καὶ ἀνεγκλήτους; 1,28 (3,16) νουθετοῦντες πάντα ἄνθρωπον καὶ διδάσκοντες πάντα ἄνθρωπον; 2,19: ἁφῶν καὶ συνδέσμων ἐπιχορηγούμενον καὶ συμβιβαζόμενον. Vgl. auch Bujard, Stilanalytische Untersuchungen, 148-150.

(πίστις), wie ihr gelehrt worden seid, überströmend (περισσεύων) in Dankbarkeit.

Beide Synonymreihen beginnen mit einem passiven Partizip im Perfekt. Mit dem Bild des Grundsteins bzw. des Fundaments (θεμέλιος) und der Wurzel (ρίζα) wird jeweils auf die Festigkeit der bereits gelegten, tiefen Grundlage hingewiesen. Das Bild des Baus aus 1,23 wird in 2,6 mit ἐποικοδομεῖν wieder aufgenommen. Dieses passive Partizip drückt trotz seines präsentischen Charakters hier weniger den Aspekt des Weiterbauens" als des „Gebautseins" aus.[147] Auch das dritte Partizip in 2,7 βεβαιούμενος bringt vor allem Standhaftigkeit zum Ausdruck.[148] Ebenso beschreibt ἑδραῖος „etwas, was seiner Natur und dem Wesen (nach) fest und beständig ist".[149] μετακινεῖν ist zunächst ein Kompositum von κινεῖν (in Bewegung setzen, fortbewegen). Verneint verstärkt es die Aufforderung zum Bleiben (ἐπιμένειν). Die Ermahnung zur Festigkeit und Unverrückbarkeit liegt den Verf. des Kol so sehr am Herzen, daß sie in 2,7 einen semantischen Widerspruch erzeugen. Denn der Aufforderung zum „umhergehen" (περιπατεῖν) wird durch die Partizipien widersprochen. Auch wenn mit περιπατεῖν in der LXX und in den Paulusbriefen zumeist keine Ortsveränderung, sondern mehr das „umherschreiten" und übertragen „seinen Lebenswandel führen" im Blick ist, so steckt in dem Wort dennoch das Simplex πατεῖν (treten, gehen) und damit eine Bewegung.[150] Verwurzelt, gebaut und fest kann man aber gerade nicht „wandeln". Hierin scheint mir die eigentliche Aussageabsicht der Verf. zu liegen. Es läßt sich gut vorstellen, daß viele Freundinnen und Freunde des Paulus an der Gefangenschaft und am Tod des Paulus verzweifelten, daß sie auseinanderliefen, den Versammlungen der Gemeinde fern blieben, enttäuscht von der uneingelösten Hoffnung auf die baldige Wiederkunft Christi. Die Aufforderungen zum Bleiben, zum „Wandeln" in Verwurzelung, als Aufgebaute in Festigkeit, gehört m. E. zu den vordringlichen Aussageabsichten der Verf.

Ist die Aufmerksamkeit für diesen Sachverhalt geschärft, fallen noch eine Reihe ähnlicher Begriffe auf. Nach 2,5 ist Paulus im Geist zusammen mit den Kolosserinnen und Kolossern als einer, der sich freut und die Ordnung (τάξις)[151] und Festigkeit (στερέωμα)[152] ihres Vertrauens (πίστις) zu

---

[147] Anders dagegen 1 Kor 3,6-14, wo ebenfalls die Bilder des Pflanzens und Bauens zur Beschreibung des Gemeindeaufbaus verwendet werden. Individualistisch ist das Bild z. B. OdSal 38,16f gebraucht.

[148] Schlier, Art. βέβαιος κτλ., ThWNT I (1933), 600-603.

[149] Stauffer, Art. ἑδραῖος κτλ., ThWNT II (1935), 360.

[150] Vgl. Bertram, Art. πατέω, ThWNT V (1954), 940-943.

[151] τάξις wird auch in militärischen Zusammenhängen gebraucht und bewirkt dann Unüberwindlichkeit; vgl. Xen. an. I 2,18; Plut. Pyrrh. 16,5 sowie Lohse, Kom., 131.

[152] Eine gewisse Doppeldeutigkeit scheint mir darin angelegt zu sein, daß στερέωμα auch Firmament bedeutet (Gen 1,8(LXX); Philo, Op 36 u. ö.). Vgl. Delling, Art. στερεός κτλ., ThWNT VII (1964), 609-614.

Christus sieht. 1,9-11 berichtet, daß Paulus und Timotheus unaufhörlich beten, die Kolosser und Kolosserinnen mögen erfüllt werden mit Erkenntnis ... zu wandeln ... „in aller Kraft gestärkt (ἐν πάσῃ δυνάμει δυναμούμενοι) ... zu aller Standhaftigkeit und Ausdauer". μακροθυμία und ὑπομονή sind dabei eigentlich Synonyme,[153] wobei μακροθυμία mehr die Standhaftigkeit im Ertragen von Strapazen, ὑπομονή mehr das Standhalten im Angesicht eines feindlichen Angriffs im Blick hat.[154] Die Aufforderung in 4,2 „seid beharrlich (προσκαρτερεῖτε) im Gebet" könnte zwar eine paulinische oder vorpaulinische Bildung sein,[155] προσκαρτερεῖν bedeutet aber „beharren bei, ausdauern bei, bleiben bei" und auch „jemandem standhaft anhängen, treu sein."[156] M. E. ist diese Bedeutung nicht zuletzt angesichts von 1,11 hier beabsichtigt.[157] Es folgt „seid wachsam (γρηγοροῦντες) in ihm (dem Gebet) in Dankbarkeit." In der Jesusüberlieferung gehört γρηγορεῖν zum Begriffsfeld der Parusieerwartung.[158] Die Aufforderung zur Wachsamkeit impliziert hier die Aufforderung zur Geduld.

Die starke Betonung des Wortfeldes Standhaftigkeit, Festigkeit, Verwurzelung und Gründung beschwört die impliziten Adressatinnen und Adressaten, sich so zu begreifen.[159] Dann tragen sie Frucht, indem sie bleiben und wachsen. So haben sie teil an der weltweiten Ausbreitung des Evangeliums,

---

[153] Bauer, *Wörterbuch*, gibt jeweils die Bedeutungen „Geduld, Ausdauer, Standhaftigkeit" an.

[154] Vgl. Hauck, *Art. ὑπομένω κτλ.*, ThWNT IV (1942) 585-593, bes. 591: „Die ὑπομονή hat es mit dem Standhalten gegenüber schlimmen Verhältnissen zu tun im Unterschied von der μακροθυμία, die–wenigstens vielfach–an Geduld gegenüber Personen denkt" und Johannes Horst, *Art. μακροθυμία κτλ*, ebd., 377-390. Die beiden Begriffe stehen bereits zusammen TestJos 2,7; TestHiob 26,4f; II Kor 6,4-6; Jak 5,7-11; II Tim 3,10; I Clem 64,1; IgnEph 3,1. Die ὑπομονή ist die größte Tugend der Märtyrer und der Märtyrerin im IV Makk. Siehe oben Kap. 5.1, Anm. 12.

[155] So Spicq, *Art. προσκαρτερέω κτλ.*, II 760. In Röm 12,12 findet sich die gleiche Formulierung: τῇ προσευχῇ προσκαρτεροῦντες. Vgl. auch Apg 1,14; 6,4. Vgl. aber auch die von Spicq, ebd., zitierte jüdische Freilassungsformel: χωρὶς ἰς τὴν προσευχὴν θωπείας τε καὶ προσκαρτερήσεως (vorbehaltlich einer ehrerbietigen Anhänglichkeit an die Gebetsstätte vgl. B. Latyschev, *Inscriptiones Regnis Bosporani*, Nr. 52).

[156] Walter Grundmann, *Art. προσκαρτερέω*, ThWNT III (1938), 600-622. Die Bedeutung wird illustriert durch den Bericht, den Diogenes Laertius über die Schüler des Pythagoras gibt. „Er selbst (Pythagoras) sagt in einer Schrift, er sei immer je nach Verlauf von zweihundertundsieben Jahren aus der Unterwelt wieder zu den Menschen gekommen. Darum hielten sie fest (προσκαρτερεῖν) an ihm, und seine Vorträge übten ihre Anziehungskraft aus auf Lukanier und Peuketier ..." (VIII 14; Übers. Apelt). Vgl. auch Apg 8,13.

[157] καρτέρησις (mutiges, tapferes Aushalten und Standhalten) häufig neben ὑπομονή (ohne Leidenschaft standhalten und aushalten) vgl. Hauck, *Art. ὑπομένω κτλ.*, ThWNT IV (1942) 585f. καρτερικός neben μακροθυμία Josephus, Bell VI,37. Ein viertes Synonym ἀνέχεσθαι neben μακροθυμία auch Kol 3,13.

[158] I Thess 5,6.10; I Kor 16,13; Mk 13,35.37; Mt 24,42; 25,13; Apk 3,3; 16,15.

[159] Vgl. Thomas H. Olbricht, *Stoicheia*, 312.317f: „The purpose of the writer is to challenge the readers to continue in this (the common participation with the very Son of God (1.15-20)) relationship (1.21-23; 2.6; 4,2)." Vgl. auch MacDonald, *Pauline Churches*, 91-97; Furnish, *Art. Colossians*, 1095: „The purpose of letter is stated indirectly in 1:23."

die sich in wunderbarer Weise von selbst vollzieht. Die vielfach wiederholte Aufforderung zum ausdauernden und geduldigen Bleiben (1,11.23; 2,5.7; 4,12) läßt aber für die Wirklichkeit in den von den Verf. vorgestellten Gemeinden das Gegenteil vermuten. Die implizite Gemeinde befand sich in einer bedrängten Situation. Der Tod des Paulus vor der Wiederkunft Christi konnte Irritationen und ernsthafte Zweifel an der Wahrheit paulinischer Theologie aufkommen lassen. Seine wahrscheinliche Hinrichtung lenkte die Aufmerksamkeit römischer Behörden auf die Paulusgruppe. Dies implizierte zumindest eine potentielle Gefährdung seiner Anhängerinnen und Anhänger.[160] Im Folgenden werde ich einige weitere Ermahnungen untersuchen, die die impliziten Adressatinnen und Adressaten gegen die inneren und äußeren Gefährdungen bewahren sollen.

2.2 Innere und äußere Gefährdungen

In Kol 2 wird die Gemeinde ermahnt, sich nicht „täuschen", „rauben", „richten", „verurteilen" und „belehren" zu lassen. In diesem Kapitel sehen die meisten Auslegerinnen und Ausleger Warnungen vor „Irrlehrern", die in die Gemeinde eingedrungen sind oder die Gemeinde verunsichern. Ich habe bereits in Kap. 1,3 gezeigt, daß es trotz dieser Einmütigkeit bisher keine konsensfähige Einordnung oder Darstellung der Lehre dieser Gegner und Gegnerinnen gibt. Dies liegt einerseits daran, daß die wenigen Andeutungen sich nicht zu einem geschlossenen religionsgeschichtlich einzuordnenden Bild zusammensetzen; andererseits daran, daß die Identifizierung von Zitaten der Oppositionsgruppe in diesem Text problematisch bleibt. Die Deutung von Kol 2,4-23 als Warnung gegen bestimmte in der Gemeinde aktuelle Gegner wird zudem durch die Tatsache erschwert, daß es sich beim Kol um einen pseudepigraphen Brief handelt. In diesem Brief sind nicht nur die Absender fiktiv, sondern auch die Adressatinnen- und Adressatengruppe.[161] Der Brief will durch typische Beschreibung einer Situation und durch typische Beschreibung einer fiktiven Gemeinde über eine konkrete Situation hinaus in vielen ähnlichen Situationen wirken. Aufgrund des fiktiven Charakters pseudepigrapher Briefe ist daher auch nicht anzunehmen, daß im Kol eine bestimmte reale Oppositionsgruppe beschrieben wird. Sollte überhaupt eine Oppositionsgruppe thematisiert sein, dann in einer der Pseudepigraphie entsprechenden offenen und mehrfach deutbaren Weise.

---

[160] Es ist auch nicht unwahrscheinlich, daß die Mitglieder der paulinischen Gemeinden befürchteten, ebenso wie Paulus vor Gericht gestellt zu werden. Darauf deutet jedenfalls die Ermunterung zum wohlgefälligen Reden in einer möglichen Verteidigungssituation. Siehe hierzu unten Kap. 5.2.2.
[161] Siehe oben Kap. 2,4.

Im Folgenden werde ich daher die Paränese in Kol 2,4-23 nicht hinsichtlich der Frage untersuchen, welche Gegner und Gegnerinnen in der fiktiven Adressaten- und Adressatinnengemeinde aufgetreten sind bzw. erwartet werden, sondern ich werde fragen, welchen Verunsicherungen und möglichen Erschütterungen die Verf. des Kol begegnen wollen.

Bereits in Kol 2,4 wird das Vorangehende mit der Bemerkung zusammengefaßt: „Dieses sage ich, damit niemand euch mit Überredungskunst täuscht (παραλογίζηται ἐν πιθανολογίᾳ)." πιθανολογία haftet bereits seit Plato die Konnotation „in betrügerischer Absicht" oder zumindest „ohne Wahrheitsabsicht" an.[162] Die Überredung (πιθανότης) wird zum Inbegriff der Sophisten, die „die sagenhaften Überredungen (μυθικαὶ πιθανότητες) höher schätzen als die Anschaulichkeit der Wahrheit" und „die meinen, Weisheit bestehe im Finden überzeugender Worte (πιθανὴν εἶναι λόγων εὕρεσις)."[163] Dabei stehen die „Sophisten" und besonders das Adjektiv „sophistisch" in hellenistisch-römischer Zeit nicht mehr für eine bestimmte philosophische Richtung. Der Begriff wird gebraucht, um eine Position als unwahr, lediglich am schönen Schein und Erfolg orientiert zu diffamieren.[164] Die Auseinandersetzung der Schüler des Sokrates, insbesondere Plato und Aristoteles, mit den Sophisten werden vielfach rezipiert und zur Charakterisierung bzw. Diffamierung gegnerischer Positionen gebraucht. Zur ·stereotypen Charakterisierung der „Sophisten-Gegner" gehört auch der Vorwurf der Täuschung. Für Aristoteles „scheinen" die Beweise der Sophisten nur „Beweise zu sein, sie sind aber nur Täuschungen (παραλογισμοί)".[165] Nimmt also bereits Kol 2,4 Topologie und Begrifflichkeit antiker Sophisten- bzw. Philosophenpolemik auf, so wird dies in der ersten imperativischen Ermahnung Kol 2,8 fortgeführt: „Seht, daß da niemand sein wird, der euch raubt ..."[166] Der Gebrauch des Futurs

---

[162] Vgl. Plat. Theait. 162e-163a: „So überlege nun, du und Theodoros, ob ihr in so wichtigen Dingen Worte annehmen werdet, die mit Überredungskunst (πιθανολογία) und Wahrscheinlichkeit (εἰκόνα) gesprochen sind." Vgl. auch Arr. Epict. I 8,7.

[163] Philo, Migr 76.171; vgl. auch Agr 16; Her 302; Det 38; Som I 220 u. ö. sowie Arr. Epict. I 27,6; Clem. Alex. strom. VI 83,2. Die Charakterisierung der sophistischen Methode als πιθανουργικὴ τέχνη stammt bereits von Plato (soph. 222c/d; vgl. auch Theait. 163a).

[164] Die Charakterisierung der Gegnerinnen und Gegner im Kol als Sophisten und die damit verbundene Aufnahme antiker Sophisten- bzw. Philosophenpolemik hat auch Martin Rothkegel, *Theologiegeschichtliche Einordnung* aufgezeigt, dem ich eine Reihe der hier genannten Belege verdanke.

[165] Aristot. SE 164a20-23; vgl. auch pol. 1307b35: παραλογίζεται γὰρ ἡ διάνοια ὑπ᾽ αὐτῶν, ὥσπερ ὁ σοφιστικὸς λόγος (die Vernunft wird nämlich durch sie getäuscht, gleichwie durch einen sophistischen Beweis); [Pseudo]Aristot. mech. 865a33: παραλογίζεται ὁ ἀπορῶν σοφιστικῶς (der Ratlose täuscht sich sophistisch). Die Grundbedeutung des Wortes ist eigentlich „bei einer Rechnung betrügen" (vgl. Lukian. dial. mort. 4,1). Es wird vielfach mit Heuchelei (ὑπόκρισις) in Verbindung gebracht (PsSal 4,22; IgnMagn 3,2). Vgl. auch Epikur bei Arr. Epict. II 20,7 sowie PsSal 4.

[166] Zur Konstruktion vgl. Blass/Debrunner § 474,5. Die meisten Ausleger verstehen das indikativische Futur nach dem finalen μή als Ersatz für den klassisch hier geforderten

(ἔσται), der im Rahmen des Kol auffällig ist,[167] zeigt an, daß es sich hier nicht unbedingt um eine akute Gefahr handelt, sondern um eine mögliche oder befürchtete.[168] συλαγωγεῖν (rauben) ist selten belegt. Der christliche Apologet des 2. Jh., Tatian, hält den „Griechen" vor, sie ließen sich vom Vortrag der Wanderprediger und/oder Schauspieler rauben (συλαγωγεῖσθαι).[169] Die Sophisten werden bereits von Plato als „Menschenjäger" entlarvt, und diese Charakterisierung wird später oft in Gegnerpolemiken wiederholt.[170] Die Gemeinde in Kolossä soll sich nicht rauben lassen durch Philosophie und leeren Betrug. Bereits oben wurde gezeigt, daß διὰ τῆς φιλοσοφίας keine bestimmte philosophische Schule bezeichnen muß.[171] Im Rahmen der polemischen Zusammenstellung mit κενὴ ἀπάτη ist dieses Stichwort selbst pejorativ.[172] Bereits Aristoteles behauptet, die Sophisten wären nur mit dem Schein eines Philosophen umgeben, und Plato stellt heraus, die Sophisten hätten nur Scheinwissen (δοξαστικὴ ἐπιστήμη), nicht aber die Wahrheit.[173] Philosophische Gegnerinnen und Gegner der leeren Worte (κενολογία)[174] oder aber des leeren Scheins (κενὴ δόξα) bzw. der irrigen Meinung zu bezichtigen,[175] gehört ebenso zu den polemischen Topoi wie die Bezichtigung des Betrügens (ἐξαπάτη/ἀπάτη).[176]

Der Beginn der Warnungen der Gemeinde geschieht also unter Aufnahme von zahlreichen Topoi antiker Philosophengegner(innen)polemik, ohne daß damit auf eine bestimmte philosophische Richtung oder Gruppe abgezielt

---

Konjunktiv (vgl. Blass/Debrunner § 369,2). Auf βλέπετε μή folge „der Indikativ des Futurs, um die Gefahr aufzuzeigen, vor der gewarnt wird." (Lohse, *Kom.*, 144, Anm. 1). Anders ist Martin, *By Philosphy*, 27f unter Berufung auf Stanley E. Porter, *Verbal Aspect*, 403-439, der Ansicht, daß „the future indicative does not indicate reality" (28).

[167] Der Kol enthält überhaupt nur sechs futurische Verbformen. Neben ἔσται (2,8) noch φανερωθήσεσθε (3,4); ἀπολήμψεσθε (3,24); κομίσεται (3,25); γνωρίσει (4,7); γνωρίσουσιν (4,9).

[168] Vgl. auch Martin, *By Philosophy*, 28: „Unless a more certain reference is found, therefore, the use of this future indicative alone is insufficient to establish the presence of opponents at Colossae, and the possibility remains that the opposition envisioned in v. 8 is still potential rather than actual" sowie Kiley, *Colossians as Pseudepigraphy*, 64 u. ö.

[169] Tatian, *oratio ad Graecos*, 22 (3). Nicht übertragener Gebrauch auch noch Heliodor 35,2; Aristainetos epist. 22,2 (Hercher 171). Vgl. auch αἰχμαλοτίζειν II Tim 3,6; IgnPhld 2,2.

[170] Plato, soph. bes. 221d-223b. Nach 231d ist der Sophist ein νέων καὶ πλουσίων ἔμμισθος θηρευτής (ein im Sold stehender Jäger der Jünglinge und Reichen). Vgl. auch [Pseudo]Xenophon kyn. XIII,9; Diog. Laert. VIII 36; Philostrat. *vitae Sophistarum* 496.

[171] Siehe oben Kap. 1.3, S. 20.

[172] διὰ τῆς φιλοσοφίας bezeichnet das Mittel des Raubens; vgl. Lindemann, *Kom.*, 39; Martin, *By Philosophy*, 29f.

[173] Aristot. metaph. 194b17-20. Plat. soph. 233c.

[174] Vgl. Plut. mor. 1069C/D; Josephus, Ap II 225.

[175] Vgl. Philo, All II 57; Ebr 144; Congr 15; Som II 115 (u. ö.); Leerer Trug (κενὴ δόξα) ist für Philo besonders der Reichtum (Decal 3f; Virt 7; VitCont 17), dessen allegorische Verkörperung Joseph darstellt (Agr 56; Som II 47). Vgl. auch Plut. mor. 609E/F.

[176] Vgl. [Pseudo]Xen. kyn. XIII,4.8; Philo, Det 38; Agr 16; 96; 164 u. ö.

wird. Gewarnt wird vor Täuschung durch überzeugende Rede (πιθανὸς-
λογία) und vor dem Raub durch „Philosophie" und „leeren Betrug".[177] Die
Verf. befürchten, jemand könnte die Gemeinden verbal und mit mehr oder
weniger guten Argumenten überzeugen. Daß dieser jemand (τὶς) aber nicht
von außen kommen muß, sondern mitten aus dem Kreis der Gemeinde
kommen kann, zeigen die Lasterkataloge 3,5-9. Hier fügen die Verfasser den
traditionellen Aufzählungen der Laster die αἰσχρολογία (Schandrede)
hinzu[178] und konkretisieren dies mit der Formulierung: „Jetzt aber legt ab ...
die Schandrede aus *eurem* Mund" (3,8). Gerahmt wird diese Aufforderung
durch die Nennung von „Blasphemie"[179] und die Aufforderung „lügt nicht
gegeneinander". Die Betonung der „Wortlaster" in der Beschreibung des
„alten Menschen" und die Warnung vor argumentativen Täuschungen und
Verunsicherungen stehen m. E. in einem Zusammenhang.

In der Fortführung von V. 8 wird ein Gegensatz zwischen menschlicher,
weltverhafteter Erkenntnis und wahrer Gotteserkenntnis beschrieben: „...
leeren Betrug, gemäß menschlicher Überlieferung, gemäß der weltlichen
Grundlagen und nicht gemäß Christus, denn in ihm wohnt die Fülle der
Gottheit leibhaftig" (Kol 2,8bf). Auf welcher Seite die Adressatinnen und
Adressaten stehen, ist bereits in Kol 1,5.12f.27; 2,2f festgestellt worden.[180]
Die Verf. betonen einen Unterschied zwischen Welt(weisheit) und Gottes
Weisheit, die Christus ist (Kol 2,2f). Auch die in 2,16f und 2,18f folgenden
Ermahnungen sowie der Vers 2,20 sind von diesem Gegensatz bestimmt.[181]
Die Ermahnungen 2,8.16-20 fordern durch diese Gegenüberstellung zu einer
Entscheidung auf. Die Verf. sehen die Gemeinde bereits jetzt von Christus

---

[177] Van Broekhoven, *Social Profiles*, versteht die hier untersuchten Begriffe als Indizien
dafür, daß „the writer's description of his opponents' style of teaching suggests their greater
interaction with the outside world which accordingly frees them to be less loyal to the
community" (81). Jedoch ist die Behauptung van Broekhovens, daß die in 2,4-23
beschriebenen „irgendwelchen" eine eigene soziologisch bestimmbare Gruppe bilden, gesetzt.
Hinweise darauf im Text gibt es m. E. nicht. Dagegen kommt Wilson, *Hope*, 133-182, obgleich
er von einer konkreten, historischen Oppositionsgruppe ausgeht, zu folgendem Schluß: „Many
of the categories and concerns included in Colossians' polemic are common to philosophic
paraenesis and that the nature of the polemical section as a whole would be consistent with that
manner of moral guidance" (182).
[178] Vgl. auch Wilson, *Hope*, 247.252. Von den übrigen in Kol 3,5 und 3,8 aufgezählten
Lastern kommen πορνεία, ἀκαθαρσία, πλεονεξία, εἰδωλολατρία, θυμός und κακία auch
in den paulinischen Lasterkatalogen Röm 1,29f; I Kor 5,9-11; 6,9f; II Kor 12,20; Gal 5,19-21
vor; πάθος; ἐπιθυμία und ὀργή gehören nach Anton Vögtle, *Tugend- und Lasterkataloge*,
199-201, zu dem Bestand gemeinantiker Lasterkataloge. αἰσχρολογία wird dagegen m. W.
nur noch äthHen (gr) 104,9 und Did 5,1 in einem Lasterkatalog aufgezählt.
[179] βλασφημία erscheint nur in jüdischen Lasterkatalogen, z. B. äthHen 10,20; 91,5; Jub
23,14; 21,21 u. ö.
[180] Siehe auch unten Kap. 6.1.
[181] Dies ergibt sich zumindest, wenn man nach dem Befund von Martin, *By Philosophy*,
38, Anm. 1 (siehe oben Kap. I,3, Anm. 107f) übersetzen muß: „Wenn ihr mit Christus
gestorben seid, laßt ihr euch etwa von den *Stoicheia* des Kosmos etwas für euch selbst
anordnen, als ob ihr in der Welt lebt?"

bestimmt (2,10), als sein Leib (2,17) verbunden und unterstützt durch und in ihm (2,19). Sie brauchen und sollen sich daher nicht mehr mit der Welt auseinandersetzen (2,20).

In Kol 2,16 und 2,18 werden die Gemeinde(n) gewarnt: „niemand nun soll euch richten" und „niemand soll euch verurteilen." Wer dieser jemand (τὶς; μηδείς) sein kann, hängt von der Deutung der Wendungen ὑμᾶς κρίνειν ἐν und ὑμᾶς καταβραβεύειν θέλων ἐν ab. Meistens wird κρίνειν ἐν mit „richten nach",[182] „Urteil fällen bezüglich"[183] oder „beurteilen wegen" übersetzt.[184] Alle diese Übersetzungen widersprechen jedoch der Bedeutung der Präposition ἐν,[185] die „das In-, Auf-, An- und Nebeneinander der Dinge" bezeichnet.[186] ἐν beschreibt zunächst einen Raum (lokal und temporal), in dem eine Handlung geschieht. Auch bei der kausalen Bedeutung der Präposition, in der ἐν das Mittel oder Werkzeug angibt, wird „das Mittel als der Gegenstand aufgefaßt [...] in dessen Bereich eine Handlung oder ein Zustand fällt".[187] Es handelt sich also nur um einen „scheinbar instrumentalen, in Wahrheit aber lokalen Gebrauch."[188]

Für die von den meisten Auslegerinnen und Auslegern vertretene Deutung des „in Essen und Trinken etc." als Kriterium des Urteilens[189] lassen sich im Neuen Testament keine Parallelen anführen. „Richten in Gerechtigkeit" (κρίνειν ἐν δικαιοσύνῃ Act 17,31; Apk 19,11) beschreibt den Maßstab des Richtens in dem Sinne, daß die Gerechtigkeit den Raum angibt, in dem sich das Richten vollzieht: in Gerechtigkeit und nicht in Ungerechtigkeit. Auch der Verwendung von ἐν zur Angabe des richtenden Subjekts (vgl. Act 17,31; I Kor 6,2) liegt die lokale Bedeutung „richten im Bereich eines Mannes" (κρίνειν ἐν ἀνδρί) bzw. „in eurem Bereich" (ἐν ὑμῖν κρίνεται) zugrunde.[190] „Richten am letzten Tag" (κρινεῖ αὐτὸν ἐν τῇ

---

[182] So Lohmeyer, *Kom.*, 121; Dibelius, *Kom.*, 34; Conzelmann, *Kom.*, 144; Gnilka, *Kom.*, 144; Pokorný, *Kom.*, 120 u. ö.

[183] Lindemann, *Kom.*, 46; vgl. auch Wolter, *Kom.*, 139.

[184] Schweizer, *Kom.*, 118.

[185] Keine der genannten Übersetzungen von ἐν wird von Bauer, *Wörterbuch*, 521-527, vorgeschlagen. Lediglich die Übersetzung von Lohse, *Kom.*, 168: „richten betreffs" wird von Bauer, ebd., 526 IV „Verschiedene eigentümliche Gebrauchsarten" 1. „was anbetrifft" gestützt. Allerdings leuchten mir Bauers Belege Hebr 13,21; Jak 1,4 als Begründung nicht ein.

[186] Raphael Kühner/Bernhard Gerth, *Ausführliche Grammatik* II/1, 462.

[187] Ebd., 464.

[188] Edwin Mayser, *Grammatik*, 397. Vgl. auch Eduard Schwyzer/Albrecht Debrunner, *Griechische Grammatik*, 458.

[189] So Gnilka, *Kom.*, 144f; Wolter, *Kom.*, 140. Vgl. auch Lohmeyer, *Kom.*, 121: „Gegenstände [...] welche das Richten verursachen". Wenige Auslegerinnen und Ausleger gestehen wie Conzelmann, *Kom.*, 145 ein: „Der Abschnitt kann nicht übersetzt werden; man kann den Sinn nur gerade ertasten und dann versuchen, ihn in Anlehnung an den griechischen Wortlaut einigermaßen wiederzugeben."

[190] Vgl. Blass/Debrunner § 219,1¹. Vgl. Apg 17,31 κρίνειν τὴν οἰκουμένην ἐν δικαιοσύνῃ ἐν ἀνδρί; I Kor 6,2 ἐν ὑμῖν κρίνεται ὁ κόσμος. Vgl. auch I Kor 11,13 ἐν ὑμῖν αὐτοῖς κρίνατε. In Kol 2,16 ist ohnehin bereits das Subjekt mit τὶς genannt.

ἐσχάτῃ ἡμέρᾳ Joh 12,48; vgl. Röm 2,16) beschreibt den Zeitraum, in dem das Richten geschieht. Richten „im Raum von Essen und Trinken" gibt im klassischen Griechisch also keineswegs das Kriterium an, nach dem gerichtet werden könnte, sondern beschreibt den Umstand des Richtens.[191]

Will man ἐν βρώσει κτλ. als Umschreibung der Kritikpunkte verstehen, anhand derer gerichtet wird, bleibt nur die Möglichkeit, das ἐν βρώσει κτλ. als Ersatz für einen *dativus instrumentalis* oder *causae* zu deuten. Diese Möglichkeit werde ich unter (A) näher untersuchen. Eine zweite Möglichkeit ist, ἐν βρώσει κτλ. wörtlich als Beschreibung des Raumes zu verstehen, in dem das Richten geschieht bzw. nicht geschehen soll (B).

Zu A. Nach Ernst G. Hoffmann und Heinrich von Siebenthal hat ἐν „in der Koine (auch) kausalen oder instrumentalen Sinn, gleich einem dat. instrumenti/causae".[192] Der instrumentale Dativ antwortet damit auf die Frage womit? oder wodurch? Im klassischen Griechisch steht bei dem Verb κρίνειν der instrumentale Dativ im Sinne von „beurteilen nach".[193] Diese Deutung würde die Übersetzung „niemand soll euch richten nach/durch Essen ..." rechtfertigen.

Entscheidet man sich mit der Mehrzahl der Auslegerinnen und Ausleger dafür, „in Essen und Trinken etc." das Verhalten des „irgend jemand" und damit einen Maßstab seiner Kritik an der Gemeinde zu verstehen, so entsteht durch das Stichwort σάββατα (Sabbate) das Bild des Judentums. Die Ein-haltung des Sabbats als Ruhetag war in der Antike ein bekanntes, attraktives, und zugleich besonders von römisch-kaiserzeitlichen Autoren vielfach kritisiertes Charakteristikum der Jüdinnen und Juden.[194] Auch die übrigen in der Aufzählung genannten Stichworte lassen sich im Judentum verorten.[195] Die Ermahnung wäre dann so zu verstehen, daß die Verf. die Gemeinde(n) vor der Kritik ihrer jüdischen Nachbarn bewahren wollten. Eine Differenz zwischen fiktiver Gemeinde und Judentum könnte auch in 4,11 angedeutet sein. Hier wird Paulus als von allen, besonders aber von den meisten „aus der Beschneidung" verlassen dargestellt. Die Verf. haben aber keinen generellen Bruch mit den jüdischen Gemeinden im Blick, wohl aber

---

[191] So auch Martin, *By Philosophy*, 116, Anm. 1, und Hans von Soden, *Kom.*, 52.

[192] Ernst G. Hoffmann und Heinrich von Siebenthal, *Griechische Grammatik zum Neuen Testament*, § 184iβ; 269f. Vgl. auch Blass/Debrunner § 195f. Beispielhaft führen Blass/Debrunner für den Wechsel des instrumentalen Gebrauchs des Dativs mit und ohne die Präposition ἐν Röm 3,28 δικαιοῦσθαι πίστει ἄνθρωπον und Röm 3,24 δικαιούμενοι ... τῇ αὐτοῦ χάριτι sowie Röm 5,9 δικαιωθέντες νῦν ἐν τῷ αἵματι αὐτοῦ und Gal 5,4 ἐν νόμῳ δικαιοῦσθε auf (§ 195⁸).

[193] Vgl. Kühner/Gerth, *Ausführliche Grammatik* II/1, 437.

[194] Vgl. Robert Goldenberg, *Jewish Sabbath*, besonders 430-442, und Matthias Klinghardt, *Gesetz*, 244-256. Zu antikem Antijudaismus vgl. Louis H. Feldman, *Anti-Semitism*, und Shaye J. D. Cohen, „*Anti-Semitism*".

[195] Siehe oben Kap 1.3, S. 23 sowie Arist 128f.

mehrheitlich von Unbeschnittenen frequentierte Gemeinden.[196] Für die Deutung des „in Essen und Trinken oder in Festzeiten oder Neumonden, oder Sabbaten" als Charakteristikum der Richtenden könnte auch V. 17 sprechen: „was ein Schatten (σκιά) des Kommenden ist, das aber ist der Leib Christi." Allerdings ist σκιά als Schlagwort der Erkenntnistheorie doppeldeutig. Es kann Schatten sowohl im Sinne von Trugbild[197] als auch im Sinne von prolongierendes Abbild des Eigentlichen bedeuten.[198] In V. 17 scheint mir die erstere Bedeutung ausgeschlossen, denn der vorausreichende Schatten des kommenden Leibes Christi kann kaum dessen Trugbild sein, sondern ist sein Angeld.

Damit wird eine neuerdings von Martin vorgeschlagene zweite Möglichkeit auch wahrscheinlich, nämlich „in Essen und Trinken etc." als Verhalten der Gemeinde selbst zu verstehen. Nach Martin beschreibe die „preposition ἐν linked to the verb κρινέτω that [...] an accusativ direct object designates the activity by which the direct object is condemned".[199] Essen und Trinken sei also die Tätigkeit der Gemeinde, die von den Gegnerinnen und Gegnern verurteilt werde. Daß zumindest einige Gemeinden im zweiten Jahrhundert Speisegebote befolgten, läßt sich ebenso zeigen[200] wie die Beachtung des Sabbats.[201]

Das gleiche Problem wie in V. 16 stellt sich auch in der parallelen Konstruktion in V. 18. Das Verb βραβεύειν entstammt der Sprache des Wettkampfsportes und heißt „Kampfpreise erteilen, Schiedsrichter sein".[202] Verbunden mit dem Präfix κατα- heißt es „feindlich urteilen", übertragen

---

[196] Vgl. auch 2,13. Die „Unbeschnittenheit des Fleisches" wird jedoch als jetzt überwundene Vergangenheit gewertet. Horacio Lona, *Eschatologie*, 86-100, hat zudem im Gefolge von Peter Tachau, *'Einst' und 'Jetzt'*, herausgearbeitet, daß die „Einst-Jetzt-Schemata" keine tatsächliche Situationsschilderung einer konkreten Gemeinde sein wollen. Dieses Schema stammt vermutlich aus der jüdischen Missionspredigt. Ein spezifisch christlicher Einfluß ist jedenfalls in 2,13 allein nicht auszumachen. In 2,11 wird von der Gemeinde behauptet, sie sei in Christus beschnitten worden von einer „nicht von Händen gemachten Beschneidung" (περιτομὴ ἀχειροποίητος). Die Formulierung nimmt, wie Wolter, *Kom.*, 129, gezeigt hat, zum einen die Verheißung der Beschneidung des Herzens (Dtn 30,6; Jer 4,4. 9,25 u. ö.) auf und zum anderen den im Rahmen biblischer Götzenpolemik verbreiteten Gegensatz zwischen menschlichen unbelebten Abbildern von Gottheiten und dem wahren, lebendigen Gott (Lev 26,1.30; Jes 2,18; 10,11 u. ö.). Die Beschneidung und die Beschneidung in Christus schließen also nicht aus.

[197] So z. B. Lohse, *Kom.*, 171f; Gnilka, *Kom.*, 147; Lindemann, *Kom.*, 47.

[198] Vgl. Siegfied Schulz, *Art.* σκιά, ThWNT VII (1964), 396-403. Vgl. auch Pokorný, *Kom.*, 121f.

[199] Vgl. Martin, *By Philosophy*, 116, Anm. 1; (s. auch oben Kap. 1.3, Anm. 94). Martin verweist hier auf von Soden, *Kom.*, 52: „ἐν bezeichnet das Gebiet, in welchem sich das Richten bewegt."

[200] Lukian. peregr. 16.

[201] EvThom 27.

[202] Vgl. 1 Kor 9,24; Phil 3,14; 1 Clem 5,5; MartPol 17,1; Weish 10,12. Vgl. auch Stauffer, *Art.* βραβεύω κτλ., ThWNT I (1933), 636f.

„verurteilen".[203] Mit μηδεὶς καταβραβευέτω wird also das μή τις κρινέτω wieder aufgenommen. Die meisten Auslegerinnen und Ausleger verstehen die Wendung θέλων ἐν als Semitismus, angelehnt an die Übertragung des hebräischen ב חפץ.[204] Sie übersetzen daher: „niemand soll euch verurteilen, der sich in Demut etc. gefällt". Dagegen hat Anton Friedrichsen eingewendet, daß θέλων im klassischen Griechisch die Motivation angibt, mit der die Verbalhandlung ausgeführt wird.[205] Die Übersetzung muß daher lauten: „niemand soll euch mutwillig (gern) verurteilen, ...". Ist diese Deutung vorzuziehen, entsteht erneut das Problem, daß unklar ist, wessen Verhalten ἐν ταπεινοφροσύνη κτλ. meint. Die meisten Ausleger verstehen auch hier „in Demut und Verehrung der Engel" als Handlung der Opposition.[206] Aber die Demut ist nach 3,12 eine Tugend der Gemeinde. Die „Verehrung der Engel" könnte auch, wie Martin bereits vorgeschlagen hat, die Beschreibung des Gemeindegottesdienstes sein, den der „Verurteilende" „sieht, wenn er eintritt".[207] Der Effekt des Eintretens „grundlos aufgeblasen vom Denken seines Fleisches" ist wiederum unter Aufnahme der antiken Philosophenpolemik beschrieben.[208]

Die Entscheidung zwischen diesen beiden Möglichkeiten könnte durch V. 20-23 getroffen werden. Leider ist hier m. E. nicht zu rekonstruieren, was polemische Beschreibung der vermeintlichen Kritiker und was Beschreibung der Gemeinde ist.[209] In dem Relativsatz „was eine Rede ist, die keine Weisheit hat" wird noch einmal auf antike Philosophenpolemik rekurriert.[210] So läßt sich m. E. unter der Annahme, das ἐν in V. 16 und V.18 stehe anstatt eines *dativus instrumentalis*, nicht entscheiden, ob die fiktive Gemeinde

---

[203] Diese Bedeutung hat das Verb auch an den wenigen Belegstellen: Demosth. XXI 93; Vett. Val. IX 7; XXI 93; SB 4512 B,57; Didymos (Grammatiker), *Scholien zur Ilias* (179 Schmidt). Theodoret (5. Jh.), *Interpretatio in XII epistuli Pauli* (PG 82 631) erklärt: καταβραβεύειν ist das ungerecht Schiedsrichter sein (τὸ ἀδίκως βραβεύειν). Die Lexikonographen Hesychos (Hesych. 'κ' 1021 5./6. Jh.) und Suda (Suid. 'κ' 496) übersetzen καταβραβεύειν mit καταγωνίζειν (gegen jem. streiten, kämpfen) und κατακρίνειν (verurteilen).

[204] Vgl. II Sam 15,26; Ps 111,1(LXX); 146,10(LXX). Der Ausdruck ist jedoch nirgends direkt belegt; Schweizer, *Kom.*, 122; Lohse, *Kom.*, 173f u. ö.

[205] Anton Fridrichsen, ΘΕΛΩΝ Col 2,18; Dibelius, *Kom.*, 34f; Conzelmann, *Kom.*, 144; sowie Martin, *By Philosophy*, 137-139.

[206] Zu den verschiedenen Deutungen siehe oben Kap. 1.3, S. 23-25.

[207] Dabei muß die Verehrung der Engel nicht, wie von Martin, *By Philosophy*, 149-167, vorgeschlagen wurde, die Verehrung des Boten bzw. Engel Paulus bezeichnen, sondern besteht m. E. im Gottesdienst der Gemeinde, die unter die Heiligen versetzt ist (1,12f) und in dem vielfache Geistesgaben wirken (3,16).

[208] Vgl. Philo, Som II 115: „Wir sagen, daß, wer verworrenen Eifer und unvernünftige Streitsucht und leeren Trug (κενὴ δόξα) liebt, sich vermißt, weil er immer vom Unverstand aufgeblasen ist (φυσώμενος ὑπ' ἀνοίας), nicht allein über Menschen hinwegzusehen, sondern auch über die Natur des Seienden." Vgl. auch [Pseudo]Plato, Alk. II 145e; Arr. Epict. II 16,10.

[209] Siehe oben Kap. 1.3, S. 25-27.

[210] Vgl. Aristot. metaph. 194b17-20: „Die Sophistik scheint allein eine Weisheit zu sein." Vgl. auch Plat. soph. 233c.

wegen Beachtung oder Nichtbeachtung von „Essen, Trinken ... oder Sabbaten" und wegen Verehrung oder Nichtverehrung „der Engel" in Gefahr steht, kritisiert und verurteilt zu werden.

Zu B. Nimmt man die anfangs ausgeführten Überlegungen zur Präposition ἐν ernst, so entsteht ein drittes, von den beiden unter A aufgezeigten Möglichkeiten unterschiedenes Bild. ἐν βρώσει κτλ. gibt nicht den Grund des Richtens an, sondern den Raum, in dem das Richten geschieht. Diese Deutung hat den Vorteil, daß sie mit der Bedeutung aller übrigen Belegen für κρίνειν ἐν im Neuen Testament übereinstimmt. Für diese Deutung spricht auch, daß βρῶσις und πόσις „nicht das objektive Genußmittel, sondern das subjektive Genießen ins Auge faßt".[211] Beschrieben werden hier die Tätigkeiten Essen und Trinken und keine Gegenstände. μέρος bezeichnet einen bestimmten Teil, eine bestimmte Zeit oder Reihe.[212] ἐν μέρει ἑορτῆς bestimmt einen Teil eines Festes, eines Neumonds oder von Sabbaten, also das eigentliche Fest im Unterschied zum Tag an sich. Der Satz ist somit zu übersetzen: „niemand soll euch richten beim Essen oder Trinken oder zum Zeitpunkt eines Festes, oder Neumonds, oder an Sabbaten". ἐν βρώσει ... ἐν μέρει ἑορτῆς ... gibt in dieser Deutung in Übereinstimmung mit dem griechischen Präpositionsgebrauch den Raum als Zeitraum an, in dem das Richten geschieht bzw. nicht geschehen soll.

Gleiches läßt sich auch für den parallel formulierten V. 18 durchführen: „niemand soll euch mutwillig verurteilen im Bereich der Demut und Verehrung der Engel, was er sieht, wenn er eintritt, und grundlos vom fleischlichen Denken aufgeblasen sein...". Der Relativsatz ἃ ἑόρακεν ἐμβατεύων läßt darauf schließen, daß die Verurteilung in V. 18 von außen erwartet wird. Jemand könnte in den Gemeindegottesdienst hineinkommen und während des Gottesdienstes verurteilen. Weil er nicht versteht, was er sieht, die Praxis des Leibes Christi nicht kennt, macht er sich, geleitet vom Denken seines Fleisches, über die von der Gemeinde eingenommene Haltung der Demut und den von ihr gefeierten Gottesdienst, näher bezeichnet als Gottesdienst der Engel, lustig bzw. bläst sich grundlos auf.[213] Während V. 18 mit einer möglichen Verurteilung der Gemeinde von Außenstehenden rechnet, hat V. 16 interne Kritikerinnen und Kritiker im Blick, die während des gemeinsamen Essens und Trinkens und des gemeinsamen Feierns ihre Geschwister richten könnten, aber nicht sollen.

---

[211] Erich Haupt, Kom., 106.

[212] Passow, Lexikon, 186f. Vgl. auch Johannes Schneider, Art. μέρος, ThWNT IV (1942), 589. ἐν μέρει τινός kann auch „an Stelle von etwas, soviel als, gleich als, für" heißen (Passow, ebd., 187). Die Ausleger und Auslegerinnen des Kol. berufen sich zumeist auf die Bedeutung „in Sachen von", „hinsichtlich", „bezüglich" (Lohse, Kom., 170, Anm. 4; Bauer, Wörterbuch, 1025). Jedoch bezieht sich keine der angebrachten Belegstellen auf Zeit.

[213] Ein ähnlicher Fall wird in I Kor 14,6-25 zumindest hypothetisch beschrieben.

Die Paränese in Kol 2 warnt vor Täuschung durch Trugreden, vor Raub durch philosophische Überlegungen, die sich an den Maßstäben der Welt orientieren, und davor, sich gegenseitig zu richten und verurteilen zu lassen, d. h. sich in der Überzeugung und Praxis verunsichern zu lassen. Sie warnt–versteht man ἐν βρώσει κτλ. im Sinne der Möglichkeit B–sowohl vor innerer Kritik als auch vor Außenstehenden, die in die Gemeinde hinein-kommen, die Gottesdienstpraxis der Gemeinde nicht verstehen und daher verurteilen.

Daß die Verf. ihre impliziten Adressatinnen und Adressaten auch von gerichtlicher Verfolgung gefährdet sahen, könnte Kol 4,5f andeuten. Kol 4,5 nimmt den paränetischen Stil von 4,2 wieder auf. „In Weisheit wandelt in Hinsicht auf die, die draußen sind" (4,5) ist zunächst nicht mehr als die Aufforderung zu einem verantwortlichen Umgang mit der Außenwelt.[214] Von einer Evangeliumsverkündigung wird nichts gesagt, Mission ist nicht im Blick.[215] Die Aufforderung: „kauft die Zeit aus" (4,5) bedeutet in Dan 2,8 (LXX): „Zeit gewinnen".[216] Der Ausdruck ἐν χάριτι, ἅλατι ἠρτυμένος beschreibt die Art und Weise des Redens als treffendes Wort.[217] Die finale Infinitivkonstruktion in V. 6b nimmt schließlich die πῶς δεῖ + aci-Konstruktion aus V. 4 wieder auf.[218] ἀποκρίνεσθαι bedeutet nicht nur „antworten", sondern auch „sich verteidigen".[219] Es kann daher auch über-setzt werden: „damit ihr wißt, wie ihr euch vor einem jeden verteidigen müßt". Was vor einem Gericht gesagt werden sollte und was nicht, war nicht nur eine Frage der Verkündigung und des eigenen Überlebens, sondern auch bedeutsam für die Gruppe bzw. Gemeinde.[220] Der erste vom bithynischen

---

[214] οἱ ἔξω als Bezeichnung für die Außenwelt auch I Kor 5,12f; Mk 4,11. In I Thess 4,11f fordern Paulus, Silvanus und Timotheus die Gemeinde auf, mit eigenen Händen zu arbeiten, ἵνα περιπατῆτε εὐσχημόνως πρὸς τοὺς ἔξω καὶ μηδενὸς χρείαν ἔχητε.

[215] Anders: Schweizer, Kom., 173f; MacDonald, Pauline Churches, 101f.108f; Prokorný, Kom., 158; Hübner, Kom., 115f; vorsichtig: Luz, Kom., 240. Dagegen: Wolter, Kom., 211.

[216] Lohse, Kom., 237f, u. a. verweisen hier auf Sen. epist. 1,1 tempus ... collige et serva (sammle und bewahre die Zeit); Wolter, Kom., 212 sieht weisheitliche Traditionen vom rechten Wort zur rechten Zeit angesprochen (z. B. Sir 27,12).

[217] Vgl. z. B. Dion Chr. 18,13: „Gleichwie kein Gericht schmeckt, ohne mit Salz gewürzt zu sein (ἄνευ ἁλῶν κεχαρισμένον), so ist auch, wie mir scheint, keine (Rede) für das Ohr geeignet ohne die Sokratische Grazie (χάριτος Σωκρατικῆς); Plut. mor. 514E/F sowie Dibelius, Kom., 51.

[218] Vgl. Kol 4,4 ἵνα φανερώσω αὐτὸ ὡς δεῖ με λαλῆσαι (damit ich es (das Mysterium) offenbare, wie ich es sagen muß) mit 4,6 εἰδέναι πῶς δεῖ ὑμᾶς ἑνὶ ἑκάστῳ ἀποκρίνεσθαι (damit ihr wißt, wie ihr vor einem jeden euch verteidigen müßt).

[219] Vgl. z. B. Arr. Epict. I 9,24; Aristoph. Ach. 632 sowie die zahlreichen von Preisigke, Wörterbuch I, 180f zusammengetragenen Belege aus den Papyri.

[220] Vgl. die Warnung Mt 10,18-22: „Und vor Statthalter und Könige werdet ihr wegen mir geführt werden zum Zeugnis vor ihnen und den Völkern. Wenn sie euch aber ausliefern, sorgt euch nicht, wie oder was ihr sagen sollt. Denn euch wird in jener Stunde gegeben werden, was ihr ihr sagen sollt. Denn nicht ihr seid es, die reden, sondern der Geist eures Vaters ist es, der in euch redet. Ein Bruder aber wird den Bruder in den Tod ausliefern und ein Vater das Kind, und Kinder werden sich gegen ihre Eltern erheben und sie umbringen. Und ihr werdet von allen

Statthalter Plinius d. J. berichtete Christenprozeß am Anfang des 2. Jh. nennt Verhöre (epist. X 96,1) auch unter Folter (X 96,8). Plinius berichtet, daß sich die Anschuldigungen ausbreiteten (X 96,4) und daß er einen *libellus sine auctoris* (eine anonyme Schrift) erhalten habe, der eine Reihe von Menschen als Christen denunziere. Plinius ist bestrebt, durch die Verhöre möglichst genaue Informationen über die Gruppe oder Gruppen zu bekommen, sowohl was ihren Kult als auch was ihre Verbreitung anbelangt (vgl. X 96,9). Dies gelingt ihm auch bei einer Reihe von Befragten (X 96,6f), bei gewissen *ancillae* (Sklavinnen), die *ministrae* genannt würden, aber nicht (X 96,8). Der Kaiser Trajan bestätigt das Verfahren von Plinius und spricht sich lediglich gegen von Staatsseite betriebene Nachforschungen und die Benutzung von anonymen Klageschriften aus (Plin. epist X 97). Georgi hat auf ein merkwürdiges Mißverhältnis in der Martyriumsliteratur der frühen Kirche hingewiesen, nämlich daß über Verhör und Prozeßverlauf weithin gar nichts berichtet wird.[221] Diese Verhöre waren aber–das zeigt der Präzedenzfall für den Umgang mit Hetairien (*heterias* X 96,7) in der römischen Rechtsgeschichte, der sogenannte Baccanalienprozeß von 186 v. Chr.–darauf aus, Struktur und Mitglieder einer beschuldigten Gruppe genau zu erforschen (vgl. Liv. XXXIX 8-19). Die Prozesse waren also ein kritischer Punkt für das Überleben von Gemeinden, denn sie bedeuteten nicht nur das propagandistisch genutzte Bekennen und triumphale Sterben der Märtyrer, sondern in den vorangehenden Verhören vermutlich auch oft die unter Folter erzwungene Denunziation von Brüdern und Schwestern. Wenn der Kol auffordert: „Eure Rede sei immer wohlgefällig, mit Salz gewürzt, damit ihr wißt, wie ihr vor einem jeden euch verteidigen müßt" (4,6), so kann dies auch als Aufforderung zu einem der Gemeinschaft verantwortlichen Verhalten, nicht zuletzt vor Gericht verstanden werden.[222]

Die Verf. sehen ihre impliziten Adressatinnen und Adressaten bedroht. M. E. aber nicht von bestimmten, in eine historische Gemeinde eingedrungenen oder die Gemeinde bedrohenden Gegnerinnen und Gegnern, die eine eigene Theologie bzw. Christologie vertreten, sondern von Verunsicherungen durch Worte, die sich nach Weltmaßstäben richten, und von Überlegungen, die zwar überzeugend klingen, aber nicht überzeugend sind und die eine Gemeinde rauben–d. h. zerstören bzw. auseinanderreißen–könnten. Die Bedrohung liegt in der „Schandrede", die nicht an der Hoffnung der Wirklichkeit des Christus festhält. Zugleich wollen sie ihre impliziten Adressatinnen und Adressaten durch Aufzeigen der Wirklichkeit in Christus vor Verunsi-

---

gehaßt sein wegen meines Namens. Wer aber bis zum Ende aushält, der wird gerettet werden." Vgl. auch Mt 24,10: „Dann werden viele zu Fall gebracht werden und einander ausliefern und einander hassen."

[221] Georgi, *Problem des Martyriums.*

[222] Apollonius schlägt als Strategie der Verteidigung vor einem Tyrannen vor: „mit Drohung soll man ihn streicheln" (Philostrat. vita Ap. VII 30).

cherungen durch innere Kritik und Verurteilung von außen schützen. Wie und warum es zu dieser Kritik und Verurteilung kommen kann, wird dabei nicht genauer ausgeführt. Im Zusammenhang mit möglichen Anklagen empfehlen sie kluge, überlegte Rede und besonnenes Auftreten. Der Gegner, vor dem in Kol 2,4-23 gewarnt wird, ist also m. E. vor allem der Pessimismus, der durch Zweifel, innere Kritik und äußere Verurteilung und deren in den Augen der Verf. mögliche lebensbedrohende Folgen die paulinischen Gemeinden in nachpaulinischer Zeit bedroht.[223]

Der Anlaß, der vermutlich zur Abfassung des Kol geführt hat, läßt sich daher folgendermaßen zusammenfassen: Der Tod des Paulus verursachte (zumindest aus der Perspektive der Verf.) eine Reihe von Problemen in paulinischen Gemeinden, die sich in diesem Brief widerspiegeln. Die Hinrichtung des Paulus mußte theologisch gedeutet werden. Es mußte gezeigt werden, daß die Botschaft des Paulus, das Evangelium Gottes, nicht mit seinem Tod ad absurdum geführt worden war, sondern weiter wirkte. Die Gemeinden mußten ermutigt werden, nicht auseinanderzulaufen. Es mußte ein Weg gefunden werden, Pessimismus zu überwinden, Verunsicherung und mögliche oder virulente äußere Gefährdung abzuwehren. Die Entstehung des Briefes läßt sich aus diesen Gründen auf die ersten Jahre nach dem Tod des Paulus datieren.[224] All dies gelingt den Verf., indem sie Paulus in einem „Himmelsbrief" seine eigene Gefangenschaft und seinen Tod deuten lassen. Paulus deutet hier seine Gefangenschaft als Möglichkeit einer öffentlichen Apologie (4,2f), sein Martyrium als Leiden und Kampf des einen für die vielen (1,24; 2,1). Sein Tod ist damit nicht Zeichen von Gottes Ohnmacht und Widerlegung des Evangeliums, sondern Zeichen des göttlichen Arrangements. Er entspricht Gottes Vorsehung, seinem Wort (1,25). Nicht das physische Überleben des Paulus, sondern die weltweite Ausbreitung des Evangeliums ist das eigentliche kosmologische Handeln Gottes (1,5f.23). Die Gemeinde ist, gemäß diesem „Himmelsbrief", in den unaufhaltsamen Prozeß der Ausbreitung des Evangeliums einbezogen. Kritische Stimmen, Pessimismus und Gefährdung sind dabei nicht Zeichen von Destruktion und Ende. Vielmehr ist die Gemeinde längst gerüstet gegen kritische Stimmen im Innern und von außen. Sie ist daher in der Lage, den Verunsicherungen zu widerstehen. Der „Himmelsbrief" des Paulus erfüllt in dieser Hinsicht die Funktion einer Abschiedsrede oder eines Testaments, die/das die

---

[223] Vgl. auch van Broekhoven, *Social Profiles*, 89: „The writer's primary task was to socialize the church to become a harmonious, caring, stable comunity".

[224] So z. B. auch Lohse, *Mitarbeiter*, 193; anders *Kom.*, 256, Anm. 2 (um 80). Eine Entstehung des Kol erst 15-20 Jahre nach dem Tod des Paulus scheint mir unwahrscheinlich. Eine so späte Datierung kann die deutlichen Auflösungstendenzen in den impliziten Gemeinden und die zentrale Thematisierung der Leiden und des Todes des Paulus nicht erklären.

Hinterbliebenen stärkt und für ihr Weiterleben rüstet.[225] Vergleicht man die Struktur des Kol mit antiken Abschiedsreden und jüdisch-hellenistischen Testamenten, so fallen Stukturparallelen auf.[226] Einem Rückblick auf das Leben der Gemeinde (1,3-7 (8-23)) und das des fiktiven Verfassers (1,24-2,5) folgen Warnungen vor irgendjemand, dessen–und dies wird mit der futurischen Formulierung in 2,8 angedeutet–Auftreten in der Zukunft erwartet wird. Den dritten Teil bildet eine ausführliche Paränese, die eigentlich bereits in 2,6 einsetzt und ab 3,1 explizit das Gemeindeleben in den Blick nimmt. Abschließend folgt noch einmal ein biographischer Teil mit der Aufforderung, die erhaltenen Worte zu lesen, zu bewahren und zu verbreiten (4,16).[227] Die antike Überzeugung, daß Menschen vor ihrem Tod über besondere prophetische Gaben verfügen, weil sie noch in der Welt bereits an der himmlischen Weisheit partizipieren,[228] macht sich dieser Brief zunutze, um Frustration und Pessimismus, die die Verf. unter den Adressaten

---

[225] Vgl. auch Schenk, *Christus,* 139; *Kolosserbrief,* 3340.

[226] In der antiken Literatur sind zahlreiche Abschiedsreden berühmter Männer und Frauen enthalten, in denen ein Sterbender oder eine Sterbende seine oder ihre Schüler und Schülerinnen oder Kinder versammelt, um ihnen Rechenschaft über sein/ihr Leben zu geben, die letztwilligen Verfügungen und Nachfolgeregelungen zu treffen und vor allem Ermahnungen und Zukunftsvorhersagen mitzuteilen (vgl. z. B. Xen. Kyr. VII 7,6-28; Dion Chr. 30,6-44; Plut. Lyk. 29 u. ö.). Im hellenistischen Judentum entwickeln sich parallel Testamente wichtiger Patriarchen und Patriarchinnen (vgl. bes. Test XII; ApkMos 15-30). Ob es sich bei den jüdisch-hellenistischen Testamenten um eine spezielle Literaturgattung handelt (so Eckhard von Nordheim, *Lehre der Alten* I, für die Abschiedsrede Hans-Joachim Michel, *Abschiedsrede,* bes. 47-56), oder ob sich die Gattung aus den Abschiedsreden (so Stauffer *Art. Abschiedsreden,* RAC I (1950), 31) oder aus dem Bundesformular entwickelte (Balzer, *Bundesformular*) und inwieweit hier ein festgelegtes speziell strukturiertes Formschema zugrunde liegt, ist umstritten (vgl. auch John J. Collins, *Testaments,* 325f). Max Küchler, *Frühjüdische Weisheitstraditionen,* 429, definiert: „Ein literarisches Testament ist eine Abschiedsrede mit der fundamentalen Dreierstruktur des Bundesformulars und den (im Idealfall) 16 [...] konstitutiven oder zusätzlichen Einzelelementen." Klaus Balzer, *Bundesformular,* 142ff versteht die Gattung Testament als Sonderform des dreigliedrigen Bundesformulars (vgl. bes. Jos 24): 1. erzählender Teil; 2. ethischer Teil; 3. Segen und Fluch (Zukunftsvorhersagen). Dieses Bundesformular entspricht jedoch dem von von Nordheim festgestellten Mittelteil der Testamente: „Rückblick auf die Vergangenheit, Verhaltensanweisung, Zukunftsansage" (*Lehre der Alten* I, 229). Ähnlich bestimmt Hans-Joachim Michel als „Grundgerüst einer Abschiedsrede [...] Vorstellen des Redners, Versammeln der Zuhörer, Mahnungen und Prophezeiungen (sowie) den Schluß" (51). Wichtig ist m. E., daß von Nordheim die Funktion des Testaments als „Lebenshilfe" bestimmt. Die „Hörer und ihr Verhalten, an dem sich ihr Geschick in der Zukunft entscheiden wird, sind von Interesse" (*Lehre der Alten* I, 237). Zu Testamenten bzw. Abschiedsreden in Briefform vgl. syrBar 78-84; Brief des Mara Bar Serapion, in: Wiliam Cureton, *Spicilegium Syriacum,* 70-76. Auch posthume Abschiedsreden sind in der Antike belegt; vgl. Hom. Il. 23.69-98; Plut. Rom. 28; Philostrat. vita Ap. VIII 31. Zu rabbinischen Testamenten vgl. Anthony J. Saldarini, *Last Words and Deathbed Scenes* und Alon Goshen Gottstein, *Testaments in Rabbinic Literature.*

[227] Vgl. syrBar 84,9. Siehe auch unten Kap. 8, S. 314-314.

[228] Vgl. Hom. Il. 16.843-854; 22.355-360; Philo, VitMos II 288. Anitra B. Kolenkow, *Genre Testament,* erklärt die Entstehung der Gattung Testament als eine Weiterentwicklung letzter Worte.

und Adressatinnen vermuten, mit einer optimistischen Wirklichkeitssicht zu
begegnen.

KAPITEL 6

DIE INTENTION DES KOLOSSERBRIEFES

Die Theologie des Kol wird vielfach als Reflex auf eine jeweils ange-
nommene und rekonstruierte Theologie der Gegnerinnen und Gegner verstanden. In den vorangegangenen Kapiteln wurde jedoch gezeigt, daß bereits
die Gattung pseudepigrapher Brief Zweifel an der Annahme einer konkreten,
eine bestimmte Gemeinde bedrängenden Gegnerinnen- und Gegnergruppe
aufkommen läßt. Es wurde aufgewiesen, daß die Schwierigkeiten bei der
Identifikation und religionsgeschichtlichen Einordnung der Oppositionsgruppe in der Geschichte der Kolosserforschung im Text selbst begründet
sind. Statt Auseinandersetzung, Diskussion oder Beschreibung einer anderen
theologischen oder philosophischen Position werden polemische Stereotypen
aufgezählt. Es wird aufgefordert, sich nicht verunsichern und verurteilen zu
lassen. Dabei wird jeweils die Wirklichkeit des Christus (2,8; 2,17.19) der
Verunsicherung gegenüber gestellt. Wenn also nicht eine bestimmte
theologische Position einer realen Gegnerinnen- und Gegnergruppe, sondern
Pessimismus und Verunsicherung angesichts des Todes des Paulus Anlaß
des Briefes ist, bleibt die Frage nach den theologischen Konzepten, mit
denen die „optimistische Wirklichkeitssicht" überzeugend dargelegt werden
kann. Zu fragen ist auch nach den ethischen Entwürfen und den
Vorstellungen, die die Verf. des Kol für die nachpaulinischen Gemeinden
entwickeln.

1. THEOLOGISCHE KONZEPTE

Ein wesentlicher Unterschied zwischen Kol und den Paulusbriefen liegt in
der Verwandlung eschatologischer Vorstellung und Sprache in sphärenhaftes
Denken. Zwar werden an wenigen Stellen Zukunftserwartungen aufgenommen (2,17; 3,4.24), aber das eigentliche theologische Gewicht liegt auf der
räumlichen Dimension oben und unten, in und außerhalb von Christus. Es
wurde bereits festgestellt, daß der Kol in 1,23.28 mit dem Stichwort
παριστάναι zwar Gerichtsvorstellungen andeutet, aber nicht wirklich
futurisch durchführt.[1] Ebenfalls wurde gezeigt, daß der Kol die paulinische
Spannung des „schon jetzt" und „noch nicht" gerade nicht aufnimmt,
sondern den aus den hellenistischen Mysterienreligionen stammenden

---

[1] Siehe oben Kap. 4.3.2, S. 140-142.

Gedanken von der Teilhabe der Gemeinde am Schicksal der Gottheit rezipiert. Die Gemeinde ist bereits auferstanden mit Christus (2,12).[2] Einleitend spricht der Kol im Proömium von der Hoffnung, die für die Gemeinde im Himmel bereitliegt (1,5). Die Hoffnung erst bedingt das Vertrauen in Christus und die Liebe zu allen Heiligen bei den Kolosserinnen und Kolossern. Der Begriff ἐλπίς ist für den Kol, wie Bornkamm gezeigt hat, anders als die beiden anderen Teile der Trias, Glaube und Liebe, „nicht ein subjektives Verhalten", sondern „im objektiven Sinn [...] Hoffnungs-gut".[3] Bei der Hoffnung des Evangeliums soll man bleiben (1,23), und die Hoffnung des Glanzes für die Gemeinde ist bereits jetzt unter den Heiligen offenbar (1,27). Hoffnung bezeichnet „hier den Inbegriff des Evangeliums überhaupt".[4] Die Hoffnung „hat ihren zeitlichen Sinn verloren und ist zur umfassenden Bezeichnung eben dieser vollendeten, im Jenseits schon verborgen „bereitliegenden" Heilswirklichkeit der Glaubenden geworden."[5]

Die im Himmel bereitliegende Hoffnung[6] ist die Wirklichkeit, die die Verf. nahebringen wollen. Die Gemeinde wird aufgefordert:

> Kol 1,11d-13: Mit Freuden[7] (12) sagt Dank dem Vater, der euch[8] zum Anteil am Los der Heiligen im Licht (φῶς) befähigt hat, (13) der uns aus der Macht der Finsternis gerettet (ὅς ἐρρύσατο ἡμᾶς ἐκ τῆς ἐξουσίας τοῦ σκότους) und in das Reich des Sohnes seiner Liebe versetzt hat (μετέστησεν).[9]

---

[2] Siehe oben Kap. 4.3.3, S. 147-159.

[3] Bornkamm, *Hoffnung*, 207. Zum Zeitverständnis des Kol vgl. auch Lindemann, *Aufhebung*, 40-44.

[4] Bornkamm, ebd.

[5] Bornkamm, ebd., 211.

[6] Einige Ausleger und Auslegerinnen sehen in ἀποκεῖσθαι (bereitliegen) „eine vor allem in apokalyptischen Texten belegte Tradition [... aufgenommen], der zufolge zukünftiges Heil und Unheil schon immer in Gottes himmlischer Jenseitigkeit bereitliegen" (Wolter, *Kom.*, 52 unter Verweis auf IV Esr 4,14.77; äthHen 11,1; 25,7; syrBar 4,3.7; 52,7; vgl. auch Schweizer, *Kom.*, 36 u.ö). Beleg ist für Wolter (vgl. auch *Kom.*, 167-170) neben 1,5 das Stichwort κρύπτειν (verbergen 3,3). Jedoch ist das Stichwort κρύπτειν (verbergen) kein ausreichender Hinweis auf apokalyptische Vorstellungen, zumal wenn nicht etwa die Zukunft, sondern die Gemeinde mit Christus in Gott verborgen ist. Das Verborgene ist gegenwärtige himmlische Realität (1,26f). Es geht darum, das Denken und Trachten nach dieser Realität auszurichten (vgl. 1,9f.21; 2,2f; 3,1-4).

[7] Μετὰ χαρᾶς beziehen Lohse, *Kom.*, 66-69; Gnilka, *Kom.*, 44-48; Lindemann, *Kom.*, 22; Dunn, *Kom.*, 75; Hübner, *Kom.*, 51, auf das Folgende. Nach Lohse liegt der Formulierung μετὰ χαρᾶς εὐχαριστοῦντες τῷ πατρί „eine aus dem Judentum übernommene Aufforderung zum Lobpreis zugrunde" (69). Anders Schweizer, *Kom.*, 45-48; Pokorný, *Kom.*, 42. Die meisten Auslegerinnen und Ausleger verstehen εὐχαριστοῦντες imperativisch, anders Conzelmann, *Kom.*, 134f; Wolter, *Kom.*, 57.63-66.

[8] Die Lesart „euch" statt „uns" ist unter den Mss. umstritten, jedoch etwas besser bezeugt. Die gleiche Unsicherheit innerhalb der Mss.-Tradition ist auch in 2,13 zu beobachten.

[9] Norden, *Agnostos Theos*, 250-253; Käsemann, *Eine urchristliche Taufliturgie*, u. a. sehen den ganzen Abschnitt 1,12-20 als einheitliches Traditionsstück, das die Verf. als Ganzes übernommen hätten. Das Traditionsstück entstamme einer urchristlichen Tauftradition. Allerdings ist ein Hinweis auf die Taufe in 1,11d-14 höchstens indirekt durch das Stichwort „Sündenvergebung (1,14) gegeben. Die Einheitlichkeit des Hymnus 1,15-20 hebt sich jedoch

μεθιστάναι drückt die Versetzung vom irdischen in den himmlischen Bereich aus.[10] Dieser Raumwechsel in Verbindung von Licht und Erkenntnis ist in vielen religionsgeschichtlichen Bewegungen verwendet worden.[11] Im Judentum gehört er u. a. zur Bildersprache, mit der die Bekehrung umschrieben wird.[12] Dabei muß Bekehrung nicht allein als Akt des Übertritts von einer Religion zur anderen verstanden werden, sondern kann auch die Erlangung höherer Erkenntnis meinen.[13] Da die göttliche Welt die Welt des Lichts ist–im Gegensatz zur Finsternis des Satans–sprechen einige Texte von einer Versetzung der Erwählten in das Licht und das Reich Gottes.[14] Die bereits vollzogene Erhöhung wird in Qumran[15] und jüdisch-weisheitlichen Schriften gepriesen.[16] So betet Aseneth nach ihrer Begegnung mit dem himmlischen Besucher:

> Gesegnet sei der Herr, Gott, der dich [den himmlischen Menschen] ausschickte, mich aus der Finsternis zu retten (ῥύσασθαί με ἐκ τοῦ σκότους) und mich zum Licht hinaufzuführen (ἀναγαγεῖν με εἰς τὸ φῶς), und gesegnet sei sein Name in Ewigkeit.[17]

---

von der Sprache Kol 1,11d-14 ab. Wegen der Wiederaufnahme der Aussagestruktur von 1,12-14 in 1,21f und 2,13 halte ich es nicht für wahrscheinlich, daß den Verf. Kol 1,12-20 als Einheit vorlag bzw. bekannt war.

[10] Vgl. ApkMos 43,3.

[11] Vgl. Hans Conzelmann, Art. φῶς, ThWNT IX (1973), 302-349.

[12] Vgl. Sib proöm 25-34; Philo, Virt 179; Abr 77-79 u. ö. Vgl. auch I Petr 2,9; I Clem 59,2; Apg 26,18. In I Petr und I Clem geht es jeweils um Gottes Rufen (καλεῖν) der Menschen aus der Finsternis zum Licht, in Apg wird mit ἐπιστρέφειν ein Bekehrungsterminus verwendet. Der Codex Claromontanus (D) sowie Augiensis (F) und Boernerianus (G) lesen vermutlich daher in Kol 1,12 καλεῖν statt ἱκανοῦν.

[13] Licht bezeichnet den göttlichen Bereich. Erleuchtung kann daher auch die Einwohnung (göttlicher) Erkenntnis bedeuten. Im TestGad 5,7 heißt es von der Metanoia, der personifizierten Figur des Sinneswandels: „Die gemäß Gott wahre Metanoia hebt die Unwissenheit (ἄγνοια) hinweg, verbannt die Finsternis, erleuchtet die Augen, und sie gewährt der Seele Erkenntnis (γνῶσις), und sie leitet den Rat zu Heil." Vgl. auch JosAs 14-17, bes. 15,7f(B)/7f(Ph) sowie Standhartinger, Frauenbild, 189-204. Philo parallelisiert Gotteserkenntnis mit dem Aufgehen der Sonne und dem Licht (Plant 40; Som I 72-76; Migr 39; Praem 25). In CH I 19 heißt es: „... und der, der sich selbst wiedererkannte, gelangte in das übergroße Gute, derjenige aber, der aus verirrter Lust den Leib liebte, der bleibt irregeleitet in der Finsternis und erleidet sinnlich den Tod." Vgl. auch Röm 2,19 und besonders II Kor 4,6. Die Zweiwegeethik stellt dem Weg des Lichts dem Weg der Finsternis gegenüber (vgl. 1QS III,13-IV,26; slavHen [J] 30,15; Did 1,1; Barn 18,1-20,2. Vgl. auch TestBenj 5,3).

[14] In der apokalyptischen Literatur steht das zukünftige Sein der Erwählten im Licht im Mittelpunkt (z. B. äthHen 5,7f). Vgl. auch für das Gegenteil TestHiob 43,6.

[15] Vgl. 1QH XI,19-23 (früher III 19-23). Siehe oben S. 154. Weitere Belege: Dunn., Kom., 75-80.

[16] Im TestAbr gibt ein leuchtender Mann dem Isaak in einer Vision zu verstehen, daß das Licht = Abraham „aufgenommen wurde von den Mühsalen zur Ruhe und von der Erniedrigung zur Höhe. Sie nahmen es auf von der Enge in die Weite ... (und) von der Finsternis zum Licht." (TestAbr B 7,10f).

[17] JosAs 15,13(Ph). Der Text der längsten Textzeugengruppe (vgl. die Ausgabe von Christoph Burchard) hat einen anderen Text: „Gesegnet sei der Herr, dein Gott, der Höchste, der dich ausschickte, mich aus der Finsternis zu retten und mich von den Festen des Abgrundes

Der (zukünftige) Aufenthaltsort der Erwählten, Gerechten und Weisen ist die göttliche Sphäre und damit das Licht, und der Transfer in diese Sphäre kann als Rettung beschrieben werden. Die Gerechten werden dabei auch als Erben dieser göttlichen Welt bezeichnet.[18]

Kol 1,12f nimmt diese jüdische Weisheitstradition auf, um den Prozeß der Versetzung in die himmlische Sphäre zu preisen.[19] In Kol 1,12f stehen alle Verben im Aorist. Der abgeschlossene Prozeß der Erhöhung in die göttliche Sphäre wird rückblickend betrachtet. Auf die Erlösung blicken auch die sogenannten „Einst–Jetzt-Schemata" in Kol 1,21f und 2,13 zurück. Für beide Stellen ist ebenfalls ein Zusammenhang mit jüdischer Tradition zu vermuten.[20] Der Gegensatz in Kol 2,13 zwischen der „Unbeschnittenheit des Fleisches" und „lebendig machen" läßt sich ebenso in jüdischer Bekehrungssprache verorten, wie die Gegenüberstellung „wir waren tot ... und leben durch die Güte des Herrn" in jüdischer Predigt nachweisbar ist.[21] Durch die „Einst–Jetzt-Schemata" soll, wie Lona herausgearbeitet hat, „nicht etwa eine neue Situation herbeigeführt werden–diese ist schon gegeben–aber sie soll durch jene bestätigt und verstärkt werden."[22] Das „Schema" beschreibt nirgends einen geschichtlichen Prozeß. „Die Gegenwart soll auf dem Hintergrund der Vergangenheit verständlich werden. Ein Interesse an der Vergangenheit als selbständigem Thema liegt in keinem Fall vor."[23]

Die Danksagung über die bereits vollzogene Erhöhung in das Königreich des „Sohnes seiner Liebe" (1,12f) und der Rückblick auf das geschehene Lebendigmachen (2,13) wird jeweils mit der ebenfalls bereits vollzogenen Sündenvergebung verbunden. Nach parallel formulierten Vergangenheits-rückblicken beschreiben die Verf. den jetzigen, schuldlosen Zustand der Gemeinde:

Kol 1,14 ... in dem haben wir die Erlösung, die Vergebung der Sünden.

---

hinaufzuführen, und gesegnet sei dein Name in Ewigkeit." (15,12(B)). Vgl. Standhartinger, *Frauenbild*, 108-125.

[18] 1QS XI,7 „Denen, die Gott erwählt hat, gab Er sie zu ew'gem Besitztum, gab ihnen Anteil am Lose (8) der Heiligen und verband ihren Kreis mit den Himmelssöhnen zur Gemeinschaft der Einung und Gemeinde des heil'gen Gebäudes, zu ewiger Pflanzung für alle (9) Zeit (Übers. Johann Meier).

[19] Das „Reich des Sohnes seiner Liebe" (1,13) muß nicht ursprünglich auf Christus gedeutet worden sein. Vgl. z. B. PsSal 13,9. Zum Sohn Gottes siehe Jarl Fossum, *Art. Son of God*, ABD VI (1992), 128-137.

[20] Zu Kol 1,21f vgl. oben Kap. 4.3.2, S. 138-142.

[21] Pseudo-Philo, De Jona, 153. Der Zusammenhang ist das Dankgebet nach der Buße der Bürger von Ninive. Vgl. auch schon Ps 70,20(LXX): ἐπιστρέψας ἐζωοποίησάς με; JosAs 8,9(B); 15,5(B) = 15,4(Ph); 20,7(B). Gottes Schöpfungshandeln wird auch in II Makk 7,22f u. ö. als Lebendigmachen verstanden.

[22] Lona, *Eschatologie*, 99.

[23] Tachau, 'Einst' und 'Jetzt', 112. Vgl. auch Ekkehard Stegemann, *Alt und Neu*, 495: „Die Rückblicke beziehen sich nicht auf eine geschichtliche Vergangenheit, sondern sollen lediglich das Negativ der christlichen Gegenwart kennzeichnen."

Kol 1,22 ... um euch heilig, und untadelig und unbescholten vor sich bereitzustellen.[24]

Kol 2,13 ... er hat uns alle Übertretungen vergeben.[25]

Mit der Sündenvergebung ist keine gänzlich neue Kategorie eingeführt.[26] Grundbedingung der Heiligkeit, die eine Voraussetzung der Versetzung in die himmlische Sphäre des Lichts darstellt, ist die Sünd- und Schuldlosigkeit. Die Gemeinde ist bereits schuldlos und damit bereit, heilig vor dem Angesicht Gottes oder Christi zu stehen.[27] ἀπολύτρωσις (Erlösung) ist im Griechischen nicht eigentlich ein religiöser Gedanke, sondern bedeutet Freilassung gegen Lösegeld aus Gefangenschaft oder Sklaverei.[28] In der LXX wird λυτροῦσθαι auf die Befreiung aus der Knechtschaft in Ägypten angewandt.[29] Die Verbindung von Erlösung und Sündenvergebung ist im Ersten Testament schon vollzogen.[30] Im Kontext des Kol ist das Stichwort doppeldeutig und meint sowohl die Erlösung von Sünden als Bedingung der Heiligkeit als auch die Erlösung von der Welt.[31]

Die Gemeinde soll Dank sagen für ihre Versetzung in das Reich des Sohnes und für ihre Erlösung, indem sie vor allem „das Obere denken" (3,2) soll:

Kol 3,1: Wenn ihr nun mit Christus (mit)auferweckt wurdet, so sucht das, was oben ist, wo Christus zur Rechten Gottes sitzt. (2) Das, was oben ist, denkt, nicht das auf der Erde.[32] (3) Denn ihr seid gestorben, und euer Leben ist mit

---

[24] Siehe hierzu oben Kap. 4.3.2, S. 140-142.

[25] ἁμαρτήματα χαρίζεσθαι auch Josephus, ´Ant VI 144.

[26] Anders Weiß, *Gnostische Motive*, 323, der die Verbindung von „Erlösung" mit „Vergebung der Sünden" für eine „antienthusiastische Interpretation" der sich in ἀπολύτρωσις ausdrückenden enthusiastischen Frömmigkeit hält. Vgl. auch Lohse, *Kom.*, 76f. ἄφεσις τῶν ἁμαρτιῶν gehört nach Mk 1,4 par zur Tauftradition des Täufers Johannes. Nach Lk ist sie auch in der Tauf- und Bekehrungstradition der Jesusbewegung verortet (Lk 24,47; Apg 2,38; 5,31; 10,43; 13,38; 26,28), nach Mt 26,28 in der Abendmahlstradition. Kol 1,12-14 findet seine nächste Parallele in Apg 26,18. Wolter, *Kom.*, 69, sieht „eine frühchristliche Sprachtradition aufgenommen [...] die unter dem Einfluß jüdisch-hellenistischer Bekehrungsterminologie die Heilswirkung der Taufe reflektiert."

[27] Vgl. auch Wengst, *Versöhnung und Befreiung*.

[28] Friedrich Büchsel, *Art. λύω κτλ.*, ThWNT IV (1942), 339-359.

[29] Ex 6,6; 15,13; Dtn 7,8; 9,26.

[30] Vgl. Ps 129(LXX); Jes 44,22; TestJos 18,2.

[31] Vgl. Röm 8,23 „wir seufzen bei uns selbst, als solche, die die Adoption, die Erlösung unseres Leibes erwarten." Vgl. auch Wolter, *Kom.*, 68: Die „Charakterisierung dieses Heils als 'Erlösung' korrespondiert [...] semantisch mit dem in V 13a als 'Rettung' aus dem Machtbereich der Finsternis beschriebenen Vorgang (s. auch Jes 51,1(LXX))." Gnilka, *Kom.*, 50, und Pokorný, *Kom.*, 46, verweisen auf den Gebrauch der Idee und des Terminus „Erlösung" in gnostischen Texten.

[32] Vgl. auch schon Phil 3,19: τὰ ἐπίγεια φρονοῦντες (das irdische Denken) der Gegnerinnen und Gegner als Gegensatz zum πολίτευμα ἐν οὐρανοῖς (Heimatstadt im Himmel) der Gemeinde.

Christus in Gott verborgen. (4) Wenn Christus, euer[33] Leben, offenbar wird, dann werdet auch ihr mit ihm offenbar werden in Glanz.

Dieser Abschnitt ist von einigen Auslegern und Auslegerinnen als „Angelpunkt" oder „Schlüsselstelle" des Briefes bezeichnet worden.[34] Es geht, so Erich Gräßer, „um die paradoxe Gleichzeitigkeit von schon widerfahrener Erlösung und noch ausstehender Vollendung"[35] Aber die Verse 3,1-3 beschreiben einen abgeschlossenen Prozeß. Es bleibt (mindestens zunächst) keine „geschichtliche Hoffnung [...] wenn die Taufe schon die Himmelfahrt" ist.[36]

In Kol 3,1 wird, mit οὖν angezeigt,[37] auf 2,12 zurückverwiesen. Als mit Christus Auferweckte soll die Gemeinde nach dem suchen, was oben ist. Der Gegensatz von „oben" und „auf der Erde" (3,2) ist nicht nur ein geographischer, sondern zugleich ein qualitativ wertender (vgl. Joh 8,23).[38] Das „Obere" zu denken, steht im Gegensatz zum Irdischen.[39] Es „geht um die Sehnsucht des hellenistischen Menschen, an der oberen himmlischen Welt teilzunehmen, womit die Befreiung von der bösen Welt, ihrer Ananke, ihren dämonischen Machthabern, verwirklicht wäre."[40] Die Verse 3,1f verweisen somit zurück auf die im Himmel bereitliegende Hoffnung (1,5) und die bereits geschehene Versetzung in das „Königreich des Sohnes seiner Liebe".[41]

Kol 3,4 birgt allerdings die Andeutung einer eschatologischen Spannung. Erwartet wird die Offenbarung des mit Christus in Gott verborgenen Lebens der Gemeinde im Glanz (ἐν δόξῃ). Verschiedentlich ist die Vorstellungswelt von Kol 3,3f in der jüdischen Apokalyptik, insbesondere im syrBar verortet

---

[33] Die Mss. Tradition wechselt auch hier zwischen „uns" und „euch". Letzteres ist an dieser Stelle eindeutig besser belegt.

[34] Lindemann, *Kom.,* 52; Gräßer, *Kol 3,1-4,* 146. Anders Wolter, *Kom.,* 164f. Einige Ausleger sehen hier Bekenntnisformulierungen aufgenommen (Dibelius, *Kom.,* 40; Pokorný, *Kom.,* 134; u. a.).

[35] Gräßer, *Kol 3,1-4,* 146.

[36] Käsemann, *Leib,* 145. Vgl. auch Gräßer, *Kol 3,1-4,* 149.

[37] Alle Abschnitte zwischen 2,16 und 3,15 (17) werden mit οὖν als Folge von 2,9-15 gekennzeichnet (vgl. 2,16; 2,20 (siehe hierzu oben S. 153, Anm. 208); 3,1; 3,5; 3,12).

[38] Vgl. auch Bultmann, *Johannesevangelium,* 105, Anm. 1. Insofern ist es m. E. eine apologetische Behauptung, wenn Lona, *Eschatologie,* 176, den Schluß zieht: „Die irdische Existenz wird nicht geleugnet. Vorausgesetzt ist gerade die Existenz im Bereich des ἐπὶ τῆς γῆς." (vgl. auch Gräßer, *Kol 3,1-4,* 158f u. ö.). In Kol 3,5 heißt es dagegen: „tötet nun die Glieder, die auf der Erde sind (τὰ μέλη τὰ ἐπὶ τῆς γῆς)." Das Stichwort Erde (γῆ) kommt außerhalb des Hymnus (1,15-20) nur in abwertender Weise vor und ist insofern mit der „Macht der Finsternis" (1,13) gleichzusetzen. Das Interesse am Irdischen ist im Kol zumindest stark eingeschränkt. Daran ändert auch nichts, daß der Raum der Gemeinde als *ekklesia* und Christi Leib bestimmt ist. Dieser ist gerade eine kosmologische Größe.

[39] Vgl. auch TestHiob 48,1f: Hiobs Tochter Hemera empfängt nach dem Anlegen des Gürtels ein anderes Herz, um μηκέτι τὰ τῆς γῆς φρονεῖν. Vgl. auch Philo, All III 134.

[40] Gräßer, *Kol 3,1-4,* 155f. Durch den Verweis auf Christus zur Rechten Gottes (vgl. Ps 109,1(LXX)) wird τὰ ἄνω zur Sphäre Christi, aber eben nicht in einem historischen Sinn.

[41] Vgl. auch Bornkamm, *Hoffnung,* 211; Lohse, *Kom.,* 192.

worden.[42] Aber die Verf. verzichten „vollständig darauf, diese Zukunft in irgendeiner Weise auszumalen oder sie auch nur mit einer bestimmten Vorstellung zu verbinden."[43] Es wird nicht einmal gesagt, wem die Gemeinde mit Christus offenbart wird. Nach Lona zeigt ἐν δόξῃ in 3,4 an, „daß am Ende der Zeit nicht allein die Offenbarung des verborgenen Lebens geschieht, sondern darüber hinaus, daß die Gestalt eine neue endgültige Beschaffenheit empfängt, die er [der Gläubige] bei der Mitauferweckung in der Taufe noch nicht erhielt".[44] Aber diese Überlegung ist von den paulinischen Briefen (I Kor 15,42ff) her gewonnen. Die Paulusgruppe spricht tatsächlich von einer zukünftigen Verwandlung in eine himmlische Gestalt bzw. in die Gestalt Jesu (I Kor 15,49; II Kor 4,10f). Im Kol ist dagegen der Glanz (δόξα) bereits jetzt himmlische Realität (1,11; 1,27).[45] Was aussteht, ist allein die Offenbarung.

Die in Kol 3,3f aufgenommenen eschatologischen Gedanken weisen zurück auf das „Revelationsschema" in Kol 1,26f:

Kol 1,26: τὸ μυστήριον τὸ ἀπο-κεκρυμμένον ἀπὸ τῶν αἰώνων καὶ ἀπὸ τῶν γενεῶν νῦν δὲ ἐφανερώθη τοῖς ἁγίοις αὐτοῦ, (1,27) οἷς ἐθέλησεν ὁ θεὸς γνωρίσαι τί τὸ πλοῦτος τῆς δόξης τοῦ μυστηρίου τούτου ἐν τοῖς ἔθνεσιν, ὅ ἐστιν Χριστὸς ἐν ὑμῖν ἡ ἐλπὶς τῆς δόξης[46]

Kol 3,3 ἀπεθάνετε γὰρ καὶ ἡ ζωὴ ὑμῶν κέκρυπται σὺν τῷ Χριστῷ ἐν τῷ θεῷ (3,4) ὅταν ὁ Χριστὸς φανερωθῇ, ἡ ζωὴ ὑμῶν, τότε καὶ ὑμεῖς σὺν αὐτῷ φανερωθήσεσθε ἐν δόξῃ.

Das im Himmel unter den Heiligen bereits bekannte Geheimnis, nämlich Christus unter den Völkern (ἐν τοῖς ἔθνεσιν/ἐν ὑμῖν), wird als für alle sichtbarer Glanz (δόξα) offenbar werden, wenn Christus offenbar wird. Kol 3,4 beinhaltet m. E. vor allem eine Entgrenzung der in 1,26f geschehenen Offenbarung auf eine nicht näher bestimmte Gruppe. Die Zukunft ist damit nichts anders als eine Wiederholung der Gegenwart. Die Frage, die sich anschließt, ist, ob und inwieweit eine mystische Identität zwischen Erlöser und Erlösten vorgestellt ist. Weiß hat dies bestritten. Es gebe hier so etwas

---

[42] Vgl. John R. Levison, 2 Apoc. Bar. 48:42-52,57; Wolter, Kom.,168-170.

[43] Lindemann, Kom., 54. Es fehlen Verwandlungsvorstellungen (I Kor 15 vgl. auch II Kor 5), Gerichtsideen oder irgendwelche Konzepte vom „Tag des Herrn", seien sie apokalyptischer (vgl. I Thess 4,17-5,11) oder biblischer (Röm 11,25-32) Natur. Vgl. auch schon Steinmetz, Protologische Heils-Zuversicht, 29-31.

[44] Lona, Eschatologie, 183.

[45] Daher sollte man m. E. auch nicht wie Gräßer Kol 3,4 als eschatologische Konzeption überbetonen. „Das ζωοποιεῖν bei der Taufe [2,13] wird auseinandergenommen, derart, daß der „neue Mensch" [3,10] zwar „angezogen" wird, seine eschatologische ζωή aber bis auf weiteres in der oberen Welt Gottes hinterlegt wird. Damit ist das paradoxe paulinische Miteinander von Gegenwart und Zukunft der ζωή festgehalten" (162). Denn was noch offenbar werden soll, ist jetzt bereits im Himmel unter den Heiligen offenbar (1,26f).

[46] Übers. siehe oben Kap. 4.3.3, S. 162f.

wie einen „christologischen Vorbehalt", nämlich „das den Getauften geschenkte eschatologische Heilsgut, die ζωή, ist und bleibt an Christus gebunden, wird in diesem Sinne also niemals zu ἰδία ζωή der Getauften".[47] Aber nun ist gerade „Christus in euch" (1,27) die Hoffnung auf den Glanz. Der gleiche Gedanke wird in 3,4 aus entgegengesetzter Perspektive wiederholt: „Christus, euer Leben" wird offenbar werden im Glanz (3,4). Eine Differenzierung zwischen Christus und Gemeinde ist in der mystischen Sprache des Kol nicht intendiert.[48] Nach Gräßer hält „das σὺν αὐτῷ [...] die Erlösten in Distanz zum Erlöser und schützt diese Vorstellung von dem sonst naheliegenden Verständnis einer mystischen Verschmelzung von Erlöser und Erlösten."[49] Aber bereits in dem Verb κρύπτειν (verbergen) ist die Frage nach dem wo angelegt und damit das ἐν evoziert, die schließlich mit ἐν θεῷ beantwortet wird. Christus ist das Leben der Gemeinde (ἡ ζωὴ ὑμῶν 3,4), das zugleich mit ihm in Gott verborgen (ἡ ζωὴ ὑμῶν κέκρυπται ... 3,3) ist. Wie Christi Offenbarung im Glanz noch aussteht, so auch die Offenbarung des Glanzes der Gemeinde. Der Kol zielt m. E. tatsächlich auf die Identität von Erlöser und Erlösten. Die mystischen Identitätsaussagen „Christus in euch" (1,27), „mit Christus in Gott verborgen" (3,3), „Christus, euer Leben" (3,4) sind inhaltlich kaum voneinander zu trennen; sie entsprechen einander und sind daher austauschbar. Die erst endzeitliche Offenbarung Christi ändert nichts an der bereits eingetretenen himmlischen Wirklichkeit, distanziert aber von der (noch) nicht erlösten irdischen Wirklichkeit. Deshalb soll die Gemeinde die Glieder (τὰ μέλη) auf der Erde abtöten (3,5). Obgleich die Verf. also eine gewisse geschichtlich-eschatologische Hoffnung andeuten, ist dies keine Hoffnung für die Welt.

Den Verf. geht es um eine Veränderung der Richtung des Denkens. Sie blicken zurück auf die Fremdheit und Feindschaft des Denkens (1,21) und fordern auf, die bereits im Himmel verborgene Wirklichkeit Christi zu erforschen (ζητεῖν, φρονεῖν 3,1f). Daß den Verf. Erkenntnis und Erkennen am Herzen liegt, betonen sie vielfach. Sie beten darum, daß die Gemeinde erfüllt werde „in der Erkenntnis seines Willens in aller Weisheit und geistiger Einsicht" (1,9)[50], daß sie „wachsen möge in Erkenntnis Gottes"

---

[47] Weiß, *Gnostische Motive*, 321.

[48] Gräßer, *Kol 3,1-4*, 162-165, vermutet hinter 3,4 „das hellenistische Urbild/Abbild-Schema, wonach der irdische Mensch sein wahres Leben (oder Doppelgänger) im Himmel weiß. Eschatologische Vollendung ist dann (im ursprünglich mythologischen Sinn!) vorgestellt als Wiedervereinigung der gen Himmel fahrenden Seele mit ihrem himmlischen Urbild." (163) Mit dieser Vorstellung sei es möglich, daß die Gemeinde schon jetzt lebendig gemacht sei, aber ihr eschatologisches Leben in der oberen Welt Gottes hinterlegt. Allerdings fehlen im Kol nicht nur das Stichwort „Syzygos", sondern auch weitere Hinweise auf eine Vorstellung von himmlischen Doppelgängern.

[49] Gräßer, *Kol 3,1-4*, 165: „Zu σὺν Χριστῷ/κυρίῳ als endzeitlicher Aufenthalt bei Paulus"; vgl. I Thess 4,17; 5,10; Phil 1,23.

[50] Der Bezug von αὐτοῦ bleibt in Kol 1,9 wie auch sonst oft (vgl. 1,22; 3,10 u. ö.) unklar.

(1,10), „verbunden[51] werde in Liebe und zum ganzen Reichtum der Fülle der Einsicht, zur Erkenntnis des Geheimnisses Gottes, Christus, in dem alle Schätze der Weisheit und Erkenntnis verborgen sind" (2,2f).

Kol 1,9f und 2,2f sind angehäuft mit den Zielbegriffen antiker Bildung σύνεσις; ἐπίγνωσις, σοφία, γνῶσις. Die Fülle wird noch verstärkt durch die Reichtumsmetaphorik: πλοῦτος, πληροφορία, θησαυροί. Hinzu tritt schließlich in 2,2f das Motiv des Geheimnisses: μυστήριον, ἀπόκρυφος. Vom Schatz der Weisheit spricht bereits die sokratische Philosophie.[52] Auch die jüdische Weisheitstheologie weiß, daß Weisheit zu besitzen besser ist als irdische Schätze[53] und daß sie denen, die nach ihr suchen, Reichtum verleiht.[54] Allerdings wird die Frage, wie Menschen an Gottes Weisheit gelangen können, unterschiedlich beantwortet.[55] In der Apokalyptik und bei Philo wird Gottes Vollmacht zur Offenbarung der im Himmel aufbewahrten Weisheit und ihrer Schätze hervorgehoben.[56] Im Kol sind die Schätze der Weisheit und Erkenntnis in Christus verborgen (ἀπόκρυφος).[57] Als im Himmel mit Christus verborgene (3,3f) hat die Gemeinde Anteil an diesen Schätzen. Das Denken des „Oberen" (3,2), die Erkenntnis gemäß der Herrschaft des Glanzes (1,11), die Erkenntnis des Geheimnisses Christi als Ort der Weisheit und Erkenntnis sind Zielpunkte der assoziativ meditativen Sprache, mit der die Verf. ihre Gemeinden von der Wirklichkeit der im Himmel bereitliegenden Hoffnung (1,5) überzeugen wollen.

Die meisten Auslegerinnen und Ausleger verstehen die realisierte Eschatologie der Verf. als Reflex auf die Position einer die Gemeinde bedrängenden „Philosophie".[58] „Alle Formulierungen sind polemisch gezielte."[59]–„Die 'Elemente der Welt' spielen keine Rolle mehr, und die Gemeinde braucht sich darum auch nicht durch Askese abzusichern, weil sie jetzt Bestandteil der Heilswirklichkeit Christi ist."[60]–„Allen Spekulationen über die Erkenntnis höherer Welten wird entgegengehalten, daß die

---

An dieser Stelle kann sowohl Gott als auch Christus als Beziehungswort angenommen werden.

[51] Zu συμβιβάζειν siehe unten Anm. 243..

[52] Plat. Phil. 15d/e; Xen. mem. IV 2,9. Vgl. auch Prov 2,1-6 (hier auch σύνεσις; ἐπίγνσις; σοφία; γνῶσις); Sir 1,25; Philo, Congr 127 u. ö.

[53] Prov 3,14; Weish 7,8f u. ö. Vgl. auch Xen. mem. IV 2,9.

[54] Prov 8,21; Weish 7,11.14. u. ö. Von hier aus wird das ζητεῖν aus Kol 3,1 verständlich.

[55] Während der Weisheitslehrer in seiner Selbstempfehlung (Weish 6,22-7,21) die Weisheit selbstbewußt verkündet (6,22; 7,14), entsteht gleichzeitig eine weisheitliche Skepsis (vgl. Hi 28,12-27; Baruch 3,15-38). Für Baruch ist die Weisheit nur durch Gottes Offenbarung im „Buch der Anordnungen Gottes" (4,1) zu finden.

[56] SyrBar 54,12f; Philo, Migr 121; Imm 156. Im äthHen ist es schließlich der Menschensohn, der „alle Schätze des Verborgenen offenbart" (46,3).

[57] Anders zitiert Paulus einen Hymnus der skeptischen Weisheit in Röm 11,33-36.

[58] Dagegen hat Bornkamm, *Hoffnung,* 212, darauf hingewiesen, daß das neue, „in sich geschlossene Verständnis der Heilsbotschaft" ohne direkten Zusammenhang mit der polemischen Paränese in 2,4-23 geäußert wird.

[59] Gräßer, *Kol 3,1-4,* 151.

[60] Wolter, *Kom.,* 68.

Vergebung der Sünden durch nichts überboten oder ergänzt werden kann. Denn die Herrschaft Christi ist da, wo Vergebung der Sünden ist; mit ihr aber ist tatsächlich alles gegeben, Leben und Seligkeit."[61]–„Dabei meldet sich [...] der Anspruch des christlichen Glaubens, in Christus die einzige, unüberbietbare, alles andere ausschaltende Heilsinstanz zu bekennen. Es handelt sich um die christologische Konzentration, die das Zeitverständnis prägt. Auf die Weltangst, auf die Suche nach Sicherheit in seiner Askese, antwortet der Verf. mit seiner Christologie. Für ihn ist ἐν αὐτῷ mit nichts anderem zu überbieten."[62]

Bereits oben wurde jedoch dargelegt, daß die Annahme einer konkreten, die Gemeinde bedrängenden „Philosophie" oder Opposition auf zahlreiche Schwierigkeiten stößt.[63] Natürlich schließt dieses Ergebnis nicht die Annahme der Abwehr christologischer Verunsicherungen in den impliziten Gemeinden durch die Verf. aus. Die realisierte Eschatologie ist aber zunächst und vor allem ein wirksames Gegenmittel gegen Existenzangst und Pessimismus. Die Aufforderung zur Änderung der Denkrichtung, zum Suchen dessen, was Oben ist, und die wiederholte Versicherung, bereits jetzt ins Licht versetzt, in der göttlichen Sphäre, versöhnt und lebendig zu sein, setzt dem Auseinanderlaufen der Gemeinden eine optimistische Wirklichkeitssicht entgegen. Sie ist längst versetzt in die himmlische Sphäre. Der zerstörten Hoffnung auf die baldige Wiederkunft Christi wird mit der himmlischen Realität begegnet. Dabei sind die Verf. nicht völlig blind gegenüber den gegenwärtigen Verhältnissen oder grundsätzlich feindlich gegenüber der Welt eingestellt.[64] Die Offenbarung der himmlischen Realität und ihres Glanzes (δόξα) steht noch aus.[65] Aber was auf Erden noch nicht sichtbar ist, ist im Bewußtsein der auf Christus Vertrauenden längst Wirklichkeit. Daher soll die Gemeinde mit Freuden danken für ihren Anteil am Los der Heiligen im Licht und sich ihrer Versetzung in das himmlische Königreich bewußt werden. Die Gemeinde(n) sollen daher „angemessen des Herrn wandeln ... in aller Kraft gestärkt gemäß der Herrschaft seines Glanzes" (1,10f) und darin „Geduld und Ausdauer" (ebd.) erlangen.

---

[61] Lohse, *Kom.*, 77.

[62] Lona, *Eschatologie*, 233.

[63] Siehe Kap. 1,3 und 5.2.2.

[64] Dies unterscheidet die Verf. von vielen gnostischen Entwürfen, wie Conzelmann, *Kom.*,149; Gräßer, *Kol 3,1-4*; 153f u. ö. und andere gezeigt haben. Der Auf- bzw. Ausstieg aus der Welt bleibt ein zeitlich begrenzter, auch wenn hier nicht wirkliche *Nah*erwartung vorliegt. Zugleich aber ist auch deutlich, daß die Verf. an der Erlösung der Welt nur mäßig interessiert sind. Das von ihnen rezipierte Traditionsmaterial ist jedoch, wie bereits oben Kap. 4.3.3 gezeigt wurde und unten noch deutlicher werden wird, z. T. geprägt von radikaleren dualistischen Zügen.

[65] Vgl. 1,27; 3,4 vgl. auch 2,17.

1.1 Die Wirklichkeit des Christus

Welche Rolle spielt nun die Christologie in der Theologie der Verf. des Kol? Argumentieren sie gegen christologische Verunsicherungen? Welche Aspekte der Christologie heben sie hervor? Oben wurde mehrfach gezeigt, daß die Verf. des Kol eine Reihe von Traditionen aufnehmen. Dies gilt in besonderem Maße auch für die Christologie (vgl. 2,12). Im Folgenden werde ich den sogenannten Hymnus Kol 1,15-20 sowie das hymnische Stück 2,14f daraufhin untersuchen, ob und wie die Verf. übernommene Traditionen bearbeiten, in welchen Kontext sie diese stellen und welche christologischen Konzeptionen für die Verf. zentral sind.

Daß im sogenannten Kolosserhymnus (1,15-20) ein den Verf. vorliegendes Traditionsstück in den Brief eingefügt wird, ist inzwischen allgemein anerkannt.[66] Umstritten ist, ob es sich um ein christliches, jüdisches oder gnostisches Lied handelt und ob und inwieweit die Verf. den Hymnus bearbeitet haben. Der Hymnus hat zwei Strophen (15-18a und 18b-20), die weitgehend parallel strukturiert sind.[67] Die Parallelen von Kol 1,15-18a zu Weisheitshymnen sind bereits häufig aufgezählt worden und können hier summarisch rekapituliert werden. Die Weisheit ist auch „Bild (εἰκών)

---

[66] Die Indizien sind zusammengefaßt u. a. bei Wolter, *Kom.*, 72. Wolter und Berger, *Formgeschichte*, 240, ordnen Kol 1,15-20 formgeschichtlich als Enkomion mit hymnischen Formelementen ein, da der „Hymnus" weder vom Verfasser als Zitat bzw. Kultlied eingeführt werde noch eine metrische Struktur aufweise. Allerdings sind auch die „Hymnen" in den Paulusbriefen niemals mit einer Zitatformel eingeleitet (vgl. z. B. Phil 2,6-11). Die Bezeichnung von Kol 1,15-20 als „Hymnus" im Folgenden trägt der Tatsache Rechnung, daß sich das Stück formal vom Kontext abhebt. Ein bestimmter Sitz im Leben ist nicht konnotiert. Versuche, eine ursprüngliche metrische Struktur in Kol 1,15-20 zu rekonstruieren, sind bisher nicht geglückt. Zusammenstellung bei H. Gabathuler, *Jesus Christus;* Burger, *Schöpfung*, 3-53; Schweizer, *Kom.*, 50-56. Weder kann ausgeschlossen werden, daß in der Traditionsgeschichte des Hymnus auch „ursprüngliche" Passagen gestrichen wurden, noch lassen sich spezifische theologische Tendenzen der vorgeschlagenen Redaktionen plausibel machen.

[67] Beide Strophen beginnen mit ὅς ἐστιν ... πρωτότοκος; beide Strophen betonen die Vorordnung des Besungenen (17a· αὐτός ἐστιν πρὸ πάντων; 18d: ἐν πᾶσιν αὐτὸς πρωτεύων); beide Strophen betonen die Relevanz des Geschilderten für Himmel und Erde (16b; 20c). Einige Ausleger, z. B. Burger, *Schöpfung*, 3-53; Schweizer, *Kom.*, 54; Hoppe, *Triumph*, 149-158, verstehen auch einen Teil von 16d/e (εἴτε ... ἐξουσίαι) als redaktionellen Zusatz, da diese Passage „wegen ihrer ausladenden Erläuterung und damit der ... Auflösung des strengen Gedankengangs wie ein Fremdkörper wirkt." (Hoppe, *Triumph*, 157). Sie sehen einen Bruch zwischen der hellenistischen Bezeichnung τὰ ὁρατὰ καὶ τὰ ἀόρατα und den jüdischen Ausdrucksformen für (himmlische) Mächte θρόνοι, κυριότητες, ἀρχαί, ἐξουσίαι. Der Gebrauch von ἀόρατα läßt sich aber auch in der jüdischen Schrift JosAs 12,1(B)/12,2(Ph) nachweisen. Burger, *Schöpfung*, 11-15; Pokorný, *Kom.*, 48-52; Hoppe, *Triumph*, 159-161, verstehen auch V. 17a-18a als Zwischenstrophe. Damit begegnen sie dem Problem des Übergewichts im Textbestand der ersten Strophe gegenüber der zweiten. In dieser Zwischenstrophe gehe es nicht mehr um Schöpfung, sondern um Erhaltung, bzw. es werden „Bestandsaussagen" (Hoppe) gemacht. M. E. nimmt V. 17 die Aussagen von 15f wieder auf, um die weitergehende bzw. gefolgerte Aussage in V. 18 vorzubereiten. Eine inhaltliche Differenzierung dieser „Zwischenstrophe" (17a-18a) von der ersten Strophe (15f) läßt sich m. E. nicht behaupten.

Gottes" (Philo, All I 43; vgl. auch Weish 7,26), sie ist „Erstling von Gottes Schöpfung" (Prov 8,22; Philo, Ebr 31;[68] Sir 24,9; Weish 9,9) und Werkmeisterin seiner Schöpfung (Weish 7,12; 8,4.6; Philo, Fug 110). Vers 18a halten die meisten Auslegerinnen und Ausleger τῆς ἐκκλησίας für eine Hinzufügung der Verf. Dafür spricht, daß hier mit „Haupt des Leibes der Versammlung" eine von den Verf. des Kol auch andernorts favorisierte Häufung von Genitivverbindungen zusammengestellt ist.[69] Allerdings muß der Begriff ἐκκλησία ((Volks)Versammlung) nicht aus der Jesusbewegung stammen. Die gesamte erste Strophe des Hymnus beschreibt ausschließlich das Schöpfungswirken und die damit verbundene Vorordnung des Besungenen vor Zeit und Geschichte.[70] Die Erde wird hier zwar mitgeschaffen, aber das Geschehen spielt sich allein im Himmel, jenseits der Geschichte ab. Daher könnte mit ἐκκλησία wie in Sir 24,2 die himmlische Versammlung der (engelhaften) Herrscher und Gewalten (16e) gemeint sein.[71]

Auch die zweite Strophe (V. 18b-20) beschreibt kein geschichtliches Geschehen, sondern lediglich den Endpunkt eines Geschehens. Klaus Wengst ordnet daher Kol 1,15-20 zu Hebr 1,3 und nennt den Hymnus „Schöpfungsmittler-Inthronisationslied". „Hinter Kol 1,15-20 steht zwar nicht „das Drama des gnostischen Erlösers",[72] wohl aber sind die beide Teile des Liedes als Beschreibung des Anfangs- und Endpunktes eines solchen Dramas verständlich."[73] Die Gattung ist nach Wengst im hellenistischen Judentum ausgebildet worden. Die meisten anderen Ausleger halten den Hymnus besonders wegen der zweiten Strophe für eine erst in der Jesusbewegung denkbare Bildung.

Eine Parallele zu Kol 1,18bc bietet Apk 1,5. Auch in Apk 1,5f wird der Besungene lediglich durch den Kontext als Jesus Christus bestimmt.[74] Beide

---

[68] Philo gibt Prov 8,22 in Ebr 31 wieder: „Gott schuf mich [die Weisheit] als allererste (πρώτιστη) seiner Werke."

[69] Bujard, *Untersuchungen*, 156f.

[70] Die Identifizierung des ὅς mit Christus, die die meisten Ausleger bereits in ihrer Bezeichnung von Kol 1,15-20 als Christushymnus vornehmen, wird hier unterlassen. Vielmehr benenne ich den tatsächlich nicht identifizierten ὅς als den „Besungenen". Damit soll die erst zu untersuchende traditionsgeschichtliche Einordnung nicht vorweggenommen werden.

[71] Vgl. auch Ps 88,6-9(LXX); Hebr 12,22-24 sowie Eugnostosbrief (NHC III,3 81,3-6; 86f). Der Begriff ἐκκλησία wird hier ausschließlich für himmlische Welten und Engelgruppen verwendet. Eine Übertragung auf Menschen findet nicht statt. Vgl. D'Angelo, *Colossians*, 318, sowie Harald Riesenfeld, *Transzendente Dimension*.

[72] So Käsemann, *Eine urchristliche Taufliturgie*, 39. Käsemann sieht mit Dibelius, *Kom.*, 12-21, hinter Kol 1,15-20 einen „gnostischen Mythos vom Urmensch-Erlöser [...] und zwar [...] in einer für das hellenistische Judentum charakteristischen Gestalt vor(liegen): Urmensch- und Sophia- bzw. Logos-Spekulation sind miteinander verbunden." (40) Als Beleg verweist Käsemann auf Philo, Conf 146.

[73] Klaus Wengst, *Christologische Formeln*, 179. Vgl. auch Georgi, *Gott auf den Kopf stellen*, 184f.

[74] Dieses hymnische Stück ist grammatikalisch nicht korrekt an den vorhergehenden Satz angeschlossen. Schüssler Fiorenza, *Priester für Gott*, 198-203, hält die Formulierung für eine

Hymnen beschreiben den Besungenen als „Erstgeborenen der Toten"[75] und als „Vornehmsten unter den Königen und Mächten"[76], und beide Hymnen nehmen in diesem Zusammenhang Martyriumstheologie auf.[77]

In V. 19 wechselt unvermittelt das Subjekt: „denn der ganzen Fülle (πλήρωμα) gefiel es (εὐδόκησεν), in ihm Wohnung zu nehmen."[78] Es ist also nun der Besungene, an dem in V. 19 gehandelt wird. Die Formulierung erinnert zunächst an Ps 67,17(LXX) τὸ ὄρος, ὃ εὐδόκησεν ὁ θεὸς κατοικεῖν ἐν αὐτῷ. In Kol 1,19 ist es allerdings die Fülle (τὸ πλήρωμα), die ἐν αὐτῷ Wohnung nimmt. Einwohnen ist auch ein Begriff für Erwählen.[79] Nach der Vorstellung der Stoa und des *Corpus Hermeticum* ist der Kosmos von göttlicher Fülle durchwaltet.[80] Diese Vorstellung ist auch in jüdisch-weisheitlicher Theologie rezipiert worden.[81] „Die philonischen Pleromaaussagen bemühen sich, Gottes Weltimmanenz und zugleich seine Welttranszendenz terminologisch zu erfassen."[82] Im Sinne von streng dualistischen Konzepten bezeichnet Pleroma allein die göttlich durchdrungene Sphäre im Gegensatz zur Welt. „Die Erlösung des und der Einzelnen geschieht durch Erkenntnis (Gnosis). Dies bedeutet Rückkehr zur jenseitigen Welt und Eingehen in das Pleroma."[83] Vor allem in gnostischen Texten begegnet Pleroma hypostasiert.[84]

Es ist schwer zu entscheiden, inwieweit Pleroma in Kol 1,19 von Gott unterschieden gedacht ist. Die Einwohung der Fülle „in ihm" geschieht recht spät innerhalb des Hymnus, wobei ein genauer Zeitpunkt, ab wann die „Fülle" Wohnung nimmt, überhaupt nicht genannt ist. Durch die doxologische Traditionsformel 'ἐν αὐτῷ ... δι' αὐτοῦ ... εἰς αὐτόν' sind mit Vers 19-21a und 16a und 16e verbunden. Wie „in ihm", „durch ihn" und „zu ihm" das All geschaffen wurde, so geschieht die Einwohnung der Fülle „in ihm," um „durch ihn" das All „zu ihm" zu versöhnen. Die Fülle ist hier der göttliche Erhaltungs- und Versöhnungswille, der in dem Besungenen wirkt.

Bildung des Johannes von Patmos, die jedoch für die Zeile πρωτότοκος τῶν νεκρῶν καὶ ἄρχων τῶν βασιλέων auf älteres Material, besonders Ps 88,28(LXX), zurückgreift. In Ps 88(LXX) wird Gottes Zusage an das Haus David u. a. referiert: „Ich setze ihn ein als erstgeborenen (πρωτότοκος), als höchsten (ὑψηλός) unter den Königen der Erde."

[75] Besonders wenn man mit P[46] und der ursprünglichen Lesart des Sinaiticus (א) in Kol 1,18b πρωτότοκος τῶν νεκρῶν liest.

[76] Hoppe, *Triumph*, 161f, u. a. scheiden die Zeile 18c aus dem ursprünglichen Hymnus aus, weil sie sich gut in die pragmatische Intention des Autors einfüge, die Adressaten an eben jenem Auferweckten teilhaben zu lassen. Jedoch lassen sich die Zeilen 18bc m. E. ebenfalls als Weisheitstradition verstehen. Sophia steht nach Weish 7,17f jenseits von Anfang und Ende der Zeiten.

[77] Vgl. Apk 1,5: „... der uns aus unseren Sünden erlöst hat in seinem Blut (ἐν τῷ αἵματι)" mit Kol 1,20b: „indem er Frieden machte durch das Blut (διὰ τοῦ αἵματος) seines Kreuzes."

[78] Einige Ausleger, z. B. Delling, *Art. πλήρης κτλ.*, ThWNT VI (1959), 301f, u. a. wollen Gott als Subjekt von εὐδόκησεν verstehen. Allerdings wird Gott im Hymnus nicht ausdrücklich genannt. Vgl. auch Käsemann, *Eine urchristliche Taufliturgie*, 42f; Lohse, *Kom.*, 98, u. a.

[79] Josef Ernst, *Pleroma*, 85f.

[80] Ernst, ebd., 9-21. Vgl. z. B. CH XVI 3; XII 15.

[81] Weish 1,7; 7,24; 8,1; Philo, Gig 27 u. ö. Harald Hegermann, *Vorstellung*, 105-109; Ernst, *Pleroma*, 26-3; Lindemann, *Aufhebung*, 59-63.

[82] Ernst, *Pleroma*, 36.

[83] Ernst, ebd., 47.

[84] Vgl. Delling, *πλήρης κτλ.*, ThWNT VI (1959), 299f ; Mary D'Angelo, *Colossians*, 318.

Der Besungene wird V. 20 zum Instrument der Versöhnung: „und durch ihn das All zu versöhnen zu ihm".[85] Die Formulierung καὶ δι' αὐτοῦ ἀποκαταλλάξαι τὰ πάντα εἰς αὐτόν erinnert zunächst an II Kor 5,19:

> II Kor 5,19: Gott war in Christus; er hat mit sich selbst den Kosmos versöhnt (κόσμον καταλλάσσων ἑαυτῷ); nicht hat er ihnen ihre Übertretungen angerechnet.

Cilliers Breytenbach hat erneut diesen Text als vorpaulinisches Hymnenstück aus der Tradition des hellenistischen Judentums erwiesen.[86] Anders als Käsemann sieht Breytenbach daher keinen traditionsgeschichtlichen Zusammenhang zwischen II Kor 5,19 und Kol 1,20.[87] Sein Hauptargument ist, daß das *ad sensu,* also das ohne direktes Beziehungswort angeschlossene αὐτοῖς in II Kor 5,19b, anzeige, es gehe hier „um die Versöhnung der Menschenwelt mit Gott".[88] Allerdings läßt Breytenbach die Frage ungeklärt, warum in II Kor 5,19a von κόσμος (Welt) gesprochen wird, wenn eigentlich ἄνθρωποι (Menschen) oder ἔθνη (Völker) gemeint sind.

Mit Schweizer verweist Breytenbach für Kol 1,20a auf die stoische und neupythagoräische Vorstellung einer grundlegenden Feindschaft zwischen Gott und Welt.[89] Philo macht deutlich, daß auch im hellenistischen Judentum die Vorstellung von einem grundlegenden Konflikt zwischen Gott und Welt verbreitet war, der durch friedensstiftendes Handeln überwunden werden mußte.[90] In der Auslegung des Neujahrsfestes (SpecLeg II 188-192) stellt Philo heraus, daß der Kosmos in einem grundsätzlichen Kampf mit sich selbst liege, „die Natur sich gegen sich selbst auflehnt, ihre Teile einander widerstreben" (190).

> Darum hat das Gesetz ein Fest sozusagen nach der Trompete, dem Instrument des Krieges benannt und zur Darbringung unseres Dankes an Gott bestimmt,

---

[85] Auf die soteriologische Funktion der Weisheit hat Käsemann, *Eine urchristliche Taufliturgie,* 42, unter Verweis auf Prov 8,34f; Weish 7,27ff und OdSal 33 hingewiesen.

[86] Breytenbach, *Versöhnung,* 118f. Vgl. auch Helmut Merkel, *Art. καταλλάσσειν,* EWNT II (1982), 646, und Käsemann, *Erwägungen,* 49f; anders: Otfried Hofius, *Erwägungen.*

[87] Breytenbach, *Versöhnung,* 190f. Käsemann, *Erwägungen,* 51, vermutet eine umgekehrte traditionsgeschichtliche Entwicklungslinie. Ausgangspunkt sei die Rede von der innerkosmischen Versöhnung (Röm 11,15; Kol 1,20; Eph 2,16), eine erste Entwicklungsstufe stelle II Kor 5,19f und eine weitere die anthropologische Variante in Röm 5,10f dar.

[88] Breytenbach, *Versöhnung,* 134. Anders sieht Wolter, *Rechtfertigung,* 79, durch ἑαυτῷ (II Kor 5,19) eine Relation zwischen Mensch und Gott hergestellt.

[89] In den von Schweizer, *Elemente; Kom.,* 103f; *Slaves,* genannten philosophischen Texten spielen jedoch die Begriffe δι- und καταλλάσσειν keine Rolle (vgl. auch Breytenbach, *Versöhnung,* 191). Dagegen hat Käsemann, *Erwägungen,* 51, zu Recht auf die pax Romana verwiesen, die die Welt befriedet, Chaos und Krieg überwindet, indem sie alles dem neuen Herrscher unterwirft. Mit dem Frieden in Röm 5,10f sei „der eschatologische Heilszustand, nicht eine psychologische Haltung, an welcher das Neue Testament sehr selten interessiert ist," gemeint.

[90] Weitere Belege bei Schweizer, *Versöhnung,* 169-171.

dem Stifter und Schirmherrn des Friedens (εἰρηνοποιὸς καὶ εἰρηνοφύλαξ), der die Kämpfe zwischen den Staaten wie zwischen den Teilen des Weltganzen (μέρος τοῦ παντός) beilegt, der Frieden, Gedeihen und überhaupt alles Gute in Hülle und Fülle schafft und alles, was den Früchten Verderben bringen könnte, im Keime erstickt.[91]

Gott selbst tritt hier als Friedensstifter und Friedensbewahrer auf, um die mit ihm in Krieg und Entzweiung befindliche Welt zu befrieden. Mit dem Begriffsfeld „Frieden stiften" ist ein der Versöhnung verwandtes Phänomen angesprochen. In seiner grundlegenden Untersuchung der Begriffe δι- und καταλλάσσειν arbeitet Breytenbach heraus, „daß die Wortgruppe sehr oft gebraucht wird, um auf die Aussöhnung zwischen Kriegsgegnern zu rekurrieren."[92] „Beim „Versöhnen" geht es um ein Geschehen, in dem zwei Parteien handeln, und zwar in einer solchen Weise, daß das gestörte, feindliche Verhältnis zwischen ihnen aufgehoben und durch eine Relation des Friedens, der Freundschaft oder Eintracht ersetzt wird" (82). Die von Breytenbach herangezogenen Belege verdeutlichen, wie eng im antiken Denken „Versöhnung" und „Friedensstiftung" zusammengehören. „Zu Verben, die ein Versöhnungsgeschehen ausdrücken können, gehören εἰρηνεύειν, συμβιβάζειν, εἰρηνοποιεῖν, εἰρηνοποιεῖσθαι, εἰρήνη γίγνεται und σπονδὰς ποιεῖσθαι."[93] Nach Breytenbach werden δι- und καταλλάσσειν κτλ. jedoch in hellenistischer und römischer Zeit nicht religiös gebraucht, d. h. nicht auf das Verhältnis zwischen Gott und Mensch bezogen.[94] Aber Philos Werke sind ein Gegenbeleg zu dieser These. Nach Philo benötigen die sich von der Entzweiung und Gottferne zu Gott Bekehrenden die Erzväter als Helfer (παράκλητος) für die Versöhnung (καταλλαγή) mit dem Vater (Praem 166).

Der Gedanke von der Versöhnung des Alls in Kol 1,20a geht m. E. auf die vorpaulinische, auch in II Kor 5,19 und Röm 11,15[95] bezeugte Tradition

---

[91] SpecLeg II 192. Übers. Heinemann. Ein Gegensatz zwischen dieser Vorstellung und der im Folgenden genannten politischen Vorstellung vom Friedensstiften muß nicht unbedingt konstatiert werden (anders Wolter, *Kom.*, 87f). Schon Käsemann, *Eine urchristliche Taufliturgie*, 37, verwies auf die Einheit von kosmischem und weltlichem Frieden als Ergebnis des Herrschaftsantritts des Augustus in der 4. Ekloge Vergils.

[92] Breytenbach, *Versöhnung*, 64.

[93] Breytenbach, *Versöhnung*, 102. Vgl. auch die dort auf den Seiten 45-83 genannten Belegstellen.

[94] Ebd., 64f; 83 u. ö. Es bleibt m. E. jedoch fraglich, ob die von Breytenbach, *Versöhnung*, 55-65, herangezogenen Belege aus hellenistischer und kaiserzeitlicher Literatur diesen Schluß wirklich zulassen. Der Halbgott Hermes als Erfinder der Friedensschlüsse (διαλλαγή) (Diod. V 75,1), ein Mythos von der Versöhnung zwischen Hera und Zeus (Paus. IV 3,2) oder Alexander als göttlicher Ordner (ἁρμοστής) und Versöhner (διαλλακτής) (Plut. mor. 329C) sind m. E. keine unreligiösen oder untheologischen Phänomene.

[95] Breytenbach, *Versöhnung*, 176, sieht mit dem Stichwort κόσμος in Röm 11,15 auch die außerjüdische Menschenwelt angesprochen. Dagegen hat aber Käsemann, *Erwägungen*, 49, m. E. zu Recht herausgestellt, die „zugespitzte Sentenz in Röm 11,15 gebraucht so unvorbereitet und formelhaft den Ausdruck „Versöhnung der Welt", daß sich das nur aus fester

zurück, deren Ursprung vermutlich in der Aufnahme philosophischer Überlegungen in der hellenistisch-jüdischen Weisheitsbewegung zu suchen ist. Die Zusammengehörigkeit von Friedensstiftung und Versöhnung zeigt den grundlegenden Zusammenhang von ἀποκαταλλάσσειν[96] und εἰρηνοποιεῖν.[97]

Die Formulierung „durch das Blut seines Kreuzes" in 1,20b entstammt möglicherweise einer Redaktion des Weisheitshymnus in der Jesusbewegung.[98]

Allerdings ist eine Zusammenschau von Versöhnung und Martyrium bereits in II Makk 7,33.37[99] angedeutet. Friedensstiftung[100] διὰ τοῦ αἵματος gehört zur Märtyrertradition in IV Makk 17,21-18,4a:

> IV Makk 17,21-23; 18,3f Sie (Eleasar, seine Frau und ihre sieben Söhne) sind gleichsam ein Ersatz geworden für die Sünden des Volkes. Und durch das Blut (διὰ τοῦ αἵματος) jener Frommen und das Sühnemittel (ἱλαστήριον) ihres Todes hat die göttliche Vorsehung das vorher schlimm bedrängte Israel gerettet [...] Weil jene der Frömmigkeit zuliebe die Körper den Schmerzen preisgaben, wurden sie nicht nur von den Menschen bewundert, sondern würdig erachtet eines göttlichen Teiles. Und um ihretwillen erhielt das Volk Frieden (δι᾽ αὐτοὺς εἰρήνευσεν τὸ ἔθνος).[101]

Überlieferung erklären läßt".

[96] Obgleich Dikomposita von καταλλάσσειν nicht ungewöhnlich sind, ist das Dikompositum ἀποκαταλλάσσειν außerhalb der Kolosserbriefrezeption bisher nicht bezeugt. Vgl. Breytenbach, *Versöhnung, 83.*

[97] Anders Wolter, *Kom.*, 74, und Hoppe, *Triumph*, 161-166, die εἰρηνοποιήσας in 20b als Ergänzung der Verf. auffassen. Dagegen hat bereits Käsemann, *Eine urchristliche Taufliturgie*, 37, hervorgehoben: „Der kosmische Friede, von dem V. 20 spricht, ist offensichtlich Frucht und Ziel des ἀποκαταλλάξαι τὰ πάντα εἰς αὐτόν und läßt auf den Anfang des Hymnus zurückschauen." εἰρηνοποιήσας in Kol 1,20b kann daher m. E. nicht einem Redaktor zugewiesen werden.

[98] Vgl. auch Luz, *Kom.*, 200: „Die Erwähnung des Kreuzestodes Jesu paßt nicht gut an diese Stelle einer Strophe, die schon am Anfang von Jesu Auferstehung spricht."

[99] II Makk 7,33.37: „Wenn aber der lebendige Gott zum Zwecke der Züchtigung und Erziehung uns für eine kurze Zeit zürnte (ἐπώργισται), so wird er sich mit seinen Knechten auch wieder versöhnen (καταλλαγήσεται τοῖς ἑαυτοῦ δούλοις) [...] Ich aber will so wie meine Brüder Leib und Seele hingeben (προδίδωμι) für die väterlichen Gesetze und will dabei Gott anrufen, er möge dem Volk bald gnädig werden (ἐπικαλούμενος τὸν θεὸν ἵλεως ταχὺ τῷ ἔθνει γενέσθαι) [...]" Die Vorstellung, daß der göttliche Zorn, der wegen der Sünden seines Volkes entstand, versöhnt werden muß, kennt auch Philo, VitMos II 166, in Auslegung von Ex 32,11-14. Mose erscheint hier als Mittler (μεσίτης) und Versöhner (διαλλακτής). Vgl. auch Josephus, Ant III 315. Der von Breytenbach, *Versöhnung, 78,* genannte Beleg JosAs 11,18(B) ist schlecht bezeugt.

[100] Als Friedensstifter werden in der griechisch-römischen Antike ideale Herrscher gerühmt; vgl. Philo, LegGai 140-147; Dio Cass. 55.49,2. Als Titel des Commodus: Dio Cass. 72.15,5. Ein grundsätzlicher Unterschied zwischen philosophisch-theologischen und politischen Versöhnungsvorstellungen ist spätestens in der Kaiserzeit m. E. aber nicht mehr zu konstatieren. Anders Wolter, *Rechtfertigung, 55-59.*

[101] Sam K. Williams, *Jesus,* 170f, hat herausgearbeitet, daß der Satz aus IV Makk 18,4b „und nachdem sie (plural) das väterliche Gesetz erneuert hatten, haben sie die Feinde in die Flucht geschlagen" grammatikalisch nicht die Folge von 18,4a bildet.

Das IV Makkabäerbuch nimmt als Hintergrund seiner theologischen Überlegungen den historischen Konflikt um die Bewahrung der Gesetze in den Makkabäeraufständen (vgl. II Makk). Doch auch hier zeigt sich bereits, wie im Kol, eine Tendenz der Entgeschichtlichung.[102] Die präpositionale Verbindung διὰ τοῦ αἵματος ist jedenfalls unpaulinisch,[103] sie wird jedoch im Bereich der Martyriumstheologie[104] sowie der kultischen Bedeutung des Todes Christi gern verwendet.[105]

Daß Martyriumstheologie in der jüdischen Weisheitsbewegung reflektiert und diskutiert wurde, zeigt nicht zuletzt Weish. Der Tod der gottwohlgefälligen Gerechten entspricht nicht dem Ende, sondern seiner/ihrer Entrückung in die würdevolle Stellung des Weltenrichters (Weish 3,8; 4,16). In Weish 5,1-5 wird der Gerechte durch den Mund der Gottlosen geschildert (vgl. auch Jes 53,3-6):

Weish 5,1f.4 Dann wird der Gerechte in viel Freiheit (παρρησία) seinen Bedrängern (θλίψαντες) vor Augen treten und denen, die seine Schmerzen (πόνοι) für nichts erachtet haben. Wenn sie das sehen, werden sie außer Fassung geraten in schrecklicher Furcht und werden entsetzt sein über das Paradox der Rettung (σωτηρία) [...] (4) Dieser war es, den wir einst zum Gespött machten und zum Gleichnis des Hohns, wir Unvernünftigen. Sein Leben hielten wir für Wahnsinn und sein Ende für ehrlos. Wieso wurde er unter die Söhne Gottes gerechnet, und (warum) ist sein Los (κλῆρος) unter den Heiligen?

Weish 5,1f spielt zum einen auf die Standhaftigkeit der Märtyrer und Märtyrerinnen an, Weish 5,4f zum anderen auf den Gottesknecht aus Jes 52,13-53,12.[106] Eine Verbindung zwischen Martyriumstheologie und Weisheitstheologie ist also in Weish 5,1-4 bereits angelegt. Die weisheitlichen Märtyrer werden nach Weish 5,1.5.15f in himmlische Herrlichkeit eingesetzt und in Ewigkeit bei Gott sein. Wie im Kolosserhymnus und anders als z. B. in Phil 2,7 wird in Weish 5 das Märtyrerschicksal vom Ende, von der göttlichen Erhöhung aus betrachtet. Aber auch die Unterschiede zwischen Weish und dem Kolosserhymnus sind nicht zu übersehen. Die Weisheit übersiedelt zwar in die fromme Seele, und sie begleitet den Gerechten in die Todesverlassenheit (Weish 10), aber sie selbst bleibt doch „eine", unverwandt im Himmel, „in sich selbst" (Weish 7,27).[107] Die Verbindung zwischen Weisheit und Gerechtem, wie sie in Kol 1,15 und 1,18b durch das ὅς ἐστιν εἰκών/ἀρχή ... πρωτότοκος und die Übertragung von Weisheitsattributen in V. 18c und 19 auf den Besungenen vollzogen ist, geht über das in Weish Gesagte hinaus. Ob diese weitgehende Identifizierung von Weisheit und ihrem Gesandten erst in der

---

[102] Williams, *Jesus*, 165-202.

[103] Paulus verwendet dagegen jeweils die Wendung ἐν τῷ αἵματι (Röm 5,9; vorpaulinisch schon Röm 3,25; I Kor 11,25).

[104] Vgl. Apk 12,11; IV Makk 17,22.

[105] Hebr 9,12; 13,12; I Joh 5,6.

[106] παρρησία im Angesicht des Bedrängers ist auch Kennzeichen der Märtyrer in IV Makk 10,5. Zur θλῖψις vgl. I Makk 14,9; 18,5. πόνος ist eines der Lieblingswörter in IV Makk (vgl. z. B. 18,3). Mit σωτηρία wird hier kunstvoll gespielt (vgl. z. B. 15,26f). Zu den Anspielungen auf den leidenden Gottesknecht vgl. bes. Jes 53,3-6.12.

[107] Vgl. auch Weish 10,1-21. Die Weisheit Salomo „läßt die Weisheit, die als der ewige Ausdruck des Wesens Gottes und als Prinzip der Welt gesehen wird, ganz bei Gott und in einer von der Erscheinungswelt völlig geschiedenen Welt sein. [...] [D]amit [ist] ein Dualismus von Gottes Welt als der eigentlichen unvergänglichen Schöpfung und der teuflischen Welt als einer uneigentlichen und todverfallenen Welt gemeint" (Georgi, *Der vorpaulinische Hymnus*, 270).

Jesusbewegung vollzogen wurde oder bereits in der jüdischen Weisheitsbewegung, läßt sich nicht mit Sicherheit entscheiden.

Der Hymnus Kol 1,15-20 läßt sich also weitgehend als Sophialied aus Kreisen jüdischer Weisheitstheologie verstehen.[108] Die erste Strophe beschreibt das schöpfungshandelnde Wirken der Weisheit und ihre Stellung in der himmlischen Versammlung, die zweite Strophe betrachtet vom Ende her das Geschick ihres auserwählten Gerechten. Auffällig und über die genannten Parallelen hinaus ist in Kol 1,18b-20 die Einwohnung der Weisheit in dem Besungenen, ihre Identifizierung mit dem Gerechten bzw. Märtyrer durchgeführt. Aber wie in Weish 5,1-4 und anders als in Phil 2,7 spielt das irdische Geschick des Gerechten keine Rolle.

Die Konzentration auf den in seiner Erhöhung der Gemeinde Gegenwärtigen ist so stark, daß überhaupt nirgends von seiner Erscheinung auf Erden, die höchstens in der Wendung „von den Toten" (1,18b) vorausgesetzt ist, gesprochen wird. An die Stelle der Zuwendung zum Menschen in der Menschwerdung ist die schon als Schöpfung vollzogene und als Neuschöpfung in der Auferstehung vollendete Zuwendung Gottes in Christus getreten.[109]

Mit der Formulierung τοῦ σταυροῦ αὐτοῦ (1,20b) ist der einzige eindeutige Hinweis auf Christus gegeben. Daß „seines Kreuzes" von den Verf. des Kolosserbriefs stammt, halte ich allerdings für unwahrscheinlich. Denn im Kol wird das Kreuz nur noch einmal in 2,14 erwähnt.

Die Verse 2,14f sind von einer Reihe von Exegetinnen und Exegeten ebenfalls als ein den Verf. vorliegendes hymnisches Traditionsstück bestimmt worden.[110] Dafür spricht zum einen das gehäufte Auftreten von *hapax legomena*[111] und zum anderen die in der verwendeten Bildersprache aufgenommenen mythologischen Traditionen. Die in 2,14f zu beobachtende Struktur Partizip–finites Verb–Partizip prägt allerdings auch die beiden vorangehenden Verse 2,12f.[112] Die Abgrenzung am Beginn des Hymnus ist

---

[108] Vgl. auch Käsemann, *Eine urchristliche Taufliturgie*, 37; Wengst, *Christologische Formeln*, 170-180. Nach Wengst ist Charakteristikum des Liedes gerade das Gegenüber zweier Teile, „der, durch den das All geschaffen wurde und in dem es seinen Bestand hat, ist derselbe, der es–nachdem Unfriede in ihm ausgebrochen war, was das Lied verschweigt, aber voraussetzt–wieder befriedet, die kosmische Versöhnung schafft. Indem das Lied aus dem ganzen Geschehen den Anfangs- und Endpunkt herausgreift, soll wohl deutlich gemacht werden, daß der eschatologische Versöhner deshalb sein Werk vollbringen konnte, weil er schon Schöpfungsmittler war" (179).

[109] Schweizer, *Kom.*, 71f.

[110] Erste Beobachtungen schon bei Lohmeyer, *Kom.*, 100-102; Lohse, *Ein hymnisches Bekenntnis;* Wengst, *Christologische Formeln*, 186-194; Hoppe, *Triumph*, 244-260; u. a. Anders z. B. Schweizer, *Kom.*, 105f; Gnilka, *Kom.*, 118-121; Pokorný, *Kom.*, 114f; Wolter, *Kom.*, 135-138.

[111] Aufstellung bei Lohse, *Ein hymnisches Bekenntnis*, 280.

[112] Dies trifft freilich in besonderem Maße zu, wenn man die interpretatorisch schwierige Passage τοῖς δόγμασιν ὃ ἦν ὑπεναντίον ἡμῖν aus V. 14 streicht. Siehe hierzu unten S. 234. Diese Struktur liegt im Kol nur in 2,12-15 vor. Das gegen die Annahme der Aufnahme eines vorliegenden hymnischen Stückes in 2,14f vorgebrachte Argument, die Aneinanderreihung von

daher umstritten. Schille rekonstruiert einen Hymnus aus Teilen von 2,9-15, worin ihm allerdings wegen der offensichtlichen Interpretation von Kol 1,15-20 in 2,9f und der Aufnahme einer weiteren vorpaulinischen Tradition in 2,12 m. W. niemand gefolgt ist.[113] Wengst versteht 2,13-15 als „ein Stück Taufliturgie [...] (mit) gewisser Ähnlichkeit zum zweiten Teil der Schöpfungsmittler-Inthronisations-Lieder".[114] Lohse sieht den Einsatz des hymnischen Stückes wegen des Subjektwechsels im Nestletext in 2,13c.[115] Jedoch ist der Subjektwechsel nicht sicher belegt, und im Gegensatz zu 2,13c wird 2,14f im Kol nicht wieder aufgenommen.[116] Ralph Martin und George Cannon grenzen 2,14f ab,[117] und Burger und Hoppe scheiden innerhalb dieser Verse zwischen Tradition und Redaktion.[118] Beide nehmen m. E. zu Recht die Bezeichnung von Schille „Kreuz-Triumph-Hymnus" wieder auf.[119]

M. E. ist die Rede von einem Hymnenfragment in 2,14f berechtigt.[120] Nur in diesen Versen wird in einer sonst nicht mehr aufgenommen Bildersprache das Heilswerk Christi gedeutet. Die Annahme eines Fragments erklärt die Interpretationsschwierigkeiten in 2,14. Das erste Bild spricht vom Auslö-

---

Partizipialkonstruktionen sei typisch für den Kol (Wolter, *Kom.*, 135, u. a.), trifft also nicht. Eine den Verf. vorliegende Verbindung von 2,12-15 halte ich inhaltlich jedoch für wenig wahrscheinlich, weil 2,13 anders als 2,14f die Begrifflichkeit jüdischer Bekehrungssprache aufnimmt (siehe oben Kap. 5.2.2, Anm. 196).

[113] Gottfried Schille, *Frühchristliche Hymnen*, 31-37.

[114] Wengst, *Christologische Formeln*, 186-194, Zitat 184. Sein Hauptargument ist der doppelte Einsatz in Eph 2,1.5 mit Kol 2,13a/b. Gegen Wengst fällt jedoch auf, daß Eph Kol 2,14f gerade nicht aufnimmt.

[115] *Ein hymnisches Bekenntnis*. Vgl. auch Reinhard Deichgräber, *Gotteshymnen und Christushymnen*, 167-169, wenn auch vorsichtiger: „In diesem Schlußteil [sc. 2,13c-15] wird man am ehesten mit der Aufnahme hymnischen Gutes rechnen dürfen; eine klare Zeilenführung wird jedoch auch hier nicht erkennbar, und ein sicherer Beweis der hymnischen Grundlage scheint unmöglich" (168).

[116] 2,13c wird jedoch in 3,13; vgl. auch 1,14 aufgenommen. Die Formulierung erinnert auch an Röm 5,16 τὸ δὲ χάρισμα ἐκ πολλῶν παραπτωμάτων εἰς δικαίωμα. Der Subjektwechsel des jetzigen Nestletexts ist von der ursprünglichen Lesart des Codex Sinaiticus (א*); des Codex Alexandrius (A); Ephraem Syri rescriptus (C); sowie den Minuskeln 1739; 1881 bezeugt. Vorhanden, aber weniger betont durch Streichung des Personalpronomens in 2,13b ist er im Codex Claromontanus (D); Boreelianus (F); Boernerianus (G); Athous Laurensis (Ψ) sowie in den Majuskeln 075; 0208; 0278; in der Vulgata und bei Tertullian. Durchgängig ὑμεῖς lesen Codex Mosquensis (K), Angelicus (L) und die Minuskel 6, 326. In 2,13b und c lesen ἡμεῖς P46; Codex Vaticanus (B) und die Minuskel 33 und ein umgekehrter Subjektwechsel findet sich in der Minuskel 323.

[117] Ralph Martin, *Reconciliation,*116-119; Cannon, *Use*, 44-49.

[118] Jedoch in je unterschiedlicher Weise. Während Burger, *Schöpfung*, 85-114, als ursprünglichen Hymnus lediglich 2,14aα/c/15b/c bestimmt, sieht Hoppe, *Triumph*, 252-259, den ursprünglichen Umfang in 2,14aα/b/c/15b/c gegeben.

[119] Schille, *Frühchristliche Hymnen*, 32; Burger, *Schöpfung*, 108; Hoppe, *Triumph*, 252-259.

[120] So auch Wengst, *Christologische Formeln*, 184; Schille, *Frühchristliche Hymnen*, 32f, allerdings unter Einschluß von 2,13. Vgl. auch Lohse, *hymnisches Bekenntnis*, 284; Burger, *Schöpfung*, 108.

schen einer Handschrift. ἐξαλείφειν beschreibt das Gegenteil von ἐγγράφειν und somit das Ausradieren oder Abwischen eines handgeschriebenen Schriftstücks.[121] Wegen der präpositionalen Wendung „die gegen uns war" sowie des jetzigen Bezugs auf 2,13c verstehen die meisten Ausleger das χειρόγραφον als Schuldurkunde.[122] Allerdings ist dieser Ausdruck nur für Privaturkunden belegt.[123] Dies paßt nicht zu der folgenden Präzisierung „mit den δόγματα, die uns entgegenstanden". δόγματα können philosophische Lehrsätze, besonders aber kaiserliche Verordnungen und Edikte sein.[124] δόγματα werden veröffentlicht, indem sie als Inschrift aufgestellt werden, und hierfür kann, wie S. R. Llewelyn zeigt, auch das Verb „annageln" (προσηλοῦν) verwendet werden (vgl. Kol 2,14).[125] Das Annageln von Edikten wäre jedenfalls im antiken Sprachgebrauch ein gewöhnlicherer Vorgang als das Annageln von privaten Urkunden, zumal wenn diese auch noch ausradiert, also leer sind. Was auf dem χειρόγραφον stand oder welchen Inhalt die δόγματα hatten, bleibt offen. Möglicherweise wurde dies durch den ursprünglichen Beginn des hymnischen Stückes geklärt. Kol 2,15 führt das Bild aus der öffentlich-politischen Sphäre weiter, indem ein Triumphzug beschrieben wird. θριαμβεύσας αὐτούς bedeutet: „er führte sie (die Mächte und Gewalten) in einem Triumphzug mit."[126] Im

---

[121] Vgl. Liddell/Scott, *Greek English Lexikon*, Art. ἐξαλείφω, 583.

[122] Vgl. Deißmann, *Licht vom Osten*, 282-84. Einen Überblick über verschiedene Deutungsmodelle gibt Roy Yates, *Colossians 2.14*. Georg Megas, χειρόγραφον *Adams*, schlägt eine mythologische Deutung vor, nach der mit χειρόγραφον auf die von Adam dem Teufel nach der Vertreibung aus dem Paradies überreichte Schuldurkunde angespielt wird. Wesley Carr, *Angels and Principalities*, 55-58, verweist auf öffentliche Schuldbekenntnisse, die in Kleinasien durch Aufstellen von Stelen bekundet werden konnten. Allerdings werden diese Schuldbekenntnistafeln nicht „Handschrift" genannt. Carrs Auslegung arbeitet von vornherein mit einer übertragenen Bedeutung χειρόγραφον. Nikolaus Walter, '*Handschrift und Satzungen*', versteht χειρόγραφον als subjektive Sündenverschreibung im Blick auf Satzungen. Aber auch diese Deutung verwischt die *crux interpretatum* des offensichtlichen Widerspruchs zwischen χειρόγραφον und δόγματα. Dieser Widerspruch wird in gnostischen Auslegungen des 2. Jh. von Kol 2,14f als erklärungsbedürftig empfunden (vgl. Evangelium der Wahrheit NHC I,3 20,15-21,26; Interpretation der Gnosis NHC XI,1 14,38-38 und Elaine Pagels, *Gnostic Paul*, 139f).

[123] S. R. Llewelyn, '*Having cancelled ...*', 107-110.

[124] Vgl. Gerhard Kittel, Art. δόγμα κτλ., ThWNT II (1935), 234. Wegen dieser Schwierigkeiten, dem oben beschriebenen Partizipialstil und der Dopplung des τὸ καθ᾽ ἡμῶν mit dem ἦν ὑπεναντίον ἡμῖν streichen Schille, *Frühchristliche Hymnen*, 33; Lohse, *Kom.*,163 Anm. 1; *hymnisches Bekenntnis*, 282; Wengst, *Christologische Formeln*, 189f; Cannon, *Use*, 46; Hoppe, *Triumpf*, 254-256 u.a in dieser Zeile. Allerdings ist umstritten, ob man nur ὃ ἦν ὑπεναντίον ἡμῖν oder auch τοῖς δόγμασιν streichen soll. Lohse rechnet mit zwei Bearbeitungsschichten und schreibt den Verf. des Kol lediglich τοῖς δόγμασιν zu, wegen der parallelen Formulierung in 2,20.

[125] Llewelyn, '*Having cancelled ...*', 110f unter anderem unter Verweis auf Inschriften und Diod. XII 26,1.

[126] Vgl. Plut. comp. Thes./Rom. 4; Arat. 54,3; App. Mithr. 103. Es geht hier jeweils um das triumphieren über bzw. durch das Mitführen von Besiegten im Triumphzug. Diese Belege sprechen m. E. auch gegen den Vorschlag von Yates, *Colossians 2.15*, 574-580, der auf das Mitführen von Freigelassenen im Triumphzug verwies; s.a. unten. ἐν αὐτῷ (2,15c) auf das

römischen Triumphzug werden einige Kriegsgefangene, vor allem die besiegten Heerführer und Könige, an der Spitze des Zuges neben den Beutestücken, Schlachtdarstellungen und Bildern der eroberten Landschaften mitgeführt.[127] Sie werden somit „öffentlich zur Schau gestellt" (V. 2,15b).[128] Problematisch bleibt allerdings die Bedeutung von ἀπεκδυσάμενος. Als reflexives Partizip verstanden, kann es sich nur auf Christus beziehen und das Kreuzesgeschehen näher als Entkleidung von den Mächten und Gewalten interpretieren.[129] Das „participle *apekdusamenos* implies that Christ has first stripped off the powers (cf. 3:9) before making a public exhibition of their defeat [...] Stripping off the garments is required for the revealer to make his divine identity known."[130] Die mediale Bedeutung von ἀπεκδυσάμενος setzt somit einen Mythos voraus, nach dem der Besungene durch das Ablegen seiner Kleider seine wahre göttliche Identität enthüllt und dadurch die Mächte und Gewalten demaskiert bzw. diese ihrer Machtlosigkeit bewußt werden läßt.

Viele Ausleger und Auslegerinnen möchten nicht Christus als Subjekt von „er nagelte ans Kreuz" verstehen, sondern Gott. Um einen Subjektwechsel in V. 15a zu vermeiden, übersetzen viele Ausleger und Auslegerinnen das Mediumpartizip daher aktivisch unter Verweis auf Vermischungstendenzen zwischen Medium und Aktiv in der Koine: „er entkleidete die Mächte und Gewalten."[131] Es gelingt dann eine einheitliche Interpre-

---

Kreuz zu beziehen (vgl. Yates, *Colossians 2.15,* 590), zerstört die Realistik des Bildes. Es bezieht sich m. E. auf das gedachte Subjekt der Handlung.

[127] Vgl. Wilhelm Ehlers, *Art. Triumphus,* PRE 7/A1 (1939), 493-511; H. S. Versnel, *Triumphus,* 95f; Josephus, Bell VII 140-150. Nach Josephus werden zu diesem Zweck im Triumphzug des Vespasian und Titus nach dem Sieg über die Juden im vorderen Teil des Zuges πήγματα (Gerüste) mitgeführt, auf denen die Beutestücke, Schlacht- und Landdarstellungen getragen werden. In diesem Teil des Zuges werden auch die Gefangenen mitgeführt.

[128] Vgl. Josephus, Bell VII 134; 140; 146f (δεικνύειν).

[129] So Käsemann, *Leib,* 139-144, der hier einen gnostischen Mythos vermutet, in dem Christus durch das Ablegen der Mächte eine Bresche für die in der Welt gefangenen Seelen schlägt bzw. sich entkleidet von dem „von den dämonischen Archonten tyrannisierten Adamsleib" (*Eine urchristliche Taufliturgie,* 46). Zur Kritik vgl. Lohse, *Kom.,* 166f.

[130] Pheme Perkins, *Gnosticism,* 105.

[131] Blass/Debrunner § 316,1. Einige Ausleger, z. B. Pokorný, *Kom.,* 118, übersetzen mit Oepke, *Art.* δύω κτλ., ThWNT II (1935), 319, und Bauer, *Wörterbuch,* 165 „entwaffnen". Jedoch hat bereits Wettstein eine Parallele aus Plut. mor. 173D angeführt, nach der die Bestrafung und Entsetzung von Statthaltern und Herrschern gerade durch das Entkleiden vollzogen wird (Strecker/Schnelle, *Der neue Wettstein,* 729). Carr, *Angels and Principalities,* und Yates, *Colossians 2.15,* versuchen der Tatsache Rechnung zu tragen, daß die „Mächte und Gewalten" in Kol 1,16 und 2,14 (vgl. auch 2,9) nicht begründet als Gott, Christus oder den Menschen feindliche Mächte erscheinen. Carr meint, hier seien vielmehr die Christus dienenden himmlischen Heerscharen gemeint. Die „glorification of Christ is archieved by the public recognition of him by the angels of heaven" (64). ἀπεκδύεσθαι interpretiert Carr als „putting off the old clothes of the victor and the putting-on of the ceremonial dress of a *triumphator*" (65). Allerdings bleibt Carr die Erklärung schuldig, warum das Moment des Ausziehens betont wird, nicht jedoch das viel wichtigere, weil die Gegenwart des Gottes

tation von Kol 2,15 als Bild eines römischen Triumphzuges. Zu diesem Bild paßt bereits 2,14c. Vor dem Triumphator tragen Lektoren im Zug der Kriegsgefangenen Schilder mit den Namen der Besiegten.[132] Außerdem werden im Triumphzug Bildsäulen der Siegesgöttin Nike mitgeführt.[133] Das Kreuz könnte hier ein solches Schild oder ein Siegeszeichen symbolisieren. Zumindest fällt auf, daß in V. 2,14 das Kreuz nicht in der Mitte, sondern am Rand steht und im Kontext eine „Demonstrationstafel" darstellt.[134] Es ist nicht Zeichen größter menschlicher Niedrigkeit, sondern Zeichen des Sieges. Der Kol zitiert an dieser Stelle also eine triumphale Kreuzestradition, wie sie auch in Hebr 2,9; 12,2 begegnet.

Diese Kreuzestheologie des mythologischen Bildes 2,14f steht im Widerspruch zur Martyriumstheologie von Kol 1,20. Das Kreuz ist in 2,14 nicht als Folterinstrument, an dem blutig und qualvoll gestorben wird, dargestellt. Es ist, wie Lindemann bereits herausgestellt hat, gar „nicht von der Kreuzigung Jesu, sondern von der Kreuzigung des χειρόγραφον die Rede".[135] Das Kreuz demonstriert in diesem Kontext nicht die größtmögliche Niedrigkeit und Gottferne, sondern ist Zeichen des Sieges über die Mächte. Dagegen ist die Formulierung „indem er Frieden schafft durch das Blut seines Kreuzes" (1,20b) Ausdruck von Martyriumstheologie.[136] Das Kreuz in Kol 1,20 ist Folterinstrument und Zeichen des grausamen Leidens und Todes des Gerechten. Dieses Leiden wird nachträglich interpretiert, indem es als das letzte Leiden gedeutet wird, das die Versöhnung zwischen Gott und der von Gott entzweiten Welt herbeiführt. Der Sinn des Leidens des Gerechten besteht nicht in der Erfüllung göttlicher Notwendigkeiten, sondern darin, daß die nun geschehene Versöhnung weiteres Leiden verhindert. Während also Kol 1,18b-20 auf die Versöhnung zwischen Gott und Welt zielt, geht es in Kol 2,14f um die Entmachtung der Mächte und Gewalten.[137] Während „er" in Kol 1,16 die Mächte schafft, triumphiert „er" über sie in Kol 2,15. Frieden und Versöhnung gelingen nach Kol 1,15-20 durch Überwindung der

---

(Iupiter) symbolisierende Anziehen des Triumphgewandes. Weiterführend verweist Yates auf das Mitführen der Freigelassenen hinter dem Triumphwagen, die an dem Tag des Triumphes in der Kleidung Freigelassener im Zug mitziehen. Aber auch bei dieser Deutung bleibt das Problem, daß in Kol 2,15a das „entkleiden" betont ist, nicht aber ein neues Gewand.

[132] Vgl. Ehlers, Art. Triumphus, PRE 7/A1 (1939), 502f; Josephus, Bell VII 147.

[133] Josephus, Bell VII 151.

[134] Dies gilt auch, wenn man einen übertragenen Gebrauch von ἐκ τοῦ μέσου „weg" (vgl. z. B. Arr. Epict. III 3,15) annimmt. Auch der übertragene Gebrauch läßt noch erkennen, um welche Mitte es geht (vgl. auch I Kor 5,2; Jes 57,2).

[135] Lindemann, Auferstehung, 43.

[136] Anders Hoppe, Triumph, der dem Kreuz in Kol 1,20 „primär die Bedeutung eines Erweises der Dominanz über alle feindlichen oder den Menschen angeblich bedrohlich beherrschenden Mächte" (217) beimißt. Jedoch ist das Folterinstrument Kreuz in der Antike kein Siegesbeweis. Es ist vielmehr eine Torheit (I Kor 1,18.27), nämlich die Selbstentäußerung Gottes in menschliche Niedrigkeit in ihrer grausamsten Form (vgl. auch Phil 2,6-11).

[137] Vgl. auch Conzelmann, Kom., 138.

Feindschaft zwischen Gott und Welt, auf die hin die Schöpfung angelegt ist, nach 2,14f durch die Entmachtung der, bzw. den Triumph über die ἀρχαί und ἐξουσίαι.

Wie auch immer man die Frage von Tradition und Redaktion in den beiden hymnischen Stücken 1,15-20 und 2,14f beantwortet, bleibt es zumindest sehr unwahrscheinlich, daß die Nennung des Kreuzes in 1,20 und 2,14 auf die Verf. zurückgeht.[138] Denn die beiden hymnischen Stücke vertreten nicht nur eine diametral entgegengesetzte Kreuzestheologie, die Verf. des Kol nehmen auch weder die in 1,20 noch die in 2,14f vorgetragene Interpretation des Kreuzes in ihrem Brief erneut auf. In der Interpretation des Hymnus (Kol 1,15-20) durch die Verf. in 1,22 und 2,9f kommt das Kreuz nicht vor.[139] Die Christologie des Kol vielmehr ist von anderen Gedanken getragen. Die Gemeinde ist einbezogen in Tod und Auferstehung Christi (2,12). Sie ist versöhnt durch den Tod Christi und steht bereits heilig vor Gott im Himmel (1,22; 1,28; 4,12). In Christus „wohnt die Fülle der Gottheit leibhaftig." Die Gemeinde ist Christi Leib, deren Haupt er ist (1,24; 2,17.19), und sie ist in ihm erfüllt, der das Haupt aller Macht und Gewalt ist (2,9f). Christus ist durch sein schöpferisches Handeln allem, auch aller Macht und Gewalt, vorgeordnet. In ihm ist alles Göttliche verortet. Die Verf. verändern in ihrer Aufnahme des Hymnus die Rede von den ἀρχαί und ἐξουσίαι (Kol 1,16d; 2,15) und sprechen von ἀρχή und ἐξουσία im Singular. Es ist daher m. E. nicht anzunehmen, daß hier die Überwindung dämonischer Mächte und Gewalten betont wird. In den Augen der Verf. ist in Christus die göttliche Machtfülle präsent.

Die Christologie spielt ohne Zweifel eine wichtige Rolle im Kol. Dies zeigt der breite Raum, der den christologischen Reflexionen durch die Aufnahme der hymnischen Stücke in 1,15-20 und 2,14f eingeräumt wird. Zugleich aber wird deutlich, daß die Verf. nicht eine spezifische Christologie vorstellen, sondern verschiedene christologische Entwürfe. Zielpunkt der christologischen Reflexionen ist nicht, die impliziten Adressatinnen und Adressaten von *einer* Deutung des Christusgeschehens zu überzeugen, sondern von dem grundsätzlichen Umschwung, der durch das Christusereignis vollzogen ist und in den die Adressatinnen und Adressaten einbezogen sind. Bereits vor dem Hymnus in 1,15-20 wird die Gemeinde zum Dank für die bereits geschehene Versetzung unter die Heiligen ins Licht und in die göttliche Sphäre aufgefordert (1,12-14). Ebenso bezieht auch die Übertragung des Hymnus auf die Gemeinde in 1,21f die Gemeinde in das Erlösungsgeschehen ein. Das „Einst–Jetzt-Schema" wiederholt das Zeitverständnis des Hymnus, in dem lediglich Anfang und Ende, Schöpfung

---

[138] Vgl. auch Maclean, *Ephesians*, 40.

[139] Bereits Wengst, *Christologische Formeln*, 172, beobachtete, daß die Verf. des Kol in 1,20-22 „über das ganze Lied hinweg auf die Thematik von vv 12-14" zurückgreifen.

und Versöhnung im Blick sind. In 1,20f steht nicht das Kreuz im Mittelpunkt, sondern die Einbeziehung der Angesprochenen in den Tod Christi. Das christologische Hauptstück des Kol ist daher m. E. 2,9-12. Wie die Gemeinde versöhnt ist ἐν τῷ σώματι τῆς σαρκὸς αὐτοῦ (1,22), so hat sie gemeinsam mit Christus das σῶμα τῆς σαρκός abgelegt (2,11). Wie die Gemeinde durch den Tod Christi versöhnt ist (1,22), so ist sie mit ihm begraben und auferstanden durch das Vertrauen auf die Auferweckung (2,12).

Es fällt auf, daß die Christologie im Rückbezug auf den Hymnus (2,9f), mit der Formel vom Mitbegraben und Mitauferstanden sein (2,12) und dem hymnischen Stück 2,14f gerade in dem Abschnitt 2,4-23 entfaltet wird, dem Abschnitt also, der die Paränese gegen die Verunsicherung durch die, die „rauben" (2,8), „richten" (2,16) und „verurteilen" (2,18), enthält. Der Paränese wird die Wirklichkeit Christi gegenübergestellt, in der die Gottheit leibhaftig gegenwärtig ist und mit der die Gemeinde erfüllt ist. Von solcher Fülle erfüllt und in das Geschehen von Tod und Auferstehung Christi mit einbezogen, braucht sich die Gemeinde nicht mehr in der Welt verunsichern zu lassen. Die Christologie des Kol läßt sich m. E. mit Joh 16,33 formulieren: „In der Welt habt ihr Angst, aber seid getrost, ich habe die Welt besiegt." Nicht ein Streit um eine bestimmte Christologie, sondern die Bekämpfung der Weltangst ist Anlaß zur ihrer Entfaltung.

Die Christologie des Kol kann folgendermaßen zusammengefaßt werden: Die Verf. entwickeln ihre Christologie unter Aufnahme zahlreichen Traditionsmaterials aus der jüdischen Weisheitsbewegung und der Jesusbewegung. Sowohl in den hymnischen Stücken 1,15-20 und 2,14f als auch in der Tauftradition 2,11f wird die Erhöhung Christi betont. Keines der Stücke zeigt explizit paulinischen Einfluß.[140] Entscheidend für die Aufnahme von Kol 1,15-20 ist die Betonung Christi präexistenter Schöpfungsmittlerschaft und des durch Christus erreichten Friedens. Sein irdisches Geschick, soweit es überhaupt im Hymnus thematisiert wird, nimmt der übrige Brief nicht auf. Kol 2,14f beschreibt Christus als Triumphator und seine im Triumph geschehene Einsetzung als Gott über Mächte und Gewalten (1,16; 2,15 vgl. auch 2,10; Hebr 2,9). Die Formel von Tod und Auferstehung Christi (2,12) wird direkt auf die Gemeinde übertragen. In Christus ist die Göttlichkeit und ihre Fülle gegenwärtig. Die mit Christus Gestorbenen und Auferstandenen haben an dieser göttlichen Fülle Anteil. Die Aufnahme der hymnischen Stücke erinnert die Gemeinde an den Weg Christi, in den sie einbezogen ist. Die Verf. argumentieren daher m. E. nicht eigentlich gegen christologische Verunsicherungen, sondern

---

[140] Eine Spur von Kol 2,14f läßt sich in den paulinischen Briefen nicht ausmachen. Zu Kol 1,15-20 siehe oben 4.3.3, S. 159-162. Lediglich die Eintragung von θανάτου δὲ σταυροῦ in Phil 2,8c bietet eine Parallele zu Kol 1,20b.

gegen weltliche Verunsicherungen. Die Christologie dient dazu, die Gemeinde an ihre Teilhabe an der Auferstehung Christi und die in ihm und mit ihm vollzogene Erhöhung zu erinnern. Damit wird vergegenwärtigt, was schon gegenwärtig ist, nämlich die Erhöhung der auf Christus Vertrauenden in die göttliche Sphäre des Lichts, der Erkenntnis und Erlösung.

1.2 Die Ekklesiologie

Christus ist das Haupt nicht nur der Macht und Gewalt (2,10), sondern auch des Leibes der Versammlung (*ekklesia* 1,18). Ob die Präzisierung des „Leib" durch τῆς ἐκκλησίας in 1,18a von den Verf. stammt, muß offenbleiben. Die Verf. nehmen jedoch diesen Gedanken in 1,24f; 2,17 und 2,19 auf.

[Kol 1,18 καὶ αὐτός ἐστιν ἡ κεφαλὴ τοῦ σώματος τῆς ἐκκλησίας]
Kol 1,24 f ὁ σῶμα αὐτοῦ, ὅ ἐστιν ἡ ἐκκλησία
Kol 2,17 σκιὰ τῶν μελλόντων τὸ δὲ σῶμα τοῦ Χριστοῦ
Kol 2,19 κρατῶν τὴν κεφαλήν ἐξ οὗ πᾶν τὸ σῶμα διὰ τῶν ἀφῶν καὶ συνδέσμων ἐπιχορηγούμενον καὶ συμβιβαζόμενον αὔξει τὴν αὔξησιν τοῦ θεοῦ

Bereits bei Plato ist „der Kosmos als der von der göttlichen Seele einheitlich regierte und durchwaltete Leib" beschrieben.[141] Zugleich vergleicht Plato den Staat mit dem menschlichen Körper.[142] Die Vorstellung des Kosmos als Leib Gottes ist zur Zeit des Neuen Testaments allgemein verbreitet.[143] Die Gottheit wird vielfach dabei als Haupt des Kosmos verstanden, der sein Leib ist.[144] Die Menschen sind Glieder dieses Leibes Gottes.[145] Bei Seneca „nähern sich die ursprünglich verschiedenen Vorstellungen vom lebendigen Leib des Kosmos und vom Staat als einem geordneten Ganzen, das mit dem menschlichen Leib verglichen wird, einander an."[146] Die Rede vom Staat als Leib betont dabei den Einheits- und Universalitätsgedanken. Philo nennt den Logos Haupt des Kosmos[147] und versteht die Welt als vom Logos durchwaltet.[148] Auch Philo verwendet das Leibbild für die Einheit und den Frieden im Volk.[149]

---

[141] Vgl. Schweizer, *Art. σῶμα κτλ.*, ThWNT VII (1964), 1024-1091, Zitat 1029.
[142] Plat. rep. 556e; 567c u. ö. Bei Aristoteles soll die „Übertragung des Bildes vom Leib auf den Staat [...] beweisen [...], daß dieser als das Ganze ursprünglicher ist als der einzelne, so wie das Ganze des Menschen ursprünglicher ist als das einzelne Glied, das als totes nur noch dem Namen nach Hand oder Fuß ist" (Schweizer, ebd., 1031).
[143] Schweizer, ebd., 1035f.
[144] Belege bei Schlier, *Art. κεφαλή κτλ.*, ThWNT III (1938), 675.
[145] Sen. epist. 92,30 (vgl. auch 95,52). Nach OdSal 17,14-16 sind die Erlösten Glieder des Leibes des Erlösers und er ihr Haupt.
[146] Schweizer, *Art. σῶμα κτλ.*, ThWNT VII (1964), 1037.
[147] Quaest in Ex II 117; vgl. Som I 127f. Vgl. auch Harald Hegermann, *Vorstellung*, 47-67.
[148] Quaest in Ex II 68.
[149] SpecLeg III 131.

Die Vorstellung von Gott bzw. dem Logos als Haupt des Weltleibes wird im Kol aufgenommen. Wenn auch unklar bleibt, ob ἐκκλησία in Kol 1,18a eine Versammlung des irdischen oder des himmlischen Hofstaats meint, so ist doch deutlich, daß die Verf. in 1,24 eine geschichtliche Größe–die Versammlung der auf Christus Vertrauenden–im Blick haben. Zu fragen ist nun einerseits, ob die Verf. mit dieser Interpretation die kosmologischen Aussagen als geschichtliche deuten, oder ob sie vielmehr die geschichtlichen Aussagen mythologisieren, und andererseits, was sie zu dieser Interpretation des Stichworts ἐκκλησία veranlaßt hat.

ἐκκλησία bedeutet in der Mitte des ersten Jahrhunderts sicher nicht „Kirche", sondern der Begriff beschreibt die Volksversammlung der stimmberechtigten Bürger einer Polis.[150] Diesen politischen Anspruch des Begriffs macht u. a. Philo deutlich, wenn er zum Thema Freiheit sagt:

> Die preiswerte Schönheit der Freiheit (ἐλευθερία) und die verabscheuungswürdige Häßlichkeit der Knechtschaft wird auch von Staaten (πόλεις) und Völkern (ἔθνη) bezeugt, welche älter sind als der einzelne Mensch, länger Bestand haben und gleichsam unter Sterblichen unsterblich sind. [...] Wozu anders treten fast täglich Rats- (βουλαί) und Volksversammlungen (ἐκκλησίαι) zusammen als zu dem Zweck, die Freiheit zu festigen, wenn man sie hat, oder sie zu erwerben, wenn man sie nicht hat?[151]

Bereits ein Blick in die Konkordanz macht einen Unterschied zwischen den Paulusbriefen und dem Kol deutlich. Paulus spricht von ἐκκλησία sowohl im Singular (20mal) als auch im Plural (15mal), der Kol jedoch nur von ἐκκλησία im Singular.[152] Die meisten Forscherinnen und Forscher nehmen an, daß der paulinische Gebrauch von ἐκκλησία im Singular an der Mehrzahl der Stellen eine konkrete Versammlung von Gemeindemitgliedern in einer Stadt meint.[153] Dem entspricht, daß Paulus den Plural verwendet,

---

[150] Vgl. Emil Reisch, *Art. Ἐκκλησία*, PRE 5 (1905), 2163-2207. Vgl. auch Schrage, *Ekklesia*, 179f; Lührmann, *Neutestamentliche Haustafeln*, 93; Köster, *Writings and the Spirit*, 358, u. a.

[151] Philo, *Quod omnis probus liber sit* 137f (Übers. H. Leisegang).

[152] Die Formulierungen in Kol 4,15 „die Versammlung in ihrem (Nymphas) Haus" stehen dabei im Einklang mit dem paulinischen Sprachgebrauch (vgl. Röm 16,5; I Kor 16,19; Phlm 2). Ähnlich den Paulusbriefen ist auch die Formulierung Kol 4,16 „die Versammlung der Laodiceer" (vg. 1 Thess 1,1; Röm 16,5; I Kor 1,2) gebraucht. Daneben nennt Paulus noch die Volksversammlungen (Plural) einzelner Provinzen, Gal 1,2/I Kor 16,1: Galatiens; Gal 1,22: Judäas; I Kor 16,19: Asiens; II Kor 8,1: Makedoniens.

[153] Vgl. Josef Hainz, *Ekklesia*, besonders 229-232. Allerdings bleibt es m. E. fraglich, ob sich die ἐν ἐκκλησία Versammelten immer als ἐκκλησία τοῦ θεοῦ verstanden (ebd., 232), denn Paulus verwendet dieses Syntagma lediglich im Zusammenhang mit der korinthischen Gemeinde, genauer nur I Kor 1,2; 10,32; 11,16; 11,22 (plural!) und II Kor 1,1 (wenn dieses Präskript ursprünglich zu dem Brieffragmenten gehörte) sowie an den oben diskutierten Stellen. Anders hat Riesenfeld, *Transzendente Dimension*, bereits in den Paulusbriefen die Vorstellung von *ekklesia* als himmlische Gottesdienstversammlung vermutet. Es ist m. E. möglich, daß die Korintherinnen und Korinther ihre *ekklesia Gottes* als himmlische Versammlung verstanden haben; vgl. bes. I Kor 11,2-16. Die paulinische Betonung scheint mir

wenn er von einer Mehrzahl (II Kor 8,23f; 11,8; 12,13) oder gar allen Gemeinden spricht (vgl. I Kor 7,17; II Kor 8,18f. 11,28; Röm 16,16). Dieser Gebrauch von ἐκκλησία steht im Einklang mit dem hellenistischen Gebrauch des Wortes. Die Bürgerinnen und Bürger einer Stadt sind dann ἐκκλησία, wenn sie sich versammeln.[154] Die sich ergebende Konkurrenz der paulinischen *ekklesia* zur politischen Volksversammlung der Polis ist sicher nicht unbeabsichtigt.[155]

Neben dem Gebrauch von ἐκκλησία für die konkret in einer Stadt versammelten Menschen, die auf Christus vertrauen, findet sich bei Paulus die Formulierung „ich verfolgte die Gemeinde Gottes (ἐκκλησία τοῦ θεοῦ)" (Gal 1,13; I Kor 15,9). Mit ἐκκλησία τοῦ θεοῦ scheint ein Abstraktum vorzuliegen. Josef Hainz deutet „Gemeinde Gottes" im Gefolge von Karl Holl als die Selbstbezeichnung der Jerusalemer Christengemeinde, die sich selbst als die wahre Gemeinde Gottes gegenüber dem Judentum verstanden habe. „Möglicherweise verstand man das in einem universalen, repräsentativen Sinn. Sicher aber drückte diese Selbstbezeichnung die Ehrenstellung Jerusalems auf nachdrücklichste Weise aus."[156] Paulus nehme zwar diese Selbstbezeichnung auf, kritisiere sie aber.

> Was sich in allen Paulusbriefen von Anfang an durchhält, ist ein der Jerusalemer Auffassung entgegengesetztes Verständnis der Einzelgemeinden als ἐκκλησίαι τοῦ θεοῦ: sie sind nicht Konkretion und Darstellung der durch Jerusalem repräsentierten einen ἐκκλησία τοῦ θεοῦ, sondern jede Gemeinde ist für sich und in vollem Sinn ἐκκλησία τοῦ θεοῦ.[157]

Nun geht diese Deutung davon aus, daß, in Übereinstimmung mit Act 8,1.3; 9,1f; 22,4; 26,10, Paulus die Jerusalemer Urgemeinde verfolgt habe. Allerdings sind wieder die Aussagen der Act (vgl. 22,5; 26,11)[158] noch der Galaterbrief in dieser Richtung eindeutig. Zwar ist es wahrscheinlich, daß Paulus, „der im Judentum über die meisten seiner Altersgenossen hinaus Fortschritte machte" (Gal 1,14; vgl. auch Phil 3,6), auch vor seinem Christuserlebnis als Pilger nach Jerusalem gekommen ist. Seine ausdrückliche Betonung, erst drei Jahre nach seiner Christusvision nach Jerusalem hingegangen zu sein, und seine Bemerkung Gal 1,22 „ich war aber im Angesicht unbekannt den Versammlungen in Judäa (αἱ ἐκκλησίαι τῆς Ἰουδαίας)"[159] lassen m. E. nicht auf eine spezielle Verfolgung der Jerusalemer

---

aber auf der politischen Bedeutung einer konkreten Versammlung der Bürgerinnen und Bürger einer πόλις zu liegen.

[154] Apg 19,23-40. Vgl. auch Berger, *Volksversammlung,* 167-178.

[155] Vgl. Georgi, *Gott auf den Kopf stellen,* 179f.

[156] Hainz, *Ekklesia,* 233.

[157] Ebd., 239.

[158] Bereits Merklein, *Ekklesia,* hat darauf hingewiesen, daß Paulus nach der Apg die Hellenisten verfolgt, nicht etwa die Urgemeinde.

[159] Hainz, *Ekklesia,* 236, versteht diese Formulierung als Polemik gegen den ausdrücklichen Anspruch der Jerusalemer Urgemeinde. Allerdings scheint mir die Opposition zwischen Paulus und den Jerusalemern in Hainz' Deutung zu stark betont. Paulus ist, dies zeigen sein Kollektenwerk und die entsprechenden Kollektenbriefe II Kor 8f; Phil 4,10-20 deutlich, um die Solidarität mit den Heiligen und Armen in Jerusalem bemüht.

Urgemeinde schließen. Die belegte Selbstbezeichnung der Jerusalemer ist „die Armen" (οἱ πτωχοί) im Beschluß der Konferenz in Jerusalem nach Gal 2,10 (vgl. auch Röm 15,26).[160] Paulus erkennt diese theologische Vorrangstellung der Jerusalemer in seinem später eifrig verfolgten Kollektenwerk an und bezeichnet die Jerusalemer als „die Heiligen" (I Kor 16,1.15; II Kor 8,4; 9,1.12; Röm 15,25f.31).

Die Bezeichnung ἐκκλησία τοῦ θεοῦ kennen auch Neh 13,1 und Philo. Es handelt sich dabei jeweils um Auslegungen von Dtn 23,1-3.[161] In Dtn 23,1-3 wird bestimmt:

> Kein Zerquetschter und kein Verschnittener soll in die Volksversammlung des Herrn (ἐκκλησία τοῦ κυρίου) hineinkommen. Keiner (und keine), der (und die) von einer Hure geboren ist, soll in die Volksversammlung des Herrn hineinkommen. Kein Amoriter und kein Moabiter soll in die Volksversammlung des Herrn hineinkommen.[162]

Bereits Neh 13,1-3 legt Dtn 23,3 als Aufzählung von Bedingungen für die Zugehörigkeit zu Israel als Volk aus. In Qumran wird die Auslegung von Dtn 23,1-3 radikalisiert und zum Kriterium der Gruppenmitgliedschaft ausgebaut.[163] Für Berger kennzeichnet der jüdische Gebrauch „den kultischen Charakter der 'ekklesia'".[164] Die christliche Verwendung des Wortes schließe sich an diese verbreitete jüdische Terminologie direkt an. Was aber die christliche Selbstbezeichnung *ekklesia* von der jüdischen unterscheide, sei die „Endgültigkeit des Geheiligt- und Berufenseins, die die Glieder nun für immer befähigt, Gottes Ekklesia zu sein [...] Ekklesia ist deshalb jetzt nicht mehr nur eine je und je stattfindende Versammlung, sondern eine ständige Vereinigung, weil die Heiligkeit eschatologisch-endgültig realisiert ist."[165] Dagegen hat Merklein eingewendet, daß bereits die jüdische Auslegungsgeschichte in Dtn 23,1-9 „Bedingungen für die Zugehörigkeit zu Israel erblickte".[166] Für die Bedeutung des Syntagmas ἐκκλησία τοῦ θεοῦ sei die Qualifikation Gott entscheidend. „Die 'Ekklesia Gottes' ist Israel qua Gottesvolk."[167] Die „christliche Gemeinde" bringe mit *ekklesia* Gottes von Anfang an zum Ausdruck, Gottes heiliges Volk zu sein, „dessen Heiligkeit nun allerdings nicht durch speziell kultisch relevante Voraussetzungen, sondern durch das Geheiligtsein in Jesus Christus konstituiert ist".[168]

---

[160] Georgi, *Der Armen zu gedenken,* 21-30, zeigt, daß in Gal 2,9f „wesentliche Stichworte aus dem Abkommen angegeben sind" (21) und daß die Bezeichnung „die Armen" dem eschatologischen Selbstverständnis der Jerusalemer Gemeinde entspricht. „Die Vereinbarung, der Armen zu gedenken, das heißt, die eschatologische Demonstration der Jerusalemer Christen als solche zu respektieren und innerlich und äußerlich zu tragen, war ein Bekenntnis zur Einheit der Gemeinde Jesu Christi in der Hoffnung auf seine baldige Wiederkunft." (30).

[161] Philo hat vermutlich in Dtn 23,1f ἐκκλησία τοῦ θεοῦ gelesen (vgl. All III 8; Ebr 213). Neh 13,1 gibt ebenfalls Dtn 23,3 wieder. Dies zeigt, daß die Übersetzung von קהל יהוה anscheinend auch mit ἐκκλησία τοῦ θεοῦ möglich ist. Ein inhaltlicher Unterschied ist m. E. nicht zu postulieren.

[162] ἐκκλησία τοῦ κυρίου auch noch Micha 2,5 als Bezeichnung für Israel an einem zukünftigen Tag.

[163] Vgl. 1Q28a (früher 1QSa); 4Q174 (Flor) III,3-5 u. ö. Vgl. auch Berger, *Volksversammlung,* 190. Vgl. auch Merklein, *Ekklesia,* bes. 59-62.

[164] Berger, *Volksversammlung,* 186.

[165] Berger, *Volksversammlung,* 198.

[166] Merklein, *Ekklesia,* 61, mit Berger, *Volksversammlung,* 189.

[167] Merklein, *Ekklesia,* 62.

[168] Merklein, *Ekklesia,* 63.

Philo von Alexandria versteht allerdings die von ihm besonders häufig ausgelegte Stelle Dtn 23,1-9 nicht kultisch oder gemäß Reinheits- oder Heiligkeitskategorien.[169] In den allegorischen Schriften deutet er „die Gequetschten und Verschnittenen" (Dtn 23,1) als die an geistiger Zeugungsfähigkeit verstümmelten (Mut 205; Som II 184; All III 8; vgl. auch Imm 111.), als die, die nicht fähig sind, den Samen der Tugend zu säen (Ebr 211-213) und als Atheisten (Migr 69); „die aus einer Hure Gezeugten" (Dtn 23,2) als Polytheisten (All III 8; Migr 69; Conf 144) und „die Amoriter und Moabiter" (Dtn 23,3) als die, die Geist und Sinnlichkeit für wesentlich halten, den Gedanken an Gott aber nicht fassen wollen (All III 81; Post 177). Die Notwendigkeit, die in Dtn 23,1-3 genannten Personengruppen als Metaphern für die Verweigerung von wahrer Gotteserkenntnis zu verstehen, zeigt bereits, daß Philo der Ausschluß bestimmter Personengruppen aus der ἐκκλησία τοῦ θεοῦ/κυρίου anstößig war. Seine allegorische Deutung weist das wörtliche Verständnis zurück und deutet den Text in der Weise, daß alle, die nach Gotteserkenntnis streben und die Gott als Ursache allen Seins begreifen, von der Gemeinde Gottes nicht ausgeschlossen, sondern gerade eingeschlossen sind. In seinen missionstheologischen Schriften formuliert Philo:

> Wenn aber einige von ihnen wechseln wollen zum Staatenverband der Juden (Ἰουδαίων πολιτεία), soll man sie nicht wie Kinder von Feinden in in unversöhnlicher Gesinnung zurückweisen, sondern ihnen so geneigt sein wie dem in die Volksversammlung (ἐκκλησία) berufenen dritten Geschlecht (vgl. Dtn 23,9) und ihnen die göttlichen Worte mitteilen, von denen es Brauch ist, daß sie den Eingeborenen und den Nachkommen aus gutem Geschlecht offenbart werden.[170]

Philo erweitert hier den Kreis der in die Volksversammlung Berufenen (καλεῖν) ausdrücklich um die Proselyten und Bekehrungswilligen. Damit ist die ἐκκλησία τοῦ θεοῦ bereits bei ihm zu einer Bezeichnung aller auf Gott Vertrauenden geworden.[171]

Wenn ἐκκλησία τοῦ θεοῦ (Gal 1,13; I Kor 15,9) die Selbstbezeichnung der von Paulus verfolgten Gemeinden wiedergibt, dann vermutlich nicht im Gegenüber zum Judentum, sondern gerade als Judentum. Ebenso ist es möglich, daß Paulus seine vormalige Verfolgung derer „in Christus" im Nachhinein als Verfolgung der ἐκκλησία τοῦ θεοῦ, seiner jüdischen Geschwister, deutet. Von den paulinischen Gemeinden scheint sich nur die korinthische explizit ἐκκλησία τοῦ θεοῦ genannt zu haben.

Ein Allgemeinbegriff *ekklesia* für die an vielen Orten Versammelten „in Christus" war in der paulinischen Mission nicht entstanden. Statt dessen versuchte Paulus seit dem Konflikt in Galatien verstärkt, eine Verbindung unter den Gemeinden mit dem vermutlich bereits früher entstandenen Kollektenwerk zu entwickeln.[172] Er nahm damit den Wunsch der Jerusalemer

---

[169] Anders Berger, *Volksversammlung*, 188-190; Merklein, *Ekklesia*, 61.
[170] Virt 108. Vgl. auch Berger, *Volksversammlung*,190. 191, Anm. 127.
[171] Philo verwendet συναγωγή lediglich im Zitat (Num 27,16; Agr 44; Post 67) oder zur Bezeichung des Gebäudes (Som II 127; *Quod omnis probus liber sit* 81). In der LXX ist eine thematische Unterscheidung zwischen dem Gebrauch von συναγωγή und ἐκκλησία nicht festzustellen. Vgl. Schrage, *Ekklesia*, 180-186.
[172] Allerdings spricht er kurz vor der Überbringung (Röm 15,26) nur von der Beteiligung

auf (Gal 2,9f). Das Kollektenwerk sollte die Gemeinschaft (κοινωνία) mit den Jerusalemern bekunden (II Kor 8,4; 9,13; Röm 15,26). Hierbei ging es um Austausch und gegenseitige Verbindung: „Wenn nämlich die Völker Anteil haben an ihren (der Jerusalemer) Geistesgaben, dann schulden sie auch, ihnen mit Fleischesgaben zu dienen." (Röm 15,27; vgl. auch II Kor 9,12-14). Vermutlich sind jedoch die in Röm 15,31 geäußerten Befürchtungen eingetreten, und Paulus und die zahlreichen anderen Überbringerinnen und Überbringer[173] sind auf der Kollektenreise in Jerusalem verhaftet worden. Damit war aber die Idee einer Gemeinschaftsstifung durch die Kollekte zunächst gescheitert.

Es verwundert daher nicht, daß der Kol die Kollekte nach Jerusalem nicht erwähnt.[174] Für die durch das Scheitern der Kollekte notwendig gewordene Neubestimmung der Verbindung unter den Gemeinden des paulinischen Missionsgebietes nehmen die Verf. ihren Ausgangspunkt nicht bei dem Begriff ἐκκλησία τοῦ θεοῦ.[175] Vielmehr greifen sie einen anderen ebenfalls in den paulinischen Briefen vorhandenen Einheitsbegriff auf, den des Leibes.

Die Rede vom Leib Christi gehört bereits zur vorpaulinischen Abendmahlstradition (I Kor 11,24). Paulus deutet das Brotwort unter Voraussetzung des Einverständnisses der Korintherinnen und Korinther (10,15) als „Gemeinschaft des Leibes Christi" (10,16). Diese Formulierung entspricht noch den in den Einsetzungsworten ausgedrückten Gedanken von der „Teilhabe am Blut Jesu und setzte allein die mysterienhafte Vorstellung voraus, daß beide Sakramente in Jesu Todesschicksal einbeziehen".[176] Erst im nächsten Satz wird die Verbindung mit der ekklesiologischen Vorstellung vom Leib Christi hergestellt: „Denn ein Brot, ein Leib sind wir vielen, die wir alle an einem Brot Anteil haben (10,17)." Hier aber erfolgt ein „entscheidender Sprung".[177] „Der erhöhte Christus hat wirklich einen irdischen Leib, und die Glaubenden werden mit ihrem ganzen Sein realiter

---

von Makedonien und Achaia, also Griechenlands. Zum Folgenden vgl. Georgi, *Der Armen zu gedenken.*

[173] Vgl. Georgi, *Der Armen zu gedenken,* 87f. Die Boten der Kollekte wurden in den ἐκκλησίαι „durch Handheben gewählt" (χειροτονεῖν), also demokratisch bestimmt (II Kor 8,19 vgl. auch 8,23).

[174] Vgl. auch Kiley, *Colossians as Pseudepigraphy,* 46-51.

[175] Siehe oben S. 84f.

[176] Käsemann, *Das theologische Problem,* 193; vgl. auch Bornkamm, *Herrenmahl.*

[177] Käsemann, *Das theologische Problem,* 194. Käsemann und Bornkamm, *Herrenmahl,* 163f, halten die Verbindung von der Teilhabe am sakramentalen Leib Christi mit der ekklesiologischen Vorstellung für eine Erfindung des Paulus. Allerdings wird dann nicht deutlich, warum Paulus meint, die Korinther in I Kor 6,15 mit dem Argument „wißt ihr nicht, daß eure Leiber Glieder Christi sind?" zu überzeugen, und die Einheit in der Vielfalt der Charismen mit der Analogie des Leibes Christi begründen kann (I Kor 12,12). Hätte Paulus die Vorstellung vom Leib Christi als Gemeinde erst in I Kor 10,17 erfunden, hätte er mit diesem Bild die Korintherinnen und Korinther kaum überzeugen können. Neu ist dagegen die Verbindung der Vorstellung von der Gemeinde als Leib Christi mit der sakramental-mysterienhaften Vorstellung von der Teilhabe am Geschick Christi durch das Abendmahl.

darin eingegliedert, haben sich deshalb auch entsprechend zu verhalten. Der im Vergleich aufgegriffene Organismusgedanke setzt, religionsgeschichtlich geurteilt, eine mythologische Konzeption voraus."[178] Diese mythologische Vorstellung wird auch in I Kor 6,15; 12,12.27 und Röm 12,5 von Paulus als in den Gemeinden bekannt vorausgesetzt.[179] Die Verf. des Kol könnten die Identifikation von Gemeinde und Leib also aus der Tradition der paulinischen Gemeinden übernommen haben.

Das Bild vom Leib Christi in I Kor 12,12-31 und Röm 12,3-8 wird als ekklesiologisches Konzept allerdings anders ausgeführt als im Kol. Paulus nimmt Bezug auf zeitgenössische Ausführungen des Bildes vom Staatsleib und seinen Gliedern.[180] Zu Beginn der Kaiserzeit wird mehrfach eine Menenius Agrippa zugeschriebene Fabel erzählt, mit der er den römischen Plebs befriedet und das Amt der Volkstribunen begründet haben soll.[181] Nach der Fabel hätten sich einst die Glieder des Körpers gegen den Bauch erhoben, der ihnen untätig erschien. Die dem Boykott folgende Entkräftung habe die Glieder des Leibes davon überzeugt, daß der Bauch notwendig sei. Dionysius von Halikarnaß stellt am Ende seiner Bearbeitung des Themas programatisch fest: „Die Polis gleicht dem menschlichen Körper."[182]

Mit dem Bild vom Leib und seinen Gliedern begründet auch Paulus die Einheit in der Vielfalt der Charismen (I Kor 12; Röm 12,3-8). Die Assoziationen des staatsphilosophischen Gebrauchs des Leibbildes sind beabsichtigt.[183] Wie in der Fabel des Menenius Agrippa läßt Paulus die Körperteile sprechen (V. 15f.21). Aber anders als in der Fabel werden zunächst nur handlungs- und wahrnehmungsfähige Körperteile aufgezählt (Fuß, Hand, Ohr, Auge). Das Bild setzt von unten an. Es wird thematisiert, daß einzelne Glieder meinen, nicht zum Leib zu gehören, weil sie die (vermeintlich wichtigeren) Aufgaben anderer nicht übernehmen können. In der Absurdität der Feststellung von Fuß und Ohr (V. 15f) wird die Notwendigkeit der Pluralität deutlich (V. 19). Im zweiten Argumentationsgang (20-26) stellt Paulus heraus, daß auch die vermeintlich stärkeren Glieder (z. B. der Kopf V. 21) gerade auf die schwächsten Glieder angewiesen sind (V. 22-24). „Gott hat den Leib zusammengefügt, indem er dem Geringsten die größte Ehre gab, damit keine Spaltung im Leib sei, sondern die Glieder in gleicher Weise für einander Sorge tragen." (V. 24f).[184] Wie in der Fabel des M. Agrippa (Liv. II 32,12) folgt am Ende in V. 27 die Aktualisierung für die Angeredeten: „Ihr aber seid ein Leib Christi und ein Glied aus Teilen." V. 31 leitet schließlich mit der Aufforderung „strebt aber nach größeren Charismen" zu dem „Lied der Liebe" (I Kor 13) über. Auf dem Hintergrund der oben angeführten römischen Staatsphilosophie ist der Satz V. 27

---

[178] Käsemann, *Das theologische Problem*, 182. Anders Schweizer, *Art.* σῶμα, ThWNT VII (1964), 1067-1070, der den Leib Christi grundsätzlich mit dem gekreuzigten und auferstandenen Leib identifiziert. Zur Kritik vgl. Käsemann, *Das theologische Problem*, 191-197.

[179] Anders sieht Lindemann, *Kirche*, in I Kor 12,27 den einzigen Beleg einer ekklesiologischen Vorstellung vom Leib Christi in den Paulusbriefen. Alle übrigen Stellen betonen lediglich die Einheit in der Pluralität.

[180] Lindemann, *Kirche*, bes. 142-46. Vgl. auch Schweizer, *Art.* σῶμα, ThWNT VII (1964), 1024-1042.

[181] Liv. II 32,9-12.

[182] Dion. Hal. VI 86,1.

[183] Vgl. auch Lindemann, *Kirche*.

[184] V. 25f. führt noch einmal auf in der Staatsphilosophie geäußerte Gedanken zurück. Vgl. bes. I Kor 12,26 mit Plato, rep. V 462d.

ὑμεῖς δέ ἐστε σῶμα Χριστοῦ auch eine Konkurrenzaussage. Die Korintherinnen und Korinther gehören nicht zum Körper des römischen Staates, sondern zum Körper Christi.

Die Rede von der *ekklesia* als Leib Christi im Kol nimmt also Gedanken auf, die in den paulinischen Gemeinden virulent waren. Die korinthische Gemeinde ist Christi Leib (10,17; 12,27), die einzelnen sind seine Glieder (6,15; 12,12). Zugleich ist die Vorstellung vom Leib Christi als Versammlung der auf Christus Vertrauenden im Kol abstrahiert. Die eine *ekklesia,* die Christi Leib ist, ist nicht eine konkrete Versammlung in einer bestimmten Stadt, sondern ein weltweites, kosmologisches, Phänomen. Nach Schweizer ist σῶμα im Kol immer der gekreuzigte Leib Christi. Die räumliche Struktur des Begriffs dürfe nicht darüber hinwegtäuschen, „daß er die Eingliederung in die durch das Kreuzesereignis bestimmte Geschichte meint. Der Verfasser versteht den Leib Christi ekklesiologisch, nicht kosmisch, die Kirche, nicht das All in sich schließend."[185] Jedoch besteht m. E. kein Anlaß, in den Begriffen σῶμα oder ἐκκλησία im Kol ein Hinweis auf das Kreuz zu sehen. Die „in seinem Fleischesleib durch den Tod" (1,22) versöhnte Gemeinde ist gerade die vom fleischlichen Leib befreite, mit Christus gestorbene und auferstandene (2,11f) Gemeinde, die erfüllt ist von der in Christus gegenwärtigen Fülle Gottes (2,9f). Die Wiederaufnahme der Formulierung aus dem Hymnus (1,18a) in 1,24f führt nicht zu einer Vergeschichtlichung der Aussage, sondern macht umgekehrt das geschichtliche Phänomen *ekklesia* (Volksversammlung) zu einer kosmologischen Größe. Der Leib Christi ist die kommende, allumfassende Wirklichkeit (2,17). Die mythologische Vorstellung vom Leib Christi wird im Kol also nicht nur aufgenommen, sie wird auch auf die paulinische Bezeichnung für die Versammlung der auf Christus Vertrauenden, die *ekklesia,* übertragen. Damit wird die paulinische *ekklesia* zu einem kosmisch-mythologischem Phänomen. Es gelingt so, die lediglich durch die paulinische Missionsgruppe und das Werk der Kollekte Verbundenen einzelnen lokalen *ekklesiai* zu einer Einheit zu verbinden.

Der Kol nimmt auch, anders als Paulus, die hierarchischen Implikationen des Leibbildes auf. Christus ist das Haupt des Leibes (2,19 [1,18]). Diese hierarchische Vorstellung steht im Einklang mit römischer Staatsphilosphie in der Mitte des 1. Jh. Im Rückblick auf das Ende der römische Republik beschreibt Curtius Rufus den Übergang von Alexander dem Großen zur Diadochenzeit:

> Aber schon nahten dem Volk der Makedonen die schicksalverhängten Bürger-
> kriege (*bella civilia*): denn ein Thron ist unteilbar, und doch wurde er von
> mehreren erstrebt. So sammelten sich zuerst ihre Kräfte, dann zersplitterten

---

[185] Schweizer, *Art. σῶμα κτλ.,* ThWNT VII (1964), 1073, vgl. auch *Kirche als Leib Christi.*

(*dispersere*) sie sie; und indem sie den Körper (*corpus*) mit mehreren Häuptern (*capites*) belasteten, als er tragen konnte, begannen die übrigen Glieder zu kränkeln, und das Reich, das unter einem hätte bestehen können, brach zusammen, als mehrere es stützen wollten. Daher bekennt das römische Volk mit Fug und Recht, daß es sein Heil (*salus*) seinem Princeps verdanke, der als ein neues Gestirn in der Nacht aufstrahlte, die fast unsere letzte geworden wäre. Fürwahr: dieses Sternes und nicht etwa der Sonne Aufgang hat der verfinsterten Welt das Licht wiedergegeben, da ihre Gliedmaßen (*membra*) ohne ihr Haupt in Zwietracht erbebten! [...] Nun gewinnt das Imperium nicht nur seine Kraft zurück, sondern es steht sogar in Blüte.[186]

Das Bild, nach dem der Staat einem Körper gleicht, der eines Hauptes bedarf, das Fehlen dieses Hauptes oder die Konkurrenz mehrerer aber zu Krieg und Zerstörung führen, wird in nachrepublikanischer Zeit vielfach zur Legitimation des römischen Kaisertums verwendet.[187] Der Kol schließt sich, anders als Paulus, diesem hierarchischen Bild an, wenn hier Christus das Haupt des Leibes genannt wird. Auch das Bild von den Bändern und Sehnen, durch die der Leib mit dem Haupt verbunden ist, wird in römischen Herrscherspiegeln verwendet. Seneca schreibt dem jungen Kaiser Nero in *de clementia*:

Er [der Imperator] ist nämlich das Band, durch das die Menschen des Staates zusammengehalten werden, er ist der belebende Atem, den viele Tausende schöpfen [...]. (III,2.3) Einst nämlich ging der Kaiser so im Staate auf, daß der eine nicht vom anderen getrennt werden konnte ohne Schaden für beide, denn jener hat Kräfte nötig, dieser einen Kopf.[188]

Für Seneca ist die Gesundheit des Organismus Staat von der Einheit mit dem Kopf bestimmt. Wie der Körper der einigenden Bänder bedarf, so braucht das *imperium* den Kaiser. Für die Verf. des Kol ist Bedingung des Wachstums der *ekklesia* ebenso die Verbindung des Leibes mit dem einen Haupt durch Bänder und Sehen. (2,19). Der hierarchische Gedanke, daß der Leib nur wachsen kann, wenn er im richtigen Verhältnis zum Haupt steht (vgl. Curtius Rufus X 9,5), ist damit angedeutet.

Die Ekklesiologie des Kol führt drei Gedanken zusammen. In Aufnahme von in paulinischen Gemeinden virulenten Vorstellungen identifizieren die Verf. die Gemeinde mit dem Leib Christi. Die Verf. suchen gerade in diesem Bild nach einem einheitsstiftenden Moment, der die vielen *ekklesiai* zusam-

---

[186] Curt. X 9,1-5. Übers. Herbert Schönfeld. Es ist umstritten, ob hier auf den Herrschaftsantritt des Claudius oder des Vespasian angespielt wird. Faust, *Pax Christi*, 386-93, votiert für Vespasian.
[187] Nach Plutarch, Galba 4,3 wird Galba von Vindex aufgefordert, „die Herrschaft zu übernehmen und sich selbst einem starken Körper, der nach einem Haupt sucht, darzubieten". Vgl. auch die zahlreichen weiteren Belege bei Eberhard Faust, *Pax Romana*, 280-314.
[188] Sen. clem. III,2.1-3: „*Ille (imperator) est enim vinculum cuius ope vires publicae cohaerent, ille spiritus vitalis, quem haec tot milia trahunt ... Olim enim ita se induit rei p. Caesar, ut seduci alterum non posset sine utriusque pernicie; nam et illi viribus opus est et huic capite.*" Vgl. auch Faust, *Pax Romana*, 292f.

menbindet. Sie finden dieses Band, möglicherweise angeregt durch den von ihnen aufgenommenen Hymnus, in der Vorstellung vom Kosmos als Leib Gottes. Der Leib Christi wird so zu der einen *ekklesia,* die alle Gemeinden zu einer Einheit verbindet. Bereits Paulus hatte die Leib-Christi-Vorstellung in Auseinandersetzung mit dem in der zeitgenössischen politischen Philosophie genutzten Bild von der notwendigen Gemeinschaft der Glieder im Leib diskutiert (I Kor 12; Röm 12). Auch die Verf. des Kol nehmen politische Ideen auf. Anders als Paulus kritisieren sie das von ihnen rezipierte Bild der Gegenüberstellung von Haupt und Kosmos- bzw. Staatsleib und deren notwendiger hierarischer Ordnung jedoch nicht, sondern übertragen es auf das Verhältnis zwischen Christus und *ekklesia.*

In dieser Neudefinition des Vergleichsempfängers von σῶμα (Leib) als *ekklesia* an der Stelle von Staat oder Kosmos liegt die Möglichkeit für den Kol, den Begriff *ekklesia* unabhängig von einer konkreten Bürgerversammlung (*ekklesia*) zu gebrauchen und zu einem Allgemeinbegriff für die universale kosmisch-weltweite Versammlung der auf Christus Vertrauenden zu machen. Die Verf. des Kol sind damit die Erfinder einer Ekklesiologie im modernen Sinne. Anders als in der römischen Staatsphilosophie ist im Kol nicht der Kaiser, sondern Christus das Haupt der *ekklesia* bzw. des Leibes. Christus tritt im Kol an die Stelle des Kaisers. Nicht nur seine gute Botschaft, sein Evangelium ist bereits in der ganzen Welt verkündigt worden (1,5f.23), er ist auch das Haupt des Leibes, durch das Wachstum ermöglicht wird. Die *ekklesia* ist sein Leib, wie das *imperium* der Leib des Kaisers ist.[189] Schließlich ist im Kol die Herrschaft Christi nicht nur Garant der Einheit, sondern auch des Friedens (Kol 3,15).[190] Die Ekklesiologie des Kol birgt also auch ein Konkurrenzmoment zur zeitgenössischen Staatsphilosophie.[191]

Im Gegensatz zur paulinischen Bearbeitung des Leibbildes hebt aber die einfache Übertragung die hierarchischen Strukturen zwischen *ekklesia* und Christus nicht auf (vgl. I Kor 12,21 mit Kol 2,19). Im Folgenden wird zu

---

[189] Vgl. z. B. Sen. clem. I 2.1: „Weitergegeben wird diese Sanftheit deiner Gesinnung und allmählich verteilt werden durch den ganzen riesigen Organismus des Reiches, und alles wird sich dir ähnlich bilden. Vom Haupt geht gute Gesundheit zu allen Teilen des Körpers aus; alles ist lebendig und gespannt oder in Schlaffheit ermattet, je nachdem wie ihr Geist lebhaft oder kraftlos ist";

[190] Kol 3,15: „Der Frieden Christi regiere in euren Herzen, zu dem auch ihr berufen seid in einen Leib." Der Satz erinnert an Phil 4,7 καὶ ἡ εἰρήνη τοῦ θεοῦ ... φρουρήσει τὰς καρδίας ὑμῶν ..., wie bereits Stauffer, *Art.* βραβεύω, ThWNT 1 (1933), 636, gezeigt hat. Aber anders als βραβεύειν, das vielfach im Kontext von Herrschern verwendet wird und „den Kampfpreis erteilen, entscheiden, regieren, lenken" bedeutet (vgl. Weish 10,12; VitMos I 163; Plut. Lyk. 30,2; Cato min. 44,6; Cic. 35,1), konnotiert φρουρεῖν die Bewachung von Städten und Gefängnissen (Jdt 3,6; Weish 17,15; Plut. Crass. 9,2; mor. 205F).

[191] Vgl. auch Berger, *Art. Kirche* II, TRE 18 (1989), 205. Für den Eph auch Faust, *Pax Romana,* 481-483.

klären sein, ob und inwiefern dieses hierarchische Modell auch Ethik und Gemeindeleben des Kol beeinflußt.

2. ETHISCHE ENTWÜRFE

Der theologische Grundgedanke des Kol ist die bereits geschehene Versetzung der Glaubenden in die göttliche Sphäre (1,12-14). Durch das Christusereignis hat die Gemeinde nicht nur Anteil am Tod Christi, sondern ist bereits mit auferstanden (2,12; 3,1), versöhnt (1,22) und lebendiggemacht (2,13) und steht vollkommen und geheiligt vor Gott und Christus (1,14; 1,22; 1,28; 4,12) bzw. ist in Christus verborgen (3,3). Der Kol setzt das Denken dualistischer Weisheit an die Stelle der futurischen Eschatologie. Der von den Verf. aus der Jesusbewegung übernommene, auf Christus umgedeutete Weisheitshymnus (1,15-20) betont die Überwindung der Feindschaft zwischen Gott und Welt und die Wiederherstellung des schöpfungsgemäßen Urzustandes. Ein anderes aufgenommenes Hymnen-fragment (2,14f) beschreibt das Christusereignis als Triumph über die Mächte und Gewalten. Christologie und Ekklesiologie bedingen einander gegenseitig. Christus ist zugleich der Ort göttlicher Fülle (2,9) und der Leib der *ekklesia*, verstanden als kosmischer Ort aller auf Christus Vertrauenden.

Angesichts dieses abgeschlossenen Gesamtkonzepts stellt sich die Frage, ob und wie ethische Aussagen entwickelt werden können, wenn die Gemeinde bereits jetzt mit Christus auferstanden und mit ihm im Himmel ist. Der Brief betont von Beginn an die Aufforderung zum Erkennen und Denken der neuen, himmlischen Wirklichkeit (1,9f; 2,2f; 3,1f). Geht es also (nur) um das Erkennen und Denken der neuen himmlischen Wirklichkeit, oder gibt es für die Verf. ein diesem Denken gemäßes Handeln?

In Kol 3,5ff ist eine Reihung von Imperativen, verbunden mit Laster- und Tugendkatalogen angeführt. Einleitend heißt es: „Tötet nun die Glieder, die auf der Erde sind (τὰ μέλη τὰ ἐπὶ τῆς γῆς), Unzucht, Unreinheit, Leidenschaft, schlechte Begierde und die Habsucht, die Götzendienst ist." (3,5) Die Aufforderung nimmt die Gegenüberstellung von „Oben" und „dem auf der Erde" (τὰ ἐπὶ τῆς γῆς) im vorhergehenden Abschnitt (3,2) auf. Erneut wird der Einfluß des Denkens der dualistischen Weisheit sichtbar.[192] Das Töten der irdischen Glieder ist für die dualistische Weisheit Voraussetzung für die Einwohnung Gottes in der Seele und damit wahre Gotteserkenntnis.[193] Rezipiert wird die Vorstellung, daß für die Einwohnung des Göttlichen die Seele ihre leiblich-fleischliche Hülle ablegen muß. Nur so kann sie aus dem Zustand des Todes befreit und lebendig gemacht werden

---

[192] Siehe oben Kap. 4.3.3, S. 153-160.
[193] Vgl. Brandenburger, *Fleisch und Geist*, 216-221; *Auferstehung*.

(Kol 2,13). Dem Ablegen des Fleischesleibes (2,11) korrespondiert also nicht nur der Gedanke, mit Christus gestorben zu sein (2,12), sondern auch die Aufforderung zum Töten des fleischlichen Leibes. In der Auslegung von Ex 32,27f versteht Philo die Leviten als solche, die,

> was mit dem Fleisch verwandt und befreundet ist, von ihrer eigenen Denkkraft abhauen, weil sie meinen, daß es für die Diener des allein Weisen schicklich ist, sich vom Gewordenen zu entfremden und sich gegen all dies wie gegen einen übelgesinnten Feind zu wenden.[194]

Die Interpretation von Levi als Menschentöter ist implizit eine Aufforderung des nach Weisheit Strebenden zum Verlassen der irdisch-fleischlichen Sphäre.[195]

Im Kol werden die irdischen Glieder näher bestimmt in einer Aufzählung von Lastern.[196] Die nicht unbedingt originelle Zusammenstellung[197] fordert auf, Unreinheit (Unzucht, Unreinheit) und Affekte (Leidenschaft (πάθος), schlechte Begierde) sowie Habsucht, näher erläutert als Götzendienst, zu töten.[198] In V. 6 folgt eine Referenz auf die allgemein antike Vorstellung vom Zorn Gottes.[199] Für die Verf. wird dieser Zorn durch die aufgezählten Laster hervorgerufen, in denen, wie V. 7 ausführt, auch die Angesprochenen

---

[194] Ebr 69; vgl. ebd., 65-76; All II 50f.

[195] Auch in den paulinischen Briefen wird in Gal 5,24; Röm 6,6; 8,13 eine Auseinandersetzung mit diesen Traditonen dualistisch-weisheitlichen Denkens sichtbar. Eine einheitliche Interpretation der Aussagen im Rahmen der dualistischen Weisheit unternimmt Brandenburger, *Fleisch und Geist*, 183: „Das Pneuma wohnt im Glaubenden, doch die Sarx ist noch als feindliche Macht wirksam (Röm 8; Gal 5); das sündige Soma ist vernichtet (Röm 6,6), und die Sarx mit ihren Leidenschaften und Begierden ist gekreuzigt (Gal 5,24), doch die Taten des Soma müssen noch getötet werden (Röm 8,13)." Vgl. auch ebd., 216f. Allerdings zeigt das verstreute Auftreten der Belegstellen, daß Paulus dieses Denken zwar diskutierend aufnimmt, aber keineswegs seine gesamte Theologie davon bestimmen läßt. Anders dagegen ist der Kol von der Leib- bzw. Verwandlungsvorstellung und Tötungsmetapher wesentlich bestimmt (2,11-13; 3,1-12). Die gesamte Theologie ist sogar m. E. vom Denken der dualistischen Weisheit beeinflußt. (Siehe oben Kap. 4.3.3, S. 153-160 und Kap. 6.2, S. 250-251).

[196] Einige Ausleger vermuten hinter der Fünfzahl der Laster, verbunden mit der Aufforderung zum Töten der Glieder, eine iranische Vorstellung, nach der der Mensch mit seinen Taten sein jenseitiges Wesen aufbaut, wobei der Körper jeweils aus fünf Teilen, aufgezählt in Pentadenreihen, besteht (vgl. Reitzenstein, *Die hellenistischen Mysterienreligionen*, 265-275; Käsemann, *Leib*, 150; vgl. 60f; Conzelmann, *Kom.*,149). Jedoch sind es nicht wirklich strenge Fünferreihen, die hier vorgestellt werden. Andere verstehen die Nennung der Glieder als Sitz und Ausführungsorgan menschlicher Sünde (Wolter, *Kom.*, 173f). M. E. greift die Nennung der Glieder das Bild vom Leib auf (vgl. 3,15).

[197] Gal 5,19f nennt auch πορνεία, ἀκαθαρσία und εἰδωλολατρία. Die πόρνοι, εἰδωλολάτραι und πλεονέκται werden in I Kor 6,9f; vgl. auch 5,10f zusammengestellt. προνεία und πλεονεξία sind auch in Röm 1,29 genannt.

[198] Wolter, *Kom.*, 174f, versteht wegen der vorangestellten Unzucht (πορνεία) alle Laster als Umschreibung falscher sexueller Verhaltensweisen. M. E. ist diese Eingrenzung für πάθος sowie ἐπιθυμία zu eng gefaßt.

[199] Zum Zorn Gottes vgl. Hermann Kleinknecht u. a., *Art. ὀργή,* ThWNT V (1954), 382-448.

einst lebten.[200] Die als Laster aufgezählten Affekte und die Unreinheit werden als überwundener Lebensraum charakterisiert.[201] Dieser erneuten Aufnahme des „Einst–Jetzt-Schemas" korrespondiert der Neueinsatz in V. 8 mit „jetzt aber" (νυνὶ δέ). Aber anders als in 1,21f und 3,13 wird das „Schema" nun imperativisch fortgeführt. „Nun legt auch ihr das alles ab, Zorn, Leidenschaft (θυμός), Schlechtigkeit, Blasphemie, Schandrede aus eurem Mund." (3,8)[202] Neben den Lastern der Rede sind auch hier Affekte (Zorn, Leidenschaft) aufgezählt. Dem Töten und Ablegen der Affekte in V. 5 und 8 korrespondiert in Kol 3,12 die Aufforderung zum Anziehen von Gesinnungstugenden, nämlich des „herzlichen Erbarmens", der „Milde", der „Demut", der „Sanftmut" und der „Geduld" (μακροθυμία).[203] Fast alle diese Tugenden sind Eigenschaften Gottes[204] und zugleich Eigenschaften des weisen Gerechten.[205] Die Gemeinde soll sich mit diesen Tugenden umgeben „wie Gottes Erwählte, Heilige und Geliebte" (3,12), also wie die sich in der Nähe Gottes befindenden Engel und Gerechten.[206] Das Ablegen der Affekte und Wortlaster wie auch das Anziehen der Gesinnungen mündet, überraschend für das Denken dualistischer Weisheit, jeweils in die Aufforderung zu einem auf die Gemeinschaft ausgerichteten Handeln: „Lügt nicht gegeneinander" (3,9) und „ertragt einander"(3,13).

Im Mittelpunkt zwischen dem Ablegen der Affekte und dem Anziehen der neuen Gesinnung steht die Gegenüberstellung des alten und neuen Menschen (3,9f):

> Kol 3,9f: Ihr habt den alten Menschen mit seinen Taten abgelegt, und den neuen angezogen, den, der zur Erkenntnis entsprechend dem Abbild dessen, der ihn geschaffen hat, erneuert wurde.

Brandenburger hat gezeigt daß die „Aussagen vom Ausziehen des Fleischesleibes (Kol 2,11) oder des Menschen und vom Anziehen des pneumatisch gedachten Menschen [...] Parallelvorstellungen [sind], die aus demselben Vorstellungshintergrund", nämlich der dualistischen Weisheit

---

[200] p[46] und Vaticanus (B) nennen als Objekt des Gotteszornes die ungehorsamen Söhne der Menschen. Es handelt sich m. E. jedoch um eine Eintragung aus dem Eph (2,2; 5,6), da der Kol außerhalb der sogenannten 'Haustafel' (3,18-4,1) die Menschen nicht in einzelne Personengruppen unterteilt (vgl. auch Lohse, *Kom.*, 202; Pokorný, *Kom.*, 141; Wolter, *Kom.*, 176. Anders Lindemann, *Kom.*, 55) und alle Differenzierungen in Christus aufgehoben sind (3,11).

[201] Kol 3,7: „... in denen auch ihr einst wandeltet, als ihr in diesen lebtet"

[202] Zu den Lastern insbesondere der „Schandrede"; vgl. oben Kap. 5.2.2, Anm. 178.

[203] μακροθυμία, χρηστότης und πραΰτης sind auch im Tugendkatalog Gal 5,22f genannt. Phil 2,1-3 führt σπλάγχνα καὶ οἰκτιρμοί sowie ταπεινοφροσύνη auf.

[204] Vgl. Lohmeyer, *Kom.*, 145-47; Edvin Larsson, *Christus als Vorbild*, 210-223.

[205] Wolter, *Kom.*, 185. χρηστότης (Sanftmut, Güte) und πραΰτης (Milde) sind zudem auch Herrschertugenden.

[206] Lohmeyer, *Kom.*, 145f. Anders Lohse, *Kom.*, 210-212; Schweizer, *Kom.*, 153f; Hübner, *Kom.*, 104f u. a.

stammen.[207] Die Einführung der aoristischen Partizipien ἀπεκδυσάμενοι und ἐνδυσάμενοι in der Mitte des klar konzentrisch strukturierten und von Imperativen bestimmten Abschnitts (3,5-13) fällt auf. Einige Auslegerinnen und Ausleger verstehen die Partizipien deshalb imperativisch.[208] Andere sehen hier eine Begründung der imperativischen Mahnungen durch einen Verweis auf die in der Taufe (vgl. 2,11f) geschehene Verwandlung.[209] Gemäß der Theologie des Kol besteht in 3,10 kein Zeitgefälle zwischen dem Ausziehen des alten und dem Anziehen des neuen Menschen.[210] Auf beides wird als einmaliger und abgeschlossener Prozeß zurückgeblickt. Den Taten (πράξεις) des alten Menschen wird die Erkenntnis (ἐπίγνωσις) des erneuerten Menschen gegenübergestellt. Auch dies ist typisch für den Kol, der Fülle und Wachstum der Erkenntnis (ἐπίγνωσις) in 1,9f und 2,2f als Ziel des missionarischen Wirkens der Absendergruppe in den Mittelpunkt stellt. Dem Denken dessen, was oben ist (3,1f), entspricht die Erkenntnis κατ᾽ εἰκόνα τοῦ κτίσαντος αὐτόν. Αὐτόν kann sich grammatikalisch sowohl auf den Menschen an sich (τὸν ἄνθρωπον) oder den neuen (Menschen τὸν νέον)[211] bzw. den erneuerten (τὸν ἀνακαινούμενον) [212] beziehen. Im ersten Fall wäre die Formulierung eine Anspielung auf Gen 1,27.[213] Allerdings beziehen sich die Stichworte εἰκών und κτίσας innerhalb des Kol auf den Besungenen des Hymnus (1,15f). Man kann also auch Christus als Schöpfer des neuen Menschen verstehen.[214] M. E. sind beide Möglichkeiten bewußt angelegt.

Viele Auslegerinnen und Ausleger verstehen den Ausdruck ἀνακαινούμενον paränetisch als Aufforderung, sich dem in der Taufe Geschehenen auch in den Taten anzupassen.[215] „εἰς ἐπίγνωσιν ist dann ein Zusatz, der angibt, daß der Erneuerungsprozeß ethischer Natur ist."[216] Jedoch selbst wenn man der präsentischen Form des Partizips eine durative Bedeutung beimißt,[217] bleibt ἀνακαινούμενον εἰς ἐπίγνωσιν eine Aufforderung zu fortgesetzter Erkenntnis (vgl. 1,9f; 2,2f u. ö.) und ist keine Aufforderung zum Handeln. Dem Ablegen des alten Menschen entspricht

---

[207] Brandenburger, *Auferstehung,* 26.
[208] Lohse, *Kom.,* 203f; Schweizer, *Kom.,* 137f; Müller, *Anfänge,* 172; Pokorný, *Kom.,* 142f, u. a.
[209] Gnilka, *Kom.,* 185f; Lindemann, *Kom.,* 55; Wolter, *Kom.,* 178; Hübner, *Kom.,* 103, u. a.
[210] Auch Paulus kennt die Vorstellung vom Ablegen der Werke der Finsternis und Anlegen der Waffen des Lichts bzw. vom Anziehen des Herrn Jesus Christus (Röm 13,12.14).
[211] So Gnilka, *Kom.,* 188; Lindemann, *Kom.,* 58 u. a.
[212] So Larsson, *Christus als Vorbild,* 198.
[213] Gen 1,27: κατ᾽ εἰκόνα θεοῦ ἐποίησεν αὐτόν. Auf eine Restitution des ursprünglichen Schöpfungszustandes weist auch die Form „wiedererneuern" (ἀνακαινοῦσθαι).
[214] Eine Reihe von Auslegern und Auslegerinnen ist der Ansicht, hier sei auf die neue Kreatur, II Kor 5,17 und Gal 6,15 angespielt.
[215] Lohse, *Kom.,* 206f; Schweizer, *Kom.,* 145f.
[216] Dibelius, *Kom.,* 42; Larson, *Christus als Vorbild,* 198.
[217] Anders aber Wolter, *Kom.,* 180 unter Verweis auf Blass/Debrunner § 339,2a; 418,5.

gerade das Ablegen der Handlungen. Die paulinische Spannung zwischen Indikativ und Imperativ ist im Kol zu Gunsten des Indikativs verschoben. Die um die aoristische Aussage von 3,10 konzentrisch angeordneten Imperative „Tötet" (3,5), „Legt ab" (3,8), „Zieht an"(3,12) beziehen sich zu einem gewichtigen Teil auf Affekte und Unreinheit, nicht auf Taten. Es geht für den Einzelnen daher zunächst nicht um ein dem „erneuerten Menschen" gemäßes Handeln, sondern um ein entsprechendes Denken und Erkennen.

Die „Erkenntnis gemäß dem Bild dessen, der ihn erschaffen hat" (3,10) eröffnet einen Raum,

> Kol 3,11: wo (ὅπου) es weder Grieche noch Jude, Beschneidung noch Unbeschnittenheit, Barbar, Skythe, Sklave, Freier gibt, sondern alles und in allem Christus [ist].

Kol 3,11 ist eine Aufnahme der Tauftradition aus Galatien (Gal 3,27f), die Paulus auch in I Kor 12,13 zitiert.

Gal 3,27f	I Kor 12,13	Kol 3,11
ὅσοι γὰρ εἰς Χρισ- τὸν ἐβαπτίσθητε ...	εἰς ἓν σῶμα ἐβπτίσθημεν	ὅπου
<u>οὐκ ἔνι</u>	εἴτε	<u>οὐκ ἔνι</u>
		[ἄρσεν καὶ θῆλυ][218]
Ἰουδαῖος	Ἰουδαῖοι	Ἕλλην
οὐδὲ <u>Ἕλλην</u>	εἴτε Ἕλληνες	καὶ Ἰουδαῖος περιτομὴ καὶ ἀκροβυστία βάρβαρος, Σκύθης
οὐκ ἔνι <u>δοῦλος</u> οὐδε <u>ἐλεύθερος</u> οὐκ ἔνι ἄρσεν καὶ θῆλυ	εἴτε <u>δοῦλοι</u> εἴτε <u>ἐλεύθεροι</u>	<u>δοῦλος</u> [καὶ][218] <u>ἐλεύθερος</u>
πάντες γὰρ ὑμεῖς εἰς ἐστε ἐν <u>Χριστῷ</u>	καὶ πάντες ἓν πνεῦμα ἐποτίσθημεν	ἀλλὰ πάντα[219] καὶ ἐν πᾶσιν <u>Χριστός</u>

---

[218] Die ursprüngliche Lesart der griechisch-lateinischen Bilingue Claromontanus (D*), sowie der Bilinguen Augiensis (F) und Codex Boernerianus (G), die Minuskel 629 sowie die altlateinische Überlieferung, die lateinischen Kirchenväter Hilarius von Poitiers und Ambrosius und die Valuta Editionis ad Concilii Tridentini sind lesen an erster Stelle die Gegenüberstellung „weder männlich noch weiblich" aus Gen 1,27 = Gal 3,28. Die Textbezeugung ist zwar relativ jung, aber angesichts der eindeutigen, auch in den selben Mss. zu beobachtenden Tendenz, Frauen im Text zu streichen (vgl. die Mss. D, F, G zu Kol 4,15), zugleich die lectio difficilior. Sollte der Kol nach dem Tod des Paulus in Rom verfaßt worden sein, wäre diese vornehmlich lateinische Überlieferung ein weiteres Indiz für eine nicht gänzlich auszuschließende Ursprünglichkeit dieser Lesart. Die Textzeugen für das καί zwischen δοῦλος und ἐλεύθερος stimmen mit den obengenannten weitgehend überein.

[219] Mit der ursprünglichen Lesart des Codex Sinaiticus (א*), Alexandrinus (A), Ephraemi Syri rescriptus (C), einigen Minuskeln und Clemens. τὰ πάντα ist etwas schwächer bezeugt.

Der Vergleich legt die Gemeinsamkeiten und Unterschiede offen. Anders als in den von Paulus aufgenommenen Fassungen wird im Kol nicht direkt von der Taufe gesprochen.[220] Die aufgezählten Paare Grieche und Jude, Sklave und Freier kommen in allen drei Fassungen vor. In den meisten Mss. des Kol fehlt, wie auch im I Kor, das Gegensatzpaar männlich und weiblich. Der Kol nennt wie der Gal jeweils den Singular und leitet mit „es gibt nicht" ein. Allerdings dreht der Kol die Aufzählung des Gal und I Kor um und nennt den Griechen zuerst. Einige Ausleger und Auslegerinnen sehen hierin einen Reflex auf die Gemeindesituation in Kolossä, in der die Gegensätze zwischen Jude und Grieche nicht mehr aktuell seien.[221] Gegen diese Auffassung steht allerdings die chiastische Struktur der Aufzählung. Das dritte Glied „Beschneidung" greift das zweite Glied „Jude" wieder auf, wie das vierte Glied „Unbeschnittenheit" dem ersten „Grieche" entspricht. Diese Beobachtung wirft möglicherweise etwas Licht auf die schwer deutbare Gegenüberstellung „Barbar" und „Skythe", bei der zunächst unklar bleibt „ob Σκύθης lediglich ein hervorgehobenes Beispiel der barbarischen Völker sein soll, oder ob βάρβαρος und Σκύθης kulturell, geographisch und ethnisch voneinander unterschieden werden dürfen".[222] Nimmt man jedoch auch eine analog chiastische Struktur zum ersten Teil der Aufzählung an, so wäre Skythe ein Synonym für Sklave und Barbar ein Synonym für Freier.[223] Als Skythen werden von den Römern die Bewohner der Gegend um das Schwarze Meer bezeichnet.[224] Das „Land der Skythen" war umkämpftes Gebiet an der Grenze des römischen Reichs. Von hier wurden Kriegsgefangene in die Sklaverei verkauft. Viele „Skythen" gerieten zudem durch die von Pompeius aus dem Mittelmeer nach Nordosten verdrängten Seeräuber in

---

[220] Die meisten Auslegerinnen und Ausleger sehen im Bild des An- und Ablegens die Taufe angesprochen. Aber auch wenn Gal 3,27 belegt, daß in den paulinischen Gemeinden das Taufgeschehen als Anziehen des Christus verstanden werden konnte, und die Verbindung andernorts belegt werden kann (Smith, *Garments*), ist der traditionsgeschichtliche Hintergrund der Vorstellung viel breiter und bereits in der dualistischen Weisheit ausgeprägt. Die eilige Zuweisung der Gewandvorstellung zur liturgischen Erfahrung der Taufe verdeckt m. E. diesen eigentlichen traditionsgeschichtlichen Hintergrund. Vgl. auch Gerhard Sellin, *Die religionsgeschichtlichen Hintergründe*, 14.

[221] Stegemann, *Alt und Neu*, 496; Wolter, *Kom.*, 182. Dagegen meint Gnilka, *Kom.*, 190, das erste Gegensatzpaar gliedere die Menschheit vom jüdischen Standpunkt aus.

[222] Otto Michel, Art. Σκύθης, ThWNT VII (1964), 450. David Goldenberg, *Scythian-Barbarian*, versteht im Gefolge von Theodor Hermann, *Barbar und Skythe*, die Gegenüberstellung geographisch. Als Beleg zieht er die in einigen Mss. des MTeh zu Ps 109,3 belegte Gegenüberstellung von שתותיה (= Skythia(?))–ברבריה bzw. die in MTeh zu Ps 25,19 belegte Gegenüberstellung עניתיה (= Gothen (?))–ברברים heran. Als Barbaren werden dann die südlichen Nachbarn Israels bezeichnet, also die Äthiopier, und als Skythen die nörlichen Nachbarn. Die Gegenüberstellung von Barbaren und Skythen würden in diesem Fall zuglich eine Gegenüberstellung von Menschen mit schwarzer Hautfarbe und Menschen mit weißer Hautfarbe beinhalten.

[223] Vgl. Douglas A. Campbell, *Unravelling Colossians 3.11b*, 127f.

[224] Campbell, ebd., 129f.

die Sklaverei. Campbell hat einige Belege für die Existenz skythischer Sklavinnen und Sklaven im 1. Jh. aufgeführt.[225]

Während Paulus die „Taufformel" jeweils zur Unterstreichung der Einheit in Christus bzw. dem Leib zitiert, stellt der Kol einen Gegensatz (ἀλλά) heraus. Aber dieser Gegensatz unterstreicht um so mehr die Gleichheit im Raum des Christus. Statt Differenzierungen Grieche, Jude, Sklave, Freier ist Christus alles und in allem. Mit diesem Raumbild greifen die Verf. auf 3,1-4 zurück. Im Raum des Christus sind soziale und kulturelle Unterschiede aufgehoben, und Christus ist die allumfassende Wirklichkeit. Das Anziehen des neuen, erneuerten Menschen führt zur Erkenntnis gemäß des Abbildes Gottes, und diese Erkenntnis zeigt die in der Schöpfung bereits angelegte, in Christus aber verwirklichte Erkenntnis, daß die sozialen und kulturellen Differenzen durch die Wirklichkeit des Christus aufgehoben sind.

Daher ist es trotz der Betonung des Ablegens der Taten und des Anziehens der Erkenntnis unzutreffend, den Verf. ein ausschließliches Interesse an den Einzelnen und ihren Erkenntnisprozessen zu unterstellen.[226] Vielmehr stehen in auffälliger Spannung zu den Lasterreihen der Affekte und der Tugendreihe der Gesinnungen konkrete Ermahnungen im Hinblick auf das Kollektiv, die Gemeinde(n) gegenüber. Konkret wird die Gemeinde aufgefordert, nicht gegeneinander (εἰς ἀλλήλους) zu lügen (3,9), einander (ἀλλήλων) auszuhalten, sich gegenseitig (ἑαυτοῖς) zu vergeben, wenn es zu Vorwürfen des einen gegen den anderen kommt (3,13). Damit sollen die Gemeindeglieder explizit dem Vorbild Gottes bzw. Christi (κύριος) folgen (3,13). Zum Abschluß betonen die Verf. daher die Vorstellung von dem *einen* Leib, zu dem die Gemeinde berufen ist (3,15; vgl. Gal 3,27f; I Kor 12,13).

Die Aufforderung zum Töten der Affekte und zum Anlegen der Gesinnungstugenden bedingt nicht erst die Verwandlung zum neuen Menschen, sondern sie ist deren Ausdruck. Der neue Mensch ist angelegt zur Erkenntnis des Abbildes seines Schöpfers, also zur Erkenntnis Christi (vgl. 1,15). Aber diese Erkenntnis ist nicht, wie in den philonischen Kreisen dualistischer Weisheit, Privatsache einzelner Seher oder weisheitlicher Gerechter, sondern das „alles und in allem Christus" (3,11) wird Wirklichkeit in dem einen Leib (3,14). Im Leib der *ekklesia* sind menschliche Differenzen aufgehoben (3,11)

---

[225] Plut. Pomp. 78,4; Dio Cass. 79.5,5-6,3. Einen anderen Vorschlag hat Martin, *Scythian Perspective*, unter Aufnahme der Perspektiventhese von Gnilka gemacht. Die Verf. nähmen an dieser Stelle die Perspektive von Skythen ein, für die alle Nicht-Skythen Barbaren seien, wobei die kulturkritischen Implikationen beabsichtigt wären. Diese skythische Perspektive sei eine Anspielung auf die Verherrlichung der Skythen, besonders des Anacharis, durch die Kyniker. Dagegen hat Campbell, *Scythian Perspective*, m. E. zu Recht darauf hingewiesen, daß eine kynische Opposition Skythe–Barbar unwahrscheinlich ist, da die Kyniker die Skythen wegen ihrer „barbarischen" Lebensart bewunderten.

[226] Vgl. auch Meeks, *In one Body*, bes. 214; Darrell L. Bock, „The New Man"; Luz, *Kom.*, 229f.

und Toleranz und Unterstützung verwirklicht (3,9.13f). Das Erkennen dessen, was oben ist (3,1f), die Gegenwart Christi, verwirklicht sich im Leben der Gemeinde. Die präsentische Eschatologie und die der Gegenwärtigkeit der Auferstehung und Verwandlung entsprechende Ethik im Kol drücken sich für die Einzelnen in „herzlichem Erbarmen, Milde, Demut, Sanftmut und Geduld" aus (3,12). Sie verwirklichen sich gemeinschaftlich, sozusagen sozialethisch im Leben der Gemeinde. „Christus alles und in allem" (3,11) bewirkt nicht nur die Aufhebung ethnischer und sozialer Klassifizierungen, sondern verwirklicht sich im konkreten Handeln in Gegenseitigkeit, im einander (ἀλλήλους) nicht zu belügen, sondern gegenseitig auszuhalten und zu vergeben. Dem Erkennen der himmlischen Wirklichkeit entspricht das Leben der himmlischen Wirklichkeit in der Gemeinde.

Das in 3,5-14 beschriebene Gemeindeleben betont die Gegenseitigkeit und Verbindung im Gemeindeleben, wobei die sozialen und ethnischen Differenzierungen aufgehoben sind. Ein hierarchisches Konzept im zwischenmenschlichen Bereich scheint hier nicht angelegt. Im Folgenden werde ich diese These an zwei Einzelfragen überprüfen, dem Verhältnis zwischen Mitarbeitern und Gemeinde und dem Gemeindegottesdienst.

2.1 Die Gemeinde und die Mitarbeiter des Paulus

Durch die Nennung und Charakterisierung der aus dem Phlm übernommenen und daher vermutlich fiktiven Mitarbeiter des Paulus wird ein ideales Modell des Verhältnisses zwischen Gemeinde(n) und der paulinischen Missionsgruppe entworfen.[227] Bereits häufig ist bemerkt worden, daß besonders Epaphras das im Kol gezeichnete Paulusbild imitiert, sozusagen eine Art Doppelgänger ist. Zur Verdeutlichung stelle ich die Charakterisierungen nebeneinander:

Paulus	Epaphras
(1,23) ... dessen	(1,7) ... wie ihr gelernt habt von Epaphras, unserem geliebten Mitsklaven, der für uns[228] ein treuer
<u>Gesandter</u> ich Paulus geworden bin ...	<u>Gesandter</u> Christi ist ...
(1,28) ... indem wir alle Menschen in aller Weisheit lehren, <u>damit</u> wir alle Menschen <u>als Vollkommene</u> in Christus bereitstellen, (1,29) wofür auch ich mich mühe und <u>kämpfe</u> ...	(4,12) Es grüßt euch Epaphras, der (einer) von euch ist, ein Sklave Christi, der immer <u>für euch</u> in seinen Gebeten (vgl. 1,9) <u>kämpft, damit</u> ihr <u>als Vollkommene</u> und <u>Erfüllte</u> im ganzen <u>Willen</u> Gottes dasteht.
(2,1) Ich will nämlich, daß ihr wißt,	(4,13) Ich bezeuge ihm nämlich,

---

[227] Zu den Namenslisten siehe oben Kap. 3.2, S. 88-92.
[228] Auch an dieser Stelle ist die Mss.-Tradition uneinheitlich in bezug auf ὑμῶν und ἡμῶν. ἡμῶν ist jedoch viel besser bezeugt.

welchen schweren Kampf ich habe für euch und für die in Laodizea, und für die vielen, die mein Angesicht im Fleisch nicht gesehen haben, (2,2) damit ihre Herzen getröstet werden verbunden in Liebe und zu allem Reichtum der Fülle der Einsicht ...

daß er viel Schmerz hat für euch und für die in Laodizea und für die in Hierapolis

Sowohl Paulus als auch Epaphras werden als Gesandte (διάκονοι) bezeichnet (1,7.23-25). Beide kämpfen für (ὑπέρ) die Gemeinde (1,29; 2,1; 4,12) und die in Laodizea (2,1; 4,13). Kampf und Schmerz sind für beide gegenwärtig (ἔχω; ἔχει 1,24; 2,1; 4,13). Beider Aufgabe ist es, die Gemeinde(n) als Vollkommene und Erfüllte[229] zu Gott bzw. Christus zu stellen (1,28; 2,2; 4,12). Beide beten unaufhörlich für die Gemeinde (1,9; 4,12). Paulus wird nicht „Mitsklave" (σύνδουλος 1,7) genannt. Aber das Präfix „mit-" impliziert dennoch Paulus als Sklaven Christi.[230] Die Differenz zwischen Epaphras und Paulus besteht lediglich darin, daß Epaphras nach der Schilderung des Kol die Gemeinde missioniert hat (1,7f) und daß er aus Kolossä bzw. aus dem Kreis der Adressaten stammt (ὁ ἐξ ὑμῶν 4,12).

Obgleich der Name Epaphras wie die meisten der übrigen aus dem Phlm entnommen ist, stammt die Notiz „der (einer) von euch ist" (4,12) sicherlich nicht aus dem Brief an Philemon und Aphia. Epaphras gehört im Phlm zur Gruppe der Grüßenden. Es bleibt unklar, ob die Versammlung im Hause des Philemon und der Aphia ihn kennt. Ein Hinweis auf eine besondere Verbundenheit wird jedenfalls nicht gegeben. Im Gegenteil, er ist als einziger der in Phlm 23f Genannten näher charakterisiert als „Mitgefangener" des Paulus. Diese nähere Charakterisierung des Epaphras verstärkt die Vermutung, daß er den Leuten des Philemon und der Aphia unbekannt war. Neben dem Epaphras wird auch Onesimos im Kol mit der Bemerkung, „der (einer) von euch ist" (ὅς ἐστιν ἐξ ὑμῶν 4,9) charakterisiert. Onesimos aber gehört zur Versammlung im Hause des Philemon.[231] Warum werden nun diese beiden in bezug auf die Gemeinde des Philemon Ungleichen mit der gleichen Beziehungsangabe charakterisiert?

---

[229] πληροφορεῖν heißt auch vollkommen überzeugen bzw. passiv volle Gewißheit erlangen (vgl. Röm 4,21 eventuell auch Röm 14,5). Dibelius, *Kom.*, 24f; 51 und Delling, *Art. πλήρης κτλ.*, ThWNT VI (1959), 304f. legen diese Bedeutung auch ihrer Übersetzung von Kol 2,2 und 4,15 zugrunde. Diese Übersetzung verschleiert jedoch die Vorliebe des Kol für Derivate von πληροῦν (vgl. 1,9. (19) 25; 2,9f; 4,17).

[230] Paulus nennt sich selbst δοῦλος Χριστοῦ in Gal 1,10; II Kor 4,5 (Plural); Phil 1,1 und Röm 1,1.

[231] Daher ist m. E. die Bemerkung Pokornýs, *Kom.*, 163 unzutreffend, daß das ὁ ἐξ ὑμῶν allein als Gegensatz zu 4,11 (οἱ ὄντες ἐκ περιτομῆς) zu verstehen ist.

M. E. liegt hinter der Formulierung, „der (einer) von euch ist" ein theologisches Programm. Im Zusammenhang mit Epaphras lassen sich nämlich eine Reihe von Fragen stellen. Worin besteht der viele Schmerz (πολὺς πόνος) für die Gemeinde?[232] Warum ist Epaphras angesichts der bedrängten Lage der Gemeinde nicht in Kolossä?[233] „Auffällig bleibt, daß sein Kommen nicht in Aussicht gestellt wird."[234] Soll „seine Position innerhalb der Gemeinde autorisiert"[235] werden?

Für eine Autoritätsstellung des Epaphras spricht lediglich, daß er neben Paulus am ausführlichsten charakterisiert wird. Insgesamt neun Verse beschreiben Paulus (1,1.23-25.29; 2,1; 4,2f.18) und vier Epaphras (1,7f; 4,12f), zwei Tychikos (4,7f) und jeweils einer Onesimos und Archippos (4,9.17). Von Epaphras und Paulus wird gesagt, daß sie unablässig ὑπὲρ ὑμῶν beten (1,9; 4,12), daß sie ὑπὲρ ὑμῶν unablässig kämpfen (2,1; 4,13). Damit wird die Stellvertretung und das angedeutete Martyrium demokratisiert.[236] Nicht mehr einer für alle, sondern Paulus und Epaphras für die Kolosserinnen und Kolosser. In diesem Zusammenhang fällt auf die Charakterisierung „der (einer) von euch ist" (ὁ ἐξ ὑμῶν 4,12) ein besonderes Licht. Soll damit ausgesagt werden, daß alle in Kolossä den „Kampf für euch" übernehmen können?

Für eine solche Auslegung gibt es m. E. einige Hinweise. Zunächst ist bedeutsam, daß dem Epaphras ähnlich charakterisierte Personen zur Seite gestellt werden. Von Tychikos heißt es in 4,7, er sei ein „geliebter Bruder" (ἀγαπητὸς ἀδελφός), ein „treuer Gesandter" (πιστὸς διάκονος) und ein „Mitknecht im Herrn" (σύνδουλος ἐν κυρίῳ). Alle Charakterisierungen finden sich, wenn auch in etwas anderen syntagmatischen Zusammensetzungen, in bezug auf Epaphras. Epaphras ist nach 1,7 ein „geliebter Mitsklave" (ἀγαπητὸς σύνδουλος) und ein „treuer Gesandter für euch" (πιστὸς ὑπὲρ ὑμῶν διάκονος τοῦ Χριστοῦ) bzw. ein „Sklave Christi" (δοῦλος Χριστοῦ 4,12). Tychikos wird geschickt, um von den Leuten um Paulus zu berichten, „damit ... er eure Herzen tröstet (ἵνα... καὶ παρακαλέσῃ τὰς καρδίας ὑμῶν). Damit übernimmt auch er eine Aufgabe des Paulus, der von seinem „großen Kampf" wissen läßt, „damit die Herzen der Kolosserinnen und Kolosser und ihrer Nachbarn getröstet werden".[237]

---

[232] Vgl. Lohse, *Kom.*, 244. Lohmeyer, *Kom.*, 168f, verweist darauf, daß das Wort „Pein" (πόνος) „zugleich den Gedanken von äußeren Ereignissen, die zu erdulden 'Pein' bereitet", verlangt.

[233] Lohmeyer, *Kom.*, 169.

[234] Gnilka, *Kom.*, 240.

[235] Wolter, *Kom.*, 219, u. a.

[236] Zu den Andeutungen des paulinischen Martyriums siehe oben Kap. 5.1.1.

[237] Es fällt auf, daß die Formulierung von Paulus passivisch ausgesagt ist: ἵνα παρακληθῶσιν αἱ καρδίαι αὐτῶν, während Tychikos aktivisch trösten soll: ἵνα ... παρακαλέσῃ τὰς καρδίας ὑμῶν. Tychikos kann noch aktiv trösten, während Paulus dies nicht mehr vermag. Die Sendung des Tychikos ist eine der wenigen Handlungen, die im Kol

Zusammen mit Tychikos reist Onesimos, der nach 4,9 ebenfalls ein „treuer und geliebter Bruder" (πιστὸς καὶ ἀγαπητὸς ἀδελφός vgl. 1,7; 4,7) ist. Die Wendung „geliebter Bruder" könnten die Verf. des Kol aus Phlm 16 übernommen haben.[238] Die Bezeichnung als treu (πιστός) scheint mir bedeutsam. Sie stammt jedenfalls nicht aus dem Phlm.[239] In der *adscriptio* des Kol werden jedoch alle Kolosserinnen und Kolosser „treue Geschwister in Christus" (πιστοὶ ἀδελφοὶ ἐν Χριστῷ) genannt. Dies fällt um so mehr auf, als es keine Parallele für eine solche *adscriptio* unter den erhaltenen Paulusbriefen gibt. Als treu werden im Kol also Epaphras, Tychikos, Onesimos und alle Kolosserinnen und Kolosser bezeichnet. Dieses Attribut korreliert nicht nur inhaltlich mit der oben festgestellten vielfachen Aufforderung zur Festigkeit, sondern es demokratisiert auch das „Ehrenattribut" treu (πιστός).

Auch das Attribut „geliebt" wird sowohl für die Mitarbeiter als auch für die Gemeinde verwendet. Als „geliebt" werden Epaphras, Tychikos, Onesimos und auch Lukas (4,14) charakterisiert. Auch die Kolosserinnen und Kolosser sind aufgefordert, sich wie Geliebte (ἠγαπημένοι) zu bekleiden (3,12).[240] Vor allem aber fällt auf, daß es in Kol 1,13 nicht „Reich seines geliebten Sohnes", sondern „Reich des Sohnes seiner Liebe" (τῆς ἀγάπης αὐτοῦ) heißt.[241] Verfolgt man nun den Begriff „Liebe" im Kol, fallen einige Bezüge auf. Bereits zu Beginn des Proömiums nennen die Verf., in Übernahme des Philemonproömiums, das Vertrauen (πίστις) in Christus Jesus[242] und die Liebe zu allen Heiligen. Auf die Liebe in Kolossä verweist auch 1,8. Die beiden übrigen Belegstellen von ἀγάπη im Kol sind 2,2 und 3,14:

> Kol 2,2 ... damit ihre Herzen getröstet werden, verbunden[243] in Liebe ...
> (συμβιβασθέντες ἐν ἀγάπῃ)

---

für die Zukunft vorausgesagt werden (s. o. Anm. Kap. 5.2.2, Anm. 167).

[238] Wieder in Umdrehung der Wortfolge vgl. Phlm 16: ἀδελφὸς ἀγαπητός.

[239] Paulus nennt nur Timotheus in I Kor 4,17 „sein geliebtes Kind" und bezeichnet ihn als „treu im Herrn".

[240] Vgl. auch I Thess 1,4.

[241] Diese Wendung kommt weder in der LXX, in den griechisch erhaltenen Pseudepigraphen, bei Philo, Josephus oder im Neuen Testament an anderer Stelle vor. Daher ist die von vielen Auslegerinnen und Auslegern angebrachte Erklärung als Semitismus m. E. nicht stichhaltig (vgl. Lohse, *Kom.*, 74; Gnilka, *Kom.*, 49; Wolter, *Kom.*, 67; Hübner, *Kom.*, 53; vorsichtiger Dibelius, *Kom.*, 9).

[242] Kol 1,4: πίστις ἐν Χριστῷ. Vgl. auch Kol 1,2 und Gal 3,12.

[243] Schwierig ist die Übersetzung von συμβιβάζειν (vereinigen/zusammenbringen/unterrichten). Viele Ausleger nehmen aufgrund von Kol 2,19 und 3,14 auch hier die Bedeutung „vereinigen" an (so Lohmeyer, *Kom.*, 91; Wolter, *Kom.*, 97: „geeint"; Luz, *Kom*, 211: „geeinigt"; Lohse, *Kom.*, 111; Schweizer, *Kom.*, 92; Gnilka, *Kom.*, 107 und Hübner, *Kom.*, 73: „zusammengehalten"). Anders dagegen nimmt Dibelius, *Kom.*, 25f, die übertragene Bedeutung „Schlüsse ziehen, erklären, darlegen, belehren" an (vgl. Delling, *Art.* συμβιβάζω, ThWNT VII (1964), 763-765). Da die Verf. sowohl σύνδεσμος als auch συμβιβάζειν in 2,19 wieder aufnehmen und im Bild des Leibes zusammenführen, halte ich die erste Bedeutung für

Kol 3,14 ... zu[244] dem allen aber die Liebe, das ist das Band der Vollkommenheit. (ἐπὶ πᾶσιν δὲ τούτοις τὴν ἀγάπην, ὅ ἐστιν σύνδεσμος τῆς τελειότητος)

An beiden Stellen ist die Liebe als Garant der Verbindung hervorgehoben.[245] Die Verbindung (σύνδεσμος) ist für hellenistische und jüdisch-hellenistische Autoren ein Garant der Einheit.[246] Im Kol ist Liebe Stifterin und Bewahrerin des Zusammenhalts der Gemeinde. Neben dem Zusammenhalt durch die Liebe bewirkt das Vertrauen (πίστις) Festigkeit und Verwurzelung (1,23; 2,5.7). An keiner Stelle sind die Aussagen imperativisch, also im eigentlichen Sinne paränetisch ausgedrückt, vielmehr wird der Zustand, den die Gemeinde schon längst erreicht hat (1,4), in Erinnerung gerufen. In diesem Zusammenhang ist auch der persönliche Gruß am Ende des Briefes doppeldeutig. Das „Gedenkt meiner Fesseln" (δεσμά 4,18) ist nicht allein die Erinnerung an das Leiden des Paulus, sondern weist zurück auf die Verbindung (σύνδεσμος) der Gemeinde durch die Liebe (2,19; 3,14; 2,2).

Die auf Epaphras, den „geliebten Mitsklaven" und „treuen Gesandten" (1,7) bezogene Bemerkung „der (einer) von euch ist" (4,12), zeigt m. E., daß Epaphras hier nicht als (abwesender) Gemeindeleiter eingeführt bzw. beglaubigt werden soll, sondern daß er ein Vorbild für die Gemeinde ist, der in Kampf und Schmerz aushält.[247] Er stellt neben Tychikos, dem „geliebten

---

intendiert. Auch der übertragenen Bedeutung liegt das Bild des „Zusammenbindens" zugrunde.

[244] Die meisten Kommentatoren übersetzen „über all dies", um anzudeuten, daß hier das Bild des Anziehens aus 3,12 fortgesetzt wird. Vgl. aber Dibelius, Kom., 42.

[245] In 3,14 ist zwar der relativische Anschluß nicht direkt auf die Liebe bezogen, sondern auf den ganzen Satz 3,12-14, der aber bereits zu Beginn die Kolosserinnen und Kolosser als „Geliebte" charakterisiert. Die Wahl des Kasus der Relativpronomina ist unter den Mss. umstritten. Sinaiticus (א) und Ephraemi Syri rescriptus (C) bevorzugen ὅς gegenüber ὅ (vgl. den Apparat zu 1,27; 2,10; 3,14), wogegen die Codices Augensis (F) und Boernerianus (G) jeweils ὅ bevorzugen. Die Lesart ἥτις ist schlecht bezeugt.

[246] Vgl. Fitzer, Art. σύνδεσμος, ThWNT VII (1964), 854-857, sowie Plat. polit. 310a; rep. 520a; leg. 921c; Plut. Numa 6,4; Philo, Migr 220; Fug 112 u. ö. Vgl. besonders Arist 265, wo einer der Weisen auf die Frage nach dem notwendigsten Besitz für einen König antwortet: „Menschenliebe und Liebe (ἀγάπη) gegenüber den Untergebenen. Durch sie entsteht nämlich ein unlösbares Band (δεσμός) des Wohlwollens (εὔνοια). Gott aber vollendet dies gemäß der Gesinnung." Siehe auch oben Anm. 243.

[247] Gegen diese Auslegung spricht m. E. auch nicht die Bemerkung über Arichippos, den einzigen aus dem Adressatinnen- und Adressatenkreis des Phlm, der im Kol genannt wird. In Kol 4,17 heißt es: „Und sagt Archippos: Siehe auf den Dienst (διακονία), den du empfangen (παρέλαβες) im Herrn, damit du ihn erfüllst (πληροῖς)." In Phlm 2 wird er als „unser Kampfgenosse/unser Mitsoldat bzw. Kamerad" (συστρατιώτης ἡμῶν) bezeichnet. Möglicherweise ist er wegen dieser Kampfmetapher vom Verf. besonders herausgehoben worden. Worin die διακονία besteht, die es für Archippos zu erfüllen gilt, bleibt völlig offen. διακονία ist im Kol sonst nicht belegt. Die Selbstbezeichnung διάκονος des Paulus erscheint jedoch in 1,23.25 im Kontext des paulinischen Leidens. Als Aufgabe des Paulus wird in diesem Kontext auch das Erfüllen (πληροῦσθαι) des Wortes Gottes genannt (1,25). Es fällt auf, daß Archippos nicht direkt angesprochen wird. Wenn, wie die meisten Auslegerinnen und Ausleger annehmen, in Archippos der aktuelle Gemeindeleiter zu sehen wäre, dann würden

Bruder" und „treuen Gesandten und Mitsklaven" (4,7), und Onesimos, dem „treuen und geliebten Bruder" (4,8), der treuen Gemeinde vor Augen, was sie schon längst erreicht hat (1,2; 3,12-14): die Verbindung in Liebe. Eine Gemeindeleitung gibt es im Kol eigentlich nicht. Die Gemeinde ahmt als Ganze Onesimos, Tychikos und Epaphras nach und mit diesen zusammen Paulus.

Dabei ist die einzig im Kol belegte Bezeichnung der Mitarbeiter als „Mitsklaven" (σύνδουλοι 1,7; 4,7) bezeichnend. Sie nimmt nicht allein die paulinische Selbstbezeichnung „Sklave Christi" (Phil 1,1 u. ö.) auf, sie weist auch zurück auf den Raum des Christus, wo es keine Sklaven und Freien mehr gibt (3,11). Statt hierarchischer Strukturen innerhalb der Gemeinde verfolgt der Kol ein Konzept kollektiver Gegenseitigkeit (3,9; 3,13) und der kollektiven Nachahmung des Paulus. Statt einer Ämterhierachie gilt es, an der Gemeinschaft der Mitsklaven teilzunehmen und diese zu stärken.

2.2 Das Gemeindeleben als himmlischer Dankgottesdienst

Bereits oben wurde beobachtet, daß der ganze Kol geprägt ist vom Stichwort Danksagung (εὐχαριστία, εὐχαριστεῖν).[248] Nach dem doppelten Proömium (1,3-11) wird die Gemeinde aufgefordert, mit Freuden dem Vater zu danken. Dabei geht es nicht um den Dank für den guten Zustand der Gemeinde.[249] Es bleibt letztlich offen, ob die Formulierung „der euch zum Anteil am Los der Heiligen im Licht befähigt hat" (1,12) Grund oder Voraussetzung des Dankes an Gott nennt. Das Thema Dank (εὐχαριστία) wird auch in 2,6f aufgenommen, wo die Gemeinde aufgefordert wird, fest verwurzelt und in überströmender Dankbarkeit zu wandeln, wie sie gelehrt worden ist. Und in 4,2 wird der Schlußabschnitt eingeleitet mit der Aufforderung: „seid beharr-lich im Gebet, wacht in ihm in Dankbarkeit" (4,2) Schließlich ist der Abschnitt 3,15-17 von der Aufforderung zum Dank gerahmt:

> Kol 3,15: Und der Friede Christi regiere in euren Herzen, zu dem ihr ja in einen Leib berufen seid. Und seid *dankbar!*[250] (3,16) Das Wort Christi wohne in euch reichlich, indem ihr einander in aller Weisheit lehrt und ermahnt mit Psalmen, Hymnen, geistgewirkten Liedern. Im Bereich der Gnade singt in eurem Herzen vor Gott. (3,17) Und alles, was ihr im Wort und im Werk

---

hier die „Untergebenen" zur Ermahnung ihres „Vorsitzenden" angehalten. Der Kontext des Kol deutet die von den Kolosserinnen und Kolossern vermittelte Ermahnung an Archippos als Aufforderung zur Nachahmung des Paulus.

[248] Siehe oben Kap. 3.1, S. 83.

[249] Vgl. Lohse, *Kom.*, 68 und Luz, *Kom.*, 199: „So führt das Fürbittegebet 1,9-14 die gläubigen Leserinnen und Leser hinein in eine Bewegung vom Dankgebet über geschenkte Gotteserkenntnis und neues Leben aus der Kraft Gottes zurück ins Dankgebet. [...] Sein Wortreichtum ist ein-gewiß unzulänglicher-Ausdruck des Reichtums Gottes, seine Unschärfe gibt den Lesern Raum, sich selbst in ihm zu situieren."

[250] εὐχάριστοι γίνεσθε übersetzt Schlier, *Epheserbrief,* 249: „seid Dank Sagende".

vollbringt, alles (macht) im Namen des Herrn Jesus. *Dankt* Gott dem Vater durch ihn!

Lohmeyer versteht 3,15-17 als neuen, einheitlichen Abschnitt, der ganz dem Thema Dank gewidmet sei.[251] Für Robinson ist 3,15b καὶ εὐχάριστοι γίνεσθε eine Art Überschrift für den folgenden Abschnitt.[252] Robinson weist auch darauf hin, daß der Abschluß εὐχαριστοῦντες τῷ θεῷ πατρὶ δι᾽ αὐτοῦ (3,17) auf 1,12 zurückweist. „So kam man anhand der Begriffe für Danksagung das Singen von 3,16 mit 1,12ff verbinden und dadurch in den Strom der Danksagung im Frühchristentum stellen."[253] Was in 3,15-17 vom Stichwort Danksagung (εὐχαριστία) gerahmt ist, ist eine Beschreibung eines Gemeindegottesdienstes. In der korinthischen Gemeinde spielt ebenfalls die Danksagung im Gottesdienst eine herausragende Rolle. Sie scheint in Korinth vor allem als ein pneumatisches Ereignis der Zungenrede gefeiert worden zu sein. Jedenfalls weist Paulus kritisch darauf hin, daß die Dankgebete in Zungenrede Uneingeweihten und Außenstehenden völlig unverständlich bleiben müssen und daher weder aufbauen noch anderen Menschen etwas mitteilen können (I Kor 14,16-18).

Eine klare Abgrenzung von V. 15b-17 gegenüber dem Vorhergehenden scheint mir allerdings nicht intendiert. Vielmehr ist die Betonung der Verbindung und des einen Leibes in den vorangehenden Versen (V. 14 und 15a) der Rahmen, in dem der im Folgenden beschriebene Gottesdienst Wirklichkeit ist. Die Aufforderung „Der Friede Christi regiere in euren Herzen" (15a) ist dabei zum einen eine Anspielung auf den Frieden des Kaisers, der den Staatsleib beherrscht,[254] zum anderen die Beschreibung des Raums der Gemeinde. „Der ganze Mensch wird [...] vom Frieden Christi erfaßt, so daß die εἰρήνη τοῦ Χριστοῦ geradezu den Bereich darstellt, in dem er als der neue Mensch existiert."[255] Dieser Friede Christi wird in V. 16 aufgenommen durch die Formulierung λόγος τοῦ Χριστοῦ, das wiederum Subjekt des Satzes ist. Die meisten Auslegerinnen und Ausleger verstehen das „Wort Christi" als die „Predigt über Christus und zugleich das in dieser Predigt laut werdende Wort des Herrn."[256] M. E. weist jedoch das Verb „einwohnen" (ἐνοικεῖν) in eine andere Richtung. Paulus sagt mehrfach

---

[251] Lohmeyer, *Kom.*,148.

[252] Vgl. auch Lindemann, *Kom.*, 62: „eigenartig abgehackt formulierte Aufforderung zur Dankbarkeit". Es sei wahrscheinlicher, daß durch die Aufforderung die Verse 16f eingeleitet werden sollen, als daß sie eine abschließende Bemerkung zu V. 15a darstelle.

[253] Robinson, *Hodajot-Formel*, 225.

[254] Siehe oben, Kap. 6.1.2, S. 248-250.

[255] Lohse, *Kom.*, 216; vgl. auch Förster, *Art. εἰρήνη*, ThWNT II (1935), 412, und Wolter, *Kom.*, 188.

[256] Lindemann, *Kom.*, 62; vgl. auch den Hinweis von Lohmeyer, *Kom.*, 150, und Schweizer, *Kom.*, auf Ps 36,31(LXX) ὁ νόμος τοῦ θεοῦ αὐτοῦ ἐν καρδίᾳ αὐτοῦ (Das Gesetz seines Gottes ist in seinem Herzen).

πνεῦμα θεοῦ οἰκεῖ ἐν ὑμῖν (der Geist Gottes wohnt in euch).[257] Die Gleichheit dieser Formulierung läßt nach Michel „darauf schließen, daß sie katechetisches, lehrhaftes Gut der paulinischen Theologie gewesen ist".[258] Es geht hier um einen pneumatischen Vorgang der Einwohnung in den Glaubenden. Dabei kann das „Wort Christi" das Wort des Auferstandenen meinen (I Thess 4,15; vgl. I Kor 7,12). Das „Subjekt solchen Gottesdienstes ist nicht eigentlich die Gemeinde, auch wenn die Fortsetzung des Satzes unvermittelt in den Plural übergeht, sondern das Wort Christi selbst."[259] Im Gottesdienst spricht der erhöhte Christus selbst.

Die ganze kolossische Gemeinde ermahnt und lehrt sich gegenseitig (ἑαυτούς) in aller Weisheit (ἐν πάσῃ σοφίᾳ).[260] Sie übernimmt damit gegenseitig die Aufgabe der paulinischen Missionsgruppe, die Christus verkündigt, indem sie „alle Menschen ermahnt und alle Menschen in Weisheit (ἐν πάσῃ σοφίᾳ) lehrt" (1,28).[261] Dieses Lehren und Ermahnen konkretisiert sich mit Psalmen, Hymnen und geistigen Liedern. Die Begriffe sind nicht scharf voneinander zu trennen.[262] Es geht aber, wie das Adjektiv „geisterfüllt" verdeutlicht, um den Ausdruck des Geistes.[263] Die Lieder und Hymnen sind Ausdruck der Danksagung der Gemeinde. Für die römisch-hellenistische Antike ist die Danksagung (εὐχαριστία) die wichtigste und vornehmste Aufgabe der Menschen gegenüber den Göttern. Sie ist die Möglichkeit, Kraft und Macht zwischen Himmel und Erde auszutauschen. Philo sagt z. B. über das Dankgebet:

An den Opfern–möchte ich sagen, oh Wohlgeborener–hat Gott keine Freude, selbst wenn man ihm Hunderte darbringen würde. Denn das All ist sein Besitz, und da er alles besitzt, bedarf er nichts. Er freut sich aber an gottesliebendem Verstand und Menschen mit Übung im Gottesdienst. [...]Wenn sie auch sonst nichts bringen als sich selbst und die Fülle guter Gesinnung, bringen sie voll-

---

[257] I Kor 3,6; Röm 8,9.11.

[258] Otto Michel, Art. οἰκέω, ThWNT V (1954), 138.

[259] Schweizer, Kom., 156f.

[260] νουθετεῖν bedeutet „Sinn für etwas, Verstand beibringen", dann auch „zurechtweisen, korrigieren auf jemanden einwirken". Es geht um die Einwirkung auf das Gemüt des Menschen; vgl. Johannes Behm, Art. νουθετέω κτλ., ThWNT IV (1942), 1013. Der Kol wählt an dieser Stelle erneut die partizipiale Ausdrucksweise. Die meisten Ausleger übersetzen wiederum imperativisch. Eine andere Möglichkeit ist es, die Partizipien διδάσκοντες καὶ νουθετοῦντες als Beschreibung des Einwohnungsvorgangs des Wortes Christi zu verstehen.

[261] Vgl. auch Lohse, Kom., 216: „διδάσκειν und νουθετεῖν [...] sind nicht an ein bestimmtes Amt gebunden, sondern werden von den Gliedern der Gemeinde Kraft der ihnen verliehenen Charismen ausgeübt." Vgl. auch Lindemann, Kom., 62. Anders Eph 2,2; 4,11f. Die Gemeinde ahmt auch das Dankgebet an „Gott den Vater" nach. Vgl. εὐχαριστοῦντες τῷ θεῷ πατρί 3,17 mit 1,3 εὐχαριστοῦμεν τῷ θεῷ πατρί.

[262] Vgl. Schlier, Art. ᾄδω, ᾠδή, ThWNT I (1933), 163-165; Delling, Art. ὕμνος κτλ., ThWNT VIII (1969), 492-506.

[263] πνευματικός, geistig, kann sich auf alle drei genannten Liedformen beziehen. Vgl. z. B. Wolter, Kom., 190. Auch in Korinth spielen geisterfüllte Psalmen eine Rolle, vgl. I Kor 14,26. Die Geistesgaben sind im Kol nicht unwichtig (vgl. 1,8f; 2,5). Anders Schweizer, Christus und der Geist.

kommen das beste Opfer dar, wenn sie mit Gesängen (ὕμνοι) und Danksagungen (εὐχαριστίαι) Gott als ihrem Wohltäter und Retter huldigen.[264]

Philo verbindet prophetische mit rationalistischer Opferkritik. Damit
nimmt er den philosophischen Zeitgeist auf.[265] Die hellenistische Philosophie
ist davon überzeugt, daß „Gotteserkenntnis, Tugend und Gebet [...] die
wahren Opfer [sind], vom Gebet wiederum an erster Stelle Lob- und
Dankopfer, εὐλογία und εὐχαριστία."[266] Der Dank für die göttliche
Vorsehung und Fürsorge äußert sich z. B. auch nach Epiktet im Singen von
Hymnen.[267]

> Da ich ein Vernunftwesen bin, muß ich Gott preisen (ὑμνεῖν). Das ist mein
> Werk, und ich tue es und werde diese Stellung so lange nicht verlassen, wie
> sie mir aufgetragen ist, und euch zu dem selben Hymnus (ᾠδή) auffordern.[268]

Nicht nur Menschen, das ganze Weltall soll nach Philo unablässig Gott Dank
abstatten. Die höchste und innigste Form der Danksagung ist dabei das
schweigende Gebet.[269]

> Gott aber kann man in Wahrheit seine Dankbarkeit nicht abstatten
> (εὐχαριστῆσαι) durch die von der Menge für richtig gehaltenen Mittel: Bau
> werke, Weihegeschenke, Opfer–denn nicht das ganze Weltall wäre ein wür
> diges Heiligtum zu seiner Ehrung–, sondern nur durch Lobreden (ἔπαινοι)
> und Gesänge (ὕμνοι), und auch nicht durch solche, die Stimmen vernehmbar
> singen (ᾄσεται), sondern durch die, die der unsichtbare und reine Verstand
> (νοῦς) singt.[270]

Der Mund muß schweigen, nur der Geist als dem Göttlichen am nächsten
stehender Teil des Menschen kann reden.[271] Auch die Verf. des Kol fordern

---

[264] SpecLeg I 271f, vgl. auch Plant 130f.

[265] Schubert, *Form and Function*, 122-131; Odo Casel, Λογικὴ θυσία.

[266] Casel, Λογικὴ θυσία, 38.

[267] Arr. Epict. I 16.

[268] Arr. Epict. I 16,20f

[269] Her 199f. In Her 226 deutet Philo den Räucheraltar als Ort für die Danksagung der
Elemente, den Tisch für die vergänglichen Schöpfungswerke und die Leuchter für die
Himmelsbewohner. Vgl. auch SpecLeg I 97 u. ö.

[270] Plant 126. Vgl. auch die Fortführung der oben zitierten Stelle SpecLeg I 272 „... wenn
sie mit Gesängen und Danksagungen Gott als ihren Wohltäter und Retter huldigen, teils durch
das tönende Werkzeug, teils aber auch ohne Zunge und Mund, indem sie allein in der Seele mit
Gedanken erzählen oder Anrufungen sprechen, die allein in einem, dem göttlichen Ohr
empfangen werden. Die Ohren der Menschen können sie nicht wahrnehmen." Vgl. auch Her
14f.

[271] Philo kennt auch den Gedanken der *oratio infusa*, der von Gott in die Seele
eingegebenen Rede. „Das Bekennen ist nicht ein Werk der Seele, sondern Gott läßt in ihr die
Danksagung erscheinen." (All I 82; vgl. auch I Thess 3,9; II Kor 1,11; 4,15; 9,11f). Dieser
Gedanke ist letztlich radikalisierte Opferkritik, insofern Gott nun nicht mehr nur keiner Opfer,
sondern eigentlich auch keiner Dankgebete bedarf, sondern selbst die Dankgebete in die
Menschen eingibt. Dibelius versteht auch die Vorstellung vom Dankgebet in Kol 1,12 und 3,15
als *oratio infusa*. Aber die Frage, ob die Dankgebete die göttliche Sphäre beeinflussen oder von
Gott stammen, wird im Kol m. E. nicht gestellt. Die Dankgebete entsprechen m. E. vor allem

zum schweigenden Singen auf. „Singen ... im Herzen zu Gott" meint nicht
nur „der innere Antrieb, die Überzeugung [...], die den Lobgesang als ein
Lied, das „von Herzen kommt" hervorbringt"[272], sondern der Ausdruck ἐν
καρδίαις bedeutet zugleich auch schweigend.[273] Die Existenz der Gemeinde
ist bestimmt von dem innerlichen Verhältnis zu Gott, der sich im Herzensge-
sang ausdrückt. Wenn die Gemeinde alle Worte und Werke im Namen des
Herrn Jesus verrichten soll (3,17), so ist damit gemeint, daß sie der Wirklichkeit des Christus Raum geben soll.

Der Gottesdienst in Kolossä ist ein himmlischer Gottesdienst, der aus zu
Gott schweigend verrichteten Dankgebeten und geistigen und damit eigentlich göttlichen Liedern besteht. In unmittelbarer Nähe zu Gott wird die bereits geschehene Versetzung der Gemeindeglieder in die himmlische Sphäre
erfahrbar. Dem Denken und Erkennen, dessen, was oben ist (3,1f), entspricht
das geistige Lied, das in schweigender Unmittelbarkeit vor Gott getragen
wird. Das Gemeindeleben im Kol äußert sich wesentlich im himmlischen
Gottesdienst, konkretisiert durch Danksagungen für die bereits geschehene
Erhöhung in die himmlische Sphäre. Von dieser Wirklichkeit der
Danksagung ist der ganze Brief erfüllt (1,12-14; 2,7; 3,15-17; 4,2).

Die Intention des Kol ist es, der/den durch den Tod des Paulus verun-
sicherten und auseinanderlaufenden Gemeinde(n) durch einen
„Himmelsbrief" des Paulus Trost zuzusprechen und dem von den Verf.
befürchteten Zerfallsprozeß entgegenzuwirken. Das gelingt den Verf. durch
die Aufnahme des bereits in den paulinischen Gemeinden virulenten, von
Paulus aber auch kritisierten Denkens der dualistischen Weisheit. Das
theologische Konzept dieses Teils der Weisheitsbewegung versucht,
eschatologischen Zweifeln mit einem „uneschatologischen" Konzept des
präsentischen Aufstiegs der Seele zu Gott zu begegnen. Die Verf., die damit
vor- oder nebenpaulinische theologische Konzeptionen aufnehmen, sind in
gewissem Sinne Traditionalistinnen und Traditionalisten, aber als solche
zugleich Reformerinnen und Reformer. Geschichte wird in ihrem
theologischen Konzept reduziert zu einer Gegenüberstellung von „einst"–der
Zeit der Feindschaft zwischen Welt, Mensch und Gott–und „jetzt"–der Zeit
der Versöhnung. Das Christusgeschehen wird im Sinne dieses Umschwunges
verstanden. Damit können disparate Christologien integriert werden. Sie
werden aber zugleich auch nivelliert. Das paulinische Verständnis des
Kreuzes, wie überhaupt die ganze paulinische Betonung der Diesseitigkeit,
verschwindet. Es fällt vom modernen Standpunkt aus leicht, die Verf. für
diese Mystisierung der paulinischen Theologie zu verurteilen. Aber es

---

der himmlischen Wirklichkeit der Gemeinde.
[272] Wolter, *Kom.*, 191.
[273] Vgl. TestAbr A 6,6; JosAs 6,1(B)/6,1(Ph); 11,3.15(B); Mt 24,48/Lk 12,45. Im Sinne
von verschweigen ApkMos 3,3; TestLev 6,2; 8,19. Vgl. auch Lohmeyer, *Kom.*, 115.

gelingen ihnen m. E. einige für die nachpaulinische Ära wichtige theologische Weiterentwicklungen. Die Verf. entwickeln ein ekklesiologisches Konzept, das die weltweite Verbindung der Gläubigen ermöglicht, und zwar zunächst ohne die Einführung zentraler und hierarchischer Strukturen im menschlichen Bereich. Christus als Haupt des Leibes verhindert im Kol (noch) die Ausbildung menschlicher Hierarchien. Die Betonung der himmlischen Wirklichkeit und das mystische Versenken in den Erkenntnisprozeß, zu dem nicht zuletzt der assoziative Sprachstil des Kol anleiten will, läßt die irdischen Probleme angesichts der himmlischen als marginale Wirklichkeit erscheinen. Durch das Christusereignis ist alles Irdische beseitigt und abgelegt und wirkliches Erkennen möglich. Entgegen verbreiteter Tendenzen in der dualistischen Weisheitsbewegung gelingt es den Verf., Verwandlung und Aufstieg der Seele des einzelnen mit dem Gemeinschaftsgedanken zu verbinden. Die Gläubigen, mit Christus auferstanden und in die göttliche Sphäre versetzt, nehmen als weltweite *ekklesia* teil am himmlischen Dankgottesdienst im unmittelbaren Lobpreis Gottes. Im himmlischen Leib sind Streit, Konflikt und menschliche Differenzierungen überwunden.

KAPITEL 7

DIE 'HAUSTAFEL' IM KOLOSSERBRIEF

Trotz der Behauptung, daß es im Raum des Christus, der *ekklesia*, keine ethnischen und sozialen Unterschiede mehr gibt (3,11), und trotz des Verzichts auf ein hierarchisches Konzept der Gemeindeleitung gibt es im Kol einen Text, der zu Über- und Unterordnung einzelner sozialer Gruppen– Frauen, Männern, Kindern, Väter, Sklaven und Herren–auffordert. Dieser Text, Kol 3,18-4,1, wurde neben Eph 5,21-6,9 und I Petr 2,18-3,7 von Dibelius und seinem Schüler Karl Weidinger formgeschichtlich als 'Haustafel' klassifiziert.[1] Es muß also im Folgenden gefragt werden, wie sich diese sogenannte 'Haustafel' Kol 3,18-4,1 zum übrigen Brief und damit zur Intention der Verf. verhält. Ob es sich bei den genannten Texten um eine Textgattung handelt, ist inzwischen allerdings umstritten.[2] Einige Ausleger und Auslegerinnen zählen auch die inhaltlich verwandten Texte I Tim 2,8-15; 6,1f; Tit 2,1-10; Did 4,9-11; Barn 19,5-7; I Clem 1,3; 21,6-9; IgnPol 4,2-6,3; Polyk 4,1-6,1 zur Gattung hinzu.[3] Andere wollen dagegen den Begriff 'Haustafel' für Kol 3,18-4,1 und Eph 5,21-6,9 reservieren[4] oder bezweifeln, daß es überhaupt sinnvoll ist, von einer Gattung „Haustafel" zu sprechen.[5] Der Text lautet:

> Kol 3,18 Ihr Frauen, ordnet euch den Männern unter, wie es sich ziemt im Herrn!
> Kol 3,19 Ihr Männer, liebt die Frauen und werdet nicht bitter gegen sie!

---

[1] Dibelius, *Kom.*, 48. Karl Weidinger, *Haustafeln*, 1f. Der Begriff stammt eigentlich von Martin Luther, der den letzten Anhang des Kleinen Katechismus „Die Haustafel etlicher Spruche für allerlei heilige Orden und Stände dadurch dieselbigen als durch eigen Lektion ihres Ampts und Diensts zu ermahnen" (BSELK 523) überschrieb. Hier sammelte er zunächst neutestamentliche Texte zu einzelnen kirchlichen und weltlichen Ämtern und schließlich zu verschiedenen „Laiengruppen" (Ehemännern, Frauen, Eltern, Kindern, Knechten, Hausherren und Hausfrauen, gemeiner Jugend, Witwen, Gemeine). Das Material für letztere entstammt den entsprechenden Stellen des Kol, Eph, I Petr und I Tim. Die lateinische Fassung schließt er mit den Worten: *ut domus officiis stet bene recta suis*.

[2] Im Folgenden verzichte ich auf eine explizite Forschungsgeschichte, da diese mehrfach in den letzten zehn Jahren vorgetragen wurde. Siehe David Lee Balch, *Household Codes*, Marlis Gielen, *Tradition*, 24-67, und Ulrike Wagener, *Ordnung*, 14-65.

[3] Dibelius, *Kom.*, 48. Einige wollen für die weiteren Texte neben Kol, Eph und I Petr lieber von „Ständetafel", „Gemeindetafel" oder „Pflichtenspiegel" sprechen. Die Abgrenzung des Textes in I Petr ist umstritten. Vgl. zum Ganzen ausführlich Gielen, *Tradition*, 3-6.

[4] Vgl. Thraede, *Hintergrund*, 359; Karlheinz Müller, *Haustafel*, 319; Strecker, *Die neutestamentlichen Haustafeln*, 349f; Wagener, *Ordnung*, 62; Best, *Haustafel*, 156.

[5] Von Lips, *Haustafel*.

Kol 3,20 Ihr Kinder, gehorcht den Eltern in allem! Denn das ist wohlgefällig im Herrn.

Kol 3,21 Ihr Väter, reizt eure Kinder nicht, damit sie nicht mutlos werden!

Kol 3,22 Ihr Sklaven, gehorcht[6] den Herren nach dem Fleisch, nicht mit Augendienerei, wie die, die Menschen zu gefallen suchen, sondern in Aufrichtigkeit des Herzens als solche, die den Herrn fürchten! (3,23) Was immer ihr tut, aus der Seele arbeitet wie für den Herrn und nicht wie für Menschen! (3,24) Denn ihr wißt, daß ihr vom Herrn die Vergeltung des Erbteils erhalten werdet. Dem Herrn Christus dient! (3,25) Denn wer Unrecht tut, wird, was er an Unrecht getan hat, erlangen, und es gibt kein Ansehen der Person.

Kol 4,1 Ihr Herren, erweist den Sklaven das Gerechte und die Gleichheit, denn ihr wißt, daß auch ihr einen Herrn im Himmel habt.

Dieser allgemein als ältester Beleg einer 'Haustafel' im Neuen Testament geltende Text ist zugleich der am markantesten strukturierte. Es werden Frauen, Kinder, Sklaven-/Sklavinnen jeweils als Gruppe angeredet und imperativisch zur Unterordnung bzw. zum Gehorsam zu einer jeweiligen korrelierenden Gruppe (Männern, Vätern und Herren) aufgefordert. Die Gruppe von Männern, Vätern und Herren, die jedoch gemäß der antiken Ethik lediglich aus einem freien Mann in drei Rollen bestehen kann, wird jeweils im folgenden Vers zu einem nicht provozierendem Verhalten gegenüber Frauen, Kindern und Sklaven ermahnt. Nur die Sklavenparänese ist breiter ausgeführt (3,22-25). Die übrigen Ermahnungen sind lediglich kurz mit einem Nebensatz erläutert (außer 3,19) und begründet.[7]

Dieses (vollständige) Schema fehlt bei allen anderen genannten Texten mit Ausnahme des literarisch abhängigen Epheserbriefes. Z. B. werden in I Petr 2,18-3,7 nur Sklaven, Frauen und Männer angeredet. Die Sklaven/Sklavinnen- und Frauenparänese ist jeweils im I Petr breit ausgeführt und mit einem Beispiel (Christus 2,21-25/Sara 3,5f) illustriert. Die Männerparänese ist im I Petr dagegen vergleichsweise kurz ausgeführt (3,7), eine Herrenparänese ist nicht vorhanden. Vorangestellt ist im I Petr eine Aufforderung zur Unterordnung unter jede menschliche Institution, sei es ein König oder ein Statthalter (2,13-17).

Der älteste Beleg der „Gattung" 'Haustafel', Kol 3,18-4,1, ist also zugleich der in sich geschlossenste und ausgewogenste. Er sticht zudem aus dem Kontext des Briefes hervor. Die Einleitung in 3,17 gibt kaum Hinweise auf das Folgende. 4,2 nimmt den Faden allgemein anrednder Paränese aus 3,17 wieder auf. Man kann daher Lohmeyers Einschätzung zustimmen, daß die „Einfügung an dieser Stelle durch keinen noch so leisen Hinweis angezeigt ist. Es wäre in diesem Briefe kaum eine Lücke zu spüren, wenn dieser Abschnitt gestrichen würde."[8] Im Gegensatz zu den paulinischen

---

[6] κατὰ πάντα fehlt in P[46] und Eph 6,5 und somit in den ältesten Textzeugen.

[7] Zu einer ausführlichen Strukturanalyse von Kol 3,18-4,1 vgl. Gielen, *Tradition*, 107-122.

[8] Lohmeyer, *Kom.*, 153, vgl. auch Lohse, *Kom.*, 220.232. Einige Autorinnen und Autoren

Briefen verzichten die Verf. außerhalb 3,18-4,1 völlig auf direkte Anreden einzelner Personengruppen.[9] Es fällt zudem im Vergleich zum restlichen Brief ein konzentrierter Konjunktions- und Partikelgebrauch auf.[10]

Die einzelnen Ermahnungen in Kol 3,18-4,1 sind weitgehend in römisch-hellenistischen und hellenistisch-jüdischen literarischen Zeugnissen nachweisbar. Die Aufforderung an die Frauen, sich den Männern unterzuordnen (ὑποτάσσεσθαι), findet sich z. B. ebenso bei Plutarch[11] wie auch die Aufforderung an die Männer, ihre Frauen zu lieben (ἀγαπᾶν).[12] Auch das fortführende μὴ πικραίνεσθε πρὸς αὐτάς ist z. B. bei Plutarch belegt.[13] Umstritten ist die Frage, ob die mit dem Vergleichspartikel ὡς angehängte Näherbestimmung der Unterordnungsforderung an die Frau ὡς ἀνῆκεν ἐν κρυρίῳ (wie es sich im Herrn ziemt) eine spezifisch theologische Umdeutung vornimmt, und wenn ja, ob diese Umdeutung im Judentum oder erst in der Jesusbewegung hinzugefügt wurde.[14]

---

haben daher Kol 3,18-4,1 für eine spätere Interpolation gehalten. Siehe hierzu unten.

[9] Dagegen kommt die Anrede „Geschwister" (ἀδελφοί) mehr als sechzig mal in den Paulusbriefen vor. Vgl. auch Schenk, *Kolosserbrief*, 3333f.

[10] Ὡς 3,18.22f, sonst nur 2,6; 3,12; 4,4; γάρ 2,20.25, sonst nur 2,1; 2,5; 3,3; 4,13; ἀλλά 3,21, sonst nur 2,5; 3,11; ὅτι 3,24; 4,1, sonst nur 1,16.19; 2,9; 4,13.

[11] Plut. mor. 142E: „Die sich selbst den Männern unterordnenden (ὑποτάττουσαι Frauen) werden gelobt, aber die, die herrschen (κρατεῖν) wollen, beschämt, mehr als die (von ihnen) Beherrschten. Denn der Mann muß über die Frau herrschen (κρατεῖν δὲ δεῖ τὸν ἄνδρα τῆς γυναικός), nicht wie ein Herr über seinen Besitz, sondern wie die Seele über den Leib ..." (vgl. auch mor. 139A). Vgl. auch Ap II 200f (siehe unten Anm. 95).

[12] Vgl. Plut. mor. 142E sowie die neupythagoräische Gesetzessammlung unter dem Namen Charondas, προοίμια νόμων: „Jeder liebe (στεργέτω) die gemäß der Gesetze rechtmäßige Frau und zeuge aus ihr Kinder ..." (62,30f Thesleff). Vgl. auch den Neupythagoräer Kallikratidas: „Die aber politisch herrschen, werden bewundert und geliebt. Beides aber wird der Fall sein, wenn man in Ausübung der Herrschaft mit Lust und Achtung vorgeht, die Lust in der Liebe ausübt (ἀδονὰν ἐν τῷ ἀγαπῆν ποτιφερόμενος) und die Achtung, indem man niemanden verachtet oder erniedrigt." (106,10-13). Vielfach werden in den neupythagoräischen Schriften Frauen zur Liebe ihrer Ehemänner aufgefordert, vgl. z. B. Phintys, περὶ γυναικὸς σωφροσύνας, 152, 3-5. „Die größte Tugend der Frau ist die Sittsamkeit (σωφροσύνα). Durch sie kann sie den eigenen Mann sowohl ehren als auch lieben (καὶ τιμὴν καὶ ἀγαπῆν)" u. ö. Für solches Verhalten wird Gegenliebe versprochen; vgl. Theano an Nikostrate (172,40-44 [Städele]).

[13] Plut. mor. 456F-457A: „Handlung und Bewegung, das ganze Betragen des Zornigen verrät nichts anderes als einen kleinlichen, schwächlichen Sinn, ob er nun seine Kinder mißhandelt, seiner Frau unwirsch begegnet (πρὸς γύναικα διαπικραίνονται), an Hunden, Pferden und Eseln seine Rachsucht befriedigt, der sich wie der Faustkämpfer Ktesiphon verhält, der einem Maulesel, der ausschlug, Gleiches mit Gleichem vergalt." (Übers. Bruno Snell). Vgl. auch die Spruchsammlung bei Stobaios IV.26 [Hense] zum Thema: „Wie die Väter sich gegenüber ihren Kindern verhalten müssen." Did 4,10 fordert: „Du sollst deinem Sklaven oder deiner Sklavin, die auf denselben Gott vertrauen, nicht in deiner Bitterkeit (ἐν πικρίᾳ σου) befehlen ..."

[14] Während Dibelius, *Kom.*, 45-49; Weidinger, *Haustafeln*, 51f; Chrouch, *Origin*, 154; Karlheinz Müller, *Haustafel*, 310-316, u. a. hierin „einfach Formeln der Verchristlichung" sehen (Weidinger, 51), verstehen andere die Formulierung „im Herrn" als kritisches Prinzip, das bestimme, „welche ethischen Weisungen für die Gemeinde als verbindlich anzusehen sind" (Lohse, *Kom.*, 223). Vgl. auch Gielen, *Tradition*, 140-144, u. a.

Die Aufforderung an die Kinder, ihren Eltern in allem zu gehorchen, ist breit belegt.[15] Auch hier folgt eine theologische Einordnung mit „dies ist wohlgefällig im Herrn". Für die Aufforderung an die Väter, ihre Kinder nicht zu reizen (ἐρεθίζειν), damit sie nicht mutlos werden (ἀθυμεῖν), konnten bisher keine wörtlichen,[16] aber einige inhaltliche Parallelen zusammengetragen werden.[17]

Die Aufforderung, den irdischen Herrn (οἱ κατὰ σάρκα κύριοι) zu gehorchen (ὑπακούειν), ist ebenfalls in der römisch-hellenistischen Antike nicht ungewöhnlich.[18] Die Sklaven- und Sklavinnenparänese ist am ausführlichsten ausgeführt und spielt mit der Doppeldeutigkeit des Begriffs „Herr" (κύριος) in der jüdischen Tradition. Auch die nächsten Wendungen sind vor allem im jüdischen Traditionskreis belegt. Besondere Schwierigkeiten macht der Ausdruck „Augendienerei" (ὀφθαλμοδουλία), der außerhalb von vom Kol abhängigen Stellen bisher nicht nachgewiesen wurde. ἀνθρωπάρεσκος benennt dagegen bereits in der LXX jemanden, „der nur mit Menschen und ihrer Macht rechnet, darum Menschen zu gefallen sucht, aber nicht mit Gott rechnet."[19] Verbunden durch die Opposition (ἀλλά) wird im V. 22c neben

---

[15] Dtn 21,18.20; Philostrat. vita Ap. II 30; Arr. Epict. II 10,7. Als Thema philosophischer Reden vgl. Musonius Rede 16 (81-88 Hense); Gell. II 7.

[16] Vgl. aber zu ἐρεθίζειν Pseudo-Plutarch (Über die Kindererziehung) mor. 12D-E: „Es ist grundsätzlich nötig (προσήκει), die Kinder von dem Zusammensein mit schlechten Menschen fernzuhalten. [...] Dies hat Pythagoras in seinen Rätseln (dunklen Reden) verkündet, die ich zitierend erklären werde [...] Stochere nicht mit dem Schwert im Feuer, das heißt, es ziemt sich (nämlich) nicht (οὐ γὰρ προσῆκεν), den Zornigen zu reizen, sondern man muß ihm nachgeben." In Dtn 21,18.20 wird ἐρεθίζειν vom Sohn ausgesagt. ἀθυμεῖν im Sinne von Motivationsmangel auch Xen. oik. XXI,5f in bezug auf Sklaven. In bezug auf Kinder Hyp. fragm. 144, vgl. auch Ain. Tact. 38,4f.

[17] Vgl. Pseudo-Phokylides 207: „Grolle nicht (χαλέπαινε) gegen deine Kinder, sondern sei milde." Vgl. Philo Decal 167: „Es (das fünfte Gebot) gebietet aber auch vieles andere, den Jüngeren Zuneigung gegenüber den Älteren, den Älteren aber Achtung (ἐπιμέλεια) gegenüber den Jüngeren ..." und Pseudo-Plut. mor. 13D/E: „Ich halte es nämlich auch nicht für angemessen, daß Väter hart und streng gegen ihre Kinder sind. [...] Denn wie der Arzt bitteren Arzneien süße Säfte beimischt und so das Nützliche reizvoll und damit leicht zugänglich macht, so muß ein Vater seine Strenge mit Milde mischen und bisweilen der Begierde der Söhne die Zügel schießen lassen. Dann kann er sie hernach wieder anziehen; er soll nachsichtig sein gegen ihre Verfehlungen und sich bei gelegentlichem Zorn schnell wieder beruhigen. Denn Jähzorn ist noch verzeihlicher für einen Vater als tiefer Groll. Ein feindseliges und unversöhnliches Betragen beweist, daß er Kinder haßt" (Übers. Snell). Vgl. auch mor. 8F.

[18] Vgl. Aristeid. or. 2,128 (Keil): „Würde nicht jeder sagen, daß es die Aufgabe des Herren ist, zu befehlen, die Aufgabe des Sklaven (δοῦλος) aber zu gehorchen (ὑπακοῦσαι)?" Die neupythagoreische Gesetzessammlung unter dem Namen Zaleukos, προοίμια νόμων: „Es ziemt sich (προσήκει), daß die Sklaven vermittels Furcht tun, was gerecht ist, die Freien aber vermittels Ehrfurcht das Gute." (228,13f Thesleff) und Philo, Decal 167: „Es (das fünfte Gebot) gebietet [...] den Untergebenen Gehorsam gegenüber den Herrschenden, [...] den Sklavinnen und Sklaven, ihrem Herren mit Liebe zu dienen."

[19] Ps 52,6(LXX); PsSal 4,7f.19. Zitat Foerster, Art. ἀνθρωπάρεσκος, ThWNT I (1933), 456. Vgl. auch Gal 1,10: „Überrede ich denn jetzt Menschen oder Gott? Oder suche ich Menschen zu gefallen (ἢ ζητῶ ἀνθρώποις ἀρέσκειν)? Wenn ich noch Menschen gefallen wollte, dann wäre ich kein Sklave Christi." IgnRöm 2,1: „Denn ich will nicht, daß ihr

ἐν ὀφθαλμοδουλίᾳ mit der Formulierung ἐν ἁπλότητι καρδίας (in Einfalt des Herzens) erneut ein Begriff aus der jüdischen Tradition genannt.[20] Dies gilt auch für den Ausdruck φοβούμενοι τὸν κύριον (fürchtend den Herrn), der in Opposition zu ἀνθρωπάρεσκοι steht.[21] V. 23 nimmt der Sache nach den Gedanken ὡς ἀνθρωπάρεσκοι aus V. 22b wieder auf und sucht es zu erklären. „Aus der Seele arbeitet wie für den Herrn, nicht wie für Menschen" (ὡς κυρίῳ καὶ οὐκ ἀνθρώποις). V. 24 liefert eine Begründung (εἰδότες ὅτι) für das Vorhergehende. Auffällig ist, daß hier vom Empfang (ἀπολαμβάνεσθαι)[22] eines Lohns bzw. einer Vergeltung (ἀνταπόδοσις) des Erbteils (κληρονομία) gesprochen wird. Im römisch-hellenistischen Rechtsraum waren Sklavinnen und Sklaven vom Erbrecht ausgeschlossen.[23] Die meisten Auslegerinnen und Ausleger verweisen auf den Gebrauch von κληρονομία in der jüdischen Tradition als eschatologisches Heilsgut[24] und sehen Gerichtsterminologie aufgenommen.[25] Allerdings ergibt sich dann für den Kol ein Widerspruch. Denn die Rede von einem zukünftigen Gericht wird sonst im Brief bewußt vermieden. Die Angeredeten haben bereits nach Kol 1,12 alle Anteil am Los (κλῆρος) der Heiligen im Licht. Die Aufforderung in V. 24b „dem Herren Christus dient (δουλεύετε)!" erinnert an paulinische Aussagen.[26] In den Paulusbriefen gilt diese Aufforderung allerdings uneingeschränkt allen, nicht nur den Sklavinnen und Sklaven. V. 25 nimmt am deutlichsten die Vorstellung des Gerichts auf. Der Vers findet ohne die durch ἀ-privativum ausgedrückten Negationen in Arist 291 seine Entsprechung. Auf die Frage, was das Wichtigste an der Herrschaft sei, antwortet einer der befragten Weisen:

daß die Untertanen (ὑποτεταγμένους) durch alles in Frieden leben und im Gericht schnell das Gerechte erlangen (κομίζεσθαι τὸ δίκαιον ταχέως ἐν τοῖς διακρίσεσι).[27]

In der Formulierung ὁ γὰρ ἀδικῶν κομίσεται ὃ ἠδίκησεν (Kol 3,25) ist das Ideal des gerechten Gerichts und damit implizit auch des gerechten Herrschers angesprochen. Auf den gleichen Kontext weist auch die

---

Menschen zu gefallen sucht (ἀνθρωπαρεσκῆσαι), sondern Gott zu gefallen sucht (θεῷ ἀρέσαι), wie ihr ihm ja gefallt." Vgl. auch II Clem 13,1.

[20] Vgl. II Chr 29,17; Weish 1,1; TestLev 13,1 u. ö.
[21] Ex 1,17.21; Lev 19,14.31; 25,17; Ps 54,20(LXX); JosAs 22,8(Ph); II Kor 5,11 u. ö.
[22] ἀπολαμβάνειν ist ein *terminus technicus* der Geschäftssprache (s. Bauer, *Wörterbuch*).
[23] Max Kaser, *Römisches Privatrecht* I, 684, vgl. Gal 4,7 und Wolter, *Kom.*, 205. Die Sklavinnen- und Sklavenparänese im Eph (6,4-9) spricht nicht von einem Erbteil, sondern von der Vergeltung guter Taten bei allen (6,8).
[24] Schweizer, *Kom.*, 167f; Gielen, *Tradition*, 184-191;Wolter, *Kom.*, 204f, u. a.
[25] Auch dies ist innerhalb des Kol kein verbreitetes Phänomen; vgl. 1,22.28 (siehe oben Kap. 4.3.2, S. 140-142 und Kap. 6.1, S. 213-222). Die Stelle enthält zwei der sechs im Kol enthaltenen Futurformen (siehe oben Kap. 5.2.2, Anm. 167).
[26] Vgl. Röm 12,11: τῷ κυρίῳ δουλεύοντες. Vgl. auch Gal 4,15; 5,13; Röm 7,6.25; 14,17f.
[27] Arist 291.

Fortführung „und es gibt kein Ansehen der Person (προσωπολημψία)".[28] προσωπολημψία macht jedoch innerhalb der Slavinnen- und Sklavenparänese Schwierigkeiten. Es bleibt offen, wer der oder die sind, die nicht auf die Person achten und wessen Angesicht nicht geachtet werden wird. Das Hauptproblem, so Jouette Bassler treffend, „lies in the rather surprising implication of the inclusion of the warning of divine impartiality in the section addressed to slaves. The warning seems to indicate that this socio-economically oppressed group somehow expects preferential treatment."[29] Die ersten bezeugten Leser oder Leserinnen des Kolosserbriefs haben diese Schwierigkeiten scheinbar ebenso empfunden und haben προσωπολημψία an eine für hellenistische Ohren passendere Stelle, in die Herrenparänese, versetzt (Eph 6,9).[30]

Die Herrenparänese Kol 4,1 spielt ebenfalls mit der Doppeldeutigkeit des Begriffs κύριος. Die angesprochenen Herren der Sklaven und Sklavinnen werden unter Aufnahme der Formulierung „denn ihr wißt (εἰδότες ὅτι)" in Beziehung gesetzt zu dem Herrn im Himmel.[31] Auch in Kol 4,1 fällt ein Begriff aus dem Erwartungsrahmen. Die Aufforderung τὸ δίκαιον καὶ τὴν ἰσότητα τοῖς δούλοις παρέχεσθε (erweist den Sklaven das Gerechte und die Gleichheit) nimmt mit ἰσότης einen zeitgenössischen Begriff politischer Philosophie auf.[32] Es ist daher die generelle Einschätzung von David Balch nicht außer acht zu lassen, daß „[a]lthough the Colossian author was not philosophically sophisticated enough to define his term 'fairness-equality' it is surprising that he would have used it at all."[33] Die meisten Ausleger und Auslegerinnen verstehen allerdings ἰσότης als Näherbestimmung von τὸ δίκαιον und übersetzen mit „gewährt, was recht und billig ist".[34] Der in Kol 4,1 angeredete „Herr" erschiene dann in der Rolle eines gerechten Richters.[35]

---

[28] Auch dieses Kompositum ist bisher nur im jüdischen Tradtionskreis nachzuweisen. Vgl. Berger, *Art.* προσωπολημψία, EWNT III (1983), 434f.

[29] Jouette M. Bassler, *Divine Impartiality*, 179. Bassler vermutet hinter dieser Formulierung „a manifestation of the widely attested Christian conviction of an eschatological 'turning of the tables" (ebd.).

[30] Der Eph übernimmt in 6,5-7 die meisten Passagen aus Kol 3,22f. Kol 3,24f formuliert er dagegen weitgehend um und nimmt lediglich Teile der Satzstruktur auf: „Denn ihr wißt, daß jeder, wenn er etwas Gutes tut, dieses vom Herrn erlangt, sei er Sklave, sei er Freier" (εἰδότες ὅτι ἕκαστος ἐάν τι ποιήσῃ ἀγαθὸν τοῦτο κομίσεται παρὰ κυρίου εἴτε δοῦλος εἴτε ἐλεύθερος äunterstrichen sind jeweils die Übereinstimmungen mit Kol 3,24f].

[31] Mit der Formulierung εἰδότες/ οἴδατε ὅτι verweist Paulus auf bekanntes Traditionsgut. Vgl. z. B. II Kor 4,14/Röm 6,9; I Thess 5,2; I Kor 9,13.

[32] Vgl. Stählin. *Art.* ἴσος κτλ., ThWNT III (1938), 343-356. Vgl. auch Georgi, *Der Armen zu gedenken,* 62-66; 97f.

[33] Balch, *Neopythagorean Moralists,* 407.

[34] Wolter, *Kom.,* 206f; Gielen, *Tradition,* 116f; Stählin, *Art.* ἴσος κτλ., ThWNT III (1938), 355f; Gnilka, *Kom.,* 224f; Lohse, *Kom.,* 230f u. ö.

[35] Für diesen, nämlich Gott, sind nach Philo, VitMos I 328 δικαιοσύνη καὶ ἰσότης die hervorstechenden Tugenden. Die Verbindung δίκαιος καὶ ἰσότης ist m. W. nur in P.Lond IV 1345,2 (710 n. Chr.) nachgewiesen.

Aelios Aristeides rühmt das Gerichtswesen der Römer, weil in ihm die umfassende Gleichheit aller gewährleistet sei:

> Hier gibt es eine umfassende und rühmliche Gleichheit (ἰσότης) des Geringen mit dem Mächtigen, des Unbekannten mit dem Bekannten, des Bedürftigen mit dem Reichen, des Einfachen mit dem Adeligen ...[36]

Das Zitat des Aristeides zeigt, daß ἰσότης eben nicht nur die Billigkeit, sondern tatsächlich die Gleichheit zwischen unterschiedlichen „Statusgruppen" der antiken Gesellschaft meint.[37] Philo bezieht dabei die ἰσότης auch auf den vermeintlichen Unterschied zwischen Sklaven und Freien. In seiner Beschreibung der Essener referiert er über deren Ablehnung der Sklaverei:

> Einen Sklaven (δοῦλος) gibt es bei ihnen nicht, sondern alle leisten als Freie (ἐλεύθεροι) Gegendienste. Sie verachten Sklavenbesitzer (δεσπόται) nicht nur als ungerecht, weil sie Gleichheit (ἰσότης) zerstören, sondern auch als gottlos, weil sie ein Gesetz der Natur aufheben, die alle gleich geboren und genährt hat wie eine Mutter und sie zu wirklichen Geschwistern macht, nicht nur dem Namen nach, sondern tatsächlich. Deren Verwandtschaft erschütterte die hinterlistige Habsucht (πλεονεξία),[38] indem sie sich immer mehr ausbreitete und die Geschwister statt zu Hausgenossen zu Entfremdeten und statt zu Freunden zu Feinden machte.[39]

Auch Philo selbst nimmt diese Gedanken in seinen missionstheologischen Schriften auf, wenn auch mit weniger „revolutionärem" Impetus. In der Erklärung von Dtn 5,14 (Sabbatgebot) führt er aus:

> Wenn sich aber Freie zuweilen Sklavenarbeiten unterziehen und den Dienern Anteil an der Ruhe gewährt wird, dann wird das menschliche Leben veredelt im Sinne der vollkommensten Tugend, da die in glänzender wie die in geringer Lebensstellung Befindlichen an die Gleichheit (ἰσότης) aller erinnert werden und einander ihre Schuld pflichtgemäß abtragen.[40]

Die Passagen aus den philonischen Werken machen deutlich, daß die Diskussion über die Gleichheit und Gleichgeschaffenheit der Menschen die

---

[36] Aristeid. or. 26,39 (Keil; εἰς Ῥώμην). Übers. Richard Klein.

[37] Ich verstehe daher nicht, wie Stählin nach seinen Ausführungen über ἰσότης in der Politik und Religionsphilosophie sowie im Gerichtswesen (355, Anm. 69) behaupten kann, ἰσότης „bedeutet überhaupt nicht Gleichheit". Er selbst hat es in seinen vorangehenden Ausführungen nicht anders übersetzt.

[38] Zu πλεονεξία (Habsucht) als Gegensatz zu ἰσότης siehe Stählin, Art. ἴσος, 347.

[39] Philo, Quod omnis probus liber sit 79. In Her 141-206 ist ein Traktat über die ἰσότης erhalten, in dem Philo die allein von Gott zu bewirkende Gleichheit als Grundprinzip der Schöpfung und Weltordnung erläutert. Die Frage, worin wahrhafte Gleichheit besteht, bleibt zur Zeit des NT umstritten.

[40] SpecLeg II 68 Übers. Heinemann. Auch in Decal 167 folgt eine Ermahnung an die Herren (δεσπόται), die der Haustafel im Kol nicht unähnlich ist: „Es (das fünfte Gebot) gebietet [...] den Sklaven, ihren Herren mit Liebe zu dienen, den Herren aber, ihre Sklaven mit Milde und Sanftmut zu behandeln, durch die das Ungleiche gleich gemacht wird (δι᾽ ὧν ἐξισοῦται τὸ ἄνισον)."

Problematik Sklaven und Freie nicht unbedingt ausschließen mußte. Das Stichwort ἰσότης (Gleichheit) ist im Zusammenhang mit Sklaverei ein politisches Programm. Es stellt sich daher die Frage, ob die Verf. des Kol mit der Einführung dieses Begriffes eine grundsätzliche Kritik des in Kol 3,22-4,1 augenscheinlich vorgetragenen Konzeptes andeuten.[41] Diesem Problem soll weiter unten nachgegangen werden.

Nachdem nun aufgewiesen wurde, daß die Frauen-, Männer-, Kinder- und Väterparänese Vorstellungen aus dem hellenistisch-römischen Bereich rezipiert, die Sklavinnen- und Sklavenparänese daneben verstärkt jüdische Begrifflichkeit aufnimmt, soll nun nach der Traditionsgeschichte der gesamten Passage, der sogenannten 'Haustafel' (3,18-4,1), gefragt werden. Dibelius vermutet das Motiv zur Entstehung der „Haustafeln" in der hellenistischen und jüdischen Propaganda. Die „populäre Morallehre der Stoa hatte offenbar ein Schema ausgebildet, das ungefähr christlichen Haustafeln entspricht und dessen Einteilung wir aus Epiktet entnehmen können."[42] In Arr. Epict. II 17,31 heißt es:

> Ich will aber als Frommer, als Philosoph und als umsichtiger Mensch wissen, was meine Pflicht (καθῆκον) gegenüber den Göttern ist, was gegenüber den Eltern, was gegenüber den Brüdern, was gegenüber dem Vaterland, was gegenüber Fremden.[43]

Daß solche Ausführungen' von Pflichtenreihen Bestandteil bestimmter philosophischer Lehrtraditionen war, bezeugt Seneca:

> Ein Teilgebiet der Philosophie gibt besondere Vorschriften jeder Person und bildet den Menschen nicht insgesamt, sondern rät dem Ehemann, wie er sich verhält gegenüber seiner Frau, dem Vater, wie er erzieht die Kinder, dem Herrn, wie er seine Sklaven anleitet. Dies haben manche Philosophen als einziges gutgeheißen, die übrigen Gebiete als gleichsam außerhalb unseres Nutzens befindlich außer Betracht gelassen.[44]

Unter Verweis auf Zenon (bei Diog. Laert. VII 108) rekonstruiert Dibelius den Ursprung der Gattung 'Haustafel' in der stoischen Pflichtentafel.[45] Die jüdische Missionstheologie habe dieses Schema übernommen.[46]

---

[41] In Eph 6,9 wird der Begriff ἰσότης (Gleichheit) nicht wiederholt. Der Vers lautet hier vielmehr: „Und ihr Herren, das selbe (τὰ αὐτά) tut ihnen gegenüber, indem ihr die Drohung unterlaßt, denn ihr wißt, daß ihr und euer Herr im Himmel ist, und es gibt bei ihm kein Ansehen der Person."

[42] Dibelius, *Kom.*, 48.

[43] Dibelius nennt für das stoische Pflichtenschema auch Arr. Epict. II 10 (Überschrift), 14,8 und Zenon in Diog. Laert. VII 108. Als Hinweis auf eine Lehrtradition diente ihm bereits Seneca epist. 94,1.

[44] Seneca epist. 94,1. Übers. Rosenbach. Vgl. auch Plut. mor. 7C/D.

[45] Nach Diogenes Laertius prägte Zenon zuerst den Begriff „das Ziemende" (τὸ καθῆκον). „Die Pflicht (καθήκοντα) ist nun das, was die Vernunft zu tun bestimmt, nämlich die Eltern zu ehren, Geschwister und Vaterland und die Freunde zu unterstützen." (Diog. Laert. VII 108). Nach Sen. epist. 95,45 verfaßte Marcus Brutus ein Buch mit dem Titel περὶ καθήκοντος, das

In Aufnahme der Thesen von Dibelius führte Weidinger zahlreiche
weitere Belege für die Existenz von Pflichtentafeln im hellenistischen Judentum und der hellenistischen Popularphilosophie an.[47] Das Schema habe den
Charakter einer Zusammenfassung. Dies entspreche dem Brauch,
„moralische Topoi zur gedächtnismäßigen Übernahme oder zur schriftlichen
Fixierung zusammenzupressen auf eine möglichst knappe Formulierung, um
diese bei der praktischen Anwendung wieder zu erweitern, mit Beispielen zu
versehen usw."[48] Obgleich unsere Kenntnis antiker Popularphilosophie ver-
engt sei durch die fast ausschließliche Überlieferung von schriftlichen Quellen, sei die Annahme wahrscheinlich, daß „in der ausgeführten Form das
Schema häufig in der moralischen Propaganda Verwendung gefunden hat".[49]
Ob die Haustafel aus dem Judentum oder dem Heidentum übernommen
wurde, sei nicht auszumachen.[50]

Die Zuweisung der 'Haustafel' zum stoischen Pflichtenschema wurde von
David Schröder und James Chrouch kritisiert. Die καθῆκον-Ethik sei keine
Parallele, weil sie nicht die spezifischen Pflichten einzelner sozialer Gruppen
aufzähle, sondern lediglich die Pflichten des freien Mannes gegenüber anderen. Es gebe dementsprechend auch keine Anrede von einzelnen Gruppen,
und es fehle auch die imperativische Form. Besonders Chrouch stellt heraus,
daß die beschränkte Auswahl der Gruppen von Kol 3,18-4,1 nur sehr selten
in philosophischen Schriften auszumachen sei, am wenigsten im
„ungeschriebenen" Gesetz.[51] Lediglich im 94. Brief Senecas lasse sich ein
Hinweis auf ein Teilgebiet der Philosophie finden, das sich mit dem
Verhalten der in Kol 3,18-4,1 genannten Personengruppen beschäftigt.
Seneca spiele hier möglicherweise auf den Stoiker Hekaton an, den er auch
in *De Beneficiis* zitiert:

> Welche Pflicht (*officium*) auch immer zwischen zwei Menschen besteht, eben-
> soviel verlangt sie von jedem von beiden: wie ein Vater beschaffen sein muß—
> wenn du diese Frage betrachtet hast, wirst du wissen, eine ebenso wichtige
> Aufgabe bleibt dabei übrig, nämlich zu betrachten, wie ein Sohn beschaffen

---

viele „Vorschriften für Eltern, Kinder und Brüder" enthielt.

[46] Dibelius weist auf die Aufnahme des stoischen Pflichtenschemas in Pseudo-Phokylides
175-227; Josephus, Ap II 199-210; Philo, Decal 165-167, hin. Weidinger ergänzt die wichtige
Stelle Philo, Hyothetica 7,14.

[47] Weidinger, *Haustafeln*, 23-39.

[48] Weidinger, ebd., 40.

[49] Weidinger, ebd., 41. Durch Sen. epist. 95,45 sowie durch die bei Stobaios gesammelten
Fragmente des Hierokles sei auch eine entsprechende Literaturgattung belegt.

[50] Vgl. Weidinger, ebd., 50.

[51] Allerdings untersucht Chrouch, *Origin*, 37-46, lediglich die Belege für den Ausdruck
ἄγραφα νόμιμα. Daher kann er schließen, daß als Zusammenfassung der „ungeschriebenen"
Gesetze zumeist Götter, Eltern sowie ein korrelierendes Drittes genannt werden, was somit
wiederum den in 'Haustafeln' aufgezählten Gruppen nicht entspricht. Dagegen suchte
Weidinger mit dem Verweis auf mündliche Predigt die Differenz zwischen stoischen
Pflichtenschemata und imperativischer Anredeform der 'Haustafel' zu erhellen.

sein muß; es gibt Aufgaben des Ehemannes, doch nicht geringere der Ehefrau. Gegenseitig gewähren diese soviel, wie sie fordern, und brauchen eine Regel (*regula*) von gleichem Gewicht, doch die ist, wie Hekaton sagt, schwierig.[52]

Allein hier finde sich die die 'Haustafel' charakterisierende „Reziprozität"[53] der Pflichten. Der Inhalt der Ermahnungen entstamme jedoch dem hellenistischen Judentum. „The material from which the *Haustafel* was formed was Hellenistic Jewish and, thus, *not* specifically Christian. Yet, the material was formulated into a code by Christian teachers to deal with problems in Christian churches".[54]

Unter Aufnahme des Hinweises aus dem 94. Brief des Seneca haben zu Beginn der achtziger Jahre drei Forscher unabhängig voneinander auf die Verwandtschaft von Kol 3,18-4,1 und I Petr 2,18-3,7 mit der antiken Diskussion über die „Haushaltekunst", die Oikonomik, hingewiesen. Balch, Thraede und Lührmann[55] verwiesen auf die bereits von Aristoteles aufgenommene und entwickelte Lehre von der οἰκονομία (Haushaltekunst):

> Da es nun offenbar geworden ist, aus welchen Teilen der Staat (πόλις) besteht, ist es nötig, zuerst über die Haushaltekunst (οἰκονομία) zu sprechen. Jeder Staat ist nämlich aus Häusern zusammengesetzt. Es gibt aber auch Teile, aus denen die Häuser zusammengesetzt sind [...] Da nun ein jedes zuerst in dem kleinsten Teil untersucht werden muß, der erste und kleinste Teil des Hauses aber Herr und Sklave, Gatte und Gattin und Vater und Kinder sind, sind diese drei zu erforschen, nämlich was jeder Teil ist und wie jeder Teil beschaffen sein soll. Dieses ist die Wissenschaft vom Herrenverhältnis, vom ehelichen Verhältnis und von der Kindererzeugung [...] Es gibt aber noch einen Teil, der für die einen die Haushaltekunst an sich ist, für die andern ihr größter Teil [...]. Ich spreche aber über die sogenannte Geldwirtschaft.[56]

Die drei Forscher arbeiteten heraus, daß das philosophische Gebiet der Oikonomia in der frühen Kaiserzeit besonders oft rezipiert und diskutiert wurde. Balch verwies u. a. auf den Stoiker und Freund und Lehrer des Augustus, Areios Didymos.[57]

> Eine Art der Politeia ist die gesetzmäßige Verbindung von Mann und Frau wegen der Geburt der Kinder und des gemeinsamen Lebens. Dieses aber wird Haus (οἶκος) genannt und ist der Anfang der Stadt/des Staates (πόλις). Über das Haus ist es nun notwendig zu sprechen. Das Haus ist nämlich die kleinste

---

[52] Sen. benef. II 18,1-2. Übers. Rosenbach. Vgl. auch III 18,1f.

[53] Der Begriff „Reziprozität" hat sich für die Beschreibung der Paarbildung in Kol 3,18-4,1 eingebürgert. Eigentlich heißt Reziprozität jedoch „Gegen-, Wechselseitigkeit". Die Gruppen ermahnen sich jedoch nicht gegenseitig, sondern zwei Seiten eines Sozialgefüges werden von dritter Seite zu speziellem Verhalten gegenüber der jeweils anderen Gruppe ermahnt. Daher werde ich im Folgenden diesen Begriff vermeiden.

[54] Chrouch, *Origin*, 147.

[55] Balch, *Let Wives* ...; Lührmann, *Wo man nicht mehr Sklave; Neutestamentliche Haustafeln*, Thraede, *Zum historischen Hintergrund*.

[56] Pol. 1253b1-14.

[57] Vgl. Heinrich Dörrie, *Art. Areios Didymos*, Der Kleine Pauly I (1964), 523f.

Einheit der Stadt/des Staates (πόλις) [...] Das Vorbild in bezug auf das Haus sind die Monarchie, die Aristokratie und die Demokratie. Die Gemeinschaft zwischen Eltern und Kindern ist nach dem Vorbild der Monarchie gestaltet, die zwischen Männern und Frauen nach der Aristokratie, die der Kinder untereinander nach der Demokratie. [58] [...] Deshalb gehört die Herrschaft von Natur aus dem Mann. Denn das planende Denken ist bei der Frau schwächer, bei den Kindern noch nicht vorhanden, bei den Sklaven und Sklavinnen fehlt es gänzlich.[59] Oikonomisches Denken, die Organisation des eigenen Hauswesens wie auch dessen, was das Haus betrifft, gehört zum Wesen des Mannes. Zu diesem gehören die Kunst der Vaterschaft, die des Ehemann-Seins, die des Herr-Seins und die der Geldwirtschaft.[60]

Besonders die Peripatetiker, aber auch Vertreterinnen[61] und Vertreter anderer Philosophenschulen verfaßten und rezipierten um die Zeitenwende philosophische Abhandlungen zum Thema περὶ οἰκονομίαν, in denen mehr oder weniger konkret über das Verhältnis von Haus und Staat, die innerhäuslichen Beziehungen und über die Geldwirtschaft nachgedacht wurde.[62] Der Topos wurde in Geschichtsdarstellungen und Reden aufgenommen[63] und im hellenistischen Judentum rezipiert.[64] Hier finden sich

---

[58] Die unterschiedlichen Herrschaftsverhältnisse im Haus werden bereits von Aristoteles, pol. 1255b 18f; 1259a 40-1259b1 thematisiert. Vgl. auch Pseudo-Aristot. oik. I 43a1-4; Kallikratidas 105,10-106,13 [Thesleff], Hierokles, περὶ οἰκονομίαν (Stob. IV 22,23 [Hense]).

[59] Dies ist ein Aristoteles-Zitat, vgl. Aristot. pol. 1260a 12-14.

[60] Areios Didymos bei Stob. II 7,26 (148,5-149,11 [Hense]). Der letzte Satz ist ein Zitat aus Aristot. pol. 1253b 8-14. Balch, Let Wives ..., 43, weist darauf hin, daß Seneca epist. 89,10f und Diog. Laert. V 28 die peripatetische Vorliebe für den philosophisch-ethischen Topos περὶ οἰκονομίαν bekannt ist. Balch, Household Code, 45, stellt heraus, daß Areios Didymos zumeist unpersönliche Verben wie ἀνακαῖον; λεκτέον; χρεστέον verwendet.

[61] Es gab möglicherweise auch Philosophinnen, die sich zu der Frage äußerten. Unter den Namen berühmter Pythagoräerinnen sind Traktate und Briefe über „das rechte Verhalten von Frauen" erhalten geblieben, die sich zumindest mit einem Teilgebiet der Oikonomik beschäftigen. Nicht erhalten ist das Werk der Epikuräerin Leontion, die eine Abhandlung gegen Theophrast, den möglichen Autor des ersten Buches der pseudo-aristotelischen Oikonomik, geschrieben hat. Vgl. zum Ganzen Standhartinger, Frauenbild, 62-70.

[62] Vgl. Xenophon, Oikonomikos; Pseudo-Aristoteles, Oikonomikos (3 Bücher); außerdem unter den Neupythagoräern Kallikratidas, περὶ οἴκου εὐδαιμονίας und Bryson, Oikonomikos; unter den Epikuräern Philodem, unter den Stoikern Hierokles, περὶ οἰκονομίαν (Stob IV.28.21 [Hense])

[63] Vgl. z. B. den Nachruf auf Attalos Polyb. XVIII 41: „er lebte ein keusches und ehrbares Leben gegenüber seiner Frau und den Kindern." Bei Stobaios (III 42,12 [Hense]; IV 19,46 [Hense]; IV 23,59f [Hense] IV 28,12 [Hense]) sind Fragmente einer Rede des Dion Chrysostomos mit dem Titel οἰκονομικός erhalten (vgl. H. Lamar, Crosby, Dio Chrysostom (LCL Bd. V, 348-351). Die drei Paare Frauen–Männer, Kinder–Väter, Sklaven–Freie finden sich auch in der Darstellung der Gesetzgebung des Romulus bei Dionysios von Halikarnaß (Dion. Hal. II 25-27).

[64] In seiner Darstellung jüdischer Gesetze nennt Josephus (Ap II 190-219) nach den Geboten über Gott und den Gottesdienst die Gesetze über die Ehe (199-203); über die Kindererziehung (204); über die Verstorbenen (205) und über die Eltern (206). Die Bekanntschaft mit dem Topos „über die Haushaltekunst" verrät Philo, Jos 38 (siehe oben Kap. 5.1.2 Anm. 92), SpecLeg III 170f; Quaest in Gn IV 145. Inhaltliche Aufnahmen der Gedanken finden sich besonders Decal 165-167 (siehe oben Anm. 17; 18; 40) und Hypothetica 7,3: „Frauen sollen den Männern dienen, nicht zwecks Mißhandlung, sondern zwecks Gehorsam in

auch die Verarbeitung des Materials als Paränese[65] und die Zusammenstellung spezifischer Gesetze jeweils aufeinander bezogener Gruppen, wie bereits Schröder und Chrouch gesehen haben.[66]

Die traditionsgeschichtliche Herleitung der Haustafel aus der antiken Oikonomik erklärt die Auflistung der Paare Frauen–Männer, Kinder–Väter und Sklaven–Herren und die je spezifischen Ermahnungen dieser Gruppen, wobei sich die Gruppen von Männern, Vätern und Herren in einer Person vereinigen können. Sie läßt jedoch zwei Probleme weiterhin offen. Zum einen handelt es sich bei den von Balch, Lührmann und Thraede aufgeführten Schriften um Traktate, die besonders in der Kaiserzeit die Oikonomik in Beziehung zur Staatslehre sehen. Paränetische Formen und die Anrede verschiedener Gruppen konnten in den mit οἰκονομικός/περὶ οἰκονομίαν überschriebenen Traktaten bisher nicht belegt werden. Zum anderen fehlen in der sogenannten 'Haustafel' Kol 3,18-4,1 (vgl. auch Eph 5,21-6,9) die Bezugnahme auf den Staat und auch die in den oikonomischen Traktaten ebenfalls häufig abgehandelte Geldwirtschaft.

Mit dieser Problemlage sind die Ausleger und Auslegerinnen unterschiedlich umgegangen. Einige nehmen zwar die Aufnahme oikonomischer Inhalte an, sehen aber in den in Kol 3,18-4,1 vorliegenden Schema eine spezifisch christliche Prägung.[67] Andere suchen die paränetischen Formen aus der alttestamentlichen oder jüdischen Tradition herzuleiten.[68] Balch verweist zusätzlich auf die stoischen Traditionen der Diatribe.[69] Fiedler wies darauf hin, daß jedoch „Auswirkungen von biblisch- (bes. weisheitlich-) frühjüdischem Gedankengut auf verwandte heidnische Literaturgattungen nicht auszuschließen" sind.[70] Berger erklärt das Schema der imperativischen

---

allem. Die Eltern sollen über die Kinder herrschen zum Zweck des Heils und der Sorge. Jeder ist Herr über seinen Besitz ..." und 7,14: „Ein Mann scheint geeignet, das Gesetz der Frau zu überliefern, dem Kind der Vater und dem Sklaven der Knecht."

[65] Pseudo-Phokylides 175-227; Sir 7,18-28; Tob 4,3-21; Aesop 109; TestRub 5,5f; TestJos 11,1f u. ö., und auch die Zuspitzung der Ermahnungen auf unterschiedliche soziale Gruppen Philo, SpecLeg II 67f; III 137 u. ö. Vgl. auch Balch, Household Code, 38. Die Anrede einzelner Gruppen findet sich auch bei Iambl. vita Pyth. 37; 42; 54; 68; 71.

[66] Schröder, Haustafeln, 93-95; Chrouch, Origin, 74-83.

[67] So Verner, Household of God, 83-91; Laub, Sozialgeschichtlicher Hintergrund; Gielen, Tradition, 122-128.200f.

[68] Vgl. schon Lohmeyer, Kom., bes. 152-156; Schröder, Haustafeln, 79-105, Chrouch, Origin, 84-119.147; Hermann von Lips, Weisheitliche Traditionen, 373-377.

[69] Balch, Household Codes, 39: „It is possible that the authors of 1 Peter and/or Colossians combined the (originally Aristotelian) topos and the paraenetic „Schema" (related to the style of the diatribe) independently of each other. The Hellenistic Christian authors of these books stand in the paraenetic tradition of Hellenistic Judaism seen in Tobit 4, Testaments and Philo and of Roman Stoics as seen in Epictetus and Hierocles." Ähnlich auch Peter Fiedler, Art. Haustafel, RAC XIII (1986), 1063-1073, der von einer Beeinflussung durch Traditionen populärer Ethik, stoischer Pflichten, Oikonomik, biblisch-frühjüdischen und hellenistischen Gedankengutes ausgeht.

[70] Fiedler, Art. Haustafel, RAC XIII (1986), 1069, unter Verweis auf den durch Friedrich Wilhelm, Oeconomica, 197.220.223, gemachten Hinweis auf Philo von Alexandrien.

Anrede einzelner sozialer Gruppen als Aufnahme der antiken Gnomik.[71] Die Reihung von Einzelmahnungen sei erklärbar aus der Tendenz der Gnomik zur Reihenbildung, zur Bildung sogenannter gnomischer Nester. In der Gnomik finde sich die Verbindung von Mahnsprüchen mit Inhalten aus der Oikonomik und vereinzelt auch die „Wechselseitigkeit der Pflichten".[72] Allerdings bleibt Berger den Nachweis einer festen Zusammenstellung und Strukturierung der „gnomischen Nester" schuldig.[73] Wagener zeigt weitgehende inhaltliche Übereinstimmungen zwischen der Frauenparänese in den Pastoralbriefen und den neupythagoreischen Frauenspiegeln auf.[74] „Hier erscheint [...] ebenfalls die Kombination von Topoi der Oikonomik mit Traditionen der individualethischen Paränese."[75] Die Behandlung des Topos „über die Frau" ist in den Pastoralbriefen und den Schriften der Neupytagoräerinnen eng verwandt, und zwar enger als in dem entsprechenden Abschnitt Kol 3,18f.[76] Aber die Neupythagoräerinnenbriefe und neupythagoreischen Frauenspiegel sind Beispiele für spezifisch ausgeführte Frauenparänesen (vgl. I Tim 2,9-15; 5,3-16; Tit 2,3-5; I Petr 3,1-6 u. ö.), nicht jedoch für die Auflistung von Ermahnungen einzelner aufeinander bezogener sozialer Gruppen rund um das antiken *oikos*, in Anredeform und mit kurzen Begründungen.

---

[71] Berger, *Hellenistische Gattungen*, 1085: „Die Bedeutung der populären Gnomik für die Entwicklung speziell der Gestalt der neutestamentlichen Haustafeln ist in der neueren Forschung unterschätzt worden." Unter Gnomik versteht Berger mit Peter W. van der Horst „a short sentence giving a rule for conduct in daily life" (1049). Als Beispiele gnomischer Verarbeitung von Oikonomiatraditionen nennt er z. B. die bei Pseudo-Plutarch mor. 7D zitierten ungeschriebenen Gesetze, die unter den Namen der sieben Weisen umlaufenden Spruchsammlungen (Stob. IV 1.172f [Hense]) vgl. auch Bruno Snell, *Leben und Meinungen*, 102-109) oder die Inschrift aus dem Apollontempel in Delphi (*Praecepta Delphica* SIG 1268).

[72] Berger, *Hellenistische Gattungen*, 1086.

[73] So auch Wagener, *Ordnung*, 60. Einen etwas anderen Ansatz bietet Bergers ebenfalls 1984 erschiene *Formgeschichte des Neuen Testaments*, 135-141. Hier wird der Hinweis auf die Oikonomik abgelehnt (136) und die 'Haustafeln' als Verselbständigung der Gattung Gnomik angesehen. Es sei besonders im I Petr und I Tim nicht möglich, die 'Haustafeln' vom übrigen paränetischen Material zu trennen und „die Haustafel wirklich strikt als Gattung zu isolieren" (138). Allerdings bereitet Kol 3,18-4,1/Eph 5,21-6,9 Schwierigkeiten, denn „das Material der Haustafel (ist) relativ fremd gegenüber dem Kontext, wenngleich vor allem vorab allgemeines Material gleichfalls paränetischer Herkunft plaziert ist. Kurzum: Es ist zumindest fraglich, ob man mit einigem historischen Recht 'Haustafeln' als eben nur auf das Haus beschränkte Weisung überhaupt als eigenständige Gattung abtrennen kann." (ebd.). Sie seien daher Zeugen für ein Übergangsstadium, in dem sich die Nester der Tradition allmählich zu verstelbständigen beginnen. Wagener, *Ordnung*, 54-61, hat m. E. zu Recht gegen Berger eingewandt, man könne kaum den ältesten Text (Kol 3,18-4,1) als späteres Entwicklungsstadium ansehen.

[74] Gemeint sind die Traktate der Periktone, περὶ γυναικὸς ἁρμονίας (Thesleff, 142-145) und der Phintys, περὶ γυναικὸς σωφροσύνας (Thesleff, 151-154) sowie die Briefe der Melissa, Myia und Theano (vgl. Alfons Städele, *Briefe*). Bereits Berger, *Hellenistische Gattungen*, 1081-1085 hatte auf diese Texte hingewiesen.

[75] Wagener, *Ordnung*, 64.

[76] Vgl. Wagener, ebd., 89-92.

Eine Reihe von Auslegern haben m. E. zu Recht einen direkten gattungs-geschichtlichen Zusammenhang zwischen Kol 3,18-4,1/Eph 5,21-6,9 und den weiteren als „Haustafel" oder „Stände- bzw. Gemeindeparänese" bezeichneten Texten I Petr 2,18-3,7; I Tim 2,8-15; 6,1f; Tit 2,1-10 u. a.[77] in Frage gestellt. Es ist formgeschichtlich kaum begründbar, daß der allgemein als ältester Beleg angesehene Text Kol 3,18-4,1 zugleich die geschlossenste Form aufweist, alle jüngeren Texte, mit Ausnahme des literarisch abhängigen Eph (5,21-6,9), jedoch vom in Kol 3,18-4,1 zu beobachtenden Schema stark abweichen.[78] Bereits Weidinger wies auf das Phänomen der wachsenden theologischen Durchdringung der zu den 'Haustafeln' gerechneten Texte hin.[79] Berger, Balch und Wagener haben herausgestellt, daß die inhaltliche Verwandtschaft der literarisch jüngeren 'Haustafeltexte' zu den oikonomischen und neupythagoreischen Schriften stärker ausgeprägt ist als die zu Kol 3,18-4,1.[80] Die Annahme einer aus Kol 3,18-4,1 zu erschließenden Gattung 'Haustafel' ist daher zumindest problematisch.

Wenn aber Kol 3,18-4,1 nicht der am vollständigsten erhaltene Beleg der Gattung 'Haustafel' ist, wie ist dann die geschlossene, sich vom Kontext abhebende Struktur zu erklären? Einige Auslegerinnen und Ausleger haben versucht, Kol 3,18-4,1 als Glosse zu erweisen.[81] Dafür sprechen neben der aus dem Kontext des Kol herausfallenden abgeschlossenen Form auch der vom übrigen Brief abweichende Sprachstil, die Anredeform, die plötzlich und unvermittelt auftauchenden sozialen Differenzierungen, die unspezifische Überleitung in 3,17 sowie die Wiederaufnahme der allgemeinen Paränese in 4,2. Zudem thematisiert Kol 3,18-4,1 in keiner Weise das im NT bis zum Anfang des 2. Jh. nachweisbar virulente Problem der gemischten Beziehungen zwischen Angehörigen der Jesusbewegung und ihren „ungläubigen" Ehepartnern, Eltern und Herren. Anders aber

---

[77] Vgl. auch Did 4,9-11; IgnPol 4,2-6,3; I Clem 1,3; 21,6-9; Polyk 4,1-6,1.

[78] Vgl. oben Anm. 4f sowie Balch, *Household Code*, 45-47.

[79] Weidinger, *Haustafeln*, 74.

[80] Berger, *Formgeschichte*, 138f; *Hellenistische Gattungen*, 1081-1085; Balch, *Household Codes*, 45-47; vgl. auch Wagener, *Ordnung*, 62f.

[81] Winsome Munro, *Evidences*, versuchte zu zeigen, daß Kol 3,18-4,1 von Eph 5,21-6,9 abhängt, wogegen es sich im Rest der Briefe andersherum verhalte. Ihr Argument ist eine sogenannte „conflation" in Kol 3,20 aus Eph 6,1 und 5,10. Dieser Nachweis bleibt allerdings schwach und läßt einige Fragen offen, z. B. warum die Verf. von Kol 3,18-4,1 Eph 5,21-6,9 so stark gekürzt haben sollten, warum sie das schwierige προσωποληψία aus dem viel weniger sperrigen Zusammenhang in Eph 6,9 nach Kol 3,25 versetzt haben sollten etc. In ihrer Monographie *Authority* nimmt sie als Entstehungzeit der Glossen die Zeit des dritten jüdischen Krieges 132-135 n. Chr. an. Auch Sarah J. Tanzer, *Ephesians*, vermutet eine spätere Interpolation von Eph 5,22-6,9 im Epheserbrief, weil zum einen 4,1-6,20 ohne 5,22-6,9 „forms a much more cohesive, logically ordered series of short exhortation which build toward a climax in 6,20" (341) und zum andern der Eph die totale Gleichheit von Juden und Heiden durch Christus verteidigt (2,14), wogegen 5,22ff gerade gegen Gleichheit und für Hierarchie argumentiere. Siehe zu ähnlichen Tendenzen im Kol unten. Ein weiterer Vertreter der Interpolationsthese ist Best, *Haustafel*.

thematisieren insbesondere I Kor 7,12-24; I Petr 3,1; I Tim 6,1 (letzere sind zu den 'Haustafeln' gerechnete Texte) das Problem von religionsgemischten Beziehungen. Diese Texte gehen somit viel realistischer auf konkrete Gemeindeprobleme ein, während der Kol merkwürdig unspezifisch bleibt.[82] M. E. läßt sich Kol 3,18-4,1 nicht eindeutig als sekundäre Glosse erweisen. Zwar kann Kol 3,17 nicht nur als Abschluß der vorangehenden Ausführungen über den himmlischen Dankgottesdienst (3,15-17), sondern auch als Einleitung zum Folgenden verstanden werden.[83] Aber die Verbindung:

> Kol 3,17: Und alles, was ihr im Wort und im Werk vollbringt, alles (macht) im Namen des Herrn Jesus. Dankt (εὐχαριστοῦντες) Gott dem Vater durch ihn!
> (4,2) Seid beharrlich im Gebet, wacht in ihm in Dankbarkeit (ἐν εὐχαριστίᾳ)

wirkt jedenfalls nicht weniger gebrochen als die jetzige Textfolge. Bei dieser hypothetischen Textfolge läßt sich nicht erklären, warum direkt nach der ausführlichen Thematisierung des Dankes in 3,15-17 sich erneut eine Aufforderung zum Dankgebet anschließen soll. Die im Kontext glossenhafte Wirkung von Kol 3,18-4,1 muß daher anders zu erklären sein.

Einen Hinweis gibt m. E. das sogenannte Schema, d. h. die mit der direkten Anrede einzelner sozialer Gruppen des antiken οἶκος verbundenen imperativischen Ermahnungen und deren kurze Begründungen. Bereits Balch und Berger haben nebenbei auf eine Textgruppe hingewiesen, die mir mit dem Schema der sogenannten 'Haustafel' Kol 3,18-4,1 am nächsten verwandt zu sein scheint. Unter den neupythagoräischen Texten, die Balch mit den 'Haustafeln' vergleicht, finden sich auch zwei Gesetzessammlungen unter den Namen der antiken (legendären) Gesetzgeber Charondas und Zaleukos.[84] Der Inhalt des bei Stobaios (IV.2.24) zitierten Werks unter dem Namen Charondas geht dabei sicher nicht ins 5. Jh. v. Chr. zurück, er enthält auch kaum spezifisch pythagoreische Ideen,[85] sondern „der Pflichtenkodex

---

[82] Es ist nicht zu erklären, warum ein Brief, der Anfang der zweiten Hälfte des 1. Jh. geschrieben wurde, dieses Problem in scheinbar konkreten Ermahnungen nicht thematisiert. Vgl. auch Best, *Haustafel*.

[83] Gielen, *Tradition*, 173f, hat zudem auf die syntaktische Strukturparallele in 3,17 und 3,23 hingewiesen.

[84] Balch, *Neopythagorean Moralists*, bes. 389f.395.401.403f. Balch vermutet als Entstehungszeit der bei Stobaios zitierten Texte des Charondas das 4.-1. Jh. v. Chr. Dafür spricht, daß Gesetze des Charondas, wie auch die des Zaleukos, bei Diodorus Siculus XII 11-19 angesprochen werden. Vgl. auch F. E. Adcock, *Literary Tradition*. Allerdings ist die bei Diodorus zitierte Tradition des Charondas nur marginal mit der bei Stobaios zitierten Prooimia nomoi verwandt. Lediglich das Verbot von Stiefmutterschaft verrät Ähnlichkeiten (Diod. XII 12,1/63,1f [Thesleff]). Die Frauenparänesen unterscheiden sich dagegen stark (vgl. Diod. XII 18/62,34-36 [Thesleff]). Daher hält Max Mühl, *Die Gesetze*, bes. 446f, die bei Stobaios zitierten Texte für jünger als die bei Diod. XII 11-19 aufgenommenen Traditionen unter dem gleichen Namen.

[85] Die Einordnung der beiden Gesetzgeber zur Tradition des Pythagoras ist breit belegt (Cic. leg. II 14; Sen. epist. 90,6; Diog. Laert. VIII 16; Iambl. vita Pyth. 33; 104; 133; 172; für

[verrät sich] als Erzeugnis der Diatribe, als Produkt der popularphilosophischen Propaganda".[86] Hier ist jedoch die Zusammenstellung der Pflichten in der Form imperativischer Aneinanderreihungen interessant, zumal das bei Stobaios zitierte Stück einen klaren Anfang und einen Abschluß enthält, so daß es sich sehr wahrscheinlich um ein in sich geschlossenes Textganzes handelt. Unter dem Titel „Vorworte der Gesetze" beginnt der Text:

> 60,10 Es ist nötig (χρή), daß die Beratenden und Handelnden bei den Göttern beginnen. Das Beste nämlich, gleichwie das Sprichwort sagt, gehört Gott, als Ursache aller dieser Dinge. Darüber hinaus verschwinden schlechte Taten besonders wegen der Ratsversammlung vor Gott. Kein Ungerechter hat Gemeinschaft mit Gott ...[87]

Es folgt die Aufforderung, einem ungerechten Mann und einer verurteilten Frau keinen Beistand in der Stadt zu leisten und keinen Umgang mit ihnen zu pflegen. Die als gut beurteilten Männer soll man dagegen lieben und ihnen nahe sein. Fremde, freilich nur die, die in ihrer Vaterstadt geehrt sind, soll man wie Angehörige aufnehmen. Es schließen sich Mahnungen an die Älteren und Jüngeren sowie an die Herrschenden und Beherrschten an:

> 61,1 Die Älteren sollen die Jüngeren leiten und sie anweisen, das Böse zu scheuen und sich davor zu schämen, indem sie sich selbst sichtlich schämen und scheuen. Weil (ὡς) in den Städten, wo die Älteren schamlos sind, ihre Kinder und Kindeskinder auch in Schamlosigkeit aufwachsen. Auf Schamlosigkeit und mangelnde Scheu folgen Hybris und Ungerechtigkeit, und ihnen folgt das Verderben.
> 61,5 Keiner soll schamlos sein, vielmehr soll jeder besonnen sein, weil (ὡς) er so bei den Göttern Gnade und Heil finden wird; denn kein Übeltäter ist von Gott geliebt (οὐδεὶς γὰρ κακὸς θεοφιλής).
> 61,7 Jeder soll das Gute und Wahre achten und das Schlechte und die Lüge hassen; denn das sind Zeichen (ταῦτα γὰρ σημεῖα) der Tugend und der Schlechtigkeit.
> 61,9 Deswegen soll man (διὸ χρή) (sie) von Kindheit an daran gewöhnen, indem man die Freunde der Lüge bestraft, die Freunde der Wahrheit aber liebt, damit (ἵν᾽) jedem das Beste und Keimfähigste der Tugend eingepflanzt werde.
> 61,11 Jeder der Bürger soll sich lieber Besonnenheit als Nachsinnen zu eigen machen; weil (ὡς) wenn sich jemand einen nach Hohem strebenden Sinn aneignet, so ist das ein Zeichen für seine Roheit und Niedrigkeit.
> 61,13 Die Aneignung von Besonnenheit geschehe (ἔστω) in Aufrichtigkeit; denn (γάρ) niemand soll mit bloßen Worten gute Werke tun, während er der Tat und der guten Gesinnung entbehrt.

Zaleukos auch Diod. XII 20,1), aber der ältesten Tradition noch unbekannt (vgl. Aristot. pol. 1274a 21-31). Charondas gilt (z. B. Stob IV 2,24) als Gesetzgeber von Katane, Zaleukos als Gesetzgeber von Lokroi. Die Texte sind bei Thesleff, *The Pythagorean Texts,* 59-67 und 225-229, aufgenommen.
[86] Max Mühl, *Die Gesetze,* 416.
[87] Charondas 60,10-16 [Thesleff].

61,16 Man soll auch (χρὴ δὲ καί) sorgfältig darauf achten, daß man den Herrschenden gegenüber wohlgesinnt ist, indem man ihnen gleich wie (καθάπερ) Vätern willig folgt und sie hochachtet. Weil (ὡς) wer nicht so gesinnt ist, wird Strafe empfangen für seinen bösen Willen durch die Schutzgötter; denn (γάρ) die Herrschenden sind die Beschützer des Staates und des Heils seiner Bürger.

61,20 Die Herrschenden sollen aber auch (χρὴ δὲ καί) ihre Untertanen, die gleichsam (καθάπερ) ihre eigenen Kinder sind, gerecht leiten, indem sie Feindschaft, Freundschaft und Parteilichkeit beim Richten aus dem Spiel lassen.[88]

Zu beobachten ist hier eine Reihung von Imperativen sowie von χρή (es ist nötig, man muß) abhängigen Konstruktionen, unterbrochen von Begründungssätzen (ὡς) und kurzen Feststellungen, z. B.: „weil (ὡς) in den Städten, wo die Älteren schamlos sind, ihre Kinder und Kindeskinder auch in Schamlosigkeit aufwachsen" (61,3f); „denn (γάρ) kein Übeltäter ist von Gott geliebt" (61,6); „denn das (ταῦτα γάρ) sind Zeichen der Tugend und der Schlechtigkeit" (61,8). Ähnlich kurz begründet auch Kol 3,18.20.25 die imperativischen Ermahnungen (ὡς ἀνῆκεν ἐν κυρίῳ; τοῦτο γὰρ εὐάρεστόν ἐστιν ἐν κυρίῳ; ὁ γὰρ ἀδικῶν κομίσεται ὃ ἠδίκησεν ...). Zu beobachten sind in beiden Texten Ermahnungen an aufeinander bezogene Gruppen in direkter Folge, nämlich an die Älteren (61,1ff) und die Jüngeren (61,9ff), an die Beherrschten (61,16ff) und die Herrschenden (61,20). Letztere werden dabei in Beziehung gesetzt zu den Vätern, erstere zu den Kindern. Im Vergleich zu Kol 3,18-4,1 fehlt in der Gesetzestafel des Charondas lediglich die Anrede einzelner Gruppen im Vokativ (Ihr Frauen etc.).

In den „Vorworten der Gesetze" des Charondas folgen eine Ermutigung an Reiche, Arme zu unterstützen, und die implizite Aufforderung, Armut nicht durch ausschweifendes Leben herbeizuführen. Sodann folgt die Aufforderung, Unrecht in der Politeia anzuzeigen; die Angezeigten werden ermahnt, der Anzeige mit Dankbarkeit zu begegnen. Die Reihung wird fortgesetzt mit der Aufforderung, für das Vaterland zu sterben, der Ermahnung, Verstorbene nicht mit Wehklagen, sondern mit guter Erinnerung zu ehren, mit dem Verbot der Lästerung und der Ermahnung zur Vermeidung von Zorn, mit Geboten gegen den Mißbrauch des Reichtums und gegen die üble Nachrede. Schließlich werden Gebote, die das Geschlechterverhältnis regeln sollen, aufgelistet:

62,30 Jeder soll die Frau, die nach dem Gesetz zu ihm gehört, lieben (στεργέτω) und aus ihr Kinder zeugen; an eine andere aber soll er keinen Samen seiner Kinder verschwenden. Denn (γάρ) das von der Natur und dem Gesetz Geehrte darf er nicht ungesetzlich verschwenden und

---

[88] Charondas 61,1-22 [Thesleff]. Übers. Charles K. Barrett und Claus-Jürgen Thornton, *Texte*, 98f.

mißhandeln (ὑβριζέτω). Denn (γάρ) die Natur erzeugt den Samen wegen des Kinderzeugens und nicht wegen der Zügellosigkeit.

62,34 Eine Frau aber muß (χρή) besonnen sein und darf keine unfromme Verbindung mit einem anderen Mann eingehen, weil (ὡς) denen, die das Haus verlassen und Feindschaft stiften, der göttliche Zorn begegnet.[89]

63,1 Wer die Stiefmutter heiratet, soll nicht geehrt, sondern verachtet werden, weil (ὡς) er mitwirkt an häuslicher Entzweiung.

63,3 Man muß (χρή) dem Gesagten treu bleiben; der Übertretende soll der staatlichen Strafe unterworfen sein.

63,5 Das Gesetz ordnet an, daß alle Mitbürger (und Mitbürgerinnen) sich auf diese Worte verstehen und bei den Festen mit den Gebeten (Paänen) aufsagen, wenn der Gesetzgeber es anordnet, damit diese Gebote eingepflanzt werden.

Hier sind imperativische Ermahnungen an Männer und Frauen in direkter Folge zu beobachten. Die Gesetzessammlung des Charondas enthält also übereinstimmend mit Kol 3,18-4,1 Ermahnungen an Alte und Junge, Beherrschte und Beherrschende sowie an Männer und (freie) Frauen. Die Ermahnungen der „Vorworte der Gesetze" kreisen insgesamt um die Häuser (οἶκοι) und die sich aus den *oikoi* konstituierende Polis/Stadt und regeln die Beziehungen in ihr. Die Reihung der Gruppe „Beherrschte und Beherrschende" nennt die sozial unterlegene Gruppe wie in Kol 3,18-4,1 zuerst. Dies kann also nicht unbedingt als Spezifikum neutestamentlicher 'Haustafeltexte' angeführt werden.[90]

In der zweiten von Stobaios (IV 2,19) zitierten und mit der gleichen Überschrift überlieferten Schrift des ebenfalls legendären Gesetzgebers Zaleukos „Vorworte der Gesetze"[91] wird das bei Charondas nicht erwähnte Verhältnis von Sklaven und Herren genannt:

> Die Herrschenden sollen nicht anmaßend sein, nicht mit böswilliger Absicht richten noch eingedenk von Freunden oder Feinden, sondern des Gerechten. Denn (γάρ) so entsprechen die Urteile der Gerechtigkeit und sind der Herrschaft würdig. Es ziemt sich (προσήκει), daß die Sklaven vermittels Furcht tun, was gerecht ist, die Freien aber vermittels Ehrfurcht das Gute. Deshalb

---

[89] Die grammatikalisch-syntaktische Struktur ist so gestaltet, daß die Parallelität Hörern und Leserinnen sofort kenntlich sein muß:

63,30: γυναῖκα δὲ τὴν κατὰ νόμους ἕκαστος στεργέτω;
63,34: γυναῖκα δὲ σωφρονεῖν χρή.

Dasselbe Phänomen ist auch in der Beherrschten-Herrscher Paränese zu beobachten:

61,16: χρὴ δὲ καὶ πρὸς τοὺς ἄρχοντας εὔνοιαν διαφυλάττειν καθάπερ πατράσιν ...
61,20: χρὴ δὲ καὶ τοὺς ἄρχοντας δικαίως προεστάναι τῶν ἀρχομένων καθάπερ τέκνων ...

[90] Anders z. B. Gielen, *Tradition,* 124f.

[91] Das Werk des Zaleukos wird auch bei Diodorus Siculus Proömium genannt (XII 20,2). Die von Diodorus zitierten Passagen sind deutlicher mit dem bei Stobaios (IV 2,19 [Hense]) Zitierten verwandt. Zumindest findet sich das Verbot, seine Mitbürger als unversöhnliche Feinde zu behandeln (Diod. XII 20,3/227,29f [Thesleff]), und die Aufforderung an die Herrschenden, ohne Rücksicht auf die zu Richtenden zu entscheiden (Diod XII 20,3/228,10-12 [Thesleff]), in beiden Texten.

müssen (χρή) die Herrschenden so beschaffen sein, daß die Beherrschten beschämt werden von ihrer Würde.[92]

Bei Zaleukos wird in Zeile 228,13f [Thesleff] wiederum die sozial unterlegene Gruppe zuerst genannt. Die Gesetzessammlungen unter den Namen Charondas und Zaleukos sollen freilich nicht als unmittelbares Vorbild der 'Haustafel' im Kol behauptet werden. Vielmehr sind sie Beispiele für die Verbreitung einer Gattung von Texten, die imperativische Ermahnungen rund um die sozialen Beziehungen, verbunden mit kurzen Begründungen an einzelne soziale Gruppen des antiken *oikos,* zusammenstellt. Dabei ist die Beziehung zwischen Haus (οἶκος) und Stadt (πόλις) bzw. Staatswesen (πολιτεία) konstitutiv.[93] Die gleiche Formalstruktur wie in der Gesetzestafel und Gesetzessammlung des Pseudo-Charondas bzw. Pseudo-Zaleukos läßt sich auch in einigen der diskutierten jüdisch-hellenistischen Texten aufzeigen.

Für das göttliche Gesetz (θεῖος νόμος) aber gilt als Maßstab des Gerechten nicht der Zufall, sondern das mit der Natur Übereinstimmende. Deshalb ziemt (προσήκει) es sich für die Herren nicht, im Übermaß ihre Macht gegenüber ihren Sklaven auszuüben und Hochmut und Verachtung und außerordentliche Roheit an den Tag zu legen. Denn (γάρ) dies ist kein Zeichen einer friedfertigen Seele, sondern von einer, die aus Unmäßigkeit nach unumschränkter tyrannischer Herrschaft strebt.[94]

Auch bei Philo findet sich dieses Schema einer allgemeinen Feststellung aus dem göttlichen Gesetz, verbunden mit einem durch einen unpersönlichen Ausdruck (προσήκει) eingeleiteten Verbot und einer kurzen Begründung.[95]

Der Sitz im Leben der Gesetzessammlungen des Chrondas und Zaleukos ist schwer zu bestimmen. Der unspezifische, vielfach anderswo belegbare Inhalt der Paränesen läßt auf keinen konkreten Entstehungskontext schließen. Die Sammlung des Charondas, die anders als die des Zaleukos von Stobaios vollständig überliefert wurde, fordert jedoch abschließend auf, die Prooimia bei Festen (vermutlich sind Stadtfeste gemeint) öffentlich in kultischem Zusammenhang (μετὰ τοὺς παιᾶνας) zu rezitieren (63,5-7 [Thesleff]). Ob es sich hierbei um konkrete Erfahrungen des Autors bzw. der Autorin oder um eine literarische Fiktion handelt, muß offen bleiben.

Berger hat jedoch im Rahmen seiner These der Entstehung der 'Haustafel' aus gnomischen Nestern auf eine weitere Gesetzessammlung

---

[92] Zaleukos 228,10-16 [Thesleff].
[93] Besonders bei Charondas wird vielfach der Bezug zur πόλις 60,20; 61,3.28f; bzw. πολιτεία κτλ 61,28f; 63,3-7 hergestellt.
[94] Philo SpecLeg III 137.
[95] Vgl. z. B. auch Josephus, Ap II 201: „Die Frau, sagt es [das Gesetz], ist in allem schlechter als der Mann. Daher (τοιγαροῦν) soll sie gehorchen (ὑπακουέτω), nicht zum Zweck der Mißhandlung, sondern damit sie beherrscht wird. Denn (γάρ) Gott aber hat dem Mann die Herrschaft gegeben.

aufmerksam gemacht, nämlich auf die Verordnung für die Mitglieder eines Privatheiligtums in Philadelphia.[96] Diese Inschrift gibt die Gebote (παραγγέλματα Z. 2.12) wieder, die einem Mann namens Dionysos im Schlaf offenbart wurden und die einen Verhaltenskodex für die Mitglieder des Mysterienkultes (Z. 13f; 41) bzw. für alle, die das Heiligtum betreten wollen, darstellen. Wem dieser Kult gewidmet war, ist unklar.[97] Dieser Verhaltenskodex wurde in Stein gemeißelt und als Inschrift aufgestellt. Hier heißt es:

(Z. 14) Wenn sie in dieses Haus kommen, sollen Männer und Frauen, Freie und Sklaven bei allen Göttern schwören: daß sie keinen Trug weder für einen Mann noch für seine Frau wissen, kein böses Gift gegen Menschen, keine bösen Verfluchungen kennen oder verrichten, keinen (Z. 20) Trank für Liebe, Schwangerschaftsabbruch oder Empfängnisverhütung noch etwas anderes, das Kinder tötet, weder selbst es zu tun noch einem anderen zu raten, auch nicht Mitwisser zu sein. Nichts davon abzuziehen, diesem Haus wohlgesonnen zu sein. Und wenn einer etwas davon tut oder hinterhältig plant, es weder zu erlauben noch zu verschweigen, sondern es offenbar zu machen und sich zu verteidigen.
(Z. 25) Außer einer Frau soll ein Mann eine fremde Frau, sei es eine Freie, sei es eine Sklavin, die einen Mann hat, nicht schänden (μὴ φθερεῖν), auch nicht einen Knaben noch eine Jungfrau, noch einem anderen solches empfehlen (συμβουλεύσειν). Sondern wenn er bei jemandem Mitwisser ist, diesen offenbar machen (φανερὸν ποιήσειν), den Mann und die Frau, und nicht verbergen noch verschweigen. (Z. 30) Eine Frau oder ein Mann, die etwas nach dem oben Geschriebenen tun, soll nicht in dieses Haus hineingehen (μὴ εἰσπορευέσθω). Denn große Götter sind in ihm aufgestellt (θεοὶ γὰρ ἐν αὐτῷ ἵδρυνται μεγάλοι), und sie haben ein Auge auf solche Dinge und werden solche nicht ertragen, die die Verordnungen überschreiten.
(Z. 35) Eine freie Frau soll heilig sein (ἁγνὴν εἶναι) und nicht kennen (μὴ γινώσκειν) eines anderen außer des eigenen Mannes Bett oder Zusammensein. Aber kennt sie so etwas, dann soll diese nicht heilig sein, sondern befleckt und voll Schande für ihren Stamm und unwürdig, diesen Gott zu verehren, dessen heilige Dinge aufgestellt sind, noch bei den Opfern dabei sein, noch anzuklopfen bei den Heiligungen und Reinigungen, noch zu sehen, wie die Mysterien vollzogen werden. Wenn sie aber etwas von diesen Dingen tut, von der Zeit an, da diese Verordnungen zum Aufschreiben gekommen sind, wird sie böse Flüche von den Göttern haben, als eine, die diese Verordnungen übersieht. Denn der Gott will, daß diese Dinge keineswegs geschehen

---

[96] Text bei Franciszek Sokolowski, *Lois Sacrées*, Nr. 20, 53-58 (SIG 985). Zur Interpretation vgl. auch S. C. Barton und G. H. R. Horsley, *A Hellenistic Cult Group*, besonders 7-27.
[97] Die Inschrift nennt Altäre des Zeus Eumenes und der Hestia, seiner Gefährtin (Z. 6f). In Z. 50-54 wird von „Agdistis, der sehr heiligen Wächterin und Herrin" des Hauses gesprochen, bei der Verordnungen hinterlegt seien, damit sie „guten Mut mache den Männern und Frauen, Freien und Versklavten, damit sie dem Aufgeschriebenen folgen mögen". S. C. Barton und G. H. R. Horseley, *A Hellenistic Cult Group*, 13, identifizieren Agdistis als phrygische Manifestation der Großen Mutter, wie sie besonders in Gordium, ca. 200 km von Philadelphia entfernt, verehrt wurde.

(ὁ θεὸς γὰρ ταῦτα οὔτε βούλεται γίνεσθαι μηθαμῶς), noch wünscht er sie, sondern daß man folgt.[98]

Auch hier finden sich durch Infinitive ausgedrückte imperativische Ermahnungen an zwei soziale Gruppen (freie Männer und freie Frauen) in direkter Folge sowie kurze begründende Feststellungen (Z. 33-35; 44f). Die Ermahnungen an die Männer und besonders an die Frauen sind inhaltlich durchaus verwandt mit den Prooimia des Charondas, und die Aufforderung zum Anzeigen von Übertretungen anderer ist in beiden Gesetzeskodices enthalten.[99] Die Verwendung und der Zweck der Inschrift von Philadelphia ist leider ebenfalls nicht ganz deutlich. In Zeile 54-60 heißt es jedoch:

> Und bei den Monats- und Jahresopfern sollen berühren, die sich selbst vertrauen, Männer und Frauen, diese Inschrift, in der die Gebote des Gottes geschrieben sind, damit sichtbar werden, die diesen Verordnungen folgen und die ihnen nicht folgen.[100]

Die Gesetzestafel scheint in einem Verpflichtungsritus innerhalb der gottesdienstlichen Feiern verwendet worden zu sein.[101] Von seinem Schwur erhofft sich Dionysos, der Stifter der Inschrift, „gute Vergeltungen, Gesundheit, Rettung (σωτηρία), Frieden, Sicherheit zu Lande und zu Wasser" (Z. 60-64). Was allerdings bei diesen gottesdienstlichen Feiern des Kultes vor sich ging, wird nicht gesagt. Sollte diese Inschrift Einlaßbedingungen für ein Mysterienheiligtum aufführen (vgl. Z. 13; 41),[102] wäre eine Geheimhaltung auch nicht überraschend. Die Verschwiegenheit und Geheimhaltung der Mysterienkulte verbot das Ausplaudern oder gar Veröffentlichen der geheimen Riten und theologischen Inhalte. Dennoch beweist allein das Aufstellen der Inschrift, daß „the association meeting in Dionysius' oikos intended those outside the circle of members to know about the nature of the cult".[103]

Warum aber wollte ein Mysterienkult eine Gesetzestafel, auf der sich auf die Ehemoral beziehende Konditionen des Kultes aufgeschrieben sind, als Inschrift veröffentlichen? M. E. vor allem, um gegenteilige Verdächtigungen

---

[98] Übers. Berger/Colpe, *Religionsgeschichtliches Textbuch*, 274f. Vgl. auch Thomas Schmeller, *Hierarchie und Egalität*, 96-99.

[99] Vgl. Philadelphiainschrift Z.23-25 mit Charondas 61,28-35 [Thesleff].

[100] Übers. Berger/Colpe, *Religionsgeschichtliches Textbuch*, 275.

[101] Eine Schwurverpflichtung für Mysten, die an den jährlichen Mysterienfeiern teilnehmen wollen, nennt auch die Inschrift über die Kultreform der in Andania stattfindenden Mysterien aus dem Jahr 92-91 v. Chr. (SIG 735 I,7). Nur die „heiligen Frauen" (eine Gruppe von Amtsträgerinnen) sollen sich verpflichten: „Ich habe auch meinen Mann zu einem gerechten und rechtschaffenen Zusammenleben gebracht." Als Strafe ist die astronomische Summe von 1000 Drachmen veranschlagt. Dagegen ist eine Strafe für falsches Schwören oder die Verweigerung eines Schwures in der Philadelphiainschrift nicht vorgesehen.

[102] Der Begriff μυστήριον ist allerdings nicht erhalten, sondern rekonstruiert. Vgl. Z. 13f [μυστήρια ἐπι]τελεῖν und Z. 41 ἐπιτελούμ[ενα τὰ μυστήρια]. Die in Z. 15f erwähnte Egalität spricht m. E. für einen Mysterienkult.

[103] Barton und Horsley, *A Hellenistic Cult Group*, 11.

abzuwehren. Mysterienkulte standen im Verdacht, sexuell-orgiastische Riten zu feiern und damit die Sittlichkeit und natürliche Geschlechterordnung in Frage zu stellen.[104] Der Kaiser Tiberius, selbst in Eleus eingeweiht,[105] wies neben den Jüdinnen und Juden auch die Isisanhängerinnen und Isisanhänger aus Rom aus, letztere wegen eines sittlichen Skandals.[106] Konservative Moralphilosophinnen und -philosophen versuchen den Frauen Mysterienfeiern zu verbieten.[107] Nichtöffentliche Mysterien und die für Männer verbotene Verehrung der Bona Dea standen im Verdacht, ihre kultischen Feiern als Vorwand für sexuelle Orgien zu benutzen und damit die Keuschheit von Frauen und die Geschlechterrollen in Frage zu stellen bzw. zu mißachten. Damit aber standen sie auch im Verdacht, die Ordnung der οἶκοι aufzulösen und den Augusteischen Frieden zu zerstören.[108]

Die hier aufgeführten Gesetzeskodices des Pseudo-Charondas und Pseudo-Zaleukos, die Inschrift aus Philadelphia und die sogenannte 'Haustafel' Kol 3,18-4,1 sind alle geprägt von der Struktur imperativischer Ermahnungen einzelner aufeinander bezogener sozialer Gruppen, verbunden mit kurzen Begründungen. Die Auswahl der sozialen Gruppen orientiert sich am politischen Konzept des *oikos* als Keimzelle der wohlgeordneten *polis* bzw. des Staates. Auch inhaltlich sind Übereinstimmungen festzustellen, wenn auch der Einfluß der Oikonomialiteratur auf die Auswahl der sozialen

---

[104] Liv. XXXIX 8-19. Vgl. auch Georgi, *Analyse,* und Cancik-Lindemaier, *Diskurs Religion.*

[105] Zur Einweihung von Kaisern in Eleus vgl. Nilsson, *Geschichte der griechischen Religion* II, 345f. Nero und Flavier werden nicht aufgeführt.

[106] Vgl. Josephus, Ant XVIII 66-80; Tac. ann. II 85; Suet. Tib. 35f. Tacitus spricht von 4000 Freigelassenen, die von diesem Aberglauben angesteckt waren. Die vermutlich gemeinsame Quelle von Tacitus und Sueton verbindet die Nachricht bereits mit einem Bericht über das Verbot von Prostitution für Frauen aus dem Ritterstand.

[107] Vgl. Plut. mor. 140D: „Deshalb ziemt es sich, daß die Ehefrau die Götter, die ihr Mann nach alter Sitte in Gebrauch hat, verehrt, und diese als einzige anerkennt, aber dem unnötigen und fremden Aberglauben den Hof verschließt. Keinem der Götter ist die heimliche und verborgene Verehrung von einer Frau wohlgefällig." Phintys, περὶ γυναικὸς σωφροσύνας nennt als vierte von fünf Regeln für die tugendsame Frau: „daß sie nicht an Orgien (Bacchanalen) und Kybelefesten teilnimmt (μὴ χρέεσθαι τοῖς ὀργιασμοῖς καὶ ματρφασμοῖς 152,22f [Thesleff]; vgl. auch 154,6-8 [Thesleff]). Hausfeste der Bona Dea, die vor allem von römischen Aristokratinnen verehrt wurde und bei denen Männer ausgeschlossen blieben, bezeugen Plut. Caes. 9f, u. a. Entsprechende Männerphantasien bei Iuv. VI 314-345. Cic. leg. II 35.37 spricht sich gegen Nachtfeiern für Frauen aus, nicht ohne sich dabei auf den Baccanalienskandal zu beziehen. Vgl. auch Balch, *Let wives ...,* 65-69.

[108] In romfreundlicher Propaganda klingt dies so: „Überall kehrte Ordnung (τάξις) ein und helles Licht im Leben und im Staat, Gesetze kamen auf, und den Altären der Götter vertraute man sich an. Früher verwüsteten die Menschen die Erde, geradeso als ob sie ihre Eltern verstümmeln wollten; ihre Kinder verschlangen sie zwar nicht, aber sie töteten sowohl die der anderen als auch ihre eigenen bei Streitigkeiten, sogar an den Altären [...] die Götter, wie es scheint, sehen auf euch (die Römer) herab, erhalten gnädig euer Reich und verleihen euch die Gunst, es beständig zu besitzen. Zeus, weil ihr euch für ihn um den Erdkreis, seine vorbildliche Schöpfung, wie man sagt, vorbildlich kümmert, Hera, weil die Ehen nach dem Gesetz geschlossen werden ..." (Aristeid. or. 26,103-105 (Keil; εἰς Ῥώμην). Übers. Klein.

Gruppen im Kol deutlicher zutage tritt. Gleichzeitig muß aber auch festgestellt werden, daß zwar die Gesetzestafel des Charondas das Verhältnis der einzelnen sozialen Beziehungen im οἶκος zum Staat thematisiert und einige Bemerkungen über die Geldwirtschaft macht, dies aber in Kol 3,18-4,1 völlig fehlt. Das Stichwort οἶκος kommt im Kol lediglich im Zusammenhang mit der Versammlung im Hause der Nympha vor (4,15). Von hier aus ist nun nach der Aussageabsicht von Kol 3,18-4,1 im Rahmen des Briefes zu fragen.

Dibelius und Weidinger erklären die Aufnahme des stoischen Pflichten-schemas in der 'Haustafel' Kol 3,18-4,1 aus dem Bedürfnis, sich im Alltagsleben einzurichten, nachdem die eschatologische Naherwartung zurückgetreten war. „Man wollte zeigen, daß nicht nur in Augenblicken des Hochgefühls, sondern auch im gewöhnlichen Alltagsleben die neue Art der Christen neue und bessere Lösungen der großen und kleineren Lebensfragen bot."[109] Lührmann führt diesen Ansatz modifizierend weiter.[110] Das Christentum sei in dieser sozialen Gegebenheit der antiken Welt entstanden, deren Grundstrukur im οἶκος gegeben sei. Nach einer ersten Phase der Herauslösung aus den sozialen Beziehungen (Zeit der Paulusbriefe) habe in einer zweiten Phase (Kol/Eph) eine Konsolidierung stattgefunden, in der die gesellschaftlichen Gegebenheiten reflektiert wurden. Die Existenz der Haustafeln im Kol/Eph zeige, daß der eingeschlagene Weg jedoch keine Selbstverständlichkeit gewesen sei. Laub und Gielen meinen dagegen, daß „dem Oikos von Anfang an eine herausragende Bedeutung für Mission und Organisation des frühesten Christentums zukam."[111] Für Gielen wird hier daher „weniger die Tatsache des Anschlusses christlicher Gemeinden an die Struktur des Oikos als vielmehr die Art und Weise dieses Anschlusses legitimiert".[112] Die „Haustafeltradition" gebe einen Diskussionsprozeß wieder, in dem auch die Hausherren Adressaten von Mahnungen seien. Daß die „Haustafel-Ethik im Anschluß an die Oikonomik, wenngleich in maßvoller Form, so doch unübersehbar den generellen Führungsanspruch des Hausherrn bestätigt", sei „möglicherweise als Hinweis darauf zu werten, daß die Gruppe [die Hausherren ...] aufgrund ihrer Sachkompetenz und der großen Bedeutung ihrer Häuser für die Gemeinden in dieser Frage auch eigene Vorstellungen durchzusetzen vermochten". (102).

Schölgen hat jedoch die Grundannahme von Lührmann, Laub und Gielen, nach der der οἶκος „die ekklesiologische Leitmetapher" der frühen Jesus-bewegung war, in Frage gestellt.[113] Über die Versammlungsorte der Gemein-

[109] Weidinger, *Haustafeln*, 9.
[110] Lührmann, *Neutestamentliche Haustafeln*.
[111] Laub, *Sozialgeschichtlicher Hintergrund*, 254; Gielen, *Tradition*, 68-101.
[112] Gielen, *Tradition*, 101.
[113] Schölgen, *Hausgemeinden*, 77. Er stellt auch fest, daß sich von den „οἶκοι bzw. οἰκίαι nicht nachweisen läßt, daß sie über die eigentlichen Bewohner hinaus festen Gemeinden als

den gäben die paulinischen Briefe keine Auskunft.[114] Lediglich in Röm 16,5 und Phlm 2 werde eine Versammlung im Haus erwähnt, ohne daß das Verhältnis dieser Versammlung zur Gesamtversammlung einer Stadt wirklich geklärt werden könne.[115] Im zweiten Jahrhundert wird als Versammlungsort paulinischer Gruppen eine Grabanlage vor der Stadt genannt.[116] Verner u. a. haben darauf hingewiesen, daß das in den Oikonomiaschriften vertretene Oikosmodell schon wegen des für den antiken *Oikos* benötigten Wohnraums nur von wenigen wohlhabenden, nicht aber von der Mehrheit der ärmeren Bürger sowie der Schicht der Händler gelebt werden konnte.[117] Die Indizien für den Beginn lokaler Gruppen der Jesusbewegung im οἶκος sowie das Modell der um das Haus strukturierten Gemeinden stammen auch überwiegend aus der Apostelgeschichte, deren historische Informationen und Objektivität in diesem Punkte angezweifelt werden müssen.[118] Der Kol jedenfalls läßt außerhalb der 'Haustafel' nicht vermuten, daß der antike *oikos* im Sinne des ideologischen Grundkonzepts einer bestimmten Staatsphilosophie eine Rolle spielt. Im Gegenteil: Kol 3,11 spricht von der Aufhebung der hierarchischen *oikos*-Strukturen in Christus. All dies zeigt, daß es ein unbewiesenes Postulat bleibt, die Urgemeinden als patriarchalen Großhaushalt darzustellen, dem die in den 'Haustafeln' vorgetragene Ethik entspricht.

> Es war gerade nicht die Regel im Frühchristentum, daß ganze Haushalte sich als solche bekehrten. Die christliche Missionsbewegung verstieß ja gerade dadurch gegen die existierende Ordnung des patriarchalen Haushalts, daß sie *einzelne Individuen* unabhängig von ihrem gesellschaftlichen Status und ihrer Funktionen im patriarchalen Haushalt bekehrte. Die christliche Mission rief gesellschaftliche Unruhe hervor, weil sie sowohl freigeborene Frauen und SklavInnen als auch Töchter und Söhne in die Hauskirche aufnahm, auch dann, wenn der *pater familias* sich nicht bekehrte und Heide blieb. Noch im zweiten Jahrhundert wurde der christlichen Mission vorgeworfen, daß sie subversiv sei und die patriarchalen Haushaltsstrukturen zerstöre.[119]

Treffpunkt mehr oder weniger regelmäßiger Veranstaltungen dienten" (78). Die Vorstellung von der Hausgemeinschaft Gottes finde sich erst in den Pastoralbiefen (I Tim 3,15).

[114] Vgl. z. B. I Kor 11,17-34 oder 14,23-26. In I Kor 11,22.34 stellen Paulus und Sostenes explizit die οἰκίαι (vermutlich als Gebäude, worauf auch 11,34 ἐν οἴκῳ hinweist) der ἐκκλησία gegenüber, und in I Kor 14 bleibt die Frage des Ortes des beschriebenen Gottesdienstes völlig offen. Der Raum kann jedoch kaum ein von der Öffentlichkeit abgeschlossener Privatraum sein, denn Paulus rechnet mit dem Hineinkommen (εἰσέρχεσθαι 14,23f) von Unkundigen (ἰδιῶται ἢ ἄπιστοι).

[115] Schölgen, *Hausgemeinden*, 78f.

[116] ActThekla 23.

[117] Verner, *Household of God*, 47-63.

[118] Anders z. B. Mk 10, 29f.

[119] Elisabeth Schüssler Fiorenza, *Brot statt Steine*, 122.

Eine „zwangsläufige" Anpassung an eine „gesellschaftliche Grundstruktur οἶκος" darf daher m. E. nicht als Motiv für die Entstehung von Kol 3,18-4,1 veranschlagt werden.

Thraede und Müller sehen in den 'Haustafeln' die Aufnahme der in den Oikonomiaschriften verbreiteten antiken Diskussion.[120] Sie verstehen dabei die 'Haustafeln' als gemäßigte Mittelposition zwischen Liberalität und Gleichheitsideen und strikter Unterordnungsethik (z. B. bei den Neuphythagoräerinnen). Eine ähnliche Mittelposition sei auch von Musonius Rufus und Plutarch vertreten worden. Wie ich andernorts ausgeführt habe, läßt sich die Absetzung der beiden Philosophen von den strengen Unterordnungskonzepten und neupythagoreischen Frauenspiegeln nicht nachweisen.[121] Die Aufforderung zur Liebe und zur Vermeidung von Ärgernissen an die jeweils herrschende Gruppe bei Plutarch und Musonius zeugen nicht von Liberalität oder Gerechtigkeitssinn, sondern sind lediglich eine Folge pragmatischer Überlegungen.[122] Alle Autorinnen und Autoren, die den *oikos* zur Grundkonstante menschlichen Zusammenlebens erklären, sind Vertreterinnen und Vertreter der gleichen philosophischen Richtung, die das hierarchische Geschlechter- und Standesverhältnis als Keimzelle des Staates auffaßt. Andere Positionen vertraten dagegen einige Kyniker und Kynikerinnen, ein Teil der Schule Epikurs und einige Religionsgemeinschaften.[123]

Nach Chrouch ist die 'Haustafel' „a reaction against pneumatic excesses which threatened the stability of Pauline Churches",[124] wie es insbesondere in I Kor 11 oder Gal 3,28 sichtbar würde. Diese Deutung wurde von Elisabeth Schüssler Fiorenza grundsätzlich abgelehnt. Gal 3,28 reflektiere nicht ein enthusiastisches Mißverständnis, sondern die soziale Wirklichkeit der „dicipleship of equal", die „Praxis gegenseitig gleichgestellter Nachfolge von SklavInnen und HerrInnen, Frauen und Männern, JüdInnen und BarbarInnen, Reichen und Armen, Jungen und Alten".[125]

Als alternative Vereinigung, die den neu initiierten Frauen und Sklavinnen gleichen Status und gleiche Rollen zugestand, war die christliche Missionsbewegung eine Konfliktbewegung, die zu den Institutionen „Sklaverei" und „patriarchale Familie" in Spannung stand.[126] [Die 'Haustafeln' versuchten, der] Subversion von Bekehrung entgegenzuwirken, indem sie die Übereinstimmung der christlichen Ethik mit derjenigen der patriarchalen Großfamilie und des patriarchalen Staates behaupteten [...] Damit unternahmen es die Haustafeltexte nicht nur, das frühchristliche Ethos

---

[120] Thraede, *Zum historischen Hintergrund*, Karlheinz Müller, *Haustafel*.
[121] Detaillierter Nachweis bei Standhartinger, *Frauenbild*, 66-69 sowie Balch, *Let wives* ...,143-149.
[122] Zur Kritik vgl. auch Luise Schottroff, *Lydias ungeduldige Schwestern*, 112-119.
[123] Vgl. Standhartinger, *Frauenbild*, 69-71.
[124] Chrouch, *Origin*, 144. Ähnlich auch Schröder, *Haustafeln*, 146.
[125] Schüssler Fiorenza, *Zu ihrem Gedächtnis*, 342.
[126] Schüssler Fiorenza, ebd., 269.

der [...] Nachfolge von Gleichgestellten, sondern auch die Strukturen der christlichen Gemeinde zu patriarchalisieren.[127]

Allerdings seien die 'Haustafeln' präskriptive Texte, die auf die Wirklichkeit einwirken wollten, und nicht etwa deskriptive, die eine bereits bestehende Wirklichkeit beschrieben.[128]

Auch Balch nimmt als Intention der 'Haustafeltexte' im I Petr die Verteidigung gegenüber Angriffen von außen an. Die frühe römische Kaiserzeit sei von Bemühungen um die Hierarchisierung des Geschlechterverhältnisses geprägt.[129] „Roman ideals resulted in certain stereotyped criticism of the Dionysus cult, the Egyptian Isis cult and Judaism: they produced immorality (especially among Roman Women) and sedition" (74). Die Schriften von Josephus und Philo suchten durch die Aufnahme der oikonomischen Ethik eine Verteidigungsstrategie gegenüber diesen Vorwürfen zu entwickeln. Die Aufforderung in I Petr 3,15f, jederzeit bereit zu sein für eine Verteidigungsrede (ἀπολογία) „mit Sanftmut und Furcht, als solche, die ein gutes Gewissen haben", stehe in unmittelbarem Zusammenhang mit der 'Haustafel', so daß zu vermuten sei, daß „the conduct recommended in the code is a response to such outside slander and a part of the „defense" to outsiders anticipated in 3:15" (118f). Allerdings lasse die 'Haustafel' allein nicht den Schluß zu „that there was active social-political unrest on the part of Christian slaves or wives, an unrest supposedly stimulated by a desire to realize Gal 3:28 socially" (119). Die Bekehrung bzw. das Verlassen der

---

[127] Schüssler Fiorenza, *Brot statt Steine*, 125.

[128] Die Entstehung der 'Haustafel' im Kol führt Schüssler Fiorenza auf die hier vertretene präsentische Eschatologie zurück. „Dadurch, daß der Brief an die Gemeinde von Kolossä die griechisch-römische Ethik der patriarchalen Haustafeln übernimmt, spiritualisiert und moralisiert er nicht nur das Gemeindeverständnis, das in Gal 3,28 zum Ausdruck kommt, sondern macht die Ethik des griechisch-römischen Haushalts zum Bestandteil 'christlicher' Sozialethik" (308).

[129] Balch bezieht sich besonders auf die programmatische Rede, die Dio Cassius Octavian vor der Schlacht bei Actium halten läßt. Der spätere Augustus warnt seine Soldaten vor der Herrschaft der Ägypter, die einer Frau (Kleopatra VII) und nicht einem Mann dienten (Dio Cass. 50.24,7). Antonius habe, so Augustus, sämtliche Lebensformen seiner Vorfahren abgelegt und dafür allen fremden und barbarischen Sitten nachgeeifert, erweise weder den Gesetzen noch den Göttern der Vorfahren die Ehre, stattdessen aber verehre er eine Frau wie Isis oder Selene (Dio Cass. 50.25,3). Tatsächlich wird die ägyptische Göttin Isis gepriesen: „Du [verschafftest] den Frauen die gleiche Macht (δύναμις) wie den Männern" (P.Oxy 1380,214f 2. Jh. n. Chr.). Augustus selbst sagt von sich in den *Res Gestae* 8: „Durch neue, auf meine Veranlassung eingebrachte Gesetze habe ich zahlreiche vorbildliche Sitten der Vorfahren, die schon aus unserem Jahrhundert schwanden, wieder eingeführt und selbst für viele Dinge nachahmenswerte Beispiele der Nachwelt überliefert." Die „neuen" Gesetze des Augustus sind u. a. die Ehegesetze, *lex Iulia de maritandis ordinibus*, *lex Papia Poppaea* und *lex Iulia de adulteriis coercendis*. Diese Gesetze waren nur insofern neu, als sie eine konservative Auffassung von Sitte (*mos*) als Gesetz formulierten, eine Ehepflicht, zumindest für die römische Oberschicht, einrichteten und die Sexualität von Mädchen und Frauen staatlicher Kontrolle unterwarfen. Die Ehe wurde so zu einem öffentlichen Raum, die Unterordnung von Frauen unter die ihnen durch Familie oder Ehe zugeordneten Männer ideologisch zu einem staatstragenden Phänomen. Vgl. auch Angelika Mette-Dittmann, *Ehegesetze*.

angestammten Religion allein hätte bereits die Verdächtigung sozialen Ungehorsams hervorgerufen. Der 1 Petr fordere seine Leserinnen und Leser auf, sich gemäß der 'Haustafel' zu verhalten. Damit versuche er, das entstehende Christentum in der römischen Gesellschaft zu akkulturieren.[130] Unabhängig von der Frage, ob Balchs Schlüsse für 1 Petr zutreffen, lassen sie sich m. E. nur bedingt auf den Kol übertragen. Zwar steht auch der Kol in einem Spannungsverhältnis zum römischen Staat. Es ist mindestens fiktiv ein Brief eines römischen Gefangenen, dessen Freilassung nicht mehr erwartet werden kann, sondern der bereit ist zu Kampf und Leiden (4,3f; 1,24-2,5).[131] Aber anders als im 1 Petr steht die 'Haustafel' in direktem Widerspruch zu Kol 3,10f.[132] Die Aufhebung der sozialen Unterschiede durch das Ablegen des alten und das Anziehen des neuen Menschen sind mit der 'Haustafel'-Ethik nicht vereinbar. Das Thema *oikos* spielt im übrigen Brief keine Rolle. Kol 3,18-4,1 unterscheidet sich vom Stil des übrigen Briefes und bleibt merkwürdig unspezifisch in bezug auf konkrete Problemlagen des 1. Jh., wie Mischehen oder ungläubige Sklaven- und Sklavinnenhalter. Der Text hebt sich als abgeschlossenes Ganzes deutlich vom Kontext ab. Die an einzelne soziale Gruppen gerichteten imperativen Aufforderungen, die durch kurze Begründungen unterbrochen werden, lassen diesen Text als Gesetzestafel, ähnlich der des Charondas, des Zaleukos oder der Inschrift aus Philadelphia, charakterisieren. Kol 3,18-4,1 wirkt wie eine Erinnerung an die Gesetze des sozialen Zusammenlebens in einer *polis* oder wie die Gesetzestafel am Eingang eines Heiligtums, die den Vorübergehenden Auskunft geben will über die Rechtschaffenheit dessen, was im Innern verborgen vonstatten geht. Zu einer solchen Gesetzestafel paßt auch der in der Frauen- und Kinderparänese aufgezeigte Bezugsrahmen. Ἐν κυρίῳ (im Herrn) ist der Ort dieser „wohlgeordneten" Verhältnisse.

Die geschlossene, sich vom Briefkontext abhebende Form von der 'Haustafel' Kol 3,18-4,1 ist m. E. ein wesentlicher Hinweis auf die Intention dieses Textes. Sie kann daher m. E. nicht einfach mit der Meinung der Verf. identifiziert werden. Die Verf. gehen nicht nur von der staatlichen Verfolgung des Paulus aus, sie deuten auch an, daß die Gemeinde(n)

---

[130] Balch übersieht allerdings m. E. den Unterschied zwischen Präskription und Deskription. Die Aufforderung der Verf. des 1 Petr bedeutet noch nicht, daß sich die Gemeinde auch entsprechend verhalten hat.

[131] Bereits Balch, *Let wives* ..., 80, Anm. 58, ist aufgefallen, daß der Kol im Anschluß an die Haustafel „is concerned with 'outsiders' and how they are to be 'answered' (Col 4:5-6). It is not accidental that household codes appear in letters which state that the author is in a Roman prison."

[132] Anders Schüssler Fiorenza, *Zu ihrem Gedächtnis*, 306: „Kol 3,11 stellt SklavInnen und Freie nicht mehr als soziale Gegensätze einander gegenüber, sondern listet sie in der Aufzählung von Unbeschnittenen auf." Jedoch übersieht Schüssler Fiorenza m. E. die chiastische Form der ersten beiden Paare sowie das umfassende „alles und in allem Christus" am Schluß.

gefährdet sein könnte(n) (2,18f; 4,5f). Der Zweck der Haustafel ist daher m. E. vor allem ein apologetischer. Die 'Haustafel' versucht wie die Inschrift in Philadelphia, die Gemeinden des Paulus von dem Verdacht zu befreien, daß in ihrem Innern die Verkehrung der hierarchischen sozialen Ordnung praktiziert wird. Es soll uneingeweihten Leserinnen und Lesern demonstriert werden, daß „im Herrn" die sozialen Verhältnisse gewahrt bleiben. Dies muß aber nicht bedeuten, daß die Gemeinde, die die Verf. des Kol im Blick haben, sich entsprechend der in der 'Haustafel' beschriebenen hierarchischen Ordnung verhielt oder verhalten sollte. Im Gegenteil, den Mitgliedern der eigenen Gruppe geben die Verf. des Kol Hinweise, die 'Haustafel' gegen den Strich zu lesen.[133]

Von den in der Oikonomik als Verhältnisse im Haus verhandelten sozialen Beziehungen kommt im Kol außerhalb der 'Haustafel' das Verhältnis Eltern–Kinder bzw. Vater–Sohn nur in Beziehung auf Gott und seinen Sohn vor.[134] Die einzige explizit erwähnte Frau ist Nympha in Kol 4,15. Sie wird als Besitzerin eines Hauses vorgestellt, das groß genug ist, eine Versammlung zu beherbergen.[135] Dies ist keineswegs das Idealmodell der Oikonomiaphilosophie.[136] Am häufigsten wird im Kol dagegen das Sklavenverhältnis thematisiert. In der Wirklichkeit des Christus gibt es keine Differenzierungen mehr in Sklaveninnen, Sklaven und Freie (3,11). Unter diesem Gesichtspunkt ist die Erwähnung der ἰσότης (Gleichheit) in der Herrenparänese (4,1) ein politisch-soziales Programm und nicht die Aufforderung an Sklavenhalter (deren Existenz im Adressat(inn)enkreis im übrigen Brief nicht zu belegen ist), ihre Sklaven angemessen zu behandeln. Es geht um die Gleichheit aller Sklavinnen und Sklaven (vgl. 3,11). Dem entspricht, daß als Sklaven im Kol einzig die Mitarbeiter des Paulus, Epaphras und Tychikos (*Mitsklaven* 1,7; 4,7; vgl. auch 4,12) bezeichnet werden. Die *Mitsklaven* des Paulus sind im Kol die, die mit der ausführlichen Sklaven- und Sklavinnenparänese angesprochen sind. Indem die Gemeinde als Ganze aufgefordert wird, den *Mitsklaven* Paulus nachzuahmen, wird sie aufgefordert, nicht mit Augendienerei und Gefallsucht, sondern in Aufrichtigkeit des Herzens und aus der Seele für Gott zu arbeiten und ihm zu dienen. Die Verf. des Kol setzten, so meine These, die 'Haustafel' nicht als Gruppenparänese in ihren Brief, sondern als eine Art „Deckschrift", die Außenstehenden und Uneingeweihten demon-

---

[133] Vgl. zum Folgenden auch Anne McGuire, *Equality*.

[134] Gott als Vater: Kol 1,2f.12; 3,17; Sohn: nur 1,13 sowie pluralisch, textkritisch zweifelhaft 3,6.

[135] So jedenfalls die *lectio difficilior*.

[136] In der längsten Textversion von JosAs, die in ihrem Frauenbild der Oikonomiaphilosophie verpflichtet ist, wird die Rede vom Haus der Protagonistin streng vermieden, wogegen die kürzeste Version hier keinen Anstoß nimmt. Vgl. Standhartinger, *Frauenbild*, besonders 96-102.

strieren soll, daß „im Herrn" alles eine den *oikos* und damit die *polis* stabilisierende Ordnung habe.

Es kann hier letztlich nicht bewiesen werden, daß die von den Verf. des Kol in den Blick genommenen, mehr oder weniger konkreten Gemeinden tatsächlich überwacht und verfolgt wurden.[137] Aber eine Anklage des Paulus gemäß dem *crimen laesae majestatis* und/oder wegen *sedicio* ließe Nachforschungen über die paulinischen Gemeinden nicht unwahrscheinlich erscheinen. Die Einführung der Gesetzestafel in Kol 3,18-4,1 ist m. E. als Strategie zu erklären, die paulinischen Gemeinden für solche Nachforschungen zu rüsten und sie vor Anklagen wegen die Sitte zersetzender Auflösung der Ordnung im *oikos* zu schützen.

Für die Gemeindeglieder geben die Verf. dabei versteckt eine Reihe von Hinweisen, die Haustafel gegen den Strich zu lesen. Neben der glossenhaften Wirkung des Textes im Kontext sind dies vor allem die Beschreibung der Wirklichkeit in Christus (3,11) und die Änderung der Bezeichnung für die Mitarbeiter des Paulus in *Mitsklaven*.[138] Aber auch die Haustafel selbst enthält, wie oben gezeigt, einige Merkwürdigkeiten.[139] Auffällig ist besonders, daß in diesem die sozialen Hierarchien betonenden Text das Stichwort ἰσότης (Gleichheit 4,1) genannt und damit ein politisch dem vorgetragenen Konzept widersprechendes Programm aufgegriffen wird. Auffällig ist auch das Stichwort προσωπολημψία (Ansehen der Person 3,25) und κληρονομία (Erbteil 3,24) inmitten der Sklavinnen- und Sklavenparänese, die überhaupt sehr viel stärker spezifisch biblische und jüdische Begrifflichkeit und Vorstellungswelt aufnimmt als die anderen Paränesen der 'Haustafel'. Diese Beobachtung ließe sich erklären, wenn die Sklavinnen- und Sklavenparänese tatsächlich nicht als Aufforderung für zur Gemeinde gehörende Sklavinnen und Sklaven, sondern als Ermahnung für die ganze Gemeinde und deren Mitarbeiter und Mitarbeiterinnen gemeint ist.

Daß die Begriffe „Gleichheit", „Ansehen der Person" und „Erbteil" als unpassend für eine 'Haustafel' empfunden wurden, bezeugt nicht zuletzt der

---

[137] Das Ausmaß der bei Tac. ann. XV 44; Suet. Nero 16; I Petr; Apk und Plin. epist. X 96f angedeuteten Verfolgungen ist nicht sicher auszumachen. Der Kol ist m. E. auch vor der Regierungszeit Domitians entstanden. Wenn der Brief in Rom verfaßt worden ist, ist eine Kenntnis der neronischen Verfolgung (Tac. ann. XV 44; Suet. Nero 16) nicht ausgeschlossen.

[138] Letzteres muß für römische Leserinnen und Leser wie ein Amtsbegriff wirken und gemäß der Religionsfreiheit unbeanstandet bleiben. Den paulinischen Gemeinden fiel die Umbenennung sicher auf. Die Aufhebung der Unterschiede zwischen Sklavinnen, Sklaven und Freien wird verdeckt durch die Nennung von Barbaren und Skyten (3,11). Damit wird auf das integrative Selbstverständnis der *Pax Romana* angespielt. In den Worten römischer Propaganda klingt dies folgendermaßen: „Ja, das von jedem gebrauchte Wort, daß die Erde die Mutter aller und das für alle gemeinsame Vaterland sei, wurde durch euch aufs beste bewiesen. Jetzt ist es sowohl dem Griechen wie dem Barbaren möglich, mit oder ohne Habe, ohne Schwierigkeit zu reisen, wohin er will, gerade als ob er von einer Heimatstadt in eine andere zöge" (Aristeid. or. 26,100 (Keil; εἰς Ῥώμην). Übers. Klein.

[139] Siehe oben S. 275-279.

erste bekannte Leser des Briefes, der Eph, der alle diese Begriffe vermeidet oder versetzt.[140] Die 'Haustafel', die im Kol gleichsam als Inschrift zum Schutz der Gemeinde veröffentlicht ist, um die Wirklichkeit der Aufhebung sozialer Unterschiede in Christus zu schützen, setzt der Eph in das Zentrum seiner Theologie und macht das hierarchische Verhältnis zwischen Männern und Frauen zum Abbild der kosmischen Wirklichkeit Christi und der *ekklesia*. Damit dies gelingt, streicht der Eph das Wort „Gleichheit" und versetzt den Begriff „Ansehen der Person" in einen dem hierarchischen Konzept angemessenen Zusammenhang. Der Eph bezeugt damit, daß er die Ideologie der 'Haustafel' einliniger zur Geltung bringen will als der Kol.

---

[140] Vgl. Anm. 23 und 30 sowie Eph 6,9.

KAPITEL 8

DER KOLOSSERBRIEF UND DAS WEITERWIRKEN DER
'PAULINISCHEN SCHULE'

Der Kol wird oftmals als Produkt der „Paulusschule" bezeichnet.[1] Allerdings
wird dieser Begriff unterschiedlich konnotiert. Zwei Auffassungen von
„Schule des Paulus" stellten sich heraus. Für Conzelmann und Ollrog ist die
Aufnahme von Weisheitstraditionen in den pseudepigraphen Paulusbriefen
ein Beleg für die Gründung einer Weisheitsschule zu Lebzeiten des Paulus.
Hier würden verschiedene theologischen Traditionen diskutiert und
christologisch rezipiert. Die paulinischen Briefe selbst belegten eine solche
Schularbeit, indem sie ihr Traditionsmaterial oftmals nur wenig oder gar
nicht modifiziert in ihre theologische Argumentation einarbeiteten. Neben
dieser Auffassung von „Paulusschule" steht das Verständnis von Lohse,
Ludwig, Schenke, Müller u. a., die mit „Schule des Paulus" vor allem das
Phänomen paulinischer Traditionsbildung bezeichnen. Angeregt durch die
Konnotationen des Begriffs „Schule" als Lehrer-Schüler-Verhältnis, in dem
es vor allem um die Vermittlung und Rezeption von traditionellem Wissen
und dessen legitimierter Interpretation und Auslegung geht, haben sie das
Phänomen „Paulusschule" auf die Zeit der pseudepigraphen Paulusbriefe
beschränkt. „Paulusschule" steht in diesen Konzepten für die Bewahrung,
Sicherung und autoritative Auslegung der paulinischen Theologie in
nachpaulinischer Zeit. Entsprechend wird die Sammlung und die
Bezugnahme auf die paulinischen Briefe als konstitutiv für die Arbeit der
„Paulusschule" angesehen.
　　Tatsächlich beschreibt der Begriff „Schule" verschiedene Phänomene der
Antike. Sowohl Bildungseinrichtungen zur Vermittlung von Kenntnissen im
Lesen, Schreiben, Rechnen und in der Literatur an Kinder und Jugendliche
mit einem konstitutiven Lehrer-Schüler/Schülerinnen-Verhältnis werden als
Schule bezeichnet[2] als auch Philosophengemeinschaften,[3] die sich um die
Tradierung, Weitergabe und Auslegung der Überlieferung des Schulgründers
bemühten und die zur Sicherung der Authentizität der Überlieferung Dia-
dochenreihen ausbildeten.[4] Weniger häufig werden schließlich auch Diskus-

---

[1] Vgl. Kap. 1.1.
[2] Vgl. Kap. 2.1.
[3] Zum Vergleich der paulinischen Mission und Gemeinden mit antiken Philosophenschulen
vgl. L. Alexander, *Paul and the Hellenistic Schools.*
[4] Siehe auch oben Kap. 2.3. Anm. 151.

sionsgemeinschaften, die Schriften und deren Auslegung diskutierten und theologisch interpretierten, als „Schule" beschrieben.[5] Es läßt sich dennoch besonders für jüdisch-weisheitliche Kreise zeigen, daß hier unterschiedliche theologische Traditionen gesammelt, verbunden und miteinander ins Gespräch gebracht wurden.[6] Die theologische Weisheit verzichtet dabei fast vollständig auf die Überlieferung von Namen einzelner Weiheitslehrer. Argumente und Auslegungen werden vielmehr anonym gesammelt und zusammengestellt.[7] Angesichts dieser vielfachen Konnotationen ist der Begriff „Paulusschule" problematisch. Da er jedoch für die sogenannten Deuteropaulinen eingeführt ist, werde ich nun zum Abschluß das Konzept von „Paulusschule" untersuchen, für das der Kol selbst steht.

Um die Absicht und Intention des Kol zu verstehen, mußte zunächst die Entstehungsgeschichte des Briefes genauer untersucht werden. Es mußte geklärt werden, welche Quellen den Verf. des Kol von und über Paulus zur Verfügung standen. Es stellte sich heraus, daß eine literarische Abhängigkeit des Kol lediglich vom Phlm sehr wahrscheinlich ist.[8] Dafür spricht vor allem die weitgehende Übereinstimmung der Namensliste beider Briefe und der Eingang ins Proömium.[9] Es konnte ein durchgängiges Prinzip des Umgangs des Kol mit schriftlichen Quellen aufgezeigt werden, nämlich die Vertauschung der Reihenfolge einzelner Syntagmata innerhalb der Sätze der zitierten Quellen.[10] Dieses Prinzip wenden die Verf. des Kol auch bei der Wiederaufnahme des von ihnen zitierten Hymnus (1,15-20) in 2,9f an.[11]

Die Annahme einer literarischen Abhängigkeit von weiteren Paulusbriefen erwies sich als problematisch. Sie müßte drei Grundannahmen voraussetzen, die m. E. nicht zu erweisen sind:[12] 1. daß das paulinische

---

[5] Vgl. aber Iambl. vita Pyth. 103f: „Denn wer aus der Schule (διδασκαλεῖον) hervorging, besonders die Älteren, die noch Zeitgenossen und Schüler des alten Pythagoras gewesen waren, Philolaos und Eurytos, Charondas, Zaleukos, Bryson, Archytas der Ältere, Aristaios, Lysis, Empedokles, Zamolxis, Erimenides, Milon, Leukippos, Alkmaion, Hippasos, Thymaridas und alle, ihre Altersgenossen, viele geachtete und überragende Männer–sie alle haben ihre Unterredungen (διαλέξεις) und die gegenseitigen Unterhaltungen (ὁμιλίαι) und ihre Aufzeichnungen (ὑπομνηματισμοί) und Niederschriften und Aufzeichnungen und selbst die Abhandlungen und alle Veröffentlichungen, die zum großen Teil heute noch erhalten sind, nicht durch die allgemein verbreitete, volkstümliche und daher allen anderen geläufige Redeweise den Zuhörern auf Anhieb verständlich gemacht." (Übers. von Albrecht).
[6] Dies gilt besonders für Weish, wie Georgi, *Wesen der Weisheit*, gezeigt hat. Vgl. auch z. B. den in Sir 24 aufgenommenen Weisheitsmythos neben weisheitlichen Lebensregeln.
[7] Besonders deutlich wird dies auch im Werk Philos, der zwar zahlreiche andere Ausleger des Literalsinns, Allegoristen und Kritiker nennt, aber keinen einzigen mit Namen. Vgl. z. B. SpecLeg I 8; Sacr 131; Quaest in Gn I 81; III 48; 52; IV 64; 90; 167 u. ö. Vgl. David M. Hay, *References to Other Exegets.* Vgl. auch Sir 51,13-30.
[8] Siehe unten Kap. 3.
[9] Vgl. bes. Kap. 3.2.
[10] Siehe oben S. 88-89.
[11] Siehe oben S. 148.
[12] Zur ausführlichen Diskussion von Kriterien literarischer Abhängigkeit siehe Kap. 3, S. 65-72.

Briefformular einzigartig innerhalb der antiken Briefliteratur sei und eine eigene Gattung Apostelbriefe bilde, die von Paulus selbst erfunden wurde, 2. daß die Briefe des Paulus einen einzigartigen Stellenwert bei der Vermittlung seiner Theologie an die Gemeinden hatten und daher als autoritatives Apostelwort von Beginn an wiederholt rezipiert wurden, 3. daß es keine mündliche Überlieferung der Worte und Diskussionen des Paulus und der anderen Reisegesandten wie Timotheus, Cloe oder Sostenes gab.

Gegen alle diese Vermutungen spricht die genauere Untersuchung der paulinischen Briefe. Das Briefformular zeigt Übereinstimmungen mit einigen der wenigen erhaltenen jüdischen Gemeindebriefen.[13] Die Briefe beziehen sich auf die ihnen vorangehenden mündlichen Diskussionen (I Thess 2,13; 3,4; 4,6; Gal 1,9; 5,21 u. ö.). Nicht die Botschaft der Briefe, sondern die Ausbreitung der Botschaft durch die Gemeinde ist den Absendern wichtig (I Thess 1,8; Röm 1,8). Dies sowie einige grundsätzliche schriftkritische Äußerungen (vgl. bes. II Kor 3,6) läßt deutlich werden, daß die Briefe zunächst keinen besonderen theologischen Stellenwert für die paulinische Gruppe hatten. Sie waren vielmehr ein oftmals problematisch empfundener Ersatz (vgl. z. B. Gal 4,20) für das persönliche Gespräch.

Zwei Beobachtungen lassen vermuten, daß die paulinischen Briefe vielfach mündliche Diskussionen und Predigten aufnehmen.[14] Zum einen werden einzelne Formulierungen und kürzere Passagen mehrfach in verschiedenen Paulusbriefen wiederholt. Zum andern werden gleiche Themen und Motive zwar mehrfach behandelt und aufgenommen, aber niemals identisch zur Sprache gebracht. Diese Beobachtung verdeutlicht, daß Paulus die Briefe nicht als theologische Lehrschreiben mit Ewigkeitswert verstand. Die mehrfach in den Briefen gebrauchten und oftmals variierten Formulierungen lassen m. E. einen Teil der mündlichen Pauluspredigt und der Diskussionen in den Gemeinden erschließen.

Die Hochschätzung mündlicher Überlieferung in der Antike läßt es als wahrscheinlich erachten, daß die paulinischen Reden und Diskussionen in den Gemeinden mündlich tradiert wurden.[15] Diese „mündliche Paulustradition" wird, so versuchte ich zu zeigen, vom Kol rezipiert.[16] Die Verf. des Kol nehmen einige Formulierungen und kürzere Passagen auf, die mehrfach in den Paulusbriefen zitiert werden.[17] An keiner Stelle weist die Aufnahme jedoch auf bestimmte Kontexte innerhalb der erhaltenen Paulusbriefe hin. Gegen eine literarische Abhängigkeit von den bis heute überlieferten Paulusbriefen sprechen auch die vom Kol aufgenommen Traditionen aus der

---

[13] Siehe oben Kap. 3.1.
[14] Vgl. hierzu Kap. 4.2.
[15] Siehe hierzu Kap. 4.1.
[16] Vgl. Kap. 4.3.
[17] Vgl. bes. Kap. 4.3.1 und 4.3.1.

jüdischen Weisheit.[18] Besonders Kol 2,12.20; 3,1f.5 nimmt das Denken der
dualistischen Weisheit in seiner ursprünglichen, auch bei Philo zu
belegenden Form auf, wogegen Paulus dieses Denken in Röm 6,3-11 und II
Kor 5,1-8 modifiziert und damit kritisiert.[19] Obgleich Paulus Weisheitshymnen zitiert (vgl. z. B. Phil 2,6-11; Röm 11,33-36), ist eine Kenntnis der
hymnischen Stücke aus Kol 1,15-20 und 2,14f in den Paulusbriefen nicht
nachzuweisen.[20]

Der Kol erweist sich als stark von jüdischer Weisheitstradition, besonders
von ihrem dualistischen Zweig, beeinflußt. Eine Reihe von Traditionen
werden hier aufgenommen, die entweder in den erhaltenen Paulusbriefen
nicht (Kol 1,15-20; 1,12-14; 2,2f; 2,14f) oder aber verändert (Kol 2,12.20;
3,1) diskutiert werden. Die aufgenommenen Traditionen sind oftmals
unbeeinflußt von spezifisch paulinischer Theologie, wie besonders Kol 2,12
und die Rede vom Kreuz als Demonstrationstafel im Triumphzug (2,14f)
deutlich machten. Die Arbeitshypothese von Conzelmann läßt sich in bezug
auf den Kol zumindest teilweise bestätigen. Es scheint tatsächlich „eine
Schule des Paulus (gegeben zu haben), die [...] über seinen Tod hinaus
bestand. In ihr wurde Weisheit gepflegt. Die Deuteropaulinen spiegeln
Themen und Denkstil, Kol [...] auch einen ausgeprägten Sprachstil."[21] Aber
über Conzelmann hinaus muß man feststellen, daß der Kol die aufgenommenen Weisheitstraditionen weniger und anders bearbeitet als die Verfasser-
gruppe der paulinischen Briefe. Deutlicher als in den paulinischen Briefen
werden hier disparate Traditionsstücke in ihrer den Verf. vorliegenden Form
aufgenommen und lediglich durch den Gesamtkontext des Briefes zusammengehalten. Die „Weisheitsschule" des Paulus–so läßt sich aus diesem
Befund vermuten–war mehr ein Diskussionszusammenhang als ein von
einem Lehrer oder Meister dominiertes Phänomen.

Die Verschriftlichung von mündlicher Tradition eines Schulgründers
sowie die Herausgabe von „Erinnerungen" an Gehörtes oder von Vorlesungsmitschriften ist ein nicht seltener Grund für die Entstehung von
Pseudepigraphie in der Antike. Dabei war der Begriff des geistigen
Eigentums nicht auf die Verschriftlichung, sondern auf den
Gedankenursprung konzentriert. Ein weiteres Motiv ist der Wunsch, die
schriftliche Überlieferung wichtiger historischer Persönlichkeiten zu erstellen, zu ergänzen, zu erläutern oder zu korrigieren.[22] Die Entstehung von
pseudepigraphen Briefen ist drittens bedingt durch den literarischen Ge-
schmack der Antike, der zum einen mehr die Nachahmung von wichtigen

---

[18] Vgl. Kap. 4.3.3.
[19] Vgl. hierzu S. 147-159 und 250-251.
[20] Vgl. hierzu bes. S. 159-165.
[21] Conzelmann, *Die Schule des Paulus*, 90.
[22] Vgl. Kap. 2.2.

Autoren und Autorinnen und des Stils wichtiger Persönlichkeiten und weniger eigene Originalität forderte und zum andern die Ausschmückung historischer Situationen durch Reden und Briefe der historisch Beteiligten verlangte.[23] Pseudepigraphe Briefe geben dabei einen Einblick in das Denken und die Beziehungen der fiktiven Absender und Adressatinnen und Adressaten in bestimmten fiktiv ausgemalten Situationen.[24] Daß die Pseudepigraphie auch als Mittel in Auseinandersetzungen genutzt wurde, steht außer Frage. Aber auch hier muß differenziert werden zwischen der Erfindung einer eine Person diskreditierenden Schrift in deren Namen und dem Wunsch, die Überlieferung einer Person zu beeinflussen.

Die Beeinflussung der Paulusüberlieferung durch den Kol ist m. E. weniger von dem Wunsch veranlaßt, das überlieferte Bild von Paulus und seiner Beziehung zu den Gemeinden zu verändern–so z. B. die Pastoralbriefe[25]–oder theologische Aussagen zu korrigieren–so z. B. der II Thess.[26] Die Verf. des Kol schreiben für Paulus vielmehr eine Art „Himmelsbrief".[27] Sie versichern die Gemeinden des Beistands des nun fleischlich Abwesenden (2,5). Die Aufnahme von Formulierungen aus der „mündlichen Paulustradition" und der assoziative Stil des Briefes bewirken eine Vergegenwärtigung des Paulus, der „im Geist" durch den Brief bei den Gemeinden ist (2,5).

Dabei ist im Kol nicht nur die Absenderangabe, sondern auch die Adresse fiktiv. Der Vergleich mit den antiken Informationen über Kolossä deckte auf, daß die Verf. kaum historische Informationen über diese Kleinstadt im Hinterland der Provinz Asia in ihren Brief einfließen lassen, über die nicht jede Bürgerin und jeder Bürger des römischen Reiches verfügen konnte.[28] Der Kol verrät sich zudem selbst als an „alle, die Paulus nicht mehr gesehen haben" (2,1), adressiert. Die Nennung von Kolossä als Adresse soll daher m. E. die unaufhörliche Ausbreitung des Evangeliums bis in die letzten Winkel des römischen Reiches demonstrieren (vgl. 1,5f.23). Das Interesse an der Abfassung dieses pseudepigraphen Briefes liegt nicht zuletzt in der modellhaften Gestaltung der Beziehung zwischen fiktiven Verf. und einer fiktiven Gemeinde, die Paulus nicht mehr persönlich erleben konnte. Damit wird zugleich ein Einblick in den Charakter des fiktiven Absenders und seine Bewältigung der dargestellten Situation gewährt.

Der Kol will ein Brief sein, den Paulus aus der Gefangenschaft kurz vor seinem Tod an ihm persönlich unbekannte Gemeinden geschickt hat. Es wird allerdings deutlich, daß mit der Freilassung des Paulus und seinem Über-

---

[23] Vgl. Kap. 2.1.
[24] Vgl. Kap. 2.4.
[25] Vgl. Kap. 2.3, S. 58-60.
[26] Vgl. Kap. 2.3, S. 56f.
[27] Vgl. Kap. 5.1.2, S. 189-192.
[28] Vgl. Kap. 1.2.

leben nicht gerechnet wird (vgl. bes. 4,3f; 10f).[29] Statt dessen wird in
Anlehnung an Martyriumssprache sein Leiden als Kampf für die Gemeinden,
also als stellvertretendes Leiden, theologisch gedeutet. Nicht nur der
weitgehende Verzicht des Kol auf eine futurische Eschatologie, sondern
auch die auffällige Formulierung in Kol 1,24 machen deutlich, daß der Tod
des Paulus als interpretationsbedürftig empfunden wurde.[30] Paulus ging die
meiste Zeit seines Lebens davon aus, das Weltende zu erleben (vgl. I Thess
4,15-5,11; Röm 13,11f). Das Ausbleiben der Wiederkunft Christi vor dem
Tod des Paulus führte zu theologischen Verunsicherungen, die die Verf. mit
dem Kol zu überwinden suchen.

Entstehungsgeschichte und Absicht des Kol erklären sich daher m. E.
wesentlich aus der Problematik, die durch den Tod des Paulus in den von
ihm beeinflußten Gemeinden hervorgerufen wurde. Anzeichen einer
schwerwiegenden Krise für den Bestand der Gemeinden ist die wiederholte
Aufforderung zur Standhaftigkeit, Festigkeit und Geduld (1,23; 2,6f u. ö.).[31]
Das drohende Auseinanderlaufen der Gemeinde(n) ist vielleicht nicht allein
auf den Verlust theologischer Hoffnung auf die baldige Wiederkunft Christi
zurückzuführen, sondern lag auch an der Gefährdung, der die Gemeinden
durch den Tod des Paulus ausgesetzt worden sind. Das beredte Schweigen
im Neuen Testament und I Clem 5,5-7 lassen darauf schließen, daß Paulus
im Anschluß an einen Prozeß, vermutlich von römischen Beamten,
hingerichtet worden ist. Rechtsgrundlage für eine solche Hinrichtung war
vermutlich das *crimen laesae maiestatis*.[32] Eine Folge einer solchen
Verurteilung kann die Auslöschung der Erinnerung (*damnatio memoris*)
sein. Neben dem Wunsch, die Überlieferung des Paulus durch einen Brief
aus der Gefangenschaft kurz vor seinem Tod zu ergänzen, in dem sein Wort
und seine Lehre gesammelt, in der neuen Situation nach seinem Tod
zugleich aktualisiert und durch die dargestellte fiktive Gemeindesiutation
auch universalisiert ist, ist als weiteres Motiv hinter der pseudepigraphen
Abfassung des Kol auch der Schutz der historischen Absenderinnen und
Absender sowie der Adressaten- und Adressatinnengruppen zu vermuten.
Denn ein „Himmelsbrief" des Paulus betont nicht nur den Beistand des
fleischlich Abwesenden, sondern kann auch schwerer als Verbreitung der
Erinnerung an einen Verurteilten verfolgt werden. Wenn die Verf. die in
ihrem Brief genannten Personen weitgehend aus dem Phlm bezogen haben,
von dem nicht anzunehmen ist, daß er an die gleiche Gemeinde wie der Kol
gerichtet war, so schützen sie die real existierenden Gemeinden auch vor
Nachforschungen.

---

[29] Vgl. Kap. 5.1.1.
[30] Vgl. Kap. 5.1.2.
[31] Vgl. Kap. 5.2.1.
[32] Vgl. Kap. 5.1.

Die Verf. versuchen dem Auseinanderlaufen der Gemeinden und der sich breitmachenden Frustration mit einer optimistischen Wirklichkeitssicht zu begegnen. Das Evangelium befindet sich in einem unaufhaltsamen Ausbreitungsprozeß, in den die Gemeinde(n) mit einbezogen sind (1,5f.23).[33] Dieser Prozeß geschieht von selbst. Die Früchte der Gemeinden bewirken ein Wachstum (1,6.10). Die Erwartung des Tages der Wiederkunft Christi und des Gerichts wird auf einige Andeutungen reduziert (vgl. 1,23.28; 2,17; 3,4; 4,2). Statt dessen wird die Teilhabe am Schicksal Christi, sowohl des Todes als auch der schon geschehenen Auferstehung, behauptet (2,12; 3,1). Unter Aufnahme von Vorstellungen aus der dualistischen Weisheit wird die bereits geschehene Verwandlung gemäß dem Abbild Christi (3,10f) konstatiert. Dem Ablegen des Fleischesleibes korrespondiert das Anziehen des neuen Menschen (2,11f; 3,5-12). Der Kol erweist sich damit stärker als die paulinischen Briefe traditionalistisch eingestellt. Während Paulus Weltverneinung und -flucht kritisiert (vgl. II Kor 5,1-10), ist das Ziel der Anthropologie des Kol gerade der Aufstieg der Seele in die himmlische Wirklichkeit. Die Gemeinde hat bereits teil an der Auferstehung. Sie befindet sich im Himmel (1,12-14), sie hat bereits den schuldlosen und heiligen Zustand erreicht (1,14.22; 2,13). Im Himmel feiert sie in geistiger Unmittelbarkeit den himmlischen Dankgottesdienst (3,15-17). Mit Hilfe unterschiedlicher Traditionen betonen die Verf. vielfach die Wirklichkeit der bereits vollzogenen Erlösung, Vergebung, Versöhnung, Auferstehung und den Triumph über Mächte und Gewalten. In der Gemeinde ist Christus alles und in allem. Diese Wirklichkeit des Christus, die bereits den Heiligen im Himmel offenbar ist (1,26f), gilt es zu erkennen und zu denken (1,9f; 2,2f u. ö.).

Gegenüber den Verunsicherungen ermahnen die Verf. die Gemeinde(n), sich nicht „rauben", „richten" und „verurteilen" (2,8.16.18) zu lassen. Dabei ist zugleich an Gefährdungen von innen und von außen gedacht.[34] Die Verf. ermahnen, nicht während der gemeinsamen Mahlzeiten und Feiern zu richten (2,16), da sie einen Schatten der Wirklichkeit des Christus darstellen (2,17).[35] Sie fordern auf, darauf zu achten, daß niemand zu einem Räuber wird, indem er mit philosophischen und menschlichen Überlegungen die Gemeinde verunsichert (2,8). Sie rechnen damit, daß in die Gemeinde Außenstehende hineinkommen, die sich über die gottesdienstlichen Feiern „grundlos aufblasen" (2,18). Sie schließen auch nicht aus, daß die Gemeinde oder einzelne Mitglieder Gerichtsverfahren ausgesetzt sein könnten und

---

[33] Siehe hierzu Kap. 5.2.1, bes. S. 193-195.
[34] Vgl. Kap. 5.2.2.
[35] Zu dieser Auslegung von Kol 2,16f vgl. bes. S. 202-207.

fordern auf zu einem weisen Verhalten gegenüber Anklagen von außen (4,5f).[36]

Eine bestimmte die Gemeinde gefährdende „Häresie" oder „Philosophie" haben die Verf. m. E. nicht im Blick. Die vielen religionsgeschichtlichen Identifizierungen des „irgendjemand", der rauben könnte bzw. nicht richten und verurteilen soll, machen m. E. deutlich, daß sich die Andeutungen des Kol nicht zu einem kohärenten Bild einer bestimmten theologischen oder philosophischen Richtung integrieren lassen.[37] Ein pseudepigrapher Brief, in dem die Charakterisierung des Absenders, der Adressatinnen und Adressaten und des „settings", der Briefsituation, notwendigerweise fiktiv ist, läßt eine konkrete Beschreibung einer bestimmten Gruppe auch nicht erwarten. Der Kol erfüllt vielmehr die Funktion eines Testaments. Nach einem biographischen Rückblick auf das Leben der Gemeinde und die Biographie des fiktiven Verfassers folgen Warnungen vor zukünftig (vgl. 2,8) auftretenden Gegnern und Gegnerinnen.[38] Die offene Beschreibung des „irgendjemand" macht mehre Deutungen und Übertragungen auf unterschiedliche Situationen möglich. Der Kol macht sich an dieser Stelle die antike Überzeugung zunutze, daß Menschen kurz vor ihrem Tod über besondere prophetische Gaben verfügen. Der fiktive Paulus tröstet die Gemeinden, indem er ihre Bedrängungen voraussieht und sie gleichzeitig zur Überwindung auffordert und anleitet.

Die Abfassung dieses pseudepigraphen Paulusbriefes durch die Verf. des Kol hat m. E. einiges dazu beigetragen, daß paulinische Gemeinden und paulinische Theologie den Tod des Paulus überlebten. Der Brief verteidigt die These, daß die paulinische Theologie nicht mit seinem Tod *ad absurdum* geführt worden ist. Der Brief fordert die Gemeinden stetig zum Zusammenhalt und zur Verbindung untereinander und mit Christus auf (2,2.19; 3,14). Die Mitarbeiter des Paulus–im Kol programmatisch „Mitsklaven" genannt (1,7; 4,7)–werden zu Nachahmern des Lebens und Leidens des Paulus.[39] Die ganze Gemeinde ist aufgefordert, sich dieser Nachahmung anzuschließen. Mitarbeiter und Gemeinde werden als „treu" und „geliebt" charakterisiert (vgl. Kol 1,2; 3,12). Dieses Gemeinschafts- und Nachahmungskonzept führt zu dem überraschenden Phänomen, daß sich in der vom Kol beschriebenen Gemeinde keine Ämter herausbilden. Die Überlieferung ist ein Gemeinschaftsakt (2,6), sie ist weder an bestimmte Inhalte noch an bestimmte Personen als Träger gebunden.[40] Dies unterscheidet das Konzept

---

[36] Vgl. hierzu bes. S. 208-210.
[37] Vgl. Kap. 1.3.
[38] Vgl. hierzu Kap. 5.2.2, bes. S. 210-212.
[39] Vgl. Kap. 6.2.1.
[40] In Kol 2,6 heißt es: „Wie ihr nun den Christus Jesus, den Herrn, empfangen habt (παρελάβετε), so wandelt in ihm (περιπατεῖτε) ..." Es ist oft aufgefallen, daß unklar bleibt, was hier eigentlich überliefert werden soll. Lohmeyer, *Kom.*, 96, vermutet hinter der

der Verf. von den antiken philosophischen Schulen. Eine „Orthodoxie", die Weitergabe eines bestimmten autoritativ legitimierten Lehrkorpus und das Überdauern einer „Schule" über Generationen hinweg ist hier nicht im Blick. Der Kol verzichtet–anders als z. B. die Pastoralbriefe–völlig auf die Ausbildung von Diadochenreihen.

Die eschatologische Krise überwinden die Verf. durch die Rückbesinnung auf weisheitlich-dualistische Traditionen. Sie nehmen damit vermutlich Traditionsmaterial aus der paulinischen Schule auf und zeigen zugleich, daß die Meinung des Paulus nicht die einzige in dieser „Schule" vertretene Meinung war. Die Verf. des Kol verzichten nicht nur auf die paulinische Rechtfertigungslehre, sie zeigen sich auch weitgehend unbeeinflußt von der paulinischen Interpretation des Kreuzesgeschehens.[41] Ist im Hymnus noch der Einfluß einer martyriumstheologischen Kreuzesdeutung (vgl. z. B. auch Röm 3,25f) zu entdecken, bleibt die triumphale Interpretation des Kreuzes als Demonstrationstafel der Überwindung der Mächte und Gewalten im Hymnenfragment Kol 2,14f analogielos in den erhaltenen Paulusbriefen. Anders als Paulus betonen die Verf. das Kreuzesgeschehen in ihrer eigenen Interpretation des Christusereignisses gerade nicht (vgl. 2,21f; 2,9f). Maßgeblich für ihre Christologie ist vielmehr die bereits präexistent vorgezeichnete Wirklichkeit Gottes in Christus (1,15-20; 2,9f), in die die Gemeinde durch das Christusereignis hineingenommen ist (2,12). Die Rezeption verschiedener christologischer Traditionen in Kol 1,15-20 und 2,14f ohne vereinheitlichende Tendenz zeigt noch einmal den weisheitlichen Schulkontext seiner Entstehung auf.

Mit der Aufnahme des Gedankens von der Solidarisierung Christi mit den Menschen geschieht zugleich die wesentlichste theologische Verschiebung im Kol. Die Solidarisierung Gottes findet nicht in der Menschlichkeit, am

---

Formulierung Χριστὸν Ἰησοῦν τὸν κύριον eine alte und „übernommene" Formel des Bekenntnisses: Herr ist Jesus Christus. Wegenast, *Verständnis*, 121-130, meint, das Stichwort παραλαμβάνειν sei von den Gegnerinnen und Gegnern übernommen (vgl. 2,8). Jedoch gebrauchten die Verf. παραλαμβάνειν nicht als „Traditionsbegriff im jüdischen Sinne" (128), also im rabbinischen oder philosophischen Sinne von Weitergabe der Tradition in Diadochenreihen, sondern der Begriff bezeichne für sie „den Akt, in dem der Täufling in den Herrschaftsbereich Christi aufgenommen wird, und die in diesem Akt erfolgende Anerkennung Christi als des Herrn" (ebd.). Die Verf. gebrauchten also den Traditionsbegriff entgegen seines eigentlichen Inhalts, um den Traditionsgebrauch der Gegnerinnen und Gegner im Sinne von Traditionstechniken und Legitimation zu bekämpfen. Wolter, *Kom.,*117, sieht schließlich einen Rückverweis auf „die im Vorgang der Annahme des Christus-Bekenntnisses gewonnene und in 1,12-14.21f beschriebene Heilsidentität der Adressaten selbst". Es darf m. E. nicht übersehen werden, daß in Kol 2,7 nicht etwa ethische Regeln oder Ermahnungen folgen, sondern die Aufforderung zu Standhaftigkeit und Festigkeit. Der Traditionsbegriff wird im Kol bewußt offengehalten. Die Verwurzelung in der Wirklichkeit Christi, die sich in überströmender Dankbarkeit, und d. h. in der Teilnahme an der himmlischen Wirklichkeit ausdrückt, ist das, was übernommen und bewahrt werden soll. Eine geschichtliche Ausdehnung von Gemeinde ist trotz der Lösung des eschatologischen Problems in bezug auf die Naherwartung nicht im Blick.

[41] Vgl. Kap. 6.1.1.

Punkt größter Niedrigkeit im Foltertod am Kreuz statt, sondern durch die Erhöhung der Menschen in die himmlische Wirklichkeit. Entsprechend geht es darum, das Denken nach dem, was oben ist, auszurichten (3,1-4).[42] Durch die Verwandlung in den neuen Menschen werden nicht nur die menschlichen Differenzierungen aufgehoben, sondern Christus ist alles und in allem. Gemäß dieser Wirklichkeit Christi ist das Gemeindeleben himmlischer Dankgottesdienst, ein Austausch von Geistesgaben in Unmittelbarkeit vor Gott.[43] Dennoch, und das ist erstaunlich, nimmt der Kol nicht allein die einzelnen verwandelten Menschen in den Blick und fordert sie zum Ablegen der Affekte und zum Anziehen der göttlichen Gesinnungen auf (3,5-11). Die Ermahnungen konkretisieren sich im Kol im gemeinschaftlichen gegenseitigen Handeln. Die Gemeinde als Ganzes wird aufgefordert, nicht gegeneinander zu lügen (3,9), sondern einander auszuhalten und zu vergeben (3,12f).[44]

Das im Kol reflektierte Denken der dualistischen Weisheit ist später aus der sogenannten „Orthodoxie" verbannt worden (vgl. II Tim 2,18). Die „Orthodoxie" hielt fest an einer ins Irgendwann verschobenen Naherwartung und setzte sich selbst als Verwalter der eschatologischen Heilsgüter ein. Eschatologie und Gemeindeordnung des Kol wurden aus diesen Kreisen in die später bekämpfte Gnosis verdrängt.[45]

Die Verf. des Kol entwickeln eine Ekklesiologie, die die einzelnen zerstreuten Gemeinden unabhängig vom Wirken von Reisemissionaren wie Paulus und seiner Mitarbeiterinnen und Mitarbeiter und unabhängig von der Kollekte für die Armen in Jerusalem vereint. Unter Aufnahme der Vorstellung des Bildes vom Leib Christi (vgl. I Kor 6,15; 10,17; I Kor 12; Röm 12,3-8) entwickeln sie die Vorstellung vom kosmischen Leib Christi, der die eine *ekklesia* ist.[46] Die gewonnene Einheit der vielen *ekklesiai* wird durch die Gegenüberstellung der *ekklesia* als dem einen Leib, dessen Haupt Christus ist, erreicht. Die Verf. nehmen hier ein Bild aus der zeitgenössischen Staatsphilosophie auf. Durch diese Übertragung wird aus dem paulinischen Konzept der Verteilung der Aufgaben in den einzelnen Gemeinden in einem Leib, das keine Gegenüberstellung von Haupt und Leib kennt, eine Eklesiologie, in der eine Hierarchie zwischen Christus und Gemeinde angelegt ist. Christus als Haupt des Leibes steht dabei noch in Konkurrenz zum Kaiser als Haupt des Staatsleibes. In dem Moment aber, in dem die himmlische Gemeinde des Kol auf die Erde geholt und zu einem Abbild himmlischer Verhältnisse wird, kann kaum verhindert werden, daß das

---

[42] Vgl. Kap. 6.1.
[43] Vgl. Kap. 6.2.2.
[44] Vgl. Kap. 6.2.
[45] Vgl. bes. Interpretation der Gnosis (NHC XI,1).
[46] Vgl. Kap. 6.1.2.

Verhältnis zwischen Christus und *ekklesia* auch auf das Verhältnis der Menschen untereinander übertragen wird.

Für das Überleben der paulinischen Theologie sorgt der Kol jedoch mit einer bis heute besonders wirkmächtigen Idee–der expliziten Aufforderung, Briefe des Paulus zu sammeln und zu vervielfältigen. Dies zeigt die Notiz aus Kol 4,16:

> Und wenn der Brief bei euch vorgelesen ist, macht (etwas), damit (ποιήσατε ἵνα) er auch in der Versammlung der Laodizeer vorgelesen wird, und den *aus* Laodizea (behandelt so), daß (ἵνα) auch ihr ihn vorlest.

Es wird hier nicht genau gesagt, worin das ποιεῖν (tun, machen) besteht, aber die erwünschte Folge wird deutlich zum Ausdruck gebracht; er soll auch unter den Laodizeern und Laodizerinnen Verbreitung finden. Ebenso sollen die Kolosser und Kolosserinnen auch etwas tun (ποιεῖν bleibt das Verb im zweiten Teil des Hauptsatzes), damit sie den Brief *aus* Laodizea[47] lesen können.[48] Der beabsichtigte Effekt der offenen Formulierung ποιεῖν (machen) in Kol 4,16 ist die Erstellung von Abschriften und das Verteilen der „Paulusbriefe" sowie vermutlich auch der Antwortschreiben durch Botinnen und Boten. Es ist jedenfalls wahrscheinlich, daß der Kol selbst als Abschrift und vermutlich außerhalb von Kolossä bekannt war bzw. veröffentlicht wurde. Die eigenhändige Unterschrift des Paulus (4,18) läßt sich jedenfalls leichter in einer Kopie als im Original nachahmen. Die Adressatinnen und Adressaten werden also von den Verf. in den Dienst genommen, für die Verbreitung des Briefes und anderer ihnen bekannter Briefe zu sorgen. Damit sind die Verf. des Kol die ersten, die sich nachweislich um die Verbreitung der Paulusbriefe außerhalb der direkt adressierten Gemeinden und auch außerhalb des direkten (bzw. beabsichtigten) Wirkungskreis des Paulus bemühen.[49] Sie machen Paulus, Timotheus, Sostenes und die anderen gerade erst zu dem, für das sie heute bekannt sind, zu den ersten Autoren der Jesusbewegung.

---

[47] Es ist viel spekuliert worden, um welchen Brief es sich handelt. Der Brief ἐκ Λαοδικείας könnte ein Antwortschreiben der Laodizeer und Laodizeerinnen sein. Zumindest ist interessant, daß die Verf. auffordern, einen Brief aus einer Stadt und nicht an eine Stadt zu rezipieren und zu vervielfältigen. Marcion nennt den heutigen Epheserbrief Laodizeerbrief. Da dieser literarisch vom Kol abhängig ist und die Adressen ἐν Ἐφέσῳ in der Mss.-Überlieferung nur unzureichend bezeugt ist, ist diese Tradition nicht gänzlich unwahrscheinlich, allerdings auch nicht weiter zu belegen. Daneben ist ein Laodizeerbrief erhalten, der sich jedoch als ein Zitatenmosaik aus Phil und Kol erweist und somit vermutlich ebenfalls ein Pseudepigraphon ist. Der in Kol 4,16 erwähnte Brief aus Laodizea ist m. E. eine Fiktion.

[48] Anders lautet dagegen die Aufforderung zur Rezeption des Briefes in I Thess 5,27. Es gibt keinen Hinweis dafür, daß es sich um Geschwister außerhalb von Thessalonich handeln soll. (Siehe auch oben Kap. 3, S. 68-71).

[49] Vgl. auch Gamble, *Books and Readers*, 97: „the notice does show that the author either knew that letters of Paul were circulating among Pauline Churches or wanted to encourage their circulation by offering a Pauline warrant."

Dem Kol haben wir vermutlich nicht unmaßgeblich zu verdanken, daß die paulinischen Gemeinden den Tod des Paulus strukturell und theologisch überlebt haben und daß paulinische Briefe gesammelt und aufbewahrt wurden. Der Kol stellt aber zugleich auch den Anfang einer Rezeption des Paulus dar, die das heutige Bild dieses Theologen der Jesusbewegung prägen. Indem die Verf. des Kol nicht in ihrem eigenen, sondern im Namen des Paulus schreiben und indem sie seinen Einsatz für die Gemeinden im Leiden und Kampf mit dem Leiden und Kampf Christi vergleichen, tragen sie zu einer Heroisierung des Paulus bei, die heute wesentlich die Erinnerung bestimmt. Zwar ist diese Heroisierung im Kol durch die „wir"-Passagen (vgl. z. B. Kol 1,28; 4,2 u. ö.), die Nachahmung durch die Mitarbeiter und ihre Benennung als Mitsklaven noch stärker durchbrochen als bei den ersten Rezipientinnen und Rezipienten des Kol, dem Eph und den Pastoralbriefen. Aber in den Beschreibungen der Gottesbeziehung einzig im Bild des Vater-Sohn-Verhältnisses und in der Beschreibung des Verhältnisses von Christus und *ekklesia* sind Hierarchisierungen angelegt. Obgleich der Kol m. E. hierarchische Beziehungen zwischen Menschen in Christus negiert (vgl. 3,10f),[50] ist die Intention des Briefes zumindest im Sinne der sogenannten 'Haustafel' (3,18-4,1) verstanden worden. An dieser Rezeption sind die Verf. des Kol nicht unschuldig, wenn sie auch eine Reihe von Hinweisen geben, die Haustafel gegen den Strich zu lesen.[51] Ihr fiktives Bild der paulinischen Missionsgruppe konstruiert einen Zusammenschluß aus elf namentlich genannten Männern (anders z. B. Röm 16,1-16; Phil 4,2). Im ganzen Brief erscheint eine einzige Frau, Nympha, als Besitzerin eines Hauses, in der sich eine Gemeinde versammelt (4,15). Mit diesem Verschweigen von Aphia (Phlm 1) und ihren Schwestern sind die Verf. des Kol mitschuldig geworden an der Mythisierung eines hierarchischen Geschlechterverhältnisses als Grundmodell der Christusordnung (Eph 5,22-31) und an der Übertragung der *oikos*-Philosophie auf die Kirche (vgl. I Tim 3,15).

Die „paulinische Schule" hat durch und mit dem Kol überlebt und ist dennoch in seinem Gefolge verschwunden. Überlebt hat im Kol die Konzeption einer Weisheitsschule, in der die Traditionen der jüdischen Weisheit aufgenommen und diskutiert wurden. Verschwunden ist jedoch die kritische Reflexion ihrer mystischen, weltentfremdenden Theologie, ihre Konkretisierung in bezug auf das tatsächliche historische Leiden von Menschen und die Tradition der gemeinsamen Bibelauslegung. Überlebt hat der Gedanke der Solidarisierung Gottes mit den Menschen, aber verschwunden ist die Menschlichkeit Gottes. Überlebt hat der politisch-demokratische Begriff der *ekklesia,* aber die *ekklesia* ist im Kol zu einem kosmischen,

---

[50] Vgl. Kap. 6.2.1.
[51] Vgl. Kap. 7.

weltfernen Phänomen geworden. Überlebt hat die Ausgießung des Geistes in der Gemeinde unter allen ihren Mitgliedern, aber der Gottesdienst des Geistes ist kein irdischer mehr. Überlebt hat die Überzeugung der Aufhebung aller menschlich-sozialen Differenzierungen, und doch ist der Kol vor allem in bezug auf die Hierarchisierungen des christlichen Gemeindelebens in der sogenannten 'Haustafel' rezipiert worden.

Es ist m. E. wahrscheinlich, daß die Verf. die 'Haustafel' nicht als Gemeindeordnung, sondern als Schutzmaßnahme ihrer Gemeinden entworfen oder übernommen haben. Aber mit der Einfügung dieses Textes haben sie zur einer fast zweitausendjährigen Geschichte der Frauen-, Mädchen-, Sklaven- und Sklavinnenunterdrückung beigetragen. Mag sein, daß sie den kritischen Verstand ihrer Hörer und Leserinnen überschätzten. Mag auch sein, daß einige ihrer Schwestern und Brüder ihre Taktik durchschauten und die Widersprüche zwischen 'Haustafel' und Kontext aufdeckten und diese 'Gesetzestafel' als das entlarvten, als was sie vermutlich gemeint war: als Schutz der egalitären Gemeindewirklichkeit nach außen. Andere aber–insbesondere der Eph und die Pastoralbriefe–konnten durch und mit der 'Haustafel' ihre hierarchischen Ekklesiologien als von Paulus selbst entworfen behaupten. Dem Widerstand der „paulinischen Schule" ist es zu verdanken, daß dies auch im 2. Jh. als notwendig erachtet wurde.

LITERATUR- UND QUELLENVERZEICHNIS

1. LITERATURVERZEICHNIS

Achtemeier, Paul J., Omne Verbum Sonat: The New Testament and the Oral Environment of Late Western Antiquity, JBL 109 (1990), 3-27.

Adcock, F. E., Literary Tradition and Early Greek Code-Makers, CHJ 2 (1927), 95-109.

Aland, Barbara und Aland, Kurt, Der Text des Neuen Testaments. Einführung in die wissenschaftlichen Ausgaben sowie in Theorie und Praxis der modernen Textkritik, Stuttgart ²1989.

Aland, Kurt, Die Entstehung des Corpus Paulinum, in: Neutestamentliche Entwürfe (TB 63), München 1979, 302-350.

——, Falsche Verfasserangaben?, Zur Pseudonymität im frühchristlichen Schriftum, ThRv 75 (1979), 1-10.

——, Noch einmal: Das Problem der Anonymität und Pseudonymität in der christlichen Literatur der ersten beiden Jahrhunderte (1980), in: Supplementa zu den Neutestamentlichen und den Kirchengeschichtlichen Entwürfen. Zum 75. Geburtstag herausgegeben von Beate Köster, Hans-Udo Rosenbaum und Michael Welte, Berlin, New York 1990, 158-176.

——, Das Problem der Anonymität und Pseudonymität in der christlichen Literatur der ersten beiden Jahrhunderte (1961), in: Studien zur Überlieferung des Neuen Testaments und seines Textes (ANTT 2), Berlin 1967, 24-34.

——, Der Schluß und die ursprüngliche Gestalt des Römerbriefes (1974), in: Neutestamentliche Enwürfe (TB 63), München 1979, 284-301.

Aletti, Jean-Noël, Saint Paul Épitre aux Colossiens. Introduction, traduction et commentaire, Paris 1993 (*Kom.*)

Alexander, Loveday, The Living Voice: Scepticism Towards the Written Word in Early Christian and in Graeco-Roman Texts, in: David J. A. Clines, Stephen E. Fowl, Stanley E. Porter (Hg.), The Bible in Three Dimensions, Essays in Celebration of Forthy Years of Biblical Studies in the University of Sheffield (JSOT.S 87), Sheffield 1990, 221-247.

——, Paul and the Hellenistic Schools: The Evidence of Galen, in: Troels Engberg-Pedersen (Hg.), Paul in His Hellenistic Context, Minneapolis 1995, 60-83.

Alexander, Philip S., Orality in Pharisaic-Rabbinic Judaism at the Turn of Eras, in: Henry Wansbrough (Hg.), Jesus and the Oral Gospel Tradition (JSNT.S 64), Sheffield 1991, 159-184.

——, Quid Athenis et Hierosolymis. Rabbinic Midrash and Hermeneutics in the Greaeco-Roman World, in: Philip R. Davies und Richard T. White (Hg.), A Tribute to Gezea Vermes. Essays on Jewish and Christian Litrature and History (JSOT.S 100), Sheffield 1990, 101-123.

Aly, Wolfgang, Hans, Art. Strabon [3], PRE IVA/1 (1931), 76-155.

Amling, Ernst, Eine Konjektur im Philemonbrief, ZNW 10 (1909), 261-262.

Anderson, Øivind, Oral Tradition, in: Henry Wansbrough (Hg.), Jesus and the Oral Gospel Tradition (JSNT.S 64), Sheffield 1991, 17-58.

Appelbaum, Samuel, The Legal Status of the Jewish Communities in the Diaspora, in: Shmuel Safrai und M. Stern (Hg.), The Jewish People in the First Century I (CRI I/1), Philadelphia 1974, 420-463.

Argall, Randal A., The Source of a Religious Error in Colossae, CTJ 22 (1987), 6-20.

Arnold, Clinton E., Art. Colossae, ABD I (1992), 1089f.

——, The Colossian Syncretism. The Interface Between Christianity and Folk Belief at Colossae (WUNT II 77), Tübingen 1995.

Arzt, Peter, The „Epistolary Introductory Thanksgiving" in the Papyri and in Paul, NT 36 (1994), 27-45.

——, „Ich danke meinem Gott allezeit ..." Zur sogenannten „Danksagung" bei Paulus auf dem Hintergrund griechischer Papyrusbriefe, in: Friedrich V. Reiterer (Hg.), Ein Gott, eine Offenbarung. Beiträge zur biblischen Exegese, Theologie und Spiritualität, Würzburg 1991, 417-437.

Attridge, Harold W., Art. Hebrews, ABD III (1992), 96-105.

——, On Becoming an Angel: Rival Baptismal Theologies at Colossae, in: Lukas Bormann, Kelly Del Tredici und Angela Standhartinger (Hg.), Religious Propaganda and Missionary Competition in the New Testament World. Essays Honoring Dieter Georgi (NT.S 74), Leiden 1994, 481-498.

Aulock, Hans von, Münzen und Städte Phrygiens II (IM.B 27), Tübingen 1987.

Aune, David E., The New Testament in Its Literary Environment (LEC 8), Philadelphia 1987.

——, Prolegomena to the Study of Oral Tradition in the Hellenistic World, Jesus and the Oral Gosple Tradition, in: Henry Wansbrough (Hg.), Jesus and the Oral Gospel Tradition (JSNT.S 64), Sheffield 1991, 59-105.

Balch, David L., Household Code, in: David. E. Aune (Hg.), Greco-Roman Literature and the New Testament: Selected Forms and Genres (SBL Sources for Biblical Studies 21), Atlanta 1988, 25-50.

——, Let Wives be submissive. The Domestic Code in I Peter (SBL.MS 26), Chico 1981.

——, Neopythagorean Moralists and the New Testament Household Codes, ANRW II 26/1 (1992), 389-404.

Balogh, Josef, Voces paginarum: Beiträge zur Geschichte des lauten Lesens und Schreibens, Philologus 82 (1927), 84-109; 202-240.

Baltzer, Klaus, Das Bundesformular (WMANT 4), Neukirchen-Vluyn ²1964.

Balz, Horst R., Anonymität und Pseudepigraphie im Urchristentum. Überlegungen zum literarischen und theologischen Problem der urchristlichen und gemeinantiken Pseudepigraphie, ZThK 66 (1969), 403-436.

Banstra, Andrew J., Did the Colossian Errorists Need a Mediator?, in: Richard N. Longenecker und Merrill C. Tenney (Hg.), New Dimensions in New Testament Study, Grand Rapids 1974, 329-343.

Barrett, Charles Kingsley und Claus-Jürgen Thornton (Hg.), Texte zur Umwelt des Neuen Testaments, Tübingen ²1991.

Barton, S. C. und Horsley G. H. R., A Hellenistic Cult Group and the New Testament Churches, JAC 24 (1981), 7-41.

Bassler, Jouette M., Divine Impartiality. Paul and a Theological Axiom (SBL.DS 58), Chico 1979.

Bauckham, Richard, Pseudo-Apostolic Letters, JBL 107 (1988), 469-494.

Bauer, Walter, Griechisch-deutsches Wörterbuch zu den Schriften des Neuen Testaments und der frühchristlichen Literatur, Berlin u. a. ⁶1988.

——, Rechtgläubigkeit und Ketzerei im ältesten Christentum (BHTh 10), Tübingen ²1964.

Baumeister, Theofried, Die Anfänge der Theologie des Martyriums (MBTh 45), Münster 1980.

Baumert, Norbert, Täglich sterben und auferstehen. Der Literalsinn von 2 Kor 4,12-5,10 (StANT 34), München 1973.

Bean, George, E., Kleinasien III. Jenseits des Mäander. Karien mit dem Vilayet Mugla, Stuttgart, Berlin, Köln, Mainz ²1985.

Becker, Jürgen, Erwägungen zu Phil. 3,20-21, in: Annäherungen. Zur urchristlichen Theologiegeschichte und zum Umgang mit ihren Quellen. Ausgewählte Aufsätze zum 60. Geurtstag (BZNW 76), Berlin, New York 1995,65-78.

Behm, Art. νουθετέω κτλ., ThWNT IV (1942), 1013-1016.

Bekenntnisschriften der evangelisch-lutherischen Kirche. Herausgegeben im Gedenkjahr der Augsburgischen Konfession 1930, Göttingen ¹⁰1986.

Benoit, P., Ἅγιοι en Colossiens 1.12: Hommes ou Angels?, in: Morna D. Hooker und S. G. Wilson (Hg.), Paul and Paulinism. Esays in honour of C. K. Barrett, London 1982, 83-99.

Berger, Klaus und Colpe Carsten, Religionsgeschichtliches Textbuch zum Neuen Testament (NTD Textreihe 1), Göttingen und Zürich 1987.

Berger, Klaus, Apostelbrief und apostolische Rede. Zum Formular frühchristlicher Briefe, ZNW 65 (1978), 190-231.

——, Art. Kirche II, TRE 18 (1989), 201-218.

——, Art. προσωπολημψία, EWNT III (1983), 434-436.

——, Formgeschichte des Neuen Testaments, Heidelberg 1984.

——, Hellenistische Gattungen im Neuen Testament, ANRW II 25/2 (1984), 1031-1579; 1831-1885.

——, Volksversammlung und Gemeinde Gottes. Zu den Anfängen der christlichen Verwendung von „ekklesia", ZThK 73 (1976), 167-207.

Bernays, Jacob, Die Heraklitischen Briefe. Ein Beitrag zur Philosophischen und Religionsgeschichtlichen Literatur, Berlin 1869.

Bertram, Georg, Art. παρίστημι, ThWNT V (1954), 835-840.

——, Art. πατέω, ThWNT V (1954), 940-943.

Best, Ernest, The Haustafel in Ephesians (Eph. 5.22-6.9), IBSt 16 (1994), 146-160.

——, Paul's Apostolic Authority, JSNT 27 (1986), 3-25.

——, Who used whom? The Relationship of Ephesians and Colossians, NTS 43 (1997), 72-96.

Betz, Hans Dieter, 2. Korinther 8 und 9. Ein Kommentar zu zwei Verwaltungsbriefen des Apostels Paulus, Gütersloh 1993.

——, Paul's „Second Presence" in Colossians, in: Tord Fornberg and David Hellholm (Hg.), Texts and Contexts. Biblical Texts in Their Textual and Situational Contexts. Essays in Honor of Lars Hartman, Oslo, Copenhagen, Stockholm, Boston 1995, 507-518.

Beyschlag, Karlmann, Clemens Romanus und der Frühkatholizismus. Untersuchungen zu I Clemens 1-7 (BHTh 35), Tübingen 1966.

Bianco, Maria Grazia, Art. Euthalios, ⁴LThK III (1995), 1018f.

Bietenhard, Hans, Art. ψευδώνυμος, ThWNT V (1954), 282f.

Blass, Friedrich, Debrunner, Albert und Rehkopf, Friedrich, Grammatik des neutestamentlichen Griechisch, Göttingen ¹⁵1979.

Blinzler, Josef, Lexikalisches zu dem Terminus τὰ στοιχεῖα τοῦ κόσμου, AnBib17-18,2 (1963), 429-445.

Blum, Herwig, Die antike Mnemotechnik (Spudasmata 15), Hildesheim, New York 1969.

Bock, Darrell L., „The New Man" as Community in Colossians and Ephessians, in: Charles H. Dyer (Hg.), Integrity of Heart, Skillfulness of hands, Grand Rapids 1994, 157-167.

Bockmuehl, Markus, A Note on the Text of colossians 4:3, JThS NS 39 (1988), 489-494.

Boer, Martinus C. de, Images of Paul in the Post-Apostolic Period, CBQ 42 (1980), 359-380.

——, Which Paul?, in: William S. Babcock (Hg.), Paul and the Legacies of Paul, Dallas 1990, 45-54.

Bonner, Stanley F., Education in Ancient Rome. From the elder Cato to the younger Pliny, London 1977.

Booth, Alan D., The Schooling of Slaves in First-Century Rome, TPAPA 109 (1979), 11-19.

Bormann, Lukas, Philippi. Stadt und Christengemeinde zur Zeit des Paulus (NT.S 78), Leiden, New York, Köln 1995.

Bornkamm, Günther, Die Häresie des Kolosserbriefes (1948), in: Das Ende des Gesetzes. Paulusstudien I (BEvTh 16), München 1958, 139-156.

——, Herrenmahl und Kirche bei Paulus (1956), in: Studien zu Antike und Urchristentum II (BEvTh 28), München 1963, 138-176.

——, Die Hoffnung im Kolosserbrief. Zugleich ein Beitrag zur Frage der Echtheit des Briefes (1961), in: Geschichte und Glaube II (BEvTh 53), München 1971, 206-213.

——, Der Lobpreis Gottes. Röm 11,33-36 (1951), in: Das Ende des Gesetzes. Paulusstudien I (BEvTh 16), München 1966, 70-75.

——, Die Vorgeschichte des sogenannten zweiten Korintherbriefes (1961), in: Geschichte und Glaube II (BEvTh 53), München 1971, 162-194.

Botha, Pieter, J. J., Greco-Roman Literacy as Setting of New Testament Writings, Neotestamentica 26 (1992), 195-215.

——, Letter Writing and Oral Communication in Antiquity, Scriptura 42 (1992), 17-34.

——, The Verbal Art of the Pauline Letters: Rhetoric, Performance and Presence, in: Stanley E. Porter und Thomas H. Olbricht (Hg.), Rhetoric and the New

Testament. Essays form the 1992 Heidelberg Conference (JSNT.S 90), Sheffield 1993, 409-428.

Brandenburger, Egon, Die Auferstehung der Glaubenden als historisches und theologisches Problem, WuD 9 (1967), 16-33. Abgedruckt in: Studien zur Geschichte und Theologie des Urchristentums (Suttgarter Biblische Aufsatzbände 15), Stuttgart 1993,133-153.

——, Fleisch und Geist. Paulus und die dualistische Weisheit (WMANT 29), Neukirchen-Vluyn 1968.

Bousset, Wilhelm, Jüdisch-Christlicher Schulbetrieb in Alexandria und Rom, Hildesheim 1975 (1915).

Brassloff, Stephan, Art. Damnatio memoriae, PRE 4/2 (1901), 2059-2062.

——, Art. Epistula, PRE 6/1 (1907), 204-210.

Breytenbach, Cilliers, Versöhnung. Eine Studie zur paulinischen Soteriologie (WMANT 60), Neukirchen-Vluyn 1989.

Bröcker, L. O., Die Methoden Galens in der literarischen Kritik, RMP NF 40 (1885), 415-438.

Broekhoven, Harold van, The Social Profiles in the Colossian Debate, JSNT 66 (1997), 75-90.

Broughton, T. R. S., Roman Asia Minor, in: Tenney Frank (Hg.), An Economic Survey of Ancient Rome IV, New Jersy 1959, 503-918.

Brox, Norbert, Falsche Verfasserangaben. Zur Erklärung der frühchristlichen Pseudepigraphie (SBS 79), Stuttgart 1975.

——, Zeuge und Märtyrer. Untersuchungen zur frühchristlichen Zeugnis-Terminologie (StANT 5), München 1961.

——, Zum Problemstand in der Erforschung der altchristlichen Pseudepigraphie (1973), in: ders. (Hg.), Pseudepigraphie in der heidnischen und jüdisch-christlichen Antike (WdF 484), Darmstadt 1977, 311-334.

Bruce, F. F., Jews and Christians in the Lycus Valley. Part 1 of Colossian Problems, Bibliotheca Sacra 141 (1984), 3-15.

Büchsel, Friedrich, Art. λύω κτλ., ThWNT IV (1942), 339-359.

Bujard, Walter, Stilanalytische Untersuchungen zum Kolosserbrief als Beitrag zur Methodik von Sprachvergleichen (SUNT 11), Göttingen 1973.

Bultmann, Rudolf, Art. γινώσκω, ThWNT I (1933), 698-719.

——, Das Evangelium nach Johannes (KEK II), Göttingen [16]1959.

——, Der Stil der paulinischen Predigt und die kynisch-stoische Diatribe (FRLANT 13), Göttingen 1919.

——, Theologie des Neuen Testaments, Tübingen1953.

Bund, Elmar, Art. Maiestas, Kleiner Pauly III (1969), 897-899.

Burger, Christoph, Schöpfung und Versöhnung. Studien zum liturgischen Gut im Kolosser- und Epheserbrief (WMANT 46), Neukirchen-Vluyn 1975.

Butts, James R., The Progymnasmata of Theon. A New Text with Translation and Commentary, PhD (Claremont Graduate School), Claremont 1986.

Byrskog, Samuel, Co-Senders, Co-Authors and Paul's Use of the Fist Person Plural, ZNW 87 (1996), 230-250.

Cadbury, Henry J., Roman Law and the Trial of Paul, in: F. J. Foakes Jackson und Kirsopp Lake (Hg.), The Beginnings of Christianity I, London 1933, 297-338.

Campbell, Douglas A., The Scythian Perspective in Col 3:11: A Response to Troy Martin, NT 39 (1997), 81-84.

——, Unravelling Colossians 3.11b, NTS 42 (1996), 120-32.

Campenhausen, Hans von, Die Idee des Martyriums in der alten Kirche, Göttingen ²1964.

——, Kirchliches Amt und geistliche Vollmacht in den ersten drei Jahrhunderten (BHTh 14), Tübingen 1953.

Cancik, Hildegard, Untersuchungen zu Senecas Epistulae morales (Spudasmata 18), Hildesheim 1967.

——, Der Diskurs Religion im Senatsbeschluß über die Bacchanalia von 186 v. Chr. und bei Livius (B. XXXIX), in: Hubert Cancik, Hermann Lichtenberger und Peter Schäfer (Hg.), Geschichte-Tradition-Reflexion II. Festschrift für Martin Hengel zum 70. Geburtstag, Tübingen 1986, 78-96.

Cannon, George E., The Use of Traditional Materials in Colossians, Macon 1983.

Carr, Wesley, Angels and Principalities. The Background, Meaning and Development of the Pauline Phrase hai archai kai hai exousiai (MSSNTS 42), Cambridge, London, u. a.1981.

Casel, Odo, Die λογικὴ θυσία der antiken Mystik in christlich-liturgischer Umdeutung, JLW 4 (1924), 37-47.

Chadwick, Henry, Art. Florilegium, RAC VII (1969), 1131-1160.

Chrouch, James E., The Origin and Intention of the Colossian Haustafel (FRLANT 109), Göttingen 1972.

Cichorius, Conrad, Geschichte der städtischen Verhältnisse, in: Carl Humann, Conrad Cichorius, Walter Judeich, Franz Winter (Hg.), Altertümer von Hierapolis (Jahrbuch des Kaiserlich Deutschen Archäologischen Instituts Erg. 4), Berlin 1898, 18-55.

Clarke, M. L., Higher Education in the Ancient World, London 1971.

Clay, Diskin, The Philsophical Inscription of Diogenes of Oenoanda: New Discoveries 1968-1983, ANRW II 36,4 (1990), 2246-2258.

Cohen, Shaye J. D., „Anti-Semitism" in Antiquity. The Problem of Definition, in: David Berger (Hg.), History and Hate. The Dimensions of Anti-Semitism, Philadelphia, New York, Jerusalem, 1986, 43-47.

Collins, John J., „A Symbol of Otherness: Circumcision and Salvation in the First Century," in: Jacob Neusner and Ernest S. Frerichs (Hg.), "To See Ourselves As Others See Us'" Christians, Jews, "Others" in Late Antiquity, Chico, California 1985, 163-186.

——, Testaments, in: Michael E. Stone (Hg.), Jewish Writings of the Second Temple Period (CRI II), Assen und Philadelphia 1984, 325-355.

Collins, Raymond F., Letters That Paul Did Not Write. The Epistle to the Hebrews and the Pauline Pseudepigrapha (GNS 28), Wilmington 1988.

Conzelmann, Hans, Art. φῶς, ThWNT IX (1973) 302-349.

——, Der Brief an die Kolosser, in: Die kleinen Briefe des Apostels Paulus (NTD 8), Göttingen ⁹1962, 130-154 (Kom.).

——, Der erste Brief an die Korinther (KEK 5), Göttingen ⁵1969 (Kom.).

——, Paulus und die Weisheit, NTS 12 (1965/66), 231-244. Abgedruckt in: Theologie als Schriftauslegung. Aufsätze zum Neuen Testament (BEvTh 65), München 1974, 177-190.

——, Die Schule des Paulus, in: Carl Andresen und Günter Klein (Hg.), Theologia Crucis–Signum Crucis. Festschrift für Erich Dinkler zum 70. Geburtstag, Tübingen 1979, 85-96.

D'Angelo, Mary Rose, Colossians, in: Elisabeth Schüssler Fiorenza (Hg.), Searching the Scriptures II. A Feminist Commentary, New York 1994, 313-24.

Dahl, Nils Alstrup, Formgeschichtliche Beobachtungen zur Christusverkündigung in der Gemeindepredigt, in: Walter Eltester (Hg.), Neutestamentliche Studien für Rudolf Bultmann zu seinem siebzigsten Geburtstag (BZNW 21), Berlin ²1957, 3-9.

——, The Particularity of the Pauline Epistles as a Problem in the Ancient Church, in: Neotestamentica et Patristica. FS Oscar Cullmann (NT.S 6), Leiden 1962, 1961-1971.

Deichgräber, Reinhard, Gotteshymnus und Christushymnus in der frühen Christenheit. Untersuchungen zu Form, Sprache und Stil der frühchristlichen Hymnen (SUNT 5), Göttingen 1967.

Deißmann, Adolf, Licht vom Osten. Das Neue Testament und die neuentdeckten Texte der hellenistisch-römischen Welt, Tübingen ⁴1923.

Delling, Gerhard, Art. πλήρης κτλ., ThWNT VI (1959), 283-309.

——, Art. στερεός κτλ., ThWNT VII (1964), 609-614.

——, Art. συμβιβάζω, ThWNT VII (1964), 763-765.

——, Art. ὕμνος κτλ., ThWNT VIII (1969), 492-506.

——, Art. ὑπεραυξάνω κτλ., ThWNT VIII (1969), 519-521.

DeMaris, Richard E., The Colossian Controversy. Wisdom in Dispute at Colossae (JSNT.S 96), Sheffield 1994.

——, Art. Element, Elemental Spirit, ABD II (1992), 444f.

Dewey, Arthur J., A Re-Hearing of Romans 10:1-15, in: Joanna Dewey und Elizabeth Struthers Malbon (Hg.), Orality and Textuality in Early Christian Literature (Semeia 65), Atlanta 1995, 109-127.

——, Εἰς τὴν Σπανίαν· The Future and Paul, in: Lukas Bormann, Kelly Del Tredici und Angela Standhartinger (Hg.), Religious Propaganda and Missionary Competition in the New Testament World. Essays Honoring Dieter Georgi (NT.S 74), Leiden 1994, 321-349.

Dewey, Joanna, Textuality in an Oral Culture: A Survey of the Pauline Traditions, in: Joanna Dewey und Elizabeth Struthers Malbon (Hg.), Orality and Textuality in Early Christian Literature (Semeia 65), Atlanta 1995, 37-65.

Dibelius, Martin (Greeven, Heinrich), An die Kolosser, Epheser, an Philemon, Tübingen ³1953 (Kom.).

——, Die Isisweihe bei Apuleius und verwandte Initations-Riten (1917), in: Botschaft und Geschichte II, Tübingen 1956, 30-79.

Dieterich, Albrecht, Weitere Beobachtungen zu den Himmelsbriefen, in: Kleine Schriften, Leipzig und Berlin 1911, 243-251.

Dörrie, Heinrich, Art. Areios Didymos, Der Kleine Pauly I (1964), 523f.

Donelson, Lewis R., Pseudepigraphy and Ethical Argument in the Pastoral Epistles (HUTh 22), Tübingen 1986.

Doty, Wiliam G., Letters in Primitive Christianity, Philadelphia 1973.

Dräger, Michael, Die Städte der Provinz Asia in der Flavierzeit (EHS.G III/576), Frankfurt a.M. u. a. 1993.

Drake, Alfred Edwin, The Riddle of Colossians: Quaerendo invenietis, NTS 42 (1996), 123-144.

Droge, Arthur J., Mori Lucrum: Paul and Ancient Theories of Suicide, NT 30 (1988), 263-286.

Dunn, James D. G., The Colossian Philosophy: A Confident Jewish Apologia, Biblica 76 (1995), 153-181.

——, The Epistles to the Colossians and to Philemon. A Commentary on the Greek Text (The New International Greek Testament Commentary), Grand Rapids 1996. (*Kom.*)

Easterling, P. E., Books and Readers in the Greek world II: The Hellenistic and Imperial Periods, in: ders., und B. M. W. Knox (Hg.), The Cambridge History of Classical Literature I Greek Literature, Cambride 1985, 16-41.

Eco, Umberto, Die Grenzen der Interpretation, München 1995.

Ehlers, Wilhelm, Art. Triumphus, PRE 7/A1 (1939), 493-511.

Ernst, Josef, Art. Kolosserbrief, TRE 19 (1990), 370-376.

——, Pleroma und Pleroma Christi. Geschichte und Deutung eines Begriffs der paulinischen Antilogomena (BU 5), Regensburg 1970.

Evans, Craig A., The Colossian Mystics, Biblica 63 (1982), 188-205.

Faust, Eberhard, Pax Christi et Pax Caesaris. Religionsgeschichtliche, traditionsgeschichtliche und sozialgeschichtliche Studien zum Epheserbrief (NTOA 24), Freiburg und Göttingen 1993.

Fehrle, Rudolf, Das Bibliothekswesen im alten Rom. Voraussetzungen, Bedingungen, Anfänge, Wiesbaden 1986.

Felmann, Louis H., Anti-Semitism in the Ancient World, in: David Berger, History and Hate. The Dimensions of Anti-Semitism, Philadelphia, New York, Jerusalem, 1986, 15-42.

Fiedler, Peter, Art. Haustafel, RAC XIII (1986), 1063-1073.

Fischer, Karl Martin, Anmerkungen zur Pseudepigraphie im Neuen Testament, NTS 23 (1977), 76-81.

Fitzer, Art. σύνδεσμος, ThWNT VII (1964), 854-857.

Foerster, Werner, Art. ἀνθρωπάρεσκος , ThWNT I (1933), 456.

——, Art. ἀρέσκω, ThWNT I (1933), 455-457.

——, Art. εἰρήνη, ThWNT II (1935), 398-418.

——, Art. Ἰησοῦς, ThWNT III (1938), 284-294.

——, Die Irrlehrer des Kolosserbrief, in: W. C. van Unnic und A. S. van der Woude (Hg.), Studia Biblica et Semitica. Festschrift T. C. Vriezen, Wageningen 1966, 71-80.

Fossum, Jarl, Art. Son of God, ABD VI (1992), 128-137.

Fouquet-Plümacher, Doris, Art. Buch/Buchwesen III, TRE 7 (1981), 275-290.

Francis, Fred O., The Background of EMBATEUEIN (Col 2:18) in Legal Papyri and Oracle Inscriptions, in: Fred O. Francis und Wayne A. Meeks (Hg.), Conflict at

Colossae. A Problem in the Interpretation of Early Christianity. Illustrated by Selected Modern Studies (SBL Sources for Biblical Study 4), Missoula 1973, 194-207

——, The Form and Function of the Opening and Closing Paragraphs of James and I John, ZNW 61 (1970), 110-127.

——, Humility and Angelic Worship in Col 2: 18, in: Fred O. Francis und Wayne A. Meeks (Hg.), Conflict at Colossae, A problem in the Interpretation of Early Christianity. Illustrated by Selected Modern Studies (SBL Sources for Biblical Study 4), Missoula 1973, 163-195.

Fridrichsen, Anton, ΘΕΛΩΝ Col 2,18, ZNW 22 (1921), 135-137.

Friedrich, Gerhard, Art. εὐαγγελίζομαι κτλ., ThWNT II (1935), 718-734.

Fuhrmann, Manfred, Art. Hypomnema, Der Kleine Pauly II (1967), 1282f.

Furnish, Paul Victor, Art. Colossians, Epistle to the, ABD I (1992), 1990-96.

——, Art. Ephesians, ABD II (1992), 535-542.

——, Paul the ΜΑΡΤΥΣ, in: Philip E. Devenish and George L. Goodwin, Witness and Existendce. Essays in Honor of Schubert M. Ogden, Chicago und London 1989,73-88.

Gabathuler, Hans Jacob, Jesus Christus. Haupt der Kirche–Haupt der Welt (AThANT 45), Zürich 1965.

Gagniers, Jean des, Devambez, Pierre, Kahil, Lilly, Ginouvès, René (Hg.), Laodicée du lycos. Le Nymphée. Campagnes 1961-1963, Paris 1969.

Gamble, Harry Y., Books and Readers in the Early Church. A History of Early Christian Text, New Haven and London 1995.

Gäumann, Niklas, Taufe und Ethik. Studien zu Röm 6 (BEvTh 47), München 1967.

Georges, Karl Ernst, Ausführliches Lateinisches Handwörterbuch I-II, Basel [11]1962.

Georgi, Dieter, Analyse des Liviusberichts über den Bakchanalienskandal, in: Wilhelm-Ludwig Federlin und Edmund Weber (Hg.), Unterwegs für die Volkskirche. Festschrift für Dieter Stoodt zum 60. Geburtstag, Frankfurt a. M., Bern, New York, Paris 1987, 191-207.

——, Die Aristoteles- und Theophrastausgabe des Andronikus von Rhodus. Ein Beitrag zur Kanonsproblematik, in: Rüdiger Bartelmus, Thomas Krüger und Helmut Utzschneider (Hg.), Konsequente Traditionsgeschichte. Festschrift für Klaus Baltzer zum 65. Geburtstag (OBO 126), Freiburg 1993, 45-78.

——, Der Armen zu gedenken. Die Geschichte der Kollekte des Paulus für Jerusalem, Neukirchen-Vluyn [2]1994.

——, Die Gegner des Paulus im 2. Korintherbrief (WMANT 11), Neukirchen-Vluyn 1964.

——, Gott auf den Kopf stellen: Überlegungen zu Tendenz und Kontext des Theokratiegedankens in paulinischer Praxis und Theologie, in: Jacob Taubes (Hg.), Theokratie (Religionstheorie und Politische Theologie 3), Paderborn, München, Wien, Zürich 1987, 148-205.

——, Das Problem des Martyriums bei Basilides: Vermeiden oder Verbergen?, in: Hans G. Kippenberg and Guy G. Stroumsa (Hg.), Secrecy and Concealment. Studies in the History of Mediterranean and Near Eastern Religions (Studies in the History of Religion 65), Leiden, New York, Köln 1995, 247-264.

——, The Records of Jesus in the Light of Ancient Accounts of Reverd Man, SBL.SP 2 (1972), 527-542.

——, Die Visionen vom himmlischen Jerusalem in Apk 21 und 22, in: Dieter Lührmann und Georg Strecker (Hg.), Kirche. Festschrift für Günther Bornkamm zum 75. Geburtstag, Tübingen 1980, 351-372.

——, Das Wesen der Weisheit nach 'Weisheit Salomos', in: Jacob Taubes (Hg.), Gnosis und Politik (Religionstheorie und Politische Theologie 2), München, Paderborn, Wien, Zürich 1984, 66-81.

Gerhardsson, Birger, Memory and Manuscript. Oral Tradition and Written Transmission in Rabbinic Judaism and Early Christianity, Uppsala 1961.

Gielen, Marlis, Tradition und Theologie neutestamentlicher Haustafelethik. Ein Beitrag zur Frage einer christlichen Auseinandersetzung mit gesellschaftlichen Normen (BBB 75), Frankfurt a. M. 1990.

Gilliard, Frank D., More Silent Reading in Antiquity: Non omne verbum sonabat, JBL 112 (1993), 689-696.

Gnilka, Joachim, Der Kolosserbrief (HThK 10), Freiburg, Basel, Wien 1980 *(Kom.)*.

Goldblatt, David, The Beruriah Traditions, in: William Scott Green (Hg.), Persons and Instruktions in Early Rabbinic Judaism, Missoula 1977, 207-235.

Goldenberg, David, Scythian-Barbarian: The Permutations of a Classical Topos in Jewish and Christian Texts of Late Antiquity, JJS 49 (1998), 87-102.

Goldenberg, Robert, The Jewish Sabbath in the Roman World up to the Time of Constantine the Great, ANRW II 19/1 (1979), 414-446.

Gottstein, Alon Goshen, Testaments in Rabbinic Literature: Transformations of a Genre, JSJ 25 (1994), 222-251.

Goulder, Michael, Colossians and Barbelo, NTS 41 (1995), 601-619.

Gräßer, Erich, Kol 3,1-4 als Beispiel einer Interpretation secundum homines recipientes, ZThK 64 (1967), 139-168.

Groß, Walter Hatto, Art. Membrana, Der Kleine Pauly III (1969), 1185f.

Grundmann, Walter, Art. προσκαρτερέω, ThWNT III (1938), 600-622.

Gudemann, Alfred, Literarische Fälschungen bei den Griechen (1894), in:, Norbert Brox (Hg.), Pseudepigraphie in der heidnischen und jüdisch-christlichen Antike (WdF 484), Darmstadt 1977, 43-73.

Güttgemanns, Erhardt, Der leidende Apostel und sein Herr. Studien zur paulinischen Christologie, Göttingen 1966.

Gunther, John J., St. Paul's Opponents and their Background. A Study of Apocalyptic and Jewish Scretarian Teaching (NT.S 35), Leiden 1973.

Hainz, Josef, Ekklesia, Strukturen paulinischer Gemeinde-Theologie und Gemeinde-Ordnung (BU 9), Regensburg 1972.

Hanssler, Bernhard, Zu Satzkonstruktion und Aussage in Kol 2,23, in: Helmut Feld und Josef Nolte (Hg.), Wort Gottes in der Zeit. Festschrift Karl Hermann Schelkle zum 65. Geburtstag, Düsseldorf 1973, 143-148.

Harrauer, Hermann und Sijpesteijn, Pieter J, Neue Texte aus dem Antiken Unterricht, Wien 1985.

Harrington, Daniel J., Christians and Jews in Colossians, in: J. Andrew Overman und Robert S. MacLennan (Hg.), Diaspora Jews and Judaism. Essays in Honor of and in Dialog with A. Thomas Kraabel (SFSHJ 41), Atlanta 1992, 153-161.

Harris, William V., Ancient Literacy, Cambridge und London 1989.

Hartman, Lars, On Reading Others' Letters, HThR 79 (1986), 137-146.

Hatch, Edwin, Griechentum und Christentum. Zwölf Hibbertvorlesungen über den Einfluß griechischer Ideen und Gebräuche auf die christliche Kirche, Freiburg 1892.

Hauck, Friedrich, Art. καρποφορέω κτλ., ThWNT III (1938), 619-622.

——, Art. ὑπομένω κτλ., ThWNT IV (1942), 585-593.

Haupt, Erich, Die Briefe an die Kolosser, Philipper und an Philemon (KEK 9), Göttingen ⁶1897 (*Kom.*).

Havelock, Eric A., Schriftlichkeit. Das griechische Alphabet als kulturelle Revolution (Acta humaniora), Weinheim 1990

Hay, David M., „References to Other Exegetes," in: Both Literal and Allegorical. Studies in Philo of Alexandria's Questions and Answers on Genesis and Exodus (BJSt 232), Atlanta, Georgia 1991, 81-97.

Hegermann, Harald, Die Vorstellung vom Schöpfungsmittler im hellenistischen Judentum und Urchristentum (TU 82), Berlin 1961

Heiligenthal, Roman, Zwischen Henoch und Paulus. Studien zum theologiegeschichtlichen Ort des Judasbrief (TANZ 6), Tübingen 1992.

Heinrich, Seesemann, Art. πατέω κτλ., ThWNT V (1954), 940-946.

Heinrici, Carl Friedrich Georg, Zur Charakteristik der literarischen Verhältnisse des zweiten Jahrhunderts (1894), in: Norbert Brox (Hg.), Pseudepigraphie in der heidnischen und jüdisch-christlichen Antike (WdF 484), Darmstadt 1977, 74-81.

——, Der erste Brief an die Korinther (KEK 5), Göttingen ⁸1896.

Hengel, Martin, Anonymität, Pseudepigraphy und „Literarische Fälschung" in der jüdisch-hellenistischen Literatur, in: Ronald Syme u. a. (Hg.), Pseudepigrapha I. Pseudepythagorica–Lettres de Platon, Littérature pseudépigraphique juive, Vancuver-Genéve 1971, 229-307.

——, Judentum und Hellenismus. Studien zu ihrer Begegnung unter besonderer Berücksichtigung Palästinas bis zur Mitte des 2. Jh. v. Chr. (WUNT 10), Tübingen 1969.

Hermann, Theodor, Barbar und Skythe, ThBl 9 (1930), 106-107.

Höfer, O., Art. Nymphen, ALGM III/1 (1897-1902), 500-567.

Hofius, Otfried, Erwägungen zur Gestalt und Herkunft des paulinischen Versöhnungsgedankens, in: Paulusstudien, Tübingen 1989, 1-14.

Hoffmann, Ernst G. und Siebenthal, Heinrich von, Griechische Grammatik zum Neuen Testament, Riehen ²1990.

Hollenbach, Bruce, Col II.23: Which Things Lead to the Fulfilment of the Flesh, NTS 25 (1979), 254-261.

Holtzmann, Heinrich Julius, Kritik der Epheser- und Kolosserbriefe auf Grund einer Analyse ihres Verwandtschaftsverhältnisses, Leipzig 1872.

——, Die Pastoralbriefe, kritisch und exegetisch behandelt, Leipzig 1880.

Hommel, Hildebrecht und Ziegler, Konrad, Art. Rhetorik, Der Kleine Pauly IV (1972), 1396-1414.

Hooker, Morna D., Were there false teachers in Colossae?, in: Barnabas Lindars und Stephen S. Smalley (Hg.), Christ and Spirit in the New Testament, Cambridge 1973, 315-31.

Hoppe, Rudolf, Epheserbrief, Kolosserbrief (SKK.NT 10), Stuttgart 1987 (*Kom.*).

——, Der Triumph des Kreuzes, Studien zum Verhältnis des Kolosserbriefes zur paulinischen Kreuzestheologie (SBB 28), Stuttgart 1994.

Horsley, Richard A., The Background of the Confessional Formula in 1Kor 8,6, ZNW 69 (1978), 130-135.

Horst, Johannes, Art. μακροθυμία κτλ., ThWNT IV (1942), 377-390.

House, H. Wayne, Heresies in the Colossian Church. Part 1 of Doctrinal Issues in Colossians, Bibliotheca Sacra 149 (1992), 45-59.

Hübner, Hans, An Philemon, an die Kolosser, an die Epheser (HNT 12), Tübingen 1997 (*Kom.*).

Hunger, H., Rezension zu Wolfgang Speyer, Die literarische Fälschung im Altertum, ByZ 60 (1973), 387-389.

Jaeger, Werner Wilhelm, Studien zur Entstehungsgeschichte der Metaphysik des Aristoteles, Berlin 1912.

Jaekel, Siegfried (Hg.), Menandri Sententiae (BiTeu), Leipzig 1964.

Jaffee, Martin, Writing and Rabbinic Oral Tradition: On Mishnaic Narrative, Lists and Mnemonics, Journal of Jewish Thoughts and Philosophy 4 (1994), 123-146.

Jewett, Robert, Paulus-Chronologie. Ein Versuch, München 1982.

Johann, Horst-Theodor, Trauer und Trost. Eine quellen- und strukturanalytische Untersuchung der philosophischen Trostschriften über den Tod, (STA 5) München 1968.

Johnson, Elizabeth, Colossians, in: Carol A. Newsom and Sharon H. Ringe (Hg.), Women's Bible Commentary, London und Louisville 1992, 346-48.

Johnson, Sherman E., Laodicea and its Neighbors, BA 13 (1950), 1-18.

Käsemann, Ernst, An die Römer (HNT 8a), Tübingen 1973.

——, Art. Kolosserbrief, RGG 3 (1953), 1727f.

——, Eine urchristliche Taufliturgie (1949), in: Exegetische Versuche und Besinnungen I, Göttingen ²1960, 34-51.

——, Erwägungen zum Stichwort „Versöhnungslehre im Neuen Testament," in: Erich Dinkler (Hg.), Zeit und Geschichte. Dankesgabe an Rudolf Bultmann zum 80. Geburtstag, Tübingen 1964, 47-59.

——, Leib und Leib Christi. Eine Untersuchung zur paulinischen Begrifflichkeit (BHTh 9), Tübingen 1933.

——, Das theologische Problem des Motivs vom Leibe Christi, in: Paulinische Persepktiven, Tübingen 1969, 168-210.

Karpp, Heinrich, Viva Vox, in: Mullus. Festschrift Theodor Klauser (JAC.E 1), Münster 1964, 190-198.

Kaser, Max, Das Römische Privatrecht I-II (HAW X/III/2-3), München 1971/²1975.

Kaster, Robert A., Notes on „Primary" and „Secondary" Schools in Late Antiquity, TPAPA 113 (1983), 323-346.

Keenan, James G., A Papyrus Letter about Epicurean Philosophy Bolks, The J. Paul Getty Museum Jounal 5 (1977), 91-94.

Kehl, N., Erniedrigung und Erhöung in Qumran und Kolossä, ZKTh 91 (1969), 364-394.

Kelber, Werner H., Modalities of Communication, Cognition, and Physiology of Pereception: Orality, Rhetoric, and Scribality, in: Joanna Dewey und Elizabeth Struthers Malbon (Hg.), Orality and Textuality in Early Christian Literature (Semeia 65), Atlanta 1995, 193-216.

———, The Oral and the Written Gospel, the Hermeneutics of Speaking and Writing in the Synoptic Tradition, Mark, Paul, and Q, Philadelphia 1983.

Kern, Otto, Art. Mysterien, PRE 16/2 (1935), 1209-1314.

Kerst, Rainer, 1 Kor 8,6–ein vorpaulinische Taufbekenntnis?, ZNW 66 (1975), 130-139.

Keune, Johann Baptist, Art Sedicio, PRE IIA/2 (1923),1024.

Kiley, Mark, Colossians as Pseudepigraphy (BiSe 4), Sheffield 1986.

Kittel, Gerhard, Art. δόγμα κτλ., ThWNT II (1935), 233-235.

Klauck, Hans-Josef, Die antike Briefliteratur und das Neue Testament. Ein Lehr und Arbeitsbuch, Paderborn, München, Wien, Zürich 1998.

Klinghardt, Matthias, Gesetz und Volk Gottes. Das lukanische Verständnis des Gesetzes nach Herkunft, Funktion und seinem Ort in der Geschichte des Urchristentums (WUNT II 32), Tübingen 1988.

Knox, Bernard M. W., Silent Reading in Antiquity, GRBS 9 (1968), 421-435.

Koep, Leo, Art. Buch I, RAC II (1954), 664-688.

Kolenkow, Anitra Bingham, The Genre Testament and Forecasts of the Future in the Hellenistic Jewish Milieu, JSJ 6 (1975), 57-71.

Koschorke, Klaus, Eine neugefundene gnostische Gemeindeordnung. Zum Thema Geist und Amt im frühen Christentum, ZThK 76 (1979), 30-60.

Koskenniemi, Heikki, Studien zur Idee und Phraseologie des griechischen Briefes bis 400 n. Chr. (STAT B 102,2), Helsinki 1956.

Köster, Helmut, Einführung in das Neue Testament im Rahmen der Religionsgeschichte und Kulturgeschichte der hellenistischen und römischen Zeit, Berlin, New York 1980.

———, Writings and the Spirit: Authority and Politics in Ancient Christianity, HThR 84 (1991), 353-372.

Kraabel, A. T., Judaism in Asia Minor under the Roman Empire with a Preliminary Study of the Jewish Community at Sardis, Lydia. PhD (Harvard Divinity School), Cambridge 1968.

Kremer, Jacob, Was an den Leiden Christi noch mangelt. Eine interpretationsgeschichtliche und exegetische Untersuchung zu Kol. 1,24b (BBB 12), Bonn 1956.

Kroll, Wilhelm, Art. Rhetorik, PRE.S 7 (1940), 1039-1138.

Kübler, Bernhard, Maiestas II Majestätsverbrechen, PRE 14/1 (1928), 544-559.

Küchler, Max, Frühjüdische Weisheitstraditionen. Zum Fortgang weisheitlichen Denkens im Bereich des frühjüdischen Jahweglaubens (OBO 26), Freiburg und Göttingen 1979.

Kühner, Raphael und Bernhard Gerth, Ausführliche Grammatik der griechischen Sprache II/1, Hannover und Leipzig 1898.

Kugel, James L., In Potiphars's House, The Interpretive Life of the Biblical Texts, Cambridge und London [2]1994.

Kullmann, Wolfgang, Hintergründe und Motive der platonischen Schriftkritik, in: ders. und Michael Reichel (Hg.), Der Übergang von der Mündlichkeit zur Literatur bei den Griechen (ScriptOralia 30), Tübingen 1990, 317-334.

Kümmel, Werner Georg, Einleitung in das Neue Testament, Heidelberg [20]1980.

——, Rezension zu Wolfgang Speyer, Die literarische Fälschung im Altertum, ThR 38 (1974), 64f.

Lähnemann, Johannes, Der Kolosserbrief. Komposition, Situation und Argumentation (StNT 3), Gütersloh 1971.

Lampe, Peter, Die stadtrömischen Christen in den ersten beiden Jahrhunderten. Untersuchungen zur Sozialgeschichte (WUNT II/18), Tübingen 1987.

Larsson, Edvin, Christus als Vorbild. Eine Untersuchung zu den paulinischen Tauf- und Eikontexten, Uppsala 1962.

Laub, Franz, Falsche Verfasserangaben in neutestamentichen Schriften. Aspekte der gegenwärtigen Diskussion um die neutestamentlliche Pseudepigraphie, TThZ 89 (1980), 228-242.

——, Sozialgeschichtlicher Hintergrund und ekklesiologische Relevanz der neutestamentlich-frühchristlichen Haus- und Gemeinde-Tafelparänese–ein Beitrag zur Soziologie des Frühchristentums, MThZ 37 (1986), 249-271.

Laws, Sophie, Art. James, ABD III (1992), 621-627.

Lefkowitz, Mary R. und Fant, Maureen B., Women's Life in Greece and Rome, London 1982.

Lentz, Tony M., Orality and Literacy in Hellenic Greece, Carbondale and Edwardsville 1989.

Lesky, Albin, Geschichte der griechischen Literatur, München [3]1971.

Levison, John R., 2 Apoc. Bar. 48:42-52:7 and the Apocalyptic Dimension of Colossians 3:1-6, JBL 108 (1989), 93-108.

Liddell, Henry George und Scott, Robert, A Greek-English Lexicon, Oxford [9]1940 (New Supplement 1996).

Lietzmann, Hans, An die Galater (HNT 10), Tübingen [3]1932.

——, An die Korinther I/II (HNT 9), Tübingen [4]1949 (*Kom.*).

Lightfoot, J. B., Saint Paul's Epistles to the Colossians and to Philemon, Cambridge 1884.

Lindemann, Andreas, Die Aufhebung der Zeit. Geschichtsverständnis und Eschatologie im Epheserbrief (StNT 12), Gütersloh 1975.

——, Die Clemensbriefe (HNT 17 Die Apostolischen Väter 1), Tübingen 1992.

——, Die Gemeinde von „Kolossä". Erwägungen zum „Sitz im Leben" eines pseudopaulinischen Briefes, WuD 16 (1981), 111-134.

——, Die Kirche als Leib. Beobachtungen zur „demokratischen" Ekklesiologie bei Paulus, ZThK 92 (1995), 140-165.

——, Der Kolosserbrief (ZBK.NT 10), Zürich 1983 (*Kom.*).

——, Paulus im ältesten Christentum. Das Bild des Apostels und die Rezeption der · paulinischen Theologie in der frühchristlichen Literatur bis Marcion (BHTh 58), Tübingen 1979.

——, Zum Abfassungszweck des Zweiten Thessalonicherbriefes, ZNW 68 (1977), 35-47.

Lips, Hermann von, Die Haustafel als 'Topos' im Rahmen der urchristlichen Paränese. Beobachtungen anhand des 1. Petrusbriefes und des Titusbriefes, NTS 40 (1994), 262-280.

——, Weisheitliche Traditionen im Neuen Testament (WMANT 64), Neukirchen-Vluyn 1990.

Llewelyn, S. R., 'Having cancelled the bond which stood against us': Col.2.14 and the Cheirographon, in: ders. und R. A. Kearsley (Hg.), New Documents Illustrating Early Christianity VI, Marrickville 1992, 105-111.

Lohmeyer, Ernst, Die Briefe an die Philipper, an die Kolosser und an Philemon (KEK 9), Göttingen (1930) ^{13}1964 (*Kom.*).

——, Probleme paulinischer Theologie I. Briefliche Grußüberschriften, ZNW 26 (1927), 158-173.

Lohse, Eduard, Der Brief an die Kolosser und an Philemon (KEK 9/2), Göttingen 1968 (*Kom.*).

——, Ein hymnisches Bekenntnis in Kolosser 2,13c-15 (1970), in: Die Einheit des Neuen Testaments, Göttingen 1973, 276-284.

——, Die Mitarbeiter des Apostels Paulus im Kolosserbrief, in: Otto Böcher und Klaus Haacker (Hg.), Verborum Veritas. Festschrift für Gustav Stählin zum 70. Geburtstag, Wuppertal 1970, 189-194.

——, Taufe und Rechtfertigung bei Paulus (1965), in: Die Einheit des Neuen Testaments. Exegetische Studien zur Theologie des Neuen Testaments, Göttingen ^{2}1973, 228-244.

Lona, Horacio E., Die Eschatologie im Kolosser- und Epheserbrief (forschungen zur bibel 48), Würzburg 1984.

Lord, Albert B, Perspectives on Recent Work on the Oral Traditional Formula, Oral Tradition 1 (1986), 467-503.

Ludwig, Helga, Der Verfasser des Kolosserbriefes–ein Schüler des Paulus (Diss. Theol), Göttingen 1974.

Lührmann, Dieter, Neutestamentliche Haustafeln und Antike Ökonomie, NTS 27 (1981), 83-97.

——, Das Offenbarungsverständnis bei Paulus und in paulinischen Gemeinden (WMANT 16), Neukirchen-Vluyn 1965.

——, Wo man nicht mehr Sklave oder Freier ist. Überlegungen zur Struktur frühchristlicher Gemeinden, WuD 13 (1975), 53-83.

Luz, Ulrich, Der Brief an die Kolosser (NTD 8/1), Göttingen ^{18}1998. (*Kom.*).

——, Das Geschichtsverständnis des Paulus (BEvTh 49), München 1968.

Lyonnet, Stanislas, Paul's Adversearies in Colossae, in: Fred O. Francis und Wayne A. Meeks (Hg.), Conflict at Colossae, A problem in the Interpretation of Early Christianity. Illustrated by Selected Modern Studies (SBL Sources for Biblical Study 4), Atlanta 1973, 147-161.

MacDonald, David, The Homonoia of Colossae and Aphrodisias, JNG 33 (1984), 25-27 und Tafel 9,2.

MacDonald, Dennis Ronald, Apocryphal and Canonical Narratives about Paul, in: William S. Babcock (Hg.), Paul and the Legacies of Paul, Dallas 1990, 55-70.

——, There is no Male and Female. The Fate of a Dominical Saying in Paul and Gnosticism (HDR 20), Philadelphia 1987.

MacDonald, Margaret Y., The Pauline Churches. A Socio-historical Study of Instituionalization in the Pauline and Deutero-Pauline Writings (NTS.M 60), Cambridge, New York, Melbourne 1988.

Maclean, Jennifer Kay Berenson, Ephesians and the Problem of Colossians: Interpretation of Texts and Traditions in Eph 1,1-2,10, PhD (Harvard Divinity School), Cambridge 1995.

MacMullen, Ramsay, Enemies of the Roman Order. Treason, Unrest, and Alienation in the Empire, Cambridge, Massachusetts 1966.

Maehler, Herwig, Die griechische Schule im ptolemäischen Ägypten, in: E. van 'T Dack, P. van Dessel und W. van Gucht (Hg.), Egypt and the Hellenistic World. Proceedings of the International Colloquium, Leuven 24-26 May 1982 (StHell 27), Louvani 1983, 191-203.

Magie, David, Roman Rule in Asia Minor. To the End of the Third Century after Christ I-II, Princeton 1950.

Maier, Barbara, Philosophie und römisches Kaisertum: Studien zu ihren wechselseitigen Beziehungen in der Zeit von Caesar bis Mark Aurel (Dissertationen der Universität Wien 172), Wien 1985.

Malherbe, Abraham J., Ancient Epistolary Theorists (SBL Sources for Biblical Studies 19), Atlanta 1988.

——, The Cynic Epistles. A Studiy Edition (SBL Sources for Biblical Studies 12), Atlanta 1977.

——, 'Seneca' on Paul as Letter Writer, in: Birger A. Pearson, A. Thomas Kraabel, George W. E. Nickelsbrug und Norman R. Petersen (Hg.), The Future of Early Christianity. Essays in Honor of Helmut Koester, Minneapolis 1993, 414-421.

——, Soziale Ebene und literarische Bildung, in: Wayne A. Meeks (Hg.), Zur Soziologie des Urchristentums. Ausgewählte Beiträge zum frühchristlichen Gemeinschaftsleben in seiner gesellschaftlichen Umwelt (TB 62), München 1979, 194-221.

Mare, W. Harold, Archaeological Prospects at Colossae, Archaeological Society Bulletin 7 (1976), 39-59.

Marrou, Henri-Irénée, Geschichte der Erziehung im Klassischen Altertum (übers. v. Richard Harder), Freiburg/München 1957.

Martin, Clarice J., The Haustafeln (Household Codes) in African American Biblical Interpretation: „Free Slaves" and „Subordinate Women", in: Cain Hope Felder (Hg.), Stony the Road we Troad. African American Biblical Interpretation, Minneapolis 1991, 206-231.

Martin, Ralph P., Ephesians, Colossians and Philemon (Interpretation), Louisvill 1991 (Kom.).

——, Reconciliation and Forgiveness in the Letter to the Colossians, in: Robert Banks (Hg.), Reconciliation and Hope. Leon Morris Festschrift, Grand Rapis 1974, 104-124.

Martin, Troy W., By Philosophy and Empty Deceit. Colossians as Response to a Cynic Critique (JSNT.S 118), Sheffield 1986.

——, Pagan and Judeo-Christian Time-Keeping Shemes in Gal 4.10 and Col 2.16, NTS 42 (1996), 105-119.

Marxsen, Willi, Einleitung in das Neue Testament, Gütersloh ⁴1974.

Mayerhoff, Ernst Theodor, Brief an die Colosser mit vornehmlicher Berücksichtigung der drei Pastoralbriefe kritisch geprüft, Berlin 1838.

Mayser, Edwin, Grammatik der griechischen Papyri aus der Ptolemäerzeit mit Einschluss der gleichzeitigen Ostraka und der in Ägypten verfaßten Inschriften II/2 Satzlehre, Berlin und Leipzig 1934.

Mceleney, Neil J., Conversion, Circumcision and the Law, NTS 20 (1974), 319-41.

McGuire, Anne, Equality and Subordination in Christ: Displacing the Powers of the Household Code in Colossians, in: Joseph F. Gower (Hg.), Religion and Economic Ethics (Annual Publication of College Theology Society 31), Lanham 1985, 65-85.

Meade, David G., Pseudonymity and Canon: An Investigation into the Relationship of Authorship and Authority in Jewish and Earliest Christian Tradition (WUNT 39), Tübingen 1986.

Meeks, Wayne A., In one Body: The Unity of Humankind in Colossians and Ephesians, in: Jacob Jervell und Wayne A. Meeks (Hg.), God's Christ and His People, Oslo-Bergen-Tromsö 1977, 209-221.

——, „To Walk Worthily of the Lord": Moral Formation in the Pauline School Exemplified by the Letter to Colossians, in: Eleonore Stump und Thomas P. Flint (Hg.), Hermes and Athena: Biblical Exegesis and Philosophical Theology, Nortre Dame 1993, 37-58.

Megas, Georg, Das χειρόγραφον Adams. Ein Beitrag zu Col 2 13-15, ZNW 27 (1928), 305-320.

Merkel, Helmut, Art. καταλλάσσειν, EWNT II (1982), 642-650.

Merklein, Helmut, Die Ekklesia Gottes, Der Kirchenbegriff bei Paulus und in Jerusalem, BZ 23 (1979), 48-70; abgedruckt in: Studien zu Jesus und Paulus, Tübingen 1987, 296-318.

——, Die Entstehung und Gestalt des paulinischen Leib-Christi-Gedankens (1985), in: Studien zu Jesus und Paulus, Tübingen 1987, 319-344.

——, Paulinische Theologie in der Rezeption des Kolosser- und Epheserbriefes, in: Karl Kertelge (Hg.), Paulus in den Neutestamentlichen Spätschriften. Zur Paulusrezeption im Neuen Testament (QD 89), Freiburg, Basel, Wien, 1981, 25-69.

Mette-Dittmann, Angelika, Die Ehegesetze des Augustus. Eine Untersuchung im Rahmen der Gesellschaftspolitik des Prinzeps (Historia 67), Stuttgart 1991.

Metzger, Bruce M., Literary Forgeries and Canonical Pseudpigrapha, JBL 91 (1972), 3-24.

Michaelis, Wilhelm, Art. πάθημα, ThWNT V (1954), 929-934.

——, Einleitung in das Neue Testament. Die Entstehung, Sammlung und Überlieferung der Schriften des Neuen Testaments, Bern ²1954.

Michel, Hans-Joachim, Die Abschiedsrede des Paulus an die Kirche, Act 20,17-38. Motivgeschichte und theologische Bedeutung (StANT 35), München 1973.

Michel, Otto, Art. οἰκέω, ThWNT V (1954), 137f.

——, Art. Σκύθης, ThWNT VII (1964), 448-451.

——, Der Brief an die Römer (KEK 4), Göttingen [12]1963.

Milne, J. Grafton, Relicts of Graeco-Egyptian Schools, JHS 28 (1908), 121-132.

Mommsen, Theodor, Die Rechtsverhältnisse des Apostels Paulus, ZNW 2 (1901), 81-97.

Moule, C. F. D., The Epistles of Paul the Apostle to the Colossians and to Philemon, Cambridge 1957 (*Kom.*).

Moyo, Abrose M., The Colossian Heresy in the Light of Some Gnosic Documents from Nag Hammadi, JTSA 48 (1984), 30-44.

Mühl, Max, Die Gesetze des Zaleukos und Charondas, Klio 22 (1929), 105-124; 432-463.

Müller, Carl Werner, Die Kurzdialoge der Appendix Platonica, Philogische Beiträge zur nachplatonischen Sokratik (STA 17), München 1975.

——, Die neuplatonischen Aristoteleskommentatoren über die Ursachen der Pseudepigraphie (1969), in: Norbert Brox (Hg.), Pseudepigraphie in der heidnischen und jüdisch-christlichen Antike (WdF 484), Darmstadt 1977, 264-271.

Müller, Karlheinz, Die Haustafel des Kolosserbriefes und das antike Frauenthema. Eine kritische Rückschau auf alte Ergebnisse, in: Gerhard Dautzenberg, Helmut Merklein und Karlheinz Müller (Hg.), Die Frau im Urchristentum (QD 95), Freiburg, Basel, Wien 1983.

Müller, Peter, Anfänge der Paulusschule. Dargestellt am zweiten Thessalonicherbrief und am Kolosserbrief (AthANT 74), Zürich 1988.

——, Der Glaube aus dem Hören: Über das gesprochene und das geschriebene Wort bei Paulus, in: Lukas Bormann, Kelly Del Tredici und Angela Standhartinger (Hg.), Religious Propaganda and Missionary Competition in the New Testament World. Essays Honoring Dieter Georgi (NT.S 74), Leiden 1994, 405-442.

Mullins, Terence Y., Formulas in New Testament Epistles, JBL 91 (1972), 380-90.

——, Greeting as a New Testament Form, JBL 87 (1968), 418-426.

——, The Thanksgivings of Philemon and Colossians, NTS 30 (1984), 288-293.

Munro, Winsome, Authority in Paul and Peter. The Identification of a Pastoral Stratum in the Pauline Corpus and 1 Peter (MSSNTS 45), Cambridge 1983.

——, Col. III.18-IV.1 and Eph. V.21-VI.9: Evidences of a Late Literary Stratum?, NTS 18 (1978), 434-47

Murphy-O'Connor, Paul the Letter-Writer. His World, His Options, His Skills (Good News Studies 41), Collegeville 1995.

Neusner, Jacob, The Rabbinic Traditions about the Pharisees before 70 A. D.: The Problem of Oral Tradition, Kairos 14 (1972), 57-70.

Nielsen, Charles M., The Status of Paul and his Letters in Colossians, PRSt 12 (1985), 103-122.

Nilsson, Martin P., Geschichte der griechischen Religion II (HAW V/II/2), München [3]1974

——, Die Hellenistische Schule, München 1955.

Nolland, John, Uncircumcised Proselytes?, JSJ 12 (81),173-194.

Norden, Eduard, Agnostos Theos. Untersuchungen zur Formengeschichte religiöser Rede, Darmstadt [4]1956.

Nordheim, Eckhard von, Die Lehre der Alten I. Das Testament als Literaturgattung im Judentum der Hellenistisch-Römischen Zeit (AGJU 13), Leiden 1980.

O'Brien, Peter Thomas, Introductory Thanksgivings in the Letters of Paul (NTSuppl 49), Leiden 1977.

Oepke, Albrecht, Art. ἀκαταστασία, ThWNT III (1938), 449.

——, Art.δύω κτλ., ThWNT II (1935), 318-321.

——, Art. παρουσία κτλ., ThWNT V (1954), 856-869.

Olbricht, Thomas H., The Stoicheia and the Rhetoric of Colossians: Then and Now, in: Stanley E. Porter and Thomas H. Olbricht (Hg.), Rhetoric, Scripture, and Theology. Essays from the Pretoria Conference (JSNT.S 131), Sheffield 1996, 308-328.

Ollrog, Wolf-Henning, Paulus und seine Mitarbeiter. Untersuchung zu Theorie und Praxis der paulinischen Mission (WMANT 55), Neukirchen-Vluyn 1979.

Ong, Walter, J., Oralität und Literalität. Die Technologisierung des Wortes, Opladen 1987 (1981).

Pagels, Elaine, The Gnostic Paul. Gnostic Exegesis of the Pauline Letters, Philadelphia [2]1993.

Pape, Wilhelm (bearbeitet von M. Sengebusch), Griechisch-Deutsches Handwörterbuch I-II, Gratz 1954 ([6]1848).

Passow, Franz, Handwörterbuch der griechischen Sprache Bd. 1,1-2,2, Leipzig 1857.

Patzia, Arthur G., The Making of the New Testament. Origin, Collection, Text & Canon, Downers Grove 1995.

Perkins, Pheme, Gnosticism and the New Testament, Minneapolis 1993.

Pervo, Richard I., Romancing an oft-neglected Stone: The Pastoral Epistles and the Epistolary Novel, Journal of Higher Criticism 1 (1994), 25-47.

Pfammatter, Josef, Epheserbrief, Kolosserbrief (NEB.NT 10.12), Würzburg 1987 (*Kom.*).

Pfitzner, Victor C., Paul and the Agon Motiv. Traditional Athletic Imagery in the Pauline Literature (NT.S 16), Leiden 1967.

Pokorný, Petr, Der Brief des Paulus an die Kolosser (THNT X/1), Berlin1990 (*Kom.*).

——, Das theologische Problem der neutestamentlichen Pseudepigraphie, EvTh 44 (1984), 486-496.

Pomeroy, Sarah B., Women in Roman Egypt (A Preliminary Study Based on Papyri), in: Helene P. Foley (Hg.), Reflections of Women in Antiquity, New York, Paris, London, Montreux, Tokyo [2]1984, 303-322.

Porter, Stanley E., The Theoretical Justification for Application of Rhetorical Categories to Pauline Epistolary Literature, in: Stanley E. Porter und Thomas H. Olbricht (Hg.), Rhetoric and the New Testament. Essays from the 1992 Heidelberg Conference (JSNT.S 90), Sheffield 1993, 100-22.

——, Verbal Aspect in the Greek of the New Testament, with Reference to Tense and Mood (Studies in Biblical Greek 1), New York 1989.

Preisigke, Friedrich, Namenbuch, enhaltend alle griechischen, lateinischen, hebräischen, arabischen und sonstige semitische und nichtsemitische Namen, soweit sie in den griechischen Urkunden (Papyri, Ostraka, Inschriften, Mumienschildern usw.) Ägyptens sich vorfinden, Amsterdam 1967.

——, Wörterbuch der griechischen Papyrusurkungen I-III, Berlin 1925-31 (mit zwei Supplementen herausgegeben von Emil Kießling, Amsterdam 1969 und Hans-Albert Rupprecht und Andrea Jördens, Wiesbaden 1991).

Premerstein, Anton von, Art. Commentarii, PRE 4,1 (1900), 726-759.

Ramsay, W. M., The Cities and Bishoprics of Phrygia. Being an Essay of the Local History of Phrygia from the Earliest Times to the Turkish Conquest I, Oxford 1895.

Reed, Jeffrey T., Are Paul's Thanksgivings 'Epistolary'?, JSNT 61 (1996), 87-99.

——, Using Ancient Rhetorical Categories to Interpret Paul's Letters: A Question of Genre, in: Stanley E. Porter und Thomas H. Olbricht (Hg.), Rhetoric and the New Testament. Essays from the 1992 Heidelberg Conference (JSNT.S 90), Sheffield 1993, 292-324.

Reike, Bo, The Historical Setting of Colossians, RExp 70 (1973), 429-438.

——, Zum sprachlichen Verständnis von Kol. 2,23, StTh 6 (1952), 39-53.

Reisch, Emil, Art. Ἐκκλησία, PRE 5 (1905), 2163-2207.

Reitzenstein, Richard, Die hellenistischen Mysterienreligionen nach ihren Grundgedanken und Wirkungen (1927), Darmstadt 1957.

Reumann, John Henry Paul, The Use of 'oikonomia' and Related Terms in Greek Sources to about A. D. 100, as a Background for Patristic Applications, PhD (University of Pennsylvania), Pennsylvania 1957.

Reynolds, L. D. und Wilson, N. G., Scribes and Scholars. A Guide to the Transmission of Greek and Latin Literature, Oxford ²1974.

Riesenfeld, Harald, Die transzendente Dimension des neutestamentlichen Kirchenbegriffs, in: Hermann Lichtenberger (Hg.), Geschichte–Tradition– Reflexion. Festschrift für Martin Hengel zum 70. Geburtstag III, Tübingen 1996, 347-355.

Rist, Martin, Pseudepigraphy and the Early Christians, in: David Edward Aune (Hg.), Studies in the New Testament and Early Christian Literature. Essays in Honor of Allan P. Wikgren, Leiden 1972, 75-91.

Robbins, Vernon K., Oral, Rhetorical, and Literary Cultures: A Response, in: Joanna Dewey und Elizabeth Struthers Malbon (Hg.), Orality and Textuality in Early Christian Literature (Semeia 65), Atlanta 1995, 75-91.

Robert, Louis, Inscriptions, in: Jean des Gagniers, Pierre Devambez, Lilly Kahil, René Ginouvès, Laodicée du Lycos. Le Nymphée. Campagnes 1961-1963, Paris 1969, 248-364.

Robinson, James M., Die Hodajot-Formel in Gebet und Hymnus des Frühchristentums, in: Apophoreta. Festschrift für Ernst Haenchen zu seinem Siebzigsten Geburtstag (BZNW 30), Berlin 1964, 194-235.

Rothkegel, Martin, Die theologische Einordnung des hinter Kol 2 stehenden Konflikts. Schriftliche Hausarbeit für die Erste Staatsprüfung für das Lehramt an der Oberstufe (Typoskript), Hamburg 1996.

Rowland, Christopher, Apocalyptic Visions and the Exaltation of Christ in the Letter to the Colossians, JSNT 19 (1983), 73-83.

Ruge, Walter, Art. Kolossai, PRE 11/1 (1921) 1119f.

Rusam, Dietrich, Neue Belege zu den στοιχεῖα τοῦ κόσμου, ZNW 83 (1992), 119-125.

Safrai, Shmuel, Education and the Study of Torah, in: ders. und M. Stern (Hg.), The Jewish People in the First Century II (CRI I/2), Philadelphia 1976, 945-970.

——, The Synagoge, in: ders. und M. Stern (Hg.), The Jewish People in the First Century II (CRI I/2), Philadelphia 1976, 908-944.

Saldarini, Antony J., Last Words and Deathbed Scenes in Rabbinic Literature, JQR 68 (1977), 28-45.

Sand, Alexander, Überlieferung und Sammlung der Paulusbriefe, in: Karl Kertelge (Hg.), Paulus in den Neutestamentlichen Spätschriften. Zur Paulusrezeption im Neuen Testament (QD 89), Freiburg, Basel, Wien, 1981, 11-24.

Sanders, Ed Parish, Literary Dependence in Colossians, JBL 85 (1966), 28-45.

Sanders, Jack T., The Transition from Opening Epistolary Thanksging to Body in the Letters of the Pauline Corpus, JBL 81 (1962), 348-362.

Sappington, Thomas J., Revelation and Redemption at Colossae (JSNT.S 53), Sheffield 1991.

Sasse, Hermann, Art. κοσμέω κτλ., ThWNT III (1938), 867-898.

Schäfer, Peter, Das „Dogma" von der mündlichen Torah im rabbinischen Judentum, in: Studien zur Geschichte und Theologie des rabbinischen Judentums (AGJU 15), Leiden 1978, 153-197.

Schenk, Wolfgang, Christus, das Geheimnis der Welt als dogmatisches und ethisches Grundprinzip des Kolosserbriefs, EvTh 43 (1983), 138-155.

——, Der Kolosserbrief in der neueren Forschung (1945-1985), ANRW II 25,4 (1987), 3327-3363.

——, Rezension zu Franz Schnider und Werner Stenger, Studien zum neutestamentlichen Briefformular, ThLZ 114 (1989), 195-197.

Schenke, Hans-Martin und Fischer, Karl Martin, Einleitung in die Schriften des Neuen Testaments I: Die Briefe des Paulus und Schriften des Paulinismus, Gütersloh 1978.

Schenke, Hans-Martin, Das Weiterwirken des Paulus und die Pflege seines Erbes durch die Paulus-Schule, NTS 21 (1975), 505-518.

——, Der Widerstreit gnostischer und kirchlicher Christologie im Spiegel des Kolosserbrief, ZThK 61 (1964), 391-403.

Schille, Gottfried, Frühchristliche Hymnen, Berlin 1965.

Schlier, Heinrich, Art. ᾄδω, ᾠδή, ThWNT I (1933), 163-165.

——, Art. βέβαιος κτλ., ThWNT I (1933), 600-603.

——, Art. θλίβω κτλ., ThWNT III (1938), 139-148.

——, Art. κεφαλή κτλ., ThWNT III (1938), 572-682.

——, Der Brief an die Epheser, Düsseldorf [6]1957.

Schmeller, Thomas, Hierarchie und Egalität. Eine sozialgeschichtliche Untersuchung paulinischer Gèmeinden und griechisch-römischer Vereine (SBS 162), Stuttgart 1995.

——, Paulus und die Diatribe. Eine vergleichende Stilinterpretation (NTA NF 19), Münster 1987.

Schmithals, Walter, Die Briefe des Paulus in ihrer ursprünglichen Gestalt, Zürich 1984.

——, The Corpus Paulinum and Gnosis, in: A. H. B. Logan and A. J. M. Wedderburn (Hg.), The New Testament and Gnosis: Essays in honour of Robert McL. Wilson, Edinburgh 1983, 107-124.

——, Die Gnosis in Korinth. Eine Untersuchung zu den Korintherbriefen (FRLANT 48), Göttingen ³1969.

Schneider, Johannes, Art. μέρος, ThWNT IV (1942), 598-602.

——, Art. ὅρκος κτλ., ThWNT V (1954), 458-467.

Schnelle, Udo, Einleitung in das Neue Testament, Göttingen 1994.

——, Gerechtigkeit und Christusgegenwart. Vorpaulinische und paulinische Tauftheologie (FRLANT 48), Göttingen 1983.

Schnider, Franz, und Stenger, Werner, Studien zum Neutestamentlichen Briefformular (NTTS 11), Leiden, New York, København, Köln 1987.

Schölgen, Georg, Hausgemeinden, ΟΙΚΟΣ-Ekklesiologie und Monarchischer Episkopat. Überlegungen zu einer neuen Forschungsrichtung, JAC 31 (1988), 74-90.

Schottroff, Luise, Historische Information zum Kreuz, in: dies., Bärbel von Wartenberg-Potter und Dorothee Sölle, Das Kreuz: Baum des Lebens, Stuttgart 1987, 9-15.

——, Lydias ungedudige Schwestern. Feministische Sozialgeschichte des frühen Christentums, Gütersloh 1994.

Schrage, Wolfgang, Der erste Brief an die Korinther Iff- (EKK VII/1ff-), Zürich, Braunschweig und Neuköln 1991.

——, „Ekklesia" und „Synagoge". Zum Ursprung des urchristlichen Kirchenbegriffs, ZThK 60 (1968), 178-202.

Schröder, David, Die Haustafeln des Neuen Testaments (Ihre Herkunft und ihr theologischer Sinn) (Diss Theol), Hamburg 1959.

Schröder, Friedrich, Gemeinde im 1. Petrusbrief. Untersuchungen zum Selbstverständnis einer christlichen Gemeinde an der Wende vom 1. zum 2. Jahrhundert (SUPa), Passau 1981.

Schubert, Paul, Form and Function of the Pauline Thanksgivings (BZNW 20), Berlin 1939.

Schüssler Fiorenza, Elisabeth, Brot statt Steine. Die Herausforderung einer feministischen Interpretation der Bibel, Freiburg 1988.

——, Priester für Gott. Studien zum Herrschafts- und Priestermotiv in der Apokalypse (NTA NF 7) Münster 1972.

——, Zu ihrem Gedächtnis ... Eine feministisch-theologische Rekonstruktion der christlichen Ursprünge, München und Mainz, 1988.

Schulz, Siegfied, Art. σκιά, ThWNT VII (1964), 396-403.

Schweizer, Eduard, Altes und Neues zu den „Elementen der Welt in Kol 2,20; Gal 4,3.9 in: Kurt Aland und Siegfried Meurer (Hg.), Wissenschaft und Kirche. Festschrift für Eduard Lohse, Bielefeld 1989, 111-118.

——, Art. σῶμα, ThWNT VII (1964), 1024-1042; 1043-1091.

——, Der Brief an die Kolosser (EKK XII), Zürich, Einsiedeln, Köln und Neukirchen-Vluyn 1976 (Kom.).

——, Christus und Geist im Kolosserbrief (1973), in: Neues Testament und Christologie im Werden, Göttingen 1982, 179-193.

——, Die Kirche als Leib Christi in den paulinischen Antilegomena (1961), in: Neotestamentica, Zürich und Stuttgart 1963, 293-316.

——, Der Kolosserbrief–weder paulinisch noch nachpaulinisch? (1976), in: ders., Neues Testament und Christologie im Werden, Göttingen 1982, 150-163.

——, Slaves of the Elements and Worshipers of Angels: Gal 4:3,9 und Col 2:8,18,20, JBL 107 (1988), 455-468.

——, Versöhnung des Alls. Kolosser 1,20 (1975), in: Neues Testament und Christologie im Werden, Göttingen 1982, 164-178.

Schwyzer, Eduard und Debrunner, Albert, Griechische Grammatik auf der Grundlage von Karl Brugmanns griechischer Grammatik II: Syntax und syntaktische Stilistik (ANT II/1,1), München 1950.

Sellin, Gerhard, „Die Auferstehung ist schon geschehen". Zur Spiritualisierung apokalyptischer Terminologie im Neuen Testament, NT 25 (1983), 220-237.

——, Die Häretiker des Judasbriefes, ZNW 77 (1986), 206-225.

——, Die religionsgeschichtlichen Hintergründe der paulinischen „Christusmystik", ThQ 176 (1996), 7-27.

Sherwin-White, A. N., Roman Society and Roman Law in the New Testament, Oxford 1963.

Sint, Josef A., Pseudonymität im Altertum (Commentationes Aenipontanae 15), Innsbruck 1960

Slusser, Michael, Reading Silently in Antiquity, JBL 111 (1992), 499.

Smith, Jonathan Z., The Garments of Shame, HR 5 (1966), 217-238.

Smith, Morton, A Comparison of Early Christian and Early Rabbinic Tradition, JBL 82 (1963), 169-176.

Snell, Bruno, Leben und Meinungen der Sieben Weisen, München ⁴1971.

Soden, Hans von, Die Briefe an die Kolosser, Epheser, Philemon; die Pastoralbriefe, (HC III/1), Freiburg und Leipzig ²1893 (Kom.).

Sokolowski, Francszek, Les Sacrées de L'Asie Mineure, Paris 1955.

Speyer, Wolfgang, Bücherfunde in der Glaubenswerbung der Antike. Mit einem Ausblick auf Mittelalter und Neuzeit (Hypomnemata 24), Göttingen 1970.

——, Fälschung, pseudepigraphische freie Erfindung und „echte religöse Pseudepigraphie", in: Ronald Syme u. a. (Hg.), Pseudepigrapha I. Pseudepythagorica–Lettres de Platon, Littérature pseudépigraphique juive, Vancuver-Genéve 1971, 331-366.

——, Die literarische Fälschung im heidnischen und christlichen Altertum (HAW I/II), München 1971.

——, Religöse Pseudepigraphie und literarische Fälschung im Altertum (1965/66), in: Norbert Brox (Hg.), Pseudepigraphie in der heidnischen und jüdisch-christlichen Antike (WdF 484), Darmstadt 1977, 195-263.

Spicq, Ceslas, Notes de Lexicographie Néo-Testamentaire I-III (OBO 22/1-3), Fribourg, Göttingen 1978-1982.

Spiegel, Shalom, The Rabbinic Traditions about the Pharisees before A. D. 70: The Problem of Oral Transmission, JJS 22 (1971), 1-18.

Stählin, Gustav, Art. ἴσος κτλ., ThWNT III (1938), 343-356.

——, Art. ὀργή, ThWNT V (1954), 382-448.

Standhartinger, Angela, 'Um zu sehen die Töchter des Landes': Die Perspektive Dinas in der jüdisch-hellenistischen Diskussion um Gen 34, in: Lukas Bormann, Kelly Del Tredici und Angela Standhartinger (Hg.), Religious Propaganda and Missionary Competition in the New Testament World. Essays Honoring Dieter Georgi (NT.S 74), Leiden 1994, 89-116.

——, Das Frauenbild im Judentum der Hellenistischen Zeit. Ein Beitrag anhand von 'Joseph und Asenath' (AGJU 26), Leiden 1995.

Starr, Raymond J., The Circulation of Literary Texts in the Roman World, CQ 37 (1987), 213-223.

——, The Used-Book Trade in the Roman World, Phoenix 44 (1990), 148-157.

Stauffer, Ethelbert, Art. Abschiedsreden, RAC I (1950), 29-35.

——, Art. ἀγών, ThWNT I (1933), 134-40.

——, Art. βραβεύω, ThWNT I (1933), 636f.

——, Art. ἑδραῖος κτλ., ThWNT II (1935), 360-362.

——, Art. πραβεύω κτλ., ThWNT I (1933), 636f.

Stegemann, Ekkehard W. und Stegemann, Wolfgang, Urchristliche Sozialgeschichte. Die Anfänge im Judentum und die Christusgemeinden in der mediterranen Welt, Stuttgart, Berlin, Köln 1995.

Stegemann, Ekkehard, Alt und Neu bei Paulus und in den Deuteropaulinen, EvTh 37 (1977), 474-504.

Steinmetz, Franz Josef, Protologische Heils-Zuversicht. Die Strukturen des soteriologischen und christologischen Denkens im Kolosser- und Epheserbrief (Frankfurter Theologische Studien 2), Frankfurt 1969.

Stemberger, Günther, Einleitung in Talmud und Midrasch, München [8]1992.

Stirewalt, M. Luther, Studies in Ancient Greek Epistolography (SBL Resources for Biblical Studies 27), Atlanta 1993.

Stowers, Stanley Kent, The Diatribe and Paul's Letter to the Romans (SBL.DS 57), Chico 1981.

——, Letter Wiriting in Greco-Roman Antiquity (LEC 5), Philadelphia 1986.

——, What Does Unpauline Mean?, in: William S. Babcock (Hg.), Paul and the Legacies of Paul, Dallas1990, 70-77.

Strecker, Georg und Schnelle, Udo (Hg.), Neuer Wettstein: Texte zum Neuen Testament aus Griechentum und Hellenismus II: Texte zur Briefliteratur und zur Johannesapokalypse, Berlin und New York 1996.

Strecker, Georg, Literaturgeschichte des Neuen Testaments, Göttingen 1992.

——, Die neutstamentlichen Haustafeln (Kol 3,18-4,1 und Eph 5,22-6,9), in: Helmut Merklein (Hg.), Neues Testament und Ethik. Für Rudolf Schnackenburg, Freiburg, Basel, Wien 1989, 349-375.

Stübe, Rudolf, Der Himmelsbrief. Ein Beitrag zur allgemeinen Religionsgeschichte, Tübingen 1918.

Suhl, Alfred, Paulus und seine Briefe. Ein Beitrag zur paulinischen Christologie (StUNT 11), Gütersloh 1975.

Sumney, Jerry, Those Who „Pass Judgment": The Identity of the Opponents in Colossians, Biblica 74 (1993), 366-388.

Sykutris, Ioannes, Art. Epistolographie, PRE.S 5 (1931), 185-220.

Syme, Ronald, Fälschung und Betrug (1972), in: Norbert Brox (Hg.), Pseudepigraphie in der heidnischen und jüdisch-christlichen Antike (WdF 484), Darmstadt 1977, 295-310.

Szlezák, Thomas Alexander, Platon und die Schriftlichkeit der Philosophie. Interpretationen zu den frühen und mittleren Dialogen, Berlin und New York 1985.

Taatz, Irene, Frühjüdische Briefe. Die paulinischen Briefe im Rahmen der offiziellen religiösen Briefe des Frühjudentums (NTOA 16), Freiburg und Göttingen 1991.

Tachau, Peter, „Einst" und „Jetzt" im Neuen Testament. Beobachtungen zu einem urchristlichem Predigtschema in der neutestamentlichen Briefliteratur und zu seiner Vorgeschichte (FRLANT 105), Göttingen 1972.

Tajra, H. W., The Martyrdom of St. Paul. Historical and Judicial Context, Traditions, and Legends (WUNT II/67), Tübingen 1994.

Tanzer, Sarah J., Ephesians, in: Elisabeth Schüssler Fiorenza (Hg.), Searching the Scriptures II. A Feminist Commentary, New York 1994, 325-360.

Thesleff, Hoger, The Pythagorean Texts of the Hellenistic Period (AAA 20), Åbo 1965.

Thomas, Rosalind, Literacy and Orality in Ancient Greece, Cambridge 1992.

Thraede, Klaus, Grundzüge griechisch-römischer Brieftopik (Zermata 48), München 1970.

——, Ursprünge und Formen des 'Heiligen Kusses' im frühen Christentum, JAC 11/12 (1968/69), 124-180.

——, Zum historischen Hintergrund der 'Haustafeln' des Neuen Testaments, in: Ernst Dassmann und K. Suso Frank (Hg.), Pietas. Festschrift für Bernhard Kötting (JAC.E 8), Münster 1980, 359-368.

Torm, Frederik, Die Psychologie der Psedonymität im Hinblick auf die Literatur des Urchristentums (1932), in: Norbert Brox (Hg.), Pseudepigraphie in der heidnischen und jüdisch-christlichen Antike (WdF 484), Darmstadt 1977, 111-148.

Townsend, John T., Ancient Education in the Time of Early Roman Empire, in: Stephen Benko und John Y. O'Rourke (Hg.), The Catacombs and the Colosseum, Vally Forge 1971, 139-163.

——, Art. Education (Greco-Roman), ABD II (1992), 312-317.

Trobisch, David, Die Entstehung der Paulusbriefsammlung. Studien zu den Anfängen christlicher Publizistik (NTOA 10), Freiburg und Göttingen 1989.

Verner, David C., The Household of God, The Social World of the Pastoral Epistles (SBLDS 71), Chico, CA, 1983.

Versnel, H. S., Triumphus. An Inquiry into the Origin, Development and Meaning of the Roman Triumph, Leiden 1970.

Vielhauer, Philipp, Geschichte der urchristlichen Literatur. Einleitung in das Neue Testament, die Apokryphen und die Apostolischen Väter, Berlin und New York 1975.

Vögtle, Anton, Die Tugend- und Lasterkataloge im Neuen Testament. Exegetisch, religions- und formgeschichtlich untersucht (NTA 16/4-5), Münster 1936.

Vössing, Konrad, Untersuchungen zur römischen Schule-Bildung in Nordafrika der Kaiserzeit, Aachen 1991.

Vouga, François, Der Brief als Form der apostolischen Autorität, in: Klaus Berger, François Vouga, Michael Wolter, Dieter Zeller, Studien und Texte zur Formgeschichte (TANZ 7), Tübingen 1992, 7-58.

Waeren, Bartel Lendert van der, Art. Pythagoras, PRE.S X (1965), 843-864.

Wagener, Ulrike, Die Ordnung des „Hauses Gottes". Der Ort von Frauen in der Ekklesiologie und die Ethik der Pastoralbriefe (WUNT II 65), Tübingen 1994.

Wagner, Günther, Das religionsgeschichtliche Problem von Römer 6,1-11 (AThANT 39), Zürich 1962.

Walter, Nikolaus, Die „Handschrift in Satzungen" Kol 2,14, ZNW 70 (1979), 115-118.

Wedderburn, A. J. M., Hellenistic Christian Traditions in Romans 6?, NTS 29 (1983), 337-355.

Wegenast, Klaus, Das Verständnis der Tradition bei Paulus und in den Deuteropaulinen (WMANT 8), Neukirchen 1962.

Weidinger, Karl, Die Haustafeln. Ein Stück urchristlicher Paränese (UNT 14), Leipzig 1928.

Weima, Jeffrey A. D., Neglected Endings, The Significance of the Pauline Letter Closings (JSNT.S 101), Sheffield 1994.

Weiß, Hans-Friedrich, Gnostische Motive und antignostische Polemik im Kolosser- und Epheserbrief, in: Karl-Wolfgang Tröger (Hg.), Gnosis und Neues Testament. Studien aus Religionswissenschaft und Theologie, Gütersloh und Berlin 1973, 311-324.

——, Paulus und die Häretiker. Zum Paulusverständnis in der Gnosis, in: Walther Eltester (Hg.), Christentum und Gnosis, Berlin 1969, 116-128.

Weiß, Johannes, Der erste Korintherbrief (KEK 5), Göttingen ⁹1910.

Wengst, Klaus, Christologische Formeln und Lieder des Urchristentums, Gütersloh 1972.

——, Versöhnung und Befreiung. Ein Aspekt des Themas „Schuld und Vergebung" im Lichte des Kolosserbriefes, EvTh 36 (1976), 14-26.

White, John L., Ancient Greek Letters, in: David E. Aune (Hg.), Greco Roman Literature and the New Testament. Selected Forms and Genres (SBL Sources for Biblical Studies 21), Atlanta 1988, 85-105.

——, Introductory Formulae in the Body of the Pauline Letter, JBL 90 (1971), 91-95.

——, Light from Ancient Letters, Philadelphia 1986.

——, New Testament Epistolary Literature in the Framework of Ancient Epistolography, ANRW II/25,2 (1984), 1730-1756.

——, Rezension zu Irene Taatz, Frühjüdische Briefe, JBL 112 (1993), 534-536.

——, Saint Paul and the Apostolic Letter Tradition, CBQ 45 (1983), 433-444.

——, The Structural Analysis of Philemon: A Point of Departure in the Formal Analysis of the Pauline Letter, SBLSP 2 (1971), 1-47.

Wilckens, Ulrich, Art. ὕστερος κτλ., ThWNT VIII (1969), 590-600.

——, Der Brief an die Römer I-III (EKK VI/1-3), Neukirchen-Vluyn 1978-1982.

——, Weisheit und Torheit. Eine exegetisch-religionsgeschichtliche Untersuchung zu 1. Kor 1 und 2 (BHTh 26), Tübingen 1959.

Wilhelm, Friedrich, „Die Oeconomica der Neupythagoreer Bryson, Kallikratidas, Periktione, Phintys," RMP NF 70 (1915), 161-223.

Williams, Sam K., Jesus' Death as Saving Event. The Background and Origin of a Concept (HDR 2), Missoula 1975.

Wilson, Walter T., The Hope of Glory. Education and Exhortation in the Epistle to the Colossians (NT.S 88), Leiden, New York, Köln 1997.

Wirth, Theo, Arrians Erinnerungen an Epiktet, MH 24 (1967), 149-189; 197-216.

Wolter, Michael, Die anonymen Schriften des Neuen Testaments. Annäherungsversuch an ein literarisches Phänomen, ZNW 79 (1988), 1-16.

——, Der Brief an die Kolosser, Der Brief an Philemon (ÖTK 12), Gütersloh und Würzburg 1993 (*Kom.*).

——, Rechtfertigung und zukünftiges Heil. Untersuchungen zu Röm 5,1-11 (BZNW 43), Berlin und New York 1978.

——, Verborgene Weisheit und Heil für die Heiden. Zur Traditionsgeschichte und Intention des „Revelationsschemas", ZThK 84 (1987), 297-319.

Wrede, William, Die Echtheit des zweiten Thessalonicherbriefes, Leipzig 1903.

Yamauchi, Edwin M, The Archaeology of New Testament Cities in Western Asia Minor, London Glasgow 1980.

Yates, Roy, Colossians and Gnosis, JSNT 27 (1985), 49-68.

——, Colossians 2,14: Metaphor of Forgiveness, Biblica 71 (1990), 248-259.

——, Colossians 2.15: Christ Triumphant, NTS 37 (1991), 573-591.

Youtie, Herbert C., Βραδέως γράφων: Between Literacy and Illiteracy, GRBS 12 (1971), 239-261.

——, P.Mich.Inv.855: Letter from Herakleides to Nemesion, ZPE 27 (1977), 147-150.

Zahn, Theodor, Einleitung in das Neue Testament I, Leipzig [3]1906.

——, Geschichte des Neutestamentlichen Kanons I-II, Erlangen und Leipzig 1889-90.

Zeilinger, Franz, Der Erstgeborene der Schöfung. Untersuchungen zur Formalstruktur und Theologie des Kolosserbriefes, Wien 1974.

Ziebarth, Erich, Aus dem griechischen Schulwesen. Eudemos von Milet und Verwandtes, Leipzig und Berlin 1914.

——, Aus der antiken Schule, Sammlung griechischer Texte auf Papyrus, Holztafeln, Ostraka, Bonn 1913.

Ziegler, Konrat, Art. Aelius Theon (5) aus Alexandrien, PRE V A/2 (1934), 2037-2054.

Zmijewski, Josef, Apostolische Paradosis und Pseudepigraphie im Neuen Testament. „Durch Erinnerung wachhalten" (2 Petr 1,13; 3,1), BZ 23 (1979), 161-171.

2. QUELLENSCHRIFTEN

1.1 Sammelwerke

Academia Scientarum Gottingensis, Septuaginta: Vetus Testamentum Graecum, Göttingen 1954ff.

Charlesworth, James H. (Hg.), The Old Testament Pseudepigrapha Bd.1-2, Garden City, New York 1983-1985.

Denis, Albert-Marie, Concordance Grecque des Pseudépigraphes d'Ancien Testament, Leiden 1987.

Eisenman Robert und Wiese, Michael, Jesus und die Urchristen. Die Qumranrollen entschlüsselt, München 1992.

Elliger, K. und Rudolph W., Biblia Hebraica Stuttgartensia, Stuttgart ³1983.

Hatch, Edwin und Redpath, Henry A., A Concordance to the Septuagint and the Other Greek Versions of the Old Testament Bd. 1-3, Graz 1954.

Hercher, Rudolph, Epistolographi Graeci, Paris 1873.

Institut für Neutestamentliche Textforschung der Universität Münster, Computer-Konkordanz zum Novum Testamentum Graece, Berlin New York ²1985.

Kautzsch, Emil (Hg.), Die Apokryphen und Pseudepigraphen des Alten Testaments Bd. 1-2, Darmstadt 1962.

Kraibel, Georg, Epigrammata Graeca ex lapidibus conlecta, Berlin 1978.

Kraft, Heinrich (Hg.), Clavis Patrum Apostolorum Bd. 1-2, München 1963-64.

Lechner-Schmidt, Wilfried, Wortindex der lateinisch erhaltenen Pseudepigraphen zum Alten Testament (TANZ 3), Tübingen 1990.

Lindemann, Andreas und Paulsen, Henning (Hg.), Die Apostolischen Väter. Griechisch-deutsche Parallelausgabe auf der Grundlage der Ausgaben von Franz Xaver Funk/Karl Bihlmeyer und Molly Whittaker, Tübingen 1992.

Lohse, Eduard, Die Texte aus Qumran, hebräisch und deutsch, Darmstadt 1964.

Maier, Johann, Die Qumran-Essener: Die Texte vom Toten Meer I-11, München, Basel 1995.

Malherbe, Abraham J. (Hg.), Ancient Epistolary Theorists (SBL Sources for Biblical Studies 19), Atlanta 1988.

——, The Cynic Epistles. A Study Edition (Society of Biblical Literatur Sources for Biblical Study 12), Missoula, Montana 1977.

Nestle, Eberhard, Aland, Kurt u. a. (Hg.), Novum Testamentum Graece, Stuttgart ²⁷1993.

Rahlfs, Alfred (Hg.), Septuaginta id est Vetus Testamentum Graece iuxta LXX interpretes, Bd. 1-2, Stuttgart 1962.

Robinson, James M. (Hg.), The Nag Hammadi Library in English, Leiden 1977.

Schneemelcher, Wilhelm (Hg.), Neutestamentliche Apokryphen in deutscher Übersetzung I-II, Tübingen ⁵1989-1990.

Städele, Alfons, Die Briefe des Pythagoras und der Pythagoräer (BKP 115), Meisenheim am Glan 1980.

Stephanus, Henricus (Hg.), Thesaurus Graecae Lingue I-IX, Nachdruck Graz 1954.

Strack, Hermann L. und Billerbeck Paul, Kommentar zum Neuen Testament aus Talmud und Midrasch Bd. 1-4, München ²1956-59.

Thesleff, Holger, The Pythagorean Texts of the Hellenistic Period (AAA 30,1), Åbo 1965.

Thesaurus Linguae Graecae, University of California, Irvine erscheint jährlich (CD-Rom).

1.2 Einzelne Autoren und Schriften

Acta Alexandrinorum. The Acts of the Pagan Martyrs, Griechisch-Englisch, hg. u. übers. v. Herbert A. Musurillo, Oxford 1954.

Acta Pauli et Theclae, in: Acta Apostlorum Apocrypha Bd. 1, hg. v. Maximilianus Bonnet, Darmstadt 1959 (1903), 235-272.

Aineias Taktikos, ΠΩΣ ΧΡΗ ΠΟΛΙΟΡΚΟΥΜΕΝΟΥΣ ΑΝΤΕΧΕΙΝ, Griechsch-Englisch, in: Aeneas Tacticus, Asclepidiodotus and Asander, hg. u. übers. v. The Illinois Greek Club (LCL), London and Cambridge 1923, 26-199.

Ägypter-Evangelium (NHC III,2 und IV,2). Nag Hammadi Codices III,2 and IV,2 (NHS 4), hg. u. übers. v. Alexander Böhlig und Frederik Wisse, Leiden 1975.

——, Das Ägypter-Evanglium aus dem Nag-Hammadi-Codex III, übers. von Hans-Martin Schenke, NTS 16 (1969/70), 196-208.

Aesop, Aesop Without Morals, übers. v. Lloyd W. Daly, London 1961.

——, in: Fragmenta Pseudepigraphorum quae supersunt Graeca (PVTG III), hg. v. Albert-Marie Denis, Leiden 1970, 133-148.

Apokalypse des Mose. „Vie grecque d'Adam et Eve," hg. v. M. Nagel, in: Albert Marie Denis, Concordance Grecque des Pseudépigraphes D'Ancien Testament, Leiden 1987, 815-818.

——, Das Leben Adams und Evas und die Apokalypse des Mose, übers. v. E. Fuchs, in: E. Kautzsch (Hg.), Die Apokryphen und Pseudepigraphen des Alten Testaments Bd. 2, Darmstadt 1962, 506-528.

Apollonios von Tyana, The Letters of Apollonius of Tyana. A Critical Text with Prolegomena, Translation and Commentary (Mn.S 56), hg. u. übers. v. Robert J. Penella, Leiden 1979.

Apuleius, Der goldene Esel: Metamorphosen. Lateinisch-Deutsch, hg. und übers. v. Edward Brandt und Wilhelm Ehler (TuscBü), Darmstadt 1989.

Aristeasbrief, übers. v. Norbert Meisner (JSHRZ II/1, 35-87), Gütersloh 1973.

——, Lettre d'Aristée à Philocrate, hg. v. André Pelletier (SC 89), Paris 1962.

Aristides, Publius Aelius, Heilige Berichte, übers. v. Heinrich Otto Schröder (WKLGS), Heidelberg 1986.

——, Die Romrede des Aelius Aristides, hg. u. übers. v. Richard Klein (TzF 45), Darmstadt 1983.

——, Aelii Aristidis Smyrnaei quae supersunt omnia Bd. 2, hg. v. Bruno Keil, Breslau 1958.

Aristoteles, Mechanical Probelems (Mechanica), Griechisch-Englisch, in: Aristotle, Minor Wirks, hg. v. W. S. Hett (LCL Aristotle XIV), London und Cambrdige 1955, 329-411.

——, The Metaphysics, Griechisch-Englisch, hg. u. übers. v. Hugh Tredennick (LCL Aristotle XVII-XVIII), London und Cambridge 1961.

——, Politics, Griechisch-Englisch, hg. u. übers. v. H. Rackham (LCL Aristotle XXI), London und Cambrige 1932.

——, Politik, übers. v. Olof Gigon (BAW), Zürich und München 1971.

——, On Sophistical Refutations (Sophistici elenchi), Griechisch-Englisch, hg. u. übers. v. E. S. Foerster (LCL Aristotle III), London und Cambridge 1955, 2-55.

(Pseudo-)Aristoteles. [Aristoteles], ΟΙΚΟΝΟΜΙΚΟΣ, Griechisch-Deutsch, hg. v. Ulrich Victor (BKP 147), Königstein/Ts. 1983.

———, Aristotelis quae feruntur Oeconomica, hg. v. Franciscus Susemihl, Leipzig 1887.

———, Aristoteles über die Haushaltung in Familie und Staat (oik. III), übers. v. Paul Gohlke, Aristoteles, Die Lehrschriften VII/6, Paderborn 1953, 51-64.

Augustinus, Aurelius. St. Augustine's Confessions Bd. 1-2, Griechisch-Englisch, hg. u. übers. v. William Watts (LCL), London und Cambridge 1960-1961.

———, Bekenntnisse, übers. v. Wilhelm Thimme (BAW), Zürich und München 1950.

Augustus, Res Gestae (Meine Taten), Griechisch-Deutsch, hg. u. übers. F. Gottanka, München 1944.

Die syrische Baruch-Apokalypse, übers. v. A. F. J. Klijn (JSHRZ V/2, 101-191), Gütersloh 1976, 103-191.

Bryson. Der Oikonomikos des Neupythagoreers 'Bryson' und sein Einfluß auf die islamische Wissenschaft, übers. v. Martin Plessner (Orient und Antike 5), Heidelberg 1928.

(Pseudo-)Callisthenes, Vita Axexandri Magni/Leben und Taten Alexanders von Makedonien, Der griechische Alexanderroman nach der Handschrift L, Griechisch-Deutsch, hg. und übers. v. Helmut van Thiel (TzF 13), Darmstadt 1974.

Cassius Dio. Dios's Roman History in Nine Volumes, Griechisch-Englisch, hg. u. übers. Ernest Cary (LCL), London und Cambridge 1962.

———, Römische Geschichte Bd. 1-5, übers. v. Otto Veh (BAW), Zürich und München 1985-1987.

Charondas, Προοίμια νόμων, hg. v. Holger Thessleff, The Pythagorean Texts of the Hellenistic Period (AAA 30,1), Åbo 1965, 60-63.

Chion of Heraclea, A Novel in Letters, Griechisch-Englisch, hg. u. übers. v. Ingemar Düring (AUG 1951:5), Göteborg 1951.

Cicero, Marcus Tullius, *Vom Rechten Handeln* (de officiis), Lateinisch-Deutsch, hg. v. Karl Büchner, Zürich und Stuttgart 1964.

———, Vom Wesen der Götter (de natura deorum). Lateinisch-Deutsch, hg. u. übers. v. Wolfgang Gerlach und Karl Bayer (TuscBü), München 1978.

———, Epistularum ad Familiares Libri XVI, Lateinisch-Deutsch, hg. und übers. v. Helmut Kasten (TuscBü), München 1964.

———, Epistolae ad Atticum, Lateinisch und Deutsch, hg. u. übers. v. Helmut Kasten (TuscBü), München 1959.

———, De re publica, de legibus, Lateinisch-Englisch, hg. v. Clinton Walker Keyes (LCL), London und Cambridge 1928.

———, De finibus bonorum et malorum, Lateinisch-Englisch, hg. v. H. Rackham (LCL), London und Cambridge 1914.

———, Rede für Flaccus, in: Marcus Tullius Cicero sämtliche Reden Bd. 5 Lateinisch-Deutsch, hg. u. übers Manfred Fuhrmann (BAW), Zürich und München 1978, 83-149.

———, Pro L. Flaccum, in: M. Tulli Ciceronis Orationes Bd. 4, hg. v. Albert Curt, Clark, Oxford 1909.

Clemens Alexandrinus, Stromata I-VIII, hg. v. Otto Stählin (Die christlichen Schriftsteller der ersten drei Jahrhunderte. Clemens Alexandrinus Bd. 1-3), Leipzig 1906-1909.

——, Titus Flavius Klemens von Alexandria, Die Teppiche, übers. v. Franz Overbeck, Basel 1936.

Columella, Lucius Iunius Moderatus, Zwölf Bücher über Landwirschaft, Lateinisch-Deutsch, hg. u. übers. v. Will Richter (Sammlung Tusculum), München und Zürich 1981-83.

Commentaria in Aristotelem Graeca Bd. 12: Olympidori Prolegomena et in Categorias Commentarium, hg. v. Adolf Busse, Berlin 1902.

Corpus Hermeticum Bd. 1-2, Griechisch-Französisch, hg. v. Athur D. Nock u. übers. v. A.- J. Festugière, Paris 1945.

Corpus Iuris Civilis, Bd. 1 Institutionen; Bd. 2ff Die Digesten, Lateinisch-Deutsch, Heidelberg 1990ff.

——, The Digest of Justinian, Latin Text edited by Theodor Mommsen with the aid of Paul Krueger. English Translation edited by Alan Watson Bd. 1-4, Philadelphia 1985.

Daniel. Zusätze zu Daniel, übers. v. Otto Plöger, (JSHRZ I/I, 63-87), Gütersloh 1973.

Curtius Rufus Q., Historia Alexandri Magni (Geschichte Alexanders des Großen), Lateinisch-Deutsch, hg. v. Konrad Müller und übers. v. Herbert Schönfeld, München 1954.

Demetrios, On Style (De elocutione), The Greek Text of Demetrius de Elocutione edited after the Paris Manuscript by W. Rhys Roberts, Hildesheim 1968.

Demosthenes, Works Bd. 1-7, Griechisch-Englisch, hg. v. C.A. Vince u. a. (LCL), London und Cambridge 1926-1939.

Didymos von Chalcenteros, Grammatici Alexandrini Fragmenta, hg. v. Mauricius Schmit, Leizig 1854.

Diodoros. Diodore de Sicile, Bibliothèque Historique Bd. 1ff, Griechisch-Französisch, hg. u. übers. v. Pierre Bertrac und Yvonne Vernière, Françoise Bizière u. a., Paris 1975ff.

Diogenes Laertius, Lives of Eminent Philosophers Bd. 1-2, Griechisch-Englisch, hg. u. übers. v. R. D. Hicks (LCL), London und Cambridge 1950.

——, Leben und Meinungen berühmter Philosophen Bd. 1-2, übers. v. Otto Apelt, Leipzig 1921.

Diogenes of Oinoanda, The Philosophical Inscription, hg. v. Martin Ferguson Smith (DÖWH.PH Ergänzungsbände zu den Tituli Asiae Minoris 20), Wien 1996.

Diogenes von Sinope, Briefe, Griechisch-Englisch, hg. v. Abraham J. Malherbe, in: The Cynic Epistles (SBL Sources for Biblical Studies 12), Atlanta 1977, 91-183.

Dion Chrysostomos. Dio Chrysostom in five Volumes, Griechisch-Englisch, hg. v. J. W. Cohoon und H. Lamar Crosby (LCL), London und Cambridge 1932-1951.

——, Sämtliche Reden, übers. v. Winfried Elliger (BAW), Stuttgart 1967.

Dionysios von Halicarnaß, The Roman Antiquities of Dionysius of Halicarnassus Bd. 1-7, Griechisch-Englisch, hg. v. Ernest Cary (LCL), London und Cambridge 1937-1950.

——, The Critical Essays in Two Volumes Bd. 1, Griechisch-Englisch, hg. und übers. v. Stephen Usher (LCL), London und Cambridge, 1974.

Epiktet. Eptictetus. The Discourses as Reported by Arrian, The Manual, and Fragments Bd. 1-2, Griechisch-Englisch, hg. und übers. v. W. A. Oldfather (LCL), London und Cambridge 1925-1928.

Epiphanios. Epiphanius, Panarion Bd. 1-3, hg. v. Karl Holl (Die Griechischen christlichen Schriftsteller der ersten drei Jahrhunderte), Leipzig 1915-1933.

IV Esra. Der lateinische Text der Apokalypse des Esra, hg. v. A. Frederik und J. Klijn (TU 131), Berlin 1983.

——, 4. Buch Esra, übers. v. Josef Schreiner (JSHRZ V/4, 289-412), Gütersloh 1981.

Eugnostosbrief (NHC III,3), hg. u. übers. von Douglas M. Parrot, in: Nag Hammadi Codices III,3-4 and V,1 with Papyrus Berolinensis 8502,3 and Oxyrhynchus Papyrus 1081. Eugnostos and The Sophia of Jesus Christ (NHS 27), Leiden, New York, København, Köln 1991.

——, übers. v. Werner Foerster, Die Gnosis Bd. 2, Zürich und Stuttgart 1971, 33-45.

Euripides, Sämtliche Tragödien und Fragmente I-VI. Griechisch-Deutsch, hg. v. Gustav Adolf Seeck und Ernst Buschor (TuscBü), München und Darmstadt 1972-1981.

——, Tragödien, übers. v. Hans von Arnim, Zürich und München 1990.

Euseb. Eusebius von Caesarea, Die Kirchengeschichte, hg. v. Eduard Schwarz (Die griechischen christlichen Schriftsteller der ersten drei Jahrhunderte, Eusebius Bd. 2), Leipzig 1908-1909.

——, Kirchengeschichte, übers. v. Heinrich Kraft, Philipp Haeuser und Hans Armin Gärtner, Darmstadt 1967.

——, Eusebi Chronicorum Canonum II, hg. v. Alfred Schoene, Berlin 1866.

——, Die Chronik des Hieronymus, hg. v. Rudolf Helm (Die Griechischen christlichen Schriftsteller der ersten Jahrhunderte, Eusebius Bd. 7), Berlin 1956.

Eustathius Archiepistcopus Thessalonicensis, Commentarius ad Homeri Iliadem Pertinentes Bd. 1-4, hg. v. Marchinus van der Valk, Leiden 1971-1987.

Euthalios. Euthalius Episcopus Sulcensis in quatuordecim Sancti Pauli Apostoli Epistolas, Patrologia Graeca 85, hg. v. J.-P. Migne, 1860, 694-790.

Evangelium der Wahrheit (NHC I,3), hg. u. übers. von Harold W. Attridge und George W. MacRae, in: Harold W. Attridge (Hg.), Nag Hammadi Codex I (NHS 22), Leiden 1985, 55-122.

——, Das Evangelium der Wahrheit. Neue Übersetzung des vollständigen Textes, übers. v. Walter Till, ZNW 50 (1959), 165-185.

Firmicus, Maternus, Iuliu, Liber de Errore Profanarum Religionum, hg. v. Karl Halm, Vindobonae 1867.

Galen, Claudius Pergamenus, Hippocratis 'De natura hominis' commentarius, in: Carl Gottlob Kühn (Hg.), Medicorum Graecorum Opera XV, Leipzig 1828, 1-173.

——, ΓΑΛΗΝΟΥ ΠΕΡΙ ΤΗΣ ΤΑΞΕΩΣ ΤΩΝ ΙΔΙΩΝ ΒΙΒΛΙΩΝ ΠΡΟΣ ΣΥΤΕΝΙΑΝΟΝ, in: Iwan Müller (Hg.), Claudii Galeni Pergamenti Scripta Minora Bd. 2 (Bibliotheca Scriptorum Graecorum et Romanorum Teubeneriana), Amsterdam 1967, 80-90.

——, ΠΕΠΙ ΤΩΝ ΙΔΙΩΝ ΒΙΒΛΙΩΝ, in: Iwan Müller (Hg.), Claudii Galeni Pergamenti Scripta Minora II (Bibliotheca Scriptorum Graecorum et Romanorum Teubeneriana), Amsterdam 1967, 91-124.

Gellius, Aulus, The Attic Nights of Aulus Gellius in Three Volumes, Griechisch-Englisch, hg. v. John C. Rolfe (LCL), London und Cambridge 1927.

——, Die Attischen Nächte, übers. v. Fritz Weiss, Bd 1-2, Darmstadt 1975.

Heliodor, Aithiopika: Die Abenteuer der schönen Chariklea, übers. v. Rudolf Reymer (BAW), Zürich 1950.

——, Les Éthiopiques, hg. v. R. M. Rattenbury, T. W. Lumb und J. Mailon (CUFr), Paris 1938-1960.

Das Äthiopische Henochbuch, übers. v. Siegbert Uhlig (JSHRZ V/6, 459-780), Gütersloh 1984.

——, Apokalypsis Henochi Graeca, hg. v. Matthew Black (PVTG III), Leiden 1970, 1-44.

Das slavische Henochbuch, übers. v. Christfried Böttrich (JSHRZ V/7), Gütersloh 1995.

Heraklit, Briefe, Griechisch-Englisch, hg. v. Abraham J. Malherbe, The Cynic Epistles (SBL Sources for Biblical Studies 12), Atlanta 1977, 186-215.

Hermogenes, TEXNH PETOPIKH, hg. v. Leonard Sprengel, Rhetores Graeci ex Recognitione Bd. 2, Leipzig 1854, 131-456.

Herodot, Historien Bd. 1-2, Lateinisch-Deutsch, hg. und übers. v. Josef Feix (TuscBü), München 1988.

Hesychus von Alexandrien, Lexicon Bd. 2, hg. v. Kurt Latte, Hauniae 1966.

Hieronymus, Commentariorum in Epistolam ad Philemon, Patrologiae (Series Latina) 26, hg. v. J.-P. Migne, Paris 1845, 599-618.

Hippolyt. Hippolytus, Refutatio omnium Haeresium, hg. von Miroslav Marcovich (PTS 25), Berlin, New York 1986.

——, Widerlegung aller Häresien (Philsophumena), übers. von Konrad Preysing (BKV), München und Kempten 1922.

Homer, Ilias, übers. v. Wolfgang Schadewaldt, Frankfurt a. M. 1975.

——, Opera Bd. 1-4, hg. v. David B. Monro und Thomas W. Allen, Oxford 1902-1908.

Hyperides, Orationes Sex cum ceterarum Fragmentis, hg. v. Cristian Jensen, Leipzig 1917.

Irenäus von Lyon, Gegen die Häresien Bd. 1-3, Lateinisch-Deutsch, übers. v. Norbert Brox (FC 8/1-3), Freiburg u. a.1993-1995.

Iamblich, De Vita Pythagorica Liber/Pythagoras, Legende, Lehre, Lebensgestaltung, Griechisch-Deutsch, hg. v. Michael von Albrecht (BAW), Zürich und Stuttgart 1963.

Interpretation der Gnosis (Interpretation of Knowledge NHC XI,1), hg. u. übers. v. Elaine H. Pagels, in: Nag Hammadi Codices XI, XII, XIII (NHS 28), Leiden, New York, København, Köln 1990, 21-88.

——, Die Auslegung der Erkenntnis (Nag-Hammadi-Codex XI,1), hg. u. übers. v. Uwe-Karsten Plisch (TU 142), Berlin 1996.

Joseph und Aseneth, Ein vorläufiger griechischer Text von Joseph und Aseneth, in: Christoph Burchard, Gesammelte Studien zu Joseph und Aseneth (SVTP 13), Leiden, New York, Köln 1996, 161-209.

——, Joseph et Aséneth. Introduction, texte critique, traduction et notes, hg. v. Marc Philonenko (SPB 13), Leiden 1968, 128-221 (Mots Grecs 222-237).

——, übers v. D. Cook, in: The Apocryphal Old Testament, hg. v. Hedley Frederick D. Sparks, Oxford 1984, 465-503.

——, Joseph und Aseneth, übers. v. Christoph Burchard (JSHRZ II/4, 631-720), Gütersloh 1983.

Justin, Apologien Justins des Märtyrers, hg. von G. Krüger (Sammlung ausgewählter kirchen- und dogmengeschichtlicher Quellenschriften Heft 1), Freiburg 1891.

——, Die beiden Apologien Justins des Märtyrers, übers. v. Gerhard Rauschen, in: Frühchristliche Apologeten und Märtyrerakten I (BAW), Kempten und München 1913.

Flavius Josephus, Jüdische Altertümer Bd. 1-2, übers. v. Heinrich Clementz, Köln ²1959 (1899).

——, Flavius Josephus, Der jüdische Krieg, Zweisprachige Ausgabe der sieben Bücher I-III, hg. v. Otto Michel und Otto Bauernfeind, Darmstadt 1959-1969.

——, Flavii Josephii Opera Bd. 1-6, hg. v. Benedictus Niese, Berlin 1955.

——, Josephus, Vita/The Life and Contra Apionem/Against Apion, Griechisch-Englisch, hg. v. H. St. J. Thackeray (LCL), London und Cambridge 1926.

——, A Complete Concordance to Flavius Josephus Bd. 1-4, hg. v. Karl Heinrich Rengstorf, Leiden 1973-83.

Das Buch der Jubiläen, übers. v. Klaus Berger (JSHRZ II/3, 273-575), Gütersloh 1982.

Das Buch Judith, übers. v. Erich Zenger (JSHRZ I/6, 427-525), Gütersloh 1981.

Juvenal, Satiren, Lateinisch-Deutsch, hg. v. Joachim Adamietz (Sammlung Tusculum), München und Zürich 1993.

Kallikratidas, Περὶ οἴκου εὐδαιμονίας, hg. v. Holger Thesleff, The Pythagorean Texts of the Hellenistic Period (AAA 30,1), Åbo 1965, 103-107.

III Korintherbrief, hg. v. Adolf Harnack, Die Apokyphen Briefe des Paulus an die Laodicener und Korinther (Apocyrpha IV Kleine Texte für die theologische Vorlesung und Übung), Bonn 1912, 6-22.

Laodicenerbrief, hg. v. Adolf Harnack, Die Apokyphen Briefe des Paulus an die Laodicener und Korinther (Apocyrpha IV Kleine Texte für die theologische Vorlesung und Übung), Bonn 1912, 2-6.

Livius, Titus, Ab urbe condita (Römische Geschichte), Lateinisch-Deutsch, hg. und übers. v. Hans Jürgen Hillen (Sammlung Tusculum), Darmstadt 1982-1991.

Lukian, Lucian in Eight Volumes, Griechisch-Deutsch, hg. v. A. M. Harmon, K. Kilburn, M. D. Macleod (LCL), London und Cambridge 1913-1967.

——, Die Rednerschule oder Anweisung, wie man mit wenig Mühe ein berühmter Redner werden könne (Rhetorum praeceptor), übers. v. E. M. Wieland und Hans Floerke, Lukian Sämtliche Werke Bd. 5, Berlin 1922, 52-73.

——, Der ungebildete Büchernarr (Adversus indoctum), übers. v. E. M. Wieland und Hans Floerke, Lukian Sämtliche Werke Bd. 5, Berlin 1922, 74-96.

——, Wie man Geschichte schreiben soll (Quomode historia conscribenda sit), hg. und übers. v. H. Homeyer, München 1965.

——, Des Peregrinus Lebensende (de morte Peregrini), hg. u. übers. v. Karl Mras, Lukian, Die Hauptwerke, München 1954, 470-505.

——, Briefe zum Kronosfest (*epistolae saturnales*), hg. u. übers. v. Horst Rüdiger, Briefe des Altertums, Leipzig 1941, 503-518.

Lykurg. Lycurgue, Contre Léocrate, Framents, Griechisch-Französisch (Collection des Universites de Frances), hg. und übers. Félix Durrbach, Paris 1932.

4. Makkabäerbuch, übers. v. Hans-Josef Klauck (JSHRZ III/6, 643-763), Gütersloh 1989.

Mara Bar Serapion, übers. v. William Cureton, Spicilegium Syriacum, London 1855, 70-102.

Marc Aurel ΑΥΤΟΚΡΑΤΟΡΟΣ ΤΑ ΕΙΣ ΕΑΥΤΟΝ (Wege zu sich selbst), Griechisch-Deutsch, hg. u. übers v. Willy Theiler (BAW), Zürich 1951.

Mariaevangelium (The Gospel of Mary), hg. u. übers. v. R. MacL. Wilson und George W. Mac Rae, in: Douglas M. Parrot (Hg.), Nag Hammadi Codices V,2-5 and VI with Papyrus Berolinensis 8502,1 and 4 (NHS 11), Leiden 1979, 453-471.

——, hg. u. übers. v. Walter Till, in: Die Gnostischen Schriften des Papyrus Berolinensism 8502 (TU 60), Berlin 1955, 62-77.

Menandri Sententiae, Comparatio Menandri et Philistionis, hg. v. Siegried Jaekel (Bibliotheca Scriptiorum Graecorum et romanorum Teubneriana), Leipzig 1964.

Midrasch Bemidbar Rabba, מדרש רבה Bd 9f במדבר רבה, hg. v. Ari Mirkin, Tel-Aviv 1965.

——, übers v. August Wünsche, Der Midrasch Bemidbar Rabba, Leipzig 1885.

Midrasch Tanchuma (מדרש תנחומא), hg. u. übers. v. Felix Singermann, Berlin 1925.

Mischnajot. Die sechs Ordnungen der Mischna. Hebräischer Text mit Punktation, deutscher Übersetzung und Erklärung, übers. v. Ascher Sammter, Eduard Beneth u. a., Basel 1968.

Musonius Rufus. Musonii Rufi reliquiae, hg. v. Otto Hense, Leipzig 1905.

——, übers. v. Wilhelm Capelle (Bibliothek der Alten Welt), Wege zu glückseligem Leben, Zürich 1948, 233-302.

Neupythagoreerinnenbriefe (Briefe der Melissa Myia Theano), Griechisch-Deutsch, hg. v. Alfons Städele, Die Briefe des Pythagoras und der Pythagoreer (BKP 115), Meisenheim am Glan 1980.

Oden Salomos, Deutsch (mit griechischen Fragmenten), hg. v. Michael Lattke (FC 19), Freiburg, Basel, Wien u. a. 1995.

Oracula Sibyllina, hg. v. Johannes Geffcken (Die griechisch-christlichen Schriftsteller der ersten drei Jahrhunderte), Leipzig 1902.

——, übers. v. F. Blaß in: E. Kautzsch (Hg.), Die Apokryphen und Pseudepigraphen des Alten Testaments Bd. 2, Darmstadt 1962, 177-217.

——, John J. Collins, Sibylline Oracles, in: James H. Charlesworth (Hg.), The Old Testament Pseudepigrapha Bd. 1, Garden City, New York 1983, 317-472.

Origenes, Contra Celius Bd. 1-5, hg. u. übers. v. Marcel Borret (SC 132; 136; 147; 150; 227), Paris 1969.

Orosius, Paulus, Historiarum adversum paganos Libri VII, hg. v. Karl Zangenmeister, Vindobonae 1882.

——, Die antike Weltgeschichte in Christlicher Sicht, übers. v. Adolf Lippod (BAW), Zürich und München 1985f.

Ovid. Publius Ovidius Naso, Tristia, Lateinisch-Deutsch, hg. u. übers. v. Georg Luck, Heidelberg 1967.

Paralipomena Jeremiae, Griechisch-Englisch, hg. und übers. v. Robert A. Kraft und Ann-Elizabeth Purintun (Texts and Translations 1, Pseudepigrapha Series 1), Missoula 1972.

Pausanias, Description of Greece, Griechisch-Englisch, hg. v. W. H. S. Jones (LCL), London und Cambridge 1918.

——, Beschreibung Griechenlands, übers. v. Ernst Meyer (BAW), Zürich und Stuttgart ²1967.

Periktone, περὶ γυναικὸς ἀρμονίας, hg. v. Holger Thessleff, The Pythagorean Texts of the Hellenistic Period (AAA 30,1), Åbo 1965, 142-145.

Philo von Alexandria, Die Werke in deutscher Übersetzung Bd. 1-6, hg. v. Leopold Cohn, Isaak Heinemann, Maximilian Adler und Willy Theiler, Berlin ²1962.

——, Works Bd. 1-10, Griechisch-Englisch, hg. u. übers. v. F. H. Colson und G. H. Whitaker (LCL), London und Cambridge 1929-1962.

——, Quaestiones Fragmenta Graeca, hg. v. Francoise Petit (Les Oeuvres de Philon D' Alexanrie 33), Paris 1978.

——, Quaestiones et Solutiones in Genesin (Questions and Answers on Genesis) (Philo Supplement I). Griechisch-Englisch, hg. u. übers. v. Ralph Marcus (LCL), London und Cambridge 1953.

——, Quaestiones et Solutiones in Exodum (Questions and Answers on Exodus) (Philo Supplement II). Griechisch-Englisch, hg. u. übers. v. Ralph Marcus (LCL), London und Cambridge 1953.

——, Index Philoneus, hg. v. Günther Mayer, Berlin und New York, 1974.

(Pseudo-)Philo, De Jona, übers. v. Folker Siegert, Drei hellenistisch-jüdische Predigten (WUNT 20), Tübingen 1980, 9-48.

Philippus-Evangelium (NHC II,3). The Gosple according to Philip, hg. u. übers. v. Martha Lee Turner (NHS 38), Leiden 1996.

——, übers. v. Werner Foerster, in: Die Gnosis II, Zürich und Stuttgart 1971, 92-124

Philodem. Philodems Abhandlungen über die Haushaltung und über den Hochmut, hg. v. D. A. Hartung, Leipzig 1857.

Philostratos, Das Leben des Apollonios von Tyana, Griechisch-Deutsch, hg. u. übers. v. Vroni Mumprecht (Sammlung Tusculum), München und Zürich 1983.

——, The Lives of the Sophist, Griechisch-Englisch, hg. von Wilmer Cave Wrigth (LCL), London und Cambridge 1961.

Phintys, περὶ γυναικὸς σωφροσύνας, hg. v. Holger Thessleff, The Pythagorean Texts of the Hellenistic Period (AAA 30,1), Åbo 1965, 151-154.

Plato, Platon Werke in acht Bänden, Griechisch-Deutsch, hg. v. Gunther Eigler, Darmstadt ²1990.

——, Epistulae (Briefe), hg. v. Karlheinz Hülser und übers. v. W. Wiegand, Platon, Sämtliche Werke X, Briefe, Unechtes, Frankfurt a.M. und Leipzig 1991, 257-429.

——, Alkibiades II, Griechisch-Deutsch, hg. v. Karlheinz Hülser und übers. v. Friedrich Schleiermacher, Platon, Sämtliche Werke X, Briefe, Unechtes, Frankfurt a.M. und Leipzig 1991, 9-49.

Plinius, Caecilius Secundus, Gaius (der Jüngere), Epistularum Libri Decem (Briefe), Lateinisch-Deutsch, hg. und übers. v. Helmut Kasten (Sammlung Tusculum), München und Zürich ⁵1984.

Plinius, Secundus d. Ä., Naturalis Historiae Libri XXXVII, Lateinisch-Deutsch, hg. v. Roderich König und Gerhard Winkler (Tusculum Bücherei), Tübingen 1973-1978.

Plutarch, Plutarch's Moralia in Fifteen Volumes, Griechisch-Englisch, hg. v. Frank Cole Babbitt u. a. (LCL), London und Cambridge 1929-1969.

——, Plutarch's Lives in Eleven Volumes, Griechisch-Englisch, hg. v. Bernadotte Perrin (LCL), London und Cambridge 1914-1936.

——, Große Griechen und Römer Bd. 1-6, übers. v. Konrat Ziegler (BAW), Zürich und Stuttgart 1954.

——, Über Kindererziehung, übers. v. Bruno Snell, Plutarch, Von der Ruhe des Gemütes und andere philosophische Schriften (BAW), Zürich 1948, 108-128.

——, Über die Pflichten von Ehegatten, hg. v. Bruno Snell, Plutarch, Von der Ruhe des Gemütes und andere philosophische Schriften (BAW), Zürich 1948, 93-107.

——, Über Isis und Osiris Bd. 1-2, hg. v. Theodor Hopfner (Monographien des Archiv Orientální 9), Prag 1941.

——, Lexicon Plutarcheum Bd. 1-2, hg. v. Daniel Wyttenbach, Leipzig 1843.

Polybius, The Histories Bd. 1-4. Griechisch-Englisch, hg. v. W. R. Paton (LCL), London und Cambridge 1922-1927.

——, Geschichte Bd. 1-2, übers. v. Hans Drexler (BAW), Zürich und Stuttgart 1961-1963.

Die Psalmen Salomos, hg. von Oscar von Begardt (TU 13,2), Leipzig 1885.

Dreigestalten Protenoia (NHC XIII), hg. und übers. v. Gesine Schenke (TU 132), Berlin 1984.

Quintilianus, Marcus Fabrius, Istitutionis Oratoriae Libri XII (Ausbildung des Redners, zwölf Bücher) Bd. 1-2, Lateinisch-Deutsch, hg. und übers. v. Helmut Rahn, Darmstadt 1972-1975.

Rhetorica ad Herennium incerti auctoris libri IV de arte dicendi (Rhetorik an Herennius eines Unbekannten, 4 Bücher über Redekunst), hg. und übers. v. Friedhelm L. Müller (Berichte aus der Literaturwissenschaft), Aachen 1995.

Seneca, L Annaeus, Philophische Schriften Bd. 1-5, Lateinisch-Deutsch, hg. u. übers. v. Manfred Rosenbach, Darmstadt 1971-1984.

Sokrates- und Sokratikerbriefe, Griechisch-Englisch, hg. u. übers. v. Abraham Malherbe, The Cynic Epistles (SBL Sources for Biblical Studies 12), Atlanta 1977, 217-307.

——, Die Briefes des Sokrates und der Sokratiker, hg. u. übers. v. Liselotte Köhler (Ph.S 20/2), Leipzig 1928.

Sophia Jesu Christi (NHC III,4), hg. u. übers. von Douglas M. Parrot, in: Nag Hammadi Codices III,3-4 and V,1 with Papyrus Berolinensis 8502,3 and Oxyrhynchus Papyrus 1081. Eugnostos and The Sophia of Jesus Christ (NHS 27), Leiden, New York, København, Köln 1991.

——, hg. u. übers. v. Walter Till, in: Die Gnostischen Schriften des Papyrus Berolinensis 8502 (TU 60), Berlin 1955, 194-295.

Die drei Stelen des Seth (NHC VII,5), hg. u. übers. v. James M. Robinson und James E. Goehring, in: Birger A. Pearson (Hg.), Nag Hammadi Codex VII (NHS 30), Leiden, New York, København, Köln 1996, 371-421.

——, Die drei Stelen des Seth. Die fünfte Schrift aus Nag-Hammadi-Codex VII, THLZ 100 (1975), 571-580.

Stobaios, Joannes, Anthologium I-IV (Bd. 1-5), hg. v. Curt Wachsmuth und Otto Hense, Berlin 1958 (1884-1923).

Strabo, The Geography of Strabo 1-8, Griechisch-Englisch, hg. v. Horace Leonard Jones (LCL), London und Cambridge 1917-1932.

Suda, Lexicon Bd. 1-5, hg. v. Ada Adla (Lexiconographi Graece I), Leipzig 1928-1938.

Sueton, Gaius Suetonius Tranquillus, Suetonius I-II, Griechisch-Englisch, hg. und übers. v. J. C. Rolfe (LCL), London und Cambridge 1913-1914.

——, Leben der Caesaren, übers. v. André Lampert (BAW), Zürich und Stuttgart 1955.

Tacitus, P. Cornelius, Libri ab excessu Divi Augusti (Annales), hg. v. Carl Hoffman, Bamberg 1954.

——, Annalen, übers. von August Horneffer, Stuttgart 1957.

Talmud. Der Babylonische Talmud mit Einschluß der vollständigen Mišnah, Hebräisch, Aramäisch und Deutsch, hg. u. übers. von Lazarus Goldschmidt, Berlin und Wien 1925ff.

——, The Talmud of the Land of Israel. A Preliminary Translation Bd. 22: Ketubot, übers. v. Jacob Neusner, Chicago und London 1985.

Tatian, Oratio ad Graecos, hg. von Eduard Schwartz (TU 4), Leipzig 1888.

——, Rede an die Griechen, übers. v. Adolf Harnack (Festschrift Ludwig IV), Giessen 1884.

Tertullian, Quintus Septimus Florentius, De Praescriptione Haereticorum, Opera Bd. 1 (Corups Christianorum Latina), Turnholt 1954, 187-224.

——, Adversus Marcionem, Opera Bd. 1 (Corups Christianorum Latina), Turnholt 1954, 441-726

——, De Baptismo, Opera Bd. 1 (Corups Christianorum Latina), Turnholt 1954, 277-295.

——, Private und katechetische Schriften Bd. 1-2, übers Heiner Keller (BKV), Kempten und München 1912-1915.

Testament Abrahams. Le Testament grec d'Abraham. Introduction édition critique des deux recensions grecques, traduction, hg. v. Francis Schmidt (Texte und Studien zum Antiken Judentum 11), Tübingen 1986.

——, übers. v. Enno Janssen (JSHRZ III/2, 195-256), Gütersloh 1975.

Testament Hiobs. The Testament of Job According to the SV Text, hg. v. Robert A. Kraft mit Harold Attridge, Russell Spittler und Janet Timbie (SBL Texts and Translations 5 Pseudepigrapha 4), Missoula, Montana 1974.

——, übers. v. Bernd Schaller (JSHRZ III/3, 301-387), Gütersloh 1979.

Testamente der zwölf Patriarchen, übers. v. Jürgen Becker (JSHRZ III/1, 15-163), Gütersloh 1974.

——, The Greek Versions of the Testaments of the Twelve Patriarchs Edited From Nine MSS Together with the Variants of the Armenian and Slavonic Versions and Some Hebrew Fragments, hg. v. Robert Henry Charles, Oxford, Hildesheim ³1966 (1908).

——, Testamenta XII Patriarcharum Edited According to Cambridge University Library MS Ff 1.24 fol 203a-262b With Short Notes, hg. v. Marinus De Jonge (PVTG I), Leiden 1964.

——, The Testaments of the Twelve Patriarchs, A Critical Edition of the Greek Text, hg. v. Marinus De Jonge (PVTG I,2), Leiden 1978.

Theodoret, Commentarius in Omnes Pauli Epistolas, Patrologiae Graecae (Series Graeca) 82, hg. v. J.-P. Migne, 1859, 31-878.

Theon, Progymnasmata, hg. v. Leonard Spengel, Rhetores Graeci ex recognitione II, Leipzig 1854, 59-130.

Thomasakten, hg. v. Maximilianus Bonnet, Acta Apostolorum Apocrypha Bd.2/2, Darmstadt 1959 (1903), 99-288.

——, übers. von Han J. W. Drijvers, in: Wilhelm Schneemelcher (Hg.), Neutestamentliche Apokrypen in deutscher Übersetzung II, Tübingen ⁵1989, 289-367.

Thomasevangelium, hg. v. Johannes Leipholdt (TU 101), Berlin 1967.

Thukydides, Der Peloponnesische Krieg, übers. v. August Horneffer, Bremen 1957.

——, Thucydides History of the Peleponnesian War Bd. 1-4, Griechisch-Englisch, hg. v. Charles Forster Smith (LCL), London und Cambridge 1991-1923.

Tosephta based on the Erfurt and Vienna Codices, hg. v. M. S. Zuckermandel, Jerusalem 1970.

——, The Tosefta Bd 1-6, übers. v. Jacob Neusner u. a., New York 1977-1986.

Vettius Valens, Anthologiarum Libri, hg. v. Guilelmus Kroll, Berlin 1908.

Weisheit Salomos, übers. v. Dieter Georgi (JSHRZ III/4, 359-478), Gütersloh 1980.

Xenophon, Anabasis, Griechisch-Englisch, hg. und übers. v. Carleton L. Brownson (LCL), London und Cambridge 1921-22.

——, Cyropaedia with an English Translation Bd. 1-2, hg. u. übers. v. Walter Miller I-II, (LCL), London und Cambridge 1914.

——, Kynegetikos (On the Art of Horsemanship), Griechisch-Englisch, hg. u. übers. v. E. C. Marchant, Xenophon Scripta Minora (LCL), London und Cambridge 1956.

——, Memorabilia and Oeconomicus, Griechisch-Englisch, hg. v. E. C. Marchant (LCL), London und Cambridge 1923.

——, Erinnerungen an Sokrates, Griechisch-Deutsch, hg. v. Peter Jaerisch (TuscBü), Darmstadt ²1977.

——, Ökonomische Schriften, Griechisch-Deutsch, hg. v. Gert Audring (SQAW 38), Berlin 1992.

Zaleukos, Προοίμια νόμων, hg. v. Holger Thessleff, The Pythagorean Texts of the Hellenistic Period (AAA 30,1), Åbo 1965, 225-229.

Zostrianos (NHC VIII,1), hg. v. Bentley Layton und übers. v. John H. Sieber, in: John H. Sieber (Hg.), Nag Hammadi Codex VIII (NHS 31), Leiden 1991, 7-225.

1.3 Inschriften und Papyri

Academiae Literarum Regiae Borussicae, Inscriptiones Graecae Consilio et Auctoriate Bd. 12, Berlin 1908.

Aegyptische Urkunden aus den koeniglichen Museen zu Berlin I-V, hg. v. der Generalverwaltung, Berlin 1895-1919.

Greek Papyry in the British Museum Bd. 1-5, hg. v. F. G. Kenyon und H. I. Bell, London 1893-1917.

Griechische Papyri im Museum des Oberhessischen Geschichtsvereins zu Gießen Bd. 1, hg. v. O. Eger, E. Kornemann und P. M. Meyer, Leipzig 1910-1912.

Latyschev, B., Inscriptiones Regnis Bosporani, Hildesheim ²1965.

Le Bas, Philippe und Waddington, William Henry, Inscriptions Grecques et Latines recueillies en Asie II Minure (Subsidia Epigraphica 2), Hildesheim 1972.

Monumenta Asiae Minoris Antiqua Bd. 6: Monuments and Documents from Phrygia and Caria, hg. v. W. H. Buckler und W. M. Calder, Manchester 1939.

The Oxyrhynchus Papyri Iff, hg. Bernhard P. Greenfell und Arthur S. Hunt u. a., London 1898ff.

Pleket, H. W., Epigraphica Bd. 2 (Textus Minores 41), Leiden 1969.

Papyri Osloenses, Bd. 1-3, hg. v. S. Eitrem und L. Amundsen, Oslo 1925-1936.

Papyri in the University of Michigan Collection VIII, hg. v. H. C. Youtie und J. G. Winter, Ann Arbor 1951.

Corpus Inscriptorum Iudaicarum II, hg. v. J. B. Frey, Rom 1952.

Corpus Inscriptionum Latinarum, consilio et autoritate Academiae Litterarum (Regiae) Borussicae editum Bd. 1-16, Leizig und Berlin 1862-1843,

Dessau, H., Inscriptiones Latinae selectae Bd.1-2, Berlin 1892-1916.

Inscriptiones Graecae ad res Romanas pertinentes, hg. v. J. Cagnat u. a., Bd. 1-4, Paris 1906-1928.

Sokolowski, Franciszek, Lois Sacrées de l'Asie Mineure (travaux et mémoires des anciens membres étrangers de l'école et de divers savants 9), Paris 1955.

Sylloge Inscriptionum Graecarum Bd. 1-4, hg. v. Wilhelm Dittenberger, Hildesheim 1953-54 (1915-1924).

Orientis Graeci Inscriptiones Selectae Bd. 1-2, hg. v. Wilhelm Dittenberger, Leipzig 1960 (1903-1905).

Inscriptiones Graecae, consilio et auctoritatae Academiae Litterarum (Regiae) Borussicae, Berlin 1873-1939.

Inschriften von Priene, hg. v. Hiller von Gaertingen, Berlin 1906.